NUEVO TESTAMENTO

VERSIÓN POPULAR

Cuarta Edición

ABS

SOCIEDAD BÍBLICA AMERICANA
NUEVA YORK

NUEVO TESTAMENTO

Versión Popular

Cuarta Edición

Impreso en los Estados Unidos de América
Span. N.T. VPA250 -106294
ABS-5/00-60,000–395,000-MW5

NUEVO TESTAMENTO

El Nuevo Testamento, nombre que equivale a Nuevo Pacto, es el libro que trata de Jesucristo, en cuya persona y obra redentora ofrece Dios a su pueblo un pacto nuevo. Este pacto se basa en las buenas noticias —que es lo que en griego quiere decir la palabra "evangelio"— de que Dios llega al hombre en la persona de Jesucristo y en él ofrece la salvación a todos los hombres, de cualquier pueblo y nación que sean y que confíen en él como Señor y Salvador.

El Nuevo Testamento contiene las escrituras reconocidas como de inspiración divina por todas las confesiones cristianas. Son veintisiete libros, escritos por unos diez autores en el curso de más o menos cincuenta años.

Los cuatro primeros escritos son los evangelios, que conjuntamente relatan los principales hechos y enseñanzas, y la muerte y la resurrección de Jesucristo. Los tres primeros hacen un relato más o menos continuo y paralelo, por lo cual se les llama "sinópticos". Se ve luego que el de Juan es diferente en su enfoque. En *Los Hechos de los Apóstoles* se narra cómo el mensaje de Cristo se propagó durante los primeros treinta años del cristianismo, desde Jerusalén hasta Roma.

Vienen luego las cartas del apóstol Pablo, escritas a diferentes iglesias o personas para tratar los problemas doctrinales y de conducta que se iban presentando a los primeros cristianos. También tenían por objeto guiar y aconsejar en diversos asuntos relacionados con la vida cristiana y con la organización y labores de las primeras iglesias.

Después hay ocho cartas llamadas generales o universales. Algunas de ellas se dirigieron a los cristianos en general, dondequiera que estuvieran. Otras eran para los creyentes de alguna región en particular o para alguna persona determinada, pero haciendo referencia a algún grupo de fieles. El Apocalipsis, o Revelación, es el último libro del Nuevo Testamento. Por medio de visiones, símbolos y alegorías proclama la autoridad suprema de Jesucristo y la victoria final del reino de Dios, a pesar de los tiempos en que predominan la maldad y la persecución padecida por los creyentes fieles. Su mensaje principal es también el tema de todo el Nuevo Testamento:

> *"El reino del mundo*
> *ha llegado a ser de nuestro Señor y de su Mesías,*
> *y reinarán por todos los siglos."*
> (Ap. 11.15)

Como base para la presente versión del Nuevo Testamento se utilizó la tercera edición del Nuevo Testamento Griego, preparado por un comité internacional e interconfesional de eruditos especializados en el estudio del texto bíblico, y publicado por las Sociedades Bíblicas Unidas. En los casos en que la traducción se aparta de dicho texto, las notas al pie de página explican a qué se debe ello.

ÍNDICE

DE LOS LIBROS DEL NUEVO TESTAMENTO CON LAS ABREVIATURAS DE SUS TÍTULOS

El Evangelio Según
SAN MATEO

Cada uno de los evangelistas escribió desde cierto punto de vista y con un determinado propósito. En el primer evangelio se presenta a Jesús como el Mesías Salvador por medio de quien Dios cumplió las promesas hechas a su pueblo en el Antiguo Testamento. El relato sigue un orden consecutivo, reseñando primero la genealogía y nacimiento de Jesús, para luego, dejando pasar un intervalo de más o menos treinta años, seguir con el ministerio del precursor Juan el Bautista (1.1—3.12). El ministerio público de Jesús comienza con su bautismo y tentación (3.13—4.11). Luego el libro concentra su relato en el ministerio de Jesús en Galilea, donde predica, enseña y cura enfermedades (4.12—18.35), hasta que emprende su último viaje a Jerusalén (caps. 19,20). Los sucesos de la última semana, que culminan en su crucifixión y resurrección, con sus apariciones subsecuentes, se narran en los capítulos 21—28. El evangelio concluye con el mandato de Jesús a sus seguidores de ir y hacer discípulos por todo el mundo.

Este evangelio presenta a Jesús como el gran maestro, con autoridad para interpretar la Ley de Dios y enseñar sobre su reino. A tal fin, el cuerpo principal de sus enseñanzas se consigna en cinco grandes discursos o colecciones de dichos suyos: (1) el Sermón del Monte, relativo al carácter, deberes, privilegios y destino de los ciudadanos del reino de los cielos, (caps. 5—7); (2) las instrucciones a los doce discípulos enviados en misión evangelizadora (cap. 10); (3) parábolas sobre el reino de los cielos (cap. 13); (4) enseñanzas sobre lo que significa el discipulado cristiano (cap. 18), y (5) enseñanzas sobre el fin de la edad presente y la venida del reino de Dios (caps. 24,25).

Los antepasados de Jesucristo
(Lc 3.23-38)

1 ¹ Esta es una lista de los antepasados de Jesucristo, que fue descendiente de David y de Abraham:

² Abraham fue padre de Isaac, éste lo fue de Jacob y éste de Judá y sus hermanos. ³ Judá fue padre de Fares y de Zara, y su madre fue Tamar. Fares fue padre de Esrom y éste de Aram. ⁴ Aram fue padre de Aminadab, éste lo fue de Naasón y éste de Salmón. ⁵ Salmón fue padre de Booz, cuya madre fue Rahab. Booz fue padre de Obed, cuya madre fue Rut. Obed fue padre de Isaí. ⁶ Isaí fue padre del rey David, y el rey David fue padre de Salomón, cuya madre fue la que había sido esposa de Urías.ᵃ

⁷ Salomón fue padre de Roboam, éste lo fue de Abías y éste de Asa. ⁸ Asa fue padre de Josafat, éste lo fue de Joram y éste de Uzías. ⁹ Uzías fue padre de Jotam, éste lo fue de Acaz y éste de Ezequías. ¹⁰ Ezequías fue padre de Manasés, éste lo fue de Amón y éste de Josías. ¹¹ Josías fue padre de Jeconías y de sus hermanos, en el tiempo en que los israelitas fueron llevados cautivos a Babilonia.ᵇ

¹² Después de la cautividad, Jeconías fue padre de Salatiel y éste de Zorobabel. ¹³ Zorobabel fue padre de Abiud, éste lo fue de Eliaquim y éste de Azor. ¹⁴ Azor fue padre de Sadoc, éste lo fue de Aquim y éste de Eliud. ¹⁵ Eliud fue padre de Elea-zar, éste lo fue de Matán y éste de Jacob. ¹⁶ Jacob fue padre de José, el marido de María, y ella fue madre de Jesús, al que llamamos el Mesías.

¹⁷ De modo que hubo catorce generaciones desde Abraham hasta David, catorce desde David hasta la cautividad de los israelitas en Babilonia, y otras catorce desde la cautividad hasta el nacimiento del Mesías.

Nacimiento de Jesucristo
(Lc 2.1-7)

¹⁸ El nacimiento de Jesucristo fue así: María, su madre, estaba comprometida para casarse con José;ᶜ pero antes que vivieran juntos, se encontró encinta por el poder del Espíritu Santo. ¹⁹ José, su marido, que era un hombre justo y no quería denunciar públicamente a María, decidió separarse de ella en secreto. ²⁰ Ya había pensado hacerlo así, cuando un ángel del Señor se le apareció en sueños y le dijo: "José, descendiente de David, no tengas miedo de tomar a María por esposa, porque el hijo que va a tener es del Espíritu Santo. ²¹ María tendrá un hijo, y le pondrás por nombre Jesús.ⁱ,ᵈ Se llamará así porque salvará a su pueblo de sus pecados."

²² Todo esto sucedió para que se cumpliera lo que el Señor había dicho por medio del profeta:

ⁱ El nombre *Jesús* significa *El Señor salva.*
ᵃ **1.3-6** 1 Cr 2.1-15; Rt 4.18-22. ᵇ **1.11** 2 R 24.14-15; 2 Cr 36.10; Jer 27.20. ᶜ **1.18** Lc 1.27. ᵈ **1.21** Lc 1.31.

²³ "La virgen quedará encinta
y tendrá un hijo,
al que pondrán por nombre
Emanuel"ᵉ
(que significa: "Dios con nosotros").
²⁴ Cuando José despertó del sueño, hizo lo que el ángel del Señor le había mandado, y tomó a María por esposa. ²⁵ Pero no vivieron como esposos hasta que ella dio a luz a su hijo,² al que José puso por nombre Jesús.ᶠ

La visita de los sabios del Oriente

2 ¹ Jesús nació en Belén, un pueblo de la región de Judea, en el tiempo en que Herodes era rey del país. Llegaron por entonces a Jerusalén unos sabios del Oriente que se dedicaban al estudio de las estrellas, ² y preguntaron:
—¿Dónde está el rey de los judíos que ha nacido? Pues vimos salir³ su estrella y hemos venido a adorarlo.
³ El rey Herodes se inquietó mucho al oír esto, y lo mismo les pasó a todos los habitantes de Jerusalén. ⁴ Mandó el rey llamar a todos los jefes de los sacerdotes y a los maestros de la ley, y les preguntó dónde había de nacer el Mesías.⁴ ⁵ Ellos le dijeron:
—En Belén de Judea; porque así lo escribió el profeta:
⁶ 'En cuanto a ti, Belén, de la tierra de Judá,
no eres la más pequeña
entre las principales ciudades de esa tierra;
porque de ti saldrá un gobernante
que guiará a mi pueblo Israel.'ᵍ
⁷ Entonces Herodes llamó en secreto a los sabios, y se informó por ellos del tiempo exacto en que había aparecido la estrella. ⁸ Luego los mandó a Belén, y les dijo:
—Vayan allá, y averigüen todo lo que puedan acerca de ese niño; y cuando lo encuentren, avísenme, para que yo también vaya a adorarlo.
⁹ Con estas indicaciones del rey, los sabios se fueron. Y la estrella que habían visto salir⁵ iba delante de ellos, hasta que por fin se detuvo sobre el lugar donde estaba el niño. ¹⁰ Cuando los sabios vieron la estrella, se alegraron mucho. ¹¹ Luego entraron en la casa, y vieron al niño con María, su madre; y arrodillándose lo adoraron. Abrieron sus cofres y le ofrecieron oro, incienso y mirra. ¹² Después, advertidos en sueños de que no debían volver a donde estaba Herodes, regresaron a su tierra por otro camino.

La huida a Egipto

¹³ Cuando ya los sabios se habían ido, un ángel del Señor se le apareció en sueños a José, y le dijo: "Levántate, toma al niño y a su madre, y huye a Egipto. Quédate allí hasta que yo te avise, porque Herodes va a buscar al niño para matarlo."
¹⁴ José se levantó, tomó al niño y a su madre, y salió con ellos de noche camino de Egipto, ¹⁵ donde estuvieron hasta que murió Herodes. Esto sucedió para que se cumpliera lo que el Señor había dicho por medio del profeta: "De Egipto llamé a mi Hijo."ʰ

Herodes manda matar a los niños

¹⁶ Al darse cuenta Herodes de que aquellos sabios lo habían engañado, se llenó de ira y mandó matar a todos los niños de dos años para abajo que vivían en Belén y sus alrededores, de acuerdo con el tiempo que le habían dicho los sabios. ¹⁷ Así se cumplió lo escrito por el profeta Jeremías:
¹⁸ "Se oyó una voz en Ramá,
llantos amargos y grandes lamentos.
Era Raquel, que lloraba por sus hijos
y no quería ser consolada
porque ya estaban muertos."ⁱ
¹⁹ Pero después que murió Herodes, un ángel del Señor se le apareció en sueños a José, en Egipto, y le dijo: ²⁰ "Levántate, toma contigo al niño y a su madre, y regresa a Israel, porque ya han muerto los que querían matar al niño."
²¹ Entonces José se levantó y llevó al niño y a su madre a Israel. ²² Pero cuando supo que Arquelao estaba gobernando en Judea en lugar de su padre Herodes, tuvo miedo de ir allá; y habiendo sido advertido en sueños por Dios, se dirigió a la región de Galilea. ²³ Al llegar, se fue a vivir al pueblo de Nazaret.ʲ Esto sucedió para que se cumpliera lo que dijeron los profetas: que Jesús sería llamado nazareno.

Juan el Bautista en el desierto
(Mr 1.1–8; Lc 3.1–9, 15–17; Jn 1.19–28)

3 ¹ Por aquel tiempo se presentó Juan el Bautista en el desierto de Judea. ² En su proclamación decía: "¡Vuélvanse a Dios, porque el reino de Dios⁶ está cerca!"ᵏ
³ Juan era aquel de quien el profeta Isaías había escrito:
"Una voz grita en el desierto:
'Preparen el camino del Señor;
ábranle un camino recto.' "ˡ

---

² Su hijo: algunos mss. dicen: su primer hijo.   ³ Vimos salir: otra posible traducción: vimos en el oriente.   ⁴ El Mesías: véase Glosario anexo.   ⁵ Que habían visto salir: otra posible traducción: que habían visto en el oriente.   ⁶ Reino de Dios: lit. reino de los cielos. (Véase Glosario anexo.)
ᵉ 1.23 Is 7.14.   ᶠ 1.25 Lc 2.21.   ᵍ 2.6 Mi 5.2.   ʰ 2.15 Os 11.1.   ⁱ 2.18 Jer 31.15.   ʲ 2.23 Mr 1.24; Lc 2.39; Jn 1.45.
ᵏ 3.2 Mt 4.17; Mr 1.15.   ˡ 3.3 Is 40.3.

4 La ropa de Juan estaba hecha de pelo
de camello, y se la sujetaba al cuerpo con
un cinturón de cuero;[m] su comida era langostas y miel del monte. 5 La gente de Jerusalén y todos los de la región de Judea y
de la región cercana al Jordán salían a
oírle. 6 Confesaban sus pecados y Juan los
bautizaba en el río Jordán.
7 Pero cuando Juan vio que muchos
fariseos y saduceos iban a que los bautizara, les dijo: "¡Raza de víboras![n] ¿Quién
les ha dicho a ustedes que van a librarse[7]
del terrible castigo que se acerca? 8 Pórtense de tal modo que se vea claramente
que se han vuelto al Señor, 9 y no presu-
man diciéndose a sí mismos: 'Nosotros somos descendientes de Abraham';[ñ] porque
les aseguro que incluso a estas piedras
Dios puede convertirlas en descendientes
de Abraham. 10 El hacha ya está lista para
cortar los árboles de raíz. Todo árbol que
no da buen fruto, se corta y se echa al
fuego.[o] 11 Yo, en verdad, los bautizo con
agua para invitarlos a que se vuelvan a
Dios; pero el que viene después de mí los
bautizará con el Espíritu Santo y con
fuego. El es más poderoso que yo, que ni
siquiera merezco llevarle sus sandalias.
12 Trae su pala en la mano, y limpiará el
trigo y lo separará de la paja. Guardará su
trigo en el granero, pero quemará la paja
en un fuego que nunca se apagará."

Jesús es bautizado

(Mr 1.9–11; Lc 3.21–22)

13 Jesús fue de Galilea al río Jordán,
donde estaba Juan, para que éste lo bautizara. 14 Al principio Juan quería impedír-
selo, y le dijo:
—Yo debería ser bautizado por ti, ¿y tú
vienes a mí?
15 Jesús le contestó:
—Déjalo así por ahora, pues es conveniente que cumplamos todo lo que Dios
ha ordenado.
Entonces Juan consintió. 16 En cuanto
Jesús fue bautizado, salió del agua. De
pronto el cielo se abrió, y Jesús vio que el
Espíritu de Dios bajaba sobre él como una
paloma. 17 Se oyó entonces una voz del
cielo, que decía: "Este es mi Hijo amado, a
quien he elegido."[p]

Jesús es puesto a prueba

(Mr 1.12–13; Lc 4.1–13)

4 1 Luego el Espíritu llevó a Jesús al desierto, para que el diablo lo pusiera a
prueba.[q] 2 Estuvo cuarenta días y cuarenta
noches sin comer, y después sintió
hambre. 3 El diablo se acercó entonces a
Jesús para ponerlo a prueba, y le dijo:
—Si de veras eres Hijo de Dios, ordena
que estas piedras se conviertan en panes.
4 Pero Jesús le contestó:
—La Escritura dice: 'No sólo de pan vivirá el hombre, sino también de toda palabra que salga de los labios de Dios.'[r]
5 Luego el diablo lo llevó a la santa ciudad de Jerusalén, lo subió a la parte más
alta del templo 6 y le dijo:
—Si de veras eres Hijo de Dios, tírate
abajo; porque la Escritura dice:
'Dios mandará que sus ángeles te
cuiden.
Te levantarán con sus manos,
para que no tropieces con piedra
alguna.'[s]
7 Jesús le contestó:
—También dice la Escritura: 'No pongas
a prueba al Señor tu Dios.'[t]
8 Finalmente el diablo lo llevó a un
cerro muy alto, y mostrándole todos los
países del mundo y la grandeza de ellos,
9 le dijo:
—Yo te daré todo esto, si te arrodillas y
me adoras.
10 Jesús le contestó:
—Vete, Satanás, porque la Escritura
dice: 'Adora al Señor tu Dios, y sírvele
sólo a él.'[u]
11 Entonces el diablo se apartó de Jesús,
y unos ángeles acudieron a servirle.

Jesús comienza su trabajo en Galilea

(Mr 1.14–15; Lc 4.14–15)

12 Cuando Jesús oyó que habían metido
a Juan en la cárcel,[v] se dirigió a Galilea.
13 Pero no se quedó en Nazaret, sino que
se fue a vivir a Capernaum,[w] a orillas del
lago, en la región de las tribus de Zabulón
y Neftalí. 14 Esto sucedió para que se cumpliera lo que había escrito el profeta
Isaías:
15 "Tierra de Zabulón y de Neftalí,
al otro lado del Jordán,
a la orilla del mar:
Galilea, donde viven los paganos.
16 El pueblo que andaba en la
oscuridad
vio una gran luz;
una luz ha brillado
para los que vivían en sombras de
muerte."[x]
17 Desde entonces Jesús comenzó a proclamar: "Vuélvanse a Dios, porque el
reino de Dios está cerca."[y]

[7] *¿Quién les ha dicho . . . que van a librarse . . .?*: otra posible traducción: *¿Quién les advirtió . . . para que escaparan . . .?*
[m] **3.4** 2 R 1.8. [n] **3.7** Mt 12.34; 23.33. [ñ] **3.9** Jn 8.33. [o] **3.10** Mt 7.19. [p] **3.17** Gn 22.2; Sal 2.7; Is 42.1; Mt 12.18; 17.5; Mr 1.11; Lc 9.35. [q] **4.1** He 2.18; 4.15. [r] **4.4** Dt 8.3. [s] **4.6** Sal 91.11–12. [t] **4.7** Dt 6.16. [u] **4.10** Dt 6.13. [v] **4.12** Mt 14.3; Mr 6.17; Lc 3.19–20. [w] **4.13** Jn 2.12. [x] **4.15–16** Is 9.1–2. [y] **4.17** Mt 3.2.

Jesús llama a cuatro pescadores
(Mr 1.16–20; Lc 5.1–11)

18 Jesús iba caminando por la orilla del lago de Galilea, cuando vio a dos hermanos: uno era Simón, también llamado Pedro, y el otro Andrés. Eran pescadores, y estaban echando la red al agua. 19 Jesús les dijo:

—Síganme, y yo los haré pescadores de hombres.

20 Al momento dejaron sus redes y se fueron con él.

21 Un poco más adelante, Jesús vio a otros dos hermanos: Santiago y Juan, hijos de Zebedeo, que estaban con su padre en una barca arreglando las redes. Jesús los llamó, 22 y en seguida ellos dejaron la barca y a su padre, y lo siguieron.

Jesús enseña a mucha gente
(Lc 6.17–19)

23 Jesús recorría toda Galilea, enseñando en la sinagoga de cada lugar. Anunciaba la buena noticia del reino de Dios y curaba a la gente de todas sus enfermedades y dolencias.z 24 Se hablaba de Jesús en toda la región de Siria, y le traían a cuantos sufrían de diferentes males, enfermedades y dolores, y a los endemoniados, a los epilépticosδ y a los paralíticos. Y Jesús los sanaba. 25 Mucha gente de Galilea, de los pueblos de Decápolis, de Jerusalén, de Judea y de la región al oriente del Jordán seguía a Jesús.

El sermón del monte

5 1 Al ver la multitud, Jesús subió al monte y se sentó. Sus discípulos se le acercaron, 2 y él comenzó a enseñarles, diciendo:

La verdadera dicha del hombre
(Lc 6.20–23)

3 "Dichosos los que reconocen su necesidad espiritual, pues el reino de Dios les pertenece.

4 "Dichosos los que están tristes,a pues Dios les dará consuelo.

5 "Dichosos los de corazón humilde,b pues recibirán la tierra que Dios les ha prometido.

6 "Dichosos los que tienen hambre y sedc de hacer lo que Dios exige, pues él hará que se cumplan sus deseos.

7 "Dichosos los que tienen compasión de otros, pues Dios tendrá compasión de ellos.

8 "Dichosos los de corazón limpio,d pues ellos verán a Dios.

9 "Dichosos los que procuran la paz,e pues Dios los llamará hijos suyos.

10 "Dichosos los que sufren persecución por hacer lo que Dios exige,f pues el reino de Dios les pertenece.

11 "Dichosos ustedes, cuando la gente los insulte y los maltrate, y cuando por causa mía los ataquen con toda clase de mentiras.g 12 Alégrense, estén contentos, porque van a recibir un gran premio en el cielo; pues así también persiguieron a los profetas que vivieron antes que ustedes.h

Sal y luz del mundo
(Mr 9.50; Lc 14.34–35)

13 "Ustedes son la sal de este mundo. Pero si la sal deja de estar salada, ¿cómo podrá recobrar su sabor? Ya no sirve para nada, así que se la tira a la calle y la gente la pisotea.i

14 "Ustedes son la luz de este mundo.j Una ciudad en lo alto de un cerro no puede esconderse. 15 Ni se enciende una lámpara para ponerla bajo un cajón; antes bien, se la pone en altok para que alumbre a todos los que están en la casa. 16 Del mismo modo, procuren ustedes que su luz brille delante de la gente, para que, viendo el bien que ustedes hacen, todos alaben a su Padre que está en el cielo.l

Jesús enseña sobre la ley

17 "No crean ustedes que yo he venido a poner fin a la ley ni a las enseñanzas de los profetas; no he venido a ponerles fin, sino a darles su verdadero significado.g 18 Pues les aseguro que mientras existan el cielo y la tierra, no se le quitará a la ley ni un punto ni una letra, hasta que suceda todo lo que tiene que suceder.m 19 Por eso, el que no obedece uno de los mandatos de la ley, aunque sea el más pequeño, ni enseña a la gente a obedecerlos, será considerado el más pequeño en el reino de Dios. Pero el que los obedece y enseña a otros a hacer lo mismo, será considerado grande en el reino de Dios. 20 Porque les digo a ustedes que, si no superan a los maestros de la ley y a los fariseos en hacer lo que Dios ha ordenado, nunca entrarán en el reino de Dios.

δ Epilépticos: lit. lunáticos. g A darles su verdadero significado: lit. a completar(los).
z 4.23 Mt 9.35; Mr 1.39. a 5.4 Is 61.2. b 5.5 Sal 37.11. c 5.6 Is 55.1-2. d 5.8 Sal 24.3-4. e 5.9 Pr 12.20.
f 5.10 1 P 3.14. g 5.11 1 P 4.14. h 5.12 2 Cr 36.16; Hch 7.52. i 5.13 Mr 9.50; Lc 14.34-35. j 5.14 Jn 8.12; 9.5.
k 5.15 Mr 4.21; Lc 8.16; 11.33. l 5.16 1 P 2.12. m 5.18 Lc 16.17.

Jesús enseña sobre el enojo

(Lc 12.57–59)

21 “Ustedes han oído que a sus antepasados se les dijo: ‘No mates,[n] pues el que
mate será condenado.’ 22 Pero yo les digo
que cualquiera que se enoje con su hermano,[10] será condenado. Al que insulte a
su hermano, lo juzgará la Junta Suprema;
y el que injurie gravemente a su hermano,
se hará merecedor del fuego del infierno.
23 “Así que, si al llevar tu ofrenda al altar te acuerdas de que tu hermano tiene
algo contra ti, 24 deja tu ofrenda allí
mismo delante del altar y ve primero a ponerte en paz con tu hermano. Entonces
podrás volver al altar y presentar tu
ofrenda.
25 “Si alguien te demanda y te quiere llevar a juicio, procura ponerte de acuerdo
con él mientras todavía estés a tiempo,
para que no te entregue al juez; porque si
no, el juez te entregará a los guardias y te
meterán en la cárcel. 26 Te aseguro que no
saldrás de allí hasta que pagues el último
centavo.

Jesús enseña sobre el adulterio

27 “Ustedes han oído que antes se dijo:
‘No cometas adulterio.’[ñ] 28 Pero yo les
digo que cualquiera que mira con deseo a
una mujer, ya cometió adulterio con ella
en su corazón.
29 “Así pues, si tu ojo derecho te hace
caer en pecado, sácatelo y échalo lejos de
ti; es mejor que pierdas una sola parte de
tu cuerpo, y no que todo tu cuerpo sea
arrojado al infierno.[o] 30 Y si tu mano derecha te hace caer en pecado, córtatela y
échala lejos de ti; es mejor que pierdas
una sola parte de tu cuerpo, y no que todo
tu cuerpo sea arrojado al infierno.[p]

Jesús enseña sobre el divorcio

(Mt 19.9; Mr 10.11–12; Lc 16.18)

31 “También se dijo antes: ‘Cualquiera
que se divorcia de su esposa, debe darle
un certificado de divorcio.’[q] 32 Pero yo les
digo que si un hombre se divorcia de su
esposa, a no ser por motivo de inmoralidad sexual, la pone en peligro de cometer
adulterio. Y el que se casa con una divorciada, también comete adulterio.[r]

Jesús enseña sobre los juramentos

33 “También han oído ustedes que se
dijo a los antepasados: ‘No dejes de cumplir lo que hayas ofrecido al Señor bajo juramento.’[s] 34 Pero yo les digo que no juren por ninguna razón. No juren por el
cielo, porque es el trono de Dios; 35 ni por
la tierra, porque es el estrado de sus pies;[t]
ni por Jerusalén, porque es la ciudad del
gran Rey.[u] 36 Ni juren ustedes tampoco
por su propia cabeza, porque no pueden
hacer blanco o negro ni un solo cabello.
37 Si dicen ‘sí’, que sea sí; si dicen ‘no’, que
sea no, pues lo que se aparta de esto, es
malo.

Jesús enseña sobre la venganza

(Lc 6.29–30)

38 “Ustedes han oído que antes se dijo:
‘Ojo por ojo y diente por diente.’[v] 39 Pero
yo les digo: No resistas al que te haga algún mal; al contrario, si alguien te pega
en una mejilla, ofrécele también la otra.[w]
40 Si alguien te demanda y te quiere quitar
la camisa, déjale que se lleve también tu
capa. 41 Si te obligan a llevar carga una
milla, llévala dos. 42 A cualquiera que te
pida algo, dáselo; y no le vuelvas la espalda al que te pida prestado.

El amor a los enemigos

(Lc 6.27–28, 32–36)

43 “También han oído que antes se dijo:
‘Ama a tu amigo[x] y odia a tu enemigo.’
44 Pero yo les digo: Amen a sus enemigos,[11]
y oren por quienes[12] los persiguen. 45 Así
ustedes serán hijos de su Padre que está
en el cielo; pues él hace que su sol salga
sobre malos y buenos, y manda la lluvia
sobre justos e injustos. 46 Porque si ustedes aman solamente a quienes los aman,
¿qué premio recibirán? Hasta los que cobran impuestos para Roma se portan así.
47 Y si saludan solamente a sus hermanos,
¿qué hacen de extraordinario? Hasta los
paganos se portan así. 48 Sean ustedes perfectos, como su Padre que está en el cielo
es perfecto.[y]

Jesús enseña sobre las buenas obras

6 1 “No practiquen su religión delante
de la gente sólo para que los demás
los vean.[z] Si lo hacen así, su Padre que
está en el cielo no les dará ningún premio.
2 “Por eso, cuando ayudes a los necesitados, no lo publiques a los cuatro vientos,
como hacen los hipócritas en las sinagogas y en las calles para que la gente hable
bien de ellos. Les aseguro que con eso ya

[10] Algunos mss. añaden: *sin causa.* [11] Algunos mss. añaden: *bendigan a los que los maldicen, hagan bien a los que los odian.* [12] Algunos mss. añaden: *los ultrajan y.*

[n] **5.21** Ex 20.13; Dt 5.17. [ñ] **5.27** Ex 20.14; Dt 5.18. [o] **5.29** Mt 18.9; Mr 9.47. [p] **5.30** Mt 18.8; Mr 9.43. [q] **5.31** Dt 24.1–4; Mt 19.7; Mr 10.4. [r] **5.32** Mt 19.9; Mr 10.11–12; Lc 16.18; 1 Co 7.10–11. [s] **5.33** Lv 19.12; Nm 30.2; Dt 23.21. [t] **5.34–35** Is 66.1; Mt 23.22; Stg 5.12. [u] **5.35** Sal 48.2. [v] **5.38** Ex 21.24; Lv 24.20; Dt 19.21. [w] **5.39** Lm 3.30. [x] **5.43** Lv 19.18. [y] **5.48** Lv 11.44–45; 19.2; Dt 18.13. [z] **6.1** Mt 23.5.

tienen su premio. ³ Cuando tú ayudes a los necesitados, no se lo cuentes ni siquiera a tu amigo más íntimo; ⁴ hazlo en secreto. Y tu Padre, que ve lo que haces en secreto, te dará tu premio.¹³

Jesús enseña a orar
(Lc 11.2–4)

⁵ "Cuando ustedes oren, no sean como los hipócritas, a quienes les gusta orar de pie en las sinagogas y en las esquinas de las plazas para que la gente los vea.ᵃ Les aseguro que con eso ya tienen su premio. ⁶ Pero tú, cuando ores, entra en tu cuarto, cierra la puerta y ora a tu Padre que está allí a solas contigo. Y tu Padre, que ve lo que haces en secreto, te dará tu premio.¹³ ⁷ "Y al orar no repitas palabras inútiles, como hacen los paganos, que se imaginan que cuanto más hablen más caso les hará Dios. ⁸ No sean ustedes como ellos, porque su Padre ya sabe lo que ustedes necesitan, antes que se lo pidan. ⁹ Ustedes deben orar así:

'Padre nuestro que estás en el cielo, santificado sea tu nombre.
¹⁰ Venga tu reino.
Hágase tu voluntad en la tierra, así como se hace en el cielo.
¹¹ Danos hoy el pan que necesitamos.ᵇ
¹² Perdónanos el mal que hemos hecho, así como nosotros hemos perdonado a los que nos han hecho mal.
¹³ No nos expongas a la tentación, sino líbranos del maligno.'¹⁴

¹⁴ "Porque si ustedes perdonan a otros el mal que les han hecho, su Padre que está en el cielo los perdonará también a ustedes; ¹⁵ pero si no perdonan a otros, tampoco su Padre les perdonará a ustedes sus pecados.ᶜ

Jesús enseña sobre el ayuno

¹⁶ "Cuando ustedes ayunen, no pongan cara triste, como los hipócritas, que aparentan tristeza para que la gente vea que están ayunando. Les aseguro que con eso ya tienen su premio. ¹⁷ Tú, cuando ayunes, lávate la cara y arréglate bien, ¹⁸ para que la gente no note que estás ayunando. Solamente lo notará tu Padre, que está a solas contigo, y él te dará tu premio.

Riquezas en el cielo
(Lc 12.33–34)

¹⁹ "No amontonen riquezas aquí en la tierra, donde la polilla destruye y las cosas se echan a perder,ᵈ y donde los ladrones entran a robar. ²⁰ Más bien amontonen riquezas en el cielo, donde la polilla no destruye ni las cosas se echan a perder ni los ladrones entran a robar. ²¹ Pues donde esté tu riqueza, allí estará también tu corazón.

La lámpara del cuerpo
(Lc 11.34–36)

²² "Los ojos son como una lámpara para el cuerpo; así que, si tus ojos son buenos, todo tu cuerpo tendrá luz; ²³ pero si tus ojos son malos, todo tu cuerpo estará en oscuridad. Y si la luz que hay en ti resulta ser oscuridad, ¡qué negra será la oscuridad misma!

Dios y el dinero
(Lc 16.13)

²⁴ "Nadie puede servir a dos amos, porque odiará a uno y querrá al otro, o será fiel a uno y despreciará al otro. No se puede servir a Dios y a las riquezas.

Dios cuida de sus hijos
(Lc 12.22–31)

²⁵ "Por lo tanto, yo les digo: No se preocupen por lo que han de comer o beber para vivir, ni por la ropa que han de ponerse. ¿No vale la vida más que la comida y el cuerpo más que la ropa? ²⁶ Miren las aves que vuelan por el aire: ni siembran ni cosechan ni guardan la cosecha en graneros; sin embargo, el Padre de ustedes que está en el cielo les da de comer. ¡Y ustedes valen más que las aves! ²⁷ En todo caso, por mucho que uno se preocupe, ¿cómo podrá prolongar su vida ni siquiera una hora?¹⁵ ²⁸ "¿Y por qué se preocupan ustedes por la ropa? Fíjense cómo crecen las flores del campo: no trabajan ni hilan. ²⁹ Sin embargo, les digo que ni siquiera el rey Salomón, con todo su lujo,ᵉ se vestía como una de ellas. ³⁰ Pues si Dios viste así la hierba, que hoy está en el campo y mañana se quema en el horno, ¡con mayor razón los vestirá a ustedes, gente falta de fe! ³¹ Así que no se preocupen, preguntándose: '¿Qué vamos a comer?' o '¿Qué vamos a beber?' o '¿Con qué vamos a vestirnos?' ³² Todas estas cosas son las que

---

¹³ Algunos mss. añaden: en público. ¹⁴ Algunos mss. añaden: Porque tuyo es el reino y el poder y la gloria para siempre. Así sea. ¹⁵ ¿Cómo podrá prolongar . . . una hora?: Otra posible traducción: ¿Cómo podrá aumentar medio metro su estatura?
ᵃ **6.5** Lc 18.10–14. ᵇ **6.11** Pr 30.8–9. ᶜ **6.14–15** Mr 11.25–26. ᵈ **6.19** Stg 5.2–3. ᵉ **6.29** 1 R 10.4–7; 2 Cr 9.3–6.

preocupan a los paganos, pero ustedes tienen un Padre celestial que ya sabe que las necesitan. [33] Por lo tanto, pongan toda su atención en el reino de Dios y en hacer lo que Dios exige, y recibirán también todas estas cosas. [34] No se preocupen por el día de mañana, porque mañana habrá tiempo para preocuparse. Cada día tiene bastante con sus propios problemas.[f]

No juzgar a otros
(Lc 6.37–38, 41–42)

7 [1] "No juzguen a otros, para que Dios no los juzgue a ustedes. [2] Pues Dios los juzgará a ustedes de la misma manera que ustedes juzguen a otros; y con la misma medida con que ustedes midan, Dios los medirá a ustedes.[g] [3] ¿Por qué te pones a mirar la paja que tiene tu hermano en el ojo, y no te fijas en el tronco que tú tienes en el tuyo? [4] Y si tú tienes un tronco en tu propio ojo, ¿cómo puedes decirle a tu hermano: 'Déjame sacarte la paja que tienes en el ojo'? [5] ¡Hipócrita!, saca primero el tronco de tu propio ojo, y así podrás ver bien para sacar la paja que tiene tu hermano en el suyo.

[6] "No den las cosas sagradas a los perros, no sea que se vuelvan contra ustedes y los hagan pedazos. Y no echen sus perlas a los cerdos, no sea que las pisoteen.

Pedir, buscar y llamar a la puerta
(Lc 11.9–13; 6.31)

[7] "Pidan, y Dios les dará; busquen, y encontrarán; llamen a la puerta, y se les abrirá. [8] Porque el que pide, recibe; y el que busca, encuentra;[h] y al que llama a la puerta, se le abre.

[9] "¿Acaso alguno de ustedes sería capaz de darle a su hijo una piedra cuando le pide pan? [10] ¿O de darle una culebra cuando le pide un pescado? [11] Pues si ustedes, que son malos, saben dar cosas buenas a sus hijos, ¡cuánto más su Padre que está en el cielo dará cosas buenas a quienes se las pidan![i]

[12] "Así pues, hagan ustedes con los demás como quieran que los demás hagan con ustedes;[j] porque esto es lo que mandan la ley y los escritos de los profetas.

La puerta angosta
(Lc 13.24)

[13] "Entren por la puerta angosta. Porque la puerta y el camino que llevan a la perdición son anchos y espaciosos, y muchos entran por ellos; [14] pero la puerta y el camino que llevan a la vida son angostos y difíciles, y pocos los encuentran.[k]

El árbol se conoce por su fruto
(Lc 6.43–44)

[15] "Cuídense de esos mentirosos que pretenden hablar de parte de Dios. Vienen a ustedes disfrazados de ovejas, pero por dentro son lobos feroces. [16] Ustedes los pueden reconocer por sus acciones, pues no se cosechan uvas de los espinos ni higos de los cardos. [17] Así, todo árbol bueno da fruto bueno, pero el árbol malo da fruto malo. [18] El árbol bueno no puede dar fruto malo, ni el árbol malo dar fruto bueno. [19] Todo árbol que no da buen fruto, se corta y se echa al fuego.[l] [20] De modo que ustedes los reconocerán por sus acciones.[m]

No todos entrarán en el reino de Dios
(Lc 13.25–27)

[21] "No todos los que me dicen: 'Señor, Señor', entrarán en el reino de Dios, sino solamente los que hacen la voluntad de mi Padre celestial. [22] Aquel día muchos me dirán: 'Señor, Señor, nosotros hablamos en tu nombre, y en tu nombre expulsamos demonios, y en tu nombre hicimos muchos milagros.' [23] Pero entonces les contestaré: 'Nunca los conocí; ¡aléjense de mí, malhechores!'[n]

Las dos bases
(Mr 1.22; Lc 6.47–49)

[24] "Por tanto, el que me oye y hace lo que yo digo, es como un hombre prudente que construyó su casa sobre la roca. [25] Vino la lluvia, crecieron los ríos y soplaron los vientos contra la casa; pero no cayó, porque tenía su base sobre la roca. [26] Pero el que me oye y no hace lo que yo digo, es como un tonto que construyó su casa sobre la arena. [27] Vino la lluvia, crecieron los ríos, soplaron los vientos y la casa se vino abajo. ¡Fue un gran desastre!"

[28] Cuando Jesús terminó de hablar, toda la gente estaba admirada de cómo les enseñaba, [29] porque lo hacía con plena autoridad, y no como sus maestros de la ley.[ñ]

Jesús sana a un leproso
(Mr 1.40–45; Lc 5.12–16)

8 [1] Cuando Jesús bajó del monte, mucha gente le siguió. [2] En esto se le acercó un hombre enfermo de lepra, el

---

[f] 6.25–34 Sal 55.22; 1 P 5.7. [g] 7.2 Mr 4.24. [h] 7.7–8 Dt 4.29; 2 Cr 15.2–15; Jer 29.13. [i] 7.7–11 Jn 14.13–14; 15.7,16; 16.23–24; 1 Jn 3.21–22; 5.14–15. [j] 7.12 Lc 6.31. [k] 7.13–14 Sal 1.6; Pr 4.18–19. [l] 7.19 Mt 3.10; Lc 3.9. [m] 7.20 Mt 12.33. [n] 7.23 Sal 6.8. [ñ] 7.28–29 Mr 1.22; Lc 4.32.

cual se puso de rodillas delante de él y le
dijo:
—Señor, si quieres, puedes limpiarme de
mi enfermedad.
3 Jesús lo tocó con la mano, y dijo:
—Quiero. ¡Queda limpio!
Al momento, el leproso quedó limpio de
su enfermedad. 4 Jesús añadió:
—Mira, no se lo digas a nadie; solamente ve y preséntate al sacerdote, y lleva
la ofrenda que ordenó Moisés,[o] para que
todos sepan que ya estás limpio de tu enfermedad.

Jesús sana al criado de un capitán romano

(Lc 7.1–10)

5 Al entrar Jesús en Capernaum, un capitán romano se le acercó para hacerle un
ruego. 6 Le dijo:
—Señor, mi criado está en casa enfermo, paralizado y sufriendo terribles dolores.
7 Jesús le respondió:
—Iré a sanarlo.
8 El capitán contestó:
—Señor, yo no merezco que entres en
mi casa; solamente da la orden, y mi
criado quedará sano. 9 Porque yo mismo
estoy bajo órdenes superiores, y a la vez
tengo soldados bajo mi mando. Cuando le
digo a uno de ellos que vaya, va; cuando
le digo a otro que venga, viene; y cuando
mando a mi criado que haga algo, lo hace.
10 Jesús se quedó admirado al oír esto, y
dijo a los que le seguían:
—Les aseguro que no he encontrado a
nadie en Israel con tanta fe como este
hombre. 11 Y les digo que muchos vendrán
de oriente y de occidente, y se sentarán a
comer con Abraham, Isaac y Jacob en el
reino de Dios,[p] 12 pero los que deberían
estar en el reino, serán echados a la oscuridad de afuera, donde llorarán y les rechinarán los dientes.[q]
13 Luego Jesús dijo al capitán:
—Vete a tu casa, y que se haga tal
como has creído.
En ese mismo momento el criado quedó
sano.

Jesús sana a la suegra de Pedro

(Mr 1.29–31; Lc 4.38–39)

14 Jesús fue a casa de Pedro, donde encontró a la suegra de éste en cama y con
fiebre. 15 Jesús tocó entonces la mano de
ella, y la fiebre se le quitó, así que ella se
levantó y comenzó a atenderlos.

Jesús sana a muchos enfermos

(Mr 1.32–34; Lc 4.40–41)

16 Al anochecer llevaron a Jesús muchas
personas endemoniadas; y con una sola
palabra expulsó a los espíritus malos, y
también sanó a todos los enfermos. 17 Esto
sucedió para que se cumpliera lo que
anunció el profeta Isaías, cuando dijo: "Él
tomó nuestras debilidades y cargó con
nuestras enfermedades."[r]

Los que querían seguir a Jesús

(Lc 9.57–62)

18 Jesús, al verse rodeado por la multitud, dio orden de pasar al otro lado del
lago. 19 Entonces se le acercó un maestro
de la ley, y le dijo:
—Maestro, deseo seguirte a dondequiera que vayas.
20 Jesús le contestó:
—Las zorras tienen cuevas y las aves
tienen nidos, pero el Hijo del hombre no
tiene donde recostar la cabeza.
21 Otro, que era uno de sus discípulos, le
dijo:
—Señor, déjame ir primero a enterrar a
mi padre.
22 Jesús le contestó:
—Sígueme, y deja que los muertos entierren a sus muertos.

Jesús calma el viento y las olas

(Mr 4.35–41; Lc 8.22–25)

23 Jesús subió a la barca, y sus discípulos
lo acompañaron. 24 En esto se desató sobre
el lago una tormenta tan fuerte que las
olas cubrían la barca. Pero Jesús se había
dormido. 25 Entonces sus discípulos fueron
a despertarlo, diciéndole:
—¡Señor, sálvanos! ¡Nos estamos hundiendo!
26 El les contestó:
—¿Por qué tanto miedo? ¡Qué poca fe
tienen ustedes!
Dicho esto, se levantó y dio una orden
al viento y al mar, y todo quedó completamente tranquilo. 27 Ellos, admirados, se
preguntaban:
—¿Pues quién será éste, que hasta los
vientos y el mar le obedecen?

Los endemoniados de Gadara

(Mr 5.1–20; Lc 8.26–39)

28 Cuando Jesús llegó al otro lado del
lago, a la tierra de Gadara, dos endemoniados salieron de entre las tumbas y se
acercaron a él. Eran tan feroces que nadie

[o] **8.4** Lv 14.1–32. [p] **8.11** Lc 13.29. [q] **8.12** Mt 22.13; 25.30; Lc 13.28. [r] **8.17** Is 53.4.

podía pasar por aquel camino; [29] y se pusieron a gritar:

—¡No te metas con nosotros, Jesús, Hijo de Dios! ¿Viniste acá para atormentarnos antes de tiempo?

[30] A cierta distancia de allí había muchos cerdos comiendo, [31] y los demonios le rogaron a Jesús:

—Si nos expulsas, déjanos entrar en esos cerdos.

[32] Jesús les dijo:

—Vayan.

Los demonios salieron de los hombres y entraron en los cerdos; y al momento todos los cerdos echaron a correr pendiente abajo hasta el lago, y allí se ahogaron.

[33] Los que cuidaban de los cerdos salieron huyendo, y al llegar al pueblo comenzaron a contar lo sucedido, todo lo que había pasado con los endemoniados. [34] Entonces todos los del pueblo salieron a donde estaba Jesús, y al verlo le rogaron que se fuera de aquellos lugares.

Jesús sana a un paralítico
(Mr 2.1–12; Lc 5.17–26)

9 [1] Después de esto, Jesús subió a una barca, pasó al otro lado del lago y llegó a su propio pueblo. [2] Allí le llevaron un paralítico, acostado en una camilla; y cuando Jesús vio la fe que tenían, le dijo al enfermo:

—Ánimo, hijo; tus pecados quedan perdonados.

[3] Algunos maestros de la ley pensaron: "Lo que éste ha dicho es una ofensa contra Dios." [4] Pero como Jesús sabía lo que estaban pensando, les preguntó:

—¿Por qué tienen ustedes tan malos pensamientos? [5] ¿Qué es más fácil, decir: 'Tus pecados quedan perdonados', o decir: 'Levántate y anda'? [6] Pues voy a demostrarles que el Hijo del hombre tiene autoridad en la tierra para perdonar pecados.

Entonces le dijo al paralítico:

—Levántate, toma tu camilla y vete a tu casa.

[7] El paralítico se levantó y se fue a su casa. [8] Al ver esto, la gente tuvo miedo y alabó a Dios por haber dado tal poder a los hombres.

Jesús llama a Mateo
(Mr 2.13–17; Lc 5.27–32)

[9] Jesús se fue de allí y vio a un hombre llamado Mateo, que estaba sentado en el lugar donde cobraba los impuestos para Roma. Jesús le dijo:

—Sígueme.

Entonces Mateo se levantó y lo siguió.

[10] Sucedió que Jesús estaba comiendo en la casa, y muchos de los que cobraban impuestos para Roma, y otra gente de mala fama, llegaron y se sentaron también a la mesa junto con Jesús y sus discípulos. [11] Al ver esto, los fariseos preguntaron a los discípulos:

—¿Cómo es que su maestro come con cobradores de impuestos y pecadores?[s]

[12] Jesús lo oyó y les dijo:

—Los que están buenos y sanos no necesitan médico, sino los enfermos. [13] Vayan y aprendan el significado de esta Escritura: 'Lo que quiero es que sean compasivos, y no que ofrezcan sacrificios.'[t] Pues yo no he venido a llamar a los buenos, sino a los pecadores.

La cuestión del ayuno
(Mr 2.18–22; Lc 5.33–39)

[14] Los seguidores de Juan el Bautista se acercaron a Jesús y le preguntaron:

—Nosotros y los fariseos ayunamos mucho, ¿por qué tus discípulos no ayunan?

[15] Jesús les contestó:

—¿Acaso pueden estar tristes los invitados a una boda, mientras el novio está con ellos? Pero llegará el momento en que se lleven al novio; entonces sí ayunarán.

[16] "Nadie arregla un vestido viejo con un remiendo de tela nueva, porque el remiendo nuevo encoge y rompe el vestido viejo, y el desgarrón se hace mayor. [17] Ni tampoco se echa vino nuevo en cueros viejos, porque los cueros se revientan, y tanto el vino como los cueros se pierden. Por eso hay que echar el vino nuevo en cueros nuevos, para que así se conserven las dos cosas.

La hija de Jairo. La mujer que tocó la capa de Jesús
(Mr 5.21–43; Lc 8.40–56)

[18] Mientras Jesús les estaba hablando, un jefe de los judíos llegó, se arrodilló ante él y le dijo:

—Mi hija acaba de morir; pero si tú vienes y pones tu mano sobre ella, volverá a la vida.

[19] Jesús se levantó, y acompañado de sus discípulos se fue con él. [20] Entonces una mujer que desde hacía doce años estaba enferma, con derrames de sangre, se acercó a Jesús por detrás y le tocó el borde de la capa. [21] Porque pensaba: "Tan sólo con que llegue a tocar su capa, quedaré sana." [22] Pero Jesús se dio la vuelta, vio a la mujer y le dijo:

—Ánimo, hija, por tu fe has sido sanada.

9.10–11 Lc 15.1–2. **9.13** Os 6.6; Mt 12.7.

Y desde aquel mismo momento quedó sana.

²³ Cuando Jesús llegó a casa del jefe de los judíos, y vio que los músicos estaban preparados ya para el entierro y que la gente lloraba a gritos, ²⁴ les dijo:

—Sálganse de aquí, pues la muchacha no está muerta, sino dormida.

La gente se rió de Jesús, ²⁵ pero él los hizo salir; luego entró y tomó de la mano a la muchacha, y ella se levantó. ²⁶ Y por toda aquella región corrió la noticia de lo que había pasado.

Jesús sana a dos ciegos

²⁷ Al salir Jesús de allí, dos ciegos lo siguieron, gritando:

—¡Ten compasión de nosotros, Hijo de David!

²⁸ Cuando Jesús entró en la casa, los ciegos se le acercaron, y él les preguntó:

—¿Creen ustedes que puedo hacer esto?

—Sí, Señor —le contestaron.

²⁹ Entonces Jesús les tocó los ojos, y les dijo:

—Que se haga conforme a la fe que ustedes tienen.

³⁰ Y recobraron la vista. Jesús les advirtió mucho:

—Procuren que no lo sepa nadie.

³¹ Pero, apenas salieron, contaron por toda aquella región lo que Jesús había hecho.

Jesús sana a un mudo

³² Mientras los ciegos salían, algunas personas trajeron a Jesús un mudo que estaba endemoniado. ³³ En cuanto Jesús expulsó al demonio, el mudo comenzó a hablar. La gente, admirada, decía:

—¡Nunca se ha visto en Israel una cosa igual!

³⁴ Pero los fariseos decían:

—Es el propio jefe de los demonios quien le ha dado a éste el poder de expulsarlos.ᵘ

Jesús tiene compasión de la gente

³⁵ Jesús recorría todos los pueblos y aldeas, enseñando en las sinagogas de cada lugar. Anunciaba la buena noticia del reino de Dios, y curaba toda clase de enfermedades y dolencias.ᵛ ³⁶ Al ver a la gente, sintió compasión de ellos, porque estaban angustiados y desvalidos, como ovejas que no tienen pastor.ʷ ³⁷ Dijo entonces a sus discípulos:

—Ciertamente la cosecha es mucha, pero los trabajadores son pocos. ³⁸ Por eso, pidan ustedes al Dueño de la cosecha que mande trabajadores a recogerla.ˣ

Jesús escoge a los doce apóstoles
(Mr 3.13–19; Lc 6.12–16)

10 ¹ Jesús llamó a sus doce discípulos, y les dio autoridad para expulsar a los espíritus impuros y para curar toda clase de enfermedades y dolencias.

² Estos son los nombres de los doce apóstoles: primero Simón, llamado también Pedro, y su hermano Andrés; Santiago y su hermano Juan, hijos de Zebedeo; ³ Felipe y Bartolomé; Tomás y Mateo, el que cobraba impuestos para Roma; Santiago, hijo de Alfeo, y Tadeo; ⁴ Simón el celote,¹⁶ y Judas Iscariote, que después traicionó a Jesús.

Jesús envía a los discípulos a anunciar el reino de Dios
(Mr 6.7–13; Lc 9.1–6)

⁵ Jesús envió a estos doce con las siguientes instrucciones: "No vayan a las regiones de los paganos ni entren en los pueblos de Samaria; ⁶ vayan más bien a las ovejas perdidas del pueblo de Israel. ⁷ Vayan y anuncien que el reino de Dios se ha acercado. ⁸ Sanen a los enfermos, resuciten a los muertos, limpien de su enfermedad a los leprosos y expulsen a los demonios. Ustedes recibieron gratis este poder; no cobren tampoco por emplearlo.

⁹ "No lleven oro ni plata ni cobre ¹⁰ ni bolsa para el camino. No lleven ropa de repuesto ni sandalias ni bastón, pues el trabajador tiene derecho a su alimento.ʸ

¹¹ "Cuando lleguen ustedes a un pueblo o aldea, busquen alguna persona de confianza y quédense en su casa hasta que se vayan de allí. ¹² Al entrar en la casa, saluden a los que viven en ella. ¹³ Si la gente de la casa lo merece, su deseo de paz se cumplirá; pero si no lo merece, no se cumplirá. ¹⁴ Y si no los reciben ni los quieren oír, salgan de la casa o del pueblo y sacúdanse el polvo de los pies.ᶻ ¹⁵ Les aseguro que en el día del juicio el castigo para ese pueblo será peor que para la gente de la región de Sodoma y Gomorra.ᵃ, ᵇ

Persecuciones

¹⁶ "¡Miren! Yo los envío a ustedes como ovejas en medio de lobos.ᶜ Sean, pues, astutos como serpientes, aunque también ingenuos como palomas. ¹⁷ Tengan cui-

¹⁶ Celote: véase Glosario anexo.
ᵘ 9.34 Mt 10.25; 12.24; Mr 3.22; Lc 11.15.   ᵛ 9.35 Mt 4.23; Mr 1.39; Lc 4.44.   ʷ 9.36 Nm 27.17; 1 R 22.17; 2 Cr 18.16; Jer 50.6–7; Ez 34.5; Zac 10.2; Mr 6.34.   ˣ 9.37–38 Lc 10.2.   ʸ 10.10 1 Co 9.14; 1 Ti 5.18.   ᶻ 10.14 Hch 13.51.
ᵃ 10.7–15 Lc 10.4–12.   ᵇ 10.15 Gn 19.24–28; Mt 11.24.   ᶜ 10.16 Lc 10.3.

dado, porque los entregarán a las autoridades, los golpearán en las sinagogas [18] y hasta los presentarán ante gobernadores y reyes por causa mía; así podrán dar testimonio de mí delante de ellos y de los paganos. [19] Pero cuando los entreguen a las autoridades, no se preocupen ustedes por lo que han de decir o cómo han de decirlo, porque cuando les llegue el momento de hablar, Dios les dará las palabras. [20] Pues no serán ustedes quienes hablen, sino que el Espíritu de su Padre hablará por ustedes.[d] [21] "Los hermanos entregarán a la muerte a sus hermanos, y los padres a sus hijos; y los hijos se volverán contra sus padres y los matarán.[e] [22] Todo el mundo los odiará a ustedes por causa mía;[f] pero el que se mantenga firme hasta el fin, será salvo.[g] [23] Cuando los persigan en una ciudad, huyan a otra; pues les aseguro que el Hijo del hombre vendrá antes que ustedes hayan recorrido todas las ciudades de Israel.

[24] "Ningún discípulo es más que su maestro,[h] y ningún criado es más que su amo.[i] [25] El discípulo debe conformarse con llegar a ser como su maestro, y el criado como su amo. Si al jefe de la casa lo llaman Beelzebú,[j] ¿qué dirán de los de su familia?

A quién se debe tener miedo
(Lc 12.2–7)

[26] "No tengan, pues, miedo de la gente. Porque no hay nada secreto que no llegue a descubrirse, ni nada escondido que no llegue a saberse.[k] [27] Lo que les digo en la oscuridad, díganlo ustedes a la luz del día; y lo que les digo en secreto, grítenlo desde las azoteas de las casas. [28] No tengan miedo de los que pueden darles muerte pero no pueden disponer de su destino eterno; teman más bien al que puede darles muerte y también puede destruirlos para siempre en el infierno. [29] ¿No se venden dos pajarillos por una monedita? Sin embargo, ni uno de ellos cae a tierra sin que el Padre de ustedes lo permita. [30] En cuanto a ustedes mismos, hasta los cabellos de la cabeza los tienen contados uno por uno. [31] Así que no tengan miedo: ustedes valen más que muchos pajarillos.

Los que reconocen a Jesucristo delante de los hombres
(Lc 12.8–9)

[32] "Si alguien se declara a mi favor delante de los hombres, yo también me de-

clararé a favor de él delante de mi Padre que está en el cielo; [33] pero al que me niegue delante de los hombres, yo también lo negaré delante de mi Padre que está en el cielo.[l]

Jesús, causa de división
(Lc 12.51–53; 14.26–27)

[34] "No crean que yo he venido a traer paz al mundo; no he venido a traer paz, sino lucha. [35] He venido a poner al hombre contra su padre, a la hija contra su madre y a la nuera contra su suegra; [36] de modo que los enemigos de cada cual serán sus propios parientes.[m] [37] "El que quiere a su padre o a su madre más que a mí, no merece ser mío; el que quiere a su hijo o a su hija más que a mí, no merece ser mío; [38] y el que no toma su cruz y me sigue, no merece ser mío.[n] [39] El que trate de salvar su vida, la perderá, pero el que pierda su vida por causa mía, la salvará.[ñ]

Premios
(Mr 9.41)

[40] "El que los recibe a ustedes, me recibe a mí;[o] y el que me recibe a mí, recibe al que me envió.[p] [41] El que recibe a un profeta porque viene de parte de Dios, recibirá el mismo premio que se da a un profeta; y el que recibe a un hombre bueno porque es bueno, recibirá el mismo premio que se da a un hombre bueno. [42] Y cualquiera que le da siquiera un vaso de agua fresca a uno de estos pequeños por ser seguidor mío, les aseguro que tendrá su premio."

Los enviados de Juan el Bautista
(Lc 7.18–35)

11 [1] Cuando Jesús terminó de dar instrucciones a sus doce discípulos, se fue de allí a enseñar y anunciar el mensaje en los pueblos de aquella región. [2] Juan, que estaba en la cárcel, tuvo noticias de lo que Cristo estaba haciendo. Entonces envió algunos de sus seguidores [3] a que le preguntaran si él era de veras el que había de venir, o si debían esperar a otro. [4] Jesús les contestó: "Vayan y díganle a Juan lo que están viendo y oyendo. [5] Cuéntenle que los ciegos ven, los cojos andan, los leprosos quedan limpios de su enfermedad, los sordos oyen,[q] los muertos vuelven a la vida y a los pobres se les

d 10.17-20 Mr 13.9–11; Lc 12.11–12; 21.12–15.   e 10.21 Mt 13.12; Lc 21.16.   f 10.22 Mt 24.9; Mr 13.13; Lc 21.17.
g 10.22 Mt 24.13; Mr 13.13.   h 10.24 Lc 6.40.   i 10.24 Jn 13.16; 15.20.   j 10.25 Mt 9.34; 12.24; Mr 3.22; Lc 11.15.
k 10.26 Mr 4.22; Lc 8.17.   l 10.33 2 Ti 2.12.   m 10.35-36 Mi 7.6.   n 10.38 Mt 16.24; Mr 8.34; Lc 9.23; Jn 12.24.
ñ 10.39 Mt 16.25; Mr 8.35; Lc 9.24; 17.33; Jn 12.25.   o 10.40 Lc 10.16; Jn 13.20.   p 10.40 Mr 9.37; Lc 9.48.   q 11.5 Is 35.5–6.

anuncia el mensaje de salvación.^r ⁶ ¡Y dichoso aquel que no pierda su confianza en mí!"

⁷ Cuando ellos se fueron, Jesús comenzó a hablar a la gente acerca de Juan, diciendo: "¿Qué salieron ustedes a ver al desierto? ¿Una caña sacudida por el viento? ⁸ Y si no, ¿qué salieron a ver? ¿Un hombre vestido con lujo? Ustedes saben que los que se visten con lujo están en las casas de los reyes. ⁹ En fin, ¿a qué salieron? ¿A ver a un profeta? Sí, de veras, y a uno que es mucho más que profeta. ¹⁰ Juan es aquel de quien dice la Escritura:

'Yo envío mi mensajero delante de ti,
para que te prepare el camino.'^s

¹¹ Les aseguro que, entre todos los hombres, ninguno ha sido más grande que Juan el Bautista; y, sin embargo, el más pequeño en el reino de Dios es más grande que él. ¹² "Desde que vino Juan el Bautista hasta ahora, el reino de Dios sufre violencia, y los que usan la fuerza pretenden acabar con él. ¹³ Todos los profetas y la ley fueron sólo un anuncio del reino, hasta que vino Juan;^t ¹⁴ y, si ustedes quieren aceptar esto, Juan es el profeta Elías que había de venir.^u ¹⁵ Los que tienen oídos, oigan.

¹⁶ "¿A qué compararé la gente de este tiempo? Se parece a los niños que se sientan a jugar en las plazas y gritan a sus compañeros: ¹⁷ 'Tocamos la flauta, pero ustedes no bailaron; cantamos canciones tristes, pero ustedes no lloraron.' ¹⁸ Porque vino Juan, que ni come ni bebe, y dicen que tiene un demonio. ¹⁹ Luego ha venido el Hijo del hombre, que come y bebe, y dicen que es glotón y bebedor, amigo de gente de mala fama y de los que cobran impuestos para Roma. Pero la sabiduría de Dios se demuestra por todos sus resultados."

Los pueblos desobedientes
(Lc 10.13–15)

²⁰ Entonces Jesús comenzó a reprender a los pueblos donde había hecho la mayor parte de sus milagros, porque la gente que vivía en ellos no se había vuelto a Dios. Decía Jesús: ²¹ "¡Ay de ti, Corazín! ¡Ay de ti, Betsaida! Porque si en Tiro y Sidón^v se hubieran hecho los milagros que se han hecho entre ustedes, ya hace tiempo que se habrían vuelto a Dios, y lo habrían demostrado poniéndose ropas ásperas y ceniza. ²² Pero les digo que en el día del jui-

cio el castigo para ustedes será peor que para la gente de Tiro y Sidón. ²³ Y tú, pueblo de Capernaum, ¿crees que serás levantado hasta el cielo? ¡Hasta lo más hondo del abismo serás arrojado!^w Porque si en Sodoma^x se hubieran hecho los milagros que se han hecho entre ustedes, esa ciudad habría permanecido hasta el día de hoy. ²⁴ Pero les digo que en el día del juicio el castigo para ustedes será peor que para la gente de la región de Sodoma."^y

Vengan a mí y descansen
(Lc 10.21–22)

²⁵ En aquel tiempo, Jesús dijo: "Te alabo, Padre, Señor del cielo y de la tierra, porque has mostrado a los sencillos las cosas que escondiste de los sabios y entendidos. ²⁶ Sí, Padre, porque así lo has querido. ²⁷ "Mi Padre me ha entregado todas las cosas.^z Nadie conoce realmente al Hijo, sino el Padre; y nadie conoce realmente al Padre, sino el Hijo y aquellos a quienes el Hijo quiera darlo a conocer.^a ²⁸ Vengan a mí todos ustedes que están cansados de sus trabajos y cargas, y yo los haré descansar. ²⁹ Acepten el yugo que les pongo, y aprendan de mí, que soy paciente y de corazón humilde; así encontrarán descanso.^b ³⁰ Porque el yugo que les pongo y la carga que les doy a llevar son ligeros."

Los discípulos arrancan espigas en el día de reposo
(Mr 2.23–28; Lc 6.1–5)

12 ¹ Por aquel tiempo, en un día de reposo,¹⁷ Jesús caminaba entre los sembrados. Sus discípulos sintieron hambre, y comenzaron a arrancar espigas de trigo^c y a comer los granos. ² Los fariseos lo vieron, y dijeron a Jesús:

—Mira, tus discípulos están haciendo algo que no está permitido hacer en el día de reposo.¹⁷

³ Él les contestó:

—¿No han leído ustedes lo que hizo David en una ocasión en que él y sus compañeros tuvieron hambre? ⁴ Pues entró en la casa de Dios y comió los panes consagrados a Dios,^d los cuales no les estaba permitido comer ni a él ni a sus compañeros, sino solamente a los sacerdotes.^e ⁵ ¿O no han leído en la ley de Moisés que los sacerdotes en el templo no cometen pecado aunque no descansen en los días de reposo?^{17,f} ⁶ Pues les digo que aquí hay algo más importante que el templo. ⁷ Ustedes no han entendido el significado de esta

¹⁷ *Día(s) de reposo:* aquí equivale a *sábado.*
^r **11.5** Is 61.1. ^s **11.10** Mal 3.1. ^t **11.12–13** Lc 16.16. ^u **11.14** Mal 4.5; Mt 17.10–13; Mr 9.11–13. ^v **11.21** Is 23.1–18; Ez 26.1—28.26; Jl 3.4–8; Am 1.9–10; Zac 9.2–4. ^w **11.23** Is 14.13–15. ^x **11.23** Gn 19.24–28. ^y **11.24** Mt 10.15; Lc 10.12. ^z **11.27** Jn 3.35. ^a **11.27** Jn 1.18; 10.15. ^b **11.28–29** Is 30.15; Jer 6.16. ^c **12.1** Dt 23.25. ^d **12.3–4** 1 S 21.1–6. ^e **12.4** Lv 24.9. ^f **12.5** Nm 28.9–10.

Escritura: 'Lo que quiero es que sean compasivos, y no que ofrezcan sacrificios.'[g] Si lo hubieran entendido, no condenarían a quienes no han cometido ninguna falta. [8] Pues bien, el Hijo del hombre tiene autoridad sobre el día de reposo.[17]

El hombre de la mano tullida
(Mr 3.1–6; Lc 6.6–11)

[9] Jesús se fue de allí y entró en la sinagoga del lugar. [10] Había en ella un hombre que tenía una mano tullida; y como buscaban algún pretexto para acusar a Jesús, le preguntaron:

—¿Está permitido sanar a un enfermo en el día de reposo?[17]

[11] Jesús les contestó:

—¿Quién de ustedes, si tiene una oveja y se le cae a un pozo en el día de reposo,[17] no va y la saca?[h] [12] Pues ¡cuánto más vale un hombre que una oveja! Por lo tanto, sí está permitido hacer el bien en los días de reposo.[17]

[13] Entonces le dijo a aquel hombre:

—Extiende la mano.

El hombre la extendió, y le quedó tan sana como la otra. [14] Pero cuando los fariseos salieron, comenzaron a hacer planes para matar a Jesús.

Una profecía acerca de Jesús

[15] Jesús, al saberlo, se fue de allí, y mucha gente lo siguió. Jesús sanaba a todos los enfermos, [16] y les ordenaba que no hablaran de él en público. [17] Esto fue para que se cumpliera lo que anunció el profeta Isaías, cuando dijo:

[18] "Aquí está mi siervo, a quien he
    escogido,
mi amado, en quien me deleito.
Pondré sobre él mi Espíritu,
y proclamará justicia a las naciones.
[19] No protestará ni gritará;
nadie oirá su voz en las calles.
[20] No romperá la caña quebrada
ni apagará la mecha que apenas
    humea,
hasta que haga triunfar la justicia.
[21] Y las naciones pondrán su
    esperanza en él."[i]

Acusan a Jesús de recibir su poder del demonio
(Mr 3.20–30; Lc 11.14–23; 12.10)

[22] Llevaron a Jesús un hombre ciego y mudo, que estaba endemoniado, y Jesús le devolvió la vista y el habla. [23] Todos se preguntaban admirados: "¿Será éste el Hijo de David?"

[24] Al oír esto, los fariseos dijeron: "Beelzebú, el jefe de los demonios, es quien le ha dado a este hombre el poder de expulsarlos."[j]

[25] Jesús, que sabía lo que estaban pensando, les dijo: "Todo país dividido en bandos enemigos, se destruye a sí mismo; y una ciudad o una familia dividida en bandos, no puede mantenerse. [26] Así también, si Satanás expulsa al propio Satanás, contra sí mismo está dividido; ¿cómo, pues, mantendrá su poder? [27] Ustedes dicen que yo expulso a los demonios por el poder de Beelzebú; pero si es así, ¿quién da a los seguidores de ustedes el poder para expulsarlos? Por eso, ellos mismos demuestran que ustedes están equivocados. [28] Porque si yo expulso a los demonios por medio del Espíritu de Dios, eso significa que el reino de Dios ya ha llegado a ustedes. [29] "¿Cómo podrá entrar alguien en la casa de un hombre fuerte y quitarle lo que le pertenece, si primero no lo ata? Solamente así podrá quitárselo.

[30] "El que no está a mi favor, está en contra mía;[k] y el que conmigo no recoge, desparrama.

[31] "Por eso les digo que Dios perdonará a los hombres todos los pecados y todo lo malo que digan, pero no les perdonará que con sus palabras ofendan al Espíritu Santo. [32] Dios perdonará incluso a aquel que diga algo contra el Hijo del hombre; pero al que hable contra el Espíritu Santo, no lo perdonará[l] ni en este mundo ni en el venidero.

El árbol se conoce por su fruto
(Lc 6.43–45)

[33] "Cultiven bien un árbol, y tendrán buen fruto; cultívenlo mal, y tendrán mal fruto; pues el árbol se conoce por su fruto.[m] [34] ¡Raza de víboras![n] ¿Cómo pueden decir cosas buenas, si ustedes mismos son malos? De lo que abunda en el corazón, habla la boca.[ñ] [35] El hombre bueno dice cosas buenas porque el bien está en él, y el hombre malo dice cosas malas porque el mal está en él. [36] Y yo les digo que en el día del juicio todos tendrán que dar cuenta de cualquier palabra inútil que hayan pronunciado. [37] Pues por tus propias palabras serás juzgado, y declarado inocente o culpable."

La gente mala pide una señal milagrosa
(Mr 8.12; Lc 11.29–32)

[38] Algunos de los fariseos y maestros de la ley dijeron entonces a Jesús:

---

[17] Día(s) de reposo: aquí equivale a *sábado.*
g 12.7   Os 6.6; Mt 9.13.   **h** 12.11   Lc 14.5.   **i** 12.18–21   Is 42.1–4.   **j** 12.24   Mt 9.34; 10.25.   **k** 12.30   Mr 9.40.
l 12.32   Lc 12.10.   **m** 12.33   Mt 7.20; Lc 6.44.   **n** 12.34   Mt 3.7; 23.33; Lc 3.7.   **ñ** 12.34   Mt 15.18; Lc 6.45.

—Maestro, queremos verte hacer alguna señal milagrosa.[o]
39 Jesús les contestó:
—Esta gente malvada e infiel pide una
señal milagrosa;[p] pero no va a dársele más
señal que la del profeta Jonás. 40 Pues así
como Jonás estuvo tres días y tres noches
dentro del gran pez,[q] así también el Hijo
del hombre estará tres días y tres noches
dentro de la tierra. 41 Los de Nínive se levantarán en el día del juicio, cuando se
juzgue a la gente de este tiempo, y la condenarán; porque los de Nínive se volvieron a Dios cuando oyeron el mensaje de
Jonás,[r] y lo que hay aquí es mayor que
Jonás. 42 También la reina del Sur se levantará en el día del juicio, cuando se juzgue a la gente de este tiempo, y la condenará; porque ella vino de lo más lejano de
la tierra para escuchar la sabiduría de Salomón,[s] y lo que hay aquí es mayor que
Salomón.

El espíritu impuro que regresa

(Lc 11.24–26)

43 "Cuando un espíritu impuro sale de
un hombre, anda por lugares secos buscando descanso; y si no lo encuentra,
piensa: 44 'Regresaré a mi casa, de donde
salí.' Cuando regresa, encuentra a ese
hombre como una casa desocupada, barrida y arreglada. 45 Entonces va y reúne
otros siete espíritus peores que él, y todos
juntos se meten a vivir en aquel hombre,
que al final queda peor que al principio.
Eso mismo le va a suceder a esta gente
malvada."

La madre y los hermanos de Jesús

(Mr 3.31–35; Lc 8.19–21)

46 Todavía estaba Jesús hablando a la
gente, cuando acudieron su madre y sus
hermanos, que deseaban hablar con él.
Como se quedaron afuera, 47 alguien avisó
a Jesús:
—Tu madre y tus hermanos están ahí
afuera, y quieren hablar contigo.
48 Pero él contestó al que le llevó el
aviso:
—¿Quién es mi madre, y quiénes son
mis hermanos?
49 Entonces, señalando a sus discípulos,
dijo:
—Estos son mi madre y mis hermanos.
50 Porque cualquiera que hace la voluntad
de mi Padre que está en el cielo, ése es mi
hermano, mi hermana y mi madre.

La parábola del sembrador

(Mr 4.1–9; Lc 8.4–8)

13 1 Aquel mismo día salió Jesús de
casa y se sentó a la orilla del lago.
2 Como se reunió mucha gente, Jesús subió a una barca y se sentó,[t] mientras la
gente se quedaba en la playa. 3 Entonces
se puso a hablarles de muchas cosas por
medio de parábolas.
Les dijo: "Un sembrador salió a sembrar. 4 Y al sembrar, una parte de la semilla cayó en el camino, y llegaron las aves y
se la comieron. 5 Otra parte cayó entre las
piedras, donde no había mucha tierra; esa
semilla brotó pronto, porque la tierra no
era muy honda; 6 pero el sol, al salir, la
quemó, y como no tenía raíz, se secó.
7 Otra parte de la semilla cayó entre espinos, y los espinos crecieron y la ahogaron.
8 Pero otra parte cayó en buena tierra, y
dio buena cosecha; algunas espigas dieron
cien granos por semilla, otras sesenta granos, y otras treinta. 9 Los que tienen oídos,
oigan."

El porqué de las parábolas

(Mr 4.10–12; Lc 8.9–10)

10 Los discípulos se acercaron a Jesús y
le preguntaron por qué hablaba a la gente
por medio de parábolas. 11 Jesús les contestó: "A ustedes, Dios les da a conocer
los secretos de su reino; pero a ellos no.
12 Pues al que tiene, se le dará más, y tendrá bastante; pero al que no tiene, hasta lo
poco que tiene se le quitará.[u] 13 Por eso
les hablo por medio de parábolas; porque
ellos miran, pero no ven; escuchan, pero
no oyen ni entienden. 14 Así, en el caso de
ellos se cumple lo que dijo el profeta
Isaías:
'Por más que escuchen, no
entenderán,
por más que miren, no verán.
15 Pues la mente de este pueblo está
entorpecida,
tienen tapados los oídos
y sus ojos están cerrados,
para que no puedan ver ni oír,
ni puedan entender;
para que no se vuelvan a mí,
y yo no los sane.'[v]
16 "Pero dichosos ustedes, porque tienen
ojos que ven y oídos que oyen. 17 Les aseguro que muchos profetas y gente buena
quisieron ver esto que ustedes ven, y no lo
vieron; quisieron oír esto que ustedes
oyen, y no lo oyeron.[w]

[o] **12.38** Mt 16.1; Mr 8.11; Lc 11.16. [p] **12.39** Mt 16.4; Mr 8.12. [q] **12.40** Jon 1.17. [r] **12.41** Jon 3.5. [s] **12.42** 1 R 10.1–10; 2 Cr 9.1–12. [t] **13.2** Lc 5.1–3. [u] **13.12** Mt 25.29; Mr 4.25; Lc 8.18; 19.26. [v] **13.14–15** Is 6.9–10. [w] **13.16–17** Lc 10.23–24.

Jesús explica la parábola del sembrador
(Mr 4.13–20; Lc 8.11–15)

[18] "Escuchen, pues, lo que quiere decir la parábola del sembrador: [19] Los que oyen el mensaje del reino de Dios y no lo entienden, son como la semilla que cayó en el camino; viene el maligno y les quita el mensaje sembrado en su corazón. [20] La semilla que cayó entre las piedras representa a los que oyen el mensaje y lo reciben con gusto, [21] pero como no tienen suficiente raíz, no se mantienen firmes; cuando por causa del mensaje sufren pruebas o persecución, pierden la fe. [22] La semilla sembrada entre espinos representa a los que oyen el mensaje, pero los negocios de este mundo les preocupan demasiado y el amor por las riquezas los engaña. Todo esto ahoga el mensaje y no lo deja dar fruto en ellos. [23] Pero la semilla sembrada en buena tierra representa a los que oyen el mensaje y lo entienden y dan una buena cosecha. Algunos de éstos son como las espigas que dieron cien granos por semilla, otros como las que dieron sesenta y otros como las que dieron treinta."

La parábola de la mala hierba entre el trigo

[24] Jesús les contó esta otra parábola: "El reino de Dios es como un hombre que sembró buena semilla en su campo; [25] pero cuando todos estaban durmiendo, llegó un enemigo, que sembró mala hierba entre el trigo y se fue. [26] Cuando el trigo creció y se formó la espiga, apareció también la mala hierba. [27] Entonces los trabajadores fueron a decirle al dueño: 'Señor, si la semilla que sembró usted en el campo era buena, ¿de dónde ha salido la mala hierba?' [28] El dueño les dijo: 'Algún enemigo ha hecho esto.' Los trabajadores le preguntaron: '¿Quiere usted que vayamos a arrancar la mala hierba?' [29] Pero él les dijo: 'No, porque al arrancar la mala hierba pueden arrancar también el trigo. [30] Lo mejor es dejarlos crecer juntos hasta la cosecha; entonces mandaré a los que han de recogerla que aparten primero la mala hierba y la aten en manojos, para quemarla, y que después guarden el trigo en mi granero.' "

La parábola de la semilla de mostaza
(Mr 4.30–32; Lc 13.18–19)

[31] Jesús también les contó esta parábola: "El reino de Dios es como una semilla de mostaza que un hombre siembra en su campo. [32] Es, por cierto, la más pequeña de todas las semillas; pero cuando crece, se hace más grande que las otras plantas del huerto, y llega a ser como un árbol, tan grande que las aves van y hacen nidos en sus ramas."

La parábola de la levadura
(Lc 13.20–21)

[33] También les contó esta parábola: "El reino de Dios es como la levadura que una mujer mezcla con tres medidas de harina para hacer fermentar toda la masa."

El uso que Jesús hacía de las parábolas
(Mr 4.33–34)

[34] Jesús habló de todo esto a la gente por medio de parábolas, y sin parábolas no les hablaba. [35] Esto fue para que se cumpliera lo que había dicho el profeta:
"Hablaré por medio de parábolas;
diré cosas que han estado en secreto
desde que Dios hizo el mundo." [x]

Jesús explica la parábola de la mala hierba entre el trigo

[36] Jesús despidió entonces a la gente y entró en la casa, donde sus discípulos se le acercaron y le pidieron que les explicara la parábola de la mala hierba en el campo. [37] Jesús les respondió: "El que siembra la buena semilla es el Hijo del hombre, [38] y el campo es el mundo. La buena semilla representa a los que son del reino, y la mala hierba representa a los que son del maligno, [39] y el enemigo que sembró la mala hierba es el diablo. La cosecha representa el fin del mundo, y los que recogen la cosecha son los ángeles. [40] Así como la mala hierba se recoge y se echa al fuego para quemarla, así sucederá también al fin del mundo. [41] El Hijo del hombre mandará a sus ángeles a recoger de su reino a todos los que hacen pecar a otros, y a los que practican el mal. [42] Los echarán en el horno encendido, donde llorarán y les rechinarán los dientes. [43] Entonces, aquellos que cumplen lo que Dios exige, brillarán como el sol [y] en el reino de su Padre. Los que tienen oídos, oigan.

La parábola del tesoro escondido

[44] "El reino de Dios es como un tesoro escondido en un terreno. Un hombre encuentra el tesoro, y lo vuelve a esconder allí mismo; lleno de alegría, va y vende todo lo que tiene, y compra ese terreno.

La parábola de la perla de mucho valor

[45] "El reino de Dios es también como un comerciante que anda buscando perlas

finas; [46] cuando encuentra una de mucho valor, va y vende todo lo que tiene, y compra esa perla.

La parábola de la red

[47] "El reino de Dios es también como una red que se echa al mar y recoge toda clase de pescado. [48] Cuando la red se llena, los pescadores las sacan a la playa, donde se sientan a escoger el pescado; guardan el bueno en canastas y tiran el malo. [49] Así también sucederá al fin del mundo: saldrán los ángeles para separar a los malos de los buenos, [50] y echarán a los malos en el horno de fuego, donde llorarán y les rechinarán los dientes."

Tesoros nuevos y viejos

[51] Jesús preguntó:

—¿Entienden ustedes todo esto?

—Sí, Señor —contestaron ellos.

[52] Entonces Jesús les dijo:

—Cuando un maestro de la ley se instruye acerca del reino de Dios, se parece al dueño de una casa, que de lo que tiene guardado sabe sacar cosas nuevas y cosas viejas.

Jesús en Nazaret
(Mr 6.1–6; Lc 4.16–30)

[53] Cuando Jesús terminó de contar estas parábolas, se fue de allí [54] y llegó a su propia tierra, donde comenzó a enseñar en la sinagoga del lugar. La gente, admirada, decía:

—¿Dónde aprendió éste todo lo que sabe? ¿Cómo puede hacer esos milagros? [55] ¿No es éste el hijo del carpintero, y su madre es María? ¿No es el hermano de Santiago, José, Simón y Judas, [56] y no viven sus hermanas también aquí entre nosotros? ¿De dónde le viene todo esto? [57] Por eso no quisieron hacerle caso. Pero Jesús les dijo:

—En todas partes se honra a un profeta, menos en su propia tierra y en su propia casa.[z]

[58] Y no hizo allí muchos milagros porque aquella gente no creía en él.

La muerte de Juan el Bautista
(Mr 6.14–29; Lc 9.7–9)

14 [1] Por aquel mismo tiempo, Herodes, el que gobernaba en Galilea, oyó hablar de Jesús, [2] y dijo a los que estaban a su servicio: "Ese es Juan el Bautista, que ha resucitado. Por eso tiene este poder milagroso."

[3] Es que Herodes había hecho arrestar a Juan y llevarlo encadenado a la cárcel. Lo hizo por causa de Herodías, esposa de su hermano Felipe, [4] pues Juan había dicho a Herodes: "No debes tenerla como tu mujer."[a, b]

[5] Herodes, que quería matar a Juan, tenía miedo de la gente, porque todos creían que Juan era un profeta. [6] Pero en el cumpleaños de Herodes, la hija de Herodías salió a bailar delante de los invitados, y le gustó tanto a Herodes [7] que le prometió bajo juramento darle cualquier cosa que pidiera. [8] Ella entonces, aconsejada por su madre, dijo a Herodes:

—Dame en un plato la cabeza de Juan el Bautista.

[9] Esto entristeció al rey Herodes; pero como había hecho un juramento en presencia de sus invitados, mandó que se la dieran. [10] Ordenó, pues, cortarle la cabeza a Juan en la cárcel; [11] luego la llevaron en un plato y se la dieron a la muchacha, y ella se la entregó a su madre. [12] Llegaron los seguidores de Juan, se llevaron el cuerpo y lo enterraron; después fueron y avisaron a Jesús.

Jesús da de comer a cinco mil hombres
(Mr 6.30–44; Lc 9.10–17; Jn 6.1–14)

[13] Cuando Jesús recibió la noticia, se fue de allí él solo, en una barca, a un lugar apartado. Pero la gente lo supo y salió de los pueblos para seguirlo por tierra. [14] Al bajar Jesús de la barca, vio la multitud; sintió compasión de ellos y sanó a los enfermos que llevaban. [15] Como ya se hacía de noche, los discípulos se le acercaron y le dijeron:

—Ya es tarde, y éste es un lugar solitario. Despide a la gente, para que vayan a las aldeas y se compren comida.

[16] Jesús les contestó:

—No es necesario que se vayan; denles ustedes de comer.

[17] Ellos respondieron:

—No tenemos aquí más que cinco panes y dos pescados.

[18] Jesús les dijo:

—Tráiganmelos aquí.

[19] Entonces mandó a la multitud que se sentara sobre la hierba. Luego tomó en sus manos los cinco panes y los dos pescados y, mirando al cielo, dio gracias a Dios y partió los panes, los dio a los discípulos y ellos los repartieron entre la gente. [20] Todos comieron hasta quedar satisfechos, y todavía llenaron doce canastas con los pedazos sobrantes. [21] Los que comieron fueron unos cinco mil hombres, sin contar las mujeres y los niños.

z 13.57 Jn 4.44.   a 14.3-4 Lc 3.19-20.   b 14.4 Lv 18.16; 20.21.

Jesús camina sobre el agua
(Mr 6.45–52; Jn 6.16–21)

²² Después de esto, Jesús hizo que sus discípulos subieran a la barca, para que cruzaran el lago antes que él y llegaran al otro lado mientras él despedía a la gente. ²³ Cuando la hubo despedido, Jesús subió a un cerro, para orar a solas. Al llegar la noche, estaba allí él solo, ²⁴ mientras la barca ya iba bastante lejos de tierra firme. Las olas azotaban la barca, porque tenían el viento en contra. ²⁵ A la madrugada, Jesús fue hacia ellos caminando sobre el agua. ²⁶ Cuando los discípulos lo vieron andar sobre el agua, se asustaron, y gritaron llenos de miedo:

—¡Es un fantasma!

²⁷ Pero Jesús les habló, diciéndoles:

—¡Tengan valor, soy yo, no tengan miedo!

²⁸ Entonces Pedro le respondió:

—Señor, si eres tú, ordena que yo vaya hasta ti sobre el agua.

²⁹ —Ven —dijo Jesús.

Pedro entonces bajó de la barca y comenzó a caminar sobre el agua en dirección a Jesús. ³⁰ Pero al notar la fuerza del viento, tuvo miedo; y como comenzaba a hundirse, gritó:

—¡Sálvame, Señor!

³¹ Al momento, Jesús lo tomó de la mano y le dijo:

—¡Qué poca fe tienes! ¿Por qué dudaste?

³² En cuanto subieron a la barca, se calmó el viento. ³³ Entonces los que estaban en la barca se pusieron de rodillas delante de Jesús, y le dijeron:

—¡En verdad tú eres el Hijo de Dios!

Jesús sana a los enfermos en Genesaret
(Mr 6.53–56)

³⁴ Cruzaron el lago y llegaron a la tierra de Genesaret. ³⁵ La gente del lugar reconoció a Jesús, y la noticia se extendió por toda la región. Le llevaban los enfermos, ³⁶ y le rogaban que les dejara tocar siquiera el borde de su capa; y todos los que la tocaban, quedaban sanos.

Lo que hace impuro al hombre
(Mr 7.1–23)

15 ¹ Se acercaron a Jesús algunos fariseos y maestros de la ley que habían llegado de Jerusalén, y le preguntaron:

² —¿Por qué tus discípulos desobedecen la tradición de nuestros antepasados? ¿Por qué no cumplen con la ceremonia de lavarse las manos antes de comer?

³ Jesús les preguntó:

—¿Y por qué también ustedes desobedecen el mandato de Dios para seguir sus propias tradiciones? ⁴ Porque Dios dijo: 'Honra a tu padre y a tu madre',ᶜ y 'El que maldiga a su padre o a su madre será condenado a muerte.'ᵈ ⁵ Pero ustedes afirman que un hombre puede decirle a su padre o a su madre: 'No puedo ayudarte, porque todo lo que tengo lo he ofrecido a Dios'; ⁶ y que cualquiera que diga esto, ya no está obligado a ayudar a su padre o a su madre. Así pues, ustedes han anulado el mandato de Dios para seguir sus propias tradiciones. ⁷ ¡Hipócritas! Bien habló el profeta Isaías acerca de ustedes, cuando dijo:

⁸ 'Este pueblo me honra con la boca,
   pero su corazón está lejos de mí.
⁹ De nada sirve que me rinda culto;
   sus enseñanzas son mandatos de hombres.'ᵉ

¹⁰ Luego Jesús llamó a la gente y dijo:

—Escuchen y entiendan: ¹¹ Lo que entra por la boca del hombre no es lo que le hace impuro. Al contrario, lo que hace impuro al hombre es lo que sale de su boca.

¹² Entonces los discípulos se acercaron a Jesús y le preguntaron:

—¿Sabes que los fariseos se ofendieron al oír lo que dijiste?

¹³ Él les contestó:

—Cualquier planta que mi Padre celestial no haya plantado, será arrancada de raíz. ¹⁴ Déjenlos, pues son ciegos que guían a otros ciegos. Y si un ciego guía a otro, los dos caerán en algún hoyo.ᶠ

¹⁵ Pedro entonces le dijo a Jesús:

—Explícanos lo que dijiste.

¹⁶ Jesús respondió:

—¿Tampoco lo comprenden ustedes? ¹⁷ ¿No entienden que todo lo que entra por la boca va al vientre, para después salir del cuerpo? ¹⁸ Pero lo que sale de la boca, viene del interior del hombre;ᵍ y eso es lo que le hace impuro. ¹⁹ Porque del interior del hombre salen los malos pensamientos, los asesinatos, el adulterio, la inmoralidad sexual, los robos, las mentiras y los insultos. ²⁰ Estas cosas son las que hacen impuro al hombre; pero el comer sin cumplir con la ceremonia de lavarse las manos, no lo hace impuro.

Una extranjera que creyó en Jesús
(Mr 7.24–30)

²¹ Jesús se dirigió de allí a la región de Tiro y Sidón. ²² Y una mujer cananea que vivía en aquella tierra, se le acercó, gritando:

—¡Señor, Hijo de David, ten compasión de mí! ¡Mi hija tiene un demonio!

ᶜ **15.4** Ex 20.12; Dt 5.16. ᵈ **15.4** Ex 21.17; Lv 20.9. ᵉ **15.8–9** Is 29.13. ᶠ **15.14** Lc 6.39. ᵍ **15.18** Mt 12.34.

²³ Jesús no le contestó nada. Entonces sus discípulos se acercaron a él y le rogaron:

—Dile a esa mujer que se vaya, porque viene gritando detrás de nosotros.

²⁴ Jesús dijo:

—Dios me ha enviado solamente a las ovejas perdidas del pueblo de Israel.

²⁵ Pero la mujer fue a arrodillarse delante de él, diciendo:

—¡Señor, ayúdame!

²⁶ Jesús le contestó:

—No está bien quitarles el pan a los hijos y dárselo a los perros.

²⁷ Ella le dijo:

—Sí, Señor; pero hasta los perros comen las migajas que caen de la mesa de sus amos.

²⁸ Entonces le dijo Jesús:

—¡Mujer, qué grande es tu fe! Hágase como quieres.

Y desde ese mismo momento su hija quedó sana.

Jesús sana a muchos enfermos

²⁹ Jesús salió de allí y llegó a la orilla del lago de Galilea; luego subió a un cerro y se sentó. ³⁰ Mucha gente se reunió donde él estaba. Llevaban cojos, ciegos, mancos, mudos y otros muchos enfermos, que pusieron a los pies de Jesús, y él los sanó. ³¹ De modo que la gente estaba admirada al ver que los mudos hablaban, los mancos quedaban sanos, los cojos andaban y los ciegos podían ver. Y comenzaron a alabar al Dios de Israel.

Jesús da de comer a cuatro mil hombres
(Mr 8.1–10)

³² Jesús llamó a sus discípulos, y les dijo:

—Siento compasión de esta gente, porque ya hace tres días que están aquí conmigo y no tienen nada que comer. No quiero mandarlos sin comer a sus casas, porque pueden desmayarse por el camino.

³³ Sus discípulos le dijeron:

—Pero ¿cómo podremos encontrar comida para tanta gente, en un lugar como éste, donde no vive nadie?

³⁴ Jesús les preguntó:

—¿Cuántos panes tienen ustedes?

—Siete, y unos pocos pescaditos —contestaron ellos.

³⁵ Entonces mandó que la gente se sentara en el suelo, ³⁶ tomó en sus manos los siete panes y los pescados y, habiendo dado gracias a Dios, los partió y los dio a sus discípulos, y ellos los repartieron entre la gente. ³⁷ Todos comieron hasta quedar satisfechos, y aun llenaron siete canastas con los pedazos sobrantes. ³⁸ Los que comieron eran cuatro mil hombres, sin contar las mujeres y los niños. ³⁹ Después Jesús despidió a la gente, subió a la barca y se fue a la región de Magadán.ⁱ⁸

Los fariseos y los saduceos piden una señal milagrosa
(Mr 8.11–13; Lc 12.54–56)

16 ¹ Los fariseos y los saduceos fueron a ver a Jesús y, para tenderle una trampa, le pidieron que hiciera alguna señal milagrosaʰ que probara que él venía de parte de Dios.

² Pero Jesús les contestó: "Por la tarde dicen ustedes: 'Va a hacer buen tiempo, porque el cielo está rojo'; ³ y por la mañana dicen: 'Hoy va a hacer mal tiempo, porque el cielo está rojo y nublado.' Pues si ustedes saben interpretar tan bien el aspecto del cielo, ¿cómo es que no saben interpretar las señales de estos tiempos? ⁴ Esta gente mala e infiel pide una señal milagrosa;ⁱ pero no va a dársele más señal que la de Jonás."

Y los dejó, y se fue.

La levadura de los fariseos
(Mr 8.14–21)

⁵ Cuando los discípulos pasaron al otro lado del lago, se olvidaron de llevar pan. ⁶ Entonces Jesús les dijo:

—Miren, cuídense de la levadura de los fariseosʲ y de los saduceos.

⁷ Los discípulos comentaban unos con otros:

—¡No trajimos pan!

⁸ Jesús se dio cuenta, y les dijo:

—¿Por qué dicen que no tienen pan? ¡Qué poca fe tienen ustedes! ⁹ ¿Todavía no entienden, ni se acuerdan de los cinco panes que repartí entre cinco mil hombres,ᵏ y cuántas canastas recogieron? ¹⁰ ¿Ni se acuerdan tampoco de los siete panes que repartí entre cuatro mil,ˡ y cuántas canastas recogieron? ¹¹ ¿Cómo no se dan cuenta ustedes de que yo no estaba hablando del pan? Cuídense de la levadura de los fariseos y de los saduceos.

¹² Entonces comprendieron que Jesús no les había dicho que se cuidaran de la levadura del pan, sino de la enseñanza de los fariseos y de los saduceos.

Pedro declara que Jesús es el Mesías
(Mr 8.27–30; Lc 9.18–21)

¹³ Cuando Jesús llegó a la región de Cesarea de Filipo, preguntó a sus discípulos:

ⁱ⁸ Algunos mss. dicen: *Magdala.*
ʰ **16.1** Mt 12.38; Lc 11.16. ⁱ **16.4** Mt 12.39; Lc 11.29. ʲ **16.6** Lc 12.1. ᵏ **16.9** Mt 14.17-21. ˡ **16.10** Mt 15.34-38.

—¿Quién dice la gente que es el Hijo del hombre?

¹⁴ Ellos contestaron:

—Algunos dicen que Juan el Bautista; otros dicen que Elías, y otros dicen que Jeremías o algún otro profeta.ᵐ

¹⁵ —Y ustedes, ¿quién dicen que soy? —les preguntó.

¹⁶ Simón Pedro le respondió:

—Tú eres el Mesías, el Hijo del Dios viviente.ⁿ

¹⁷ Entonces Jesús le dijo:

—Dichoso tú, Simón, hijo de Jonás, porque ningún hombre te ha mostrado esto, sino mi Padre que está en el cielo. ¹⁸ Y yo te digo que tú eres Pedro, y sobre esta piedra voy a construir mi iglesia; y ni siquiera el poder de la muerte podrá vencerla. ¹⁹ Te daré las llaves del reino de los cielos; lo que tú ates en este mundo, también quedará atado en el cielo, y lo que tú desates en este mundo, también quedará desatado en el cielo.ñ ²⁰ Luego Jesús ordenó a sus discípulos que no dijeran a nadie que él era el Mesías.

Jesús anuncia su muerte
(Mr 8.31—9.1; Lc 9.22–27)

²¹ A partir de entonces Jesús comenzó a explicar a sus discípulos que él tendría que ir a Jerusalén, y que los ancianos, los jefes de los sacerdotes y los maestros de la ley lo harían sufrir mucho. Les dijo que lo iban a matar, pero que al tercer día resucitaría. ²² Entonces Pedro lo llevó aparte y comenzó a reprenderlo, diciendo:

—¡Dios no lo quiera, Señor! ¡Esto no te puede pasar!

²³ Pero Jesús se volvió y le dijo a Pedro:

—¡Apártate de mí, Satanás, pues me pones en peligro de caer! Tú no ves las cosas como las ve Dios, sino como las ven los hombres.

²⁴ Luego Jesús dijo a sus discípulos:

—Si alguno quiere ser discípulo mío, olvídese de sí mismo, cargue con su cruz y sígame.º ²⁵ Porque el que quiera salvar su vida, la perderá; pero el que pierda la vida por causa mía, la encontrará.ᵖ ²⁶ ¿De qué le sirve al hombre ganar el mundo entero, si pierde la vida? ¿O cuánto podrá pagar el hombre por su vida? ²⁷ Porque el Hijo del hombre va a venir con la gloria de su Padre y con sus ángeles, q y entonces recompensará a cada uno conforme a lo que haya hecho.ʳ ²⁸ Les aseguro que algunos de los que están aquí presentes no morirán hasta que vean al Hijo del hombre venir a reinar.

La transfiguración de Jesús
(Mr 9.2–13; Lc 9.28–36)

17 ¹ Seis días después, Jesús tomó a Pedro, a Santiago y a Juan, el hermano de Santiago, y se fue aparte con ellos a un cerro muy alto. ² Allí, delante de ellos, cambió la apariencia de Jesús. Su cara brillaba como el sol, y su ropa se volvió blanca como la luz. ³ En esto vieron a Moisés y a Elías conversando con Jesús. ⁴ Pedro le dijo a Jesús:

—Señor, ¡qué bien que estemos aquí! Si quieres, haré tres chozas: una para ti, otra para Moisés y otra para Elías.

⁵ Mientras Pedro estaba hablando, una nube brillante los envolvió en su sombra, y de la nube salió una voz, que dijo: "Este es mi Hijo amado, a quien he elegido:s escúchenlo."t, u ⁶ Al oír esto, los discípulos se postraron con la cara en tierra, llenos de miedo. ⁷ Jesús se acercó a ellos, los tocó y les dijo:

—Levántense; no tengan miedo.

⁸ Y cuando miraron, ya no vieron a nadie, sino a Jesús solo.

⁹ Mientras bajaban del cerro, Jesús les ordenó:

—No cuenten a nadie esta visión, hasta que el Hijo del hombre haya resucitado.

¹⁰ Los discípulos preguntaron entonces a Jesús:

—¿Por qué dicen los maestros de la ley que Elías ha de venir primero?ᵛ

¹¹ Y Jesús contestó:

—Es cierto que Elías viene primero, y que él lo arreglará todo. ¹² Pero yo les digo que Elías ya vino,w y que ellos no lo reconocieron, sino que hicieron con él todo lo que quisieron. Del mismo modo, el Hijo del hombre va a sufrir a manos de ellos. ¹³ Entonces los discípulos se dieron cuenta de que Jesús les estaba hablando de Juan el Bautista.

Jesús sana a un muchacho que tenía un demonio
(Mr 9.14–29; Lc 9.37–43)

¹⁴ Cuando llegaron a donde estaba la gente, se acercó un hombre a Jesús, y arrodillándose delante de él le dijo:

¹⁵ —Señor, ten compasión de mi hijo, porque le dan ataques y sufre terriblemente; muchas veces cae en el fuego o en el agua. ¹⁶ Aquí se lo traje a tus discípulos, pero no han podido sanarlo.

¹⁷ Jesús contestó:

—¡Oh gente sin fe y perversa! ¿Hasta cuándo tendré que estar con ustedes?

ᵐ **16.14** Mt 14.1–2; Mr 6.14–15; Lc 9.7–8.   ⁿ **16.16** Jn 6.68–69.   ñ **16.19** Mt 18.18; Jn 20.23.   º **16.24** Mt 10.38; Lc 14.27; Jn 12.24.   ᵖ **16.25** Mt 10.39; Lc 17.33; Jn 12.25.   q **16.27** Mt 25.31.   ʳ **16.27** Sal 62.11–12; Pr 24.12; Jer 17.10; Ez 18.30; 33.20; Ro 2.6.   s **17.5** Gn 22.2; Sal 2.7; Is 42.1; Mt 3.17; 12.18; Mr 1.11; Lc 3.22.   t **17.5** Dt 18.15.   u **17.1–5** 2 P 1.17–18.   ᵛ **17.10** Mal 4.5.   w **17.12** Mt 11.14.

¿Hasta cuándo tendré que soportarlos? Traigan acá al muchacho.

[18] Entonces Jesús reprendió al demonio y lo hizo salir del muchacho, que quedó sano desde aquel momento.

[19] Después los discípulos hablaron aparte con Jesús, y le preguntaron:

—¿Por qué no pudimos nosotros expulsar el demonio?

[20] Jesús les dijo:

—Porque ustedes tienen muy poca fe. Les aseguro que si tuvieran fe, aunque sólo fuera del tamaño de una semilla de mostaza, le dirían a este cerro: 'Quítate de aquí y vete a otro lugar', y el cerro se quitaría.[x] Nada les sería imposible.[19]

Jesús anuncia por segunda vez su muerte
(Mr 9.30–32; Lc 9.43–45)

[22] Mientras andaban juntos por la región de Galilea, Jesús les dijo:

—El Hijo del hombre va a ser entregado en manos de los hombres, [23] y lo matarán; pero al tercer día resucitará.

Esta noticia los llenó de tristeza.

El pago del impuesto para el templo

[24] Cuando Jesús y sus discípulos llegaron a Capernaum, los que cobraban el impuesto para el templo[y] fueron a ver a Pedro, y le preguntaron:

—¿Tu maestro no paga el impuesto para el templo?

[25] —Sí, lo paga —contestó Pedro.

Luego, al entrar Pedro en la casa, Jesús le habló primero, diciendo:

—¿Tú qué opinas, Simón? ¿A quiénes cobran impuestos y contribuciones los reyes de este mundo: a sus propios súbditos o a los extranjeros?

[26] Pedro le contestó:

—A los extranjeros.

Jesús añadió:

—Así pues, los propios súbditos no tienen que pagar nada. [27] Pero, por no ofender a nadie, vete al lago, echa el anzuelo y saca el primer pez que pique. En su boca encontrarás una moneda, que será suficiente para pagar mi impuesto y el tuyo; llévala y págalos.

¿Quién es el más importante?
(Mr 9.33–37; Lc 9.46–48)

18 [1] En aquella misma ocasión los discípulos se acercaron a Jesús y le preguntaron:

—¿Quién es el más importante en el reino de Dios?[z]

[2] Jesús llamó entonces a un niño, lo puso en medio de ellos [3] y dijo:

—Les aseguro que si ustedes no cambian y se vuelven como niños, no entrarán en el reino de Dios.[a] [4] El más importante en el reino de Dios es el que se humilla y se vuelve como este niño. [5] Y el que recibe en mi nombre a un niño como éste, me recibe a mí.

El peligro de caer en pecado
(Mr 9.42–48; Lc 17.1–2)

[6] "A cualquiera que haga caer en pecado a uno de estos pequeños que creen en mí, más le valdría que lo hundieran en lo profundo del mar con una gran piedra de molino atada al cuello. [7] ¡Qué malo es para el mundo que haya tantas invitaciones al pecado! Siempre las habrá, pero ¡ay del hombre que haga pecar a los demás!

[8] "Por eso, si tu mano o tu pie te hacen caer en pecado, córtatelos y échalos lejos de ti; es mejor que entres en la vida manco o cojo, y no que con tus dos manos y tus dos pies seas arrojado al fuego eterno.[b] [9] Y si tu ojo te hace caer en pecado, sácatelo y échalo lejos de ti; es mejor que entres en la vida con un solo ojo, y no que con tus dos ojos seas arrojado al fuego del infierno.[c]

La parábola de la oveja perdida
(Lc 15.3–7)

[10] "No desprecien a ninguno de estos pequeños. Pues les digo que en el cielo los ángeles de ellos están siempre en la presencia de mi Padre celestial.[20, d]

[12] "¿Qué les parece? Si un hombre tiene cien ovejas y se le extravía una de ellas, ¿acaso no dejará las otras noventa y nueve en el monte, para ir a buscar la oveja extraviada? [13] Y si logra encontrarla, de seguro se alegrará más por esa oveja que por las noventa y nueve que no se extraviaron. [14] Así también, el Padre de ustedes que está en el cielo no quiere que se pierda ninguno de estos pequeños.

Cómo se debe perdonar al hermano
(Lc 17.3)

[15] "Si tu hermano te hace algo malo, habla con él a solas y hazle reconocer su falta. Si te hace caso, ya has ganado a tu hermano.[e] [16] Si no te hace caso, llama a una o dos personas más, para que toda acusación se base en el testimonio de dos o tres testigos.[f] [17] Si tampoco les hace caso a ellos, díselo a la congregación; y si

---

[19] Algunos mss. añaden v. 21: *Pero esta clase (de demonios) no sale sino con oración y ayuno.* [20] Algunos mss. añaden v. 11: *Porque el Hijo del hombre vino a salvar lo que se había perdido.*
[x] **17.20** Mt 21.21; Mr 11.23; 1 Co 13.2. [y] **17.24** Ex 30.13; 38.26. [z] **18.1** Lc 22.24. [a] **18.3** Mr 10.15; Lc 18.17. [b] **18.8** Mt 5.30. [c] **18.9** Mt 5.29. [d] **18.10** Ez 34.16; Lc 19.10. [e] **18.15** Lc 17.3. [f] **18.16** Dt 19.15.

tampoco hace caso a la congregación, entonces habrás de considerarlo como un pagano o como uno de esos que cobran impuestos para Roma.

¹⁸ "Les aseguro que lo que ustedes aten en este mundo, también quedará atado en el cielo, y lo que ustedes desaten en este mundo, también quedará desatado en el cielo.ᵍ

¹⁹ "Esto les digo: Si dos de ustedes se ponen de acuerdo aquí en la tierra para pedir algo en oración, mi Padre que está en el cielo se lo dará. ²⁰ Porque donde dos o tres se reúnen en mi nombre, allí estoy yo en medio de ellos.

²¹ Entonces Pedro fue y preguntó a Jesús:

—Señor, ¿cuántas veces deberé perdonar a mi hermano, si me hace algo malo? ¿Hasta siete?

²² Jesús le contestó:

—No te digo hasta siete veces, sino hasta setenta veces siete.ʰ

La parábola del funcionario que no quiso perdonar

²³ "Por esto, el reino de Dios es como un rey que quiso hacer cuentas con sus funcionarios. ²⁴ Estaba comenzando a hacerlas cuando le presentaron a uno que le debía muchos millones. ²⁵ Como aquel funcionario no tenía con qué pagar, el rey ordenó que lo vendieran como esclavo, junto con su esposa, sus hijos y todo lo que tenía, para que quedara pagada la deuda. ²⁶ El funcionario se arrodilló delante del rey, y le rogó: 'Señor, tenga paciencia conmigo y se lo pagaré todo.' ²⁷ Y el rey tuvo compasión de él; así que le perdonó la deuda y lo puso en libertad.

²⁸ "Pero al salir, aquel funcionario se encontró con un compañero suyo que le debía una pequeña cantidad. Lo agarró del cuello y comenzó a ahogarlo, diciéndole: '¡Págame lo que me debes!' ²⁹ El compañero, arrodillándose delante de él, le rogó: 'Ten paciencia conmigo y te lo pagaré todo.' ³⁰ Pero el otro no quiso, sino que lo hizo meter en la cárcel hasta que le pagara la deuda. ³¹ Esto dolió mucho a los otros funcionarios, que fueron a contarle al rey todo lo sucedido. ³² Entonces el rey lo mandó llamar, y le dijo: '¡Malvado! Yo te perdoné toda aquella deuda porque me lo rogaste. ³³ Pues tú también debiste tener compasión de tu compañero, del mismo modo que yo tuve compasión de ti.' ³⁴ Y tanto se enojó el rey, que ordenó castigarlo hasta que pagara todo lo que debía."

³⁵ Jesús añadió:

—Así hará también con ustedes mi Padre celestial, si cada uno de ustedes no perdona de corazón a su hermano.

Jesús enseña sobre el divorcio
(Mr 10.1–12; Lc 16.18)

19 ¹ Después de decir estas cosas, Jesús se fue de Galilea y llegó a la región de Judea que está al oriente del Jordán. ² Mucha gente le siguió, y allí sanó a los enfermos.

³ Algunos fariseos se acercaron a Jesús y, para tenderle una trampa, le preguntaron:

—¿Le está permitido a uno divorciarse de su esposa por un motivo cualquiera?

⁴ Jesús les contestó:

—¿No han leído ustedes en la Escritura que el que los creó en el principio, 'hombre y mujer los creó'?ⁱ ⁵ Y dijo: 'Por eso, el hombre dejará a su padre y a su madre para unirse a su esposa, y los dos serán como una sola persona.'ʲ ⁶ Así que ya no son dos, sino uno solo. De modo que el hombre no debe separar lo que Dios ha unido.

⁷ Ellos le preguntaron:

—¿Por qué, pues, mandó Moisés darle a la esposa un certificado de divorcio, y despedirla así?ᵏ

⁸ Jesús les dijo:

—Precisamente por lo tercos que son ustedes, Moisés les permitió divorciarse de su esposa; pero al principio no fue de esa manera. ⁹ Yo les digo que el que se divorcia de su esposa, a no ser por motivo de inmoralidad sexual, y se casa con otra, comete adulterio.²ⁱ, ˡ

¹⁰ Le dijeron sus discípulos:

—Si éste es el caso del hombre en relación con su esposa, no conviene casarse.

¹¹ Jesús les contestó:

—No todos pueden comprender esto, sino únicamente aquellos a quienes Dios les ha dado que lo comprendan. ¹² Hay diferentes razones que impiden a los hombres casarse: unos ya nacen incapacitados para el matrimonio, a otros los incapacitan los hombres, y otros viven como incapacitados por causa del reino de Dios. El que pueda aceptar esto, que lo acepte.

Jesús bendice a los niños
(Mr 10.13–16; Lc 18.15–17)

¹³ Llevaron unos niños a Jesús, para que pusiera sobre ellos las manos y orara por ellos; pero los discípulos comenzaron a reprender a quienes los llevaban. ¹⁴ Entonces Jesús dijo:

---

²¹ Algunos mss. añaden: y el que se casa con la divorciada, comete adulterio.
ᵍ **18.18** Mt 16.19; Jn 20.23. ʰ **18.21–22** Lc 17.3–4. ⁱ **19.4** Gn 1.27; 5.2. ʲ **19.5** Gn 2.24. ᵏ **19.7** Dt 24.1–4; Mt 5.31.
ˡ **19.9** Mt 5.32; 1 Co 7.10–11.

—Dejen que los niños vengan a mí, y no se lo impidan, porque el reino de Dios es de quienes son como ellos. [15] Puso las manos sobre los niños, y se fue de aquel lugar.

Un joven rico habla con Jesús
(Mr 10.17–31; Lc 18.18–30)

[16] Un joven fue a ver a Jesús, y le preguntó:

—Maestro,[22] ¿qué cosa buena debo hacer para tener vida eterna?

[17] Jesús le contestó:

—¿Por qué me preguntas acerca de lo que es bueno? Bueno solamente hay uno.[23] Pero si quieres entrar en la vida, obedece los mandamientos.

[18] —¿Cuáles? —preguntó el joven.

Y Jesús le dijo:

—'No mates,[m] no cometas adulterio,[n] no robes,[ñ] no digas mentiras en perjuicio de nadie,[o] [19] honra a tu padre y a tu madre,[p] y ama a tu prójimo como a ti mismo.'[q]

[20] —Todo eso ya lo he cumplido —dijo el joven—. ¿Qué más me falta?

[21] Jesús le contestó:

—Si quieres ser perfecto, anda, vende lo que tienes y dáselo a los pobres. Así tendrás riqueza en el cielo. Luego ven y sígueme.

[22] Cuando el joven oyó esto, se fue triste, porque era muy rico.

[23] Jesús dijo entonces a sus discípulos:

—Les aseguro que difícilmente entrará un rico en el reino de Dios.[r] [24] Les repito que es más fácil para un camello pasar por el ojo de una aguja, que para un rico entrar en el reino de Dios.

[25] Al oírlo, sus discípulos se asombraron más aún, y decían:

—Entonces, ¿quién podrá salvarse?

[26] Jesús los miró y les contestó:

—Para los hombres esto es imposible, pero no para Dios.

[27] Pedro le dijo entonces:

—Nosotros hemos dejado todo lo que teníamos y te hemos seguido. ¿Qué vamos a recibir?

[28] Jesús les respondió:

—Les aseguro que cuando llegue el tiempo en que todo sea renovado, cuando el Hijo del hombre se siente en su trono glorioso,[s] ustedes que me han seguido se sentarán también en doce tronos para juzgar a las doce tribus de Israel.[t] [29] Y todos los que por causa mía hayan dejado casa, o hermanos, o hermanas, o padre, o madre, o hijos, o terrenos, recibirán cien veces más, y también recibirán la vida eterna. [30] Pero muchos que ahora son los primeros, serán los últimos; y muchos que ahora son los últimos, serán los primeros.[u]

La parábola de los trabajadores

20 [1] "El reino de Dios es como el dueño de una finca que salió muy de mañana a contratar trabajadores para su viñedo. [2] Se arregló con ellos para pagarles el jornal de un día, y los mandó a trabajar a su viñedo. [3] Volvió a salir como a las nueve de la mañana, y vio a otros que estaban en la plaza desocupados. [4] Les dijo: 'Vayan también ustedes a trabajar a mi viñedo, y les daré lo que sea justo.' Y ellos fueron. [5] El dueño salió de nuevo a eso del mediodía, y otra vez a las tres de la tarde, e hizo lo mismo. [6] Alrededor de las cinco de la tarde volvió a la plaza, y encontró en ella a otros que estaban desocupados; les preguntó: '¿Por qué están ustedes aquí todo el día sin trabajar?' [7] Le contestaron: 'Porque nadie nos ha contratado.' Entonces les dijo: 'Vayan también ustedes a trabajar a mi viñedo.'

[8] "Cuando llegó la noche, el dueño dijo al encargado del trabajo: 'Llama a los trabajadores, y págales[v] comenzando por los últimos que entraron y terminando por los que entraron primero.' [9] Se presentaron, pues, los que habían entrado a trabajar alrededor de las cinco de la tarde, y cada uno recibió el jornal completo de un día. [10] Después, cuando les tocó el turno a los que habían entrado primero, pensaron que iban a recibir más; pero cada uno de ellos recibió también el jornal de un día. [11] Al cobrarlo, comenzaron a murmurar contra el dueño, [12] diciendo: 'Estos, que llegaron al final, trabajaron solamente una hora, y usted les ha pagado igual que a nosotros, que hemos aguantado el trabajo y el calor de todo el día.' [13] Pero el dueño contestó a uno de ellos: 'Amigo, no te estoy haciendo ninguna injusticia. ¿Acaso no te arreglaste conmigo por el jornal de un día? [14] Pues toma tu paga y vete. Si yo quiero darle a éste que entró a trabajar al final lo mismo que te doy a ti, [15] es porque tengo el derecho de hacer lo que quiera con mi dinero. ¿O es que te da envidia que yo sea bondadoso?'

[16] "De modo que los que ahora son los últimos, serán los primeros; y los que ahora son los primeros, serán los últimos.[w]

[22] Algunos mss. añaden: bueno. [23] ¿Por qué . . . bueno? Bueno . . . hay uno: Algunos mss. dicen: ¿Por qué me llamas "bueno"? Nadie es bueno, sino Dios.
[m] 19.18 Ex 20.13; Dt 5.17. [n] 19.18 Ex 20.14; Dt 5.18. [ñ] 19.18 Ex 20.15; Dt 5.19. [o] 19.18 Ex 20.16; Dt 5.20. [p] 19.19 Ex 20.12; Dt 5.16. [q] 19.19 Lv 19.18. [r] 19.23–24 Pr 11.28. [s] 19.28 Mt 25.31. [t] 19.28 Lc 22.30. [u] 19.30 Mt 20.16; Lc 13.30. [v] 20.8 Lv 19.13; Dt 24.15. [w] 20.16 Mt 19.30; Mr 10.31; Lc 13.30.

Jesús anuncia por tercera vez su muerte
(Mr 10.32–34; Lc 18.31–34)

17 Jesús, yendo ya de camino a Jerusalén, llamó aparte a sus doce discípulos y les dijo: 18 —Como ustedes ven, ahora vamos a Jerusalén, donde el Hijo del hombre va a ser entregado a los jefes de los sacerdotes y a los maestros de la ley, que lo condenarán a muerte 19 y lo entregarán a los extranjeros para que se burlen de él, lo golpeen y lo crucifiquen; pero al tercer día resucitará.

Lo que pidió la madre de Santiago y Juan
(Mr 10.35–45)

20 La madre de los hijos de Zebedeo, junto con sus hijos, se acercó a Jesús y se arrodilló delante de él para pedirle un favor. 21 Jesús le preguntó:
—¿Qué quieres?
Ella le dijo:
—Manda que en tu reino uno de mis hijos se siente a tu derecha y el otro a tu izquierda.
22 Jesús contestó:
—Ustedes no saben lo que piden. ¿Acaso pueden beber el trago amargo que voy a beber yo?
Ellos dijeron:
—Podemos.
23 Jesús les respondió:
—Ustedes beberán este trago amargo, pero el sentarse a mi derecha o a mi izquierda no me corresponde a mí darlo, sino que se les dará a aquellos para quienes mi Padre lo ha preparado.
24 Cuando los otros diez discípulos oyeron esto, se enojaron con los dos hermanos. 25 Pero Jesús los llamó, y les dijo:
—Como ustedes saben, entre los paganos los jefes gobiernan con tiranía a sus súbditos, y los grandes hacen sentir su autoridad sobre ellos. 26 Pero entre ustedes no debe ser así.x Al contrario, el que entre ustedes quiera ser grande, deberá servir a los demás; 27 y el que entre ustedes quiera ser el primero, deberá ser su esclavo.y 28 Porque, del mismo modo, el Hijo del hombre no vino para que le sirvan, sino para servirz y para dar su vida como precio por la libertad de muchos.

Jesús sana a dos ciegos
(Mr 10.46–52; Lc 18.35–43)

29 Al salir ellos de Jericó, mucha gente siguió a Jesús. 30 Dos ciegos que estaban sentados junto al camino, al oír que Jesús pasaba, gritaron:
—¡Señor, Hijo de David, ten compasión de nosotros!
31 La gente los reprendía para que se callaran, pero ellos gritaban más todavía:
—¡Señor, Hijo de David, ten compasión de nosotros!
32 Entonces Jesús se detuvo, llamó a los ciegos y les preguntó:
—¿Qué quieren que haga por ustedes?
33 Ellos le contestaron:
—Señor, que recobremos la vista.
34 Jesús tuvo compasión de ellos, y les tocó los ojos. En el mismo momento los ciegos recobraron la vista, y siguieron a Jesús.

Jesús entra en Jerusalén
(Mr 11.1–11; Lc 19.28–40; Jn 12.12–19)

21 1 Cuando ya estaban cerca de Jerusalén y habían llegado a Betfagé, al monte de los Olivos, Jesús envió a dos de sus discípulos, 2 diciéndoles:
—Vayan a la aldea que está enfrente. Allí encontrarán una burra atada, y un burrito con ella. Desátenla y tráiganmelos. 3 Y si alguien les dice algo, díganle que el Señor los necesita y que en seguida los devolverá.
4 Esto sucedió para que se cumpliera lo que dijo el profeta, cuando escribió:
5 "Digan a la ciudad de Sión:
'Mira, tu Rey viene a ti,
humilde, montado en un burro,
en un burrito, cría de una bestia de carga.'"a
6 Los discípulos fueron e hicieron lo que Jesús les había mandado. 7 Llevaron la burra y su cría, les pusieron ropas encima y Jesús montó. 8 Había mucha gente. Unos tendían sus propias ropas por el camino, y otros tendían ramas que cortaban de los árboles. 9 Y tanto los que iban delante como los que iban detrás, gritaban:
—¡Gloria24 al Hijo del rey David! ¡Bendito el que viene en el nombre del Señor!b ¡Gloria en las alturas!
10 Cuando Jesús entró en Jerusalén, toda la ciudad se alborotó, y muchos preguntaban:
—¿Quién es éste?
11 Y la gente contestaba:
—Es el profeta Jesús, el de Nazaret de Galilea.

Jesús purifica el templo
(Mr 11.15–19; Lc 19.45–48; Jn 2.13–22)

12 Jesús entró en el templo y echó de allí a todos los que estaban vendiendo y com-

---

24 Gloria: lit. hosanna, palabra hebrea que originalmente significaba ¡salva!
x 20.25–26 Lc 22.25–26. y 20.26–27 Mt 23.11; Mr 9.35; Lc 22.26. z 20.28 Lc 22.27; Jn 13.12–15. a 21.5 Zac 9.9.
b 21.9 Sal 118.25–26.

prando. Volcó las mesas de los que cambiaban dinero a la gente, y los puestos de los que vendían palomas; [13] y les dijo:

—En las Escrituras se dice: 'Mi casa será declarada casa de oración',[c] pero ustedes han hecho de ella una cueva de ladrones.[d]

[14] Se acercaron a Jesús en el templo los ciegos y los cojos, y él los sanó. [15] Pero cuando los jefes de los sacerdotes y los maestros de la ley vieron los milagros que hacía, y oyeron que los niños gritaban en el templo: "¡Gloria al Hijo del rey David!", se enojaron [16] y dijeron a Jesús:

—¿Oyes lo que ésos están diciendo?

Jesús les contestó:

—Sí, lo oigo. Pero ¿no han leído ustedes la Escritura que habla de esto? Dice:

'Con los cantos de los pequeños, de los niñitos de pecho, has dispuesto tu alabanza.'[e]

[17] Entonces los dejó, y se fue de la ciudad a Betania, donde pasó la noche.

Jesús maldice la higuera sin fruto
(Mr 11.12–14, 20–26)

[18] Por la mañana, cuando volvía a la ciudad, Jesús sintió hambre. [19] Vio una higuera junto al camino y se acercó a ella, pero no encontró más que hojas. Entonces le dijo a la higuera:

—¡Nunca más vuelvas a dar fruto!

Y al instante la higuera se secó. [20] Al ver lo ocurrido, los discípulos se maravillaron y preguntaron a Jesús:

—¿Cómo es que la higuera se secó al instante?

[21] Jesús les contestó:

—Les aseguro que si tienen fe y no dudan, no solamente podrán hacer esto que le hice a la higuera, sino que le dirán a este cerro: 'Quítate de ahí y arrójate al mar', y así sucederá.[f] [22] Y todo lo que ustedes, al orar, pidan con fe, lo recibirán.

La autoridad de Jesús
(Mr 11.27–33; Lc 20.1–8)

[23] Después de esto, Jesús entró en el templo. Mientras estaba allí, enseñando, se le acercaron los jefes de los sacerdotes y los ancianos de los judíos, y le preguntaron:

—¿Con qué autoridad haces esto? ¿Quién te dio esta autoridad?

[24-25] Jesús les contestó:

—Yo también les voy a hacer una pregunta: ¿Quién envió a Juan a bautizar, Dios o los hombres? Si ustedes me responden, yo les diré con qué autoridad hago esto.

Comenzaron a discutir unos con otros: "Si respondemos que Dios lo envió, nos dirá: 'Entonces, ¿por qué no le creyeron?' [26] Y no podemos decir que fueron los hombres, porque tenemos miedo de la gente, ya que todos creen que Juan hablaba de parte de Dios." [27] Así que respondieron a Jesús:

—No lo sabemos.

Entonces él les contestó:

—Pues yo tampoco les digo con qué autoridad hago esto.

La parábola de los dos hijos

[28] Jesús les preguntó:

—¿Qué opinan ustedes de esto? Un hombre tenía dos hijos, y le dijo a uno de ellos: 'Hijo, ve hoy a trabajar a mi viñedo.' [29] El hijo le contestó: '¡No quiero ir!' Pero después cambió de parecer, y fue. [30] Luego el padre se dirigió al otro, y le dijo lo mismo. Este contestó: 'Sí, señor, yo iré.' Pero no fue. [31] ¿Cuál de los dos hizo lo que su padre quería?

—El primero —contestaron ellos.

Y Jesús les dijo:

—Les aseguro que los que cobran impuestos para Roma, y las prostitutas, entrarán antes que ustedes en el reino de Dios. [32] Porque Juan el Bautista vino a enseñarles cómo deben vivir, y ustedes no le creyeron; en cambio, esos cobradores de impuestos y esas prostitutas sí le creyeron.[g] Pero ustedes, aunque vieron todo esto, no cambiaron de actitud para creerle.

La parábola de los labradores malvados
(Mr 12.1–12; Lc 20.9–19)

[33] "Escuchen otra parábola: El dueño de una finca plantó un viñedo[h] y le puso un cerco; preparó un lugar donde hacer el vino y levantó una torre para vigilarlo todo. Luego alquiló el terreno a unos labradores y se fue de viaje. [34] Cuando llegó el tiempo de la cosecha, mandó unos criados a pedir a los labradores la parte que le correspondía. [35] Pero los labradores echaron mano a los criados: golpearon a unos, mataron a otros y apedrearon a otros. [36] El dueño volvió a mandar más criados que al principio; pero los labradores los trataron a todos de la misma manera.

[37] "Por fin mandó a su propio hijo, pensando: 'Sin duda, respetarán a mi hijo.' [38] Pero cuando vieron al hijo, los labradores se dijeron unos a otros: 'Este es el que ha de recibir la herencia; matémoslo y nos quedaremos con su propiedad.' [39] Así que

---

c 21.13 Is 56.7. *d* 21.13 Jer 7.11. *e* 21.16 Sal 8.2. *f* 21.21 Mt 17.20; 1 Co 13.2. *g* 21.32 Lc 3.12; 7.29–30. *h* 21.33 Is 5.1–2.

lo agarraron, lo sacaron del viñedo y lo mataron.

[40] "Y ahora, cuando venga el dueño del viñedo, ¿qué creen ustedes que hará con esos labradores?

[41] Le contestaron:

—Matará sin compasión a esos malvados, y alquilará el viñedo a otros labradores que le entreguen a su debido tiempo la parte de la cosecha que le corresponde.

[42] Jesús entonces les dijo:

—¿Nunca han leído ustedes las Escrituras? Dicen:

'La piedra que los constructores despreciaron
se ha convertido en la piedra principal.
Esto lo hizo el Señor,
y estamos maravillados.'[i]

[43] Por eso les digo que a ustedes se les quitará el reino de Dios, y que se le dará a un pueblo que entregue al reino la debida cosecha. [[44] En cuanto a la piedra, cualquiera que caiga sobre ella quedará hecho pedazos; y si la piedra cae sobre alguien, lo hará polvo.][25]

[45] Los jefes de los sacerdotes y los fariseos, al oír las parábolas que Jesús contaba, se dieron cuenta de que hablaba de ellos. [46] Quisieron entonces arrestarlo, pero tenían miedo, porque la gente creía que Jesús era un profeta.

La parábola de la fiesta de bodas
(Lc 14.15–24)

22 [1] Jesús comenzó a hablarles otra vez por medio de parábolas. Les dijo:

[2] "El reino de Dios es como un rey que hizo una fiesta para la boda de su hijo. [3] Mandó a sus criados que fueran a llamar a los invitados, pero éstos no quisieron asistir. [4] Volvió a mandar otros criados, encargándoles: 'Digan a los invitados que ya tengo preparada la comida. Mandé matar mis reses y animales engordados, y todo está listo; que vengan a la boda.' [5] Pero los invitados no hicieron caso. Uno de ellos se fue a sus terrenos, otro se fue a sus negocios, [6] y los otros agarraron a los criados del rey y los maltrataron hasta matarlos. [7] Entonces el rey se enojó mucho, y ordenó a sus soldados que mataran a aquellos asesinos y quemaran su pueblo. [8] Luego dijo a sus criados: 'Todo está listo para la boda, pero aquellos invitados no merecían venir. [9] Vayan, pues, ustedes a las calles principales, e inviten a la boda a todos los que encuentren.' [10] Los criados salieron a las calles y reunieron a todos los que encontraron, malos y buenos; y así la sala se llenó de gente.

[11] "Cuando el rey entró a ver a los invitados, se fijó en un hombre que no iba vestido con traje de boda. [12] Le dijo: 'Amigo, ¿cómo has entrado aquí, si no traes traje de boda?' Pero el otro se quedó callado. [13] Entonces el rey dijo a los que atendían las mesas: 'Átenlo de pies y manos y échenlo a la oscuridad de afuera, donde llorará y le rechinarán los dientes.'[j] [14] Porque muchos son llamados, pero pocos escogidos."

El asunto de los impuestos
(Mr 12.13–17; Lc 20.20–26)

[15] Después de esto, los fariseos fueron y se pusieron de acuerdo para hacerle decir a Jesús algo que les diera motivo para acusarlo. [16] Así que mandaron a algunos de sus partidarios, junto con otros del partido de Herodes, a decirle:

—Maestro, sabemos que tú dices la verdad, y que enseñas de veras a vivir como Dios exige, sin dejarte llevar por lo que diga la gente, porque no juzgas a los hombres por su apariencia. [17] Danos, pues, tu opinión: ¿Está bien que paguemos impuestos al emperador romano, o no?

[18] Jesús, dándose cuenta de la mala intención que llevaban, les dijo:

—Hipócritas, ¿por qué me tienden trampas? [19] Enséñenme la moneda con que se paga el impuesto.

Le trajeron un denario, [20] y Jesús les preguntó:

—¿De quién es esta cara y el nombre que aquí está escrito?

[21] Le contestaron:

—Del emperador.

Jesús les dijo entonces:

—Pues den al emperador lo que es del emperador, y a Dios lo que es de Dios.

[22] Cuando oyeron esto, se quedaron admirados; y dejándolo, se fueron.

La pregunta sobre la resurrección
(Mr 12.18–27; Lc 20.27–40)

[23] Aquel mismo día, algunos saduceos fueron a ver a Jesús. Los saduceos dicen que no hay resurrección de los muertos;[k] por eso le presentaron este caso:

[24] —Maestro, Moisés dijo que si alguien muere sin dejar hijos, su hermano deberá tomar por esposa a la viuda, para darle hijos al hermano que murió.[l] [25] Pues bien, aquí, entre nosotros, había una vez siete hermanos. El primero se casó, y murió. Como no tuvo hijos, dejó su viuda al segundo hermano. [26] Lo mismo le pasó al segundo, y después al tercero, y así hasta el séptimo hermano. [27] Después de todos murió también la mujer. [28] Pues bien, en la

---

[25] El texto entre corchetes falta en algunos mss.   *i* **21.42** Sal 118.22–23.   *j* **22.13** Mt 8.12; 25.30; Lc 13.28.   *k* **22.23** Hch 23.8.   *l* **22.24** Dt 25.5.

resurrección, ¿de cuál de los siete hermanos será esposa esta mujer, si todos estuvieron casados con ella?

²⁹ Jesús les contestó:

—Ustedes están equivocados, porque no conocen las Escrituras ni el poder de Dios. ³⁰ Cuando los muertos resuciten, los hombres y las mujeres no se casarán, pues serán como los ángeles que están en el cielo. ³¹ Y en cuanto a que los muertos resucitan, ¿no han leído ustedes que Dios mismo dijo: ³² 'Yo soy el Dios de Abraham, de Isaac y de Jacob'?ᵐ ¡Y Dios no es Dios de muertos, sino de vivos!

³³ Al oír esto, la gente se quedó admirada de las enseñanzas de Jesús.

El mandamiento más importante
(Mr 12.28–34)

³⁴ Los fariseos se reunieron al saber que Jesús había hecho callar a los saduceos, ³⁵ y uno, que era maestro de la ley, para tenderle una trampa, le preguntó:

³⁶ —Maestro, ¿cuál es el mandamiento más importante de la ley?

³⁷ Jesús le dijo:

—'Ama al Señor tu Dios con todo tu corazón, con toda tu alma y con toda tu mente.'ⁿ ³⁸ Este es el más importante y el primero de los mandamientos. ³⁹ Y el segundo es parecido a éste; dice: 'Ama a tu prójimo como a ti mismo.'ñ ⁴⁰ Estos dos mandamientos son la base de toda la ley y de las enseñanzas de los profetas.º

¿De quién desciende el Mesías?
(Mr 12.35–37; Lc 20.41–44)

⁴¹ Mientras los fariseos todavía estaban reunidos, ⁴² Jesús les preguntó:

—¿Qué piensan ustedes del Mesías? ¿De quién desciende?

Le contestaron:

—Desciende de David.

⁴³ Entonces les dijo Jesús:

—¿Pues cómo es que David, inspirado por el Espíritu, lo llama Señor? Porque David dijo:

⁴⁴ 'El Señor dijo a mi Señor:
Siéntate a mi derecha,
hasta que yo ponga a tus enemigos debajo de tus pies.'ᵖ

⁴⁵ ¿Cómo puede el Mesías descender de David, si David mismo lo llama Señor?

⁴⁶ Nadie pudo responderle ni una sola palabra, y desde ese día ninguno se atrevió a hacerle más preguntas.

Jesús acusa a los fariseos y a los maestros de la ley
(Mr 12.38–40; Lc 11.37–54; 20.45–47)

23 ¹ Después de esto, Jesús dijo a la gente y a sus discípulos: ² "Los maestros de la ley y los fariseos tienen la función de interpretar la ley de Moisés. ³ Por lo tanto, obedézcanlos ustedes y hagan todo lo que les digan; pero no sigan su ejemplo, porque ellos dicen una cosa y hacen otra. ⁴ Atan cargas tan pesadas que es imposible soportarlas, y las echan sobre los hombros de los demás, mientras que ellos mismos no quieren tocarlas ni siquiera con un dedo. ⁵ Todo lo hacen para que la gente los vea.ᑫ Les gusta llevar en la frente y en los brazos porciones de las Escrituras escritas en anchas tiras,ʳ y ponerse ropas con grandes borlas.ˢ ⁶ Quieren tener los mejores lugares en las comidas y los asientos de honor en las sinagogas, ⁷ y desean que la gente los salude con todo respeto en la calle y que les llame maestros.

⁸ "Pero ustedes no deben pretender que la gente les llame maestros, porque todos ustedes son hermanos y tienen solamente un Maestro. ⁹ Y no llamen ustedes padre a nadie en la tierra, porque tienen solamente un Padre: el que está en el cielo. ¹⁰ Ni deben pretender que les llamen jefes, porque Cristo es su único Jefe. ¹¹ El más grande entre ustedes debe servir a los demás.ᵗ ¹² Porque el que a sí mismo se engrandece, será humillado; y el que se humilla, será engrandecido.ᵘ

¹³ "¡Ay de ustedes, maestros de la ley y fariseos, hipócritas!, que cierran la puerta del reino de Dios para que otros no entren. Y ni ustedes mismos entran, ni dejan entrar a los que quieren hacerlo.²⁶

¹⁵ "¡Ay de ustedes, maestros de la ley y fariseos, hipócritas!, que recorren tierra y mar para ganar un adepto, y cuando lo han logrado, hacen de él una persona dos veces más merecedora del infierno que ustedes mismos.

¹⁶ "¡Ay de ustedes, guías ciegos!, que dicen: 'Quien hace una promesa jurando por el templo, no se compromete a nada; pero si jura por el oro del templo, entonces sí queda comprometido.' ¹⁷ ¡Tontos y ciegos! ¿Qué es más importante: el oro, o el templo por cuya causa el oro queda consagrado? ¹⁸ También dicen ustedes: 'Quien hace una promesa jurando por el altar, no se compromete a nada; pero si jura por la ofrenda que está sobre el altar,

²⁶ Algunos mss. añaden v. 14: ¡Ay de ustedes, maestros de la ley y fariseos, hipócritas!, porque les quitan sus casas a las viudas, y para disimularlo hacen largas oraciones. Por esto ustedes recibirán mayor castigo.
ᵐ 22.32 Ex 3.6.   ⁿ 22.37 Dt 6.5.   ñ 22.39 Lv 19.18.   º 22.35–40 Lc 10.25–28.   ᵖ 22.44 Sal 110.1.   ᑫ 23.5 Mt 6.1.
ʳ 23.5 Dt 6.8.   ˢ 23.5 Nm 15.38.   ᵗ 23.11 Mt 20.26–27; Mr 9.35; 10.43–44; Lc 22.26.   ᵘ 23.12 Pr 29.23; Lc 14.11; 18.14.

entonces sí queda comprometido.' ¹⁹ ¡Ciegos! ¿Qué es más importante: la ofrenda, o el altar por cuya causa la ofrenda queda consagrada? ²⁰ El que jura por el altar, no está jurando solamente por el altar, sino también por todo lo que hay encima; ²¹ y el que jura por el templo, no está jurando solamente por el templo, sino también por Dios, que vive allí. ²² Y el que jura por el cielo, está jurando por el trono de Dios,ᵛ y a la vez por Dios, que se sienta en él.

²³ ¡Ay de ustedes, maestros de la ley y fariseos, hipócritas!, que separan para Dios la décima parte de la menta, del anís y del comino,ʷ pero no hacen caso de las enseñanzas más importantes de la ley, que son la justicia, la misericordia y la fidelidad. Esto es lo que deben hacer, sin dejar de hacer lo otro. ²⁴ ¡Ustedes, guías ciegos, cuelan el mosquito, pero se tragan el camello!

²⁵ ¡Ay de ustedes, maestros de la ley y fariseos, hipócritas!, que limpian por fuera el vaso y el plato, pero por dentro están llenos de lo que han conseguido por medio del robo y la avaricia. ²⁶ ¡Fariseo ciego: primero limpia por dentro el vaso, y así quedará limpio también por fuera!

²⁷ ¡Ay de ustedes, maestros de la ley y fariseos, hipócritas!, que son como sepulcros blanqueados,ˣ bonitos por fuera, pero llenos por dentro de huesos de muertos y de toda clase de impureza. ²⁸ Así son ustedes: por fuera parecen buenos ante la gente, pero por dentro están llenos de hipocresía y de maldad.

²⁹ ¡Ay de ustedes, maestros de la ley y fariseos, hipócritas!, que construyen los sepulcros de los profetas y adornan los monumentos de quienes fueron personas buenas, ³⁰ y luego dicen: 'Si nosotros hubiéramos vivido en tiempos de nuestros antepasados, no los habríamos ayudado a matar a los profetas.' ³¹ Ya con esto, ustedes mismos reconocen que son descendientes de los que mataron a los profetas. ³² ¡Terminen de hacer, pues, lo que sus antepasados comenzaron!

³³ ¡Serpientes! ¡Raza de víboras!ʸ ¿Cómo van a escapar del castigo del infierno? ³⁴ Por esto yo les voy a enviar profetas, sabios y maestros. Pero ustedes matarán y crucificarán a algunos de ellos, y a otros los golpearán en las sinagogas y los perseguirán de pueblo en pueblo. ³⁵ Así que sobre ustedes caerá el castigo por la muerte de todas las personas buenas que han sido asesinadas desde Abelᶻ el justo hasta Zacaríasᵃ hijo de Berequías, a quien ustedes mataron entre el santuario y el altar. ³⁶ Les aseguro que el castigo por todo esto caerá sobre la gente de hoy.

Jesús llora por Jerusalén
(Lc 13.34–35)

³⁷ ¡Jerusalén, Jerusalén, que matas a los profetasᵇ y apedreas a los mensajeros que Dios te envía! ¡Cuántas veces quise juntar a tus hijos, como la gallina junta sus pollitos bajo las alas, pero no quisiste! ³⁸ Pues miren, el hogar de ustedes va a quedar abandonado; ³⁹ y les digo que, a partir de este momento, no volverán a verme hasta que digan: '¡Bendito el que viene en el nombre del Señor!' "ᶜ

Jesús anuncia que el templo será destruido
(Mr 13.1–2; Lc 21.5–6)

24 ¹ Jesús salió del templo, y ya se iba, cuando sus discípulos se acercaron y comenzaron a atraer su atención a los edificios del templo. ² Jesús les dijo:

—¿Ven ustedes todo esto? Pues les aseguro que aquí no va a quedar ni una piedra sobre otra. Todo será destruido.

Señales antes del fin
(Mr 13.3–23; Lc 21.7–24; 17.22–24)

³ Luego se fueron al monte de los Olivos. Jesús se sentó, y los discípulos se le acercaron para preguntarle aparte:

—Queremos que nos digas cuándo va a ocurrir esto. ¿Cuál será la señal de tu regreso y del fin del mundo?

⁴ Jesús les contestó:

—Tengan cuidado de que nadie los engañe. ⁵ Porque vendrán muchos haciéndose pasar por mí. Dirán: 'Yo soy el Mesías', y engañarán a mucha gente. ⁶ Ustedes tendrán noticias de que hay guerras aquí y allá; pero no se asusten, pues así tiene que ocurrir; sin embargo, aún no será el fin. ⁷ Porque una nación peleará contra otra y un país hará guerra contra otro; y habrá hambres y terremotos en muchos lugares. ⁸ Pero todo eso apenas será el comienzo de los dolores.

⁹ Entonces los entregarán a ustedes para que los maltraten; y los matarán, y todo el mundo los odiará por causa mía.ᵈ ¹⁰ En aquel tiempo muchos perderán su fe, y se odiarán y se traicionarán unos a otros. ¹¹ Aparecerán muchos falsos profetas, y engañarán a mucha gente. ¹² Habrá tanta maldad, que la mayoría dejará de tener amor hacia los demás. ¹³ Pero el que siga firme hasta el fin, será salvo.ᵉ ¹⁴ Y esta buena noticia del reino será anunciada en todo el mundo, para que todas las naciones la conozcan; entonces vendrá el fin.

ᵛ **23.22** Is 66.1; Mt 5.34.   ʷ **23.23** Lv 27.30.   ˣ **23.27** Hch 23.3.   ʸ **23.33** Mt 3.7; 12.34; Lc 3.7.   ᶻ **23.35** Gn 4.8.
ᵃ **23.35** 2 Cr 24.20–21.   ᵇ **23.37** 1 R 19.10; Jer 2.30.   ᶜ **23.39** Sal 118.26.   ᵈ **24.9** Mt 10.22.   ᵉ **24.13** Mt 10.22.

[15] "El profeta Daniel escribió acerca del horrible sacrilegio.[f] Cuando ustedes lo vean en el lugar santo —el que lee, entienda—, [16] entonces los que estén en Judea, que huyan a las montañas; [17] y el que esté en la azotea de su casa, que no baje a sacar nada; [18] y el que esté en el campo, que no regrese ni aun a recoger su ropa.[g] [19] ¡Pobres mujeres aquellas que en tales días estén embarazadas o tengan niños de pecho! [20] Pidan ustedes a Dios que no hayan de huir en el invierno ni en día de reposo;[27] [21] porque habrá entonces un sufrimiento tan grande como nunca lo ha habido desde el comienzo del mundo[h] ni lo habrá después. [22] Y si Dios no acortara ese tiempo, no se salvaría nadie; pero lo acortará por amor a los que ha escogido.

[23] "Si entonces alguien les dice a ustedes: 'Miren, aquí está el Mesías', o 'Miren, allí está', no lo crean. [24] Porque vendrán falsos mesías y falsos profetas; y harán grandes señales y milagros, para engañar, a ser posible, hasta a los que Dios mismo ha escogido. [25] Ya se lo he advertido a ustedes de antemano. [26] Por eso, si les dicen: 'Miren, allí está, en el desierto', no vayan; o si les dicen: 'Miren, aquí está escondido, no lo crean. [27] Porque como un relámpago que se ve brillar de oriente a occidente, así será cuando regrese el Hijo del hombre.[i] [28] Donde esté el cadáver, allí se juntarán los buitres.[j]

El regreso del Hijo del hombre
(Mr 13.24-37; Lc 21.25-33; 17.26-30, 34-36)

[29] "Tan pronto como pasen aquellos días de sufrimiento, el sol se oscurecerá,[k] la luna dejará de dar su luz,[l] las estrellas caerán del cielo[m] y las fuerzas celestiales temblarán.[n] [30] Entonces se verá en el cielo la señal del Hijo del hombre, y llenos de terror todos los pueblos del mundo llorarán, y verán al Hijo del hombre que viene en las nubes del cielo[n] con gran poder y gloria. [31] Y él mandará a sus ángeles, para que con un fuerte toque de trompeta reúnan a sus escogidos de los cuatro puntos cardinales, desde un extremo del cielo hasta el otro.

[32] "Aprendan esta enseñanza de la higuera: Cuando sus ramas se ponen tiernas, y brotan sus hojas, se dan cuenta ustedes de que ya el verano está cerca. [33] De la misma manera, cuando vean todo esto, sepan que el Hijo del hombre ya está a la puerta. [34] Les aseguro que todo esto sucederá antes que muera la gente de este tiempo. [35] El cielo y la tierra dejarán de

existir, pero mis palabras no dejarán de cumplirse.

[36] "En cuanto al día y la hora, nadie lo sabe, ni aun los ángeles del cielo, ni el Hijo. Solamente lo sabe el Padre. [37] "Como sucedió en tiempos de Noé,[o] así sucederá también cuando regrese el Hijo del hombre. [38] En aquellos tiempos antes del diluvio, y hasta el día en que Noé entró en la barca, la gente comía y bebía y se casaba. [39] Pero cuando menos lo esperaban, vino el diluvio y se los llevó a todos.[p] Así sucederá también cuando regrese el Hijo del hombre. [40] En aquel momento estarán dos hombres en el campo: uno será llevado y el otro será dejado. [41] Dos mujeres estarán moliendo: una será llevada y la otra será dejada.

[42] "Manténganse ustedes despiertos, porque no saben a qué hora va a venir su Señor. [43] Pero sepan esto, que si el dueño de una casa supiera a qué hora de la noche va a llegar el ladrón, se mantendría despierto y no dejaría que nadie se metiera en su casa a robar. [44] Por eso, ustedes también estén preparados; porque el Hijo del hombre vendrá cuando menos lo esperen.[q]

El criado fiel y el criado infiel
(Lc 12.41-48)

[45] "¿Quién es el criado fiel y atento, a quien su amo deja encargado de los de su casa, para darles de comer a su debido tiempo? [46] Dichoso el criado a quien su amo, cuando llega, lo encuentra cumpliendo con su deber. [47] Les aseguro que el amo lo pondrá como encargado de todos sus bienes. [48] Pero si ese criado es un malvado, y pensando que su amo va a tardar [49] comienza a maltratar a los otros criados, y se junta con borrachos a comer y beber, [50] el día que menos lo espere y a una hora que no sabe, llegará su amo [51] y lo castigará,[28] condenándolo a correr la misma suerte que los hipócritas. Entonces llorará y le rechinarán los dientes.

La parábola de las diez muchachas

25 [1] "El reino de Dios será entonces como diez muchachas que, en una boda, tomaron sus lámparas[r] de aceite y salieron a recibir al novio. [2] Cinco de ellas eran despreocupadas y cinco previsoras. [3] Las despreocupadas llevaron sus lámparas, pero no llevaron aceite para llenarlas de nuevo; [4] en cambio, las previsoras llevaron sus botellas de aceite, además de

---

[27] Día de reposo: aquí equivale a sábado.   [28] Lo castigará: lit. lo cortará en dos.
[f] 24.15 Dn 9.27; 11.31; 12.11.   [g] 24.17-18 Lc 17.31.   [h] 24.21 Dn 12.1; Ap 7.14.   [i] 24.26-27 Lc 17.23-24.   [j] 24.28 Lc 17.37.
[k] 24.29 Is 13.10; Jl 2.10,31; 3.15; Ap 6.12.   [l] 24.29 Is 13.10; Ez 32.7; Jl 2.10; 3.15.   [m] 24.29 Is 34.4; Ap 6.13.   [n] 24.29 Jl 2.10.
[n] 24.30 Dn 7.13; Ap 1.7.   [o] 24.37 Gn 6.5-8.   [p] 24.39 Gn 7.6-24.   [q] 24.43-44 Lc 12.39-40.   [r] 25.1 Lc 12.35.

sus lámparas. ⁵ Como el novio tardaba en llegar, les dio sueño a todas, y por fin se durmieron. ⁶ Cerca de la medianoche, se oyó gritar: '¡Ya viene el novio! ¡Salgan a recibirlo!' ⁷ Todas las muchachas se levantaron y comenzaron a preparar sus lámparas. ⁸ Entonces las cinco despreocupadas dijeron a las cinco previsoras: 'Dennos un poco de su aceite, porque nuestras lámparas se están apagando.' ⁹ Pero las muchachas previsoras contestaron: 'No, porque así no alcanzará ni para nosotras ni para ustedes. Más vale que vayan a donde lo venden, y compren para ustedes mismas.' ¹⁰ Pero mientras aquellas cinco muchachas fueron a comprar aceite, llegó el novio, y las que habían sido previsoras entraron con él en la boda, y se cerró la puerta. ¹¹ Después llegaron las otras muchachas, diciendo: '¡Señor, señor, ábrenos!' ¹² Pero él les contestó: 'Les aseguro que no las conozco.'^s

¹³ "Manténganse ustedes despiertos —añadió Jesús—, porque no saben ni el día ni la hora.

La parábola del dinero
(Lc 19.11-27)

¹⁴ "El reino de Dios es como un hombre que, estando a punto de irse a otro país, llamó a sus empleados y les encargó que le cuidaran su dinero. ¹⁵ A uno de ellos le entregó cinco mil monedas, a otro dos mil y a otro mil: a cada uno según su capacidad. Entonces se fue de viaje. ¹⁶ El empleado que recibió las cinco mil monedas, hizo negocio con el dinero y ganó otras cinco mil monedas. ¹⁷ Del mismo modo, el que recibió dos mil, ganó otras dos mil. ¹⁸ Pero el que recibió mil, fue y escondió el dinero de su jefe en un hoyo que hizo en la tierra.

¹⁹ "Mucho tiempo después volvió el jefe de aquellos empleados, y se puso a hacer cuentas con ellos. ²⁰ Primero llegó el que había recibido las cinco mil monedas, y entregó a su jefe otras cinco mil, diciéndole: 'Señor, usted me dio cinco mil, y aquí tiene otras cinco mil que gané.' ²¹ El jefe le dijo: 'Muy bien, eres un empleado bueno y fiel; ya que fuiste fiel en lo poco, te pondré a cargo de mucho más. Entra y alégrate conmigo.' ²² Después llegó el empleado que había recibido las dos mil monedas, y dijo: 'Señor, usted me dio dos mil, y aquí tiene otras dos mil que gané.' ²³ El jefe le dijo: 'Muy bien, eres un empleado bueno y fiel; ya que fuiste fiel en lo poco, te pondré a cargo de mucho más. Entra y alégrate conmigo.'

²⁴ "Pero cuando llegó el empleado que había recibido las mil monedas, le dijo a su jefe: 'Señor, yo sabía que usted es un hombre duro, que cosecha donde no sembró y recoge donde no esparció. ²⁵ Por eso tuve miedo, y fui y escondí su dinero en la tierra. Pero aquí tiene lo que es suyo.' ²⁶ El jefe le contestó: 'Tú eres un empleado malo y perezoso, pues si sabías que yo cosecho donde no sembré y que recojo donde no esparcí, ²⁷ deberías haber llevado mi dinero al banco, y yo, al volver, habría recibido mi dinero más los intereses.' ²⁸ Y dijo a los que estaban allí: 'Quítenle las mil monedas, y dénselas al que tiene diez mil. ²⁹ Porque al que tiene, se le dará más, y tendrá de sobra; pero al que no tiene, hasta lo poco que tiene se le quitará.^t ³⁰ Y a este empleado inútil, échenlo fuera, a la oscuridad, donde llorará y le rechinarán los dientes.'^{u, v}

El juicio de las naciones

³¹ "Cuando el Hijo del hombre venga, rodeado de esplendor y de todos sus ángeles,^w se sentará en su trono glorioso.^x ³² La gente de todas las naciones se reunirá delante de él, y él separará unos de otros, como el pastor separa las ovejas de las cabras. ³³ Pondrá las ovejas a su derecha y las cabras a su izquierda. ³⁴ Y dirá el Rey a los que estén a su derecha: 'Vengan ustedes, los que han sido bendecidos por mi Padre; reciban el reino que está preparado para ustedes desde que Dios hizo el mundo. ³⁵ Pues tuve hambre, y ustedes me dieron de comer;^y tuve sed, y me dieron de beber; anduve como forastero, y me dieron alojamiento; ³⁶ me faltó ropa, y ustedes me la dieron; estuve enfermo, y me visitaron; estuve en la cárcel, y vinieron a verme.'^z ³⁷ Entonces los justos preguntarán: 'Señor, ¿cuándo te vimos con hambre, y te dimos de comer? ¿O cuándo te vimos con sed, y te dimos de beber? ³⁸ ¿O cuándo te vimos como forastero, y te dimos alojamiento, o falto de ropa, y te la dimos? ³⁹ ¿O cuándo te vimos enfermo o en la cárcel, y fuimos a verte?' ⁴⁰ El Rey les contestará: 'Les aseguro que todo lo que hicieron por uno de estos hermanos míos más humildes, por mí mismo lo hicieron.'

⁴¹ "Luego el Rey dirá a los que estén a su izquierda: 'Apártense de mí, ustedes que están bajo maldición; váyanse al fuego eterno preparado para el diablo y sus ángeles. ⁴² Pues tuve hambre, y ustedes no me dieron de comer; tuve sed, y no me dieron de beber; ⁴³ anduve como foras-

^s **25.11-12** Lc 13.25.   ^t **25.29** Mt 13.12; Mr 4.25; Lc 8.18.   ^u **25.30** Mt 8.12; 22.13; Lc 13.28.   ^v **25.14-30** Lc 19.11-27.
^w **25.31** Mt 16.27.   ^x **25.31** Mt 19.28.   ^y **25.35-40** Ez 18.7.   ^z **25.36** He 13.3.

tero, y no me dieron alojamiento. Me faltó ropa, y ustedes no me la dieron; estuve enfermo, y en la cárcel, y no vinieron a visitarme.' ⁴⁴ Entonces ellos le preguntarán: 'Señor, ¿cuándo te vimos con hambre o con sed, o como forastero, o falto de ropa, o enfermo, o en la cárcel, y no te ayudamos?' ⁴⁵ El Rey les contestará: 'Les aseguro que todo lo que no hicieron por una de estas personas más humildes, tampoco por mí lo hicieron.'ᵃ ⁴⁶ Ésos irán al castigo eterno, y los justos a la vida eterna."ᵇ

Conspiración para arrestar a Jesús
(Mr 14.1–2; Lc 22.1–2; Jn 11.45–53)

26 ¹ Después de haber dicho todo esto, Jesús dijo a sus discípulos:
² —Como ustedes saben, dentro de dos días es la fiesta de la Pascua,ᶜ y el Hijo del hombre será entregado para que lo crucifiquen.
³ Por aquel tiempo, los jefes de los sacerdotes y los ancianos de los judíos se reunieron en el palacio de Caifás, el sumo sacerdote, ⁴ e hicieron planes para arrestar a Jesús mediante algún engaño, y matarlo. ⁵ Pero decían:
—No durante la fiesta, para que no se alborote la gente.

Una mujer derrama perfume sobre Jesús
(Mr 14.3–9; Jn 12.1–8)

⁶ Jesús estaba en Betania, en casa de Simón, el que llamaban el leproso; ⁷ en esto se le acercó una mujer que llevaba un frasco de alabastro lleno de un perfume muy caro. Mientras Jesús estaba a la mesa, ella le derramó el perfume sobre la cabeza.ᵈ ⁸ Los discípulos, al verlo, se enojaron y comenzaron a decir:
—¿Por qué se desperdicia esto? ⁹ Pudo haberse vendido por mucho dinero, para ayudar a los pobres.
¹⁰ Jesús lo oyó, y les dijo:
—¿Por qué molestan a esta mujer? Esto que me ha hecho es bueno. ¹¹ Pues a los pobres los tendrán siempre entre ustedes,ᵉ pero a mí no siempre me van a tener. ¹² Lo que ha hecho esta mujer, al derramar el perfume sobre mi cuerpo, es prepararme para mi entierro. ¹³ Les aseguro que en cualquier lugar del mundo donde se predique este mensaje de salvación, se hablará también de lo que hizo esta mujer, y así será recordada.

Judas traiciona a Jesús
(Mr 14.10–11; Lc 22.3–6)

¹⁴ Uno de los doce discípulos, el que se llamaba Judas Iscariote, fue a ver a los jefes de los sacerdotes ¹⁵ y les dijo:
—¿Cuánto me quieren dar, y yo les entrego a Jesús?
Ellos señalaron el precio: treinta monedas de plata. ¹⁶ Y desde entonces Judas anduvo buscando el momento más oportuno para entregarles a Jesús.

La Cena del Señor
(Mr 14.12–25; Lc 22.7–23; Jn 13.21–30; 1 Co 11.23–26)

¹⁷ El primer día de la fiesta en que se comía el pan sin levadura, los discípulos se acercaron a Jesús y le preguntaron:
—¿Dónde quieres que te preparemos la cena de Pascua?
¹⁸ El les contestó:
—Vayan a la ciudad, a casa de Fulano, y díganle: 'El Maestro dice: Mi hora está cerca, y voy a tu casa a celebrar la Pascua con mis discípulos.'
¹⁹ Los discipulos hicieron como Jesús se lo había mandado, y prepararon la cena de Pascua.
²⁰ Cuando llegó la noche, Jesús estaba a la mesa con los doce discípulos; ²¹ y mientras comían, les dijo:
—Les aseguro que uno de ustedes me va a traicionar.
²² Ellos se pusieron muy tristes, y comenzaron a preguntarle uno tras otro:
—Señor, ¿acaso seré yo?
²³ Jesús les contestó:
—Uno que moja el pan en el mismo plato que yo, va a traicionarme.ᶠ ²⁴ El Hijo del hombre ha de recorrer el camino que dicen las Escrituras; pero ¡ay de aquel que le traiciona! Hubiera sido mejor para él no haber nacido.
²⁵ Entonces Judas, el que le estaba traicionando, le preguntó:
—Maestro, ¿acaso seré yo?
—Tú lo has dicho —contestó Jesús.
²⁶ Mientras comían, Jesús tomó en sus manos el pan y, habiendo dado gracias a Dios, lo partió y se lo dio a los discípulos, diciendo:
—Coman, esto es mi cuerpo.
²⁷ Luego tomó en sus manos una copa y, habiendo dado gracias a Dios, se la pasó a ellos, diciendo:
—Beban todos ustedes de esta copa, ²⁸ porque esto es mi sangre,ᵍ con la que se confirma el pacto,²⁹,ʰ la cual es derramada en favor de muchos para perdón de sus pecados. ²⁹ Pero les digo que no volveré a

---

²⁹ *El pacto:* algunos mss. dicen *el nuevo pacto.*
ᵃ **25.45** 1 Co 8.12. ᵇ **25.46** Dn 12.2. ᶜ **26.2** Ex 12.1–27; Dt 16.1–8. ᵈ **26.7** Lc 7.37–38. ᵉ **26.11** Dt 15.11.
ᶠ **26.23** Sal 41.9. ᵍ **26.28** Ex 24.8; Zac 9.11. ʰ **26.28** Jer 31.31–34.

beber de este producto de la vid, hasta el día en que beba con ustedes el vino nuevo en el reino de mi Padre.

Jesús anuncia que Pedro lo negará
(Mr 14.26–31; Lc 22.31–34; Jn 13.36–38)

³⁰ Después de cantar los salmos, se fueron al monte de los Olivos. ³¹ Y Jesús les dijo:

—Todos ustedes van a perder su confianza en mí esta noche. Así lo dicen las Escrituras: 'Mataré al pastor, y las ovejas se dispersarán.'ⁱ ³² Pero cuando yo resucite, iré a Galilea antes que ustedes.ʲ

³³ Pedro le contestó:

—Aunque todos pierdan su confianza en ti, yo no la perderé.

³⁴ Jesús le dijo:

—Te aseguro que esta misma noche, antes que cante el gallo, me negarás tres veces.

³⁵ Pedro afirmó:

—Aunque tenga que morir contigo, no te negaré.

Y todos los discípulos decían lo mismo.

Jesús ora en Getsemaní
(Mr 14.32–42; Lc 22.39–46)

³⁶ Luego fue Jesús con sus discípulos a un lugar llamado Getsemaní, y les dijo:

—Siéntense aquí, mientras yo voy allí a orar.

³⁷ Y se llevó a Pedro y a los dos hijos de Zebedeo, y comenzó a sentirse muy triste y angustiado. ³⁸ Les dijo:

—Siento en mi alma una tristeza de muerte. Quédense ustedes aquí, y permanezcan despiertos conmigo.

³⁹ En seguida Jesús se fue un poco más adelante, se inclinó hasta tocar el suelo con la frente, y oró diciendo: "Padre mío, si es posible, líbrame de este trago amargo; pero que no se haga lo que yo quiero, sino lo que quieres tú."

⁴⁰ Luego volvió a donde estaban los discípulos, y los encontró dormidos. Le dijo a Pedro:

—¿Ni siquiera una hora pudieron ustedes mantenerse despiertos conmigo? ⁴¹ Manténganse despiertos y oren, para que no caigan en tentación. Ustedes tienen buena voluntad, pero su cuerpo es débil.

⁴² Por segunda vez se fue, y oró así: "Padre mío, si no es posible evitar que yo sufra esta prueba, hágase tu voluntad."

⁴³ Cuando volvió, encontró otra vez dormidos a los discípulos, porque sus ojos se les cerraban de sueño. ⁴⁴ Los dejó y se fue a orar por tercera vez, repitiendo las mis-

mas palabras. ⁴⁵ Entonces regresó a donde estaban los discípulos, y les dijo:

—¿Siguen ustedes durmiendo y descansando? Ha llegado la hora en que el Hijo del hombre va a ser entregado en manos de los pecadores. ⁴⁶ Levántense, vámonos; ya se acerca el que me traiciona.

Arrestan a Jesús
(Mr 14.43–50; Lc 22.47–53; Jn 18.2–11)

⁴⁷ Todavía estaba hablando Jesús, cuando Judas, uno de los doce discípulos, llegó acompañado de mucha gente armada con espadas y con palos. Iban de parte de los jefes de los sacerdotes y de los ancianos de los judíos. ⁴⁸ Judas, el traidor, les había dado una contraseña, diciéndoles: "Al que yo bese, ése es; arréstenlo." ⁴⁹ Así que, acercándose a Jesús, dijo:

—¡Buenas noches, Maestro!

Y lo besó. ⁵⁰ Jesús le contestó:

—Amigo, lo que has venido a hacer, hazlo.

Entonces los otros se acercaron, echaron mano a Jesús y lo arrestaron.

⁵¹ En eso, uno de los que estaban con Jesús sacó su espada y le cortó una oreja al criado del sumo sacerdote. ⁵² Jesús le dijo:

—Guarda tu espada en su lugar. Porque todos los que pelean con la espada, también a espada morirán. ⁵³ ¿No sabes que yo podría rogarle a mi Padre, y él me mandaría ahora mismo más de doce ejércitos de ángeles? ⁵⁴ Pero en ese caso, ¿cómo se cumplirían las Escrituras, que dicen que debe suceder así?

⁵⁵ En seguida Jesús preguntó a la gente:

—¿Por qué han venido ustedes con espadas y con palos a arrestarme, como si yo fuera un bandido? Todos los días he estado enseñando en el templo,ᵏ y nunca me arrestaron. ⁵⁶ Pero todo esto sucede para que se cumpla lo que dijeron los profetas en las Escrituras.

En aquel momento, todos los discípulos dejaron solo a Jesús y huyeron.

Jesús ante la Junta Suprema
(Mr 14.53–65; Lc 22.54–55, 63–71; Jn 18.12–14, 19–24)

⁵⁷ Los que habían arrestado a Jesús lo llevaron a la casa de Caifás, el sumo sacerdote, donde los maestros de la ley y los ancianos estaban reunidos. ⁵⁸ Pedro lo siguió de lejos hasta el patio de la casa del sumo sacerdote. Entró, y se quedó sentado con los guardianes del templo, para ver en qué terminaría todo aquello.

⁵⁹ Los jefes de los sacerdotes y toda la Junta Suprema buscaban alguna prueba falsa para condenar a muerte a Jesús,

ⁱ **26.31** Zac 13.7. ʲ **26.32** Mt 28.16. ᵏ **26.55** Lc 19.47; 21.37.

[60] pero no la encontraron, a pesar de que muchas personas se presentaron y lo acusaron falsamente. Por fin se presentaron dos más, [61] que afirmaron:

—Este hombre dijo: 'Yo puedo destruir el templo de Dios y volver a levantarlo en tres días.'[l]

[62] Entonces el sumo sacerdote se levantó y preguntó a Jesús:

—¿No contestas nada? ¿Qué es esto que están diciendo contra ti?

[63] Pero Jesús se quedó callado. El sumo sacerdote le dijo:

—En el nombre del Dios viviente te ordeno que digas la verdad. Dinos si tú eres el Mesías, el Hijo de Dios.

[64] Jesús le contestó:

—Tú lo has dicho. Y yo les digo también que ustedes van a ver al Hijo del hombre sentado a la derecha del Todopoderoso, y venir en las nubes del cielo.[m]

[65] Entonces el sumo sacerdote se rasgó las ropas en señal de indignación, y dijo:

—¡Las palabras de este hombre son una ofensa contra Dios! ¿Qué necesidad tenemos de más testigos? Ustedes han oído sus palabras ofensivas; [66] ¿qué les parece?

Ellos contestaron:

—Es culpable, y debe morir.[n]

[67] Entonces le escupieron en la cara y lo golpearon. Otros le pegaron en la cara,[ñ] [68] diciéndole:

—Tú que eres el Mesías, ¡adivina quién te pegó!

Pedro niega conocer a Jesús
(Mr 14.66–72; Lc 22.56–62; Jn 18.15–18, 25–27)

[69] Pedro, entre tanto, estaba sentado afuera, en el patio. En esto, una sirvienta se le acercó y le dijo:

—Tú también andabas con Jesús, el de Galilea.

[70] Pero Pedro lo negó delante de todos, diciendo:

—No sé de qué estás hablando.

[71] Luego se fue a la puerta, donde otra lo vio y dijo a los demás:

—Ése andaba con Jesús, el de Nazaret.

[72] De nuevo Pedro lo negó, jurando:

—¡No conozco a ese hombre!

[73] Poco después, los que estaban allí se acercaron a Pedro y le dijeron:

—Seguro que tú también eres uno de ellos. Hasta en tu manera de hablar se te nota.

[74] Entonces él comenzó a jurar y perjurar, diciendo:

—¡No conozco a ese hombre!

En aquel mismo momento cantó un gallo, [75] y Pedro se acordó de que Jesús le había dicho: 'Antes que cante el gallo, me negarás tres veces.' Y salió Pedro de allí, y lloró amargamente.

Jesús es entregado a Pilato
(Mr 15.1; Lc 23.1–2; Jn 18.28–32)

27 [1] Cuando amaneció, todos los jefes de los sacerdotes y los ancianos de los judíos se pusieron de acuerdo en un plan para matar a Jesús. [2] Lo llevaron atado y se lo entregaron a Pilato, el gobernador romano.

La muerte de Judas

[3] Judas, el que había traicionado a Jesús, al ver que lo habían condenado, tuvo remordimientos y devolvió las treinta monedas de plata a los jefes de los sacerdotes y a los ancianos,[o] [4] diciéndoles:

—He pecado entregando a la muerte a un hombre inocente.

Pero ellos le contestaron:

—¿Y eso qué nos importa a nosotros? ¡Eso es cosa tuya!

[5] Entonces Judas arrojó las monedas en el templo, y fue y se ahorcó.

[6] Los jefes de los sacerdotes recogieron aquel dinero, y dijeron:

—Este dinero está manchado de sangre; no podemos ponerlo en el cofre de las ofrendas.

[7] Así que tomaron el acuerdo de comprar con él un terreno llamado el Campo del Alfarero, para tener un lugar donde enterrar a los extranjeros. [8] Por eso, aquel terreno se llama hasta el día de hoy Campo de Sangre. [9] Así se cumplió lo que había dicho el profeta Jeremías: "Tomaron las treinta monedas de plata, el precio que los israelitas le habían puesto, [10] y con ellas compraron el campo del alfarero, tal como me lo ordenó el Señor."[p]

Jesús ante Pilato
(Mr 15.2–5; Lc 23.3–5; Jn 18.33–38)

[11] Jesús fue llevado ante el gobernador, que le preguntó:

—¿Eres tú el Rey de los judíos?

—Tú lo has dicho —contestó Jesús.

[12] Mientras los jefes de los sacerdotes y los ancianos lo acusaban, Jesús no respondía nada. [13] Por eso Pilato le preguntó:

—¿No oyes todo lo que están diciendo contra ti?

[14] Pero Jesús no le contestó ni una sola palabra; de manera que el gobernador se quedó muy extrañado.

[l] **26.61** Jn 2.19.   [m] **26.64** Dn 7.13.   [n] **26.65–66** Lv 24.16.   [ñ] **26.67** Is 50.6.   [o] **27.3–8** Hch 1.18–19.   [p] **27.9–10** Zac 11.12–13.

Jesús es sentenciado a muerte

(Mr 15.6–20; Lc 23.13–25; Jn 18.38—19.16)

15 Durante la fiesta, el gobernador acostumbraba dejar libre un preso, el que la
gente escogiera. 16 Había entonces un
preso famoso llamado Jesús Barrabás;[30]
17 y estando ellos reunidos, Pilato les preguntó:
—¿A quién quieren ustedes que les
ponga en libertad: a Jesús Barrabás,[30] o a
Jesús, el que llaman el Mesías?
18 Porque se había dado cuenta de que lo
habían entregado por envidia.
19 Mientras Pilato estaba sentado en el
tribunal, su esposa mandó a decirle: "No
te metas con ese hombre justo, porque
anoche tuve un sueño horrible por causa
suya."
20 Pero los jefes de los sacerdotes y los
ancianos convencieron a la multitud de
que pidiera la libertad de Barrabás y la
muerte de Jesús. 21 El gobernador les preguntó otra vez:
—¿A cuál de los dos quieren ustedes
que les ponga en libertad?
Ellos dijeron:
—¡A Barrabás!
22 Pilato les preguntó:
—¿Y qué voy a hacer con Jesús, el que
llaman el Mesías?
Todos contestaron:
—¡Crucifícalo!
23 Pilato les dijo:
—Pues ¿qué mal ha hecho?
Pero ellos volvieron a gritar:
—¡Crucifícalo!
24 Cuando Pilato vio que no conseguía
nada, sino que el alboroto era cada vez
mayor, mandó traer agua y se lavó las
manos[q] delante de todos, diciendo:
—Yo no soy responsable de la muerte
de este hombre; es cosa de ustedes.
25 Toda la gente contestó:
—¡Nosotros y nuestros hijos nos hacemos responsables de su muerte!
26 Entonces Pilato dejó libre a Barrabás;
luego mandó azotar a Jesús y lo entregó
para que lo crucificaran.
27 Los soldados del gobernador llevaron
a Jesús al palacio y reunieron toda la
tropa alrededor de él. 28 Le quitaron su
ropa, lo vistieron con una capa roja 29 y le
pusieron en la cabeza una corona tejida
de espinas y una vara en la mano derecha.
Luego se arrodillaron delante de él, y burlándose le decían:
—¡Viva el Rey de los judíos!
30 También le escupían, y con la misma
vara le golpeaban la cabeza. 31 Después de
burlarse así de él, le quitaron la capa roja,
le pusieron su propia ropa y se lo llevaron
para crucificarlo.

Jesús es crucificado

(Mr 15.21–32; Lc 23.26–43; Jn 19.17–27)

32 Al salir de allí, encontraron a un hombre llamado Simón, natural de Cirene, a
quien obligaron a cargar con la cruz de
Jesús.
33 Cuando llegaron a un sitio llamado
Gólgota, (es decir, "Lugar de la Calavera"), 34 le dieron a beber vino mezclado
con hiel; pero Jesús, después de probarlo,
no lo quiso beber.
35 Cuando ya lo habían crucificado, los
soldados echaron suertes para repartirse
entre sí la ropa de Jesús.[r] 36 Luego se sentaron allí para vigilarlo. 37 Y por encima de
su cabeza pusieron un letrero, donde estaba escrita la causa de su condena. El letrero decía: "Este es Jesús, el Rey de los
judíos."
38 También fueron crucificados con él
dos bandidos, uno a su derecha y otro a su
izquierda. 39 Los que pasaban lo insultaban, meneando la cabeza[s] 40 y diciendo:
—¡Tú, que derribas el templo y en tres
días lo vuelves a levantar,[t] sálvate a ti
mismo! ¡Si eres Hijo de Dios, bájate de la
cruz!
41 De la misma manera se burlaban de él
los jefes de los sacerdotes y los maestros
de la ley, junto con los ancianos. Decían:
42 —Salvó a otros, pero a sí mismo no
puede salvarse. Es el Rey de Israel: ¡pues
que baje de la cruz, y creeremos en él!
43 Ha puesto su confianza en Dios: ¡pues
que Dios lo salve ahora, si de veras le
quiere![u] ¿No nos ha dicho que es Hijo de
Dios?
44 Y hasta los bandidos que estaban crucificados con él, lo insultaban.

Muerte de Jesús

(Mr 15.33–41; Lc 23.44–49; Jn 19.28–30)

45 Desde el mediodía y hasta las tres de
la tarde, toda la tierra quedó en oscuridad.
46 A esa misma hora, Jesús gritó con
fuerza: "Elí, Elí, ¿lema sabactani?" (es decir: "Dios mío, Dios mío, ¿por qué me has
abandonado?")[v]
47 Algunos de los que estaban allí, lo
oyeron y dijeron:
—Este está llamando al profeta Elías.
48 Al momento, uno de ellos fue corriendo en busca de una esponja, la empapó en vino agrio, la ató a una caña y se
la acercó para que bebiera.[w] 49 Pero los
otros dijeron:

[30] *Jesús Barrabás:* algunos mss. sólo dicen *Barrabás.*
[q] **27.24** Dt 21.6–9. [r] **27.35** Sal 22.18. [s] **27.39** Sal 22.7; 109.25. [t] **27.40** Mt 26.61; Jn 2.19. [u] **27.43** Sal 22.8.
[v] **27.46** Sal 22.1. [w] **27.48** Sal 69.21.

—Déjalo, a ver si Elías viene a salvarlo.
⁵⁰ Jesús dio otra vez un fuerte grito, y murió. ⁵¹ En aquel momento el veloˣ del templo se rasgó en dos, de arriba abajo. La tierra tembló, las rocas se partieron ⁵² y los sepulcros se abrieron; y hasta muchos hombres de Dios, que habían muerto, volvieron a la vida. ⁵³ Entonces salieron de sus tumbas, después de la resurrección de Jesús, y entraron en la santa ciudad de Jerusalén, donde mucha gente los vio.
⁵⁴ Cuando el capitán y los que estaban con él vigilando a Jesús vieron el terremoto y todo lo que estaba pasando, se llenaron de miedo y dijeron:

—¡De veras este hombre era Hijo de Dios!

⁵⁵ Estaban allí, mirando de lejos, muchas mujeres que habían seguido a Jesús desde Galilea y que lo habían ayudado. ⁵⁶ Entre ellas se encontraban María Magdalena, María la madre de Santiago y de José, y la madre de los hijos de Zebedeo.ʸ

Jesús es sepultado
(Mr 15.42–47; Lc 23.50–56; Jn 19.38–42)

⁵⁷ Cuando ya anochecía, llegó un hombre rico llamado José, natural de Arimatea, que también se había hecho seguidor de Jesús. ⁵⁸ José fue a ver a Pilato y le pidió el cuerpo de Jesús. Pilato ordenó que se lo dieran, ⁵⁹ y José tomó el cuerpo, lo envolvió en una sábana de lino limpia ⁶⁰ y lo puso en un sepulcro nuevo, de su propiedad, que había hecho cavar en la roca. Después de tapar la entrada del sepulcro con una gran piedra, se fue. ⁶¹ Pero María Magdalena y la otra María se quedaron sentadas frente al sepulcro.

La guardia ante el sepulcro de Jesús

⁶² Al día siguiente, es decir, el día de reposo,³¹ los jefes de los sacerdotes y los fariseos fueron juntos a ver a Pilato, ⁶³ y le dijeron:

—Señor, recordamos que aquel mentiroso, cuando aún vivía, dijo que dentro de tres días iba a resucitar.ᶻ ⁶⁴ Por eso, mande usted asegurar el sepulcro hasta el tercer día, no sea que vengan de noche sus discípulos y roben el cuerpo, y después digan a la gente que ha resucitado. En tal caso, la última mentira sería peor que la primera.

⁶⁵ Pilato les dijo:

—Ahí tienen ustedes soldados de guardia. Vayan y aseguren el sepulcro lo mejor que puedan.

⁶⁶ Fueron, pues, y aseguraron el sepulcro poniendo un sello sobre la piedra que lo tapaba; y dejaron allí los soldados de guardia.

La resurrección de Jesús
(Mr 16.1–8; Lc 24.1–12; Jn 20.1–10)

28 ¹ Pasado el día de reposo,³¹ cuando ya amanecía el primer día de la semana, María Magdalena y la otra María fueron a ver el sepulcro. ² De pronto hubo un fuerte temblor de tierra, porque un ángel del Señor bajó del cielo y, acercándose al sepulcro, quitó la piedra que lo tapaba y se sentó sobre ella. ³ El ángel brillaba como un relámpago, y su ropa era blanca como la nieve. ⁴ Al verlo, los soldados temblaron de miedo y quedaron como muertos. ⁵ El ángel dijo a las mujeres:

—No tengan miedo. Yo sé que están buscando a Jesús, el que fue crucificado. ⁶ No está aquí, sino que ha resucitado, como dijo. Vengan a ver el lugar donde lo pusieron. ⁷ Vayan pronto y digan a sus discípulos: 'Ha resucitado, y va a ir a Galilea antes que ustedes; allí lo verán.' Esto es lo que yo tenía que decirles.

⁸ Las mujeres se fueron rápidamente del sepulcro, con miedo y mucha alegría a la vez, y corrieron a llevar la noticia a los discípulos. ⁹ En eso, Jesús se presentó ante ellas y las saludó. Ellas se acercaron a Jesús y lo adoraron, abrazándole los pies, ¹⁰ y él les dijo:

—No tengan miedo. Vayan a decir a mis hermanos que se dirijan a Galilea, y que allá me verán.

Lo que contaron los soldados

¹¹ Mientras iban las mujeres, algunos soldados de la guardia llegaron a la ciudad y contaron a los jefes de los sacerdotes todo lo que había pasado. ¹² Estos jefes fueron a hablar con los ancianos, para ponerse de acuerdo con ellos. Y dieron mucho dinero a los soldados, ¹³ a quienes advirtieron:

—Ustedes digan que durante la noche, mientras ustedes dormían, los discípulos de Jesús vinieron y robaron el cuerpo. ¹⁴ Y si el gobernador se entera de esto, nosotros lo convenceremos, y a ustedes les evitaremos dificultades.

¹⁵ Los soldados recibieron el dinero e hicieron lo que se les había dicho. Y ésta es la explicación que hasta el día de hoy circula entre los judíos.

---

³¹ *Día de reposo:* aquí equivale a *sábado.*
ˣ **27.51** Ex 26.31-33; 2 Cr 3.14. ʸ **27.55-56** Lc 8.2-3. ᶻ **27.63** Mt 16.21; 17.23; 20.19; Mr 8.31; 9.31; 10.33-34; Lc 9.22; 18.31-33.

El encargo de Jesús a los discípulos
(Mr 16.14–18; Lc 24.36–49; Jn 20.19–23)

¹⁶ Así pues, los once discípulos se fueron a Galilea,ᵃ al cerro que Jesús les había indicado. ¹⁷ Y cuando vieron a Jesús, lo adoraron, aunque algunos dudaban. ¹⁸ Jesús se acercó a ellos y les dijo:

—Dios me ha dado toda autoridad en el cielo y en la tierra. ¹⁹ Vayan, pues, a las gentes de todas las naciones, y háganlas mis discípulos;ᵇ bautícenlas en el nombre del Padre, del Hijo y del Espíritu Santo, ²⁰ y enséñenles a obedecer todo lo que les he mandado a ustedes. Por mi parte, yo estaré con ustedes todos los días, hasta el fin del mundo.

ᵃ **28.16** Mt 26.32; Mr 14.28.   ᵇ **28.19** Hch 1.8.

El Evangelio Según
SAN MARCOS

Se considera que el de Marcos es el más antiguo de los evangelios, y que Mateo y Lucas, cada uno por su lado, lo conocieron y aprovecharon. Es a la vez el más breve y conciso de los cuatro. Empieza diciendo cómo fue el comienzo del "evangelio", o sea cuál fue el origen de las "buenas noticias" para el mundo, en la persona de Jesucristo. Y para el escritor sagrado, el evangelio comenzó con el ministerio de Juan el Bautista en el desierto (1.1–8) y con el bautismo y la tentación de Jesús (1.9–13). En paralelo con Mateo, refiere luego el ministerio público de Jesús en Galilea (1.14—9.50), el viaje de Galilea a Jerusalén (11.1–52) y los sucesos de la última semana, con la muerte y resurrección del Señor (caps 11—16).

Este libro presenta a Jesús en continua actividad. Hace más hincapié en sus hechos que en sus palabras, y pone de relieve su autoridad, la cual se deja ver claramente en su poder sobre la ley y sobre los demonios, en su facultad para perdonar pecados y en sus enseñanzas. En este evangelio, Jesús habla de sí mismo como del Hijo del hombre. Pero Dios le llama su "Hijo amado", los espíritus malignos lo reconocen como "el Hijo de Dios", y cuando en su proceso el sumo sacerdote le pregunta si él es "el Mesías, el Hijo del Dios bendito", él contesta: "Sí, yo soy" (14.61,62).

Juan el Bautista en el desierto
(Mt 3.1–12; Lc 3.1–9, 15–17; Jn 1.19–28)

1 ¹ Principio de la buena noticia de Jesucristo, el Hijo de Dios.
² El profeta Isaías había escrito:
"Envío mi mensajero delante de ti,
para que te prepare el camino.ª
³ Una voz grita en el desierto:
'Preparen el camino del Señor;
ábranle un camino recto.'"b
⁴ Sucedió que Juan se presentó en el desierto bautizando a la gente; les decía que debían volverse a Dios y ser bautizados, para que Dios les perdonara sus pecados. ⁵ Todos los de la región de Judea y de la ciudad de Jerusalén salían a oírlo. Confesaban sus pecados, y Juan los bautizaba en el río Jordán. ⁶ La ropa de Juan estaba hecha de pelo de camello, y se la sujetaba al cuerpo con un cinturón de cuero;c y comía langostas y miel del monte. ⁷ En su proclamación decía: "Después de mí viene uno más poderoso que yo, que ni siquiera merezco agacharme para desatarle la correa de sus sandalias. ⁸ Yo los he bautizado a ustedes con agua; pero él los bautizará con el Espíritu Santo."

Jesús es bautizado
(Mt 3.13–17; Lc 3.21–22)

⁹ Por aquellos días, Jesús salió de Nazaret, que está en la región de Galilea, y Juan lo bautizó en el Jordán. ¹⁰ En el momento de salir del agua, Jesús vio que el cielo se abría y que el Espíritu bajaba sobre él como una paloma. ¹¹ Y se oyó una voz del cielo, que decía: "Tú eres mi Hijo amado, a quien he elegido."d

Jesús es puesto a prueba
(Mt 4.1–11; Lc 4.1–13)

¹² Después de esto, el Espíritu llevó a Jesús al desierto. ¹³ Allí estuvo cuarenta días, viviendo entre las fieras y siendo puesto a prueba por Satanás; y los ángeles le servían.

Jesús comienza su trabajo en Galilea
(Mt 4.12–17; Lc 4.14–15)

¹⁴ Después que metieron a Juan en la cárcel, Jesús fue a Galilea a anunciar las buenas noticias de parte de Dios. ¹⁵ Decía: "Ha llegado el tiempo, y el reino de Dios está cerca. Vuélvanse a Diose y acepten con fe sus buenas noticias."

Jesús llama a cuatro pescadores
(Mt 4.18–22; Lc. 5.1–11)

¹⁶ Jesús iba caminando por la orilla del lago de Galilea, cuando vio a Simón y a su hermano Andrés. Eran pescadores, y estaban echando la red al agua. ¹⁷ Les dijo Jesús:
—Síganme, y yo haré que ustedes sean pescadores de hombres.
¹⁸ Al momento dejaron sus redes y se fueron con él.
¹⁹ Un poco más adelante, Jesús vio a Santiago y a su hermano Juan, hijos de Zebedeo, que estaban en una barca arreglando las redes. ²⁰ En seguida los llamó, y ellos dejaron a su padre Zebedeo en la

ª 1.2 Mal 3.1. b 1.3 Is 40.3. c 1.6 2 R 1.8. d 1.11 Gn 22.2; Sal 2.7; Is 42.1; Mt 3.17; 12.18; Mr 9.7; Lc 3.22.
e 1.15 Mt 3.2.

barca con sus ayudantes, y se fueron con Jesús.

Un hombre que tenía un espíritu impuro
(Lc 4.31–37)

²¹ Llegaron a Capernaum, y en el día de reposo*ⁱ* Jesús entró en la sinagoga y comenzó a enseñar. ²² La gente se admiraba de cómo les enseñaba, porque lo hacía con plena autoridad y no como los maestros de la ley.*ᶠ* ²³ En la sinagoga del pueblo había un hombre que tenía un espíritu impuro, el cual gritó:
²⁴ —¿Por qué te metes con nosotros, Jesús de Nazaret? ¿Has venido a destruirnos? Yo te conozco, y sé que eres el Santo de Dios.
²⁵ Jesús reprendió a aquel espíritu, diciéndole:
—¡Cállate y deja a este hombre!
²⁶ El espíritu impuro hizo que al hombre le diera un ataque, y gritando con gran fuerza salió de él. ²⁷ Todos se asustaron, y se preguntaban unos a otros:
—¿Qué es esto? ¡Enseña de una manera nueva, y con plena autoridad! ¡Incluso a los espíritus impuros da órdenes, y le obedecen!
²⁸ Y muy pronto se supo de Jesús en toda la región de Galilea.

Jesús sana a la suegra de Simón Pedro
(Mt 8.14–15; Lc 4.38–39)

²⁹ Cuando salieron de la sinagoga, Jesús fue con Santiago y Juan a casa de Simón y Andrés. ³⁰ La suegra de Simón estaba en cama, con fiebre. Se lo dijeron a Jesús, ³¹ y él se acercó, y tomándola de la mano la levantó; al momento se le quitó la fiebre y comenzó a atenderlos.

Jesús sana a muchos enfermos
(Mt 8.16–17; Lc 4.40–41)

³² Al anochecer, cuando ya se había puesto el sol, le llevaron a Jesús todos los enfermos y endemoniados, ³³ y el pueblo entero se reunió a la puerta. ³⁴ Jesús sanó de toda clase de enfermedades a mucha gente, y expulsó a muchos demonios; pero no dejaba que los demonios hablaran, porque ellos le conocían.

Jesús anuncia el mensaje en las sinagogas
(Lc 4.42–44)

³⁵ De madrugada, cuando todavía estaba oscuro, Jesús se levantó y salió de la ciudad para ir a orar a un lugar solitario. ³⁶ Simón y sus compañeros fueron en busca de Jesús, ³⁷ y cuando lo encontraron le dijeron:
—Todos te están buscando.
³⁸ Pero él les contestó:
—Vamos a los otros lugares cercanos, a anunciar también allí el mensaje; porque para esto he salido.
³⁹ Así que Jesús andaba por toda Galilea, anunciando el mensaje en las sinagogas de cada lugar y expulsando a los demonios.*ᵍ*

Jesús sana a un leproso
(Mt 8.1–4; Lc 5.12–16)

⁴⁰ Un hombre enfermo de lepra se acercó a Jesús, y poniéndose de rodillas le dijo:
—Si quieres, puedes limpiarme de mi enfermedad.
⁴¹ Jesús tuvo compasión de él; lo tocó con la mano y dijo:
—Quiero. ¡Queda limpio!
⁴² Al momento se le quitó la lepra al enfermo, y quedó limpio. ⁴³ Jesús lo despidió en seguida, y le recomendó mucho:
⁴⁴ —Mira, no se lo digas a nadie; solamente ve y preséntate al sacerdote, y lleva, por tu purificación, la ofrenda que ordenó Moisés,*ʰ* para que todos sepan que ya estás limpio de tu enfermedad.
⁴⁵ Pero el hombre se fue y comenzó a contar a todos lo que le había pasado. Por eso Jesús ya no podía entrar abiertamente en ningún pueblo, sino que se quedaba afuera, en lugares donde no había gente; pero de todas partes acudían a verlo.

Jesús sana a un paralítico
(Mt 9.1–8; Lc 5.17–26)

2 ¹ Algunos días después, Jesús volvió a entrar en Capernaum. En cuanto se supo que estaba en casa, ² se juntó tanta gente que ni siquiera cabían frente a la puerta; y él les anunciaba el mensaje. ³ Entonces, entre cuatro, le llevaron un paralítico. ⁴ Pero como había mucha gente y no podían llegar hasta Jesús, quitaron parte del techo encima de donde él estaba, y por la abertura bajaron en una camilla al enfermo. ⁵ Cuando Jesús vio la fe que tenían, le dijo al enfermo:
—Hijo mío, tus pecados quedan perdonados.
⁶ Algunos maestros de la ley que estaban allí sentados, pensaron: ⁷ "¿Cómo se atreve éste a hablar así? Sus palabras son una ofensa contra Dios. Sólo Dios puede perdonar pecados." ⁸ Pero Jesús en seguida se dio cuenta de lo que estaban pensando, y les preguntó:

ⁱ Día de reposo: aquí equivale a *sábado.*
ᶠ **1.22** Mt 7.28–29. *ᵍ* **1.39** Mt 4.23; 9.35. *ʰ* **1.44** Lv 14.1–32.

—¿Por qué piensan ustedes así? ⁹ ¿Qué es más fácil, decirle al paralítico: 'Tus pecados quedan perdonados', o decirle: 'Levántate, toma tu camilla y anda'? ¹⁰ Pues voy a demostrarles que el Hijo del hombre tiene autoridad en la tierra para perdonar pecados.

Entonces le dijo al paralítico:
¹¹ —A ti te digo, levántate, toma tu camilla y vete a tu casa.

¹² El enfermo se levantó en el acto, y tomando su camilla salió de allí, a la vista de todos. Por esto, todos se admiraron y alabaron a Dios, diciendo:
—Nunca hemos visto una cosa así.

Jesús llama a Leví
(Mt 9.9–13; Lc 5.27–32)

¹³ Después fue Jesús otra vez a la orilla del lago; la gente se acercaba a él, y él les enseñaba. ¹⁴ Al pasar vio a Leví, hijo de Alfeo, sentado en el lugar donde cobraba los impuestos para Roma. Jesús le dijo:
—Sígueme.

Leví se levantó y lo siguió.
¹⁵ Sucedió que Jesús estaba comiendo en casa de Leví, y muchos de los que cobraban impuestos para Roma, y otra gente de mala fama, estaban también sentados a la mesa, junto con Jesús y sus discípulos, pues eran muchos los que lo seguían. ¹⁶ Al ver los fariseos y maestros de la ley que Jesús comía con todos aquellos, preguntaron a los discípulos:
—¿Cómo es que su maestro come² con cobradores de impuestos y pecadores?

¹⁷ Jesús lo oyó, y les dijo:
—Los que están buenos y sanos no necesitan médico, sino los enfermos. Yo no he venido a llamar a los buenos, sino a los pecadores.

La cuestión del ayuno
(Mt 9.14–17; Lc 5.33–39)

¹⁸ Una vez estaban ayunando los seguidores de Juan el Bautista y los de los fariseos, y algunas personas fueron a Jesús y le preguntaron:
—Los seguidores de Juan y los de los fariseos ayunan: ¿por qué no ayunan tus discípulos?

¹⁹ Jesús les contestó:
—¿Acaso pueden ayunar los invitados a una boda, mientras el novio está con ellos? Mientras está presente el novio, no pueden ayunar. ²⁰ Pero llegará el momento en que se lleven al novio; cuando llegue ese día, entonces sí ayunarán.

²¹ "Nadie arregla un vestido viejo con un remiendo de tela nueva, porque el remiendo nuevo encoge y rompe el vestido viejo, y el desgarrón se hace mayor. ²² Ni tampoco se echa vino nuevo en cueros viejos, porque el vino nuevo hace que se revienten los cueros, y se pierden tanto el vino como los cueros. Por eso hay que echar el vino nuevo en cueros nuevos.

Los discípulos arrancan espigas en el día de reposo
(Mt 12.1–8; Lc 6.1–5)

²³ Un día de reposo,³ Jesús caminaba entre los sembrados, y sus discípulos, al pasar, comenzaron a arrancar espigas de trigo.ⁱ ²⁴ Los fariseos le preguntaron:
—Oye, ¿por qué hacen tus discípulos algo que no está permitido hacer en los días de reposo?³

²⁵ Pero él les dijo:
—¿Nunca han leído ustedes lo que hizo David en una ocasión en que él y sus compañeros tuvieron necesidad y sintieron hambre? ²⁶ Pues siendo Abiatar sumo sacerdote, David entró en la casa de Dios y comió los panes consagrados a Dios, que solamente a los sacerdotes se les permitía comer;ʲ y dio también a la gente que iba con él.ᵏ

²⁷ Jesús añadió:
—El día de reposo³ se hizo para el hombre, y no el hombre para el día de reposo. ²⁸ Por esto, el Hijo del hombre tiene autoridad también sobre el día de reposo.³

El hombre de la mano tullida
(Mt 12.9–14; Lc 6.6–11)

3 ¹ Jesús entró otra vez en una sinagoga; y había en ella un hombre que tenía una mano tullida. ² Y espiaban a Jesús para ver si lo sanaría en el día de reposo,³ y así tener de qué acusarlo. ³ Jesús le dijo entonces al hombre que tenía la mano tullida:
—Levántate y ponte ahí en medio.

⁴ Luego preguntó a los otros:
—¿Qué está permitido hacer en el día de reposo:³ el bien o el mal? ¿Salvar una vida o destruirla?

Pero ellos se quedaron callados. ⁵ Jesús miró entonces con enojo a los que le rodeaban, y entristecido porque no querían entender le dijo a aquel hombre:
—Extiende la mano.

El hombre la extendió, y su mano quedó sana. ⁶ Pero en cuanto los fariseos salieron, comenzaron a hacer planes con los del partido de Herodes para matar a Jesús.

Mucha gente a la orilla del lago

⁷ Jesús, seguido por mucha gente de Galilea, se fue con sus discípulos a la orilla

---

² Algunos mss. añaden: y bebe. ³ Día(s) de reposo: aquí equivale a sábado.
ⁱ 2.23 Dt 23.25. ʲ 2.26 Lv 24.9. ᵏ 2.25-26 1 S 21.1-6.

del lago. [8] Cuando supieron las grandes cosas que hacía, también acudieron a verlo muchos de Judea, de Jerusalén, de Idumea, del oriente del Jordán y de la región de Tiro y Sidón. [9] Por esto, Jesús encargó a sus discípulos que le tuvieran lista una barca, para evitar que la multitud lo apretujara. [10] Porque había sanado a tantos, que todos los enfermos se echaban sobre él para tocarlo.[i]

[11] Y cuando los espíritus impuros le veían, se ponían de rodillas delante de él y gritaban:

—¡Tú eres el Hijo de Dios!

[12] Pero Jesús les ordenaba severamente que no hablaran de él en público.

Jesús escoge a los doce apóstoles
(Mt 10.1-4; Lc 6.12-16)

[13] Después Jesús subió a un cerro, y llamó a los que le pareció bien. Una vez reunidos, [14] eligió de entre ellos a doce, para que lo acompañaran y para mandarlos a anunciar el mensaje. A éstos les dio el nombre de apóstoles, [15] y les dio autoridad para expulsar a los demonios. [16] Estos son los doce que escogió: Simón, a quien puso el nombre de Pedro; [17] Santiago y su hermano Juan, hijos de Zebedeo, a quienes llamó Boanerges (es decir, "Hijos del Trueno"); [18] Andrés, Felipe, Bartolomé, Mateo, Tomás y Santiago, hijo de Alfeo; Tadeo, Simón el celote, [19] y Judas Iscariote, que después traicionó a Jesús.

Acusan a Jesús de recibir su poder del demonio
(Mt 12.22-32; Lc 11.14-23; 12.10)

[20] Después entró Jesús en una casa, y otra vez se juntó tanta gente, que ni siquiera podían comer él y sus discípulos. [21] Cuando lo supieron los parientes de Jesús, fueron a llevárselo, pues decían que se había vuelto loco.

[22] También los maestros de la ley que habían llegado de Jerusalén decían: "Beelzebú, el propio jefe de los demonios, es quien le ha dado a este hombre el poder de expulsarlos."[m]

[23] Jesús los llamó, y les puso un ejemplo, diciendo: "¿Cómo puede Satanás expulsar al propio Satanás? [24] Un país dividido en bandos enemigos, no puede mantenerse; [25] y una familia dividida, no puede mantenerse. [26] Así también, si Satanás se divide y se levanta contra sí mismo, no podrá mantenerse; habrá llegado su fin.

[27] "Nadie puede entrar en la casa de un hombre fuerte y quitarle lo que le pertenece, si no lo ata primero; solamente así podrá quitárselo.

[28] "Les aseguro que Dios dará su perdón a los hombres por todos los pecados y todo lo malo que digan; [29] pero al que ofenda con sus palabras al Espíritu Santo, nunca lo perdonará,[n] sino que será culpable para siempre."

[30] Esto lo dijo Jesús porque ellos afirmaban que tenía un espíritu impuro.

La madre y los hermanos de Jesús
(Mt 12.46-50; Lc 8.19-21)

[31] Entre tanto llegaron la madre y los hermanos de Jesús, pero se quedaron afuera y mandaron llamarlo. [32] La gente que estaba sentada alrededor de Jesús le dijo:

—Tu madre, tus hermanos y tus hermanas están afuera, y te buscan.

[33] El les contestó:

—¿Quiénes son mi madre y mis hermanos?

[34] Luego, mirando a los que estaban sentados a su alrededor, añadió:

—Estos son mi madre y mis hermanos. [35] Pues cualquiera que hace la voluntad de Dios, ése es mi hermano, mi hermana y mi madre.

La parábola del sembrador
(Mt 13.1-9; Lc 8.4-8)

4 [1] Otra vez comenzó Jesús a enseñar a la orilla del lago. Como se reunió una gran multitud, Jesús subió a una barca que había en el lago, y se sentó,[ñ] mientras la gente se quedaba en la orilla. [2] Entonces se puso a enseñarles muchas cosas por medio de parábolas.

En su enseñanza les decía: [3] "Oigan esto: Un sembrador salió a sembrar. [4] Y al sembrar, una parte de la semilla cayó en el camino, y llegaron las aves y se la comieron. [5] Otra parte cayó entre las piedras, donde no había mucha tierra; esa semilla brotó pronto, porque la tierra no era muy honda; [6] pero el sol, al salir, la quemó, y como no tenía raíz, se secó. [7] Otra parte de la semilla cayó entre espinos, y los espinos crecieron y la ahogaron, de modo que la semilla no dio grano. [8] Pero otra parte cayó en buena tierra, y creció, dando una buena cosecha; algunas espigas dieron treinta granos por semilla, otras sesenta granos, y otras cien."

[9] Y añadió Jesús: "Los que tienen oídos, oigan."

El porqué de las parábolas
(Mt 13.10-17; Lc 8.9-10)

[10] Después, cuando Jesús se quedó solo, los que estaban cerca de él junto con los doce discípulos le preguntaron qué quería

---

[i] **3.9-10** Mr 4.1; Lc 5.1-3.   [m] **3.22** Mt 9.34; 10.25.   [n] **3.29** Lc 12.10.   [ñ] **4.1** Lc 5.1-3.

decir aquella parábola. 11 Les contestó: "A
ustedes, Dios les da a conocer el secreto
de su reino; pero a los que están afuera se
les dice todo por medio de parábolas,
12 para que por más que miren, no vean, y
por más que oigan, no entiendan, para
que no se vuelvan a Dios, y él no los perdone."[o]

Jesús explica la parábola del sembrador

(Mt 13.18–23; Lc 8.11–15)

13 Les dijo: "¿No entienden ustedes esta
parábola? ¿Cómo, pues, entenderán todas
las demás? 14 El que siembra la semilla es
como el que anuncia el mensaje. 15 Hay
quienes son como la semilla que cayó en
el camino: oyen el mensaje, pero después
de oírlo viene Satanás y les quita el mensaje sembrado en su corazón. 16 Otros son
como la semilla sembrada entre las piedras: oyen el mensaje y lo reciben con
gusto, 17 pero como no tienen suficiente
raíz, no se mantienen firmes; por eso,
cuando por causa del mensaje sufren
pruebas o persecución, pierden la fe.
18 Otros son como la semilla sembrada
entre espinos: oyen el mensaje, 19 pero los
negocios de este mundo les preocupan demasiado, el amor por las riquezas los engaña, y quisieran poseer todas las cosas.
Todo esto entra en ellos, y ahoga el mensaje y no lo deja dar fruto. 20 Pero hay
otros que oyen el mensaje y lo aceptan, y
dan una buena cosecha, como la semilla
sembrada en buena tierra. Algunos de éstos son como las espigas que dieron
treinta granos por semilla, otros como las
que dieron sesenta y otros como las que
dieron cien."

La parábola de la lámpara

(Lc 8.16–18)

21 También les dijo: "¿Acaso se trae una
lámpara para ponerla bajo un cajón o debajo de la cama? No, una lámpara se pone
en alto, para que alumbre.[p] 22 De la
misma manera, no hay nada escondido
que no llegue a descubrirse, ni nada secreto que no llegue a ponerse en claro.[q]
23 Los que tienen oídos, oigan."
24 También les dijo: "Fíjense en lo que
oyen. Con la misma medida con que ustedes midan, Dios los medirá a ustedes;[r] y
les dará todavía más. 25 Pues al que tiene,
se le dará más; pero al que no tiene, hasta
lo poco que tiene se le quitará."[s]

La parábola de la semilla que crece

26 Jesús dijo también: "Con el reino de
Dios sucede como con el hombre que
siembra semilla en la tierra: 27 que tanto si
duerme como si está despierto, lo mismo
de noche que de día, la semilla nace y
crece, sin que él sepa cómo. 28 Y es que la
tierra produce por sí misma: primero brota
una hierba, luego se forma la espiga y más
tarde los granos que llenan la espiga. 29 Y
cuando ya el grano está maduro, lo recoge, porque ha llegado el tiempo de la
cosecha."[t]

La parábola de la semilla de mostaza

(Mt 13.31–32; Lc 13.18–19)

30 También dijo Jesús: "¿A qué se parece
el reino de Dios, o con qué podremos compararlo? 31 Es como una semilla de mostaza que se siembra en la tierra. Es la más
pequeña de todas las semillas del mundo,
32 pero una vez sembrada, crece y se hace
mayor que todas las otras plantas del
huerto, con ramas tan grandes que hasta
las aves pueden anidar bajo su sombra."

El uso que Jesús hacía de las parábolas

(Mt 13.34–35)

33 De esta manera les enseñaba Jesús el
mensaje, por medio de muchas parábolas
como éstas y hasta donde podían entender. 34 Pero no les decía nada sin parábolas, aunque a sus discípulos se lo explicaba
todo aparte.

Jesús calma el viento y las olas

(Mt 8.23–27; Lc 8.22–25)

35 Al anochecer de aquel mismo día,
Jesús dijo a sus discípulos:
—Vamos al otro lado del lago.
36 Entonces dejaron a la gente y llevaron a Jesús en la barca en que ya estaba; y
también otras barcas le acompañaban.
37 En esto se desató una tormenta, con un
viento tan fuerte que las olas caían sobre
la barca, de modo que se llenaba de agua.
38 Pero Jesús se había dormido en la parte
de atrás, apoyado sobre una almohada. Lo
despertaron y le dijeron:
—¡Maestro! ¿No te importa que nos estemos hundiendo?
39 Jesús se levantó y dio una orden al
viento, y dijo al mar:
—¡Calla! ¡Quieto!
El viento se calmó, y todo quedó completamente tranquilo. 40 Después dijo
Jesús a los discípulos:
—¿Por qué tienen tanto miedo? ¿Todavía no tienen fe?
41 Pero ellos estaban llenos de miedo, y
se preguntaban unos a otros:
—¿Quién será éste, que hasta el viento
y el mar le obedecen?

[o] **4.12** Is 6.9–10. [p] **4.21** Mt 5.15; Lc 11.33. [q] **4.22** Mt 10.26; Lc 12.2. [r] **4.24** Mt 7.2; Lc 6.38. [s] **4.25** Mt 13.12; 25.29; Lc 19.26. [t] **4.29** Jl 3.13.

El endemoniado de Gerasa
(Mt 8.28–34; Lc 8.26–39)

5 ¹ Llegaron al otro lado del lago, a la tierra de Gerasa. ² En cuanto Jesús bajó de la barca, se le acercó un hombre que tenía un espíritu impuro. Este hombre había salido de entre las tumbas, ³ porque vivía en ellas. Nadie podía sujetarlo, ni siquiera con cadenas. ⁴ Pues aunque muchas veces lo habían atado de pies y manos con cadenas, siempre las había hecho pedazos, sin que nadie lo pudiera dominar. ⁵ Andaba de día y de noche por los cerros y las tumbas, gritando y golpeándose con piedras. ⁶ Pero cuando vio de lejos a Jesús, echó a correr, y poniéndose de rodillas delante de él ⁷ le dijo a gritos:

—¡No te metas conmigo, Jesús, Hijo del Dios altísimo! ¡Te ruego por Dios que no me atormentes!

⁸ Hablaba así porque Jesús le había dicho:

—¡Espíritu impuro, deja a ese hombre!

⁹ Jesús le preguntó:

—¿Cómo te llamas?

El contestó:

—Me llamo Legión, porque somos muchos.

¹⁰ Y rogaba mucho a Jesús que no enviara los espíritus fuera de aquella región. ¹¹ Y como cerca de allí, junto al cerro, había gran número de cerdos comiendo, ¹² le rogaron:

—Mándanos a los cerdos y déjanos entrar en ellos.

¹³ Jesús les dio permiso, y los espíritus impuros salieron del hombre y entraron en los cerdos. Estos, que eran unos dos mil, echaron a correr pendiente abajo hasta el lago, y allí se ahogaron.

¹⁴ Los que cuidaban de los cerdos salieron huyendo, y fueron a contar en el pueblo y por los campos lo sucedido. La gente acudió a ver lo que había pasado. ¹⁵ Y cuando llegaron a donde estaba Jesús, vieron sentado, vestido y en su cabal juicio al endemoniado que había tenido la legión de espíritus. La gente estaba asustada, ¹⁶ y los que habían visto lo sucedido con el endemoniado y con los cerdos, se lo contaron a los demás. ¹⁷ Entonces comenzaron a rogarle a Jesús que se fuera de aquellos lugares.

¹⁸ Al volver Jesús a la barca, el hombre que había estado endemoniado le rogó que lo dejara ir con él. ¹⁹ Pero Jesús no se lo permitió, sino que le dijo:

—Vete a tu casa, con tus parientes, y cuéntales todo lo que el Señor te ha hecho, y cómo ha tenido compasión de ti.

²⁰ El hombre se fue, y comenzó a contar por los pueblos de Decápolis lo que Jesús había hecho por él; y todos se quedaron admirados.

La hija de Jairo. La mujer que tocó la capa de Jesús
(Mt 9.18–26; Lc 8.40–56)

²¹ Cuando Jesús regresó en la barca al otro lado del lago, se le reunió mucha gente, y él se quedó en la orilla. ²² En esto llegó uno de los jefes de la sinagoga, llamado Jairo, que al ver a Jesús se echó a sus pies ²³ y le rogó mucho, diciéndole:

—Mi hija se está muriendo; ven a poner tus manos sobre ella, para que sane y viva.

²⁴ Jesús fue con él, y mucha gente lo acompañaba apretujándose a su alrededor. ²⁵ Entre la multitud había una mujer que desde hacía doce años estaba enferma, con derrames de sangre. ²⁶ Había sufrido mucho a manos de muchos médicos, y había gastado todo lo que tenía, sin que le hubiera servido de nada. Al contrario, iba de mal en peor. ²⁷ Cuando oyó hablar de Jesús, esta mujer se le acercó por detrás, entre la gente, y le tocó la capa. ²⁸ Porque pensaba: "Tan sólo con que llegue a tocar su capa, quedaré sana." ²⁹ Al momento, el derrame de sangre se detuvo, y sintió en el cuerpo que ya estaba curada de su enfermedad. ³⁰ Jesús, dándose cuenta de que había salido poder de él, se volvió a mirar a la gente, y preguntó:

—¿Quién me ha tocado la capa?

³¹ Sus discípulos le dijeron:

—Ves que la gente te oprime por todos lados, y preguntas '¿Quién me ha tocado?'

³² Pero Jesús seguía mirando a su alrededor, para ver quién lo había tocado. ³³ Entonces la mujer, temblando de miedo y sabiendo lo que le había pasado, fue y se arrodilló delante de él, y le contó toda la verdad. ³⁴ Jesús le dijo:

—Hija, por tu fe has sido sanada. Vete tranquila y curada ya de tu enfermedad.

³⁵ Todavía estaba hablando Jesús, cuando llegaron unos de casa del jefe de la sinagoga a decirle al padre de la niña:

—Tu hija ha muerto. ¿Para qué molestar más al Maestro?

³⁶ Pero Jesús, sin hacer caso de ellos,⁴ le dijo al jefe de la sinagoga:

—No tengas miedo; cree solamente.

³⁷ Y no dejó que le acompañaran más que Pedro, Santiago y Juan, el hermano de Santiago. ³⁸ Al llegar a la casa del jefe de la sinagoga y ver el alboroto y la gente que lloraba y gritaba, ³⁹ entró y les dijo:

—¿Por qué hacen tanto ruido y lloran de esa manera? La niña no está muerta, sino dormida.

⁴ *Sin hacer caso de ellos:* algunos mss. dicen: *al oír (los).*

⁴⁰ La gente se rió de Jesús, pero él los hizo salir a todos, y tomando al padre, a la madre y a los que le acompañaban, entró a donde estaba la niña. ⁴¹ La tomó de la mano y le dijo:

—Talita, cum⁵ (que significa: "Muchacha, a ti te digo, levántate.")

⁴² Al momento, la muchacha, que tenía doce años, se levantó y echó a andar. Y la gente se quedó muy admirada. ⁴³ Pero Jesús ordenó severamente que no se lo contaran a nadie, y luego mandó que dieran de comer a la niña.

Jesús en Nazaret
(Mt 13.53–58; Lc 4.16–30)

6 ¹ Jesús se fue de allí a su propia tierra, y sus discípulos fueron con él. ² Cuando llegó el día de reposo,⁶ comenzó a enseñar en la sinagoga. La multitud, al oír a Jesús, se preguntaba admirada:

—¿Dónde aprendió éste tantas cosas? ¿De dónde ha sacado esa sabiduría y los milagros que hace? ³ ¿No es éste el carpintero, el hijo de María y hermano de Santiago, José, Judas y Simón? ¿Y no viven sus hermanas también aquí, entre nosotros?

Por eso no quisieron hacerle caso. ⁴ Pero Jesús les dijo:

—En todas partes se honra a un profeta, menos en su propia tierra,ᵘ entre sus parientes y en su propia casa.

⁵ No pudo hacer allí ningún milagro, aparte de poner las manos sobre unos pocos enfermos y sanarlos. ⁶ Y estaba asombrado porque aquella gente no creía en él.

Jesús envía a los discípulos a anunciar el reino de Dios
(Mt 10.5–15; Lc 9.1–6)

Jesús recorría las aldeas cercanas, enseñando. ⁷ Llamó a los doce discípulos, y comenzó a enviarlos de dos en dos, dándoles autoridad sobre los espíritus impuros. ⁸ Les ordenó que no llevaran nada para el camino, sino solamente un bastón. No debían llevar bolsa ni pan ni dinero.ᵛ ⁹ Podían ponerse sandalias, pero no llevar ropa de repuesto. ¹⁰ Les dijo:

—Cuando entren ustedes en una casa, quédense allí hasta que se vayan del lugar. ¹¹ Y si en algún lugar no los reciben ni los quieren oír, salgan de allí y sacúdanse el polvo de los pies, para que les sirva a ellos de advertencia.ʷ

¹² Entonces salieron los discípulos a decirle a la gente que se volviera a Dios. ¹³ También expulsaron muchos demonios,

y curaron a muchos enfermos poniéndoles aceite.ˣ

La muerte de Juan el Bautista
(Mt 14.1–12; Lc 9.7–9)

¹⁴ El rey Herodes oyó hablar de Jesús, cuya fama había corrido por todas partes. Y decía Herodes:

—Juan el Bautista ha resucitado, y por eso tiene este poder milagroso.

¹⁵ Otros decían:

—Es el profeta Elías.

Y otros:

—Es un profeta, como los antiguos profetas.ʸ

¹⁶ Pero Herodes, al oír estas cosas, decía:

—Ese es Juan. Yo mandé cortarle la cabeza y ahora ha resucitado.

¹⁷ Es que, por causa de Herodías, Herodes había mandado arrestar a Juan, y lo había hecho encadenar en la cárcel. Herodías era esposa de Felipe, hermano de Herodes, pero Herodes se había casado con ella. ¹⁸ Y Juan había dicho a Herodes: "No debes tener como tuya a la mujer de tu hermano."ᶻ

¹⁹ Herodías odiaba por eso a Juan, y quería matarlo; pero no podía, ²⁰ porque Herodes le tenía miedo, sabiendo que era un hombre justo y santo, y lo protegía. Y aunque al oírlo se quedaba sin saber qué hacer, Herodes escuchaba a Juan de buena gana. ²¹ Pero Herodías vio llegar su oportunidad cuando Herodes, en su cumpleaños, dio un banquete a sus jefes y comandantes y a las personas importantes de Galilea. ²² La hija de Herodías⁷ entró en el lugar del banquete y bailó, y el baile gustó tanto a Herodes y a los que estaban cenando con él, que el rey dijo a la muchacha:

—Pídeme lo que quieras, y te lo daré.

²³ Y le juró una y otra vez que le daría cualquier cosa que pidiera, aunque fuera la mitad del país que él gobernaba. ²⁴ Ella salió, y le preguntó a su madre:

—¿Qué pediré?

Le contestó:

—Pídele la cabeza de Juan el Bautista.

²⁵ La muchacha entró de prisa donde estaba el rey, y le dijo:

—Quiero que ahora mismo me des en un plato la cabeza de Juan el Bautista.

²⁶ El rey se puso muy triste; pero como había hecho un juramento en presencia de sus invitados, no quiso negarle lo que le pedía. ²⁷ Así que mandó en seguida a un soldado con la orden de llevarle la cabeza de Juan. ²⁸ Fue el soldado a la cárcel, le cortó la cabeza a Juan y se la llevó en un

---

⁵ En arameo, idioma hablado en tiempos de Jesús.　⁶ Día de reposo: aquí equivale a sábado.　⁷ La hija de Herodías:
algunos mss. dicen Herodías, la hija de Herodes.
ᵘ 6.4 Jn 4.44.　ᵛ 6.8–11 Lc 10.4–11.　ʷ 6.11 Hch 13.51.　ˣ 6.13 Stg 5.14.　ʸ 6.14–15 Mt 16.14; Mr 8.28; Lc 9.19.
ᶻ 6.17–18 Lc 3.19–20.

plato. Se la dio a la muchacha, y ella se la entregó a su madre. ²⁹ Cuando los seguidores de Juan lo supieron, recogieron el cuerpo y se lo llevaron a enterrar.

Jesús da de comer a cinco mil hombres
(Mt 14.13–21; Lc 9.10–17; Jn 6.1–14)

³⁰ Después de esto, los apóstoles se reunieron con Jesús y le contaron todo lo que habían hecho y enseñado. ³¹ Jesús les dijo:

—Vengan, vamos nosotros solos a descansar un poco en un lugar tranquilo.

Porque iba y venía tanta gente, que ellos ni siquiera tenían tiempo para comer. ³² Así que Jesús y sus apóstoles se fueron en una barca a un lugar apartado. ³³ Pero muchos los vieron ir, y los reconocieron; entonces de todos los pueblos corrieron allá, y llegaron antes que ellos. ³⁴ Al bajar Jesús de la barca, vio la multitud, y sintió compasión de ellos, porque estaban como ovejas que no tienen pastor;ᵃ y comenzó a enseñarles muchas cosas. ³⁵ Por la tarde, sus discípulos se le acercaron y le dijeron:

—Ya es tarde, y éste es un lugar solitario. ³⁶ Despide a la gente, para que vayan por los campos y las aldeas de alrededor y se compren algo de comer.

³⁷ Pero Jesús les contestó:

—Denles ustedes de comer.

Ellos respondieron:

—¿Quieres que vayamos a comprar doscientos denarios de pan, para darles de comer?

³⁸ Jesús les dijo:

—¿Cuántos panes tienen ustedes? Vayan a verlo.

Cuando lo averiguaron, le dijeron:

—Cinco panes y dos pescados.

³⁹ Entonces mandó que la gente se sentara en grupos sobre la hierba verde; ⁴⁰ y se sentaron en grupos de cien y de cincuenta. ⁴¹ Luego Jesús tomó en sus manos los cinco panes y los dos pescados y, mirando al cielo, dio gracias a Dios, partió los panes y se los dio a sus discípulos para que los repartieran entre la gente. Repartió también los dos pescados entre todos. ⁴² Todos comieron hasta quedar satisfechos, ⁴³ y todavía llenaron doce canastas con los pedazos sobrantes de pan y de pescado. ⁴⁴ Los que comieron de aquellos panes fueron cinco mil hombres.

Jesús camina sobre el agua
(Mt 14.22–27; Jn 6.16–21)

⁴⁵ Después de esto, Jesús hizo que sus discípulos subieran a la barca para que cruzaran el lago antes que él y llegaran a Betsaida mientras él despedía a la gente.

⁴⁶ Y cuando la hubo despedido, se fue al cerro a orar. ⁴⁷ Al llegar la noche, la barca ya estaba en medio del lago. Jesús, que se había quedado solo en tierra, ⁴⁸ vio que remaban con dificultad, porque tenían el viento en contra. A la madrugada, fue Jesús hacia ellos caminando sobre el agua, pero hizo como que iba a pasar de largo. ⁴⁹ Cuando lo vieron andar sobre el agua, pensaron que era un fantasma, y gritaron; ⁵⁰ porque todos lo vieron y se asustaron. Pero en seguida él les habló, diciéndoles:

—¡Tengan valor, soy yo, no tengan miedo!

⁵¹ Subió a la barca, y se calmó el viento; y ellos se quedaron muy asombrados, ⁵² porque no habían entendido el milagro de los panes, pues tenían el entendimiento oscurecido.

Jesús sana a los enfermos de Genesaret
(Mt 14.34–36)

⁵³ Cruzaron el lago y llegaron a la tierra de Genesaret, donde amarraron la barca a la orilla. ⁵⁴ Tan pronto como bajaron de la barca, la gente reconoció a Jesús. ⁵⁵ Corrieron por toda aquella región, y comenzaron a llevar en camillas a los enfermos a donde sabían que estaba Jesús. ⁵⁶ Y dondequiera que él entraba, ya fuera en las aldeas, en los pueblos o en los campos, ponían a los enfermos en las calles y le rogaban que los dejara tocar siquiera el borde de su capa; y todos los que lo tocaban, quedaban sanos.

Lo que hace impuro al hombre
(Mt 15.1–20)

7 ¹ Se acercaron los fariseos a Jesús, con unos maestros de la ley que habían llegado de Jerusalén. ² Estos, al ver que algunos discípulos de Jesús comían con las manos impuras, es decir, sin haber cumplido con la ceremonia de lavárselas, los criticaron. ³ (Porque los fariseos y todos los judíos siguen la tradición de sus antepasados, de no comer sin antes lavarse las manos debidamente. ⁴ Y cuando regresan del mercado, no comen sin antes cumplir con la ceremonia de lavarse. Y aun tienen otras muchas costumbres, como lavar los vasos, los jarros, las vasijas de metal y las camas.) ⁵ Por eso, los fariseos y los maestros de la ley le preguntaron:

—¿Por qué tus discípulos no siguen la tradición de nuestros antepasados, sino que comen con las manos impuras?

⁶ Jesús les contestó:

—Bien habló el profeta Isaías acerca de lo hipócritas que son ustedes, cuando escribió:

ᵃ **6.34** Nm 27.17; 1 R 22.17; 2 Cr 18.16; Jer 50.6–7; Ez 34.5; Zac 10.2; Mt 9.36.

'Este pueblo me honra con la boca,
pero su corazón está lejos de mí.
⁷ De nada sirve que me rinda culto:
sus enseñanzas son mandatos de
hombres.'ᵇ
⁸ Porque ustedes dejan el mandato de Dios
para seguir las tradiciones de los hom-
bres.ᵍ
⁹ También les dijo:
—Para mantener sus propias tradiciones, ustedes pasan por alto el mandato
de Dios. ¹⁰ Pues Moisés dijo: 'Honra a tu
padre y a tu madre',ᶜ y 'El que maldiga a
su padre o a su madre, será condenado a
muerte.'ᵈ ¹¹ Pero ustedes afirman que un
hombre puede decirle a su padre o a su
madre: 'No puedo ayudarte, porque todo
lo que tengo es corbán' (es decir: "ofrecido a Dios"); ¹² y también afirman que
quien dice esto ya no está obligado a ayudar a su padre o a su madre. ¹³ De esta manera ustedes anulan el mandato de Dios
con esas tradiciones que se trasmiten
unos a otros. Y hacen otras muchas cosas
parecidas.
¹⁴ Luego Jesús llamó a la gente, y dijo:
—Escúchenme todos, y entiendan:
¹⁵ Nada de lo que entra de afuera puede
hacer impuro al hombre. Lo que sale del
corazón del hombre es lo que lo hace im-
puro.ᵍ
¹⁷ Cuando Jesús dejó a la gente y entró
en la casa, sus discípulos le preguntaron
sobre esta enseñanza. ¹⁸ El les dijo:
—¿Así que ustedes tampoco lo comprenden? ¿No entienden que nada de lo
que entra de afuera puede hacer impuro al
hombre, ¹⁹ porque no entra en el corazón,
sino en el vientre, para después salir del
cuerpo?
Con esto quiso decir que todos los alimentos son limpios. ²⁰ Dijo también:
—Lo que sale del hombre, eso sí lo hace
impuro. ²¹ Porque de adentro, es decir, del
corazón de los hombres, salen los malos
pensamientos, la inmoralidad sexual, los
robos, los asesinatos, ²² los adulterios, la
codicia, las maldades, el engaño, los vicios, la envidia, los chismes, el orgullo y la
falta de juicio. ²³ Todas estas cosas malas
salen de adentro y hacen impuro al hombre.

Una extranjera que creyó en Jesús
(Mt 15.21-28)

²⁴ De allí se dirigió Jesús a la región de
Tiro. Entró en una casa, sin querer que
nadie lo supiera; pero no pudo esconderse.
²⁵ Pronto supo de él la madre de una muchacha que tenía un espíritu impuro, la
cual fue y se arrodilló a los pies de Jesús.

²⁶ La mujer era extranjera, de nacionali-
dad sirofenicia. Fue, pues, y rogó a Jesús
que expulsara de su hija al demonio.
²⁷ Pero Jesús le dijo:
—Deja que los hijos coman primero,
porque no está bien quitarles el pan a los
hijos y dárselo a los perros.
²⁸ Ella le respondió:
—Sí, Señor, pero hasta los perros comen debajo de la mesa las migajas que dejan caer los hijos.
²⁹ Jesús le dijo:
—Has hablado bien; puedes irte. El demonio ya ha salido de tu hija.
³⁰ Cuando la mujer llegó a su casa, encontró a la niña en la cama, pero el demonio ya había salido de ella.

Jesús sana a un sordomudo

³¹ Jesús volvió a salir de la región de
Tiro y, pasando por Sidón y los pueblos de
la región de Decápolis, llegó al lago de Galilea. ³² Allí le llevaron un sordo y tarta-
mudo, y le pidieron que pusiera su mano
sobre él. ³³ Jesús se lo llevó a un lado,
aparte de la gente, le metió los dedos en
los oídos y con saliva le tocó la lengua.
³⁴ Luego, mirando al cielo, suspiró y dijo al
hombre: "¡Efata!" (es decir: "¡Ábrete!")
³⁵ Al momento, los oídos del sordo se
abrieron, y su lengua quedó sana y pudo
hablar bien. ³⁶ Jesús les mandó que no se
lo dijeran a nadie; pero cuanto más se lo
mandaba, tanto más lo contaban. ³⁷ Llenos
de admiración, decían: "Todo lo hace bien.
¡Hasta puede hacer que los sordos oigan y
que los mudos hablen!"

Jesús da de comer a cuatro
mil personas
(Mt 15.32-39)

8 ¹ Un día en que de nuevo se había juntado mucha gente y no tenían nada
que comer, Jesús llamó a sus discípulos y
les dijo:
² —Siento compasión de esta gente,
porque ya hace tres días que están aquí
conmigo y no tienen nada que comer. ³ Y
si los mando sin comer a sus casas, pueden desmayarse por el camino, porque algunos han venido de lejos.
⁴ Sus discípulos le contestaron:
—¿Pero cómo se les puede dar de comer
en un lugar como éste, donde no vive nadie?
⁵ Jesús les preguntó:
—¿Cuántos panes tienen ustedes?
—Siete —contestaron ellos.
⁶ Entonces mandó que la gente se sentara en el suelo, tomó en sus manos los

---

ᵍ Algunos mss. añaden: el lavar los jarros y los vasos, y el hacer muchas cosas semejantes. ᵍ Algunos mss.
añaden v. 16: Ustedes que tienen oídos, oigan.
ᵇ 7.6-7 Is 29.13. ᶜ 7.10 Ex 20.12; Dt 5.16. ᵈ 7.10 Ex 21.17; Lv 20.9.

siete panes y, habiendo dado gracias a Dios, los partió y los dio a sus discípulos, y ellos los repartieron entre la gente. ⁷ Tenían también unos cuantos pescaditos; Jesús dio gracias a Dios por ellos, y también mandó repartirlos. ⁸ Todos comieron hasta quedar satisfechos, y aun llenaron siete canastas con los pedazos sobrantes. ⁹ Los que comieron eran cerca de cuatro mil. Luego Jesús los despidió, ¹⁰ subió a la barca con sus discípulos y se fue a la región de Dalmanuta.

Los fariseos piden una señal milagrosa
(Mt 16.1–4; Lc 12.54–56)

¹¹ Llegaron los fariseos y comenzaron a discutir con Jesús. Y para tenderle una trampa, le pidieron que hiciera alguna señal milagrosaᵉ que probara que él venía de parte de Dios. ¹² Jesús suspiró profundamente y dijo:

—¿Por qué pide esta gente una señal milagrosa?ᶠ Les aseguro que no se les dará ninguna señal.

¹³ Entonces los dejó, y volviendo a entrar en la barca se fue al otro lado del lago.

La levadura de los fariseos
(Mt 16.5–12)

¹⁴ Se habían olvidado de llevar algo de comer, y solamente tenían un pan en la barca. ¹⁵ Jesús les advirtió:

—Miren, cuídense de la levadura de los fariseosᵍ y de la levadura de Herodes.

¹⁶ Los discípulos comentaban entre sí que no tenían pan. ¹⁷ Jesús se dio cuenta, y les dijo:

—¿Por qué dicen que no tienen pan? ¿Todavía no entienden ni se dan cuenta? ¿Tienen tan cerrado el entendimiento? ¹⁸ ¿Tienen ojos y no ven, y oídos y no oyen?ʰ ¿No se acuerdan? ¹⁹ Cuando repartí los cinco panes entre cinco mil hombres, ¿cuántas canastas llenas de pedazos recogieron?

Ellos contestaron:

—Doce.

²⁰ —Y cuando repartí los siete panes entre cuatro mil, ¿cuántas canastas llenas recogieron?

Contestaron:

—Siete.

²¹ Entonces les dijo:

—¿Todavía no entienden?

Jesús sana a un ciego en Betsaida

²² Después llegaron a Betsaida, y llevaron un ciego a Jesús, rogándole que lo tocara. ²³ Jesús tomó de la mano al ciego y lo sacó fuera del pueblo. Le mojó los ojos con saliva, puso las manos sobre él y le preguntó si podía ver algo. ²⁴ El ciego comenzó a ver, y dijo:

—Veo a los hombres. Me parecen como árboles que andan.

²⁵ Jesús le puso otra vez las manos sobre los ojos, y el hombre miró con atención y quedó sano. Ya todo lo veía claramente. ²⁶ Entonces Jesús lo mandó a su casa, y le dijo:

—No vuelvas al pueblo.¹⁰

Pedro declara que Jesús es el Mesías
(Mt 16.13–20; Lc 9.18–21)

²⁷ Después de esto, Jesús y sus discípulos fueron a las aldeas de la región de Cesarea de Filipo. En el camino, Jesús preguntó a sus discípulos:

—¿Quién dice la gente que soy yo?

²⁸ Ellos contestaron:

—Algunos dicen que eres Juan el Bautista, otros dicen que eres Elías, y otros dicen que eres uno de los profetas.ⁱ

²⁹ —Y ustedes, ¿quién dicen que soy?— les preguntó.

Pedro le respondió:

—Tú eres el Mesías.ʲ

³⁰ Pero Jesús les ordenó que no hablaran de él a nadie.

Jesús anuncia su muerte
(Mt 16.21–28; Lc 9.22–27)

³¹ Jesús comenzó a enseñarles que el Hijo del hombre tendría que sufrir mucho, y que sería rechazado por los ancianos, por los jefes de los sacerdotes y los maestros de la ley. Les dijo que lo iban a matar, pero que resucitaría a los tres días. ³² Esto se lo advirtió claramente. Entonces Pedro lo llevó aparte y comenzó a reprenderlo. ³³ Pero Jesús se volvió, miró a los discípulos y reprendió a Pedro, diciéndole:

—¡Apártate de mí, Satanás! Tú no ves las cosas como las ve Dios, sino como las ven los hombres.

³⁴ Luego Jesús llamó a sus discípulos y a la gente, y dijo:

—Si alguno quiere ser discípulo mío, olvídese de sí mismo, cargue con su cruz y sígame.ᵏ ³⁵ Porque el que quiera salvar su vida, la perderá; pero el que pierda la vida por causa mía y del mensaje de salvación, la salvará.ˡ ³⁶ ¿De qué le sirve al hombre ganar el mundo entero, si pierde la vida? ³⁷ O también, ¿cuánto podrá pagar el hombre por su vida? ³⁸ Pues si alguno se avergüenza de mí y de mi mensaje delante de esta gente infiel y pecadora, también el

---

¹⁰ Algunos mss. añaden: *ni lo digas a nadie en el pueblo.*
ᵉ **8.11** Mt 12.38; Lc 11.16. ᶠ **8.12** Mt 12.39; Lc 11.29. ᵍ **8.15** Lc 12.1. ʰ **8.18** Jer 5.21; Ez 12.2; Mr 4.12. ⁱ **8.28** Mr 6.14–15; Lc 9.7–8. ʲ **8.29** Jn 6.68–69. ᵏ **8.34** Mt 10.38; Lc 14.27; Jn 12.24. ˡ **8.35** Mt 10.39; Lc 17.33; Jn 12.25.

Hijo del hombre se avergonzará de él cuando venga con la gloria de su Padre y con los santos ángeles.

9 [1] Jesús también les dijo:

—Les aseguro que algunos de los que están aquí presentes no morirán hasta que vean el reino de Dios llegar con poder.

La transfiguración de Jesús
(Mt 17.1–13; Lc 9.28–36)

[2] Seis días después, Jesús se fue a un cerro alto llevándose solamente a Pedro, a Santiago y a Juan.[m] Allí, delante de ellos, cambió la apariencia de Jesús. [3] Su ropa se volvió brillante y más blanca de lo que nadie podría dejarla por mucho que la lavara. [4] Y vieron a Elías y a Moisés, que estaban conversando con Jesús. [5] Pedro le dijo a Jesús:

—Maestro, ¡qué bien que estemos aquí! Vamos a hacer tres chozas: una para ti, otra para Moisés y otra para Elías.

[6] Es que los discípulos estaban asustados, y Pedro no sabía qué decir. [7] En esto, una nube bajó y los envolvió en su sombra. Y de la nube salió una voz, que dijo: "Este es mi Hijo amado:[n] escúchenlo." [8] Al momento, cuando miraron alrededor, ya no vieron a nadie con ellos, sino a Jesús solo.

[9] Mientras bajaban del cerro, Jesús les encargó que no contaran a nadie lo que habían visto, hasta que el Hijo del hombre hubiera resucitado. [10] Por esto guardaron el secreto entre ellos, aunque se preguntaban qué sería eso de resucitar. [11] Le preguntaron a Jesús:

—¿Por qué dicen los maestros de la ley que Elías ha de venir primero?[ñ]

[12] El les contestó:

—Es cierto que Elías viene primero, y que él lo arreglará todo. ¿Y por qué dicen las Escrituras que el Hijo del hombre ha de sufrir y ser despreciado? [13] Pero yo les digo que Elías ya vino, y que ellos hicieron con él todo lo que quisieron, como dicen las Escrituras que le había de suceder.

Jesús sana a un muchacho que tenía un espíritu impuro
(Mt 17.14–21; Lc 9.37–43)

[14] Cuando regresaron a donde estaban los discípulos, los encontraron rodeados de una gran multitud, y algunos maestros de la ley discutían con ellos. [15] Al ver a Jesús, todos corrieron a saludarlo llenos de admiración. [16] El les preguntó:

—¿Qué están ustedes discutiendo con ellos?

[17] Uno de los presentes contestó:

—Maestro, aquí te he traído a mi hijo, pues tiene un espíritu que lo ha dejado mudo. [18] Dondequiera que se encuentra, el espíritu lo agarra y lo tira al suelo; y echa espuma por la boca, le rechinan los dientes y se queda tieso. He pedido a tus discípulos que le saquen ese espíritu, pero no han podido.

[19] Jesús contestó:

—¡Gente sin fe! ¿Hasta cuándo tendré que estar con ustedes? ¿Hasta cuándo tendré que soportarlos? Traigan acá al muchacho.

[20] Entonces llevaron al muchacho ante Jesús. Pero cuando el espíritu vio a Jesús, hizo que le diera un ataque al muchacho, el cual cayó al suelo revolcándose y echando espuma por la boca. [21] Jesús le preguntó al padre:

—¿Desde cuándo le sucede esto?

El padre contestó:

—Desde que era niño. [22] Y muchas veces ese espíritu lo ha arrojado al fuego y al agua, para matarlo. Así que, si puedes hacer algo, ten compasión de nosotros y ayúdanos.

[23] Jesús le dijo:

—¿Cómo que 'si puedes'? ¡Todo es posible para el que cree!

[24] Entonces el padre del muchacho gritó:

—Yo creo. ¡Ayúdame a creer más!

[25] Al ver Jesús que se estaba reuniendo mucha gente, reprendió al espíritu impuro, diciendo:

—Espíritu mudo y sordo, yo te ordeno que salgas de este muchacho y que no vuelvas a entrar en él.

[26] El espíritu gritó, e hizo que le diera otro ataque al muchacho. Luego salió de él, dejándolo como muerto, de modo que muchos decían que, en efecto, estaba muerto. [27] Pero Jesús, tomándolo de la mano, lo levantó; y el muchacho se puso de pie.

[28] Luego Jesús entró en una casa, y sus discípulos le preguntaron a solas:

—¿Por qué nosotros no pudimos expulsar ese espíritu?

[29] Y Jesús les contestó:

—A esta clase de demonios solamente se la puede expulsar por medio de la oración.[ll]

Jesús anuncia por segunda vez su muerte
(Mt 17.22–23; Lc 9.43–45)

[30] Cuando se fueron de allí, pasaron por Galilea. Pero Jesús no quiso que nadie lo supiera, [31] porque estaba enseñando a sus discípulos. Les decía:

[ll] Algunos mss. añaden: *y el ayuno.*
[m] **9.2–7** 2 P 1.17–18.   [n] **9.7** Mt 3.17; Mr 1.11; Lc 3.22.   [ñ] **9.11** Mal 4.5; Mt 11.14.

—El Hijo del hombre va a ser entregado en manos de los hombres, y lo matarán; pero tres días después resucitará. ³²Ellos no entendían lo que les decía, y tenían miedo de preguntarle.

¿Quién es el más importante?
(Mt 18.1-5; Lc 9.46-48)

³³Llegaron a la ciudad de Capernaum. Cuando ya estaban en casa, Jesús les preguntó:

—¿Qué venían discutiendo ustedes por el camino? ³⁴Pero se quedaron callados, porque en el camino habían discutido quién de ellos era el más importante.ᵒ ³⁵Entonces Jesús se sentó, llamó a los doce y les dijo:

—Si alguien quiere ser el primero, deberá ser el último de todos, y servirlos a todos.ᵖ ³⁶Luego puso un niño en medio de ellos, y tomándolo en brazos les dijo: ³⁷—El que recibe en mi nombre a un niño como éste, me recibe a mí; y el que me recibe a mí, no solamente a mí me recibe, sino también a aquel que me envió.q

El que no está contra nosotros, está a nuestro favor
(Mt 10.42; Lc 9.49-50)

³⁸Juan le dijo:

—Maestro, hemos visto a uno que expulsaba demonios en tu nombre, pero como no es de los nuestros, se lo hemos prohibido. ³⁹Jesús contestó:

—No se lo prohíban, porque nadie que haga un milagro en mi nombre podrá luego hablar mal de mí. ⁴⁰El que no está contra nosotros, está a nuestro favor.ʳ ⁴¹Cualquiera que les dé a ustedes aunque sólo sea un vaso de agua por ser ustedes de Cristo, les aseguro que tendrá su premio.ˢ

El peligro de caer en pecado
(Mt 18.6-9; Lc 17.1-2)

⁴²"A cualquiera que haga caer en pecado a uno de estos pequeños que creen en mí, mejor le sería que lo echaran al mar con una gran piedra de molino atada al cuello. ⁴³Si tu mano te hace caer en pecado, córtatela; es mejor que entres manco en la vida, y no que con las dos manos vayas a parar al infierno, donde el fuego no se puede apagar.¹²,ᵗ ⁴⁵Y si tu pie te hace caer en pecado, córtatelo; es me-

jor que entres cojo en la vida, y no que con los dos pies seas arrojado al infierno.¹³ ⁴⁷Y si tu ojo te hace caer en pecado, sácatelo; es mejor que entres con un solo ojo en el reino de Dios, y no que con los dos ojos seas arrojado al infierno,ᵘ ⁴⁸donde los gusanos no mueren y el fuego no se apaga.ᵛ ⁴⁹"Porque todos serán salados con fuego.¹⁴ ⁵⁰La sal es buena; pero si deja de estar salada, ¿cómo podrán ustedes hacerla útil otra vez?ʷ Tengan sal en ustedes y vivan en paz unos con otros.

Jesús enseña sobre el divorcio
(Mt 19.1-12; Lc 16.18)

10 ¹Jesús salió de Capernaum y fue a la región de Judea y a la tierra que está al oriente del Jordán. Allí volvió a reunírsele la gente, y él comenzó de nuevo a enseñar, como tenía por costumbre. ²Algunos fariseos se acercaron a Jesús y, para tenderle una trampa, le preguntaron si al esposo le está permitido divorciarse de su esposa. ³Él les contestó:

—¿Qué les mandó a ustedes Moisés? ⁴Dijeron:

—Moisés permitió divorciarse de la esposa dándole un certificado de divorcio.ˣ ⁵Entonces Jesús les dijo:

—Moisés les dio ese mandato por lo tercos que son ustedes. ⁶Pero en el principio de la creación, 'Dios los creó hombre y mujer.ʸ ⁷Por esto el hombre dejará a su padre y a su madre para unirse a su esposa, ⁸y los dos serán como una sola persona.'ᶻ Así que ya no son dos, sino uno solo. ⁹De modo que el hombre no debe separar lo que Dios ha unido.

¹⁰Cuando ya estaban en casa, los discípulos volvieron a preguntarle sobre este asunto. ¹¹Jesús les dijo:

—El que se divorcia de su esposa y se casa con otra, comete adulterio contra la primera; ¹²y si la mujer deja a su esposo y se casa con otro, también comete adulterio.ᵃ

Jesús bendice a los niños
(Mt 19.13-15; Lc 18.15-17)

¹³Llevaron unos niños a Jesús, para que los tocara; pero los discípulos comenzaron a reprender a quienes los llevaban. ¹⁴Jesús, viendo esto, se enojó y les dijo:

—Dejen que los niños vengan a mí, y no se lo impidan, porque el reino de Dios es de quienes son como ellos. ¹⁵Les aseguro

¹²Algunos mss. añaden v. 44: Donde los gusanos no mueren y el fuego no se apaga. ¹³Algunos mss. añaden v. 46: Donde los gusanos no mueren y el fuego no se apaga. ¹⁴Algunos mss. añaden: y todo sacrificio será salado con sal. ᵒ9.34 Lc 22.24. ᵖ9.35 Mt 20.26-27; 23.11; Mr 10.43-44; Lc 22.26. q9.37 Mt 10.40; Lc 10.16; Jn 13.20. ʳ9.40 Mt 12.30; Lc 11.23. ˢ9.41 Mt 10.42. ᵗ9.43 Mt 5.30. ᵘ9.47 Mt 5.29. ᵛ9.48 Is 66.24. ʷ9.50 Mt 5.13; Lc 14.34-35. ˣ10.4 Dt 24.1-4; Mt 5.31. ʸ10.6 Gn 1.27; 5.2. ᶻ10.7-8 Gn 2.24. ᵃ10.11-12 Mt 5.32; 1 Co 7.10-11.

que el que no acepta el reino de Dios como un niño, no entrará en él.[b]

¹⁶ Y tomó en sus brazos a los niños, y los bendijo poniendo las manos sobre ellos.

Un hombre rico habla con Jesús
(Mt 19.16–30; Lc 18.18–30)

¹⁷ Cuando Jesús iba a seguir su viaje, llegó un hombre corriendo, se puso de rodillas delante de él y le preguntó:

—Maestro bueno, ¿qué debo hacer para alcanzar la vida eterna?

¹⁸ Jesús le contestó:

—¿Por qué me llamas bueno? Bueno solamente hay uno: Dios. ¹⁹ Ya sabes los mandamientos: 'No mates,[c] no cometas adulterio,[d] no robes,[e] no digas mentiras en perjuicio de nadie[f] ni engañes; honra a tu padre y a tu madre.'[g]

²⁰ El hombre le dijo:

—Maestro, todo eso lo he cumplido desde joven.

²¹ Jesús lo miró con cariño, y le contestó:

—Una cosa te falta: anda, vende todo lo que tienes y dáselo a los pobres. Así tendrás riqueza en el cielo. Luego ven y sígueme.

²² El hombre se afligió al oír esto; y se fue triste, porque era muy rico.

²³ Jesús miró entonces alrededor, y dijo a sus discípulos:

—¡Qué difícil va a ser para los ricos entrar en el reino de Dios![h]

²⁴ Estas palabras dejaron asombrados a los discípulos, pero Jesús les volvió a decir:

—Hijos, ¡qué difícil es[15] entrar en el reino de Dios! ²⁵ Es más fácil para un camello pasar por el ojo de una aguja, que para un rico entrar en el reino de Dios.

²⁶ Al oírlo, se asombraron más aún, y se preguntaban unos a otros:

—¿Y quién podrá salvarse?

²⁷ Jesús los miró y les contestó:

—Para los hombres es imposible, pero no para Dios, porque para él no hay nada imposible.

²⁸ Pedro comenzó a decirle:

—Nosotros hemos dejado todo lo que teníamos, y te hemos seguido.

²⁹ Jesús respondió:

—Les aseguro que cualquiera que por mi causa y por causa del mensaje de salvación haya dejado casa, o hermanos, o hermanas, o madre, o padre, o hijos, o terrenos, ³⁰ recibirá ahora en este mundo cien veces más en casas, hermanos, hermanas, madres, hijos y terrenos, aunque

con persecuciones; y en el mundo venidero recibirá la vida eterna. ³¹ Pero muchos que ahora son los primeros, serán los últimos; y muchos que ahora son los últimos, serán los primeros.[i]

Jesús anuncia por tercera vez su muerte
(Mt 20.17–19; Lc 18.31–34)

³² Se dirigían a Jerusalén, y Jesús caminaba delante de los discípulos. Ellos estaban asombrados, y los que iban detrás tenían miedo. Jesús volvió a llamar aparte a los doce discípulos, y comenzó a decirles lo que le iba a pasar: ³³ "Como ustedes ven, ahora vamos a Jerusalén, donde el Hijo del hombre va a ser entregado a los jefes de los sacerdotes y a los maestros de la ley, que lo condenarán a muerte y lo entregarán a los extranjeros. ³⁴ Se burlarán de él, le escupirán, lo golpearán y lo matarán; pero tres días después resucitará."

Santiago y Juan piden un favor
(Mt 20.20–28)

³⁵ Santiago y Juan, hijos de Zebedeo, se acercaron a Jesús y le dijeron:

—Maestro, queremos que nos hagas el favor que vamos a pedirte.

³⁶ Él les preguntó:

—¿Qué quieren que haga por ustedes?

³⁷ Le dijeron:

—Concédenos que en tu reino glorioso nos sentemos uno a tu derecha y otro a tu izquierda.

³⁸ Jesús les contestó:

—Ustedes no saben lo que piden. ¿Acaso pueden beber este trago amargo que voy a beber yo, y recibir el bautismo que yo voy a recibir?[j]

³⁹ Ellos contestaron:

—Podemos.

Jesús les dijo:

—Ustedes beberán este trago amargo, y recibirán el bautismo que yo voy a recibir; ⁴⁰ pero el sentarse a mi derecha o a mi izquierda no me corresponde a mí darlo, sino que les será dado a aquellos para quienes está preparado.

⁴¹ Cuando los otros diez discípulos oyeron esto, se enojaron con Santiago y Juan. ⁴² Pero Jesús los llamó, y les dijo:

—Como ustedes saben, entre los paganos hay jefes que se creen con derecho a gobernar con tiranía a sus súbditos, y los grandes hacen sentir su autoridad sobre ellos. ⁴³ Pero entre ustedes no debe ser así. Al contrario, el que quiera ser grande entre ustedes, deberá servir a los demás,[k]

¹⁵ Algunos mss. añaden: *para los que confían en las riquezas.*
b 10.15 Mt 18.3. **c 10.19** Ex 20.13; Dt 5.17. **d 10.19** Ex 20.14; Dt 5.18. **e 10.19** Ex 20.15; Dt 5.19. **f 10.19** Ex 20.16; Dt 5.20. **g 10.19** Ex 20.12; Dt 5.16. **h 10.23–25** Pr 11.28. **i 10.31** Mt 20.16; Lc 13.30. **j 10.38** Lc 12.50. **k 10.42–43** Lc 22.25–26.

[44] y el que entre ustedes quiera ser el primero, deberá ser el esclavo de los demás.[l] [45] Porque ni aun el Hijo del hombre vino para que le sirvan, sino para servir[m] y dar su vida como precio por la libertad de muchos.

Jesús sana a Bartimeo el ciego
(Mt 20.29–34; Lc 18.35–43)

[46] Llegaron a Jericó. Y cuando Jesús ya salía de la ciudad, seguido de sus discípulos y de mucha gente, un mendigo ciego llamado Bartimeo, hijo de Timeo, estaba sentado junto al camino. [47] Al oír que era Jesús de Nazaret, el ciego comenzó a gritar:

—¡Jesús, Hijo de David, ten compasión de mí!

[48] Muchos lo reprendían para que se callara, pero él gritaba más todavía:

—¡Hijo de David, ten compasión de mí!

[49] Entonces Jesús se detuvo, y dijo:

—Llámenlo.

Llamaron al ciego, diciéndole:

—Ánimo, levántate; te está llamando.

[50] El ciego arrojó su capa, y dando un salto se acercó a Jesús, [51] que le preguntó:

—¿Qué quieres que haga por ti?

El ciego le contestó:

—Maestro, quiero recobrar la vista.

[52] Jesús le dijo:

—Puedes irte; por tu fe has sido sanado.

En aquel mismo instante el ciego recobró la vista, y siguió a Jesús por el camino.

Jesús entra en Jerusalén
(Mt 21.1–11; Lc 19.28–40; Jn 12.12–19)

11 [1] Cuando ya estaban cerca de Jerusalén, en los pueblos de Betfagé y Betania, junto al monte de los Olivos, Jesús envió a dos de sus discípulos, [2] diciéndoles:

—Vayan a la aldea que está enfrente, y al entrar en ella encontrarán un burro atado, que nadie ha montado todavía. Desátenlo y tráiganlo. [3] Y si alguien les pregunta por qué lo hacen, díganle que el Señor lo necesita y que en seguida lo devolverá.

[4] Fueron, pues, y encontraron el burro atado en la calle, junto a una puerta, y lo desataron. [5] Algunos que estaban allí les preguntaron:

—¿Qué hacen ustedes? ¿Por qué desatan el burro?

[6] Ellos contestaron lo que Jesús les había dicho; y los dejaron ir. [7] Pusieron entonces sus ropas sobre el burro, y se lo llevaron a Jesús. Y Jesús montó. [8] Muchos tendían sus propias ropas por el camino, y otros tendían ramas que habían cortado en el campo. [9] Y tanto los que iban delante como los que iban detrás, gritaban:

—¡Gloria![16] ¡Bendito el que viene en el nombre del Señor![n] [10] ¡Bendito el reino que viene, el reino de nuestro padre David! ¡Gloria en las alturas!

[11] Entró Jesús en Jerusalén y se dirigió al templo. Miró por todas partes y luego se fue a Betania con los doce discípulos, porque ya era tarde.

Jesús maldice la higuera sin fruto
(Mt 21.18–19)

[12] Al día siguiente, cuando salían de Betania, Jesús sintió hambre. [13] De lejos vio una higuera que tenía hojas, y se acercó a ver si también tendría fruto, pero no encontró más que las hojas, porque no era tiempo de higos. [14] Entonces le dijo a la higuera:

—¡Nunca más vuelva nadie a comer de tu fruto!

Sus discípulos lo oyeron.

Jesús purifica el templo
(Mt 21.12–17; Lc 19.45–48; Jn 2.13–22)

[15] Después que llegaron a Jerusalén, Jesús entró en el templo y comenzó a echar de allí a los que estaban vendiendo y comprando. Volcó las mesas de los que cambiaban dinero a la gente, y los puestos de los que vendían palomas; [16] y no permitía que nadie pasara por el templo llevando cosas. [17] Y se puso a enseñar, diciendo:

—En las Escrituras dice: 'Mi casa será declarada casa de oración para todas las naciones',[ñ] pero ustedes han hecho de ella una cueva de ladrones.[o]

[18] Al oír esto, los jefes de los sacerdotes y los maestros de la ley comenzaron a buscar la manera de matar a Jesús, porque le tenían miedo, pues toda la gente estaba admirada de su enseñanza. [19] Pero al llegar la noche, Jesús y sus discípulos salieron de la ciudad.

La higuera sin fruto se seca
(Mt 21.20–22)

[20] A la mañana siguiente pasaron junto a la higuera, y vieron que se había secado de raíz. [21] Entonces Pedro, acordándose de lo sucedido, le dijo a Jesús:

—Maestro, mira, la higuera que maldijiste se ha secado.

[16] Véase nota en Mt 21.9.
[l] 10.43–44 Mt 23.11; Mr 9.35; Lc 22.26.   [m] 10.45 Lc 22.27; Jn 13.12–15.   [n] 11.9 Sal 118.25–26.   [ñ] 11.17 Is 56.7.
[o] 11.17 Jer 7.11.

²² Jesús contestó:

—Tengan fe en Dios. ²³ Pues les aseguro que si alguien le dice a este cerro: '¡Quítate de ahí y arrójate al mar', y no lo hace con dudas sino creyendo que ha de suceder lo que dice, entonces sucederá.ᵖ ²⁴ Por eso les digo que todo lo que ustedes pidan en oración, crean que ya lo han conseguido, y lo recibirán. ²⁵ Y cuando estén orando, perdonen lo que tengan contra otro, para que también su Padre que está en el cielo les perdone a ustedes sus pecados.¹⁷·ᑫ

La autoridad de Jesús
(Mt 21.23–27; Lc 20.1–8)

²⁷ Después de esto regresaron a Jerusalén. Mientras Jesús andaba por el templo, se acercaron a él los jefes de los sacerdotes, los maestros de la ley y los ancianos, ²⁸ y le preguntaron:

—¿Con qué autoridad haces esto? ¿Quién te dio la autoridad para hacerlo?

²⁹⁻³⁰ Jesús les contestó:

—Yo también les voy a hacer una pregunta: ¿Quién envió a Juan a bautizar, Dios o los hombres? Contéstenme. Si ustedes me dan la respuesta, yo les diré con qué autoridad hago esto.

³¹ Ellos se pusieron a discutir unos con otros: "Si respondemos que Dios lo envió, va a decir: 'Entonces, ¿por qué no le creyeron?' ³² ¿Y cómo vamos a decir que lo enviaron los hombres? . . ." Tenían miedo de la gente, pues todos creían que Juan hablaba verdaderamente de parte de Dios. ³³ Así que respondieron a Jesús:

—No lo sabemos.

Entonces Jesús les contestó:

—Pues yo tampoco les digo con qué autoridad hago esto.

La parábola de los labradores malvados
(Mt 21.33–46; Lc 20.9–19)

12 ¹ Jesús comenzó a hablarles por medio de parábolas. Les dijo: "Un hombre plantó un viñedoʳ y le puso un cerco; preparó un lugar donde hacer el vino y levantó una torre para vigilarlo todo. Luego alquiló el terreno a unos labradores y se fue de viaje. ² A su debido tiempo, mandó un criado a pedir a los labradores la parte de la cosecha que correspondía. ³ Pero ellos le echaron mano, lo golpearon y lo enviaron con las manos vacías. ⁴ Entonces el dueño mandó otro criado, pero a éste lo hirieron en la cabeza y lo insultaron. ⁵ Mandó a otro, y a éste lo mataron. Después mandó a otros muchos; y a unos los golpearon y a otros los mataron.

⁶ "Todavía le quedaba uno: su propio hijo, a quien quería mucho. Por último lo mandó a él, pensando: 'Sin duda, respetarán a mi hijo.' ⁷ Pero los labradores se dijeron unos a otros: 'Este es el que ha de recibir la herencia; matémoslo, y será nuestra la propiedad.' ⁸ Así que lo agarraron, lo mataron y arrojaron el cuerpo fuera del viñedo.

⁹ "¿Y qué creen ustedes que hará el dueño del viñedo? Pues irá y matará a esos labradores, y dará el viñedo a otros. ¹⁰ ¿No han leído ustedes la Escritura? Dice:

'La piedra que los constructores despreciaron
se ha convertido en la piedra principal.
¹¹ Esto lo hizo el Señor,
y estamos maravillados.' "ˢ

¹² Quisieron entonces arrestar a Jesús, porque sabían que había usado esta parábola contra ellos. Pero como tenían miedo de la gente, lo dejaron y se fueron.

El asunto de los impuestos
(Mt 22.15–22; Lc 20.20–26)

¹³ Mandaron a Jesús algunos de los fariseos y del partido de Herodes, para hacerle decir algo de que pudieran acusarlo. ¹⁴ Estos fueron y le dijeron:

—Maestro, sabemos que tú dices la verdad, sin dejarte llevar por lo que diga la gente, porque no juzgas a los hombres por su apariencia. Tú enseñas de veras a vivir como Dios exige. ¿Está bien que paguemos impuestos al emperador romano, o no? ¿Debemos o no debemos pagarlos?

¹⁵ Pero Jesús, que conocía su hipocresía, les dijo:

—¿Por qué me tienden trampas? Tráiganme una moneda, para que la vea.

¹⁶ Se la llevaron, y Jesús les dijo:

—¿De quién es esta cara y el nombre que aquí está escrito?

Le contestaron:

—Del emperador.

¹⁷ Entonces Jesús les dijo:

—Pues den al emperador lo que es del emperador, y a Dios lo que es de Dios.

Y su respuesta los dejó admirados.

La pregunta sobre la resurrección
(Mt 22.23–33; Lc 20.27–40)

¹⁸ Entonces fueron a ver a Jesús algunos saduceos. Estos dicen que los muertos no resucitan;ᵗ por eso le presentaron este caso:

---

¹⁷ Algunos mss. añaden v. 26: *Pero si ustedes no perdonan, tampoco su Padre que está en el cielo les perdonará a ustedes sus pecados.*
ᵖ **11.23** Mt 17.20; 1 Co 13.2.   ᑫ **11.25** Mt 6.14–15.   ʳ **12.1** Is 5.1–2.   ˢ **12.10–11** Sal 118.22–23.   ᵗ **12.18** Hch 23.8.

¹⁹ —Maestro, Moisés nos dejó escrito que si un hombre casado muere sin haber tenido hijos con su mujer, el hermano del difunto deberá tomar por esposa a la viuda, para darle hijos al hermano que murió.ᵘ ²⁰ Pues bien, había una vez siete hermanos, el primero de los cuales se casó, pero murió sin dejar hijos. ²¹ Entonces el segundo se casó con la viuda, pero él también murió sin dejar hijos. Lo mismo pasó con el tercero, ²² y con los siete; pero ninguno dejó hijos. Finalmente murió también la mujer. ²³ Pues bien, en la resurrección, cuando vuelvan a vivir, ¿de cuál de ellos será esposa esta mujer, si los siete estuvieron casados con ella?

²⁴ Jesús les contestó:

—Ustedes están equivocados, porque no conocen las Escrituras ni el poder de Dios. ²⁵ Cuando los muertos resuciten, los hombres y las mujeres no se casarán, pues serán como los ángeles que están en el cielo. ²⁶ Y en cuanto a que los muertos resucitan, ¿no han leído ustedes en el libro de Moisés el pasaje de la zarza que ardía? Dios le dijo a Moisés: 'Yo soy el Dios de Abraham, de Isaac y de Jacob.'ᵛ ²⁷ ¡Y Dios no es Dios de muertos, sino de vivos! Así que ustedes están muy equivocados.

El mandamiento más importante
(Mt 22.34-40)

²⁸ Al ver que Jesús les había contestado bien, uno de los maestros de la ley, que los había oído discutir, se acercó a él y le preguntó:

—¿Cuál es el primero de todos los mandamientos?

²⁹ Jesús le contestó:

—El primer mandamiento de todos es: 'Oye, Israel: el Señor nuestro Dios es el único Señor.¹⁸ ³⁰ Ama al Señor tu Dios con todo tu corazón, con toda tu alma, con toda tu mente y con todas tus fuerzas.'ʷ ³¹ Y el segundo es: 'Ama a tu prójimo como a ti mismo.'ˣ Ningún mandamiento es más importante que éstos.

³² El maestro de la ley le dijo:

—Muy bien, Maestro. Es verdad lo que dices: hay un solo Dios, y no hay otro fuera de él.ʸ ³³ Y amar a Dios con todo el corazón, con todo el entendimiento y con todas las fuerzas, y amar al prójimo como a uno mismo, vale más que todos los holocaustos y todos los sacrificios que se queman en el altar.ᶻ

³⁴ Al ver Jesús que el maestro de la ley había contestado con buen sentido, le dijo:

—No estás lejos del reino de Dios.

Y ya nadie se atrevía a hacerle más preguntas.ᵃ

¿De quién desciende el Mesías?
(Mt 22.41-46; Lc 20.41-44)

³⁵ Jesús estaba enseñando en el templo, y preguntó:

—¿Por qué dicen los maestros de la ley que el Mesías desciende de David? ³⁶ Pues David mismo, inspirado por el Espíritu Santo, dijo:

'El Señor dijo a mi Señor:
Siéntate a mi derecha,
hasta que yo ponga a tus enemigos
debajo de tus pies.'ᵇ

³⁷ ¿Pero cómo puede el Mesías descender de David, si David mismo lo llama Señor?

La gente, que era mucha, escuchaba con gusto a Jesús.

Jesús acusa a los maestros de la ley
(Mt 23.1-36; Lc 11.37-54; 20.45-47)

³⁸ Jesús decía en su enseñanza: "Cuídense de los maestros de la ley, pues les gusta andar con ropas largas y que los saluden con todo respeto en las plazas. ³⁹ Buscan los asientos de honor en las sinagogas y los mejores lugares en las comidas; ⁴⁰ y les quitan sus casas a las viudas, y para disimularlo hacen largas oraciones. Ellos recibirán mayor castigo."

La ofrenda de la viuda pobre
(Lc 21.1-4)

⁴¹ Jesús estaba una vez sentado frente a los cofres de las ofrendas, mirando cómo la gente echaba dinero en ellos. Muchos ricos echaban mucho dinero. ⁴² En esto llegó una viuda pobre, y echó en uno de los cofres dos moneditas de cobre, de muy poco valor. ⁴³ Entonces Jesús llamó a sus discípulos, y les dijo:

—Les aseguro que esta viuda pobre ha dado más que todos los otros que echan dinero en los cofres; ⁴⁴ pues todos dan de lo que les sobra, pero ella, en su pobreza, ha dado todo lo que tenía para vivir.

Jesús anuncia que el templo será destruido
(Mt 24.1-2; Lc 21.5-6)

13 ¹ Al salir Jesús del templo, uno de sus discípulos le dijo:

—¡Maestro, mira qué piedras y qué edificios!

² Jesús le contestó:

---

¹⁸ *Es el único Señor:* otra posible traducción: *el Señor es uno.*
ᵘ **12.19** Dt 25.5. ᵛ **12.26** Ex 3.6. ʷ **12.29-30** Dt 6.4-5. ˣ **12.31** Lv 19.18. ʸ **12.32** Dt 4.35. ᶻ **12.33** Os 6.6.
ᵃ **12.28-34** Lc 10.25-28. ᵇ **12.36** Sal 110.1.

—¿Ves estos grandes edificios? Pues no va a quedar de ellos ni una piedra sobre otra. Todo será destruido.

Señales antes del fin
(Mt 24.3–28; Lc 21.7–24; 17.22–24)

³ Luego se fueron al monte de los Olivos, que está frente al templo. Jesús se sentó, y Pedro, Santiago, Juan y Andrés le preguntaron aparte ⁴ cuándo iba a ocurrir esto y cuál sería la señal de que estas cosas ya estaban a punto de suceder.

⁵ Jesús les contestó: "Tengan cuidado de que nadie los engañe. ⁶ Porque vendrán muchos haciéndose pasar por mí. Dirán: 'Yo soy', y engañarán a mucha gente.

⁷ "Cuando ustedes tengan noticias de que hay guerras aquí y allá, no se asusten. Así tiene que ocurrir; sin embargo, aún no será el fin. ⁸ Porque una nación peleará contra otra y un país hará guerra contra otro; y habrá terremotos en muchos lugares, y habrá hambres. Eso apenas será el comienzo de los dolores.

⁹ "Cuídense ustedes mismos; porque los entregarán a las autoridades y los golpearán en las sinagogas. Los harán comparecer ante gobernadores y reyes por causa mía; así podrán dar testimonio de mí delante de ellos. ¹⁰ Pues antes del fin, el mensaje de salvación tiene que anunciarse a todas las naciones. ¹¹ Y no se preocupen ustedes por lo que hayan de decir cuando los entreguen a las autoridades. En esos momentos digan lo que Dios les dé a decir, porque no serán ustedes los que hablen, sino el Espíritu Santo.ᶜ ¹² Los hermanos entregarán a la muerte a sus hermanos, y los padres a los hijos; y los hijos se volverán contra sus padres y los matarán. ¹³ Todo el mundo los odiará a ustedes por causa mía; pero el que siga firme hasta el fin, será salvo.ᵈ

¹⁴ "Cuando ustedes vean el horrible sacrilegioᵉ en el lugar donde no debe estar —el que lee, entienda—, entonces los que estén en Judea, que huyan a las montañas; ¹⁵ y el que esté en la azotea de su casa, que no baje ni entre a sacar nada; ¹⁶ y el que esté en el campo, que no regrese ni aun a recoger su ropa.ᶠ ¹⁷ ¡Pobres mujeres aquellas que en tales días estén embarazadas o tengan niños de pecho! ¹⁸ Pidan ustedes a Dios que esto no suceda en el invierno, ¹⁹ porque serán días de un sufrimiento como nunca lo ha habido desde que Dios hizo el mundo,ᵍ ni lo habrá después. ²⁰ Y si el Señor no acortara ese tiempo, no se salvaría nadie; pero lo

ha acortado por amor a los suyos, a los que él ha escogido.

²¹ "Si entonces alguien les dice a ustedes: 'Miren, aquí está el Mesías', o 'Miren, allí está', no lo crean. ²² Pues vendrán falsos mesías y falsos profetas; y harán señales y milagros, para engañar, a ser posible, hasta a los que Dios mismo ha escogido. ²³ ¡Tengan cuidado! Todo esto ya se lo he advertido a ustedes de antemano.

El regreso del Hijo del hombre
(Mt 24.29–35,42,44; Lc 21.25–36)

²⁴ "Pero en aquellos días, pasado el tiempo de sufrimiento, el sol se oscurecerá,ʰ la luna dejará de dar su luz,ⁱ ²⁵ las estrellas caerán del cieloʲ y las fuerzas celestiales temblarán.ᵏ ²⁶ Entonces se verá al Hijo del hombre venir en las nubesˡ con gran poder y gloria. ²⁷ Él mandará a sus ángeles, y reunirá a sus escogidos de los cuatro puntos cardinales, desde el último rincón de la tierra hasta el último rincón del cielo.

²⁸ "Aprendan esta enseñanza de la higuera: Cuando sus ramas se ponen tiernas, y brotan sus hojas, se dan cuenta ustedes de que ya el verano está cerca. ²⁹ De la misma manera, cuando vean que suceden estas cosas, sepan que el Hijo del hombre ya está a la puerta. ³⁰ Les aseguro que todo esto sucederá antes que muera la gente de este tiempo. ³¹ El cielo y la tierra dejarán de existir, pero mis palabras no dejarán de cumplirse.

³² "Pero en cuanto al día y la hora, nadie lo sabe, ni aun los ángeles del cielo, ni el Hijo. Solamente lo sabe el Padre.ᵐ ³³ "Por lo tanto, manténganse ustedes despiertos y vigilantes,¹⁹ porque no saben cuándo llegará el momento. ³⁴ Esto es como un hombre que, estando a punto de irse a otro país, encarga a sus criados que le cuiden la casa. A cada cual le manda un trabajo, y ordena al portero que vigile.ⁿ ³⁵ Así pues, manténganse ustedes despiertos, porque no saben cuándo va a llegar el señor de la casa, si al anochecer, a la medianoche, al canto del gallo o a la mañana; ³⁶ no sea que venga de repente y los encuentre durmiendo. ³⁷ Lo que les digo a ustedes se lo digo a todos: ¡Manténganse despiertos!"

Conspiración para arrestar a Jesús
(Mt 26.1–5; Lc 22.1–2; Jn 11.45–53)

14 ¹ Faltaban dos días para la fiesta de la Pascua,ⁿ cuando se come el pan

¹⁹ Algunos mss. añaden: *y oren.*
ᶜ **13.9–11** Mt 10.17–20; Lc 12.11–12.   ᵈ **13.13** Mt 10.22.   ᵉ **13.14** Dn 9.27; 11.31; 12.11.   ᶠ **13.15–16** Lc 17.31.
ᵍ **13.19** Dn 12.1; Ap 7.14.   ʰ **13.24** Is 13.10; Jl 2.10,31; 3.15; Ap 6.12.   ⁱ **13.24** Is 13.10; Ez 32.7; Jl 2.10; 3.15.
ʲ **13.25** Is 34.14; Ap 6.13.   ᵏ **13.25** Jl 2.10.   ˡ **13.26** Dn 7.13; Ap 1.7.   ᵐ **13.32** Mt 24.36.   ⁿ **13.34** Lc 12.36–38.
ⁿ **14.1** Ex 12.1–27; Dt 16.1–8.

sin levadura. Los jefes de los sacerdotes y los maestros de la ley buscaban la manera de arrestar a Jesús por medio de algún engaño, y matarlo. ² Pues algunos decían:

—No durante la fiesta, para que la gente no se alborote.

Una mujer derrama perfume sobre Jesús
(Mt 26.6–13; Jn 12.1–8)

³ Jesús había ido a Betania, a casa de Simón, al que llamaban el leproso; mientras estaba sentado a la mesa, llegó una mujer que llevaba un frasco de alabastro lleno de perfume de nardo puro, de mucho valor. Rompió el frasco y derramó el perfume sobre la cabeza de Jesús.º ⁴ Algunos de los presentes se enojaron, y se dijeron unos a otros:

—¿Por qué se ha desperdiciado este perfume? ⁵ Podía haberse vendido por más de trescientos denarios, para ayudar a los pobres.

Y criticaban a aquella mujer.

⁶ Pero Jesús dijo:

—Déjenla; ¿por qué la molestan? Esto que me ha hecho es bueno. ⁷ Pues a los pobres siempre los tendrán entre ustedes,ᵖ y pueden hacerles bien cuando quieran; pero a mí no siempre me van a tener. ⁸ Esta mujer ha hecho lo que ha podido: ha perfumado mi cuerpo de antemano para mi entierro. ⁹ Les aseguro que en cualquier lugar del mundo donde se predique el mensaje de salvación, se hablará también de lo que hizo esta mujer, y así será recordada.

Judas traiciona a Jesús
(Mt 26.14–16; Lc 22.3–6)

¹⁰ Judas Iscariote, uno de los doce discípulos, fue a ver a los jefes de los sacerdotes para entregarles a Jesús. ¹¹ Al oírlo, se alegraron y prometieron darle dinero a Judas, que comenzó a buscar el momento más oportuno de entregar a Jesús.

La Cena del Señor
(Mt 26.17–29; Lc 22.7–23; Jn 13.21–30; 1 Co 11.23–26)

¹² El primer día de la fiesta en que se comía el pan sin levadura, cuando se sacrificaba el cordero de Pascua, los discípulos de Jesús le preguntaron:

—¿Dónde quieres que vayamos a prepararte la cena de Pascua?

¹³ Entonces envió a dos de sus discípulos, diciéndoles:

—Vayan a la ciudad. Allí encontrarán a un hombre que lleva un cántaro de agua; síganlo, ¹⁴ y donde entre, digan al dueño de la casa: 'El Maestro pregunta: ¿Cuál es el cuarto donde voy a comer con mis discípulos la cena de Pascua?' ¹⁵ El les mostrará en el piso alto un cuarto grande y muy bien arreglado. Preparen allí la cena para nosotros.

¹⁶ Los discípulos salieron y fueron a la ciudad. Lo encontraron todo como Jesús se lo había dicho, y prepararon la cena de Pascua.

¹⁷ Al anochecer llegó Jesús con los doce discípulos. ¹⁸ Mientras estaban a la mesa, comiendo, Jesús les dijo:

—Les aseguro que uno de ustedes, que está comiendo conmigo,q me va a traicionar.

¹⁹ Ellos se pusieron tristes, y comenzaron a preguntarle uno por uno:

—¿Seré yo?

²⁰ Jesús les contestó:

—Es uno de los doce, que está mojando el pan en el mismo plato que yo. ²¹ El Hijo del hombre ha de recorrer el camino que dicen las Escrituras; pero ¡ay de aquel que le traiciona! Hubiera sido mejor para él no haber nacido.

²² Mientras comían, Jesús tomó en sus manos el pan y, habiendo dado gracias a Dios, lo partió y se lo dio a ellos, diciendo:

—Tomen, esto es mi cuerpo.

²³ Luego tomó en sus manos una copa y, habiendo dado gracias a Dios, se la pasó a ellos, y todos bebieron. ²⁴ Les dijo:

—Esto es mi sangre,ʳ con la que se confirma el pacto,²⁰ˢ la cual es derramada en favor de muchos. ²⁵ Les aseguro que no volveré a beber del producto de la vid, hasta el día en que beba el vino nuevo en el reino de Dios.

Jesús anuncia que Pedro lo negará
(Mt 26.30–35; Lc 22.31–34; Jn 13.36–38)

²⁶ Después de cantar los salmos, se fueron al monte de los Olivos. ²⁷ Jesús les dijo:

—Todos ustedes van a perder su confianza en mí. Así lo dicen las Escrituras: 'Mataré al pastor, y las ovejas se dispersarán.'ᵗ ²⁸ Pero cuando yo resucite, iré a Galilea antes que ustedes.ᵘ

²⁹ Pedro le dijo:

—Aunque todos pierdan su confianza, yo no.

³⁰ Jesús le contestó:

—Te aseguro que esta misma noche, antes que cante el gallo por segunda vez, me negarás tres veces.

---

²⁰ *El pacto:* algunos mss. dicen: *el nuevo pacto.*
º **14.3** Lc 7.37–38. ᵖ **14.7** Dt 15.11. q **14.18** Sal 41.9. ʳ **14.24** Ex 24.8; Zac 9.11. ˢ **14.24** Jer 31.31–34. ᵗ **14.27** Zac 13.7. ᵘ **14.28** Mt 28.16.

³¹ Pero él insistía:

—Aunque tenga que morir contigo, no te negaré.

Y todos decían lo mismo.

Jesús ora en Getsemaní
(Mt 26.36–46; Lc 22.39–46)

³² Luego fueron a un lugar llamado Getsemaní. Jesús dijo a sus discípulos:

—Siéntense aquí, mientras yo voy a orar.

³³ Y se llevó a Pedro, a Santiago y a Juan, y comenzó a sentirse muy afligido y angustiado. ³⁴ Les dijo:

—Siento en mi alma una tristeza de muerte. Quédense ustedes aquí, y permanezcan despiertos.

³⁵ En seguida Jesús se fue un poco más adelante, se inclinó hasta tocar el suelo con la frente, y pidió a Dios que, a ser posible, no le llegara ese momento de dolor. ³⁶ En su oración decía: "Padre mío, para ti todo es posible: líbrame de este trago amargo; pero que no se haga lo que yo quiero, sino lo que quieres tú."

³⁷ Luego volvió a donde ellos estaban, y los encontró dormidos. Le dijo a Pedro:

—Simón, ¿estás durmiendo? ¿Ni siquiera una hora pudiste mantenerte despierto? ³⁸ Manténganse despiertos y oren, para que no caigan en tentación. Ustedes tienen buena voluntad, pero su cuerpo es débil.

³⁹ Se fue otra vez, y oró repitiendo las mismas palabras. ⁴⁰ Cuando volvió, encontró otra vez dormidos a los discípulos, porque sus ojos se les cerraban de sueño. Y no sabían qué contestarle. ⁴¹ Volvió por tercera vez, y les dijo:

—¿Siguen ustedes durmiendo y descansando? Ya basta, ha llegado la hora en que el Hijo del hombre va a ser entregado en manos de los pecadores. ⁴² Levántense, vámonos; ya se acerca el que me traiciona.

Arrestan a Jesús
(Mt 26.47–56; Lc 22.47–53; Jn 18.2–11)

⁴³ Todavía estaba hablando Jesús cuando Judas, uno de los doce discípulos, llegó acompañado de mucha gente armada con espadas y con palos. Iban de parte de los jefes de los sacerdotes, de los maestros de la ley y de los ancianos. ⁴⁴ Judas, el traidor, les había dado una contraseña, diciéndoles: "Al que yo bese, ése es; arréstenlo y llévenselo bien sujeto." ⁴⁵ Así que se acercó a Jesús y le dijo:

—¡Maestro!

Y lo besó. ⁴⁶ Entonces le echaron mano a Jesús y lo arrestaron.

⁴⁷ Pero uno de los que estaban allí sacó su espada y le cortó una oreja al criado del sumo sacerdote. ⁴⁸ Y Jesús preguntó a la gente:

—¿Por qué han venido ustedes con espadas y con palos a arrestarme, como si yo fuera un bandido? ⁴⁹ Todos los días he estado entre ustedes enseñando en el templo,ᵛ y nunca me arrestaron. Pero esto sucede para que se cumplan las Escrituras.

⁵⁰ Todos los discípulos dejaron solo a Jesús, y huyeron. ⁵¹ Pero un joven lo seguía, cubierto sólo con una sábana. A éste lo agarraron, ⁵² pero él soltó la sábana y escapó desnudo.

Jesús ante la Junta Suprema
(Mt 26.57–68; Lc 22.54–55, 63–71; Jn 18.12–14, 19–24)

⁵³ Llevaron entonces a Jesús ante el sumo sacerdote, y se juntaron todos los jefes de los sacerdotes, los ancianos y los maestros de la ley. ⁵⁴ Pedro lo siguió de lejos hasta dentro del patio de la casa del sumo sacerdote, y se quedó sentado con los guardianes del templo, calentándose junto al fuego.

⁵⁵ Los jefes de los sacerdotes y toda la Junta Suprema buscaban alguna prueba para condenar a muerte a Jesús; pero no la encontraban. ⁵⁶ Porque aunque muchos presentaban falsos testimonios contra él, se contradecían unos a otros. ⁵⁷ Algunos se levantaron y lo acusaron falsamente, diciendo:

⁵⁸ —Nosotros le hemos oído decir: 'Yo voy a destruir este templo que hicieron los hombres, y en tres días levantaré otro no hecho por los hombres.'ʷ

⁵⁹ Pero ni aun así estaban de acuerdo en lo que decían. ⁶⁰ Entonces el sumo sacerdote se levantó en medio de todos, y preguntó a Jesús:

—¿No contestas nada? ¿Qué es esto que están diciendo contra ti?

⁶¹ Pero Jesús se quedó callado, sin contestar nada. El sumo sacerdote volvió a preguntarle:

—¿Eres tú el Mesías, el Hijo del Dios bendito?

⁶² Jesús le dijo:

—Sí, yo soy. Y ustedes verán al Hijo del hombre sentado a la derecha del Todopoderoso y venir en las nubes del cielo.ˣ

⁶³ Entonces el sumo sacerdote se rasgó las ropas en señal de indignación, y dijo:

—¿Qué necesidad tenemos de más testigos? ⁶⁴ Ustedes le han oído decir palabras ofensivas contra Dios. ¿Qué les parece?

Todos estuvieron de acuerdo en que era culpable y debía morir.ʸ

⁶⁵ Algunos comenzaron a escupirle, y a taparle los ojos y golpearlo, diciéndole:

ᵛ **14.49** Lc 19.47; 21.37. ʷ **14.58** Jn 2.19. ˣ **14.62** Dn 7.13. ʸ **14.64** Lv 24.16.

—¡Adivina quién te pegó!
Y los guardianes del templo le pegaron en la cara.

Pedro niega conocer a Jesús
(Mt 26.69–75; Lc 22.56–62; Jn 18.15–18, 25–29)

⁶⁶ Pedro estaba abajo, en el patio. En esto llegó una de las sirvientas del sumo sacerdote; ⁶⁷ y al ver a Pedro, que se estaba calentando junto al fuego, se quedó mirándolo y le dijo:

—Tú también andabas con Jesús, el de Nazaret.

⁶⁸ Pedro lo negó, diciendo:

—No lo conozco, ni sé de qué estás hablando.

Y salió afuera, a la entrada. Entonces cantó un gallo. ⁶⁹ La sirvienta vio otra vez a Pedro y comenzó a decir a los demás:

—Este es uno de ellos.

⁷⁰ Pero él volvió a negarlo. Poco después, los que estaban allí dijeron de nuevo a Pedro:

—Seguro que tú eres uno de ellos. Además eres de Galilea.

⁷¹ Entonces Pedro comenzó a jurar y perjurar, diciendo:

—¡No conozco a ese hombre de quien ustedes están hablando!

⁷² En aquel mismo momento cantó el gallo por segunda vez, y Pedro se acordó de que Jesús le había dicho: 'Antes que cante el gallo por segunda vez, me negarás tres veces.' Y se echó a llorar.

Jesús ante Pilato
(Mt 27.1–2, 11–14; Lc 23.1–5; Jn 18.28–38)

15 ¹ Al amanecer, se reunieron los jefes de los sacerdotes con los ancianos, los maestros de la ley y toda la Junta Suprema. Y llevaron a Jesús atado, y se lo entregaron a Pilato. ² Pilato le preguntó:

—¿Eres tú el Rey de los judíos?

—Tú lo has dicho —contestó Jesús.

³ Como los jefes de los sacerdotes lo acusaban de muchas cosas, ⁴ Pilato volvió a preguntarle:

—¿No respondes nada? Mira de cuántas cosas te están acusando.

⁵ Pero Jesús no le contestó; de manera que Pilato se quedó muy extrañado.

Jesús es sentenciado a muerte
(Mt 27.15–31; Lc 23.13–25; Jn 18.38—19.16)

⁶ Durante la fiesta, Pilato dejaba libre un preso, el que la gente pidiera. ⁷ Un hombre llamado Barrabás estaba entonces en la cárcel, junto con otros que habían cometido un asesinato en una rebelión.

⁸ La gente llegó, pues, y empezó a pedirle a Pilato que hiciera como tenía por costumbre. ⁹ Pilato les contestó:

—¿Quieren ustedes que les ponga en libertad al Rey de los judíos?

¹⁰ Porque se daba cuenta de que los jefes de los sacerdotes lo habían entregado por envidia. ¹¹ Pero los jefes de los sacerdotes alborotaron a la gente, para que pidieran que les dejara libre a Barrabás. ¹² Pilato les preguntó:

—¿Y qué quieren que haga con el que ustedes llaman el Rey de los judíos?

¹³ Ellos contestaron a gritos:

—¡Crucifícalo!

¹⁴ Pilato les dijo:

—Pues ¿qué mal ha hecho?

Pero ellos volvieron a gritar:

—¡Crucifícalo!

¹⁵ Entonces Pilato, como quería quedar bien con la gente, dejó libre a Barrabás; y después de mandar que azotaran a Jesús, lo entregó para que lo crucificaran.

¹⁶ Los soldados llevaron a Jesús al patio del palacio, y reunieron a toda la tropa. ¹⁷ Le pusieron una capa de color rojo oscuro, y en la cabeza una corona hecha de espinas. ¹⁸ Luego comenzaron a gritar:

—¡Viva el Rey de los judíos!

¹⁹ Y le golpeaban la cabeza con una vara, le escupían y, doblando la rodilla, le hacían reverencias. ²⁰ Después de burlarse así de él, le quitaron la capa de color rojo oscuro, le pusieron su propia ropa y lo sacaron para crucificarlo.

Jesús es crucificado
(Mt 27.32–44; Lc 23.26–43; Jn 19.17–27)

²¹ Un hombre de Cirene, llamado Simón, padre de Alejandro y de Rufo,ᶻ llegaba entonces del campo. Al pasar por allí, le obligaron a cargar con la cruz de Jesús.

²² Llevaron a Jesús a un sitio llamado Gólgota (que significa: "Lugar de la Calavera"); ²³ y le dieron vino mezclado con mirra, pero Jesús no lo aceptó. ²⁴ Entonces lo crucificaron. Y los soldados echaron suertes para repartirse entre sí la ropa de Jesúsᵃ y ver qué se llevaría cada uno.

²⁵ Eran las nueve de la mañana cuando lo crucificaron. ²⁶ Y pusieron un letrero en el que estaba escrita la causa de su condena: "El Rey de los judíos." ²⁷ Con él crucificaron también a dos bandidos, uno a su derecha y otro a su izquierda.²¹, ᵇ

²⁹ Los que pasaban lo insultaban, meneando la cabezaᶜ y diciendo:

—¡Eh, tú, que derribas el templo y en tres días lo vuelves a levantar,ᵈ ³⁰ sálvate a ti mismo y bájate de la cruz!

---

²¹ Algunos mss. añaden v. 28: *Así se cumplió la Escritura que dice: "Fue contado entre los malvados."* ᶻ **15.21** Ro 16.13. ᵃ **15.24** Sal 22.18. ᵇ **15.27** Is 53.12. ᶜ **15.29** Sal 22.7; 109.25. ᵈ **15.29** Mr 14.58; Jn 2.19.

31 De la misma manera se burlaban de él los jefes de los sacerdotes y los maestros de la ley. Decían:

—Salvó a otros, pero a sí mismo no puede salvarse. 32 ¡Que baje de la cruz ese Mesías, Rey de Israel, para que veamos y creamos!

Y hasta los que estaban crucificados con él lo insultaban.

Muerte de Jesús
(Mt 27.45–56; Lc 23.44–49; Jn 19.28–30)

33 Al llegar el mediodía, toda la tierra quedó en oscuridad hasta las tres de la tarde. 34 A esa misma hora, Jesús gritó con fuerza: "Eloi, Eloi, ¿lema sabactani?" (que significa: "Dios mío, Dios mío, ¿por qué me has abandonado?")e

35 Algunos de los que estaban allí, lo oyeron y dijeron:

—Oigan, está llamando al profeta Elías.

36 Entonces uno de ellos corrió, empapó una esponja en vino agrio, la ató a una caña y se la acercó a Jesús para que bebiera,f diciendo:

—Déjenlo, a ver si Elías viene a bajarlo de la cruz.

37 Pero Jesús dio un fuerte grito, y murió. 38 Y el velog del templo se rasgó en dos, de arriba abajo. 39 El capitán romano, que estaba frente a Jesús, al ver que éste había muerto, dijo:

—Verdaderamente este hombre era Hijo de Dios.

40 También había algunas mujeres mirando de lejos; entre ellas estaban María Magdalena, María la madre de Santiago el menor y de José, y Salomé. 41 Estas mujeres habían seguido a Jesús y lo habían ayudado cuando él estaba en Galilea.h Además había allí muchas otras que habían ido con él a Jerusalén.

Jesús es sepultado
(Mt 27.57–61; Lc 23.50–56; Jn 19.38–42)

42 Cuando anochecía el día de la preparación, es decir, la víspera del día de reposo,22 43 José, natural de Arimatea y miembro importante de la Junta Suprema, el cual también esperaba el reino de Dios, se dirigió con decisión a Pilato y le pidió el cuerpo de Jesús. 44 Pilato, sorprendido de que ya hubiera muerto, llamó al capitán para preguntarle cuánto tiempo hacía de ello. 45 Cuando el capitán le hubo informado, Pilato entregó el cuerpo a José. 46 Entonces José compró una sábana de lino, bajó el cuerpo y lo envolvió en ella. Luego lo puso en un sepulcro abierto en la roca, y tapó la entrada del sepulcro con una piedra. 47 María Magdalena y María la madre de José, miraban dónde le ponían.

La resurrección de Jesús
(Mt 28.1–10; Lc 24.1–12; Jn 20.1–10)

16 1 Pasado el día de reposo,22 María Magdalena, María la madre de Santiago, y Salomé, compraron perfumes para perfumar el cuerpo de Jesús. 2 Y el primer día de la semana fueron al sepulcro muy temprano, apenas salido el sol, 3 diciéndose unas a otras:

—¿Quién nos quitará la piedra de la entrada del sepulcro?

4 Pero, al mirar, vieron que la gran piedra que tapaba el sepulcro ya no estaba en su lugar. 5 Cuando entraron en el sepulcro vieron, sentado al lado derecho, a un joven vestido con una larga ropa blanca. Las mujeres se asustaron, 6 pero él les dijo:

—No se asusten. Ustedes buscan a Jesús de Nazaret, el que fue crucificado. Ha resucitado; no está aquí. Miren el lugar donde lo pusieron. 7 Vayan y digan a sus discípulos, y a Pedro: 'El va a ir a Galilea antes que ustedes;i allí lo verán, tal como les dijo.'

8 Entonces las mujeres salieron huyendo del sepulcro, pues estaban temblando, asustadas. Y no dijeron nada a nadie, porque tenían miedo.23

Jesús se aparece a María Magdalena
(Jn 20.11–18)

[9 Después que Jesús hubo resucitado al amanecer del primer día de la semana, se apareció primero a María Magdalena, de la que había expulsado siete demonios. 10 Ella fue y avisó a los que habían andado con Jesús, que estaban tristes y llorando. 11 Estos, al oír que Jesús vivía y que ella lo había visto, no lo creyeron.

Jesús se aparece a dos de sus discípulos
(Lc 24.13–35)

12 Después de esto, Jesús se apareció en otra forma a dos de ellos que iban caminando hacia el campo. 13 Estos fueron y avisaron a los demás; pero tampoco a ellos les creyeron.

---

22 *Día de reposo:* aquí equivale a *sábado.* 23 Los vs. 9–20 faltan en algunos mss. En otros aparece en su lugar: *En pocas palabras, las mujeres contaron a Pedro y a sus compañeros todo lo que el ángel les había dicho. Después de esto, Jesús mismo, por medio de sus discípulos, envió de oriente a occidente el mensaje santo e incorruptible de la salvación eterna. Así sea.* e **15.34** Sal 22.1. f **15.36** Sal 69.21. g **15.38** Ex 26.31–33; 2 Cr 3.14. h **15.40–41** Lc 8.2–3. i **16.7** Mt 26.32; Mr 14.28.

El encargo de Jesús a los apóstoles
(Mt 28.16–20; Lc 24.36–49; Jn 20.19–23)

¹⁴ Más tarde, Jesús se apareció a los once discípulos, mientras ellos estaban sentados a la mesa. Los reprendió por su falta de fe y su terquedad, ya que no creyeron a los que lo habían visto resucitado. ¹⁵ Y les dijo: "Vayan por todo el mundo y anuncien a todos este mensaje de salvación.ʲ ¹⁶ El que crea y sea bautizado, será salvo; pero el que no crea, será condenado. ¹⁷ Y estas señales acompañarán a los que creen: en mi nombre expulsarán demonios; hablarán nuevas lenguas; ¹⁸ toma-

rán en las manos serpientes; y si beben algo venenoso, no les hará daño; además pondrán las manos sobre los enfermos, y éstos sanarán."

Jesús sube al cielo
(Lc 24.50–53)

¹⁹ Después de hablarles, el Señor Jesús fue levantado al cieloᵏ y se sentó a la derecha de Dios. ²⁰ Ellos salieron a anunciar el mensaje por todas partes; y el Señor los ayudaba, y confirmaba el mensaje acompañándolo con señales milagrosas.]

ʲ **16.15** Hch 1.8.   ᵏ **16.19** Hch 1.9–11.

El Evangelio Según
SAN LUCAS

El Evangelio de Lucas presenta a Jesús, no sólo como el Salvador prometido de un pueblo, Israel, sino como el Salvador de todo el género humano. Es el evangelio en que se muestra un interés especial en los aspectos históricos de la vida de Jesús. El autor explica en su prólogo que ha consultado los escritos que existían acerca de él, ha investigado los hechos y luego ha tratado de escribir una ordenada relación de los mismos (1.1—4). Por eso, contiene más datos que Mateo sobre el nacimiento e infancia de Jesús, así como sobre los del precursor Juan el Bautista (1.5—2.52). Muchos de ellos se encuentran sólo en este evangelio. En paralelo con los evangelios de Mateo y Marcos, después de reseñar el ministerio de Juan el Bautista (3.1—20) y el bautismo y la tentación de Jesús (3.21—4.13), refiere el ministerio público del Señor en Galilea (4.14—9.50). Como los otros dos, y siguiendo el mismo orden cronológico, narra el viaje final de Galilea a Jerusalén (9.51—19.27), la semana de la pasión (19.28—23.56) y la resurrección, las apariciones y la ascensión del Señor (cap. 24).

En cuanto al ministerio público de Jesús, este evangelio da mayor información sobre su visita a la sinagoga de Nazaret, y hasta nos dice qué pasaje de Isaías le sirvió de base para su exposición, y cómo Jesús se aplicó a sí mismo la inspiración del Espíritu del Señor para "dar buenas noticias a los pobres". Es característico de este evangelio el hacer resaltar la solicitud por los pobres, los que sufren y los socialmente menospreciados. Tanto al referir los antecedentes y circunstancias del nacimiento de Jesús, como en el pasaje de la ascensión, el evangelio hace sonar la nota del gozo. Las parábolas del buen samaritano y del padre que perdona a su hijo aparecen sólo en este evangelio. Y también es notable el hincapié que en él se hace en la oración, en el Espíritu Santo, en el perdón de los pecados, y en el papel de la mujer en el ministerio del Señor.

Prólogo

1 ¹ Muchos han tratado de escribir la historia de los hechos sucedidos entre nosotros, ² tal y como nos los enseñaron quienes, habiéndolos visto desde el comienzo, recibieron el encargo de anunciar el mensaje. ³ Yo también, excelentísimo Teófilo,ᵃ lo he investigado todo con cuidado desde el principio, y me ha parecido conveniente escribirte estas cosas ordenadamente, ⁴ para que conozcas bien la verdad de lo que te han enseñado.

Un ángel anuncia el nacimiento de Juan el Bautista

⁵ En el tiempo en que Herodes era rey de Judea, vivía un sacerdote llamado Zacarías, perteneciente al grupo de Abías.ᵇ Su esposa, llamada Isabel,ᶠ descendía de Aarón. ⁶ Los dos eran justos delante de Dios y obedecían los mandatos y leyes del Señor, de tal manera que nadie los podía culpar de nada. ⁷ Pero no tenían hijos, porque Isabel no había podido tenerlos; además, los dos eran ya muy ancianos. ⁸ Un día en que al grupo sacerdotal de Zacarías le tocó el turno de oficiar delante de Dios, ⁹ según era costumbre entre los sacerdotes, le tocó en suerte a Zacarías

entrar en el santuario del templo del Señor para quemar incienso. ¹⁰ Mientras se quemaba el incienso, todo el pueblo estaba orando afuera. ¹¹ En esto se le apareció a Zacarías un ángel del Señor, de pie al lado derecho del altar del incienso. ¹² Al ver al ángel, Zacarías se quedó sorprendido y lleno de miedo. ¹³ Pero el ángel le dijo:

—Zacarías, no tengas miedo, porque Dios ha oído tu oración, y tu esposa Isabel te va a dar un hijo, al que pondrás por nombre Juan. ¹⁴ Tú te llenarás de gozo, y muchos se alegrarán de su nacimiento, ¹⁵ porque tu hijo va a ser grande delante del Señor. No tomará vino ni licor,ᶜ y estará lleno del Espíritu Santo desde antes de nacer. ¹⁶ Hará que muchos de la nación de Israel se vuelvan al Señor su Dios. ¹⁷ Este Juan irá delante del Señor, con el espíritu y el poder del profeta Elías, para reconciliar a los padres con los hijosᵈ y para que los rebeldes aprendan a obedecer. De este modo preparará al pueblo para recibir al Señor.

¹⁸ Zacarías preguntó al ángel:

—¿Cómo puedo estar seguro de esto? Porque yo soy muy anciano y mi esposa también.

¹⁹ El ángel le contestó:

—Yo soy Gabriel,ᵉ y estoy al servicio de

ᶠ **Isabel:** forma del nombre castellano: *Elisabet* es la forma griega y latina.
ᵃ **1.3** Hch 1.1.   ᵇ **1.5** 1 Cr 24.10.   ᶜ **1.15** Nm 6.3.   ᵈ **1.17** Mal 4.5-6.   ᵉ **1.19** Dn 8.16; 9.21.

Dios; él me mandó a hablar contigo y darte estas buenas noticias. ²⁰ Pero ahora, como no has creído lo que te he dicho, vas a quedarte mudo; no podrás hablar hasta que, a su debido tiempo, suceda todo esto. ²¹ Mientras tanto, la gente estaba afuera esperando a Zacarías y preguntándose por qué tardaba tanto en salir del santuario. ²² Cuando al fin salió, no les podía hablar; entonces se dieron cuenta de que había tenido una visión en el santuario, pues les hablaba por señas; y siguió así, sin poder hablar.

²³ Cumplido su servicio, Zacarías se fue a su casa. ²⁴ Después de esto, su esposa Isabel quedó encinta, y durante cinco meses no salió de su casa, pensando: ²⁵ "El Señor me ha hecho esto ahora, para que la gente ya no me desprecie."

Un ángel anuncia el nacimiento de Jesús

²⁶ A los seis meses, Dios mandó al ángel Gabriel a un pueblo de Galilea llamado Nazaret, ²⁷ a visitar a una mujer virgen llamada María, que estaba comprometida para casarse con un hombre llamado José, descendiente del rey David.ᶠ ²⁸ El ángel entró en el lugar donde ella estaba, y le dijo:

—¡Te saludo, favorecida de Dios! El Señor está contigo.²

²⁹ Cuando vio al ángel, se sorprendió de sus palabras, y se preguntaba qué significaría aquel saludo. ³⁰ El ángel le dijo:

—María, no tengas miedo, pues tú gozas del favor de Dios. ³¹ Ahora vas a quedar encinta: tendrás un hijo, y le pondrás por nombre Jesús.ᵍ ³² Será un gran hombre, al que llamarán Hijo del Dios altísimo, y Dios el Señor lo hará rey, como a su antepasado David, ³³ para que reine por siempre en la nación de Israel. Su reinado no tendrá fin.ʰ

³⁴ María preguntó al ángel:

—¿Cómo podrá suceder esto, si no vivo con ningún hombre?

³⁵ El ángel le contestó:

—El Espíritu Santo vendrá sobre ti, y el poder del Dios altísimo descansará sobre ti como una nube. Por eso, el niño que va a nacer será llamado Santo e Hijo de Dios. ³⁶ También tu parienta Isabel va a tener un hijo, a pesar de que es anciana; la que decían que no podía tener hijos, está encinta desde hace seis meses. ³⁷ Para Dios no hay nada imposible.ⁱ

³⁸ Entonces María dijo:

—Yo soy esclava del Señor; que Dios haga conmigo como me has dicho.

Con esto, el ángel se fue.

María visita a Isabel

³⁹ Por aquellos días, María se fue de prisa a un pueblo de la región montañosa de Judea, ⁴⁰ y entró en la casa de Zacarías y saludó a Isabel. ⁴¹ Cuando Isabel oyó el saludo de María, la criatura se le movió en el vientre, y ella quedó llena del Espíritu Santo. ⁴² Entonces, con voz muy fuerte, dijo:

—¡Dios te ha bendecido más que a todas las mujeres, y ha bendecido a tu hijo! ⁴³ ¿Quién soy yo, para que venga a visitarme la madre de mi Señor? ⁴⁴ Pues tan pronto como oí tu saludo, mi hijo se movió de alegría en mi vientre. ⁴⁵ ¡Dichosa tú por haber creído que han de cumplirse las cosas que el Señor te ha dicho!

⁴⁶ María dijo:

"Mi alma alaba la grandeza del
    Señor;ʲ
⁴⁷ mi espíritu se alegra en Dios mi
    Salvador.ᵏ
⁴⁸ Porque Dios ha puesto sus ojos en
    mi, su humilde esclava,
    y desde ahora siempre me llamarán
    dichosa;
⁴⁹ porque el Todopoderoso ha hecho
    en mí grandes cosas.
    ¡Santo es su nombre!
⁵⁰ Dios tiene siempre misericordia
    de quienes lo reverencian.
⁵¹ Actuó con todo su poder:
    deshizo los planes de los orgullosos,
⁵² derribó a los reyes de sus tronos
    y puso en alto a los humildes.
⁵³ Llenó de bienes a los hambrientos
    y despidió a los ricos con las manos
    vacías.
⁵⁴ Ayudó al pueblo de Israel, su siervo,
    y no se olvidó de tratarlo con
    misericordia.
⁵⁵ Así lo había prometido a nuestros
    antepasados,
    a Abrahamˡ y a sus futuros
    descendientes."

⁵⁶ María se quedó con Isabel unos tres meses, y después regresó a su casa.

Nacimiento de Juan el Bautista

⁵⁷ Al cumplirse el tiempo en que Isabel debía dar a luz, tuvo un hijo. ⁵⁸ Sus vecinos y parientes fueron a felicitarla cuando supieron que el Señor había sido tan bueno con ella. ⁵⁹ A los ocho días, llevaron a circuncidar al niño,ᵐ y querían ponerle el nombre de su padre, Zacarías. ⁶⁰ Pero su madre dijo:

—No. Tiene que llamarse Juan.

---

² Algunos mss. añaden: *Dios te ha bendecido más que a todas las mujeres.*
ᶠ **1.27** Mt 1.18. ᵍ **1.31** Mt 1.21. ʰ **1.32–33** 2 S 7.12,13,16; Is 9.7. ⁱ **1.37** Gn 18.14; Jer 32.16,27. ʲ **1.46–55** 1 S 2.1-10; Sal 113.5-9. ᵏ **1.46–47** Is 61.10. ˡ **1.55** Gn 17.7. ᵐ **1.59** Lv 12.3.

[61] Le contestaron:

—No hay nadie en tu familia con ese nombre.

[62] Entonces preguntaron por señas al padre del niño, para saber qué nombre quería ponerle. [63] El padre pidió una tabla para escribir, y escribió: 'Su nombre es Juan.' Y todos se quedaron admirados. [64] En aquel mismo momento Zacarías volvió a hablar, y comenzó a alabar a Dios. [65] Todos los vecinos estaban asombrados, y en toda la región montañosa de Judea se contaba lo sucedido. [66] Todos los que lo oían se preguntaban a sí mismos: "¿Qué llegará a ser este niño?" Porque ciertamente el Señor mostraba su poder en favor de él.

El canto de Zacarías

[67] Zacarías, el padre del niño, lleno del Espíritu Santo y hablando en nombre de Dios, dijo:

[68] "¡Bendito sea el Señor, Dios de Israel,
porque ha venido a salvar a su pueblo!
[69] Nos ha enviado un poderoso salvador,
un descendiente de David, su siervo.
[70] Esto es lo que había prometido en el pasado
por medio de sus santos profetas:
[71] que nos salvaría de nuestros enemigos
y de todos los que nos odian,
[72] que tendría compasión de nuestros antepasados
y que no se olvidaría de su santo pacto.
[73] Y éste es el juramento que había hecho
a nuestro padre Abraham:
[74] que nos libraría de nuestros enemigos,
para servirle a él sin temor alguno
[75] y estar en su presencia, con rectitud y santidad,
todos los días de nuestra vida.
[76] En cuanto a ti, hijito mío,
serás llamado profeta del Dios altísimo,
porque irás delante del Señor preparando sus caminos,[n]
[77] para hacer saber a su pueblo
que Dios les perdona sus pecados
y les da la salvación.
[78] Porque nuestro Dios, en su gran misericordia,
nos trae de lo alto el sol de un nuevo día,
[79] para dar luz a los que viven
en la más profunda oscuridad,[ñ]
para dirigir nuestros pasos
por el camino de la paz."

[80] El niño crecía y se hacía fuerte espiritualmente, y vivió en los desiertos hasta el día en que se dio a conocer a los israelitas.

Nacimiento de Jesús
(Mt 1.18–25)

2 [1] Por aquel tiempo, el emperador Augusto ordenó que se hiciera un censo de todo el mundo. [2] Este primer censo fue hecho siendo Cirenio gobernador de Siria. [3] Todos tenían que ir a inscribirse a su propio pueblo.

[4] Por esto, José salió del pueblo de Nazaret, de la región de Galilea, y se fue a Belén, en Judea, donde había nacido el rey David, porque José era descendiente de David. [5] Fue allá a inscribirse, junto con María, que estaba comprometida para casarse con él y se encontraba encinta. [6] Y sucedió que mientras estaban en Belén, le llegó a María el tiempo de dar a luz. [7] Y allí nació su primer hijo, y lo envolvió en pañales y lo acostó en el establo, porque no había alojamiento para ellos en el mesón.

Los ángeles y los pastores

[8] Cerca de Belén había unos pastores que pasaban la noche en el campo cuidando sus ovejas. [9] De pronto se les apareció un ángel del Señor, y la gloria del Señor brilló alrededor de ellos; y tuvieron mucho miedo. [10] Pero el ángel les dijo: "No tengan miedo, porque les traigo una buena noticia, que será motivo de gran alegría para todos: [11] Hoy les ha nacido en el pueblo de David un salvador, que es el Mesías, el Señor. [12] Como señal, encontrarán ustedes al niño envuelto en pañales y acostado en un establo."

[13] En aquel momento aparecieron, junto al ángel, muchos otros ángeles del cielo, que alababan a Dios y decían:

[14] "¡Gloria a Dios en las alturas!
¡Paz en la tierra entre los hombres
que gozan de su favor!"[3]

[15] Cuando los ángeles se volvieron al cielo, los pastores comenzaron a decirse unos a otros:

—Vamos, pues, a Belén, a ver esto que ha sucedido y que el Señor nos ha anunciado.

[16] Fueron de prisa y encontraron a María y a José, y al niño acostado en el esta-

---

[3] *Los hombres que gozan de su favor:* otra posible traducción: *los hombres de buena voluntad.*
[n] **1.76** Mal 3.1. [ñ] **1.79** Is 9.2.

blo. [17] Cuando lo vieron, se pusieron a contar lo que el ángel les había dicho acerca del niño, [18] y todos los que lo oyeron se admiraban de lo que decían los pastores. [19] María guardaba todo esto en su corazón, y lo tenía muy presente. [20] Los pastores, por su parte, regresaron dando gloria y alabanza a Dios por todo lo que habían visto y oído, pues todo sucedió como se les había dicho.

El niño Jesús es presentado en el templo

[21] A los ocho días circuncidaron al niño,[o] y le pusieron por nombre Jesús, el mismo nombre que el ángel le había dicho[p] a María antes que ella estuviera encinta. [22] Cuando se cumplieron los días en que ellos debían purificarse según las ceremonias de la ley de Moisés, llevaron al niño a Jerusalén para presentárselo al Señor. [23] Lo hicieron así porque en la ley del Señor está escrito: "Todo primer hijo varón será consagrado al Señor."[q] [24] Fueron, pues, a ofrecer en sacrificio lo que manda la ley del Señor: un par de tórtolas o dos pichones de paloma.[r] [25] En aquel tiempo vivía en Jerusalén un hombre que se llamaba Simeón. Era un hombre justo, que adoraba a Dios y esperaba la liberación de Israel. El Espíritu Santo estaba con Simeón, [26] y le había hecho saber que no moriría sin ver antes al Mesías, a quien el Señor enviaría. [27] Guiado por el Espíritu Santo, Simeón fue al templo; y cuando los padres del niño Jesús lo llevaron también a él, para cumplir con lo que la ley ordenaba, [28] Simeón lo tomó en brazos y alabó a Dios, diciendo:

[29] "Ahora, Señor, tu promesa está
   cumplida:
puedes dejar que tu siervo muera en
   paz.
[30] Porque ya he visto la salvación
[31] que has comenzado a realizar
a la vista de todos los pueblos,
[32] la luz que alumbrará a las naciones[s]
y que será la honra de tu pueblo
   Israel."

[33] El padre y la madre de Jesús se quedaron admirados al oír lo que Simeón decía del niño. [34] Entonces Simeón les dio su bendición, y dijo a María, la madre de Jesús:

—Mira, este niño está destinado a hacer que muchos en Israel caigan o se levanten. El será una señal que muchos rechazarán, [35] a fin de que las intenciones de muchos corazones queden al descubierto. Pero todo esto va a ser para ti como una espada que atraviese tu propia alma.

[36] También estaba allí una mujer llamada Ana, que hablaba en nombre de Dios y que era hija de Fanuel, de la tribu de Aser. Era ya muy anciana. Se casó siendo muy joven, y había vivido con su marido siete años; [37] hacía ya ochenta y cuatro años que se había quedado viuda.[4] Nunca salía del templo, sino que servía día y noche al Señor, con ayunos y oraciones. [38] Ana se presentó en aquel mismo momento, y comenzó a dar gracias a Dios y a hablar del niño Jesús a todos los que esperaban la liberación de Jerusalén.

El regreso a Nazaret

[39] Después de haber cumplido con todo lo que manda la ley del Señor, volvieron a Galilea, a su propio pueblo de Nazaret.[t] [40] Y el niño crecía y se hacía más fuerte y más sabio, y gozaba del favor de Dios.

El niño Jesús en el templo

[41] Los padres de Jesús iban todos los años a Jerusalén para la fiesta de la Pascua.[u] [42] Y así, cuando Jesús cumplió doce años, fueron allá todos ellos, como era costumbre en esa fiesta. [43] Pero pasados aquellos días, cuando volvían a casa, el niño Jesús se quedó en Jerusalén, sin que sus padres se dieran cuenta. [44] Pensando que Jesús iba entre la gente, hicieron un día de camino; pero luego, al buscarlo entre los parientes y conocidos, [45] no lo encontraron. Así que regresaron a Jerusalén para buscarlo allí. [46] Al cabo de tres días lo encontraron en el templo, sentado entre los maestros de la ley, escuchándolos y haciéndoles preguntas. [47] Y todos los que le oían se admiraban de su inteligencia y de sus respuestas. [48] Cuando sus padres le vieron, se sorprendieron; y su madre le dijo:

—Hijo mío, ¿por qué nos has hecho esto? Tu padre y yo te hemos estado buscando llenos de angustia.

[49] Jesús les contestó:

—¿Por qué me buscaban? ¿No saben que tengo que estar en la casa de mi Padre?[5]

[50] Pero ellos no entendieron lo que les decía.

[51] Entonces volvió con ellos a Nazaret, donde vivió obedeciéndoles en todo. Su madre guardaba todo esto en su corazón.

---

[4] *Hacía ya . . . viuda:* otra posible traducción: *ahora era viuda, y tenía ochenta y cuatro años.*   [5] *Tengo que estar en la casa de mi Padre:* otra posible traducción: *tengo que ocuparme en las cosas de mi Padre.*
[o] **2.21** Lv 12.3.   [p] **2.21** Lc 1.31.   [q] **2.23** Ex 13.2,12.   [r] **2.22-24** Lv 12.6-8.   [s] **2.32** Is 42.6; 49.6; 52.10.   [t] **2.39** Mt 2.23.
[u] **2.41** Ex 12.1-27; Dt 16.1-8.

⁵²Y Jesús seguía creciendo en cuerpo y mente, y gozaba del favor de Dios y de los hombres.ᵛ

Juan el Bautista en el desierto
(Mt 3.1–12; Mr 1.1–8; Jn 1.19–28)

3 ¹En el año quince del gobierno del emperador Tiberio, Poncio Pilato era gobernador de Judea, Herodes gobernaba en Galilea, su hermano Felipe gobernaba en Iturea y Traconite, y Lisanias gobernaba en Abilinia. ²Anás y Caifás eran los sumos sacerdotes. Por aquel tiempo, Dios habló en el desierto a Juan, el hijo de Zacarías, ³y Juan pasó por todos los lugares junto al río Jordán, diciendo a la gente que ellos debían volverse a Dios y ser bautizados, para que Dios les perdonara sus pecados. ⁴Esto sucedió como el profeta Isaías había escrito:

"Una voz grita en el desierto:
'Preparen el Camino del Señor;
ábranle un camino recto.
⁵Todo valle será rellenado,
todo cerro y colina será nivelado,
los caminos torcidos serán
    enderezados,
y allanados los caminos disparejos.
⁶Todo el mundo verá la salvación
    que Dios envía.' "ʷ

⁷Cuando la gente salía para que Juan los bautizara, él les decía: "¡Raza de víboras!ˣ ¿Quién les ha dicho a ustedes que van a librarseᵍ del terrible castigo que se acerca? ⁸Pórtense de tal modo que se vea claramente que se han vuelto al Señor, y no vayan a decir entre ustedes: '¡Nosotros somos descendientes de Abraham!';ʸ porque les aseguro que incluso a estas piedras Dios puede convertirlas en descendientes de Abraham. ⁹Además, el hacha ya está lista para cortar los árboles de raíz. Todo árbol que no da buen fruto, se corta y se echa al fuego."ᶻ

¹⁰Entonces le preguntó:
—¿Qué debemos hacer?
¹¹Juan les contestó:
—El que tenga dos trajes, dele uno al que no tiene ninguno; y el que tenga comida, compártala con el que no la tiene.
¹²Se acercaron también para ser bautizados algunos de los que cobraban impuestos para Roma,ᵃ y le preguntaron a Juan:
—Maestro, ¿qué debemos hacer nosotros?
¹³Juan les dijo:
—No cobren más de lo que deben cobrar.
¹⁴También algunos soldados le preguntaron:

—Y nosotros, ¿qué debemos hacer?
Les contestó:
—No le quiten nada a nadie, ni con amenazas ni acusándolo de algo que no haya hecho; y confórmense con su sueldo.
¹⁵La gente estaba en gran expectativa, y se preguntaba si tal vez Juan sería el Mesías; ¹⁶pero Juan les dijo a todos: "Yo, en verdad, los bautizo con agua; pero viene uno que los bautizará con el Espíritu Santo y con fuego. El es más poderoso que yo, que ni siquiera merezco desatarle la correa de sus sandalias. ¹⁷Trae su aventador en la mano, para limpiar el trigo y separarlo de la paja. Guardará el trigo en su granero, pero quemará la paja en un fuego que nunca se apagará."
¹⁸De este modo, y con otros muchos consejos, Juan anunciaba las buenas noticias a la gente. ¹⁹Además reprendió a Herodes, el gobernante, porque tenía por mujer a Herodías, la esposa de su hermano Felipe, y también por todo lo malo que había hecho; ²⁰pero Herodes, a todas sus malas acciones añadió otra: metió a Juan en la cárcel.ᵇ

Jesús es bautizado
(Mt 3.13–17; Mr 1.9–11)

²¹Sucedió que cuando Juan los estaba bautizando a todos, también Jesús fue bautizado; y mientras oraba, el cielo se abrió ²²y el Espíritu Santo bajó sobre él en forma visible, como una paloma, y se oyó una voz del cielo, que decía:
—Tú eres mi Hijo amado, a quien he elegido.ᶜ

Los antepasados de Jesucristo
(Mt 1.1–17)

²³Jesús tenía unos treinta años cuando comenzó su actividad. Fue hijo, según se creía, de José. José fue hijo de Elí, ²⁴que a su vez fue hijo de Matat, que fue hijo de Leví, que fue hijo de Melqui, que fue hijo de Jana, que fue hijo de José, ²⁵que fue hijo de Matatías, que fue hijo de Amós, que fue hijo de Nahúm, que fue hijo de Esli, que fue hijo de Nagai, ²⁶que fue hijo de Maat, que fue hijo de Matatías, que fue hijo de Semei, que fue hijo de Josec, que fue hijo de Judá, ²⁷que fue hijo de Joanán, que fue hijo de Resa, que fue hijo de Zorobabel, que fue hijo de Salatiel, que fue hijo de Neri, ²⁸que fue hijo de Melqui, que fue hijo de Adi, que fue hijo de Cosam, que fue hijo de Elmadam, que fue hijo de Er, ²⁹que fue hijo de Jesús, que fue hijo de Eliezer, que fue hijo de Jorim, que fue hijo de Matat, ³⁰que fue hijo de Leví, que fue

ᵍ¿Quién les ha dicho . . . que van a librarse . . .?: otra posible traducción: ¿Quién les advirtió . . . para que escaparan . . .?
ᵛ2.52 1 S 2.26; Pr 3.4. ʷ3.4–6 Is 40.3–5. ˣ3.7 Mt 12.34; 23.33. ʸ3.8 Jn 8.33. ᶻ3.9 Mt 7.19. ᵃ3.12 Lc 7.29.
ᵇ3.19–20 Mt 14.3–4; Mr 6.17–18. ᶜ3.22 Gn 22.2; Sal 2.7; Is 42.1; Mt 3.17; Mr 1.11; Lc 9.35.

hijo de Simeón, que fue hijo de Judá, que fue hijo de José, que fue hijo de Jonam, que fue hijo de Eliaquim, ³¹ que fue hijo de Melea, que fue hijo de Mena, que fue hijo de Matata, que fue hijo de Natán, ³² que fue hijo de David, que fue hijo de Isaí, que fue hijo de Obed, que fue hijo de Booz, que fue hijo de Sala, que fue hijo de Naasón, ³³ que fue hijo de Aminadab, que fue hijo de Admin, que fue hijo de Arni, que fue hijo de Esrom, que fue hijo de Fares, que fue hijo de Judá, ³⁴ que fue hijo de Jacob, que fue hijo de Isaac, que fue hijo de Abraham, que fue hijo de Taré, que fue hijo de Nacor, ³⁵ que fue hijo de Serug, que fue hijo de Ragau, que fue hijo de Peleg, que fue hijo de Heber, que fue hijo de Sala, ³⁶ que fue hijo de Cainán, que fue hijo de Arfaxad, que fue hijo de Sem, que fue hijo de Noé, que fue hijo de Lamec, ³⁷ que fue hijo de Matusalén, que fue hijo de Enoc, que fue hijo de Jared, que fue hijo de Mahalaleel, que fue hijo de Cainán, ³⁸ que fue hijo de Enós, que fue hijo de Set, que fue hijo de Adán, que fue hijo de Dios.

Jesús es puesto a prueba
(Mt 4.1–11; Mr 1.12–13)

4 ¹ Jesús, lleno del Espíritu Santo, volvió del río Jordán, y el Espíritu lo llevó al desierto. ² Allí estuvo cuarenta días, y el diablo lo puso a prueba. No comió nada durante esos días, así que después sintió hambre. ³ El diablo entonces le dijo:

—Si de veras eres Hijo de Dios, ordena a esta piedra que se convierta en pan.

⁴ Jesús le contestó:

—La Escritura dice: 'No sólo de pan vivirá el hombre.'⁷ᵈ

⁵ Luego el diablo lo levantó y, mostrándole en un momento todos los países del mundo, ⁶ le dijo:

—Yo te daré todo este poder y la grandeza de estos países. Porque yo lo he recibido, y se lo daré al que quiera dárselo. ⁷ Si te arrodillas y me adoras, todo será tuyo.

⁸ Jesús le contestó:

—La Escritura dice: 'Adora al Señor tu Dios, y sírvele sólo a él.'ᵉ

⁹ Después el diablo lo llevó a la ciudad de Jerusalén, lo subió a la parte más alta del templo y le dijo:

—Si de veras eres Hijo de Dios, tírate abajo desde aquí; ¹⁰ porque la Escritura dice:

'Dios mandará que sus ángeles te cuiden y te protejan.'ᵍ

¹¹ Te levantarán con sus manos, para que no tropieces con piedra alguna.'ᵍ

¹² Jesús le contestó:

—También dice la Escritura: 'No pongas a prueba al Señor tu Dios.'ʰ

¹³ Cuando ya el diablo no encontró otra forma de poner a prueba a Jesús, se alejó de él por algún tiempo.

Jesús comienza su trabajo en Galilea
(Mt 4.12–17; Mr 1.14–15)

¹⁴ Jesús volvió a Galilea lleno del poder del Espíritu Santo, y se hablaba de él por toda la tierra de alrededor. ¹⁵ Enseñaba en la sinagoga de cada lugar, y todos le alababan.

Jesús en Nazaret
(Mt 13.53–58; Mr 6.1–6)

¹⁶ Jesús fue a Nazaret, el pueblo donde se había criado. En el día de reposoᵍ entró en la sinagoga, como era su costumbre, y se puso de pie para leer las Escrituras. ¹⁷ Le dieron a leer el libro del profeta Isaías, y al abrirlo encontró el lugar donde estaba escrito:

¹⁸ "El Espíritu del Señor está sobre mí, porque me ha consagrado
para llevar la buena noticia a los pobres;
me ha enviado a anunciar libertad a los presos
y dar vista a los ciegos;
a poner en libertad a los oprimidos;
¹⁹ a anunciar el año favorable del Señor."ⁱ

²⁰ Luego Jesús cerró el libro, lo dio al ayudante de la sinagoga y se sentó. Todos los que estaban allí seguían mirándole. ²¹ El comenzó a hablar, diciendo:

—Hoy mismo se ha cumplido esta Escritura delante de ustedes.

²² Todos hablaban bien de Jesús y estaban admirados de las cosas tan bellas que decía. Se preguntaban:

—¿No es éste el hijo de José?

²³ Jesús les respondió:

—Seguramente ustedes me dirán este refrán: 'Médico, cúrate a ti mismo.' Y además me dirán: 'Lo que oímos que hiciste en Capernaum, hazlo también aquí en tu propia tierra.'

²⁴ Y siguió diciendo:

—Les aseguro que ningún profeta es bien recibido en su propia tierra.ʲ ²⁵ Verdaderamente, había muchas viudas en Israel en tiempos del profeta Elías, cuando no llovió durante tres años y medio y hubo mucha hambre en todo el país;ᵏ ²⁶ pero Elías no fue enviado a ninguna de las viudas israelitas, sino a una de Sarepta, cerca de la ciudad de Sidón.ˡ

---

⁷ Algunos mss. añaden: *sino de toda palabra de Dios.* ⁸ *Día de reposo:* aquí equivale a *sábado.* ᵈ **4.4** Dt 8.3. ᵉ **4.8** Dt 6.13. ᶠ **4.10** Sal 91.11. ᵍ **4.11** Sal 91.12. ʰ **4.12** Dt 6.16. ⁱ **4.18–19** Is 61.1–2. ʲ **4.24** Jn 4.44. ᵏ **4.25** 1 R 17.1. ˡ **4.26** 1 R 17.8–16.

²⁷ También había en Israel muchos enfermos de lepra en tiempos del profeta Eliseo, pero no fue sanado ninguno de ellos, sino Naamán, que era de Siria.ᵐ
²⁸ Al oír esto, todos los que estaban en la sinagoga se enojaron mucho. ²⁹ Se levantaron y echaron del pueblo a Jesús, llevándolo a lo alto del monte sobre el cual el pueblo estaba construido, para arrojarle abajo desde allí. ³⁰ Pero Jesús pasó por en medio de ellos y se fue.

Un hombre que tenía un espíritu impuro
(Mr 1.21–28)

³¹ Jesús fue a Capernaum, un pueblo de Galilea, y en el día de reposoᵍ enseñaba a la gente. ³² Y la gente se admiraba de cómo les enseñaba, porque hablaba con plena autoridad.ⁿ
³³ En la sinagoga había un hombre que tenía un demonio o espíritu impuro, el cual gritó con fuerza:
³⁴ —¡Déjanos! ¿Por qué te metes con nosotros, Jesús de Nazaret? ¿Has venido a destruirnos? Yo te conozco, y sé que eres el Santo de Dios.
³⁵ Jesús reprendió a aquel demonio, diciéndole:
—¡Cállate y deja a este hombre!
Entonces el demonio arrojó al hombre al suelo delante de todos, y salió de él sin hacerle ningún daño. ³⁶ Todos se asustaron, y se decían unos a otros:
—¿Qué palabras son éstas? Con toda autoridad y poder este hombre ordena a los espíritus impuros que salgan, ¡y ellos salen!
³⁷ Y se hablaba de Jesús por todos los lugares de la región.

Jesús sana a la suegra de Simón Pedro
(Mt 8.14–15; Mr 1.29–31)

³⁸ Jesús salió de la sinagoga y entró en casa de Simón. La suegra de Simón estaba enferma, con mucha fiebre, y rogaron por ella a Jesús. ³⁹ Jesús se inclinó sobre ella y reprendió a la fiebre, y la fiebre se le quitó. Al momento, ella se levantó y comenzó a atenderlos.

Jesús sana a muchos enfermos
(Mt 8.16–17; Mr 1.32–34)

⁴⁰ Al ponerse el sol, todos los que tenían enfermos de diferentes enfermedades los llevaron a Jesús; y él puso las manos sobre cada uno de ellos, y los sanó. ⁴¹ De muchos enfermos también salieron demonios, que gritaban:
—¡Tú eres el Hijo de Dios!

Pero Jesús reprendía a los demonios y no los dejaba hablar, porque sabían que él era el Mesías.

Jesús anuncia el mensaje en las sinagogas
(Mr 1.35–39)

⁴² Al amanecer, Jesús salió fuera de la ciudad, a un lugar solitario. Pero la gente lo buscó, y llegaron a donde él estaba. Querían detenerlo, para que no se fuera, ⁴³ pero Jesús les dijo:
—También tengo que anunciar las buenas noticias del reino de Dios a los otros pueblos, porque para esto fui enviado.
⁴⁴ Así iba Jesús anunciando el mensaje en las sinagogas de Judea.ⁱ

La pesca milagrosa
(Mt 4.18–22; Mr 1.16–20)

5 ¹ En una ocasión, estando Jesús a orillas del lago de Genesaret, se sentía apretujado por la multitud que quería oír el mensaje de Dios. ² Jesús vio dos barcas en la playa. Estaban vacías, porque los pescadores habían bajado de ellas a lavar sus redes. ³ Jesús subió a una de las barcas, que era la de Simón, y le pidió que la alejara un poco de la orilla. Luego se sentó en la barca, y desde allí comenzó a enseñar a la gente.ⁿ ⁴ Cuando terminó de hablar, le dijo a Simón:
—Lleva la barca a la parte honda del lago, y echen allí sus redes, para pescar.
⁵ Simón le contestó:
—Maestro, hemos estado trabajando toda la noche sin pescar nada;ᵒ pero, ya que tú lo mandas, voy a echar las redes.
⁶ Cuando lo hicieron, recogieron tanto pescadoᵖ que las redes se rompían. ⁷ Entonces hicieron señas a sus compañeros de la otra barca, para que fueran a ayudarlos. Ellos fueron, y llenaron tanto las dos barcas que les faltaba poco para hundirse. ⁸ Al ver esto, Simón Pedro se puso de rodillas delante de Jesús y le dijo:
—¡Apártate de mí, Señor, porque soy un pecador!ᵠ
⁹ Es que Simón y todos los demás estaban asustados por aquella gran pesca que habían hecho. ¹⁰ También lo estaban Santiago y Juan, hijos de Zebedeo, que eran compañeros de Simón. Pero Jesús le dijo a Simón:
—No tengas miedo; desde ahora vas a pescar hombres.
¹¹ Entonces llevaron las barcas a tierra, lo dejaron todo y se fueron con Jesús.

ᵍ *Día de reposo:* aquí equivale a *sábado.*   ⁱ A veces Lucas se refiere a toda la Palestina cuando dice *Judea.* (Véanse 1.5; 6.17; 7.17; 23.5.)
ᵐ **4.27** 2 R 5.1–14.   ⁿ **4.32** Mt 7.28–29.   ⁿ **5.1–3** Mt 13.1–2; Mr 3.9–10; 4.1.   ᵒ **5.5** Jn 21.3.   ᵖ **5.6** Jn 21.6.
ᵠ **5.8** Job 7.19–20; Sal 39.13.

Jesús sana a un leproso
(Mt 8.1–4; Mr 1.40–45)

¹² Un día, estando Jesús en un pueblo, llegó un hombre enfermo de lepra; al ver a Jesús, se inclinó hasta el suelo y le rogó:

—Señor, si quieres, puedes limpiarme de mi enfermedad.

¹³ Jesús lo tocó con la mano, diciendo:

—Quiero. ¡Queda limpio!

Al momento se le quitó la lepra al enfermo, ¹⁴ y Jesús le ordenó:

—No se lo digas a nadie; solamente ve y preséntate al sacerdote, y lleva por tu purificación la ofrenda que ordenó Moisés,ʳ para que todos sepan que ya estás limpio de tu enfermedad.

¹⁵ Sin embargo, la fama de Jesús aumentaba cada vez más, y mucha gente se juntaba para oírlo y para que curara sus enfermedades. ¹⁶ Pero Jesús se retiraba a orar a lugares donde no había nadie.

Jesús sana a un paralítico
(Mt 9.1–8; Mr 2.1–12)

¹⁷ Un día en que Jesús estaba enseñando, se habían sentado por allí algunos fariseos y maestros de la ley venidos de todas las aldeas de Galilea, y de Judea y Jerusalén. Y el poder de Dios se mostraba en Jesús sanando a los enfermos. ¹⁸ Entonces llegaron unos hombres que llevaban en una camilla a uno que estaba paralítico. Querían meterlo en la casa y ponerlo delante de Jesús, ¹⁹ pero no encontraban por dónde entrar, porque había mucha gente; así que subieron al techo y, haciendo un hueco entre las tejas, bajaron al enfermo en la camilla, allí en medio de todos, delante de Jesús. ²⁰ Cuando Jesús vio la fe que tenían, le dijo al enfermo:

—Amigo, tus pecados quedan perdonados.

²¹ Entonces los maestros de la ley y los fariseos comenzaron a pensar: "¿Quién es éste que se atreve a decir palabras ofensivas contra Dios? Sólo Dios puede perdonar pecados."

²² Pero Jesús se dio cuenta de lo que estaban pensando, y les preguntó:

—¿Por qué piensan ustedes así? ²³ ¿Qué es más fácil, decir: 'Tus pecados quedan perdonados', o decir: 'Levántate y anda'? ²⁴ Pues voy a demostrarles que el Hijo del hombre tiene autoridad en la tierra para perdonar pecados.

Entonces le dijo al paralítico:

—A ti te digo, levántate, toma tu camilla y vete a tu casa.

²⁵ Al momento, el paralítico se levantó delante de todos, tomó la camilla en que estaba acostado y se fue a su casa alabando a Dios. ²⁶ Todos se quedaron admirados y alabaron a Dios, y llenos de miedo dijeron:

—Hoy hemos visto cosas maravillosas.

Jesús llama a Leví
(Mt 9.9–13; Mr 2.13–17)

²⁷ Después de esto, Jesús salió y se fijó en uno de los que cobraban impuestos para Roma. Se llamaba Leví, y estaba sentado en el lugar donde cobraba los impuestos. Jesús le dijo:

—Sígueme.

²⁸ Entonces Leví se levantó, y dejándolo todo siguió a Jesús.

²⁹ Más tarde, Leví hizo en su casa una gran fiesta en honor de Jesús; y muchos de los que cobraban impuestos para Roma, junto con otras personas, estaban sentados con ellos a la mesa. ³⁰ Pero los fariseos y los maestros de la ley del mismo partido comenzaron a criticar a los discípulos de Jesús. Les dijeron:

—¿Por qué comen y beben ustedes con cobradores de impuestos y pecadores?ˢ

³¹ Jesús les contestó:

—Los que están buenos y sanos no necesitan médico, sino los enfermos. ³² Yo no he venido a llamar a los buenos, sino a los pecadores, para que se vuelvan a Dios.

La cuestión del ayuno
(Mt 9.14–17; Mr 2.18–22)

³³ Le dijeron a Jesús:

—Los seguidores de Juan y de los fariseos ayunan mucho y hacen muchas oraciones, pero tus discípulos siempre comen y beben.

³⁴ Jesús les contestó:

—¿Acaso pueden ustedes hacer ayunar a los invitados a una boda, mientras el novio está con ellos? ³⁵ Pero llegará el momento en que se lleven al novio; cuando llegue ese día, entonces sí ayunarán.

³⁶ También les contó esta parábola:

—Nadie corta un pedazo de un vestido nuevo para remendar un vestido viejo. Si lo hace así, echa a perder el vestido nuevo; además, el pedazo nuevo no quedará bien con el vestido viejo. ³⁷ Ni tampoco se echa vino nuevo en cueros viejos, porque el vino nuevo hace que se revienten los cueros, y tanto el vino como los cueros se pierden. ³⁸ Por eso hay que echar el vino nuevo en cueros nuevos. ³⁹ Y nadie que toma vino añejo quiere después del nuevo, porque dice: 'El añejo es más sabroso.'

ʳ **5.14** Lv 14.1–32.   ˢ **5.30** Lc 15.1–2.

Los discípulos arrancan espigas en el día de reposo
(Mt 12.1–8; Mr 2.23–28)

6 ¹ Un día de reposo,¹⁰ Jesús caminaba entre los sembrados. Sus discípulos arrancaban espigas de trigo, las desgranaban entre las manos y se comían los granos.ᵗ ² Entonces algunos fariseos les preguntaron:

—¿Por qué hacen ustedes algo que no está permitido hacer en los días de reposo?¹⁰

³ Jesús les contestó:

—¿No han leído ustedes lo que hizo David en una ocasión en que él y sus compañeros tuvieron hambre? ⁴ Entró en la casa de Dios y tomó los panes consagrados a Dios, comió de ellos y dio también a sus compañeros,ᵘ a pesar de que solamente a los sacerdotes se les permitía comer de ese pan.ᵛ

⁵ Y añadió:

—El Hijo del hombre tiene autoridad sobre el día de reposo.¹⁰

El hombre de la mano tullida
(Mt 12.9–14; Mr 3.1–6)

⁶ Otro día de reposo,¹⁰ Jesús entró en la sinagoga y comenzó a enseñar. Había en ella un hombre que tenía la mano derecha tullida; ⁷ y los maestros de la ley y los fariseos espiaban a Jesús para ver si lo sanaría en el día de reposo,¹⁰ y así tener algún pretexto para acusarlo. ⁸ Pero él, que sabía lo que estaban pensando, le dijo al hombre que tenía la mano tullida:

—Levántate y ponte ahí en medio.

El hombre se levantó y se puso de pie, ⁹ y Jesús dijo a los otros:

—Les voy a hacer una pregunta: ¿Qué está permitido hacer en el día de reposo:¹⁰ el bien o el mal? ¿Salvar una vida o destruirla?

¹⁰ Luego miró a todos los que le rodeaban, y le dijo a aquel hombre:

—Extiende la mano.

El hombre lo hizo así, y su mano quedó sana. ¹¹ Pero los otros se enojaron mucho y comenzaron a discutir qué podrían hacer contra Jesús.

Jesús escoge a los doce apóstoles
(Mt 10.1–4; Mr 3.13–19)

¹² Por aquellos días, Jesús se fue a un cerro a orar, y pasó toda la noche orando a Dios. ¹³ Cuando se hizo de día, llamó a sus discípulos, y escogió a doce de ellos, a quienes llamó apóstoles. ¹⁴ Estos fueron:

Simón, a quien puso también el nombre de Pedro; Andrés, hermano de Simón; Santiago, Juan, Felipe, Bartolomé, ¹⁵ Mateo, Tomás, Santiago, hijo de Alfeo; Simón el celote, ¹⁶ Judas, hijo de Santiago, y Judas Iscariote, que fue quien traicionó a Jesús.

Jesús enseña a mucha gente
(Mt 4.23–25)

¹⁷ Jesús bajó del cerro con ellos y se detuvo en un llano. Se habían juntado allí muchos de sus seguidores y mucha gente de toda la región de Judea, de Jerusalén y de la costa de Tiro y Sidón. Habían llegado para oír a Jesús y para que los curara de sus enfermedades. ¹⁸ Los que sufrían a causa de espíritus impuros, también quedaban sanos. ¹⁹ Así que toda la gente quería tocar a Jesús, porque los sanaba a todos con el poder que de él salía.

La felicidad y la infelicidad
(Mt 5.1–12)

²⁰ Jesús miró a sus discípulos, y les dijo:

"Dichosos ustedes los pobres, pues el reino de Dios les pertenece.

²¹ "Dichosos ustedes los que ahora tienen hambre, pues quedarán satisfechos.

"Dichosos ustedes los que ahora lloran, pues después reirán.

²² "Dichosos ustedes cuando la gente los odie, cuando los expulsen, cuando los insulten y cuando desprecien su nombre como cosa mala, por causa del Hijo del hombre.ʷ ²³ Alégrense mucho, llénense de gozo en ese día, porque ustedes recibirán un gran premio en el cielo; pues también así maltrataron los antepasados de esa gente a los profetas.ˣ

²⁴ "Pero ¡ay de ustedes los ricos, pues ya han tenido su alegría!

²⁵ "¡Ay de ustedes los que ahora están satisfechos, pues tendrán hambre!

"¡Ay de ustedes los que ahora ríen, pues van a llorar de tristeza!

²⁶ "¡Ay de ustedes cuando todo el mundo los alabe, pues así hacían los antepasados de esa gente con los falsos profetas!

El amor a los enemigos
(Mt 5.38–48; 7.12)

²⁷ "Pero a ustedes que me escuchan les digo: Amen a sus enemigos, hagan bien a quienes los odian, ²⁸ bendigan a quienes los maldicen, oren por quienes los insultan. ²⁹ Si alguien te pega en una mejilla,

---

¹⁰ Día(s) de reposo: aquí equivale a sábado.
ᵗ 6.1 Dt 23.25.   ᵘ 6.3–4 1 S 21.1–6.   ᵛ 6.4 Lv 24.9.   ʷ 6.22 1 P 4.14.   ˣ 6.23 2 Cr 36.16; Hch 7.52.

ofrécele también la otra; y si alguien te quita la capa, déjale que se lleve también tu camisa. ³⁰ A cualquiera que te pida algo, dáselo, y al que te quite lo que es tuyo, no se lo reclames. ³¹ Hagan ustedes con los demás como quieren que los demás hagan con ustedes. ʸ

³² "Si ustedes aman solamente a quienes los aman a ustedes, ¿qué hacen de extra-ordinario? Hasta los pecadores se portan así. ³³ Y si hacen bien solamente a quienes les hacen bien a ustedes, ¿qué tiene eso de extraordinario? También los pecadores se portan así. ³⁴ Y si dan prestado sólo a aquellos de quienes piensan recibir algo, ¿qué hacen de extraordinario? También los pecadores se prestan unos a otros, es-perando recibir unos de otros. ³⁵ Ustedes deben amar a sus enemigos, y hacer bien, y dar prestado sin esperar recibir nada a cambio. Así será grande su recompensa, y ustedes serán hijos del Dios altísimo, que es también bondadoso con los desagrade-cidos y los malos. ³⁶ Sean ustedes compasi-vos, como también su Padre es compa-sivo.

No juzgar a otros
(Mt 7.1–5)

³⁷ "No juzguen a otros, y Dios no los juzgará a ustedes. No condenen a otros, y Dios no los condenará a ustedes. Perdo-nen, y Dios los perdonará. ³⁸ Den a otros, y Dios les dará a ustedes. Les dará en su bolsa una medida buena, apretada, sacu-dida y repleta. Dios los medirá a ustedes con la misma medida con que ustedes mi-dan a los otros."

³⁹ Jesús les puso esta comparación: "¿Acaso puede un ciego servir de guía a otro ciego? ¿No caerán los dos en algún hoyo?ᶻ ⁴⁰ Ningún discípulo es más que su maestro:ᵃ cuando termine sus estudios lle-gará a ser como su maestro.

⁴¹ "¿Por qué te pones a mirar la paja que tiene tu hermano en el ojo, y no te fijas en el tronco que tienes en el tuyo? ⁴² Y si no te das cuenta del tronco que tienes en tu propio ojo, ¿cómo te atreves a decir a tu hermano: 'Hermano, déjame sacarte la paja que tienes en el ojo'? ¡Hipócrita!, saca primero el tronco de tu propio ojo, y así podrás ver bien para sacar la paja que tiene tu hermano en el suyo.

El árbol se conoce por su fruto
(Mt 7.17–20; 12.34–35)

⁴³ "No hay árbol bueno que pueda dar fruto malo, ni árbol malo que pueda dar fruto bueno. ⁴⁴ Cada árbol se conoce por su fruto:ᵇ no se cosechan higos de los es-pinos, ni se recogen uvas de las zarzas. ⁴⁵ El hombre bueno dice cosas buenas porque el bien está en su corazón, y el hombre malo dice cosas malas porque el mal está en su corazón. Pues de lo que abunda en su corazón habla su boca.ᶜ

Las dos bases
(Mt 7.24–27)

⁴⁶ "¿Por qué me llaman ustedes, 'Señor, Señor', y no hacen lo que les digo? ⁴⁷ Voy a decirles a quién se parece el que viene a mí y me oye y hace lo que digo: ⁴⁸ se pa-rece a un hombre que para construir una casa cavó primero bien hondo, y puso la base sobre la roca. Cuando creció el río, el agua dio con fuerza contra la casa, pero ni moverla pudo, porque estaba bien cons-truida. ⁴⁹ Pero el que me oye y no hace lo que digo, se parece a un hombre que cons-truyó su casa sobre la tierra y sin cimien-tos; y cuando el río creció y dio con fuerza contra ella, se derrumbó y quedó comple-tamente destruida."

Jesús sana al criado de un oficial romano
(Mt 8.5–13)

7 ¹ Cuando Jesús terminó de hablar a la gente, se fue a Capernaum. ² Vivía allí un capitán romano que tenía un criado al que quería mucho, el cual estaba enfermo y a punto de morir. ³ Cuando el capitán oyó hablar de Jesús, mandó a unos ancia-nos de los judíos a rogarle que fuera a sa-nar a su criado. ⁴ Ellos se presentaron a Jesús y le rogaron mucho, diciendo:

—Este capitán merece que lo ayudes, ⁵ porque ama a nuestra nación y él mismo hizo construir nuestra sinagoga.

⁶ Jesús fue con ellos, pero cuando ya estaban cerca de la casa, el capitán mandó unos amigos a decirle: "Señor, no te mo-lestes, porque yo no merezco que entres en mi casa; ⁷ por eso, ni siquiera me atreví a ir en persona a buscarte. Solamente da la orden, para que sane mi criado. ⁸ Porque yo mismo estoy bajo órdenes su-periores, y a la vez tengo soldados bajo mi mando. Cuando le digo a uno de ellos que vaya, va; cuando le digo a otro que venga, viene; y cuando mando a mi criado que haga algo, lo hace.

⁹ Jesús se quedó admirado al oír esto, y mirando a la gente que le seguía dijo:

—Les aseguro que ni siquiera en Israel he encontrado tanta fe como en este hom-bre.

ʸ **6.31** Mt 7.12.   ᶻ **6.39** Mt 15.14.   ᵃ **6.40** Mt 10.24–25; Jn 13.16; 15.20.   ᵇ **6.44** Mt 12.33.   ᶜ **6.45** Mt 12.34.

¹⁰ Al regresar a la casa, los enviados encontraron que el criado ya estaba sano.

Jesús resucita al hijo de una viuda

¹¹ Después de esto, Jesús se dirigió a un pueblo llamado Naín. Iba acompañado de sus discípulos y de mucha gente. ¹² Al llegar cerca del pueblo, vio que llevaban a enterrar a un muerto, hijo único de su madre, que era viuda. Mucha gente del pueblo la acompañaba. ¹³ Al verla, el Señor tuvo compasión de ella y le dijo:

—No llores.

¹⁴ En seguida se acercó y tocó la camilla, y los que la llevaban se detuvieron. Jesús le dijo al muerto:

—Joven, a ti te digo: ¡Levántate!

¹⁵ Entonces el muerto se sentó y comenzó a hablar, y Jesús se lo entregó a la madre. ¹⁶ Al ver esto, todos tuvieron miedo y comenzaron a alabar a Dios, diciendo:

—Un gran profeta ha aparecido entre nosotros.

También decían:

—Dios ha venido a ayudar a su pueblo.

¹⁷ Y por toda Judea y sus alrededores se supo lo que había hecho Jesús.

Los enviados de Juan el Bautista
(Mt 11.2–19)

¹⁸ Juan tuvo noticias de todas estas cosas, pues sus seguidores se las contaron. Llamó a dos de ellos ¹⁹ y los envió a Jesús, a preguntarle si él era de veras el que había de venir o si debían esperar a otro. ²⁰ Los enviados de Juan se acercaron, pues, a Jesús y le dijeron:

—Juan el Bautista nos ha mandado a preguntarte si tú eres el que ha de venir, o si debemos esperar a otro.

²¹ En aquel mismo momento Jesús curó a muchas personas de sus enfermedades y sufrimientos, y de los espíritus malignos, y dio la vista a muchos ciegos. ²² Luego les contestó:

—Vayan y díganle a Juan lo que han visto y oído. Cuéntenle que los ciegos ven, los cojos andan, los leprosos quedan limpios de su enfermedad, los sordos oyen,ᵈ los muertos vuelven a la vida y a los pobres se les anuncia el mensaje de salvación.ᵉ ²³ ¡Y dichoso aquel que no pierda su confianza en mí!

²⁴ Cuando los enviados de Juan se fueron, Jesús comenzó a hablar a la gente acerca de Juan, diciendo: "¿Qué salieron ustedes a ver al desierto? ¿Una caña sacudida por el viento? ²⁵ Y si no, ¿qué salieron a ver? ¿Un hombre vestido con ropas de lujo? Ustedes saben que los que se visten con lujo y viven en placeres, están en las casas de los reyes. ²⁶ En fin, ¿qué salieron a ver? ¿Un profeta? Sí, de veras, y uno que es mucho más que profeta. ²⁷ Juan es aquel de quien dice la Escritura:

'Yo envío mi mensajero delante de
    ti,
para que te prepare el camino.'ᶠ

²⁸ Les digo que, entre todos los hombres, ninguno ha sido más grande que Juan; y, sin embargo, el más pequeño en el reino de Dios es más grande que él.

²⁹ "Todos los que oyeron a Juan, incluso los que cobraban impuestos para Roma, se hicieron bautizar por él, reconociendo así que Dios es justo; ³⁰ pero los fariseos y los maestros de la ley no se hicieron bautizar por Juan, despreciando de este modo lo que Dios había querido hacer en favor de ellos.ᵍ ³¹ "¿A qué compararé la gente de este tiempo? ¿A qué se parece? ³² Se parece a los niños que se sientan a jugar en la plaza y gritan a sus compañeros: 'Tocamos la flauta, pero ustedes no bailaron; cantamos canciones tristes, pero ustedes no lloraron.' ³³ Porque vino Juan el Bautista, que ni come pan ni bebe vino, y ustedes dicen que tiene un demonio. ³⁴ Luego ha venido el Hijo del hombre, que come y bebe, y ustedes dicen que es glotón y bebedor, amigo de gente de mala fama y de los que cobran impuestos para Roma. ³⁵ Pero la sabiduría de Dios se demuestra por todos sus resultados."ᴵᴵ

Jesús en casa de Simón el fariseo

³⁶ Un fariseo invitó a Jesús a comer, y Jesús fue a su casa. Estaba sentado a la mesa, ³⁷ cuando una mujer de mala vida que vivía en el mismo pueblo y que supo que Jesús había ido a comer a casa del fariseo, llegó con un frasco de alabastro lleno de perfume. ³⁸ Llorando, se puso junto a los pies de Jesús y comenzó a bañarlos con lágrimas. Luego los secó con sus cabellos, los besó y derramó sobre ellos el perfume.ʰ ³⁹ El fariseo que había invitado a Jesús, al ver esto, pensó: "Si este hombre fuera de veras un profeta, se daría cuenta de qué clase de persona es ésta que lo está tocando: una mujer de mala vida." ⁴⁰ Entonces Jesús le dijo al fariseo:

—Simón, tengo algo que decirte.

El fariseo contestó:

—Dímelo, Maestro.

⁴¹ Jesús siguió:

—Dos hombres le debían dinero a un prestamista. Uno le debía quinientos de-

---

ᴵᴵ Por todos sus resultados: lit. hijos. Otra posible traducción: por todos los que la practican.
ᵈ 7.22 Is 35.5–6. ᵉ 7.22 Is 61.1. ᶠ 7.27 Mal 3.1. ᵍ 7.29–30 Mt 21.32; Lc 3.12. ʰ 7.37–38 Mt 26.7; Mr 14.3; Jn 12.3.

narios, y el otro cincuenta; ⁴² y como no le podían pagar, el prestamista les perdonó la deuda a los dos. Ahora dime, ¿cuál de ellos le amará más?

⁴³ Simón le contestó:

—Me parece que el hombre a quien más le perdonó.

Jesús le dijo:

—Tienes razón.

⁴⁴ Entonces, mirando a la mujer, Jesús dijo a Simón:

—¿Ves esta mujer? Entré en tu casa, y no me diste agua para mis pies; en cambio, esta mujer me ha bañado los pies con sus lágrimas y los ha secado con sus cabellos. ⁴⁵ No me besaste, pero ella, desde que entré, no ha dejado de besarme los pies. ⁴⁶ No me pusiste aceite en la cabeza, pero ella ha derramado perfume sobre mis pies. ⁴⁷ Por esto te digo que sus muchos pecados son perdonados, porque amó mucho; pero la persona a quien poco se le perdona, poco amor muestra.

⁴⁸ Luego dijo a la mujer:

—Tus pecados te son perdonados.

⁴⁹ Los otros invitados que estaban allí, comenzaron a preguntarse:

—¿Quién es éste, que hasta perdona pecados?

⁵⁰ Pero Jesús añadió, dirigiéndose a la mujer:

—Por tu fe has sido salvada; vete tranquila.

Mujeres que ayudaban a Jesús

8 ¹ Después de esto, Jesús anduvo por muchos pueblos y aldeas, proclamando y anunciando el reino de Dios. Los doce apóstoles le acompañaban, ² como también algunas mujeres que él había curado de espíritus malignos y enfermedades. Entre ellas iba María, la llamada Magdalena, de la que habían salido siete demonios; ³ también Juana, esposa de Cuza, el que era administrador de Herodes; y Susana; y muchas otras que les ayudaban con lo que tenían.ⁱ

La parábola del sembrador
(Mt 13.1–9; Mr 4.1–9)

⁴ Muchos salieron de los pueblos para ver a Jesús, de manera que se reunió mucha gente. Entonces les contó esta parábola: ⁵ "Un sembrador salió a sembrar su semilla. Y al sembrar, una parte de la semilla cayó en el camino, y fue pisoteada, y las aves se la comieron. ⁶ Otra parte cayó entre las piedras; y cuando esa semilla brotó, se secó por falta de humedad. ⁷ Otra parte de la semilla cayó entre espinos; y al nacer juntamente, los espinos la

ahogaron. ⁸ Pero otra parte cayó en buena tierra; y creció, y dio una buena cosecha, hasta de cien granos por semilla."

Esto dijo Jesús, y añadió con voz muy fuerte: "¡Los que tienen oídos, oigan!"

El porqué de las parábolas
(Mt 13.10–17; Mr 4.10–12)

⁹ Los discípulos le preguntaron a Jesús qué quería decir aquella parábola. ¹⁰ Les dijo: "A ustedes Dios les da a conocer los secretos de su reino; pero a los otros les hablo por medio de parábolas, para que por más que miren no vean, y por más que oigan no entiendan.ʲ

Jesús explica la parábola del sembrador
(Mt 13.18–23; Mr 4.13–20)

¹¹ "Esto es lo que quiere decir la parábola: La semilla representa el mensaje de Dios; ¹² y la parte que cayó por el camino representa a los que oyen el mensaje, pero viene el diablo y se lo quita del corazón, para que no crean y se salven. ¹³ La semilla que cayó entre las piedras representa a los que oyen el mensaje y lo reciben con gusto, pero no tienen suficiente raíz; creen por algún tiempo, pero a la hora de la prueba fallan. ¹⁴ La semilla que cayó entre espinos representa a los que escuchan, pero poco a poco se dejan ahogar por las preocupaciones, las riquezas y los placeres, de modo que no llegan a dar fruto. ¹⁵ Pero la semilla que cayó en buena tierra, son las personas que con corazón bueno y dispuesto escuchan y hacen caso del mensaje y, permaneciendo firmes, dan una buena cosecha.

La parábola de la lámpara
(Mr 4.21–25)

¹⁶ "Nadie enciende una lámpara para después taparla con algo o ponerla debajo de la cama, sino que la pone en alto,ᵏ para que tengan luz los que entran. ¹⁷ De la misma manera, no hay nada escondido que no llegue a descubrirse, ni nada secreto que no llegue a conocerse y ponerse en claro.ˡ

¹⁸ "Así pues, oigan bien, pues al que tiene se le dará más; pero al que no tiene, hasta lo que cree tener se le quitará."ᵐ

La madre y los hermanos de Jesús
(Mt 12.46–50; Mr 3.31–35)

¹⁹ La madre y los hermanos de Jesús se presentaron donde él estaba, pero no pudieron acercarse a él porque había mucha gente. ²⁰ Alguien avisó a Jesús:

ⁱ **8.2–3** Mt 27.55–56; Mr 15.40–41; Lc 23.49.   ʲ **8.10** Is 6.9–10.   ᵏ **8.16** Mt 5.15; Lc 11.33.   ˡ **8.17** Mt 10.26; Lc 12.2.
ᵐ **8.18** Mt 25.29; Lc 19.26.

—Tu madre y tus hermanos están ahí afuera, y quieren verte.

²¹ El contestó:

—Los que oyen el mensaje de Dios y lo ponen en práctica, ésos son mi madre y mis hermanos.

Jesús calma el viento y las olas
(Mt 8.23–27; Mr 4.35–41)

²² Un día, Jesús entró en una barca con sus discípulos, y les dijo:

—Vamos al otro lado del lago.

Partieron, pues, ²³ y mientras cruzaban el lago, Jesús se durmió. En esto se desató una fuerte tormenta sobre el lago, y la barca empezó a llenarse de agua y corrían peligro de hundirse. ²⁴ Entonces fueron a despertar a Jesús, diciéndole:

—¡Maestro! ¡Maestro! ¡Nos estamos hundiendo!

Jesús se levantó y dio una orden al viento y a las olas, y todo se calmó y quedó tranquilo. ²⁵ Después dijo a los discípulos:

—¿Qué pasó con su fe?

Pero ellos, asustados y admirados, se preguntaban unos a otros:

—¿Quién será éste, que da órdenes al viento y al agua, y le obedecen?

El endemoniado de Gerasa
(Mt 8.28–34; Mr 5.1–20)

²⁶ Por fin llegaron a la tierra de Gerasa, que está al otro lado del lago, frente a Galilea. ²⁷ Al bajar Jesús a tierra, salió del pueblo un hombre que estaba endemoniado, y se le acercó. Hacía mucho tiempo que no se ponía ropa ni vivía en una casa, sino entre las tumbas. ²⁸ Cuando vio a Jesús, cayó de rodillas delante de él, gritando:

—¡No te metas conmigo, Jesús, Hijo del Dios altísimo! ¡Te ruego que no me atormentes!

²⁹ Dijo esto porque Jesús estaba ordenando al espíritu impuro que saliera de él. Muchas veces el demonio se había apoderado de él; y aunque la gente lo sujetaba las manos y los pies con cadenas para tenerlo seguro, él las rompía y el demonio lo hacía huir a lugares desiertos. ³⁰ Jesús le preguntó:

—¿Cómo te llamas?

Y él contestó:

—Me llamo Legión.

Dijo esto porque eran muchos los demonios que habían entrado en él, ³¹ los cuales pidieron a Jesús que no los mandara al abismo. ³² Como había muchos cerdos comiendo en el cerro, los espíritus le rogaron que los dejara entrar en ellos; y

Jesús les dio permiso. ³³ Los demonios salieron entonces del hombre y entraron en los cerdos, y éstos echaron a correr pendiente abajo hasta el lago, y allí se ahogaron.

³⁴ Los que cuidaban de los cerdos, cuando vieron lo sucedido, salieron huyendo y fueron a contarlo en el pueblo y por el campo. ³⁵ La gente salió a ver lo que había pasado. Y cuando llegaron a donde estaba Jesús, encontraron sentado a sus pies al hombre de quien habían salido los demonios, vestido y en su cabal juicio; y tuvieron miedo. ³⁶ Y los que habían visto lo sucedido, les contaron cómo había sido sanado aquel endemoniado. ³⁷ Toda la gente de la región de Gerasa comenzó entonces a rogar a Jesús que se fuera de allí, porque tenían mucho miedo. Así que Jesús entró en la barca y se fue. ³⁸ El hombre de quien habían salido los demonios le rogó que le permitiera ir con él, pero Jesús le ordenó que se quedara, y le dijo:

³⁹ —Vuelve a tu casa y cuenta todo lo que Dios ha hecho por ti.

El hombre se fue y contó por todo el pueblo lo que Jesús había hecho por él.

La hija de Jairo. La mujer que tocó la capa de Jesús
(Mt 9.18–26; Mr 5.21–43)

⁴⁰ Cuando Jesús regresó al otro lado del lago, la gente lo recibió con alegría, porque todos lo estaban esperando. ⁴¹ En esto llegó uno llamado Jairo, que era jefe de la sinagoga. Este hombre se postró a los pies de Jesús y le rogó que fuera a su casa, ⁴² porque tenía una sola hija, de unos doce años, que estaba a punto de morir.

Mientras Jesús iba, se sentía apretujado por la multitud que lo seguía. ⁴³ Entre la gente había una mujer que desde hacía doce años estaba enferma, con derrames de sangre, y que había gastado en médicos todo lo que tenía, sin que ninguno la hubiera podido sanar. ⁴⁴ Esta mujer se acercó a Jesús por detrás y tocó el borde de su capa, y en el mismo momento el derrame de sangre se detuvo. ⁴⁵ Entonces Jesús preguntó:

—¿Quién me ha tocado?

Como todos negaban haberlo tocado, Pedro dijo:[12]

—Maestro, la gente te oprime y empuja por todos lados.

⁴⁶ Pero Jesús insistió:

—Alguien me ha tocado, porque me he dado cuenta de que de mí ha salido poder.

⁴⁷ La mujer, al ver que no podía esconderse, fue temblando a arrodillarse a los pies de Jesús. Le confesó delante de todos

---

12 Algunos mss. dicen: *Pedro y los que lo acompañaban dijeron.*

por qué razón lo había tocado, y cómo había sido sanada en el acto. [48] Jesús le dijo:

—Hija, por tu fe has sido sanada. Vete tranquila.

[49] Todavía estaba hablando Jesús, cuando llegó un mensajero y le dijo al jefe de la sinagoga:

—Tu hija ha muerto; no molestes más al Maestro.

[50] Pero Jesús lo oyó y le dijo:

—No tengas miedo; solamente cree, y tu hija se salvará.

[51] Al llegar a la casa, no dejó entrar con él a nadie más que a Pedro, a Santiago y a Juan, junto con el padre y la madre de la niña. [52] Todos estaban llorando y lamentándose por ella, pero Jesús les dijo:

—No lloren; la niña no está muerta, sino dormida.

[53] Todos se rieron de él, porque sabían que estaba muerta. [54] Entonces Jesús la tomó de la mano y dijo con voz fuerte:

—¡Muchacha, levántate!

[55] Y ella volvió a la vida; al momento se levantó, y Jesús mandó que le dieran de comer. [56] Sus padres estaban muy admirados; pero Jesús les ordenó que no contaran a nadie lo que había pasado.

Jesús envía a los discípulos a anunciar el reino de Dios
(Mt 10.5–15; Mr 6.7–13)

9 [1] Jesús reunió a sus doce discípulos, y les dio poder y autoridad para expulsar toda clase de demonios y para curar enfermedades. [2] Los envió a anunciar el reino de Dios y a sanar a los enfermos. [3] Les dijo:

—No lleven nada para el camino: ni bastón, ni bolsa, ni pan, ni dinero, ni ropa de repuesto.[n] [4] En cualquier casa donde lleguen, quédense hasta que se vayan del lugar. [5] Y si en algún pueblo no los quieren recibir, salgan de él y sacúdanse el polvo de los pies, para que les sirva a ellos de advertencia.[ñ]

[6] Salieron ellos, pues, y fueron por todas las aldeas, anunciando el mensaje de salvación y sanando enfermos.

Incertidumbre de Herodes
(Mt 14.1–12; Mr 6.14–29)

[7] El rey Herodes oyó hablar de Jesús y de todo lo que hacía; y no sabía qué pensar, porque unos decían que Juan había resucitado, [8] otros decían que había aparecido el profeta Elías, y otros decían que era alguno de los antiguos profetas, que había resucitado.[o] [9] Pero Herodes dijo:

—Yo mismo mandé que le cortaran la cabeza a Juan. ¿Quién será entonces éste, de quien oigo contar tantas cosas?

Por eso Herodes procuraba ver a Jesús.

Jesús da de comer a cinco mil hombres
(Mt 14.13–21; Mr 6.30–44; Jn 6.1–14)

[10] Cuando los apóstoles regresaron, contaron a Jesús lo que habían hecho. El, tomándolos aparte, los llevó a un pueblo llamado Betsaida. [11] Pero cuando la gente lo supo, lo siguieron; y Jesús los recibió, les habló del reino de Dios y sanó a los enfermos.

[12] Cuando ya comenzaba a hacerse tarde, se acercaron a Jesús los doce discípulos y le dijeron:

—Despide a la gente, para que vayan a descansar y a buscar comida por las aldeas y los campos cercanos, porque en este lugar no hay nada.

[13] Jesús les dijo:

—Denles ustedes de comer.

Ellos contestaron:

—No tenemos más que cinco panes y dos pescados, a menos que vayamos a comprar comida para toda esta gente.

[14] Pues eran unos cinco mil hombres. Pero Jesús dijo a sus discípulos:

—Háganlos sentarse en grupos como de cincuenta.

[15] Así lo hicieron, y se sentaron todos. [16] Luego Jesús tomó en sus manos los cinco panes y los dos pescados y, mirando al cielo, dio gracias a Dios por ellos, los partió y se los dio a sus discípulos para que los repartieran entre la gente. [17] La gente comió hasta quedar satisfecha, y todavía llenaron doce canastas con los pedazos sobrantes.

Pedro declara que Jesús es el Mesías
(Mt 16.13–19; Mr 8.27–29)

[18] Un día en que Jesús estaba orando solo, y sus discípulos estaban con él, les preguntó:

—¿Quién dice la gente que soy yo?

[19] Ellos contestaron:

—Algunos dicen que eres Juan el Bautista, otros dicen que eres Elías, y otros dicen que eres uno de los antiguos profetas, que ha resucitado.[p]

[20] —Y ustedes, ¿quién dicen que soy? —les preguntó.

Y Pedro le respondió:

—Eres el Mesías de Dios.[q]

Jesús anuncia su muerte
(Mt 16.20–28; Mr 8.30—9.1)

[21] Pero Jesús les encargó mucho que no dijeran esto a nadie. [22] Y les dijo:

n **9.3–5** Lc 10.4–11.   ñ **9.5** Hch 13.51.   o **9.7–8** Mt 14.14; Mr 8.28; Lc 9.19.   p **9.19** Mt 14.1–2; Mr 6.14–15; Lc 9.7–8.
q **9.20** Jn 6.68–69.

—El Hijo del hombre tendrá que sufrir mucho, y será rechazado por los ancianos, por los jefes de los sacerdotes y por los maestros de la ley. Lo van a matar, pero al tercer día resucitará.

23 Después les dijo a todos:

—Si alguno quiere ser discípulo mío, olvídese de sí mismo, cargue con su cruz cada día y sígame.ʳ 24 Porque el que quiera salvar su vida, la perderá; pero el que pierda la vida por causa mía, la salvará.ˢ 25 ¿De qué le sirve al hombre ganar el mundo entero, si se pierde o se destruye a sí mismo? 26 Pues si alguno se avergüenza de mí y de mi mensaje, también el Hijo del hombre se avergonzará de él cuando venga con su gloria y con la gloria de su Padre y de los santos ángeles. 27 Les aseguro que algunos de los que están aquí presentes no morirán sin antes haber visto el reino de Dios.

La transfiguración de Jesús
(Mt 17.1–8; Mr 9.2–8)

28 Unos ocho días después de esta conversación, Jesús subió a un cerro a orar, acompañado de Pedro, Santiago y Juan.ᵗ 29 Mientras oraba, el aspecto de su cara cambió, y su ropa se volvió muy blanca y brillante; 30 y aparecieron dos hombres conversando con él. Eran Moisés y Elías, que estaban 31 rodeados de un resplandor glorioso y hablaban de la muerte que Jesús iba a sufrir en Jerusalén. 32 Aunque Pedro y sus compañeros tenían mucho sueño, permanecieron despiertos, y vieron la gloria de Jesús y a los dos hombres que estaban con él. 33 Cuando aquellos hombres se separaban ya de Jesús, Pedro le dijo:

—Maestro, ¡qué bien que estemos aquí! Vamos a hacer tres chozas: una para ti, otra para Moisés y otra para Elías.

Pero Pedro no sabía lo que decía. 34 Mientras hablaba, una nube los envolvió en su sombra, y al verse dentro de la nube tuvieron miedo. 35 Entonces de la nube salió una voz, que dijo: "Este es mi Hijo, mi elegido:ᵘ escúchenlo."

36 En el momento en que la voz se escuchó, Jesús estaba solo. Pero ellos mantuvieron esto en secreto y en aquel tiempo a nadie dijeron nada de lo que habían visto.

Jesús sana a un muchacho que tenía un espíritu impuro
(Mt 17.14–21; Mr 9.14–29)

37 Al día siguiente, cuando bajaron del cerro, una gran multitud salió al encuentro de Jesús. 38 Y un hombre de entre la gente le dijo con voz fuerte:

—Maestro, por favor, mira a mi hijo, que es el único que tengo, 39 un espíritu lo agarra, y hace que grite y que le den ataques y que eche espuma por la boca. Lo maltrata y no lo quiere soltar. 40 He rogado a tus discípulos que le saquen ese espíritu, pero no han podido.

41 Jesús contestó:

—¡Oh gente sin fe y perversa! ¿Hasta cuándo tendré que estar con ustedes y soportarlos? Trae acá a tu hijo.

42 Cuando el muchacho se acercaba, el demonio lo tiró al suelo e hizo que le diera otro ataque; pero Jesús reprendió al espíritu impuro, sanó al muchacho y se lo devolvió a su padre. 43 Y todos se quedaron admirados de la grandeza de Dios.

Jesús anuncia por segunda vez su muerte
(Mt 17.22–23; Mr 9.30–32)

Mientras todos se maravillaban de lo que Jesús hacía, él dijo a sus discípulos:

44 —Oigan bien esto y no lo olviden: el Hijo del hombre va a ser entregado en manos de los hombres.

45 Pero ellos no entendían lo que les decía, pues Dios no les había permitido entenderlo; además tenían miedo de pedirle a Jesús que se lo explicara.

¿Quién es el más importante?
(Mt 18.1–5; Mr 9.33–37)

46 Por entonces los discípulos comenzaron a discutir quién de ellos sería el más importante.ᵛ 47 Jesús, al darse cuenta de lo que estaban pensando, tomó a un niño, lo puso junto a él 48 y les dijo:

—El que recibe a este niño en mi nombre, me recibe a mí; y el que me recibe a mí, recibe también al que me envió.ʷ Por eso, el más insignificante entre todos ustedes, ése es el más importante.

El que no está contra nosotros, está a nuestro favor
(Mr 9.38–40)

49 Juan le dijo:

—Maestro, hemos visto a uno que expulsaba demonios en tu nombre; y se lo hemos prohibido, porque no es de los nuestros.

50 Jesús le contestó:

—No se lo prohíban, porque el que no está contra nosotros, está a nuestro favor.

ʳ 9.23 Mt 10.38; Lc 14.27; Jn 12.24. ˢ 9.24 Mt 10.39; Lc 17.33; Jn 12.25. ᵗ 9.28–35 2 P 1.17–18. ᵘ 9.35 Is 42.1; Mt 3.17; 12.18; Mr 1.11; Lc 3.22. ᵛ 9.46 Lc 22.24. ʷ 9.48 Mt 10.40; Lc 10.16; Jn 13.20.

Jesús reprende a Santiago y a Juan

⁵¹ Cuando ya se acercaba el tiempo en que Jesús había de subir al cielo, emprendió con valor su viaje a Jerusalén. ⁵² Envió por delante mensajeros, que fueron a una aldea de Samaria para conseguirle alojamiento; ⁵³ pero los samaritanos no quisieron recibirlo, porque se daban cuenta de que se dirigía a Jerusalén. ⁵⁴ Cuando sus discípulos Santiago y Juan vieron esto, le dijeron:

—Señor, ¿quieres que ordenemos que baje fuego del cielo,*¹³* y que acabe con ellos?ˣ

⁵⁵ Pero Jesús se volvió y los reprendió.*¹⁴* ⁵⁶ Luego se fueron a otra aldea.

Los que querían seguir a Jesús
(Mt 8.19-22)

⁵⁷ Mientras iban de camino, un hombre le dijo a Jesús:

—Señor, deseo seguirte a dondequiera que vayas. ⁵⁸ Jesús le contestó:

—Las zorras tienen cuevas y las aves tienen nidos; pero el Hijo del hombre no tiene donde recostar la cabeza.

⁵⁹ Jesús le dijo a otro:

—Sígueme.

Pero él respondió:

—Señor, déjame ir primero a enterrar a mi padre.

⁶⁰ Jesús le contestó:

—Deja que los muertos entierren a sus muertos; tú ve y anuncia el reino de Dios.

⁶¹ Otro le dijo:

—Señor, quiero seguirte, pero primero déjame ir a despedirme de los de mi casa.ʸ

⁶² Jesús le contestó:

—El que pone la mano en el arado y sigue mirando atrás, no sirve para el reino de Dios.

Jesús envía a los setenta y dos

10 ¹ Después de esto, el Señor escogió también a otros setenta y dos,*¹⁵* y los mandó de dos en dos delante de él, a todos los pueblos y lugares a donde tenía que ir.

² Les dijo: "Ciertamente la cosecha es mucha, pero los trabajadores son pocos. Por eso, pidan ustedes al Dueño de la cosecha que mande trabajadores a recogerla.ᶻ ³ Vayan ustedes; miren que los envío como corderos en medio de lobos.ᵃ ⁴ No lleven bolsa ni monedero ni sandalias; y no se detengan a saludar a nadie en el camino.ᵇ ⁵ Cuando entren en una casa, saluden primero, diciendo: 'Paz a esta casa.' ⁶ Y si allí hay gente de paz, su deseo de paz se cumplirá; pero si no, no se cumplirá. ⁷ Quédense en la misma casa, y coman y beban de lo que ellos tengan, pues el trabajador tiene derecho a su paga.ᶜ No anden de casa en casa. ⁸ Al llegar a un pueblo donde los reciban, coman lo que les sirvan; ⁹ sanen a los enfermos que haya allí, y díganles: 'El reino de Dios ya está cerca de ustedes.' ¹⁰ Pero si llegan a un pueblo y no los reciben, salgan a las calles diciendo: ¹¹ '¡Hasta el polvo de su pueblo, que se ha pegado a nuestros pies, lo sacudimos como protesta contra ustedes!ᵈ Pero sepan esto, que el reino de Dios ya está cerca de ustedes.' ¹² Les digo que en aquel día el castigo para ese pueblo será peor que para la gente de Sodoma.ᵉ

Los pueblos desobedientes
(Mt 11.20-24)

¹³ "¡Ay de ti, Corazín! ¡Ay de ti, Betsaida! Porque si en Tiro y Sidónᶠ se hubieran hecho los milagros que se han hecho entre ustedes, ya hace tiempo que se habrían vuelto a Dios, y lo habrían demostrado poniéndose ropas ásperas y sentándose en ceniza. ¹⁴ Pero en el día del juicio el castigo para ustedes será peor que para la gente de Tiro y Sidón. ¹⁵ Y tú, pueblo de Capernaum, ¿crees que serás levantado hasta el cielo? ¡Hasta lo más hondo del abismo serás arrojado!ᵍ

¹⁶ "El que los escucha a ustedes, me escucha a mí;ʰ y el que los rechaza a ustedes, me rechaza a mí; y el que me rechaza a mí, rechaza al que me envió."

Regreso de los setenta y dos

¹⁷ Los setenta y dos regresaron muy contentos, diciendo:

—¡Señor, hasta los demonios nos obedecen en tu nombre!

¹⁸ Jesús les dijo:

—Sí, pues yo vi que Satanás caía del cielo como un rayo. ¹⁹ Yo les he dado poder a ustedes para caminar sobre serpientes y alacranes,ⁱ y para vencer toda la fuerza del enemigo, sin sufrir ningún daño. ²⁰ Pero no se alegren de que los espíritus los obedezcan, sino de que sus nombres ya están escritos en el cielo.

---

¹³ Algunos mss. añaden: *como hizo Elías.* ¹⁴ Algunos mss. añaden: *Y les dijo: "Ustedes no saben a qué espíritu pertenecen.* ⁵⁶ Pues el Hijo del hombre no ha venido a destruir la vida de los hombres, sino a salvarla."* ¹⁵ Algunos mss. dicen: *setenta.*

ˣ **9.54** 2 R 1.9-16. ʸ **9.61** 1 R 19.20. ᶻ **10.2** Mt 9.37-38. ᵃ **10.3** Mt 10.16. ᵇ **10.4-11** Mt 10.7-14; Mr 6.8-11; Lc 9.3-5.
ᶜ **10.7** 1 Co 9.14; 1 Ti 5.18. ᵈ **10.10-11** Hch 13.51. ᵉ **10.12** Gn 19.24-28; Mt 10.15; 11.24. ᶠ **10.13** Is 23.1-18; Ez 26.1—
28.26; Jl 3.4-8; Am 1.9-10; Zac 9.2-4. ᵍ **10.15** Is 14.13-15. ʰ **10.16** Mt 10.40; Mr 9.37; Lc 9.48; Jn 13.20.
ⁱ **10.19** Sal 91.13.

Jesús se alegra

(Mt 11.25–27; 13.16–17)

21 En aquel momento, Jesús, lleno de
alegría por el Espíritu Santo, dijo: "Te
alabo, Padre, Señor del cielo y de la tierra,
porque has mostrado a los sencillos las cosas que escondiste de los sabios y entendidos. Sí, Padre, porque así lo has querido.
22 "Mi Padre me ha entregado todas las
cosas.[j] Nadie sabe quién es el Hijo, sino el
Padre; y nadie sabe quién es el Padre, sino
el Hijo y aquellos a quienes el Hijo quiera
darlo a conocer."[k]
23 Volviéndose a los discípulos, les dijo a
ellos solos: "Dichosos quienes vean lo que
ustedes están viendo; 24 porque les digo
que muchos profetas y reyes quisieron ver
esto que ustedes ven, y no lo vieron; quisieron oír esto que ustedes oyen, y no lo
oyeron."

Parábola del buen samaritano

25 Un maestro de la ley fue a hablar con
Jesús,[l] y para ponerlo a prueba le preguntó:
—Maestro, ¿qué debo hacer para alcanzar la vida eterna?
26 Jesús le contestó:
—¿Qué está escrito en la ley? ¿Qué es lo
que lees?
27 El maestro de la ley contestó:
—Ama al Señor tu Dios con todo tu corazón, con toda tu alma, con todas tus
fuerzas y con toda tu mente;[m] y ama a tu
prójimo como a ti mismo.[n]
28 Jesús le dijo:
—Has contestado bien. Si haces eso,
tendrás la vida.[ñ]
29 Pero el maestro de la ley, queriendo
justificar su pregunta, dijo a Jesús:
—¿Y quién es mi prójimo?
30 Jesús entonces le contestó:
—Un hombre iba por el camino de Jerusalén a Jericó, y unos bandidos lo asalta-
ron y le quitaron hasta la ropa; lo golpearon y se fueron, dejándolo medio muerto.
31 Por casualidad, un sacerdote pasaba por
el mismo camino; pero al verle, dio un rodeo y siguió adelante. 32 También un levita
llegó a aquel lugar, y cuando le vio, dio un
rodeo y siguió adelante. 33 Pero un hombre
de Samaria que viajaba por el mismo camino, al verle, sintió compasión. 34 Se
acercó a él, le curó las heridas con aceite y
vino, y le puso vendas. Luego lo subió en
su propia cabalgadura, lo llevó a un alojamiento y lo cuidó. 35 Al día siguiente, el samaritano sacó dos monedas, se las dio al
dueño del alojamiento y le dijo: 'Cuide a
este hombre, y si gasta usted algo más, yo
se lo pagaré cuando vuelva.' 36 Pues bien,
¿cuál de esos tres te parece que fue el prójimo del hombre asaltado por los bandidos?
37 El maestro de la ley contestó:
—El que tuvo compasión de él.
Jesús le dijo:
—Pues ve y haz tú lo mismo.

Jesús en casa de Marta y María

38 Jesús siguió su camino y llegó a una
aldea, donde una mujer llamada Marta lo
recibió en su casa. 39 Marta tenía una hermana llamada María,[o] la cual se sentó a
los pies de Jesús para escuchar lo que él
decía. 40 Pero Marta, que estaba atareada
con sus muchos quehaceres, se acercó a
Jesús y le dijo:
—Señor, ¿no te preocupa nada que mi
hermana me deje sola con todo el trabajo?
Dile que me ayude.
41 Pero Jesús le contestó:
—Marta, Marta, estás preocupada y afli-
gida por muchas cosas, 42 pero sólo una
cosa es necesaria. María ha escogido la
mejor parte, y nadie se la va a quitar.

Jesús y la oración

(Mt 6.9–15; 7.7–11)

11 1 Una vez, Jesús estaba orando en
un lugar; cuando terminó, uno de
sus discípulos le dijo:
—Señor, enséñanos a orar, lo mismo
que Juan enseñó a sus discípulos.
2 Jesús les dijo:
—Cuando oren, digan:
'Padre,[16] santificado sea tu nombre.
Venga tu reino.[17]
3 Danos el pan suficiente para cada
día.[p]
4 Perdónanos nuestros pecados,
porque también nosotros
perdonamos
a todos los que nos han hecho mal.
No nos expongas a la tentación.'[18]
5 También les dijo Jesús:
—Supongamos que uno de ustedes
tiene un amigo, y que a medianoche va a
su casa y le dice: 'Amigo, préstame tres
panes, 6 porque un amigo mío acaba de
llegar de viaje a mi casa, y no tengo nada
que darle.' 7 Sin duda el otro no le contestará desde adentro: 'No me molestes: la
puerta está cerrada, y mis hijos y yo estamos en la cama; no puedo levantarme a
darte nada.' 8 Les digo que, aunque no se
levante a darle algo por ser su amigo, lo
hará por su impertinencia, y le dará todo

[16] Algunos mss. añaden: *nuestro, que estás en el cielo.* [17] Algunos mss. añaden: *Hágase tu voluntad en la tierra, así como se hace en el cielo.* [18] Algunos mss. añaden: *sino líbranos del maligno.*

[j] **10.22** Jn 3.35. [k] **10.22** Jn 10.15. [l] **10.25–28** Mt 22.35–40; Mr 12.28–34. [m] **10.27** Dt 6.5. [n] **10.27** Lv 19.18.
[ñ] **10.28** Lv 18.5. [o] **10.38–39** Jn 11.1. [p] **11.3** Pr 30.8–9.

lo que necesita. ⁹ Así que yo les digo: Pidan, y Dios les dará; busquen, y encontrarán; llamen a la puerta, y se les abrirá. ¹⁰ Porque el que pide, recibe; y el que busca, encuentra; y al que llama a la puerta, se le abre.

¹¹ "¿Acaso alguno de ustedes, que sea padre, sería capaz de darle a su hijo¹⁹ una culebra cuando le pide pescado, ¹²o de darle un alacrán cuando le pide un huevo? ¹³ Pues si ustedes, que son malos, saben dar cosas buenas a sus hijos, ¡cuánto más el Padre que está en el cielo dará el Espíritu Santo a quienes se lo pidan!ᵠ

Acusan a Jesús de recibir su poder del demonio
(Mt 12.22–30; Mr 3.20–27)

¹⁴ Jesús estaba expulsando un demonio que había dejado mudo a un hombre; y cuando el demonio salió, el mudo comenzó a hablar. La gente se admiró de esto, ¹⁵ pero algunos dijeron: "Beelzebú, el jefe de los demonios, es quien ha dado a este hombre el poder de expulsarlos."ʳ ¹⁶ Otros, para tenderle una trampa, le pidieron una señal milagrosa del cielo.ˢ ¹⁷ Pero él, que sabía lo que estaban pensando, les dijo:

"Todo país dividido en bandos enemigos, se destruye a sí mismo y todas sus casas se derrumban una sobre otra. ¹⁸ Así también, si Satanás se divide contra sí mismo, ¿cómo mantendrá su poder? Esto lo digo porque ustedes afirman que yo expulso los demonios por el poder de Beelzebú; ¹⁹ pero si es así, ¿quién da a los seguidores de ustedes el poder para expulsarlos? Por eso, ellos mismos demuestran que ustedes están equivocados. ²⁰ Porque si yo expulso los demonios precisamente por el poder de Dios, eso significa que el reino de Dios ya ha llegado a ustedes.

²¹ "Cuando un hombre fuerte está bien armado y cuida su casa, lo que en ella guarda está seguro. ²² Pero si otro más fuerte que él viene y lo vence, le quita las armas en que confía, y sus pertenencias, y dispone de ellas.

²³ "El que no está a mi favor, está en contra mía,ᵗ y el que conmigo no recoge, desparrama.

El espíritu impuro que regresa
(Mt 12.43–45)

²⁴ "Cuando un espíritu impuro sale de un hombre, anda por lugares secos buscando descanso; pero, al no encontrarlo, piensa: 'Volveré a mi casa, de donde salí.' ²⁵ Cuando regresa, encuentra a ese hombre como una casa barrida y arreglada. ²⁶ Entonces va y reúne otros siete espíritus peores que él, y todos juntos se meten a vivir en aquel hombre, que al final queda peor que al principio."

La felicidad verdadera

²⁷ Mientras Jesús decía estas cosas, una mujer entre la gente gritó:

—¡Dichosa la mujer que te dio a luz y te crió!

²⁸ El contestó:

—¡Dichosos más bien quienes escuchan lo que Dios dice, y le obedecen!

La gente mala pide una señal milagrosa
(Mt 12.38–42; Mr 8.12)

²⁹ La multitud seguía juntándose alrededor de Jesús, y él comenzó a decirles: "La gente de este tiempo es malvada; pide una señal milagrosa,ᵘ pero no va a dársele más señal que la de Jonás. ³⁰ Pues así como Jonás fue una señal para la gente de Nínive,ᵛ también el Hijo del hombre será una señal para la gente de este tiempo. ³¹ En el día del juicio, cuando se juzgue a la gente de este tiempo, la reina del Sur se levantará y la condenará; porque ella vino de lo más lejano de la tierra para escuchar la sabiduría de Salomón,ʷ y lo que hay aquí es mayor que Salomón. ³² También los de Nínive se levantarán en el día del juicio, cuando se juzgue a la gente de este tiempo, y la condenarán; porque los de Nínive se volvieron a Dios cuando oyeron el mensaje de Jonás,ˣ y lo que hay aquí es mayor que Jonás.

La lámpara del cuerpo
(Mt 5.15; 6.22–23)

³³ "Nadie enciende una lámpara y la pone en un lugar escondido, ni bajo un cajón, sino en alto,ʸ para que los que entran tengan luz. ³⁴ Tus ojos son como una lámpara para el cuerpo; si tus ojos son buenos, todo tu cuerpo tendrá luz; pero si son malos, tu cuerpo estará en la oscuridad. ³⁵ Ten cuidado de que la luz que hay en ti no resulte oscuridad. ³⁶ Pues si todo tu cuerpo tiene luz y no hay en él ninguna oscuridad, lo verás todo claramente, como cuando una lámpara te alumbra con su luz."

---

¹⁹ Algunos mss. añaden: *una piedra cuando le pide pan, o de darle.*
ᵠ **11.9–13** Jn 14.13–14; 15.7,16; 16.23–24; 1 Jn 3.21–22; 5.14–15.   ʳ **11.15** Mt 9.34; 10.25.   ˢ **11.16** Mt 12.38; 16.1; Mr 8.11.
ᵗ **11.23** Mr 9.40.   ᵘ **11.29** Mt 16.4; Mr 8.12.   ᵛ **11.30** Jon 3.4.   ʷ **11.31** 1 R 10.1–10; 2 Cr 9.1–12.   ˣ **11.32** Jon 3.5.
ʸ **11.33** Mt 5.15; Mr 4.21; Lc 8.16.

Jesús acusa a los fariseos y a los maestros de la ley
(Mt 23.1–36; Mr 12.38–40; Lc 20.45–47)

[37] Cuando Jesús dejó de hablar, un fariseo lo invitó a comer en su casa, y Jesús entró y se sentó a la mesa. [38] El fariseo se extrañó al ver que no había cumplido con la ceremonia de lavarse las manos antes de comer. [39] Pero el Señor le dijo:

—Ustedes los fariseos limpian por fuera el vaso y el plato, pero por dentro están llenos de lo que han conseguido por medio del robo y la maldad. [40] ¡Necios! ¿No saben que el que hizo lo de fuera, hizo también lo de dentro? [41] Den ustedes sus limosnas de lo que está dentro, y así todo quedará limpio.

[42] ¡Ay de ustedes, fariseos!, que separan para Dios la décima parte de la menta, de la ruda y de toda clase de legumbres,[z] pero no hacen caso de la justicia y el amor a Dios. Esto es lo que deben hacer, sin dejar de hacer lo otro.

[43] ¡Ay de ustedes, fariseos!, que quieren tener los asientos de honor en las sinagogas, y que desean que la gente los salude con todo respeto en las calles.

[44] ¡Ay de ustedes, que son como sepulcros ocultos a la vista, los cuales la gente pisa sin saberlo!

[45] Le contestó entonces uno de los maestros de la ley:

—Maestro, al decir esto nos ofendes también a nosotros.

[46] Pero Jesús dijo:

—¡Ay de ustedes también, maestros de la ley!, que cargan sobre los demás cargas que nadie puede soportar, y ustedes ni siquiera con un dedo quieren tocarlas.

[47] ¡Ay de ustedes!, que construyen los sepulcros de los profetas a quienes los antepasados de ustedes mataron. [48] Con eso dan a entender que están de acuerdo con lo que sus antepasados hicieron, pues ellos los mataron y ustedes construyen sus sepulcros.

[49] Por eso, Dios en su sabiduría dijo: 'Les mandaré profetas y apóstoles, y matarán a algunos de ellos y perseguirán a otros.' [50] Pues a la gente de hoy Dios le va a pedir cuentas de la sangre de todos los profetas que fueron asesinados desde que se hizo el mundo, [51] desde la sangre de Abel[a] hasta la de Zacarías,[b] a quien mataron entre el altar y el santuario. Por lo tanto, les digo que Dios pedirá cuentas de la muerte de ellos a la gente de hoy.

[52] ¡Ay de ustedes, maestros de la ley!, que se han apoderado de la llave de la puerta del conocimiento; pero ni ustedes

mismos entran ni dejan entrar a los que quieren hacerlo.

[53] Cuando Jesús les dijo estas cosas, los maestros de la ley y los fariseos se enojaron mucho, y comenzaron a molestarlo con muchas preguntas, [54] tendiéndole trampas para intentar acusarlo de algo que él dijera.

Jesús enseña contra la hipocresía

12 [1] Entre tanto se juntaron miles y miles de personas, tantas que unas a otras se atropellaban. Jesús comenzó a hablar, dirigiéndose primero a sus discípulos: "Cuídense de la levadura de los fariseos,[c] es decir, de su hipocresía. [2] Porque no hay ningún secreto que no llegue a descubrirse, ni nada escondido que no llegue a saberse.[d] [3] Por tanto, todo lo que ustedes han dicho en la oscuridad, se oirá a la luz del día; y lo que han dicho en secreto y a puerta cerrada, será gritado desde las azoteas de las casas.

A quién se debe tener miedo
(Mt 10.26–31)

[4] A ustedes, amigos míos, les digo que no deben tener miedo de los que pueden darles muerte, pero después no pueden hacer más. [5] Yo les voy a decir a quién deben tenerle miedo: ténganle miedo al que, después de quitar la vida, tiene autoridad para echar en el infierno. Sí, ténganle miedo a él.

[6] ¿No se venden cinco pajarillos por dos moneditas? Sin embargo, Dios no se olvida de ninguno de ellos. [7] En cuanto a ustedes mismos, hasta los cabellos de la cabeza los tienen contados uno por uno. Así que no tengan miedo: ustedes valen más que muchos pajarillos.

Los que reconocen a Jesucristo delante de los hombres
(Mt 10.32–33; 12.32; 10.19–20)

[8] Les digo que si alguien se declara a mi favor delante de los hombres, también el Hijo del hombre se declarará a favor de él delante de los ángeles de Dios; [9] pero el que me niegue delante de los hombres, será negado delante de los ángeles de Dios.

[10] Dios perdonará incluso a aquel que diga algo contra el Hijo del hombre; pero no perdonará a aquel que con sus palabras ofenda al Espíritu Santo.[e]

[11] Cuando los lleven a ustedes a las sinagogas, o ante los jueces y las autoridades, no se preocupen por cómo van a defenderse o qué van a decir, [12] porque

---

[z] **11.42** Lv 27.30.   [a] **11.51** Gn 4.8.   [b] **11.51** 2 Cr 24.20–21.   [c] **12.1** Mt 16.6; Mr 8.15.   [d] **12.2** Mr 4.22; Lc 8.17.   [e] **12.10** Mt 12.32; Mr 3.29.

cuando les llegue el momento de hablar, el Espíritu Santo les enseñará lo que deben decir."*f*

El peligro de las riquezas

¹³ Uno de entre la gente le dijo a Jesús:

—Maestro, dile a mi hermano que me dé mi parte de la herencia.

¹⁴ Y Jesús le contestó:

—Amigo, ¿quién me ha puesto sobre ustedes como juez o partidor?

¹⁵ También dijo:

—Cuídense ustedes de toda avaricia; porque la vida no depende del poseer muchas cosas.

¹⁶ Entonces les contó esta parábola: "Había un hombre rico, cuyas tierras dieron una gran cosecha. ¹⁷ El rico se puso a pensar: '¿Qué haré? No tengo dónde guardar mi cosecha.' ¹⁸ Y se dijo: 'Ya sé lo que voy a hacer. Derribaré mis graneros y levantaré otros más grandes, para guardar en ellos toda mi cosecha y todo lo que tengo. ¹⁹ Luego me diré: Amigo, tienes muchas cosas guardadas para muchos años; descansa, come, bebe, alégrate.' ²⁰ Pero Dios le dijo: 'Necio, esta misma noche vas a morir, y lo que tienes guardado, ¿para quién será?' ²¹ Así le pasa al hombre que amontona riquezas para sí mismo, pero es pobre delante de Dios."

Dios cuida de sus hijos
(Mt 6.25–34)

²² Después dijo Jesús a sus discípulos: "Esto les digo: No se preocupen por lo que han de comer para vivir, ni por la ropa que han de ponerse. ²³ La vida vale más que la comida, y el cuerpo más que la ropa. ²⁴ Fíjense en los cuervos: ni siembran ni cosechan, ni tienen granero ni troje; sin embargo, Dios les da de comer. ¡Cuánto más valen ustedes que las aves! ²⁵ Y en todo caso, por mucho que uno se preocupe, ¿cómo podrá prolongar su vida ni siquiera una hora?²⁰ ²⁶ Pues si no pueden hacer ni aun lo más pequeño, ¿por qué se preocupan por las demás cosas? ²⁷ "Fíjense cómo crecen las flores: no trabajan ni hilan. Sin embargo, les digo que ni siquiera el rey Salomón, con todo su lujo,*g* se vestía como una de ellas. ²⁸ Pues si Dios viste así a la hierba, que hoy está en el campo y mañana se quema en el horno, ¡cuánto más habrá de vestirlos a ustedes, gente falta de fe! ²⁹ Por tanto, no anden afligidos, buscando qué comer y qué beber. ³⁰ Porque todas estas cosas son las que preocupan a la gente del mundo, pero ustedes tienen un Padre que ya sabe que las necesitan. ³¹ Ustedes pongan su atención en el reino de Dios, y recibirán también estas cosas.

Riqueza en el cielo
(Mt 6.19–21)

³² "No tengan miedo, ovejas mías; ustedes son pocos, pero el Padre, en su bondad, ha decidido darles el reino. ³³ Vendan lo que tienen, y den a los necesitados; procúrense bolsas que no se hagan viejas, riqueza sin fin en el cielo, donde el ladrón no puede entrar ni la polilla destruir. ³⁴ Pues donde esté la riqueza de ustedes, allí estará también su corazón.

Hay que estar preparados

³⁵ "Estén preparados, vestidos y con sus lámparas encendidas.*h* ³⁶ Sean como criados que están esperando a que su amo regrese de una boda, para abrirle la puerta tan pronto como llegue y toque.*i* ³⁷ Dichosos los criados a quienes su amo, al llegar, encuentre despiertos. Les aseguro que el amo mismo los hará sentarse a la mesa y se dispondrá a servirles la comida. ³⁸ Dichosos ellos, si los encuentra despiertos aunque llegue a la medianoche o de madrugada. ³⁹ Y sepan ustedes esto: que si el dueño de una casa supiera a qué hora va a llegar el ladrón, no dejaría que le abrieran su casa para robarle. ⁴⁰ Ustedes también estén preparados; porque el Hijo del hombre vendrá cuando menos lo esperen."*j*

El criado fiel y el criado infiel
(Mt 24.45–51)

⁴¹ Pedro le preguntó:

—Señor, ¿contaste esta parábola solamente para nosotros, o para todos?

⁴² Dijo el Señor: "¿Quién es el mayordomo fiel y atento, a quien su amo deja encargado de los de su casa, para darles de comer a su debido tiempo? ⁴³ Dichoso el criado a quien su amo, cuando llega, lo encuentra cumpliendo con su deber. ⁴⁴ De veras te digo que el amo lo pondrá como encargado de todos sus bienes. ⁴⁵ Pero si ese criado, pensando que su amo va a tardar en llegar, comienza a maltratar a los otros criados y a las criadas, y se pone a comer, a beber y a emborracharse, ⁴⁶ el día que menos lo espere y a una hora que no sabe, llegará su amo y lo castigará,²¹ condenándolo a correr la misma suerte que los infieles.

---

²⁰ *Cómo podrá prolongar . . . una hora?*: otra posible traducción: *¿Cómo podrá aumentar medio metro su estatura?*
²¹ *Lo castigará*: lit. *lo cortará en dos.*
f 12.11–12 Mt 10.19–20; Mr 13.11; Lc 21.14–15.   *g* 12.27 1 R 10.4–7; 2 Cr 9.3–6.   *h* 12.35 Mt 25.1–13.   *i* 12.36 Mr 13.34–36.
j 12.39–40 Mt 24.43–44.

⁴⁷ "El criado que sabe lo que quiere su amo, pero no está preparado ni le obedece, será castigado con muchos golpes. ⁴⁸ Pero el criado que sin saberlo hace cosas que merecen castigo, será castigado con menos golpes. A quien mucho se le da, también se le pedirá mucho; a quien mucho se le confía, se le exigirá mucho más.

Jesús es causa de división
(Mt 10.34–36)

⁴⁹ "Yo he venido a prender fuego en el mundo, y ¡cómo quisiera que ya estuviera ardiendo! ⁵⁰ Tengo que pasar por una terrible prueba,ᵏ y ¡cómo sufro hasta que se lleve a cabo! ⁵¹ ¿Creen ustedes que he venido a traer paz a la tierra? Les digo que no, sino división. ⁵² Porque de hoy en adelante, cinco en una familia estarán divididos, tres contra dos y dos contra tres. ⁵³ El padre estará contra su hijo y el hijo contra su padre; la madre contra su hija y la hija contra su madre; la suegra contra su nuera y la nuera contra su suegra."ˡ

Las señales de los tiempos
(Mt 16.1–4; Mr 8.11–13)

⁵⁴ Jesús también dijo a la gente: "Cuando ustedes ven que las nubes se levantan por occidente, dicen que va a llover, y así sucede. ⁵⁵ Y cuando el viento sopla del sur, dicen que va a hacer calor, y lo hace. ⁵⁶ ¡Hipócritas! Si saben interpretar tan bien el aspecto del cielo y de la tierra, ¿cómo es que no saben interpretar el tiempo en que viven?

Procura ponerte en paz con tu enemigo
(Mt 5.25–26)

⁵⁷ "¿Por qué no juzgas por ti mismo lo que es justo? ⁵⁸ Si alguien te demanda y vas con él a presentarte a la autoridad, procura llegar a un acuerdo mientras aún estés a tiempo, para que no te lleve ante el juez; porque si no, el juez te entregará a los guardias, y los guardias te meterán en la cárcel. ⁵⁹ Te digo que no saldrás de allí hasta que pagues el último centavo."

Importancia de la conversión

13 ¹ Por aquel mismo tiempo fueron unos a ver a Jesús, y le contaron que Pilato había matado a unos hombres de Galilea, y que había mezclado su sangre con la de los animales que ellos habían ofrecido en sacrificio. ² Jesús les dijo: "¿Piensan ustedes que esto les pasó a esos hombres ˬde Galilea por ser ellos más pecadores que los otros de su país? ³ Les digo que no; y si ustedes mismos no se vuelven a Dios, también morirán. ⁴ ¿O creen que aquellos dieciocho que murieron cuando la torre de Siloé les cayó encima, eran más culpables que los otros que vivían en Jerusalén? ⁵ Les digo que no; y si ustedes mismos no se vuelven a Dios, también morirán."

La parábola de la higuera sin fruto

⁶ Jesús les contó esta parábola: "Un hombre tenía una higuera plantada en su viñedo, y fue a ver si daba higos, pero no encontró ninguno.ᵐ ⁷ Así que le dijo al hombre que cuidaba el viñedo: 'Mira, por tres años seguidos he venido a esta higuera en busca de fruto, pero nunca lo encuentro. Córtala, pues; ¿para qué ha de ocupar terreno inútilmente?' ⁸ Pero el que cuidaba el terreno le contestó: 'Señor, déjala todavía este año; voy a aflojarle la tierra y a echarle abono. ⁹ Con eso tal vez dará fruto; y si no, ya la cortarás.' "

Jesús sana en el día de reposo a una mujer jorobada

¹⁰ Una vez, en el día de reposo,²² Jesús se había puesto a enseñar en una sinagoga; ¹¹ y había allí una mujer que estaba enferma desde hacía dieciocho años. Un espíritu maligno la había dejado jorobada, no podía enderezarse para nada. ¹² Cuando Jesús la vio, la llamó y le dijo:

—Mujer, ya estás libre de tu enfermedad.

¹³ Entonces puso las manos sobre ella, y al momento la mujer se enderezó y comenzó a alabar a Dios. ¹⁴ Pero el jefe de la sinagoga se enojó, porque Jesús la había sanado en el día de reposo,²² y dijo a la gente:

—Hay seis días para trabajar; vengan en esos días a ser sanados, y no en el día de reposo.²²ˬⁿ

¹⁵ El Señor le contestó:

—Hipócritas, ¿no desata cualquiera de ustedes su buey o su burro en día de reposo,²² para llevarlo a tomar agua? ¹⁶ Pues a esta mujer, que es descendiente de Abraham y que Satanás tenía atada con esta enfermedad desde hace dieciocho años, ¿acaso no se la debía desatar en el día de reposo?²²

¹⁷ Cuando Jesús dijo esto, sus enemigos quedaron avergonzados; pero toda la gente se alegraba al ver las grandes cosas que él hacía.

---

²² *Día de reposo:* aquí equivale a *sábado.*
ᵏ **12.50** Mr 10.38. ˡ **12.53** Mi 7.6. ᵐ **13.6–9** Is 5.1–7; Jer 2.21; 8.13. ⁿ **13.14** Ex 20.9–10; Dt 5.13–14.

La parábola de la semilla de mostaza
(Mt 13.31–32; Mr 4.30–32)

[18] Jesús dijo también: "¿A qué se parece el reino de Dios y con qué puedo compararlo? [19] Es como una semilla de mostaza que un hombre siembra en su campo, y que crece hasta llegar a ser como un árbol, tan grande que las aves hacen nidos en sus ramas."

La parábola de la levadura
(Mt 13.33)

[20] También dijo Jesús: "¿Con qué puedo comparar el reino de Dios? [21] Es como la levadura que una mujer mezcla con tres medidas de harina para hacer fermentar toda la masa."

La puerta angosta
(Mt 7.13–14, 21–23)

[22] En su camino a Jerusalén, Jesús enseñaba en los pueblos y aldeas por donde pasaba. [23] Uno le preguntó:

—Señor, ¿son pocos los que se salvan?

Y él contestó:

[24] —Procuren entrar por la puerta angosta; porque les digo que muchos querrán entrar, y no podrán. [25] Después que el dueño de la casa se levante y cierre la puerta, ustedes, los que están afuera, llamarán y dirán: 'Señor, ábrenos.' Pero él les contestará: 'No sé de dónde son ustedes.' [26] Entonces comenzarán ustedes a decir: 'Hemos comido y bebido contigo, y tú enseñaste en nuestras calles.' [27] Pero él les contestará: 'Ya les digo que no sé de dónde son. ¡Apártense de mí, malhechores'!ñ [28] Allí llorarán y les rechinarán los dientes,º al ver que Abraham, Isaac, Jacob y todos los profetas están en el reino de Dios, y que ustedes son echados fuera. [29] Porque va a venir gente del norte y del sur, del este y del oeste, para sentarse a comer en el reino de Dios.p [30] Entonces algunos de los que ahora son los últimos serán los primeros, y algunos que ahora son los primeros serán los últimos.q

Jesús llora por Jerusalén
(Mt 23.37–39)

[31] También entonces llegaron algunos fariseos, y le dijeron a Jesús:

—Vete de aquí, porque Herodes te quiere matar.

[32] El les contestó:

—Vayan y díganle a ese zorro: 'Mira, hoy y mañana expulso a los demonios y sano a los enfermos, y pasado mañana termino.' [33] Pero tengo que seguir mi camino hoy, mañana y el día siguiente, porque no es posible que un profeta muera fuera de Jerusalén. [34] "¡Jerusalén, Jerusalén, que matas a los profetas y apedreas a los mensajeros que Dios te envía! ¡Cuántas veces quise juntar a tus hijos, como la gallina junta sus pollitos bajo las alas, pero no quisiste! [35] Pues miren, el hogar de ustedes va a quedar abandonado; y les digo que no volverán a verme hasta que llegue el tiempo en que ustedes digan: '¡Bendito el que viene en el nombre del Señor!'r

Jesús sana a un enfermo de hidropesía

14 [1] Sucedió en un día de reposo,²² que Jesús fue a comer a casa de un jefe fariseo, y otros fariseos lo estaban espiando. [2] También estaba allí, delante de él, un hombre enfermo de hidropesía. [3] Jesús les preguntó a los maestros de la ley y a los fariseos:

—¿Se permite sanar a un enfermo en el día de reposo,²² o no?

[4] Pero ellos se quedaron callados. Entonces él tomó al enfermo, lo sanó y le dijo que se fuera. [5] Y a los fariseos les dijo:

—¿Quién de ustedes, si su hijo o su buey se cae a un pozo, no lo saca en seguida, aunque sea día de reposo?²², s

[6] Y no pudieron contestarle nada.

Los invitados a la fiesta de bodas

[7] Al ver Jesús cómo los invitados escogían los asientos de honor en la mesa, les dio este consejo:

[8] —Cuando alguien te invite a una fiesta de bodas, no te sientes en el lugar principal, pues puede llegar otro invitado más importante que tú; [9] y el que los invitó a los dos puede venir a decirte: 'Dale tu lugar a este otro.' Entonces tendrás que ir con vergüenza a ocupar el último asiento. [10] Al contrario, cuando te inviten, siéntate en el último lugar, para que cuando venga el que te invitó, te diga: 'Amigo, pásate a un lugar de más honor.' Así recibirás honores delante de los que están sentados contigo a la mesa.t [11] Porque el que a sí mismo se engrandece, será humillado; y el que se humilla, será engrandecido.u

[12] Dijo también al hombre que lo había invitado:

—Cuando des una comida o una cena, no invites a tus amigos, ni a tus hermanos, ni a tus parientes, ni a tus vecinos ricos; porque ellos, a su vez, te invitarán, y así quedarás ya recompensado. [13] Al con-

²² Día de reposo: aquí equivale a sábado.
ñ **13.27** Sal 6.8.   º **13.28** Mt 22.13; 25.30.   p **13.28–29** Mt 8.11–12.   q **13.30** Mt 19.30; 20.16; Mr 10.31.   r **13.35** Sal 118.26.
s **14.5** Mt 12.11.   t **14.8–10** Pr 25.6–7.   u **14.11** Pr 29.23; Mt 23.12; Lc 18.14.

trario, cuando tú des una fiesta, invita a los pobres, los inválidos, los cojos y los ciegos; [14] y serás feliz. Pues ellos no te pueden pagar, pero tú tendrás tu recompensa el día en que los justos resuciten.

La parábola de la gran cena
(Mt 22.1–10)

[15] Al oír esto, uno de los que estaban sentados a la mesa le dijo a Jesús:

—¡Dichoso el que participe del banquete del reino de Dios!

[16] Jesús le dijo:

—Un hombre dio una gran cena, y mandó invitar a muchas personas. [17] A la hora de la cena mandó a su criado a decir a los invitados: 'Vengan, porque ya está todo listo.' [18] Pero todos comenzaron a disculparse. El primero dijo: 'Acabo de comprar un terreno, y tengo que ir a verlo. Te ruego que me disculpes.' [19] Otro dijo: 'He comprado cinco yuntas de bueyes, y voy a probarlas. Te ruego que me disculpes.' [20] Y otro dijo: 'Acabo de casarme, y no puedo ir.' [21] El criado regresó y se lo contó todo a su amo. Entonces el amo se enojó, y le dijo al criado: 'Ve pronto por las calles y los callejones de la ciudad, y trae acá a los pobres, los inválidos, los ciegos y los cojos.' [22] Más tarde, el criado dijo: 'Señor, ya hice lo que usted me mandó, y todavía hay lugar.' [23] Entonces el amo le dijo al criado: 'Ve por los caminos y los cercados, y obliga a otros a entrar, para que se llene mi casa. [24] Porque les digo que ninguno de aquellos primeros invitados comerá de mi cena.'

Lo que cuesta seguir a Cristo
(Mt 10.37–38)

[25] Mucha gente seguía a Jesús; y él se volvió y dijo: [26] "Si alguno viene a mí y no me ama más que a su padre, a su madre, a su esposa, a sus hijos, a sus hermanos y a sus hermanas, y aun más que a sí mismo, no puede ser mi discípulo.[v] [27] Y el que no toma su propia cruz y me sigue, no puede ser mi discípulo.[w] [28] Si alguno de ustedes quiere construir una torre, ¿acaso no se sienta primero a calcular los gastos, para ver si tiene con qué terminarla? [29] De otra manera, si pone los cimientos y después no puede terminarla, todos los que lo vean comenzarán a burlarse de él, [30] diciendo: 'Este hombre empezó a construir, pero no pudo terminar.' [31] O si algún rey tiene que ir a la guerra contra otro rey, ¿acaso no se sienta primero a calcular si con diez mil soldados puede hacer frente a quien va a

atacarlo con veinte mil? [32] Y si no puede hacerle frente, cuando el otro rey esté todavía lejos, le mandará mensajeros a pedir la paz. [33] Así pues, cualquiera de ustedes que no deje todo lo que tiene, no puede ser mi discípulo.

Cuando la sal deja de estar salada
(Mt 5.13; Mr. 9.50)

[34] "La sal es buena; pero si deja de estar salada, ¿cómo volverá a ser útil? [35] No sirve ni para la tierra ni para el montón de abono. Simplemente, se la tira. Los que tienen oídos, oigan."

La parábola del pastor que encuentra su oveja
(Mt 18.10–14)

15 [1] Todos los que cobraban impuestos para Roma y otra gente de mala fama se acercaban a Jesús, para oírlo. [2] Los fariseos y los maestros de la ley lo criticaban por esto, diciendo:

—Este recibe a los pecadores y come con ellos.[x]

[3] Entonces Jesús les contó esta parábola: [4] "¿Quién de ustedes, si tiene cien ovejas y pierde una de ellas, no deja las otras noventa y nueve en el campo y va en busca de la oveja perdida, hasta encontrarla? [5] Y cuando la encuentra, contento la pone sobre sus hombros,[y] [6] y al llegar a casa junta a sus amigos y vecinos, y les dice: 'Felicítenme, porque ya encontré la oveja que se me había perdido.' [7] Les digo que así también hay más alegría en el cielo por un pecador que se convierte que por noventa y nueve personas buenas que no necesitan convertirse.

La parábola de la mujer que encuentra su moneda

[8] "O bien, ¿qué mujer que tiene diez monedas y pierde una de ellas, no enciende una lámpara y barre la casa buscando con cuidado hasta encontrarla? [9] Y cuando la encuentra, reúne a sus amigas y vecinas, y les dice: 'Felicítenme, porque ya encontré la moneda que había perdido.' [10] Les digo que así también hay alegría entre los ángeles de Dios por un pecador que se convierte."

La parábola del padre que perdona a su hijo

[11] Jesús contó esto también: "Un hombre tenía dos hijos, [12] y el más joven le dijo a su padre: 'Padre, dame la parte de la

v **14.26** Mt 10.37. w **14.27** Mt 10.38; 16.24; Mr 8.34; Lc 9.23; Jn 12.24.   x **15.1–2** Lc 5.29–30.   y **15.4–5** Is 40.11; Ez 34.11–12; Jn 10.1–16; He 13.20.

herencia que me toca.' Entonces el padre repartió los bienes entre ellos. 13 Pocos días después el hijo menor vendió su parte de la propiedad, y con ese dinero se fue lejos, a otro país, donde todo lo derrochó llevando una vida desenfrenada. 14 Pero cuando ya se lo había gastado todo, hubo una gran escasez de comida en aquel país, y él comenzó a pasar hambre. 15 Fue a pedir trabajo a un hombre del lugar, que lo mandó a sus campos a cuidar cerdos. 16 Y tenía ganas de llenarse el estómago con las algarrobas que comían los cerdos, pero nadie se las daba. 17 Al fin se puso a pensar: '¡Cuántos trabajadores en la casa de mi padre tienen comida de sobra, mientras yo aquí me muero de hambre! 18 Regresaré a casa de mi padre, y le diré: Padre mío, he pecado contra Dios y contra ti; 19 ya no merezco llamarme tu hijo; trátame como a uno de tus trabajadores.' 20 Así que se puso en camino y regresó a la casa de su padre.

"Cuando todavía estaba lejos, su padre lo vio y sintió compasión de él. Corrió a su encuentro, y lo recibió con abrazos y besos. 21 El hijo le dijo: 'Padre mío, he pecado contra Dios y contra ti; ya no merezco llamarme tu hijo.' 22 Pero el padre ordenó a sus criados: 'Saquen pronto la mejor ropa y vístanlo; pónganle también un anillo en el dedo y sandalias en los pies. 23 Traigan el becerro más gordo y mátenlo. ¡Vamos a comer y a hacer fiesta! 24 Porque este hijo mío estaba muerto y ha vuelto a vivir; se había perdido y lo hemos encontrado.' Y comenzaron a hacer fiesta.

25 "Entre tanto, el hijo mayor estaba en el campo. Cuando regresó y llegó cerca de la casa, oyó la música y el baile. 26 Entonces llamó a uno de los criados y le preguntó qué pasaba. 27 El criado le contestó: 'Es que su hermano ha vuelto; y su padre ha mandado matar el becerro más gordo, porque llegó bueno y sano.' 28 Pero tanto se enojó el hermano mayor, que no quería entrar, así que su padre tuvo que salir a rogarle que lo hiciera. 29 Le dijo a su padre: 'Tú sabes cuántos años te he servido, sin desobedecerte nunca, y jamás me has dado ni siquiera un cabrito para hacer fiesta con mis amigos. 30 En cambio, ahora llega este hijo tuyo, que ha malgastado tu dinero con prostitutas, y matas para él el becerro más gordo.' 31 El padre le contestó: 'Hijo mío, tú siempre estás conmigo, y todo lo que tengo es tuyo. 32 Pero ahora es muy justo hacer fiesta y alegrarnos, porque tu hermano, que estaba muerto, ha vuelto a vivir; se había perdido y lo hemos encontrado.' "

z 16.10 Mt 25.21; Lc 19.17.   a 16.13 Mt 6.24.

La parábola del mayordomo que abusó de la confianza

16 1 Jesús contó también esto a sus discípulos: "Había un hombre rico que tenía un mayordomo; y fueron a decirle que éste le estaba malgastando sus bienes. 2 El amo lo llamó y le dijo: '¿Qué es esto que me dicen de ti? Dame cuenta de tu trabajo, porque ya no puedes seguir siendo mi mayordomo.' 3 El mayordomo se puso a pensar: '¿Qué voy a hacer ahora que mi amo me deja sin trabajo? No tengo fuerzas para trabajar la tierra, y me da vergüenza pedir limosna. 4 Ya sé lo que voy a hacer, para tener quienes me reciban en sus casas cuando me quede sin trabajo.' 5 Llamó entonces uno por uno a los que le debían algo a su amo. Al primero le preguntó: '¿Cuánto le debes a mi amo?' 6 Le contestó: 'Le debo cien barriles de aceite.' El mayordomo le dijo: 'Aquí está tu vale; siéntate en seguida y haz otro por cincuenta solamente.' 7 Después preguntó a otro: 'Y tú, ¿cuánto le debes?' Este le contestó: 'Cien medidas de trigo.' Le dijo: 'Aquí está tu vale; haz otro por ochenta solamente.' 8 El amo reconoció que el mal mayordomo había sido listo en su manera de hacer las cosas. Y es que cuando se trata de sus propios negocios, los que pertenecen al mundo son más listos que los que pertenecen a la luz.

9 "Les aconsejo que usen las riquezas de este mundo pecador para ganarse amigos, para que cuando las riquezas se acaben, haya quien los reciba a ustedes en las viviendas eternas.

10 "El que se porta honradamente en lo poco, también se porta honradamente en lo mucho; y el que no tiene honradez en lo poco, tampoco la tiene en lo mucho. z 11 De manera que, si con las riquezas de este mundo pecador ustedes no se portan honradamente, ¿quién les confiará las verdaderas riquezas? 12 Y si no se portan honradamente con lo ajeno, ¿quién les dará lo que les pertenece?

13 "Ningún sirviente puede servir a dos amos; porque odiará a uno y querrá al otro, o será fiel a uno y despreciará al otro. No se puede servir a Dios y a las riquezas." a

14 Los fariseos, que eran amigos del dinero, oyeron todo esto y se burlaron de Jesús. 15 Jesús les dijo: "Ustedes son los que se hacen pasar por buenos delante de la gente, pero Dios conoce sus corazones; pues lo que los hombres tienen por más elevado, Dios lo aborrece.

La ley y el reino de Dios

¹⁶ "La ley y los profetas llegan hasta Juan. Desde entonces se anuncian las buenas noticias del reino de Dios, y a todos se les hace fuerza para que entren.ᵇ ¹⁷ "Es más fácil que el cielo y la tierra dejen de existir, que deje de cumplirse una sola letra de la ley.ᶜ

Jesús enseña sobre el divorcio
(Mt 19.1–12; Mr 10.1–12)

¹⁸ "Si un hombre se divorcia de su esposa y se casa con otra, comete adulterio; y el que se casa con una divorciada, también comete adulterio.ᵈ

El rico y Lázaro

¹⁹ "Había un hombre rico, que se vestía con ropa fina y elegante y que todos los días hacía fiestas con mucho lujo. ²⁰ Había también un pobre llamado Lázaro, que estaba lleno de llagas y se sentaba en el suelo a la puerta del rico. ²¹ Este pobre quería llenarse con lo que caía de la mesa del rico; y hasta los perros se acercaban a lamerle las llagas. ²² Un día el pobre murió, y los ángeles lo llevaron a estar con Abraham en el paraíso. El rico también murió, y fue enterrado.

²³ "Y mientras el rico sufría en el lugar adonde van los muertos, levantó los ojos y vio de lejos a Abraham, y a Lázaro con él. ²⁴ Entonces gritó: "¡Padre Abraham, ten lástima de mí! Manda a Lázaro que moje la punta de su dedo en agua y venga a refrescar mi lengua, porque estoy sufriendo mucho en este fuego.' ²⁵ Pero Abraham le contestó: 'Hijo, acuérdate que a ti te fue muy bien en la vida, y que a Lázaro le fue muy mal. Ahora él recibe consuelo aquí, y tú sufres. ²⁶ Aparte de esto, hay un gran abismo entre nosotros y ustedes; de modo que los que quieren pasar de aquí allá, no pueden, ni los de allá tampoco pueden pasar aquí.'

²⁷ "El rico dijo: 'Te suplico entonces, padre Abraham, que mandes a Lázaro a la casa de mi padre, ²⁸ donde tengo cinco hermanos, para que les hable y así no vengan ellos también a este lugar de tormento.' ²⁹ Abraham dijo: 'Ellos ya tienen lo escrito por Moisés y los profetas: ¡que les hagan caso!' ³⁰ El rico contestó: 'Sí, padre Abraham, pero si un muerto resucita y se les aparece, ellos se convertirán.' ³¹ Pero Abraham le dijo: 'Si no quieren hacer caso a Moisés y a los profetas, tampoco creerán aunque algún muerto resucite.' "

El peligro de caer en pecado
(Mt 18.6–7, 21–22; Mr 9.42)

17 ¹ Jesús dijo a sus discípulos: "Siempre habrá invitaciones al pecado; pero ¡ay del hombre que haga pecar a los demás! ² Mejor le sería que lo echaran al mar con una piedra de molino atada al cuello, que hacer caer en pecado a uno de estos pequeñitos. ³ ¡Tengan cuidado!

"Si tu hermano peca, repréndelo; pero si cambia de actitud, perdónalo.ᵉ ⁴ Aunque peque contra ti siete veces en un día, si siete veces viene a decirte: 'No lo volveré a hacer', debes perdonarlo."

El poder de la fe

⁵ Los apóstoles pidieron al Señor:
—Danos más fe.

⁶ El Señor les contestó:
—Si ustedes tuvieran fe, aunque sólo fuera del tamaño de una semilla de mostaza, podrían decirle a esta morera: 'Arráncate de aquí y plántate en el mar', y el árbol les haría caso.

El deber del que sirve

⁷ "Si uno de ustedes tiene un criado que regresa del campo después de haber estado arando o cuidando el ganado, ¿acaso le dice: 'Pasa y siéntate a comer'? ⁸ No, sino que le dice: 'Prepárame la cena, y disponte a atenderme mientras yo como y bebo. Después podrás tú comer y beber.' ⁹ Y tampoco le da las gracias al criado por haber hecho lo que le mandó. ¹⁰ Así también ustedes, cuando ya hayan cumplido todo lo que Dios les manda, deberán decir: 'Somos servidores inútiles, porque no hemos hecho más que cumplir con nuestra obligación.'

Jesús sana a diez leprosos

¹¹ En su camino a Jerusalén, pasó Jesús entre las regiones de Samaria y Galilea. ¹² Y llegó a una aldea, donde le salieron al encuentro diez hombres enfermos de lepra, los cuales se quedaron lejos de él ¹³ gritando:
—¡Jesús, Maestro, ten compasión de nosotros!

¹⁴ Cuando Jesús los vio, les dijo:
—Vayan a presentarse a los sacerdotes.ᶠ
Y mientras iban, quedaron limpios de su enfermedad. ¹⁵ Uno de ellos, al verse limpio, regresó alabando a Dios a grandes voces, ¹⁶ y se arrodilló delante de Jesús, inclinándose hasta el suelo para darle las

gracias. Este hombre era de Samaria. [17] Jesús dijo:

—¿Acaso no eran diez los que quedaron limpios de su enfermedad? ¿Dónde están los otros nueve? [18] ¿Únicamente este extranjero ha vuelto para alabar a Dios?

[19] Y le dijo al hombre:

—Levántate y vete; por tu fe has sido sanado.

Cómo llegará el reino de Dios
(Mt 24.23–28, 36–41)

[20] Los fariseos le preguntaron a Jesús cuándo había de llegar el reino de Dios, y él les contestó:

—El reino de Dios no va a llegar en forma visible. [21] No se va a decir: 'Aquí está', o 'Allí está'; porque el reino de Dios ya está entre ustedes.[23]

[22] Y dijo a sus discípulos:

—Llegará el tiempo en que ustedes querrán ver siquiera uno de los días del Hijo del hombre, y no lo verán. [23] Algunos dirán: 'Aquí está', o 'Allí está'; pero no vayan ni los sigan. [24] Porque así como el relámpago, al brillar, ilumina el cielo de uno a otro lado, así será el Hijo del hombre en el día de su regreso. [25] Pero primero tiene que sufrir mucho y ser rechazado por la gente de este tiempo. [26] Como pasó en los tiempos de Noé,[g] así pasará también en los días en que regrese el Hijo del hombre. [27] La gente comía y bebía y se casaba, hasta el día en que Noé entró en la barca, y llegó el diluvio y todos murieron.[h] [28] Lo mismo sucedió en los tiempos de Lot:[i] la gente comía y bebía, compraba y vendía, sembraba y construía casas; [29] pero cuando Lot salió de la ciudad de Sodoma, llovió del cielo fuego y azufre, y todos murieron. [30] Así será el día en que el Hijo del hombre aparezca.

[31] "En aquel día, el que se encuentre en la azotea y tenga sus cosas dentro de la casa, que no baje a sacarlas; y el que esté en el campo, que no regrese a su casa.[j] [32] Acuérdense de la mujer de Lot.[24] [33] El que trate de salvar su vida, la perderá; pero el que la pierda, la conservará.[l]

[34] "Les digo que en aquella noche estarán dos en una misma cama: uno será llevado y el otro será dejado. [35] Dos mujeres estarán moliendo juntas: una será llevada y la otra será dejada.[24]

[37] Le preguntaron entonces:

—¿Dónde ocurrirá eso, Señor?

Y él les contestó:

—Donde esté el cadáver, allí se juntarán los buitres.

La parábola de la viuda y el juez

18 [1] Jesús les contó una parábola para enseñarles que debían orar siempre, sin desanimarse. [2] Les dijo: "Había en un pueblo un juez que ni temía a Dios ni respetaba a los hombres. [3] En el mismo pueblo había también una viuda que tenía un pleito y que fue al juez a pedirle justicia contra su adversario. [4] Durante mucho tiempo el juez no quiso atenderla, pero después pensó: 'Aunque ni temo a Dios ni respeto a los hombres, [5] sin embargo, como esta viuda no deja de molestarme, la voy a defender, para que no me siga viniendo y acabe con mi paciencia.'"

[6] Y el Señor añadió: "Esto es lo que dijo el juez malo. [7] Pues bien, ¿acaso Dios no defenderá también a sus escogidos, que claman a él día y noche? ¿Los hará esperar? [8] Les digo que los defenderá sin demora. Pero cuando el Hijo del hombre venga, ¿encontrará todavía fe en la tierra?"

La parábola del fariseo y el cobrador de impuestos

[9] Jesús contó esta otra parábola para algunos que, creyéndose buenos, despreciaban a los demás: [10] "Dos hombres fueron al templo a orar: el uno era fariseo, y el otro era uno de esos que cobran impuestos para Roma. [11] El fariseo, de pie, oraba así: 'Oh Dios, te doy gracias porque no soy como los demás, que son ladrones, malvados y adúlteros, y porque tampoco soy como ese cobrador de impuestos. [12] Yo ayuno dos veces a la semana y te doy la décima parte de lo que gano.' [13] Pero el cobrador de impuestos se quedó a cierta distancia, y ni siquiera se atrevía a levantar los ojos al cielo, sino que se golpeaba el pecho y decía: '¡Oh Dios, ten compasión de mí, que soy pecador!' [14] Les digo que este cobrador de impuestos volvió a su casa ya perdonado por Dios, pero el fariseo no. Porque el que a sí mismo se engrandece, será humillado; y el que se humilla, será engrandecido."[m]

Jesús bendice a los niños
(Mt 19.13–15; Mr 10.13–16)

[15] También le llevaban niñitos a Jesús, para que los tocara; pero cuando los discípulos lo vieron, comenzaron a reprender a quienes los llevaban. [16] Entonces Jesús los llamó y dijo:

[23] *Entre ustedes:* otra posible traducción: *dentro de ustedes.* [24] Algunos mss. añaden v. 36: *Dos hombres estarán en el campo: uno será llevado y el otro será dejado.[24]*
g **17.26** Gn 6.5–8. h **17.27** Gn 7.6–24. i **17.28–29** Gn 18.20—19.25. j **17.31** Mt 24.17–18; Mr 13.15–16. k **17.32** Gn 19.26. l **17.33** Mt 10.39; 16.25; Mr 8.35; Lc 9.24; Jn 12.25. m **18.14** Pr 29.23; Mt 23.12; Lc 14.11.

—Dejen que los niños vengan a mí, y no se lo impidan, porque el reino de Dios es de quienes son como ellos. [17] Les aseguro que el que no acepte el reino de Dios como un niño, no entrará en él.

Un hombre rico habla con Jesús
(Mt 19.16–30; Mr 10.17–31)

[18] Uno de los jefes le preguntó a Jesús:
—Buen Maestro, ¿qué debo hacer para alcanzar la vida eterna?

[19] Jesús le contestó:
—¿Por qué me llamas bueno? Bueno solamente hay uno: Dios. [20] Ya sabes los mandamientos: 'No cometas adulterio,[n] no mates,[n] no robes,[o] no digas mentiras en perjuicio de nadie,[p] y honra a tu padre y a tu madre.'[q]

[21] El hombre le dijo:
—Todo eso lo he cumplido desde joven.

[22] Al oír esto, Jesús le contestó:
—Todavía te falta una cosa: vende todo lo que tienes y dáselo a los pobres. Así tendrás riqueza en el cielo. Luego ven y sígueme.

[23] Pero cuando el hombre oyó esto, se puso muy triste, porque era muy rico. [24] Al verlo triste, Jesús dijo:
—¡Qué difícil es para los ricos entrar en el reino de Dios![r] [25] Es más fácil para un camello pasar por el ojo de una aguja, que para un rico entrar en el reino de Dios.

[26] Los que lo oyeron preguntaron:
—¿Y quién podrá salvarse?

[27] Jesús les contestó:
—Lo que es imposible para los hombres es posible para Dios.

[28] Pedro le dijo:
—Señor, nosotros hemos dejado todas nuestras cosas y te hemos seguido.

[29] El les respondió:
—Les aseguro que cualquiera que por causa del reino de Dios haya dejado casa, o esposa, o hermanos, o padres, o hijos, [30] recibirá mucho más en este mundo, y en el mundo venidero recibirá la vida eterna.

Jesús anuncia por tercera vez su muerte
(Mt 20.17–19; Mr 10.32–34)

[31] Jesús llamó aparte a los doce discípulos, y les dijo: "Ahora vamos a Jerusalén, donde se cumplirá todo lo que los profetas escribieron acerca del Hijo del hombre. [32] Pues lo van a entregar a los extranjeros, y se burlarán de él, lo insultarán y le escupirán. [33] Lo golpearán y lo matarán; pero al tercer día resucitará."

[34] Ellos no entendieron nada de esto, ni sabían de qué les hablaba, pues eran cosas que no podían comprender.

Jesús sana a un ciego en Jericó
(Mt 20.29–34; Mr 10.46–52)

[35] Cuando ya se encontraba Jesús cerca de Jericó, un ciego que estaba sentado junto al camino pidiendo limosna, [36] al oír que pasaba mucha gente, preguntó qué sucedía. [37] Le dijeron que Jesús de Nazaret pasaba por allí, [38] y él gritó:
—¡Jesús, Hijo de David, ten compasión de mí!

[39] Los que iban delante lo reprendían para que se callara, pero él gritaba más todavía:
—¡Hijo de David, ten compasión de mí!

[40] Jesús se detuvo y mandó que se lo trajeran. Cuando lo tuvo cerca, le preguntó:

[41] —¿Qué quieres que haga por ti?
El ciego contestó:
—Señor, quiero recobrar la vista.

[42] Jesús le dijo:
—¡Recóbrala! Por tu fe has sido sanado.

[43] En aquel mismo momento el ciego recobró la vista, y siguió a Jesús alabando a Dios. Y toda la gente que vio esto, también alababa a Dios.

Jesús y Zaqueo

19 [1] Jesús entró en Jericó y comenzó a atravesar la ciudad. [2] Vivía allí un hombre rico llamado Zaqueo, jefe de los que cobraban impuestos para Roma. [3] Este quería conocer a Jesús, pero no conseguía verlo porque había mucha gente y Zaqueo era pequeño de estatura. [4] Por eso corrió adelante y, para alcanzar a verlo, se subió a un árbol cerca de donde Jesús tenía que pasar. [5] Cuando Jesús pasaba por allí, miró hacia arriba y le dijo:
—Zaqueo, baja en seguida, porque hoy tengo que quedarme en tu casa.

[6] Zaqueo bajó aprisa, y con gusto recibió a Jesús. [7] Al ver esto, todos comenzaron a criticar a Jesús, diciendo que había ido a quedarse en la casa de un pecador. [8] Zaqueo se levantó entonces y le dijo al Señor:
—Mira, Señor, voy a dar a los pobres la mitad de todo lo que tengo; y si le he robado algo a alguien, le devolveré cuatro veces más.

[9] Jesús le dijo:
—Hoy ha llegado la salvación a esta casa, porque este hombre también es descendiente de Abraham. [10] Pues el Hijo del hombre ha venido a buscar y salvar lo que se había perdido.[s]

[l] 17.33 Mt 10.39; 16.25; Mr 8.35; Lc 9.24; Jn 12.25. 　[m] 18.14 Pr 29.23; Mt 23.12; Lc 14.11.
[n] 18.20 Ex 20.14; Dt 5.18. 　[ñ] 18.20 Ex 20.13; Dt 5.17. 　[o] 18.20 Ex 20.15; Dt 5.19. 　[p] 18.20 Ex 20.16; Dt 5.20.
[q] 18.20 Ex 20.12; Dt 5.16. 　[r] 18.24–25 Pr 11.28. 　[s] 19.10 Ez 34.16; Mt 18.11.

La parábola del dinero
(Mt 25.14–30)

[11] La gente estaba oyendo a Jesús decir estas cosas, y él les contó una parábola, [t] porque ya estaba cerca de Jerusalén y ellos pensaban que el reino de Dios iba a llegar en seguida. [12] Les dijo: "Había un hombre de la nobleza, que se fue lejos, a otro país, para ser nombrado rey y regresar. [13] Antes de salir, llamó a diez de sus empleados, entregó a cada uno de ellos una gran cantidad de dinero y les dijo: 'Hagan negocio con este dinero hasta que yo vuelva.' [14] Pero la gente de su país le odiaba, y mandaron tras él una comisión encargada de decir: 'No queremos que este hombre sea nuestro rey.'

[15] "Pero él fue nombrado rey, y regresó a su país. Cuando llegó, mandó llamar a los empleados a quienes había entregado el dinero, para saber cuánto había ganado cada uno. [16] El primero se presentó y dijo: 'Señor, su dinero ha producido diez veces más.' [17] El rey le contestó: 'Muy bien; eres un buen empleado; ya que fuiste fiel en lo poco, te hago gobernador de diez pueblos.' [18] Se presentó otro y dijo: 'Señor, su dinero ha producido cinco veces más.' [19] También a éste le contestó: 'Tú serás gobernador de cinco pueblos.'

[20] "Pero otro se presentó diciendo: 'Señor, aquí está su dinero. Lo guardé en un pañuelo; [21] pues tuve miedo de usted, porque usted es un hombre duro, que recoge lo que no puso y cosecha donde no sembró,' [22] Entonces le dijo el rey: 'Empleado malo, con tus propias palabras te juzgo. Si sabías que soy un hombre duro, que recojo lo que no puse y cosecho donde no sembré, [23] ¿por qué no llevaste mi dinero al banco, para devolvérmelo con los intereses a mi regreso a casa?' [24] Y dijo a los que estaban allí: 'Quítenle el dinero y dénselo al que ganó diez veces más.' [25] Ellos le dijeron: 'Señor, ¡pero si él ya tiene diez veces más!' [26] El rey contestó: 'Pues les digo que al que tiene, se le dará más; pero al que no tiene, hasta lo poco que tiene se le quitará. [u] [27] Y en cuanto a mis enemigos que no querían tenerme por rey, tráiganlos acá y mátenlos en mi presencia.' "

Jesús entra en Jerusalén
(Mt 21.1–11; Mr 11.1–11; Jn 12.12–19)

[28] Después de decir esto, Jesús siguió su viaje a Jerusalén. [29] Cuando ya había llegado cerca de Betfagé y Betania, junto al monte que se llama de los Olivos, envió a dos de sus discípulos, [30] diciéndoles:

—Vayan a la aldea que está enfrente, y al llegar encontrarán un burro atado, que nadie ha montado todavía. Desátenlo y tráiganlo. [31] Y si alguien les pregunta por qué lo desatan, díganle que el Señor lo necesita.

[32] Los discípulos fueron y lo encontraron todo como Jesús se lo había dicho. [33] Mientras estaban desatando el burro, los dueños les preguntaron:

—¿Por qué lo desatan?

[34] Ellos contestaron:

—Porque el Señor lo necesita.

[35] Y poniendo sus ropas sobre el burro, se lo llevaron a Jesús y le hicieron montar. [36] Conforme Jesús avanzaba, la gente tendía sus propias ropas por el camino. [37] Y al acercarse a la bajada del monte de los Olivos, todos sus seguidores comenzaron a gritar de alegría y a alabar a Dios por todos los milagros que habían visto. [38] Decían:

—¡Bendito el Rey que viene en el nombre del Señor! [v] ¡Paz en el cielo y gloria en las alturas!

[39] Entonces algunos fariseos que había entre la gente le dijeron:

—Maestro, reprende a tus seguidores.

[40] Pero Jesús les contestó:

—Les digo que si éstos se callan, las piedras gritarán.

[41] Cuando llegó cerca de Jerusalén, al ver la ciudad, Jesús lloró por ella, [42] diciendo: "¡Si entendieras, siquiera en este día, lo que te puede dar paz! Pero ahora eso te está escondido y no puedes verlo. [43] Pues van a venir para ti días malos, en que tus enemigos harán un muro a tu alrededor, y te rodearán y atacarán por todos lados, [44] y te destruirán por completo. Matarán a tus habitantes, y no dejarán en ti ni una piedra sobre otra, porque no reconociste el momento en que Dios vino a salvarte."

Jesús purifica el templo
(Mt 21.12–17; Mr 11.15–19; Jn 2.13–22)

[45] Después de esto, Jesús entró en el templo y comenzó a echar de allí a los que estaban vendiendo, [46] y les dijo:

—En las Escrituras se dice: 'Mi casa será casa de oración', [w] pero ustedes han hecho de ella una cueva de ladrones. [x]

[47] Todos los días Jesús enseñaba en el templo, [y] y los jefes de los sacerdotes, los maestros de la ley y también los jefes del pueblo, andaban buscando cómo matarlo. [48] Pero no encontraban la manera de

---

[t] **19.11–27** Mt 25.14–30.   [u] **19.26** Mt 13.12; Mr 4.25; Lc 8.18.   [v] **19.38** Sal 118.26.   [w] **19.46** Is 56.7.   [x] **19.46** Jer 7.11.   [y] **19.47** Lc 21.37.

hacerlo, porque toda la gente estaba oyendo con atención lo que él decía.

La autoridad de Jesús
(Mt 21.23–27; Mr 11.27–33)

20 ¹ Un día, mientras Jesús estaba en el templo enseñando a la gente y anunciándoles el mensaje de salvación, llegaron los jefes de los sacerdotes y los maestros de la ley, junto con los ancianos, ² y le dijeron:

—¿Con qué autoridad haces esto? ¿Quién te dio esta autoridad?

³ Jesús les contestó:

—Yo también les voy a hacer una pregunta. Respóndanme: ⁴ ¿Quién envió a Juan a bautizar, Dios o los hombres?

⁵ Comenzaron a discutir unos con otros: "Si respondemos que Dios lo envió, va a decir: '¿Por qué no le creyeron?' ⁶ Y no podemos decir que fueron los hombres, porque la gente nos matará a pedradas, ya que todos están seguros de que Juan hablaba de parte de Dios." ⁷ Así que respondieron que no sabían quién había enviado a Juan a bautizar. ⁸ Entonces Jesús les contestó:

—Pues yo tampoco les digo con qué autoridad hago esto.

La parábola de los labradores malvados
(Mt 21.33–44; Mr 12.1–11)

⁹ Luego empezó Jesús a hablar a la gente, y contó esta parábola: "Un hombre plantó un viñedo,ᶻ lo alquiló a unos labradores y emprendió un largo viaje. ¹⁰ A su debido tiempo, mandó un criado a pedir a los labradores la parte de la cosecha que le correspondía; pero ellos lo golpearon y lo enviaron con las manos vacías. ¹¹ Entonces el dueño mandó otro criado; pero también a éste lo insultaron, lo golpearon y lo enviaron con las manos vacías. ¹² Volvió a mandar otro, pero los labradores también lo hirieron y lo echaron fuera. ¹³ Por fin el dueño del terreno dijo: '¿Qué haré? Mandaré a mi hijo querido; tal vez lo respetarán.' ¹⁴ Pero cuando los labradores lo vieron, se dijeron unos a otros: 'Este es el que ha de recibir la herencia; matémoslo, para que la propiedad pase a poder nuestro.' ¹⁵ Así que lo sacaron del viñedo y lo mataron.

"¿Y qué creen ustedes que hará con ellos el dueño del viñedo? ¹⁶ Pues irá y matará a esos labradores, y dará el viñedo a otros."

Al oír esto, dijeron:

—¡Eso jamás!

¹⁷ Pero Jesús los miró, y dijo:

—Entonces ¿qué significa esto que dicen las Escrituras?:
'La piedra que los constructores despreciaron
se ha convertido en la piedra principal.'ᵃ
¹⁸ Cualquiera que caiga sobre esa piedra, quedará hecho pedazos; y si la piedra cae sobre alguien, lo hará polvo.

¹⁹ Los jefes de los sacerdotes y los maestros de la ley quisieron arrestar a Jesús en aquel mismo momento, porque sabían que había usado esta parábola contra ellos. Pero tenían miedo de la gente.

El asunto de los impuestos
(Mt 22.15–22; Mr 12.13–17)

²⁰ Mandaron a unos espías que, aparentando ser hombres honrados, hicieran decir a Jesús algo que les diera pretexto para entregarlo al gobernador. ²¹ Estos le preguntaron:

—Maestro, sabemos que lo que tú dices y enseñas es correcto, y que no te basas en las apariencias. Tú enseñas de veras a vivir como Dios exige. ²² ¿Está bien que paguemos impuestos al emperador romano, o no?

²³ Jesús, dándose cuenta de la mala intención que llevaban, les dijo:

²⁴ —Enséñenme una moneda. ¿De quién es la cara y el nombre que aquí está escrito?

Le contestaron:

—Del emperador.

²⁵ Jesús les dijo:

—Pues den al emperador lo que es del emperador, y a Dios lo que es de Dios.

²⁶ Y en nada de lo que él decía delante de la gente encontraron pretexto para arrestarlo, así que admirados de su respuesta se callaron.

La pregunta sobre la resurrección
(Mt 22.23–33; Mr 12.18–27)

²⁷ Después algunos saduceos fueron a ver a Jesús. Los saduceos niegan que los muertos resuciten;ᵇ por eso le presentaron este caso:

²⁸ —Maestro, Moisés nos dejó escrito que si un hombre casado muere sin haber tenido hijos con su mujer, el hermano del difunto deberá tomar por esposa a la viuda para darle hijos al hermano que murió.ᶜ ²⁹ Pues bien, había una vez siete hermanos, el primero de los cuales se casó, pero murió sin dejar hijos. ³⁰ El segundo ³¹ y el tercero se casaron con ella, y lo mismo hicieron los demás, y los siete murieron sin dejar hijos. ³² Finalmente murió también la mujer. ³³ Pues bien, en la

ᶻ **20.9** Is 5.1.   ᵃ **20.17** Sal 118.22.   ᵇ **20.27** Hch 23.8.   ᶜ **20.28** Dt 25.5.

resurrección, ¿de cuál de ellos será esposa esta mujer, si los siete estuvieron casados con ella?

³⁴ Jesús les contestó:

—En este mundo, los hombres y las mujeres se casan; ³⁵ pero los que merezcan llegar a aquel otro mundo y resucitar, sean hombres o mujeres, ya no se casarán, ³⁶ porque ya no pueden morir. Pues serán como los ángeles, y serán hijos de Dios por haber resucitado. ³⁷ Hasta el mismo Moisés, en el pasaje de la zarza que ardía, nos hace saber que los muertos resucitan. Allí dice que el Señor es el Dios de Abraham, de Isaac y de Jacob.*d* ³⁸ ¡Y Dios no es Dios de muertos, sino de vivos, pues para él todos están vivos!

³⁹ Algunos maestros de la ley le dijeron entonces:

—Bien dicho, Maestro.

⁴⁰ Y ya no se atrevieron a hacerle más preguntas.

¿De quién desciende el Mesías?
(Mt 22.41–46; Mr 12.35–37)

⁴¹ Jesús les preguntó:

—¿Por qué dicen que el Mesías desciende de David? ⁴² Pues David mismo, en el libro de los Salmos, dice:

'El Señor dijo a mi Señor:
Siéntate a mi derecha,
⁴³ hasta que yo haga de tus enemigos
el estrado de tus pies.'*e*

⁴⁴ ¿Cómo puede entonces el Mesías descender de David, si David mismo lo llama Señor?

Jesús acusa a los maestros de la ley
(Mt 23.1–36; Mr 12.38–40; Lc 11.37–54)

⁴⁵ Toda la gente estaba escuchando, y Jesús dijo a sus discípulos: ⁴⁶ "Cuídense de los maestros de la ley, pues les gusta andar con ropas largas, y quieren que los saluden con todo respeto en las plazas. Buscan los asientos de honor en las sinagogas y los mejores lugares en las comidas; ⁴⁷ y les quitan sus casas a las viudas, y para disimularlo hacen largas oraciones. Ellos recibirán mayor castigo."

La ofrenda de la viuda pobre
(Mr 12.41–44)

21 ¹ Jesús estaba viendo a los ricos echar dinero en los cofres de las ofrendas, ² y vio también a una viuda pobre que echaba dos monedita de cobre. ³ Entonces dijo:

—De veras les digo que esta viuda pobre ha dado más que todos; ⁴ pues todos dan ofrendas de lo que les sobra, pero ella,

en su pobreza, ha dado todo lo que tenía para vivir.

Jesús anuncia que el templo será destruido
(Mt 24.1–2; Mr 13.1–2)

⁵ Algunos estaban hablando del templo, de la belleza de sus piedras y de las ofrendas que lo adornaban. Jesús dijo:

⁶ —Vienen días en que de todo esto que ustedes están viendo no quedará ni una piedra sobre otra. Todo será destruido.

Señales antes del fin
(Mt 24.3–28; Mr 13.3–23)

⁷ Entonces le preguntaron:

—Maestro, ¿cuándo va a ocurrir esto? ¿Cuál será la señal de que estas cosas ya están a punto de suceder?

⁸ Jesús contestó: "Tengan cuidado para no dejarse engañar. Porque vendrán muchos haciéndose pasar por mí. Dirán: 'Yo soy', y 'Ahora es el tiempo.' Pero ustedes no los sigan. ⁹ Y cuando tengan noticias de guerras y revoluciones, no se asusten, pues esto tiene que ocurrir primero; sin embargo, aún no habrá llegado el fin." ¹⁰ Siguió diciéndoles: "Una nación peleará contra otra y un país hará guerra contra otro. ¹¹ Habrá grandes terremotos, y hambres y enfermedades en diferentes lugares, y en el cielo se verán cosas espantosas y grandes señales.

¹² "Pero antes de esto, a ustedes les echarán mano y los perseguirán. Los llevarán a juzgar en las sinagogas, los meterán en la cárcel y los presentarán ante reyes y gobernadores por causa mía. ¹³ Así tendrán oportunidad de dar testimonio de mí. ¹⁴ Háganse el propósito de no preparar de antemano su defensa, ¹⁵ porque yo les daré palabras tan llenas de sabiduría que ninguno de sus enemigos podrá resistirlos ni contradecirlos en nada.*f* ¹⁶ Pero ustedes serán traicionados incluso por sus padres, sus hermanos, sus parientes y sus amigos. A algunos de ustedes los matarán. ¹⁷ y todo el mundo los odiará por causa mía; ¹⁸ pero no se perderá ni un cabello de su cabeza. ¹⁹ ¡Manténganse firmes, para poder salvarse!

²⁰ "Cuando vean a Jerusalén rodeada de ejércitos, sepan que pronto será destruida. ²¹ Entonces, los que estén en Judea, que huyan a las montañas; los que estén en Jerusalén, que salgan de la ciudad, y los que estén en el campo, que no regresen a ella. ²² Porque serán días de castigo,*g* en que se cumplirá todo lo que dicen las Escrituras. ²³ ¡Pobres mujeres aquellas que en tales días estén embarazadas o tengan

d **20.37** Ex 3.6. *e* **20.42–43** Sal 110.1. *f* **21.14–15** Lc 12.11–12. *g* **21.22** Os 9.7.

niños de pecho! Porque habrá mucho dolor en el país, y un castigo terrible contra este pueblo. ²⁴ Unos morirán a filo de espada y a otros los llevarán prisioneros por todas las naciones; y los paganos pisotearán a Jerusalén hasta que se cumpla el tiempo que les ha sido señalado.

El regreso del Hijo del hombre
(Mt 24.29–35, 42–44; Mr 13.24–37)

²⁵ "Habrá señales en el sol, en la luna y en las estrellas;ʰ y en la tierra las naciones estarán confusas y se asustarán por el terrible ruido del mar y de las olas. ²⁶ La gente se desmayará de miedo al pensar en lo que va a sucederle al mundo; pues hasta las fuerzas celestiales serán sacudidas. ²⁷ Entonces se verá al Hijo del hombre venir en una nubeⁱ con gran poder y gloria. ²⁸ Cuando comiencen a suceder estas cosas, anímense y levanten la cabeza, porque muy pronto serán libertados."

²⁹ También les puso esta comparación: "Fíjense en la higuera, o en cualquier otro árbol. ³⁰ Cuando ven que brotan las hojas, se dan cuenta ustedes de que ya está cerca el verano. ³¹ De la misma manera, cuando vean que suceden estas cosas, sepan que el reino de Dios ya está cerca. ³² "Les aseguro que todo esto sucederá antes que muera la gente de este tiempo. ³³ El cielo y la tierra dejarán de existir, pero mis palabras no dejarán de cumplirse.

³⁴ "Tengan cuidado y no dejen que sus corazones se endurezcan por los vicios, las borracheras y las preocupaciones de esta vida, para que aquel día no caiga de pronto sobre ustedes ³⁵ como una trampa. Porque vendrá sobre todos los habitantes de la tierra. ³⁶ Estén ustedes preparados, orando en todo tiempo, para que puedan escapar de todas estas cosas que van a suceder y para que puedan presentarse delante del Hijo del hombre."

³⁷ Jesús enseñaba de día en el templo,ʲ y de noche se quedaba en el monte que se llama de los Olivos. ³⁸ Y toda la gente iba temprano al templo a oírle.

Conspiración para arrestar a Jesús
(Mt 26.1–5, 14–16; Mr 14.1–2, 10–11; Jn 11.45–53)

22 ¹ Estaba ya cerca la fiesta en que se come el pan sin levadura, o sea la fiesta de la Pascua.ᵏ ² Los jefes de los sacerdotes y los maestros de la ley, que tenían miedo de la gente, buscaban la manera de matar a Jesús.

³ Entonces Satanás entró en Judas, uno de los doce discípulos, al que llamaban Iscariote. ⁴ Este fue a ver a los jefes de los sacerdotes y a los oficiales del templo, y habló con ellos sobre cómo entregarles a Jesús. ⁵ Ellos se alegraron y prometieron darle dinero a Judas. ⁶ Y él aceptó y comenzó a buscar un momento oportuno, en que no hubiera gente, para entregarles a Jesús.

La Cena del Señor
(Mt 26.17–29; Mr 14.12–25; Jn 13.21–30; 1 Co 11.23–26)

⁷ Llegó el día de la fiesta en que se comía el pan sin levadura, cuando se sacrificaba el cordero de Pascua. ⁸ Jesús envió a Pedro y a Juan, diciendo:

—Vayan a prepararnos la cena de Pascua.

⁹ Ellos le preguntaron:

—¿Dónde quieres que la preparemos?

¹⁰ Jesús les contestó:

—Cuando entren ustedes en la ciudad, encontrarán a un hombre que lleva un cántaro de agua. Síganlo hasta la casa donde entre, ¹¹ y digan al dueño de la casa: 'El Maestro pregunta: ¿Cuál es el cuarto donde voy a comer con mis discípulos la cena de Pascua?' ¹² El les mostrará en el piso alto un cuarto grande y arreglado. Preparen allí la cena.

¹³ Ellos fueron y lo encontraron todo como Jesús se lo había dicho, y prepararon la cena de Pascua.

¹⁴ Cuando llegó la hora, Jesús y los apóstoles se sentaron a la mesa. ¹⁵ Jesús les dijo:

—¡Cuánto he querido celebrar con ustedes esta cena de Pascua antes de mi muerte! ¹⁶ Porque les digo que no volveré a celebrarla hasta que se cumpla en el reino de Dios.

¹⁷ Entonces tomó en sus manos una copa y, habiendo dado gracias a Dios, dijo:

—Tomen esto y repártanlo entre ustedes; ¹⁸ porque les digo que no volveré a beber del producto de la vid, hasta que venga el reino de Dios.

¹⁹ Después tomó el pan en sus manos y, habiendo dado gracias a Dios, lo partió y se lo dio a ellos, diciendo:

—Esto es mi cuerpo, entregado a muerte en favor de ustedes. Hagan esto en memoria de mí.

²⁰ Lo mismo hizo con la copa después de la cena, diciendo:

—Esta copa es el nuevo pactoˡ confirmado con mi sangre, la cual es derramada en favor de ustedes. ²¹ Pero ahora la mano del que me va a traicionar está aquí, con la mía, sobre la mesa.ᵐ ²² Pues el Hijo del hombre ha de recorrer el camino que se le

ʰ 21.25 Is 13.10; Ez 32.7; Jl 2.31; Ap 6.12–13.   ⁱ 21.27 Dn 7.13; Ap 1.7.   ʲ 21.37 Lc 19.47.   ᵏ 22.1 Ex 12.1–27; Dt 16.1–8.   ˡ 22.20 Jer 31.31–34.   ᵐ 22.21 Sal 41.9.

ha señalado, pero ¡ay de aquel que le traiciona!
23 Entonces comenzaron a preguntarse
unos a otros quién sería el traidor.

Quién es el más importante

24 Los discípulos tuvieron una discusión
sobre cuál de ellos debía ser considerado
el más importante.[n] 25 Jesús les dijo:
"Entre los paganos, los reyes gobiernan
con tiranía a sus súbditos,[ñ] y de los jefes
se dice que son hombres que hacen el
bien. 26 Pero ustedes no deben ser así. Al
contrario, el más importante entre ustedes
tiene que hacerse como el más joven, y el
que manda tiene que hacerse como el que
sirve.[o] 27 Pues ¿quién es más importante,
el que se sienta a la mesa a comer o el que
sirve? ¿Acaso no lo es el que se sienta a la
mesa? En cambio yo estoy entre ustedes
como el que sirve.[p]
28 "Ustedes han estado siempre conmigo
en mis pruebas. 29 Por eso, yo les doy un
reino, como mi Padre me lo dio a mí, 30 y
ustedes comerán y beberán a mi mesa en
mi reino, y se sentarán en tronos para juzgar a las doce tribus de Israel."[q]

Jesús anuncia que Pedro lo negará

(Mt 26.31–35; Mr 14.27–31; Jn 13.36–38)

31 Dijo también el Señor:
—Simón, Simón, mira que Satanás los
ha pedido a ustedes para sacudirlos como
si fueran trigo; 32 pero yo he rogado por ti,
para que no te falte la fe. Y tú, cuando te
hayas vuelto a mí, ayuda a tus hermanos
a permanecer firmes.
33 Simón le dijo:
—Señor, estoy dispuesto a ir contigo a
la cárcel, y hasta a morir contigo.
34 Jesús le contestó:
—Pedro, te digo que hoy mismo, antes
que cante el gallo, tres veces negarás que
me conoces.

Se acerca la hora de la prueba

35 Luego Jesús les preguntó:
—Cuando los mandé sin bolsa ni monedero ni sandalias,[r] ¿acaso les faltó algo?
Ellos contestaron:
—Nada.
36 Entonces les dijo:
—Ahora, en cambio, el que tenga bolsa,
que la lleve, y también monedero; y el que
no tenga espada, que venda su abrigo y se
compre una. 37 Porque les digo que tiene
que cumplirse en mí esto que dicen las Escrituras: 'Y fue contado entre los malvados.'[s] Pues todo lo que está escrito de mí,
tiene que cumplirse.
38 Ellos dijeron:
—Señor, aquí hay dos espadas.
Y él contestó:
—Basta ya.

Jesús ora en Getsemaní

(Mt 26.36–46; Mr 14.32–42)

39 Luego Jesús salió y, según su costumbre, se fue al monte de los Olivos; y los
discípulos lo siguieron. 40 Al llegar al lugar,
les dijo:
—Oren, para que no caigan en tentación.
41 Se alejó de ellos como a la distancia
de un tiro de piedra, y se puso de rodillas
para orar. 42 Dijo: "Padre, si quieres, líbrame de este trago amargo; pero que no
se haga mi voluntad, sino la tuya."
[43 En esto se le apareció un ángel del
cielo, para darle fuerzas. 44 En medio de su
gran sufrimiento, Jesús oraba aún más intensamente, y el sudor le caía a tierra
como grandes gotas de sangre.][25]
45 Cuando se levantó de la oración, fue a
donde estaban los discípulos, y los encontró dormidos, vencidos por la tristeza.
46 Les dijo:
—¿Por qué están durmiendo? Levántense y oren, para que no caigan en tentación.

Arrestan a Jesús

(Mt 26.47–56; Mr 14.43–50; Jn 18.2–11)

47 Todavía estaba hablando Jesús,
cuando llegó mucha gente. El que se llamaba Judas, que era uno de los doce discípulos, iba a la cabeza. Este se acercó a
besar a Jesús, 48 pero Jesús le dijo:
—Judas, ¿con un beso traicionas al Hijo
del hombre?
49 Los que estaban con Jesús, al ver lo
que pasaba, le preguntaron:
—Señor, ¿atacamos con espada?
50 Y uno de ellos hirió al criado del sumo
sacerdote, cortándole la oreja derecha.
51 Jesús dijo:
—Déjenlos; ya basta.
Y le tocó la oreja al criado, y lo sanó.
52 Luego dijo a los jefes de los sacerdotes,
a los oficiales del templo y a los ancianos,
que habían venido a llevárselo:
—¿Por qué han venido ustedes con espadas y con palos, como si yo fuera un
bandido? 53 Todos los días he estado con
ustedes en el templo,[t] y ni siquiera me tocaron. Pero ésta es la hora de ustedes,
cuando domina la oscuridad.

[25] El texto entre corchetes falta en algunos mss.
[n] **22.24** Mt 18.1; Mr 9.34; Lc 9.46. [ñ] **22.25–26** Mt 20.25–27; Mr 10.42–44. [o] **22.26** Mt 23.11; Mr 9.35. [p] **22.27** Mt 20.28; Mr 10.45; Jn 13.12–15. [q] **22.30** Mt 19.28. [r] **22.35** Mt 10.9–10; Mr 6.8–9; Lc 9.3; 10.4. [s] **22.37** Is 53.12. [t] **22.53** Lc 19.47; 21.37.

Pedro niega conocer a Jesús
(Mt 26.57–58, 69–75; Mr 14.53–54, 66–72; Jn 18.12–18, 25–27)

⁵⁴ Arrestaron entonces a Jesús y lo llevaron a la casa del sumo sacerdote. Pedro lo seguía de lejos. ⁵⁵ Allí, en medio del patio, habían hecho fuego, y se sentaron alrededor; y Pedro se sentó también entre ellos. ⁵⁶ En esto, una sirvienta, al verlo sentado junto al fuego, se quedó mirándolo y dijo:

—También éste estaba con él.

⁵⁷ Pero Pedro lo negó, diciendo:

—Mujer, yo no lo conozco.

⁵⁸ Poco después, otro lo vio y dijo:

—Tú también eres de ellos.

Pedro contestó:

—No, hombre, no lo soy.

⁵⁹ Como una hora después, otro insistió:

—Seguro que éste estaba con él. Además es de Galilea.

⁶⁰ Pedro dijo:

—Hombre, no sé de qué hablas.

En ese mismo momento, mientras Pedro aún estaba hablando, cantó un gallo. ⁶¹ Entonces el Señor se volvió y miró a Pedro, y Pedro se acordó de que el Señor le había dicho: "Hoy, antes que el gallo cante, me negarás tres veces." ⁶² Y salió Pedro de allí y lloró amargamente.

Se burlan de Jesús
(Mt 26.67–68; Mr 14.65)

⁶³ Los hombres que estaban vigilando a Jesús se burlaban de él y lo golpeaban. ⁶⁴ Le taparon los ojos, y le preguntaban:

—¡Adivina quién te pegó!

⁶⁵ Y lo insultaban diciéndole otras muchas cosas.

Jesús ante la Junta Suprema
(Mt 26.59–66; Mr 14.55–64; Jn 18.19–24)

⁶⁶ Cuando se hizo de día, se reunieron los ancianos de los judíos, los jefes de los sacerdotes y los maestros de la ley, y llevaron a Jesús ante la Junta Suprema. Allí le preguntaron:

⁶⁷ —Dinos, ¿eres tú el Mesías?

El les contestó:

—Si les digo que sí, no me van a creer. ⁶⁸ Y si les hago preguntas, no me van a contestar. ⁶⁹ Pero desde ahora el Hijo del hombre estará sentado a la derecha del Dios todopoderoso.

⁷⁰ Luego todos le preguntaron:

—¿Así que tú eres el Hijo de Dios?

Jesús les contestó:

—Ustedes mismos han dicho que lo soy.

⁷¹ Entonces ellos dijeron:

—¿Qué necesidad tenemos de más testigos? Nosotros mismos lo hemos oído de sus propios labios.

Jesús ante Pilato
(Mt 27.1–2, 11–14; Mr 15.1–5; Jn 18.28–38)

23 ¹ Todos se levantaron, y llevaron a Jesús ante Pilato. ² En su presencia comenzaron a acusarlo, diciendo:

—Hemos encontrado a este hombre alborotando a nuestra nación. Dice que no debemos pagar impuestos al emperador, y además afirma que él es el Mesías, el Rey.

³ Pilato le preguntó:

—¿Eres tú el Rey de los judíos?

—Tú lo has dicho —contestó Jesús.

⁴ Entonces Pilato dijo a los jefes de los sacerdotes y a la gente:

—No encuentro ninguna falta en este hombre.

⁵ Pero ellos insistieron con más fuerza:

—Con sus enseñanzas está alborotando a todo el pueblo. Comenzó en Galilea, y ahora sigue haciéndolo aquí, en Judea.

Jesús ante Herodes

⁶ Al oír esto, Pilato preguntó si el hombre era de Galilea. ⁷ Y cuando le dijeron que sí, lo envió a Herodes, que era gobernador de Galilea y que también se encontraba aquellos días en Jerusalén. ⁸ Al ver a Jesús, Herodes se puso muy contento, porque durante mucho tiempo había querido verlo, pues había oído hablar de él y esperaba verle hacer algún milagro. ⁹ Le hizo muchas preguntas, pero Jesús no le contestó nada. ¹⁰ También estaban allí los jefes de los sacerdotes y los maestros de la ley, que lo acusaban con gran insistencia. ¹¹ Entonces Herodes y sus soldados lo trataron con desprecio, y para burlarse de él lo vistieron con ropas lujosas, como de rey. Luego Herodes lo envió nuevamente a Pilato. ¹² Aquel día se hicieron amigos Pilato y Herodes, que antes eran enemigos.

Jesús es sentenciado a muerte
(Mt 27.15–26; Mr 15.6–15; Jn 18.39—19.16)

¹³ Pilato reunió a los jefes de los sacerdotes, a las autoridades y al pueblo, ¹⁴ y les dijo:

—Ustedes me trajeron a este hombre, diciendo que alborota al pueblo; pero yo lo he interrogado delante de ustedes y no lo he encontrado culpable de ninguna de las faltas de que lo acusan. ¹⁵ Ni tampoco Herodes, puesto que nos lo ha devuelto. Ya ven, no ha hecho nada que merezca la pena de muerte. ¹⁶ Lo voy a castigar y después lo dejaré libre.²⁶

---

²⁶ Algunos mss. añaden v. 17: *Durante la fiesta, Pilato tenía que agradar a la gente dejando libre a un preso.*

¹⁸ Pero todos juntos comenzaron a gritar:

—¡Fuera con ése! ¡Deja libre a Barrabás!

¹⁹ A este Barrabás lo habían metido en la cárcel por una rebelión ocurrida en la ciudad, y por un asesinato. ²⁰ Pilato, que quería dejar libre a Jesús, les habló otra vez; ²¹ pero ellos gritaron más alto:

—¡Crucifícalo! ¡Crucifícalo!

²² Por tercera vez Pilato les dijo:

—Pues ¿qué mal ha hecho? Yo no encuentro en él nada que merezca la pena de muerte. Lo voy a castigar y después lo dejaré libre.

²³ Pero ellos insistían a gritos, pidiendo que lo crucificara; y tanto gritaron que consiguieron lo que querían. ²⁴ Pilato decidió hacer lo que le estaban pidiendo; ²⁵ así que dejó libre al hombre que habían escogido, el que estaba en la cárcel por rebelión y asesinato, y entregó a Jesús a la voluntad de ellos.

Jesús es crucificado
(Mt 27.32–44; Mr 15.21–32; Jn 19.17–27)

²⁶ Cuando llevaron a Jesús a crucificarlo, echaron mano de un hombre de Cirene llamado Simón, que venía del campo, y le hicieron cargar con la cruz y llevarla detrás de Jesús.

²⁷ Mucha gente y muchas mujeres que lloraban y gritaban de tristeza por él, lo seguían. ²⁸ Pero Jesús las miró y les dijo:

—Mujeres de Jerusalén, no lloren por mí, sino por ustedes mismas y por sus hijos. ²⁹ Porque vendrán días en que se dirá: 'Dichosas las que no pueden tener hijos, los vientres que nunca concibieron y los pechos que no dieron de mamar.' ³⁰ Entonces comenzará la gente a decir a los montes: '¡Caigan sobre nosotros!', y a las colinas: '¡Escóndannos!'ᵘ ³¹ Porque si con el árbol verde hacen todo esto, ¿qué no harán con el seco?

³² También llevaban a dos criminales, para crucificarlos junto a Jesús. ³³ Cuando llegaron al sitio llamado La Calavera, crucificaron a Jesús y a los dos criminales, uno a su derecha y otro a su izquierda. [³⁴ Jesús dijo:

—Padre, perdónalos, porque no saben lo que hacen.]²⁷

Y los soldados echaron suertes para repartirse entre sí la ropa de Jesús.ᵛ ³⁵ La gente estaba allí mirando; y hasta las autoridades se burlaban de él, diciendo:

—Salvó a otros; que se salve a sí mismo ahora, si de veras es el Mesías de Dios y su escogido.

³⁶ Los soldados también se burlaban de Jesús. Se acercaban y le daban a beber vino agrio, ³⁷ diciéndole:

—¡Si tú eres el Rey de los judíos, sálvate a ti mismo!

³⁸ Y había un letrero sobre su cabeza, que decía:²⁸ "Este es el Rey de los judíos."

³⁹ Uno de los criminales que estaban colgados, le insultaba:

—¡Si tú eres el Mesías, sálvate a ti mismo y sálvanos también a nosotros!

⁴⁰ Pero el otro reprendió a su compañero, diciéndole:

—¿No tienes temor de Dios, tú que estás bajo el mismo castigo? ⁴¹ Nosotros estamos sufriendo con toda razón, porque estamos pagando el justo castigo de lo que hemos hecho; pero este hombre no hizo nada malo.

⁴² Luego añadió:

—Jesús, acuérdate de mí cuando comiences a reinar.

⁴³ Jesús le contestó:

—Te aseguro que hoy estarás conmigo en el paraíso.

Muerte de Jesús
(Mt 27.45–56; Mr 15.33–41; Jn 19.28–30)

⁴⁴ Desde el mediodía y hasta las tres de la tarde, toda la tierra quedó en oscuridad. ⁴⁵ El sol dejó de brillar, y el veloʷ del templo se rasgó por la mitad. ⁴⁶ Jesús gritó con fuerza y dijo:

—¡Padre, en tus manos encomiendo mi espíritu!ˣ

Y al decir esto, murió.

⁴⁷ Cuando el capitán romano vio lo que había pasado, alabó a Dios, diciendo:

—De veras, este hombre era inocente.

⁴⁸ Toda la multitud que estaba presente y que vio lo que había pasado, se fue de allí golpeándose el pecho. ⁴⁹ Pero todos los conocidos de Jesús, y también las mujeres que lo habían seguido desde Galilea,ʸ se quedaron allí, mirando de lejos aquellas cosas.

Jesús es sepultado
(Mt 27.57–61; Mr 15.42–47; Jn 19.38–42)

⁵⁰⁻⁵¹ Había un hombre bueno y justo llamado José, natural de Arimatea, un pueblo de Judea. Pertenecía a la Junta Suprema de los judíos. Este José, que esperaba el reino de Dios y que no estuvo de acuerdo con lo que la Junta había hecho, ⁵² fue a ver a Pilato y le pidió el cuerpo de Jesús. ⁵³ Después de bajarlo de la cruz, lo envolvió en una sábana de lino y lo puso en un sepulcro abierto en una peña, donde todavía no había sido sepultado a nadie. ⁵⁴ Era el día de la preparación para el día

²⁷ El texto entre corchetes falta en algunos mss.   ²⁸ Algunos mss. añaden: en griego, latín y hebreo.   ᵘ 23.30 Os 10.8; Ap 6.16.   ᵛ 23.34 Sal 22.18.   ʷ 23.45 Ex 26.31–33; 2 Cr 3.14.   ˣ 23.46 Sal 31.5; Hch 7.59.   ʸ 23.49 Lc 8.2–3.

de reposo,[29] que ya estaba a punto de comenzar.

[55] Las mujeres que habían acompañado a Jesús desde Galilea, fueron y vieron el sepulcro, y se fijaron en cómo había puesto el cuerpo. [56] Cuando volvieron a casa, prepararon perfumes y ungüentos.

La resurrección de Jesús
(Mt 28.1-10; Mr 16.1-8; Jn 20.1-10)

Las mujeres descansaron en el día de reposo,[29] conforme al mandamiento,[z] **24** [1] Pero el primer día de la semana regresaron al sepulcro muy temprano, llevando los perfumes que habían preparado. [2] Al llegar, se encontraron con que la piedra que tapaba el sepulcro no estaba en su lugar; [3] y entraron, pero no encontraron el cuerpo del Señor Jesús. [4] Estaban asustadas, sin saber qué hacer, cuando de pronto vieron a dos hombres de pie junto a ellas, vestidos con ropas brillantes. [5] Llenas de miedo, se inclinaron hasta el suelo; pero aquellos hombres les dijeron:

—¿Por qué buscan ustedes entre los muertos al que está vivo? [6] No está aquí, sino que ha resucitado. Acuérdense de lo que les dijo cuando todavía estaba en Galilea: [7] que el Hijo del hombre tenía que ser entregado en manos de pecadores, que lo crucificarían y que al tercer día resucitaría.[a]

[8] Entonces ellas se acordaron de las palabras de Jesús, [9] y al regresar del sepulcro contaron todo esto a los once apóstoles y a todos los demás. [10] Las que llevaron la noticia a los apóstoles fueron María Magdalena, Juana, María madre de Santiago, y las otras mujeres. [11] Pero a los apóstoles les pareció una locura lo que ellas decían, y no querían creerles.

[12] Sin embargo, Pedro se fue corriendo al sepulcro; y cuando miró dentro, no vió más que las sábanas. Entonces volvió a casa, admirado de lo que había sucedido.

En el camino a Emaús
(Mr 16.12-13)

[13] Aquel mismo día, dos de los discípulos se dirigían a un pueblo llamado Emaús, a unos once kilómetros de Jerusalén. [14] Iban hablando de todo lo que había pasado. [15] Mientras conversaban y discutían, Jesús mismo se acercó y comenzó a caminar con ellos. [16] Pero aunque lo veían, algo les impedía darse cuenta de quién era. [17] Jesús les preguntó:

—¿De qué van hablando ustedes por el camino?

Se detuvieron tristes, [18] y uno de ellos, que se llamaba Cleofas, contestó:

—¿Eres tú el único que ha estado alojado en Jerusalén y que no sabe lo que ha pasado allí en estos días?

[19] El les preguntó:

—¿Qué ha pasado?

Le dijeron:

—Lo de Jesús de Nazaret, que era un profeta poderoso en hechos y en palabras delante de Dios y de todo el pueblo; [20] y cómo los jefes de los sacerdotes y nuestras autoridades lo entregaron para que lo condenaran a muerte y lo crucificaran. [21] Nosotros teníamos la esperanza de que él sería el que había de libertar a la nación de Israel. Pero ya hace tres días que pasó todo eso. [22] Aunque algunas de las mujeres que están con nosotros nos han asustado, pues fueron de madrugada al sepulcro, [23] y como no encontraron el cuerpo, volvieron a casa. Y cuentan que unos ángeles se les han aparecido y les han dicho que Jesús vive. [24] Algunos de nuestros compañeros fueron después al sepulcro y lo encontraron tal como las mujeres habían dicho, pero a Jesús no lo vieron.

[25] Entonces Jesús les dijo:

—¡Qué faltos de comprensión son ustedes y qué lentos para creer todo lo que dijeron los profetas! [26] ¿Acaso no tenía que sufrir el Mesías estas cosas antes de ser glorificado?

[27] Luego se puso a explicarles todos los pasajes de las Escrituras que hablaban de él, comenzando por los libros de Moisés y siguiendo por todos los libros de los profetas.

[28] Al llegar al pueblo adonde se dirigían, Jesús hizo como que iba a seguir adelante. [29] Pero ellos lo obligaron a quedarse, diciendo:

—Quédate con nosotros, porque ya es tarde. Se está haciendo de noche.

Jesús entró, pues, para quedarse con ellos. [30] Cuando ya estaban sentados a la mesa, tomó en sus manos el pan, y habiendo dado gracias a Dios, lo partió y se lo dio. [31] En ese momento se les abrieron los ojos y reconocieron a Jesús; pero él desapareció. [32] Y se dijeron el uno al otro:

—¿No es verdad que el corazón nos ardía en el pecho cuando nos venía hablando por el camino y nos explicaba las Escrituras?

[33] Sin esperar más, se pusieron en camino y volvieron a Jerusalén, donde encontraron reunidos a los once apóstoles y a sus compañeros, [34] que les dijeron:

—De veras ha resucitado el Señor, y se le ha aparecido a Simón.

[35] Entonces ellos dos les contaron lo que

[29] *Día de reposo:* aquí equivale a *sábado.*
[z] **23.56** Ex 20.10; Dt 5.14. [a] **24.6-7** Mt 16.21; 17.22-23; 20.18-19; Mr 8.31; 9.31; 10.33-34; Lc 9.22; 18.31-33.

les había pasado en el camino, y cómo reconocieron a Jesús cuando partió el pan.

Jesús se aparece a los discípulos
(Mt 28.16–20; Mr 16.14–18; Jn 20.19–23)

³⁶ Estaban todavía hablando de estas cosas, cuando Jesús se puso en medio de ellos y los saludó diciendo:

—Paz a ustedes.

³⁷ Ellos se asustaron mucho, pensando que estaban viendo un espíritu. ³⁸ Pero Jesús les dijo:

—¿Por qué están asustados? ¿Por qué tienen esas dudas en su corazón? ³⁹ Miren mis manos y mis pies. Soy yo mismo. Tóquenme y vean: un espíritu no tiene carne ni huesos, como ustedes ven que tengo yo.

⁴⁰ Al decirles esto, les enseñó las manos y los pies. ⁴¹ Pero como ellos no acababan de creerlo, a causa de la alegría y el asombro que sentían, Jesús les preguntó:

—¿Tienen aquí algo que comer?

⁴² Le dieron un pedazo de pescado asado,³⁰ ⁴³ y él lo aceptó y lo comió en su presencia. ⁴⁴ Luego les dijo:

—Lo que me ha pasado es aquello que les anuncié cuando estaba todavía con ustedes: que había de cumplirse todo lo que está escrito de mí en la ley de Moisés, en los libros de los profetas y en los salmos.

⁴⁵ Entonces hizo que entendieran las Escrituras, ⁴⁶ y les dijo:

—Está escrito que el Mesías tenía que morir, y resucitar al tercer día. ⁴⁷ En su nombre, y comenzando desde Jerusalén, hay que anunciar a todas las naciones que se vuelvan a Dios, para que sus pecados les sean perdonados. ⁴⁸ Ustedes son testigos de estas cosas. ⁴⁹ Y yo enviaré sobre ustedes lo que mi Padre prometió.^b Pero ustedes quédense aquí, en la ciudad de Jerusalén, hasta que reciban el poder que viene del cielo.

Jesús sube al cielo
(Mr 16.19–20)

⁵⁰ Luego Jesús los llevó fuera de la ciudad, hasta Betania, y alzando las manos los bendijo. ⁵¹ Y mientras los bendecía, se apartó de ellos y fue llevado al cielo.^c ⁵² Ellos, después de adorarlo, volvieron a Jerusalén muy contentos. ⁵³ Y estaban siempre en el templo, alabando a Dios.

³⁰ Algunos mss. añaden: y un panal de miel.
^b 24.49 Hch 1.4. ^c 24.50–51 Hch 1.9–11.

SAN JUAN

Se tiene por seguro que el Evangelio de Juan *fue el último que se escribió,* aunque no puede precisarse con exactitud cuánto tiempo después de los otros. Puede notarse a primera vista cómo se diferencia de ellos, pues narra muchos hechos y palabras del *Señor* que no se encuentran en los otros, o los mismos pero en otro orden. Comienza, como Marcos, con el ministerio de Juan el Bautista (1.19–51). En cuanto al ministerio *público de Jesús* (2.1—12.50), aunque refiere algunos episodios en Galilea, da más atención al ministerio del Señor en Judea. También da importancia especial a su presencia en varias pascuas y en otras grandes festividades judías. En relación con los últimos días del Señor en Jerusalén (13.1–19.42) y con su resurrección y apariciones subsecuentes, informa de sucesos importantes que no aparecen en ninguno de los otros tres evangelios. Por ejemplo, algunos encuentros con los fariseos y la visita de los griegos. Es el único evangelio que refiere la última aparición de Jesús, a la orilla del mar de Galilea, y la rehabilitación de Pedro, episodio que se narra a manera de un apéndice (cap. 21).

Pero la característica más notable del Evangelio de Juan es que más que informar lo que hizo Jesús, revela quién era él en última instancia. A ello se dedica explícitamente el prólogo (1.1–18), en donde se presenta a Jesús como la eterna Palabra de Dios, hecha hombre y viviendo entre los hombres. Sus milagros son signos o señales que revelan esta esencia de su persona. Sus discursos, que explican lo revelado en los milagros, se valen de símbolos como el agua, el pan y la luz, para expresar el don de la vida eterna que Dios otorga por medio de Cristo, un don que reciben ahora mismo, en esta vida, aquellos que responden a Jesús y le reconocen como el camino, la verdad y la vida. Los caps. 13–17 ofrecen amplios y preciosos datos sobre el íntimo compañerismo de Jesús con sus discípulos la noche de su arresto, su plegaria de intercesión por ellos y las conmovedoras palabras que les dirigió para prepararlos y alentarlos ante la proximidad de su arresto y crucifixión.

En este evangelio se citan los grandes "Yo soy" de Jesús: "Yo soy" el pan de vida, la luz del mundo, la puerta del redil, el buen pastor, la resurrección y la vida, el camino, la verdad y la vida, y la vid verdadera. Es también este evangelio el único de los cuatro que declara explícitamente cuál ha sido el propósito con el cual se escribió: *para que quienes lo lean crean que Jesús es el Mesías prometido, el Hijo de Dios, y que por creer en él tengan vida (20.31).*

La Palabra de Dios hecha hombre

1 ¹ En el principio ya existía la Palabra; y aquel que es la Palabra estaba con Dios y era Dios. ² Él estaba en el principio con Dios. ³ Por medio de él, Dios hizo todas las cosas; nada de lo que existe fue hecho sin él.ᵃ ⁴ En él estaba la vida, y la vida era la luz de la humanidad. ⁵ Esta luz brilla en las tinieblas, y las tinieblas no han podido apagarla.

⁶ Hubo un hombre llamado Juan,ᵇ a quien Dios envió ⁷ como testigo, para que diera testimonio de la luz y para que todos creyeran por lo que él decía. ⁸ Juan no era la luz, sino uno enviado a dar testimonio de la luz. ⁹ La luz verdadera que alumbra a toda la humanidad venía a este mundo.

¹⁰ Aquel que es la Palabra estaba en el mundo; y, aunque Dios hizo el mundo por medio de él, los que son del mundo no le reconocieron. ¹¹ Vino a su propio mundo, pero los suyos no lo recibieron. ¹² Pero a quienes lo recibieron y creyeron en él, les concedió el privilegio de llegar a ser hijos de Dios. ¹³ Y son hijos de Dios, no por la naturaleza ni los deseos humanos, sino porque Dios los ha engendrado.

¹⁴ Aquel que es la Palabra se hizo hombre y vivió entre nosotros, lleno de amor y verdad. Y hemos visto su gloria, la gloria que como Hijo único recibió del Padre. ¹⁵ Juan dio testimonio de él, diciendo: "Este es aquel a quien yo me refería cuando dije que el que viene después de mí es más importante que yo, porque existía antes que yo."

¹⁶ De sus grandes riquezas, todos hemos recibido bendición tras bendición. ¹⁷ La ley fue dada por medio de Moisés; el amor y la verdad se han hecho realidad por medio de Jesucristo. ¹⁸ Nadie ha visto jamás a Dios; el Hijo único, que es Diosʲ y que vive en íntima comunión con el Padre, es quien nos lo ha dado a conocer.ᶜ

ʲ *Que es Dios:* esta frase falta en algunos mss.
ᵃ **1.1–3** Gn 1.1–3; Sal 33.6; Pr 8.22–31; Col 1.15–17; He 1.2; 1 Jn 1.1; Ap 19.13.   ᵇ **1.6** Mt 3.1; Mr 1.4; Lc 3.1–2.   ᶜ **1.14,18** Mt 11.27; Lc 10.22; 1 Jn 1.2.

Juan el Bautista da testimonio de Jesucristo

(Mt 3.11–12; Mr 1.7–8; Lc 3.15–17)

¹⁹ Los judíos de Jerusalén enviaron sacerdotes y levitas a Juan, a preguntarle quién era. ²⁰ Y él confesó claramente:

—Yo no soy el Mesías.

²¹ Le volvieron a preguntar:

—¿Quién eres, pues? ¿El profeta Elías?ᵈ

Juan dijo:

—No lo soy.

Ellos insistieron:

—Entonces, ¿eres el profetaᵉ que ha de venir?

Contestó:

—No.

²² Le dijeron:

—¿Quién eres, pues? Tenemos que llevar una respuesta a los que nos enviaron. ¿Qué nos puedes decir de ti mismo?

²³ Juan les contestó:

—Yo soy una voz que grita en el desierto: 'Abran un camino derecho para el Señor', tal como dijo el profeta Isaías.ᶠ

²⁴ Los que fueron enviados por los fariseos a hablar con Juan, ²⁵ le preguntaron:

—Pues si no eres el Mesías, ni Elías ni el profeta, ¿por qué bautizas?

²⁶ Juan les contestó:

—Yo bautizo con agua; pero entre ustedes hay uno que no conocen ²⁷ y que viene después de mí. Yo ni siquiera merezco desatarle la correa de sus sandalias.

²⁸ Todo esto sucedió en el lugar llamado Betania, al oriente del río Jordán, donde Juan estaba bautizando.

Jesús, el Cordero de Dios

²⁹ Al día siguiente, Juan vio a Jesús, que se acercaba a él, y dijo: "¡Miren, éste es el Cordero de Dios, que quita el pecado del mundo! ³⁰ A él me refería yo cuando dije: 'Después de mí viene uno que es más importante que yo, porque existía antes que yo.' ³¹ Yo mismo no sabía quién era; pero he venido bautizando con agua precisamente para que el pueblo de Israel lo conozca."

³² Juan también declaró: "He visto al Espíritu Santo bajar del cielo como una paloma, y reposar sobre él. ³³ Yo todavía no sabía quién era; pero el que me envió a bautizar con agua, me dijo: 'Aquel sobre quien veas que el Espíritu baja y reposa, es el que bautiza con Espíritu Santo.' ³⁴ Yo ya lo he visto, y soy testigo de que es el Hijo de Dios."

Los primeros discípulos de Jesús

³⁵ Al día siguiente, Juan estaba allí otra vez con dos de sus seguidores. ³⁶ Cuando vio pasar a Jesús, dijo:

—¡Miren, ése es el Cordero de Dios!

³⁷ Los dos seguidores de Juan le oyeron decir esto, y siguieron a Jesús. ³⁸ Jesús se volvió, y al ver que lo seguían les preguntó:

—¿Qué están buscando?

Ellos dijeron:

—Maestro, ¿dónde vives?

³⁹ Jesús les contestó:

—Vengan a verlo.

Fueron, pues, y vieron dónde vivía, y pasaron con él el resto del día, porque ya eran como las cuatro de la tarde. ⁴⁰ Uno de los dos que oyeron a Juan y siguieron a Jesús, era Andrés, hermano de Simón Pedro. ⁴¹ Andrés, antes que nada, fue a buscar a su hermano Simón y le dijo:

—Hemos encontrado al Mesías (que significa: Cristo.)

⁴² Luego Andrés llevó a Simón a donde estaba Jesús; cuando Jesús lo vio, le dijo:

—Tú eres Simón, hijo de Juan,ᶻ pero serás llamado Cefas (que significa: Pedro).

Jesús llama a Felipe y a Natanael

⁴³ Al día siguiente, Jesús decidió ir a la región de Galilea. Encontró a Felipe, y le dijo:

—Sígueme.

⁴⁴ Este Felipe era del pueblo de Betsaida, de donde eran también Andrés y Pedro. ⁴⁵ Felipe fue a buscar a Natanael, y le dijo:

—Hemos encontrado a aquel de quien escribió Moisés en los libros de la ley, y de quien también escribieron los profetas. Es Jesús, el hijo de José, el de Nazaret.

⁴⁶ Dijo Natanael:

—¿Acaso puede salir algo bueno de Nazaret?

Felipe le contestó:

—Ven y compruébalo.

⁴⁷ Cuando Jesús vio acercarse a Natanael, dijo:

—Aquí viene un verdadero israelita, en quien no hay engaño.

⁴⁸ Natanael le preguntó:

—¿Cómo es que me conoces?

Jesús le respondió:

—Te vi antes que Felipe te llamara, cuando estabas bajo la higuera.

⁴⁹ Natanael le dijo:

—Maestro, ¡tú eres el Hijo de Dios,ᵍ tú eres el Rey de Israel!

⁵⁰ Jesús le contestó:

—¿Me crees solamente porque te he dicho que te vi bajo la higuera? Pues vas a ver cosas más grandes que éstas.

⁵¹ También dijo Jesús:

—Les aseguro que ustedes verán el cielo abierto, y a los ángeles de Dios subir y bajarʰ sobre el Hijo del hombre.

ᶻ *Hijo de Juan:* algunos mss. dicen: *hijo de Jonás.*
ᵈ **1.21** Mal 4.5.   ᵉ **1.21** Dt 18.15,18.   ᶠ **1.23** Is 40.3.   ᵍ **1.49** Mt 16.15.

Una boda en Caná de Galilea

2 ¹ Al tercer día hubo una boda en Caná, un pueblo de Galilea. La madre de Jesús estaba allí, ² y Jesús y sus discípulos fueron también invitados a la boda. ³ Se acabó el vino, y la madre de Jesús le dijo:

—Ya no tienen vino.

⁴ Jesús le contestó:

—Mujer, ¿por qué me dices esto? Mi hora no ha llegado todavía.

⁵ Ella dijo a los que estaban sirviendo:

—Hagan todo lo que él les diga.

⁶ Había allí seis tinajas de piedra, para el agua que usan los judíos en sus ceremonias de purificación. En cada tinaja cabían de cincuenta a setenta litros de agua. ⁷ Jesús dijo a los sirvientes:

—Llenen de agua estas tinajas.

Las llenaron hasta arriba, ⁸ y Jesús les dijo:

—Ahora saquen un poco y llévenselo al encargado de la fiesta.

Así lo hicieron. ⁹ El encargado de la fiesta probó el agua convertida en vino, sin saber de dónde había salido; sólo los sirvientes lo sabían, pues ellos habían sacado el agua. Así que el encargado llamó al novio ¹⁰ y le dijo:

—Todo el mundo sirve primero el mejor vino, y cuando los invitados ya han bebido bastante, entonces se sirve el vino corriente. Pero tú has guardado el mejor vino hasta ahora.

¹¹ Esto que hizo Jesús en Caná de Galilea fue la primera señal milagrosa con la cual mostró su gloria; y sus discípulos creyeron en él.

¹² Después de esto se fue a Capernaum,ⁱ acompañado de su madre, sus hermanos y sus discípulos; y allí estuvieron unos cuantos días.

Jesús purifica el templo
(Mt 21.12–13; Mr 11.15–18; Lc 19.45–46)

¹³ Como ya se acercaba la fiesta de la Pascuaʲ de los judíos, Jesús fue a Jerusalén. ¹⁴ Y encontró en el templo a los vendedores de bueyes, ovejas y palomas, y a los que estaban sentados en los puestos donde se le cambiaba el dinero a la gente. ¹⁵ Al verlo, Jesús tomó unas cuerdas, se hizo un látigo y los echó a todos del templo, junto con sus ovejas y sus bueyes. A los que cambiaban dinero les arrojó las monedas al suelo y les volcó las mesas. ¹⁶ A los vendedores de palomas les dijo:

—¡Saquen esto de aquí! ¡No hagan un mercado de la casa de mi Padre!

¹⁷ Entonces sus discípulos se acordaron de la Escritura que dice: "Me consume el celo por tu casa."ᵏ

¹⁸ Los judíos le preguntaron:

—¿Qué prueba nos das de tu autoridad para hacer esto?

¹⁹ Jesús les contestó:

—Destruyan este templo, y en tres días volveré a levantarlo.ˡ

²⁰ Los judíos le dijeron:

—Cuarenta y seis años se ha trabajado en la construcción de este templo, ¿y tú en tres días lo vas a levantar?

²¹ Pero el templo al que Jesús se refería era su propio cuerpo. ²² Por eso, cuando resucitó, sus discípulos se acordaron de esto que había dicho, y creyeron en la Escritura y en las palabras de Jesús.

Jesús conoce a todos

²³ Mientras Jesús estaba en Jerusalén, en la fiesta de la Pascua, muchos creyeron en él al ver las señales milagrosas que hacía. ²⁴ Pero Jesús no confiaba en ellos, porque los conocía a todos. ²⁵ No necesitaba que nadie le dijera nada acerca de la gente, pues él mismo conocía el corazón del hombre.

Jesús y Nicodemo

3 ¹ Había un fariseo llamado Nicodemo, que era un hombre importante entre los judíos. ² Este fue de noche a visitar a Jesús, y le dijo:

—Maestro, sabemos que Dios te ha enviado a enseñarnos, porque nadie podría hacer los milagros que tú haces, si Dios no estuviera con él.

³ Jesús le dijo:

—Te aseguro que el que no nace de nuevo,³ no puede ver el reino de Dios.

⁴ Nicodemo le preguntó:

—¿Y cómo puede uno nacer de nuevo cuando ya es viejo? ¿Acaso podrá entrar otra vez dentro de su madre, para volver a nacer?

⁵ Jesús le contestó:

—Te aseguro que el que no nace de agua y del Espíritu, no puede entrar en el reino de Dios. ⁶ Lo que nace de padres humanos, es humano; lo que nace del Espíritu, es espíritu.⁴ ⁷ No te extrañes de que te diga: 'Todos tienen que nacer de nuevo.'ᵐ ⁸ El viento⁴ sopla por donde quiere, y aunque oyes su ruido, no sabes de dónde viene ni a dónde va. Así son también todos los que nacen del Espíritu.ⁿ

⁹ Nicodemo volvió a preguntarle:

—¿Cómo puede ser esto?

¹⁰ Jesús le contestó:

—¿Tú, que eres el maestro de Israel, no

---

³ *De nuevo:* otra posible traducción: *de lo alto.* ⁴ En griego, la misma palabra significa tanto *espíritu* como *viento.* Lo mismo en hebreo.

ʰ **1.51** Gn 28.12. ⁱ **2.12** Mt 4.13. ʲ **2.13** Ex 12.1–27; Dt 16.1–8. ᵏ **2.17** Sal 69.9. ˡ **2.19** Mt 26.61; 27.40; Mr 14.58; 15.29. ᵐ **3.3–7** 1 P 1.3,23. ⁿ **3.8** Ec 11.5.

sabes estas cosas? 11 Te aseguro que nosotros hablamos de lo que sabemos, y somos testigos de lo que hemos visto; pero
ustedes no creen lo que les decimos. 12 Si
no me creen cuando les hablo de las cosas
de este mundo, ¿cómo me van a creer si
les hablo de las cosas del cielo?
13 "Nadie ha subido al cielo sino el que
bajó del cielo; es decir, el Hijo del hombre.[5] 14 Y así como Moisés levantó la serpiente en el desierto,[ñ] así también el Hijo
del hombre tiene que ser levantado,[o]
15 para que todo el que cree en él tenga
vida eterna.

El amor de Dios para el mundo

16 "Pues Dios amó tanto al mundo, que
dio a su Hijo único, para que todo aquel
que cree en él no muera, sino que tenga
vida eterna. 17 Porque Dios no envió a su
Hijo al mundo para condenar al mundo,
sino para salvarlo.
18 "El que cree en el Hijo de Dios, no
está condenado; pero el que no cree, ya ha
sido condenado por no creer en el Hijo
único de Dios. 19 Los que no creen, ya han
sido condenados, pues, como hacían cosas
malas, cuando la luz vino al mundo prefi-
rieron la oscuridad a la luz. 20 Todos los
que hacen lo malo odian la luz, y no se
acercan a ella para que no se descubra lo
que están haciendo.[p] 21 Pero los que viven de acuerdo con la verdad, se acercan
a la luz para que se vea que todo lo hacen
de acuerdo con la voluntad de Dios.

Juan el Bautista vuelve a hablar de Jesús

22 Después de esto, Jesús fue con sus
discípulos a la región de Judea, donde
pasó algún tiempo con ellos bautizando.
23 También Juan estaba bautizando en
Enón, cerca de Salim, porque allí había
mucha agua; y la gente iba y era bautizada. 24 Esto sucedió antes que metieran a
Juan a la cárcel.[q]
25 Pero algunos de los seguidores de
Juan comenzaron a discutir con un judío
sobre el asunto de la purificación, 26 y fueron a decirle a Juan:
—Maestro, el que estaba contigo al este
del Jordán, de quien tú nos hablaste,
ahora está bautizando y todos lo siguen.
27 Juan les dijo:
—Nadie puede tener nada, si Dios no se
lo da. 28 Ustedes mismos me oyeron decir
claramente que yo no soy el Mesías,[r] sino
uno que ha sido enviado delante de él.
29 En una boda, el que tiene a la novia es el
novio; y el amigo del novio, que está allí y
lo escucha, se llena de alegría al oírlo hablar. Así también mi alegría es ahora completa. 30 Él ha de ir aumentando en importancia, y yo disminuyendo.

El que viene de arriba

31 El que viene de arriba está sobre todos. El que es de la tierra es terrenal, y
habla de las cosas de la tierra. Pero el que
viene del cielo está sobre todos, 32 y habla
de lo que ha visto y oído; pero nadie cree
lo que él dice. 33 Pero si alguno lo cree,
confirma con ello que Dios dice la verdad;
34 pues el que ha sido enviado por Dios,
habla las palabras de Dios, porque Dios da
abundantemente su Espíritu. 35 El Padre
ama al Hijo, y le ha dado poder sobre todas las cosas.[s] 36 El que cree en el Hijo,
tiene vida eterna; pero el que no quiere
creer en el Hijo, no tendrá esa vida, sino
que recibirá el terrible castigo de Dios.

Jesús y la mujer de Samaria

4 1 Los fariseos se enteraron de que
Jesús tenía más seguidores y bautizaba más que Juan 2 (aunque en realidad
no era Jesús el que bautizaba, sino sus discípulos). 3 Cuando Jesús lo supo, salió de
Judea para volver a Galilea.
4 En su viaje, tenía que pasar por la región de Samaria. 5 De modo que llegó a un
pueblo de Samaria que se llamaba Sicar,[6]
cerca del terreno que Jacob había dado en
herencia a su hijo José.[t] 6 Allí estaba el
pozo que llamaban de Jacob. Jesús, cansado del camino, se sentó junto al pozo.
Era cerca del mediodía. 7-8 Los discípulos
habían ido al pueblo a comprar algo de
comer. En eso, una mujer de Samaria
llegó al pozo a sacar agua, y Jesús le dijo:
—Dame un poco de agua.
9 Pero como los judíos no tienen trato[7]
con los samaritanos,[u] la mujer le respondió:
—¿Cómo es que tú, siendo judío, me
pides agua a mí, que soy samaritana?
10 Jesús le contestó:
—Si supieras lo que Dios da y quién es
el que te está pidiendo agua, tú le pedirías
a él, y él te daría agua viva.[v]
11 La mujer le dijo:
—Señor, ni siquiera tienes con qué sacar agua, y el pozo es muy hondo: ¿de
dónde vas a darme agua viva? 12 Nuestro antepasado Jacob nos dejó este pozo,
del que él mismo bebía y del que bebían

[5] Algunos mss. añaden: *que está en el cielo.* [6] Una antigua versión dice *Siquem*. Parece tratarse, en efecto, de esta población, muy próxima al pozo de Jacob. No se ha identificado ninguna Sicar en Samaria. [7] *No tienen trato:* otra posible traducción: *no usan nada en común* (especialmente vasijas).

[ñ] **3.14** Nm 21.9. [o] **3.14** Jn 8.28; 12.32–34; 18.32. [p] **3.20** Job 24.13–17. [q] **3.24** Mt 14.3; Mr 6.17; Lc 3.19–20. [r] **3.28** Jn 1.20. [s] **3.35** Mt 11.27; Lc 10.22. [t] **4.5** Gn 33.19; Jos 24.32. [u] **4.9** Esd 4.1–5; Neh 4.1–2. [v] **4.10–14** Is 44.3; Jer 2.13; 17.13; Jn 7.37–39.

también sus hijos y sus animales. ¿Acaso eres tú más que él?

[13] Jesús le contestó:

—Todos los que beben de esta agua, volverán a tener sed; [14] pero el que beba del agua que yo le daré, nunca volverá a tener sed. Porque el agua que yo le daré brotará en él como un manantial de vida eterna.

[15] La mujer le dijo:

—Señor, dame de esa agua, para que no vuelva yo a tener sed ni haya de venir aquí a sacarla.

[16] Jesús le dijo:

—Ve a llamar a tu marido y vuelve acá.

[17] La mujer le contestó:

—No tengo marido.

Jesús le dijo:

—Bien dices que no tienes marido; [18] porque has tenido cinco maridos, y el que ahora tienes no es tu marido. Es cierto lo que has dicho.

[19] Al oír esto, la mujer le dijo:

—Señor, ya veo que eres un profeta. [20] Nuestros antepasados, los samaritanos, adoraron a Dios aquí, en este monte;[s] pero ustedes los judíos dicen que Jerusalén es el lugar donde debemos adorarlo.

[21] Jesús le contestó:

—Créeme, mujer, que llega la hora en que ustedes adorarán al Padre sin tener que venir a este monte ni ir a Jerusalén. [22] Ustedes no saben a quién adoran; pero nosotros sabemos a quién adoramos, pues la salvación viene de los judíos. [23] Pero llega la hora, y es ahora mismo, cuando los que de veras adoran al Padre lo harán de un modo verdadero, conforme al Espíritu de Dios. Pues el Padre quiere que así lo hagan los que lo adoran. [24] Dios es Espíritu, y los que lo adoran deben hacerlo de un modo verdadero, conforme al Espíritu de Dios.

[25] La mujer le dijo:

—Yo sé que va a venir el Mesías (es decir, el Cristo); y cuando él venga, nos lo explicará todo.

[26] Jesús le dijo:

—Ese soy yo, el mismo que habla contigo.

[27] En esto llegaron sus discípulos, y se quedaron extrañados de que Jesús estuviera hablando con una mujer. Pero ninguno se atrevió a preguntarle qué quería, o de qué estaba conversando con ella. [28] La mujer dejó su cántaro y se fue al pueblo, donde dijo a la gente:

[29] —Vengan a ver a un hombre que me ha dicho todo lo que he hecho. ¿No será éste el Mesías?

[30] Entonces salieron del pueblo y fueron a donde estaba Jesús. [31] Mientras tanto, los discípulos le rogaban:

—Maestro, come algo.

[32] Pero él les dijo:

—Yo tengo algo que comer, que ustedes no conocen.

[33] Los discípulos comenzaron a preguntarse unos a otros:

—¿Será que le habrán traído algo de comer?

[34] Pero Jesús les dijo:

—Mi comida es hacer la voluntad del que me envió y terminar su trabajo. [35] Ustedes dicen: 'Todavía faltan cuatro meses para la cosecha'; pero yo les digo que se fijen en los sembrados, pues ya están maduros para la cosecha. [36] El que trabaja en la cosecha recibe su paga, y la cosecha que recoge es para vida eterna, para que tanto el que siembra como el que cosecha se alegren juntamente. [37] Porque este dicho es verdadero: 'Uno es el que siembra y otro el que cosecha.' [38] Yo los envié a ustedes a cosechar algo que no les había costado ningún trabajo; otros fueron los que trabajaron, y ustedes son los que se han beneficiado del trabajo de ellos.

[39] Muchos de los habitantes de aquel pueblo de Samaria creyeron en Jesús por lo que les había asegurado la mujer: "Me ha dicho todo lo que he hecho." [40] Así que, cuando los samaritanos llegaron, rogaron a Jesús que se quedara con ellos. Él se quedó allí dos días, [41] y muchos más creyeron al oír lo que él mismo decía. [42] Y dijeron a la mujer:

—Ahora creemos, no solamente por lo que tú nos dijiste, sino también porque nosotros mismos le hemos oído y sabemos que de veras es el Salvador del mundo.

Jesús sana al hijo de un oficial del rey

[43] Pasados esos dos días, Jesús salió de Samaria y siguió su viaje a Galilea. [44] Porque, como él mismo dijo, a un profeta no lo honran en su propia tierra.[w] [45] Cuando llegó a Galilea, los de aquella región lo recibieron bien, porque también habían ido a la fiesta de la Pascua a Jerusalén y habían visto todo lo que él hizo entonces.[x]

[46] Jesús regresó a Caná de Galilea, donde había convertido el agua en vino.[y] Y había un alto oficial del rey, que tenía un hijo enfermo en Capernaum. [47] Cuando el oficial supo que Jesús había llegado de Judea a Galilea, fue a verlo y le rogó que fuera a su casa y sanara a su hijo, que estaba a punto de morir. [48] Jesús le contestó:

—Ustedes no creen, si no ven señales y milagros.

[49] Pero el oficial le dijo:

---

[s] 4.20 El monte Gerizim, donde los samaritanos tenían su santuario.
[w] 4.44 Mt 13.57; Mr 6.4; Lc 4.24. [x] 4.45 Jn 2.23. [y] 4.46 Jn 2.1-11.

—Señor, ven pronto, antes que mi hijo se muera.

⁵⁰ Jesús le dijo entonces:

—Vuelve a casa; tu hijo vive.

El hombre creyó lo que Jesús le dijo, y se fue. ⁵¹ Mientras regresaba a su casa, sus criados salieron a su encuentro y le dijeron:

—¡Su hijo vive!

⁵² Él les preguntó a qué hora había comenzado a sentirse mejor su hijo, y le contestaron:

—Ayer a la una de la tarde se le quitó la fiebre.

⁵³ El padre cayó entonces en la cuenta de que era la misma hora en que Jesús le dijo: "Tu hijo vive"; y él y toda su familia creyeron en Jesús.

⁵⁴ Esta fue la segunda señal milagrosa que hizo Jesús, cuando volvió de Judea a Galilea.

Jesús sana al paralítico de Betzata

5 ¹ Algún tiempo después, los judíos celebraban una fiesta, y Jesús volvió a Jerusalén. ² En Jerusalén, cerca de la puerta llamada de las Ovejas, hay un estanque que en hebreo se llama Betzata. Tiene cinco pórticos, ³ en los cuales se encontraban muchos enfermos, ciegos, cojos y tullidos echados en el suelo.⁹ ⁵ Había entre ellos un hombre que estaba enfermo desde hacía treinta y ocho años. ⁶ Cuando Jesús lo vio allí acostado y se enteró del mucho tiempo que llevaba así, le preguntó:

—¿Quieres recobrar la salud?

⁷ El enfermo le contestó:

—Señor, no tengo a nadie que me meta en el estanque cuando se remueve el agua. Cada vez que quiero meterme, otro lo hace primero.

⁸ Jesús le dijo:

—Levántate, recoge tu camilla y anda.

⁹ En aquel momento el hombre recobró la salud, recogió su camilla y comenzó a andar. Pero como era día de reposo,¹⁰

¹⁰ los judíos dijeron al que había sido sanado:

—Hoy es día de reposo;¹⁰ no te está permitido llevar tu camilla.ᶻ

¹¹ Aquel hombre les contestó:

—El que me devolvió la salud, me dijo: 'Recoge tu camilla y anda.'

¹² Ellos le preguntaron:

—¿Quién es el que te dijo: 'Recoge tu camilla y anda'?

¹³ Pero el hombre no sabía quién lo había sanado, porque Jesús había desaparecido entre la mucha gente que había

allí. ¹⁴ Después Jesús lo encontró en el templo, y le dijo:

—Mira, ahora que ya estás sano, no vuelvas a pecar, para que no te pase algo peor.

¹⁵ El hombre se fue y comunicó a los judíos que Jesús era quien le había devuelto la salud. ¹⁶ Por eso los judíos perseguían a Jesús, pues hacía estas cosas en el día de reposo.¹⁰ ¹⁷ Pero Jesús les dijo:

—Mi Padre siempre ha trabajado, y yo también trabajo.

¹⁸ Por esto, los judíos tenían aún más deseos de matarlo, porque no solamente no observaba el mandato sobre el día de reposo,¹⁰ sino que además se hacía igual a Dios, al decir que Dios era su propio Padre.ᵃ

La autoridad del Hijo de Dios

¹⁹ Jesús les dijo: "Les aseguro que el Hijo de Dios no puede hacer nada por su propia cuenta; solamente hace lo que ve hacer al Padre. Todo lo que hace el Padre, también lo hace el Hijo. ²⁰ Pues el Padre ama al Hijo y le muestra todo lo que hace; y le mostrará cosas todavía más grandes, que los dejarán a ustedes asombrados. ²¹ Porque así como el Padre resucita a los muertos y les da vida, también el Hijo da vida a quienes quiere dársela. ²² Y el Padre no juzga a nadie, sino que le ha dado a su Hijo todo el poder de juzgar, ²³ para que todos den al Hijo la misma honra que dan al Padre. El que no honra al Hijo, tampoco honra al Padre, que lo ha enviado.

²⁴ "Les aseguro que quien presta atención a lo que yo digo y cree en el que me envió, tiene vida eterna; y no será condenado, pues ya ha pasado de la muerte a la vida. ²⁵ Les aseguro que viene la hora, y es ahora mismo, cuando los muertos oirán la voz del Hijo de Dios; y los que la oigan, vivirán. ²⁶ Porque así como el Padre tiene vida en sí mismo, así también ha hecho que el Hijo tenga vida en sí mismo, y le ha dado autoridad para juzgar, por cuanto que es el Hijo del hombre. ²⁸ No se admiren de esto, porque va a llegar la hora en que todos los muertos oirán su voz ²⁹ y saldrán de las tumbas. Los que hicieron el bien, resucitarán para tener vida; pero los que hicieron el mal, resucitarán para ser condenados.ᵇ

Pruebas de la autoridad de Jesús

³⁰ "Yo no puedo hacer nada por mi propia cuenta. Juzgo según el Padre me ordena, y mi juicio es justo, pues no trato de

---

⁹ Algunos mss. añaden la parte final del v. 3 y el v. 4: *que esperaban el movimiento del agua.* ⁴ *Porque de cuando en cuando un ángel bajaba al estanque y removía el agua, y el primero que se metía en ella después de haber sido removida, quedaba sano de cualquier enfermedad que tuviera.* ¹⁰ *Día de reposo: aquí equivale a sábado.*
ᶻ **5.10** Neh 13.19; Jer 17.21. ᵃ **5.18** Jn 10.30-38. ᵇ **5.29** Dn 12.2.

hacer mi voluntad sino la voluntad del Padre, que me ha enviado. ³¹ Si yo diera testimonio en favor mío, mi testimonio no valdría como prueba. ³² Pero hay otro que da testimonio en favor mío, y me consta que su testimonio sí vale como prueba. ³³ Ustedes enviaron a preguntarle a Juan, y lo que él contestó es cierto.ᶜ ³⁴ Pero yo no dependo del testimonio de ningún hombre. Sólo digo esto para que ustedes puedan ser salvos. ³⁵ Juan era como una lámpara que ardía y alumbraba, y ustedes quisieron gozar de su luz por un corto tiempo. ³⁶ Pero tengo a mi favor una prueba mejor que la dada por Juan. Lo que yo hago, que es lo que el Padre me encargó que hiciera, comprueba que de veras el Padre me ha enviado. ³⁷ Y también el Padre, que me ha enviado, da pruebas a mi favor,ᵈ a pesar de que ustedes nunca han oído su voz ni lo han visto, ³⁸ ni tampoco su mensaje vive en ustedes, porque no creen en aquel que el Padre envió. ³⁹ Ustedes estudian las Escrituras con mucho cuidado, porque esperan encontrar en ellas la vida eterna; sin embargo, aunque son las Escrituras las que hablan de mí, ⁴⁰ ustedes no quieren venir a mí para tener esa vida. ⁴¹ "Yo no acepto honores que vengan de los hombres. ⁴² Además, los conozco a ustedes y sé que no aman a Dios. ⁴³ Yo he venido en nombre de mi Padre, y ustedes no me aceptan; en cambio, si viniera otro en nombre propio, a ése lo aceptarían. ⁴⁴ ¿Cómo pueden creer ustedes, si reciben honores los unos de los otros y no buscan los honores que vienen del Dios único? ⁴⁵ No crean que yo los voy a acusar delante de mi Padre; el que los acusa es Moisés mismo, en quien ustedes han puesto su esperanza. ⁴⁶ Porque si ustedes creyeran lo que dijo Moisés, también me creerían a mí, porque Moisés escribió acerca de mí. ⁴⁷ Pero si no creen lo que él escribió, ¿cómo van a creer lo que yo les digo?"

Jesús da de comer a cinco mil hombres
(Mt 14.13–21; Mr 6.30–44; Lc 9.10–17)

6 ¹ Después de esto, Jesús se fue al otro lado del lago de Galilea, que es el mismo lago de Tiberias. ² Mucha gente lo seguía, porque habían visto las señales milagrosas que hacía sanando a los enfermos. ³ Entonces Jesús subió a un monte, y se sentó con sus discípulos. ⁴ Ya estaba cerca la Pascua, la fiesta de los judíos. ⁵ Cuando Jesús miró y vio la mucha gente que lo seguía, le dijo a Felipe:

—¿Dónde vamos a comprar comida para toda esta gente?

ᶜ 5.33 Jn 1.19–27; 3.27–30.   ᵈ 5.37 Mt 3.17; Mr 1.11; Lc 3.22.

⁶ Pero lo dijo por ver qué contestaría Felipe, porque Jesús mismo sabía bien lo que había de hacer. ⁷ Felipe le respondió:

—Ni siquiera doscientos denarios de pan bastarían para que cada uno recibiera un poco.

⁸ Entonces Andrés, que era otro de sus discípulos y hermano de Simón Pedro, le dijo:

⁹ —Aquí hay un niño que tiene cinco panes de cebada y dos pescados; pero, ¿qué es esto para tanta gente?

¹⁰ Jesús respondió:

—Díganles a todos que se sienten.

Había mucha hierba en aquel lugar, y se sentaron. Eran unos cinco mil hombres. ¹¹ Jesús tomó en sus manos los panes y, después de dar gracias a Dios, los repartió entre los que estaban sentados. Hizo lo mismo con los pescados, dándoles todo lo que querían. ¹² Cuando ya estuvieron satisfechos, Jesús dijo a sus discípulos:

—Recojan los pedazos sobrantes, para que no se desperdicie nada.

¹³ Ellos los recogieron, y llenaron doce canastas con los pedazos que sobraron de los cinco panes de cebada. ¹⁴ La gente, al ver esta señal milagrosa hecha por Jesús, decía:

—De veras éste es el profeta que había de venir al mundo.

¹⁵ Pero como Jesús se dio cuenta de que querían llevárselo a la fuerza para hacerlo rey, se retiró otra vez a lo alto del cerro, para estar solo.

Jesús camina sobre el agua
(Mt 14.22–27; Mr 6.45–52)

¹⁶ Al llegar la noche, los discípulos de Jesús bajaron al lago, ¹⁷ subieron a una barca y comenzaron a cruzar el lago para llegar a Capernaum. Ya estaba completamente oscuro, y Jesús no había regresado todavía. ¹⁸ En esto, el lago se alborotó a causa de un fuerte viento que se había levantado. ¹⁹ Cuando ya habían avanzado unos cinco o seis kilómetros, vieron a Jesús, que se acercaba a la barca caminando sobre el agua, y tuvieron miedo. ²⁰ Él les dijo:

—¡Soy yo, no tengan miedo!

²¹ Ellos querían recibirlo en la barca; y en un momento llegaron a la tierra adonde iban.

La gente busca a Jesús

²² Al día siguiente, la gente que estaba al otro lado del lago se dio cuenta de que los discípulos se habían ido en la única barca que allí había, y que Jesús no iba con ellos. ²³ Mientras tanto, otras barcas

llegaron de la ciudad de Tiberias a un lugar cerca de donde habían comido el pan después que el Señor dio gracias. ²⁴ Así que, al ver que ni Jesús ni sus discípulos estaban allí, la gente subió también a las barcas y se dirigió a Capernaum, a buscarlo.

Jesús, el pan de la vida

²⁵ Al llegar ellos al otro lado del lago, encontraron a Jesús y le preguntaron:

—Maestro, ¿cuándo viniste acá?

²⁶ Jesús les dijo:

—Les aseguro que ustedes me buscan porque comieron hasta llenarse, y no porque hayan entendido las señales milagrosas. ²⁷ No trabajen por la comida que se acaba, sino por la comida que permanece y que les da vida eterna. Esta es la comida que les dará el Hijo del hombre, porque Dios, el Padre, ha puesto su sello en él.

²⁸ Le preguntaron:

—¿Qué debemos hacer para realizar las obras que Dios quiere que hagamos?

²⁹ Jesús les contestó:

—Lo que Dios quiere que hagan es que crean en aquel que él ha enviado.

³⁰ Le preguntaron entonces:

—¿Qué señal puedes darnos, para que al verla te creamos? ¿Cuáles son tus obras? ³¹ Nuestros antepasados comieron el maná en el desierto,ᵉ como dice la Escritura: 'Dios les dio a comer pan del cielo.'ᶠ

³² Jesús les contestó:

—Les aseguro que no fue Moisés quien les dio a ustedes el pan del cielo, sino que mi Padre es quien les da el verdadero pan del cielo. ³³ Porque el pan que Dios da es el que ha bajado del cielo y da vida al mundo.

³⁴ Ellos le pidieron:

—Señor, danos siempre ese pan.

³⁵ Y Jesús les dijo:

—Yo soy el pan que da vida. El que viene a mí, nunca tendrá hambre; y el que cree en mí, nunca tendrá sed. ³⁶ Pero como ya les dije, ustedes no creen aunque me han visto. ³⁷ Todos los que el Padre me da, vienen a mí; y a los que vienen a mí, no los echaré fuera. ³⁸ Porque yo no he venido del cielo para hacer mi propia voluntad, sino para hacer la voluntad de mi Padre, que me ha enviado. ³⁹ Y la voluntad del que me ha enviado es que yo no pierda a ninguno de los que me ha dado, sino que los resucite en el día último. ⁴⁰ Porque la voluntad de mi Padre es que todos los que miran al Hijo de Dios y creen en él, tengan vida eterna; y yo los resucitaré en el día último.

⁴¹ Por esto los judíos comenzaron a murmurar de Jesús, porque afirmó: "Yo soy el pan que ha bajado del cielo." ⁴² Y dijeron:

—¿No es éste Jesús, el hijo de José? Nosotros conocemos a su padre y a su madre. ¿Cómo dice ahora que ha bajado del cielo?

⁴³ Jesús les dijo entonces:

—Dejen de murmurar. ⁴⁴ Nadie puede venir a mí, si no lo trae el Padre, que me ha enviado; y yo lo resucitaré en el día último. ⁴⁵ En los libros de los profetas se dice: 'Dios instruirá a todos.'ᵍ Así que todos los que escuchan al Padre y aprenden de él, vienen a mí.

⁴⁶ "No es que alguno haya visto al Padre; el único que lo ha visto es el que ha venido de Dios. ⁴⁷ Les aseguro que quien tiene fe, tiene vida eterna. ⁴⁸ Yo soy el pan que da vida. ⁴⁹ Los antepasados de ustedes comieron el maná en el desierto, y a pesar de ello murieron; ⁵⁰ pero yo hablo del pan que baja del cielo; quien come de él, no muere. ⁵¹ Yo soy ese pan vivo que ha bajado del cielo; el que come de este pan, vivirá para siempre. El pan que yo daré es mi propio cuerpo. Lo daré por la vida del mundo.

⁵² Los judíos se pusieron a discutir unos con otros:

—¿Cómo puede éste darnos a comer su propio cuerpo?

⁵³ Jesús les dijo:

—Les aseguro que si ustedes no comen el cuerpo del Hijo del hombre y beben su sangre, no tendrán vida. ⁵⁴ El que come mi cuerpo y bebe mi sangre, tiene vida eterna; y yo lo resucitaré en el día último. ⁵⁵ Porque mi cuerpo es verdadera comida, y mi sangre es verdadera bebida. ⁵⁶ El que come mi cuerpo y bebe mi sangre, vive unido a mí, y yo vivo unido a él. ⁵⁷ El Padre, que me ha enviado, tiene vida, y yo vivo por él; de la misma manera, el que se alimenta de mí, vivirá por mí. ⁵⁸ Hablo del pan que ha bajado del cielo. Este pan no es como el maná que comieron los antepasados de ustedes, que a pesar de haberlo comido murieron; el que come de este pan, vivirá para siempre.

⁵⁹ Jesús enseñó estas cosas en la reunión de la sinagoga en Capernaum.

Palabras de vida eterna

⁶⁰ Al oír estas enseñanzas, muchos de los que seguían a Jesús dijeron:

—Esto que dice es muy difícil de aceptar; ¿quién puede hacerle caso?

⁶¹ Jesús, dándose cuenta de lo que estaban murmurando, les preguntó:

—¿Esto les ofende? ⁶² ¿Qué pasaría entonces, si vieran al Hijo del hombre subir a donde antes estaba? ⁶³ El espíritu es el que da vida; el cuerpo no aprovecha. Y las

ᵉ 6.31 Ex 16.4,15. ᶠ 6.31 Sal 78.24. ᵍ 6.45 Is 54.13.

cosas que yo les he dicho son espíritu y vida. ⁶⁴ Pero todavía hay algunos de ustedes que no creen.

Es que Jesús sabía desde el principio quiénes eran los que no creían, y quién era el que lo iba a traicionar. ⁶⁵ Y añadió:

—Por esto les he dicho que nadie puede venir a mí, si el Padre no lo trae.

⁶⁶ Desde entonces, muchos de los que habían seguido a Jesús lo dejaron, y ya no andaban con él. ⁶⁷ Jesús les preguntó a los doce discípulos:

—¿También ustedes quieren irse?

⁶⁸ Simón Pedro le contestó:

—Señor, ¿a quién podemos ir? Tus palabras son palabras de vida eterna. ⁶⁹ Nosotros ya hemos creído, y sabemos que tú eres el Santo de Dios. ʰ

⁷⁰ Jesús les contestó:

—¿No los he escogido yo a ustedes doce? Sin embargo, uno de ustedes es un diablo.

⁷¹ Al decir esto, Jesús hablaba de Judas, hijo de Simón Iscariote, porque Judas iba a traicionarlo, aunque era uno de los doce discípulos.

Los hermanos de Jesús no creían en él

7 ¹ Después de esto, Jesús andaba por la región de Galilea. No quería estar en Judea, porque allí los judíos lo buscaban para matarlo. ² Pero como se acercaba la fiesta de las Enramadas,ⁱ una de las fiestas de los judíos, ³ sus hermanos le dijeron:

—No te quedes aquí; vete a Judea, para que los seguidores que tienes allá también vean lo que haces. ⁴ Pues cuando uno quiere ser conocido, no hace las cosas en secreto. Ya que haces cosas como éstas, hazlas delante de todo el mundo.

⁵ Y es que ni siquiera sus hermanos creían en él. ⁶ Jesús les dijo:

—Todavía no ha llegado mi hora, pero para ustedes cualquier hora es buena. ⁷ Los que son del mundo no pueden odiarlos a ustedes; pero a mí me odian, porque yo hago ver claramente que lo que hacen es malo.⁸ Vayan ustedes a la fiesta; yo no voy,¹¹ porque todavía no se ha cumplido mi hora.

⁹ Les dijo esto, y se quedó en Galilea.

Jesús en la fiesta de las Enramadas

¹⁰ Pero después que se fueron sus hermanos, también Jesús fue a la fiesta, aunque no públicamente, sino casi en secreto. ¹¹ Los judíos lo buscaban en la fiesta, y decían:

—¿Dónde estará ese hombre?

¹² Entre la gente se hablaba mucho de él. Unos decían: "Es un hombre de bien"; pero otros decían: "No es bueno; engaña a la gente."

¹³ Sin embargo, nadie hablaba abiertamente de él, por miedo a los judíos.

¹⁴ Hacia la mitad de la fiesta, Jesús entró en el templo y comenzó a enseñar. ¹⁵ Los judíos decían admirados:

—¿Cómo sabe éste tantas cosas, sin haber estudiado?

¹⁶ Jesús les contestó:

—Mi enseñanza no es mía, sino de aquel que me envió. ¹⁷ Si alguien está dispuesto a hacer la voluntad de Dios, podrá reconocer si mi enseñanza viene de Dios o si hablo por mi propia cuenta. ¹⁸ El que habla por su propia cuenta, lo hace para que la gente lo honre; pero quien procura que el honor sea para el que lo envió, ése dice la verdad y en él no hay nada reprochable.

¹⁹ "¿No es verdad que Moisés les dio a ustedes la ley? Sin embargo, ninguno de ustedes la obedece. ¿Por qué quieren matarme?

²⁰ La gente le contestó:

—¡Estás endemoniado! ¿Quién quiere matarte?

²¹ Jesús les dijo:

—Todos ustedes se admiran por una sola cosa que hice en el día de reposo. ²² Sin embargo, Moisés les mandó practicar el rito de la circuncisiónʲ (aunque no procede de Moisés, sino de los antepasados de ustedesᵏ), y ustedes circuncidan a un niño aunque sea en el día de reposo.¹² ²³ Ahora bien, si por no faltar a la ley de Moisés ustedes circuncidan a un niño aunque sea en el día de reposo,¹² ¿por qué se enojan conmigo por haber sanado en el día de reposoⁱ el cuerpo entero de un hombre?ⁱ ²⁴ No juzguen ustedes por las apariencias. Cuando juzguen, háganlo con rectitud.

Jesús habla de su origen

²⁵ Algunos de los que vivían en Jerusalén comenzaron entonces a preguntar:

—¿No es a éste al que andan buscando para matarlo? ²⁶ Pues está ahí, hablando en público, y nadie le dice nada. ¿Será que las autoridades creen de veras que este hombre es el Mesías? ²⁷ Pero nosotros sabemos de dónde viene éste; en cambio, cuando venga el Mesías, nadie sabrá de dónde viene.

²⁸ Al oír esto, Jesús, que estaba enseñando en el templo, dijo con voz fuerte:

—¡Así que ustedes me conocen y saben de dónde vengo! Pero no he venido por mi propia cuenta, sino que vengo enviado por uno que es digno de confianza y a quien ustedes no conocen. ²⁹ Yo lo conozco porque vengo de él, y él me ha enviado.

---

¹¹ *Yo no voy:* algunos mss. dicen: *yo no voy todavía.* ¹² *Día de reposo:* aquí equivale a *sábado.*
ʰ **6.68-69** Mt 16.16; Mr 8.29; Lc 9.20. ⁱ **7.2** Lv 23.34; Dt 16.13. ʲ **7.22** Lv 12.3. ᵏ **7.22** Gn 17.10. ⁱ **7.23** Jn 5.9.

[30] Entonces quisieron arrestarlo, pero ninguno le echó mano porque todavía no había llegado su hora. [31] Muchos creyeron en él, y decían:

—Cuando venga el Mesías, ¿acaso hará más señales milagrosas que este hombre?

Los fariseos intentan arrestar a Jesús

[32] Los fariseos oyeron lo que la gente decía de Jesús; y ellos y los jefes de los sacerdotes mandaron a unos guardianes del templo a que lo arrestaran. [33] Entonces Jesús dijo:

—Voy a estar con ustedes solamente un poco de tiempo, y después regresaré al que me ha enviado. [34] Ustedes me buscarán, pero no me encontrarán, porque no podrán ir a donde yo voy a estar.

[35] Los judíos comenzaron entonces a preguntarse unos a otros:

—¿A dónde se va a ir éste, que no podremos encontrarlo? ¿Acaso va a ir a los judíos que viven dispersos en el extranjero, y a enseñar a los paganos? [36] ¿Qué quiere decir eso de que 'Me buscarán, pero no me encontrarán, porque no podrán ir a donde yo voy a estar'?

Ríos de agua viva

[37] El último día de la fiesta[m] era el más importante. Aquel día, Jesús, puesto de pie, dijo con voz fuerte:

—Si alguien tiene sed, venga a mí y beba.[n] [38] Como dice la Escritura, del corazón del que cree en mí brotarán ríos de agua viva.[ñ]

[39] Con esto, Jesús quería decir que los que creyeran en él recibirían el Espíritu; y es que el Espíritu todavía no había venido, porque Jesús aún no había sido glorificado.

División entre la gente

[40] Había algunos entre la gente que cuando oyeron estas palabras dijeron:

—Seguro que este hombre es el profeta.

[41] Otros decían:

—Este es el Mesías.

Pero otros decían:

—No, porque el Mesías no puede proceder de Galilea. [42] La Escritura dice que el Mesías tiene que ser descendiente del rey David,[o] y que procederá de Belén,[p] el mismo pueblo de donde era David.

[43] Así que la gente se dividió por causa de Jesús. [44] Algunos querían llevárselo preso, pero nadie lo hizo.

Las autoridades no creían en Jesús

[45] Los guardianes del templo volvieron a donde estaban los fariseos y los jefes de los sacerdotes, que les preguntaron:

—¿Por qué no lo trajeron?

[46] Los guardianes contestaron:

—¡Nunca ha hablado nadie como habla él!

[47] Entonces los fariseos les dijeron:

—¿También ustedes se han dejado engañar? [48] ¿Acaso ha creído en él alguno de nuestros jefes, o de los fariseos? [49] Pero esta gente, que no conoce la ley, está maldita.

[50] Nicodemo, el fariseo que en una ocasión había ido a ver a Jesús,[q] les dijo:

[51] —Según nuestra ley, no podemos condenar a un hombre sin antes haberlo oído para saber qué es lo que ha hecho.

[52] Ellos le contestaron:

—¿También tú eres de Galilea? Estudia las Escrituras y verás que ningún profeta ha venido de Galilea.

La mujer adúltera

[[53] Cada uno se fue a su casa.

8 [1] Pero Jesús se dirigió al monte de los Olivos, [2] y al día siguiente, al amanecer, volvió al templo. La gente se le acercó, y él se sentó y comenzó a enseñarles.

[3] Los maestros de la ley y los fariseos llevaron entonces a una mujer que habían sorprendido cometiendo adulterio. La pusieron en medio de todos los presentes, [4] y dijeron a Jesús:

—Maestro, esta mujer ha sido sorprendida en el acto mismo de cometer adulterio. [5] En nuestra ley, Moisés ordenó que se matara a pedradas a esta clase de mujeres.[r] ¿Tú qué dices?

[6] Ellos preguntaron esto para ponerlo a prueba, y tener así de qué acusarlo. Pero Jesús se inclinó y comenzó a escribir en la tierra con el dedo. [7] Luego, como seguían preguntándole, se enderezó y les dijo:

—Aquel de ustedes que no tenga pecado, que le tire la primera piedra.

[8] Y volvió a inclinarse y siguió escribiendo en la tierra. [9] Al oír esto, uno tras otro comenzaron a irse, y los primeros en hacerlo fueron los más viejos. Cuando Jesús se encontró solo con la mujer, que se había quedado allí, [10] se enderezó y le preguntó:

—Mujer, ¿dónde están? ¿Ninguno te ha condenado?

[11] Ella le contestó:

m 7.37 Lv 23.36; Nm 29.35.   n 7.37 Jn 4.10-14.   ñ 7.38 Ez 47.1; Zac 14.8.   o 7.42 2 S 7.12-13; Sal 89.3-4; 132.11-12.   p 7.42 Mi 5.2.   q 7.50 Jn 3.1-2.   r 8.5 Lv 20.10; Dt 22.22-24.

—Ninguno, Señor.

Jesús le dijo:

—Tampoco yo te condeno; ahora vete, y no vuelvas a pecar.][13]

Jesús, la luz del mundo

[12] Jesús se dirigió otra vez a la gente, diciendo:

—Yo soy la luz del mundo;[s] el que me sigue, tendrá la luz que le da vida, y nunca andará en la oscuridad.

[13] Los fariseos le dijeron:

—Tú estás dando testimonio a favor tuyo: ese testimonio no tiene valor.[t]

[14] Jesús les contestó:

—Mi testimonio sí tiene valor, aunque lo dé yo mismo a mi favor. Pues yo sé de dónde vine y a dónde voy; en cambio, ustedes no lo saben. [15] Ustedes juzgan según los criterios humanos. Yo no juzgo a nadie; [16] pero si juzgo, mi juicio está de acuerdo con la verdad, porque no juzgo yo solo, sino que el Padre que me envió juzga conmigo. [17] En la ley de ustedes está escrito que cuando dos testigos dicen lo mismo, su testimonio tiene valor. [18] Pues bien, yo mismo soy un testigo a mi favor, y el Padre que me envió es el otro testigo.

[19] Le preguntaron:

—¿Dónde está tu Padre?

Jesús les contestó:

—Ustedes no me conocen a mí, ni tampoco a mi Padre; si me conocieran a mí, también conocerían a mi Padre.

[20] Jesús dijo estas cosas mientras enseñaba en el templo, en el lugar donde estaban los cofres de las ofrendas. Pero nadie lo arrestó, porque todavía no había llegado su hora.

"A donde yo voy, ustedes no pueden ir"

[21] Jesús les volvió a decir:

—Yo me voy, y ustedes me van a buscar, pero morirán en su pecado. A donde yo voy, ustedes no pueden ir.

[22] Los judíos dijeron:

—¿Acaso estará pensando en matarse, y por eso dice que no podemos ir a donde él va?

[23] Jesús les dijo:

—Ustedes son de aquí abajo, pero yo soy de arriba; ustedes son de este mundo, pero yo no soy de este mundo. [24] Por eso les dije que morirán en sus pecados; porque si no creen que yo soy el que soy, morirán en sus pecados.

[25] Entonces le preguntaron:

—¿Quién eres tú?

Jesús les respondió:

—En primer lugar, ¿por qué he de hablar con ustedes?[14] [26] Tengo mucho que decir y que juzgar de ustedes, pero el que me ha enviado dice la verdad, y lo que yo le digo al mundo es lo mismo que le he oído decir a él.

[27] Pero ellos no entendieron que les hablaba del Padre. [28] Por eso les dijo:

—Cuando ustedes levanten en alto al Hijo del hombre, reconocerán que yo soy el que soy, y que no hago nada por mi propia cuenta; solamente digo lo que el Padre me ha enseñado. [29] Porque el que me ha enviado está conmigo; mi Padre no me ha dejado solo, porque yo siempre hago lo que a él le agrada.

[30] Cuando Jesús dijo esto, muchos creyeron en él.

Los hijos de Dios y los esclavos del pecado

[31] Jesús les dijo a los judíos que habían creído en él:

—Si ustedes se mantienen fieles a mi palabra, serán de veras mis discípulos; [32] conocerán la verdad, y la verdad los hará libres.

[33] Ellos le contestaron:

—Nosotros somos descendientes de Abraham,[u] y nunca hemos sido esclavos de nadie; ¿cómo dices tú que seremos libres?

[34] Jesús les dijo:

—Les aseguro que todos los que pecan son esclavos del pecado. [35] Un esclavo no pertenece para siempre a la familia; pero un hijo sí pertenece para siempre a la familia. [36] Así que, si el Hijo los hace libres, ustedes serán verdaderamente libres.[v] [37] Ya sé que ustedes son descendientes de Abraham; pero quieren matarme porque no aceptan mi palabra. [38] Yo hablo de lo que mi Padre me ha mostrado, y ustedes hacen lo que su padre les ha dicho.

[39] Ellos le dijeron:

—¡Nuestro padre es Abraham!

Pero Jesús les contestó:

—Si ustedes fueran de veras hijos de Abraham, harían lo que él hizo. [40] Sin embargo, aunque les he dicho la verdad que Dios me ha enseñado, ustedes quieren matarme. ¡Abraham nunca hizo nada así! [41] Ustedes hacen lo mismo que hace su padre.

Ellos le dijeron:

—¡Nosotros no somos hijos bastardos; tenemos un solo padre, que es Dios!

[42] Jesús les contestó:

—Si de veras Dios fuera su padre, ustedes me amarían, porque yo vengo de Dios y aquí estoy. No he venido por mi propia

[13] El texto entre corchetes falta en la mayoría de los mss. Otros mss. lo incluyen en distinto lugar.   [14] En primer lugar, ¿por qué he de hablar con ustedes?: otra posible traducción: Lo que desde el principio les digo.

s 8.12 Mt 5.14; Jn 9.5.   t 8.13 Jn 5.31.   u 8.33 Mt 3.9; Lc 3.8.   v 8.36 Gá 5.1,13.

cuenta, sino que Dios me ha enviado. [43] ¿Por qué no pueden entender ustedes mi mensaje? Pues simplemente porque no quieren escuchar mi palabra. [44] El padre de ustedes es el diablo; ustedes le pertenecen, y tratan de hacer lo que él quiere. El diablo ha sido un asesino desde el principio. Nunca se ha basado en la verdad, y nunca dice la verdad. Cuando dice mentiras, habla como lo que es; porque es mentiroso y es el padre de la mentira. [45] Pero como yo digo la verdad, ustedes no me creen. [46] ¿Quién de ustedes puede demostrar que yo tengo algún pecado? Y si digo la verdad, ¿por qué no me creen? [47] El que es de Dios, escucha las palabras de Dios; pero como ustedes no son de Dios, no quieren escuchar.

Cristo existe desde antes de Abraham

[48] Los judíos le dijeron entonces:

—Tenemos razón cuando decimos que eres un samaritano y que tienes un demonio.

[49] Jesús les contestó:

—No tengo ningún demonio. Lo que hago es honrar a mi Padre; en cambio, ustedes me deshonran. [50] Yo no quiero que me honren, aunque hay alguien que quiere que se me honre, y él juzga. [51] Les aseguro que quien hace caso de mi palabra, no morirá.

[52] Los judíos le contestaron:

—Ahora estamos seguros de que tienes un demonio. Abraham y todos los profetas murieron, y tú dices: 'El que hace caso de mi palabra, no morirá.' [53] ¿Acaso tú eres más que nuestro padre Abraham? El murió, y los profetas también murieron. ¿Quién te has creído que eres?

[54] Jesús les contestó:

—Si yo me honro a mí mismo, mi honra no vale nada. Pero el que me honra es mi Padre, el mismo que ustedes dicen que es su Dios. [55] Pero ustedes no lo conocen. Yo sí lo conozco; y si dijera que no lo conozco, sería tan mentiroso como ustedes. Pero ciertamente lo conozco, y hago caso de su palabra. [56] Abraham, el antepasado de ustedes, se alegró porque iba a ver mi día; y lo vio, y se llenó de gozo.

[57] Los judíos dijeron a Jesús:

—Todavía no tienes cincuenta años, ¿y dices que has visto a Abraham?

[58] Jesús les contestó:

—Les aseguro que yo existo[w] desde antes que existiera Abraham.

[59] Entonces ellos tomaron piedras para arrojárselas; pero Jesús se escondió y salió del templo.

Jesús da la vista a un hombre que nació ciego

9 [1] Al pasar por cierto lugar, Jesús vio a un hombre que había nacido ciego. [2] Sus discípulos le preguntaron:

—Maestro, ¿por qué nació ciego este hombre? ¿Por el pecado de sus padres o por su propio pecado?

[3] Jesús les contestó:

—Ni por su propio pecado ni por el de sus padres; fue más bien para que en él se demuestre lo que Dios puede hacer. [4] Mientras es de día, tenemos que hacer el trabajo del que me envió; pues viene la noche, cuando nadie puede trabajar. [5] Mientras estoy en este mundo, soy la luz del mundo.[x]

[6] Después de haber dicho esto, Jesús escupió en el suelo, hizo con la saliva un poco de lodo y untó con él los ojos del ciego. [7] Luego le dijo:

—Ve a lavarte al estanque de Siloé (que significa: "Enviado").

El ciego fue y se lavó, y cuando regresó ya podía ver. [8] Los vecinos y los que antes lo habían visto pedir limosna se preguntaban:

—¿No es éste el que se sentaba a pedir limosna?

[9] Unos decían:

—Sí, es él.

Otros decían:

—No, no es él, aunque se le parece.

Pero él mismo decía:

—Sí, yo soy.

[10] Entonces le preguntaron:

—¿Y cómo es que ahora puedes ver?

[11] Él les contestó:

—Ese hombre que se llama Jesús hizo lodo, me untó los ojos con él y me dijo: 'Ve al estanque de Siloé, y lávate.' Yo fui, y en cuanto me lavé, pude ver.

[12] Entonces le preguntaron:

—¿Dónde está ese hombre?

Y él les dijo:

—No lo sé.

Los fariseos interrogan al ciego que fue sanado

[13-14] El día en que Jesús hizo el lodo y devolvió la vista al ciego, era día de reposo.[15] Por eso llevaron ante los fariseos al que había sido ciego, [15] y ellos le preguntaron cómo era que ya podía ver. Y él les contestó:

—Me puso lodo sobre los ojos, me lavé y ahora veo.

[16] Algunos fariseos dijeron:

—El que hizo esto no puede ser de Dios, porque no respeta el día de reposo.[15]

---

[15] *Día de reposo:* aquí equivale a *sábado.*
[w] **8.58** Ex 3.14; Jn 8.24; 10.30-33; 13.19.   [x] **9.5** Mt 5.14; Jn 8.12.

Pero otros decían:

—¿Cómo puede hacer estas señales milagrosas, si es pecador?

De manera que hubo división entre ellos, [17] y volvieron a preguntarle al que antes era ciego:

—Puesto que te ha dado la vista, ¿qué dices de él?

El contestó:

—Yo digo que es un profeta.

[18] Pero los judíos no quisieron creer que había sido ciego y que ahora podía ver, hasta que llamaron a sus padres [19] y les preguntaron:

—¿Es éste su hijo? ¿Declaran ustedes que nació ciego? ¿Cómo es que ahora puede ver?

[20] Sus padres contestaron:

—Sabemos que éste es nuestro hijo, y que nació ciego; [21] pero no sabemos cómo es que ahora puede ver, ni tampoco sabemos quién le dio la vista. Pregúntenselo a él; ya es mayor de edad, y él mismo puede darles razón.

[22] Sus padres dijeron esto por miedo, pues los judíos se habían puesto de acuerdo para expulsar de la sinagoga a cualquiera que reconociera que Jesús era el Mesías. [23] Por eso dijeron sus padres: "Pregúntenselo a él, que ya es mayor de edad."

[24] Los judíos volvieron a llamar al que había sido ciego, y le dijeron:

—Dinos la verdad delante de Dios. Nosotros sabemos que ese hombre es pecador.

[25] El les contestó:

—Yo no sé si es pecador o no. Lo único que sé es que yo era ciego y ahora veo.

[26] Volvieron a preguntarle:

—¿Qué te hizo? ¿Qué hizo para darte la vista?

[27] Les contestó:

—Ya se lo he dicho, pero no me hacen caso. ¿Por qué quieren que se lo repita? ¿Es que también ustedes quieren seguirle?

[28] Entonces lo insultaron, y le dijeron:

—Tú sigues a ese hombre, pero nosotros seguimos a Moisés. [29] Nosotros sabemos que Dios le habló a Moisés; pero ése, ni siquiera sabemos de dónde ha salido.

[30] El hombre les contestó:

—¡Qué cosa tan rara! Ustedes no saben de dónde ha salido, y en cambio a mí me ha dado la vista. [31] Bien sabemos que Dios no escucha a los pecadores; solamente escucha a los que lo adoran y hacen su voluntad.[y] [32] Nunca se ha oído decir de nadie que diera la vista a una persona que nació ciega. [33] Si este hombre no viniera de Dios, no podría hacer nada.

[34] Le dijeron entonces:

—Tú, que naciste lleno de pecado, ¿quieres darnos lecciones a nosotros? Y lo expulsaron de la sinagoga.[16]

Ciegos espirituales

[35] Jesús supo que habían expulsado al ciego; y cuando se encontró con él, le preguntó:

—¿Crees tú en el Hijo del hombre?

[36] El le dijo:

—Señor, dime quién es, para que yo crea en él.

[37] Jesús le contestó:

—Ya lo has visto: soy yo, con quien estás hablando.

[38] Entonces el hombre se puso de rodillas delante de Jesús, y le dijo:

—Creo, Señor.

[39] Luego dijo Jesús:

—Yo he venido a este mundo para hacer juicio, para que los ciegos vean y para que los que ven se vuelvan ciegos.

[40] Algunos fariseos que estaban con él, al oír esto, le preguntaron:

—¿Acaso nosotros también somos ciegos?

[41] Jesús les contestó:

—Si ustedes fueran ciegos, no tendrían culpa de sus pecados. Pero como dicen que ven, son culpables.

El pastor y sus ovejas

10 [1] Entonces Jesús dijo: "Les aseguro que el que no entra por la puerta en el redil de las ovejas, sino que se mete por otro lado, es ladrón y bandido. [2] Pero el que entra por la puerta es el pastor que cuida las ovejas. [3] El portero le abre la puerta, y el pastor llama a cada oveja por su nombre, y las ovejas reconocen su voz. El las saca del redil, [4] y cuando ya han salido todas, camina delante de ellas, y las ovejas lo siguen porque reconocen su voz. [5] En cambio, no siguen a un desconocido, sino que huyen de él, porque no conocen la voz de los desconocidos."

[6] Jesús les puso esta comparación, pero ellos no entendieron lo que les quería decir.

Jesús, el buen pastor

[7] Jesús volvió a decirles: "Esto les aseguro: Yo soy la puerta por donde pasan las ovejas. [8] Todos los que vinieron antes de mí, fueron unos ladrones y bandidos; pero las ovejas no les hicieron caso. [9] Yo soy la puerta: el que por mí entre, será salvo. Será como una oveja que entra y sale y encuentra pastos.

---

[16] De la sinagoga: según v. 22. En el texto griego no aparece esta frase.
[y] 9.31 Pr 15.29.

¹⁰ "El ladrón viene solamente para robar, matar y destruir; pero yo he venido para que tengan vida, y para que la tengan en abundancia. ¹¹ Yo soy el buen pastor. El buen pastor da su vida por las ovejas; ¹² pero el que trabaja solamente por la paga, cuando ve venir al lobo deja las ovejas y huye, porque no es el pastor y porque las ovejas no son suyas. Y el lobo ataca a las ovejas y las dispersa en todas direcciones. ¹³ Ese hombre huye porque lo único que le importa es la paga, y no las ovejas.

¹⁴⁻¹⁵ "Yo soy el buen pastor.ᶻ Así como mi Padre me conoce a mí y yo conozco a mi Padre,ᵃ así también yo conozco a mis ovejas y ellas me conocen a mí. Yo doy mi vida por las ovejas. ¹⁶ También tengo otras ovejas que no son de este redil; y también a ellas debo traerlas. Ellas me obedecerán, y habrá un solo rebaño y un solo pastor.ᵇ

¹⁷ "El Padre me ama porque yo doy mi vida para volverla a recibir. ¹⁸ Nadie me quita la vida, sino que yo la doy por mi propia voluntad. Tengo el derecho de darla y de volver a recibirla. Esto es lo que me ordenó mi Padre."

¹⁹ Cuando los judíos oyeron estas palabras, volvieron a dividirse. ²⁰ Muchos de ellos decían:

—¿Por qué le hacen caso, si tiene un demonio y está loco?

²¹ Pero otros decían:

—Nadie que tenga un demonio puede hablar así. ¿Acaso un demonio puede dar la vista a los ciegos?

Los judíos rechazan a Jesús

²² Era invierno, y en Jerusalén estaban celebrando la fiesta en que se conmemoraba la dedicación del templo. ²³ Jesús estaba en el templo, y andaba por el Pórtico de Salomón. ²⁴ Entonces los judíos le rodearon y le preguntaron:

—¿Hasta cuándo nos vas a tener en dudas? Si tú eres el Mesías, dínoslo de una vez.

²⁵ Jesús les contestó:

—Ya se lo dije a ustedes, y no me creyeron. Las cosas que yo hago con la autoridad de mi Padre, lo demuestran claramente; ²⁶ pero ustedes no creen, porque no son de mis ovejas. ²⁷ Mis ovejas reconocen mi voz, y yo las conozco y ellas me siguen. ²⁸ Yo les doy vida eterna, y jamás perecerán ni nadie me las quitará. ²⁹ Lo que el Padre me ha dado es más grande que todo,¹⁷ y nadie se lo puede quitar. ³⁰ El Padre y yo somos uno solo.

³¹ Los judíos volvieron a tomar piedras para tirárselas, ³² pero Jesús les dijo:

—Por el poder de mi Padre he hecho muchas cosas buenas delante de ustedes; ¿por cuál de ellas me van a apedrear?

³³ Los judíos le contestaron:

—No te vamos a apedrear por ninguna cosa buena que hayas hecho, sino porque tus palabras son una ofensa contra Dios.ᶜ Tú no eres más que un hombre, pero te estás haciendo Dios a ti mismo.

³⁴ Jesús les dijo:

—En la ley de ustedes está escrito: 'Yo dije que ustedes son dioses.'ᵈ ³⁵ Sabemos que lo que la Escritura dice, no se puede negar; y Dios llamó dioses a aquellas personas a quienes dirigió su mensaje. ³⁶ Y si Dios me apartó a mí y me envió al mundo, ¿cómo pueden ustedes decir que lo he ofendido porque dije que soy Hijo de Dios? ³⁷ Si yo no hago las obras que hace mi Padre, no me crean. ³⁸ Pero si las hago, aunque no me crean a mí, crean en las obras que hago, para que sepan de una vez por todas que el Padre está en mí y que yo estoy en el Padre.

³⁹ Otra vez quisieron arrestarlo, pero Jesús se les escapó. ⁴⁰ Regresó Jesús al oriente del Jordán, y se quedó allí, en el lugar donde Juan había estado antes bautizando.ᵉ ⁴¹ Mucha gente fue a verle, y decían:

—De veras, aunque Juan no hizo ninguna señal milagrosa, todo lo que dijo de este hombre era verdad.

⁴² Muchos creyeron en Jesús en aquel lugar.

Muerte de Lázaro

11 ¹ Había un hombre enfermo que se llamaba Lázaro, natural de Betania, el pueblo de María y de su hermana Marta.ᶠ ² Esta María, que era hermana de Lázaro, fue la que derramó perfume sobre los pies del Señor y los secó con sus cabellos.ᵍ ³ Así pues, las dos hermanas mandaron a decir a Jesús:

—Señor, tu amigo está enfermo.

⁴ Jesús, al oírlo, dijo:

—Esta enfermedad no va a terminar en muerte, sino que ha de servir para mostrar la gloria de Dios, y también la gloria del Hijo de Dios.

⁵ Aunque Jesús quería mucho a Marta, a su hermana y a Lázaro, ⁶ cuando le dijeron que Lázaro estaba enfermo se quedó dos días más en el lugar donde se encontraba. ⁷ Después dijo a sus discípulos:

—Vamos otra vez a Judea.

⁸ Los discípulos le dijeron:

—Maestro, hace poco los judíos de esa región trataron de matarte a pedradas, ¿y otra vez quieres ir allá?

¹⁷ Lo que el Padre . . . grande que todo: algunos mss. dicen: Mi Padre, que me las ha dado, es más grande que todos.
ᶻ 10.1-16 Is 40.11; Ez 34; Lc 15.4-5; He 13.20.   ᵃ 10.15 Mt 11.27; Lc 10.22.   ᵇ 10.16 Ef 2.11-22.   ᶜ 10.33 Lv 24.16.
ᵈ 10.34 Sal 82.6.   ᵉ 10.40 Jn 1.28.   ᶠ 11.1 Lc 10.38-39.   ᵍ 11.2 Jn 12.3.

⁹ Jesús les dijo:

—¿No es cierto que el día tiene doce horas? Pues si uno anda de día, no tropieza, porque ve la luz que hay en este mundo; ¹⁰ pero si uno anda de noche, tropieza, porque le falta la luz.

¹¹ Después añadió:

—Nuestro amigo Lázaro se ha dormido, pero voy a despertarlo.

¹² Los discípulos le dijeron:

—Señor, si se ha dormido, es señal de que va a sanar.

¹³ Pero lo que Jesús les decía es que Lázaro había muerto, mientras que los discípulos pensaban que se había referido al sueño natural. ¹⁴ Entonces Jesús les dijo claramente:

—Lázaro ha muerto. ¹⁵ Y me alegro de no haber estado allí, porque así es mejor para ustedes, para que crean. Pero vamos a verlo.

¹⁶ Entonces Tomás, al que llamaban el Gemelo, dijo a los otros discípulos:

—Vamos también nosotros, para morir con él.

Jesús, la resurrección y la vida

¹⁷ Al llegar, Jesús se encontró con que ya hacía cuatro días que Lázaro había sido sepultado. ¹⁸ Betania se hallaba cerca de Jerusalén, a unos tres kilómetros; ¹⁹ y muchos de los judíos habían ido a visitar a Marta y a María, para consolarlas por la muerte de su hermano. ²⁰ Cuando Marta supo que Jesús estaba llegando, salió a recibirlo; pero María se quedó en la casa. ²¹ Marta le dijo a Jesús:

—Señor, si hubieras estado aquí, mi hermano no habría muerto. ²² Pero yo sé que aun ahora Dios te dará todo lo que le pidas.

²³ Jesús le contestó:

—Tu hermano volverá a vivir.

²⁴ Marta le dijo:

—Sí, ya sé que volverá a vivir cuando los muertos resuciten, en el día último.

²⁵ Jesús le dijo entonces:

—Yo soy la resurrección y la vida.ʰ El que cree en mí, aunque muera, vivirá; ²⁶ y todo el que todavía está vivo y cree en mí, no morirá jamás. ¿Crees esto?

²⁷ Ella le dijo:

—Sí, Señor, yo creo que tú eres el Mesías, el Hijo de Dios, el que tenía que venir al mundo.

Jesús llora junto al sepulcro de Lázaro

²⁸ Después de decir esto, Marta fue a llamar a su hermana María, y le dijo en secreto:

—El Maestro está aquí y te llama.

ʰ **11.25** Ro 6.4–5; Col 2.12; 3.1.

²⁹ Tan pronto como lo oyó, María se levantó y fue a ver a Jesús. ³⁰ Jesús no había entrado todavía en el pueblo; estaba en el lugar donde Marta se había encontrado con él. ³¹ Al ver que María se levantaba y salía rápidamente, los judíos que estaban con ella en la casa, consolándola, la siguieron pensando que iba al sepulcro a llorar.

³² Cuando María llegó a donde estaba Jesús, se puso de rodillas a sus pies, diciendo:

—Señor, si hubieras estado aquí, mi hermano no habría muerto.

³³ Jesús, al ver llorar a María y a los judíos que habían llegado con ella, se conmovió profundamente y se estremeció, ³⁴ y les preguntó:

—¿Dónde lo sepultaron?

Le dijeron:

—Ven a verlo, Señor.

³⁵ Y Jesús lloró. ³⁶ Los judíos dijeron entonces:

—¡Miren cuánto lo quería!

³⁷ Pero algunos de ellos decían:

—Este que dio la vista al ciego, ¿no podría haber hecho algo para que Lázaro no muriera?

Resurrección de Lázaro

³⁸ Jesús, otra vez muy conmovido, se acercó a la tumba. Era una cueva, cuya entrada estaba tapada con una piedra. ³⁹ Jesús dijo:

—Quiten la piedra.

Marta, la hermana del muerto, le dijo:

—Señor, ya debe oler mal, porque hace cuatro días que murió.

⁴⁰ Jesús le contestó:

—¿No te dije que, si crees, verás la gloria de Dios?

⁴¹ Quitaron la piedra, y Jesús, mirando al cielo, dijo:

—Padre, te doy gracias porque me has escuchado. ⁴² Yo sé que siempre me escuchas, pero lo digo por el bien de esta gente que está aquí, para que crean que tú me has enviado.

⁴³ Después de decir esto, gritó:

—¡Lázaro, sal de ahí!

⁴⁴ Y el muerto salió, con las manos y los pies atados con vendas y la cara envuelta en un lienzo. Jesús les dijo:

—Desátenlo y déjenlo ir.

Conspiración para arrestar a Jesús
(Mt 26.1–5; Mr 14.1–2; Lc 22.1–2)

⁴⁵ Por esto creyeron en Jesús muchos de los judíos que habían ido a acompañar a María y que vieron lo que él había hecho. ⁴⁶ Pero algunos fueron a ver a los fariseos,

y les contaron lo que había hecho Jesús.
⁴⁷ Entonces los fariseos y los jefes de los sacerdotes reunieron a la Junta Suprema, y dijeron:

—¿Qué haremos? Este hombre está haciendo muchas señales milagrosas. ⁴⁸ Si lo dejamos, todos van a creer en él, y las autoridades romanas vendrán y destruirán nuestro templo y nuestra nación.

⁴⁹ Pero uno de ellos, llamado Caifás, que era el sumo sacerdote aquel año, les dijo:

—Ustedes no saben nada, ⁵⁰ ni se dan cuenta de que es mejor para ustedes que muera un solo hombre por el pueblo, y no que toda la nación sea destruida.

⁵¹ Pero Caifás no dijo esto por su propia cuenta, sino que, como era sumo sacerdote aquel año, dijo por inspiración de Dios que Jesús iba a morir por la nación judía; ⁵² y no solamente por esta nación, sino también para reunir a todos los hijos de Dios que estaban dispersos. ⁵³ Así que desde aquel día las autoridades judías tomaron la decisión de matar a Jesús.

⁵⁴ Por eso Jesús ya no andaba públicamente entre los judíos, sino que salió de la región de Judea y se fue a un lugar cerca del desierto, a un pueblo llamado Efraín. Allí se quedó con sus discípulos.

⁵⁵ Faltaba poco para la fiesta de la Pascua de los judíos, y mucha gente de los pueblos se dirigía a Jerusalén a celebrar los ritos de purificación antes de la Pascua. ⁵⁶ Andaban buscando a Jesús, y se preguntaban unos a otros en el templo:

—¿Qué les parece? ¿Vendrá a la fiesta o no?

⁵⁷ Los fariseos y los jefes de los sacerdotes habían dado orden de que, si alguien sabía dónde estaba Jesús, lo dijera, para poder arrestarlo.

Una mujer derrama perfume sobre Jesús
(Mt 26.6-13; Mr 14.3-9)

12 ¹ Seis días antes de la Pascua, Jesús fue a Betania, donde vivía Lázaro, a quien él había resucitado. ² Allí hicieron una cena en honor de Jesús; Marta servía, y Lázaro era uno de los que estaban a la mesa comiendo con él. ³ María trajo unos trescientos gramos de perfume de nardo puro, muy caro, y perfumó los pies de Jesús; luego se los secó con sus cabellos.ⁱ Y toda la casa se llenó del aroma del perfume. ⁴ Entonces Judas Iscariote, que era aquel de los discípulos que iba a traicionar a Jesús, dijo:

⁵ —¿Por qué no se ha vendido este perfume en trescientos denarios, para ayudar a los pobres?

⁶ Pero Judas no dijo esto porque le importaran los pobres, sino porque era ladrón, y como tenía a su cargo la bolsa del dinero, robaba de lo que echaban en ella. ⁷ Jesús le dijo:

—Déjala, pues lo estaba guardando para el día de mi entierro. ⁸ A los pobres siempre los tendrán entre ustedes,ʲ pero a mí no siempre me tendrán.

Conspiración contra Lázaro

⁹ Muchos de los judíos se enteraron de que Jesús estaba en Betania, y fueron allá, no sólo para ver a Jesús sino también a Lázaro, a quien Jesús había resucitado. ¹⁰ Entonces los jefes de los sacerdotes decidieron matar también a Lázaro, ¹¹ porque por causa suya muchos judíos se estaban separando de ellos para creer en Jesús.

Jesús entra en Jerusalén
(Mt 21.1-11; Mr 11.1-11; Lc 19.28-40)

¹² Mucha gente había ido a Jerusalén para la fiesta de la Pascua. Al día siguiente, supieron que Jesús iba a llegar a la ciudad. ¹³ Entonces cortaron hojas de palmera y salieron a recibirlo, gritando:

—¡Gloria!ⁱ⁸ ¡Bendito el que viene en el nombre del Señor! ¡Bendito el Rey de Israel!ᵏ

¹⁴ Jesús encontró un burro y montó en él, como se dice en la Escritura:

¹⁵ "No tengas miedo, ciudad de Sión;
mira, tu Rey viene
montado en un burrito."ˡ

¹⁶ Al principio, sus discípulos no entendieron estas cosas; pero después, cuando Jesús fue glorificado, se acordaron de que todo esto que le había pasado era lo que estaba escrito acerca de él.

¹⁷ La gente que estaba con Jesús cuando él llamó a Lázaro de la tumba y lo resucitó, contaba lo que había visto. ¹⁸ Por eso, la gente salió al encuentro de Jesús, porque supieron de la señal milagrosa que había hecho. ¹⁹ Pero los fariseos se decían unos a otros:

—Ya ven ustedes que así no vamos a conseguir nada. Miren, ¡todo el mundo se va con él!

Unos griegos buscan a Jesús

²⁰ Entre la gente que había ido a Jerusalén a adorar durante la fiesta, había algunos griegos. ²¹ Estos se acercaron a Felipe, que era de Betsaida, un pueblo de Galilea, y le rogaron:

—Señor, queremos ver a Jesús.

---

¹⁸ Véase nota en Mt 21.9.
ⁱ **12.3** Lc 7.37-38. ʲ **12.8** Dt 15.11. ᵏ **12.13** Sal 118.25-26. ˡ **12.15** Zac 9.9.

²² Felipe fue y se lo dijo a Andrés, y los dos fueron a contárselo a Jesús. ²³ Jesús les dijo entonces:

—Ha llegado la hora en que el Hijo del hombre va a ser glorificado. ²⁴ Les aseguro que si un grano de trigo no cae en la tierra y muere, sigue siendo un solo grano; pero si muere, da abundante cosecha.ᵐ ²⁵ El que ama su vida, la perderá; pero el que desprecia su vida en este mundo, la conservará para la vida eterna.ⁿ ²⁶ Si alguno quiere servirme, que me siga; y donde yo esté, allí estará también el que me sirva. Si alguno me sirve, mi Padre lo honrará.

Jesús anuncia su muerte

²⁷ "¡Siento en este momento una angustia terrible! ¿Y qué voy a decir? ¿Diré: 'Padre, líbrame de esta angustia'? ¡Pero precisamente para esto he venido! ²⁸ Padre, glorifica tu nombre.

Entonces se oyó una voz del cielo, que decía: "Ya lo he glorificado, y lo voy a glorificar otra vez."

²⁹ La gente que estaba allí escuchando, decía que había sido un trueno; pero algunos afirmaban:

—Un ángel le ha hablado.

³⁰ Jesús les dijo:

—No fue por mí por quien se oyó esta voz, sino por ustedes. ³¹ Este es el momento en que el mundo va a ser juzgado, y ahora será expulsado el que manda en este mundo. ³² Pero cuando yo sea levantado de la tierra, atraeré a todos a mí mismo.

³³ Con esto daba a entender de qué forma había de morir. ³⁴ La gente le contestó:

—Por la ley sabemos que el Mesías vivirá para siempre.ⁿ ¿Cómo, pues, dices tú que el Hijo del hombre tiene que ser levantado? ¿Quién es ese Hijo del hombre?

³⁵ Jesús les dijo:

—Todavía estará entre ustedes la luz, pero solamente por un poco de tiempo. Anden, pues, mientras tienen esta luz, para que no les sorprenda la oscuridad; porque el que anda en oscuridad, no sabe por dónde va. ³⁶ Crean en la luz mientras todavía la tienen, para que pertenezcan a la luz.

Después de decir estas cosas, Jesús se fue y se escondió de ellos.

Por qué los judíos no creían en Jesús

³⁷ A pesar de que Jesús había hecho tan grandes señales milagrosas delante de ellos, no creían en él; ³⁸ pues tenía que cumplirse lo que escribió el profeta Isaías:

"Señor, ¿quién ha creído nuestro mensaje?
¿A quién ha revelado el Señor su poder?"ᵒ

³⁹ Así que no podían creer, pues también escribió Isaías:

⁴⁰ "Dios les ha cerrado los ojos
y ha entorpecido su mente,
para que no puedan ver
ni puedan entender;
para que no se vuelvan a mí,
y yo no los sane."ᵖ

⁴¹ Isaías dijo esto porque había visto la gloria de Jesús, y hablaba de él.

⁴² Sin embargo, muchos de los judíos creyeron en Jesús; incluso algunos de los más importantes. Pero no lo decían en público por miedo a los fariseos, para que no los expulsaran de las sinagogas. ⁴³ Preferían recibir la honra que dan los hombres a recibir la honra que da Dios.

Las palabras de Jesús juzgarán a la gente

⁴⁴ Jesús dijo con voz fuerte: "El que cree en mí, no cree solamente en mí, sino también en el Padre, que me ha enviado. ⁴⁵ Y el que me ve a mí, ve también al que me ha enviado. ⁴⁶ Yo, que soy la luz, he venido al mundo para que los que creen en mí no se queden en la oscuridad. ⁴⁷ Pero a aquel que oye mis palabras y no las obedece, no soy yo quien lo condena; porque yo no vine para condenar al mundo, sino para salvarlo. ⁴⁸ El que me desprecia y no hace caso de mis palabras, ya tiene quien lo condene: las palabras que yo he dicho lo condenarán en el día último. ⁴⁹ Porque yo no hablo por mi cuenta; el Padre, que me ha enviado, me ha ordenado lo que debo decir y enseñar. ⁵⁰ Y sé que el mandato de mi Padre es para vida eterna. Así pues, lo que yo digo, lo digo como el Padre me ha ordenado."

Jesús lava los pies de sus discípulos

13 ¹ Era el día anterior a la fiesta de la Pascua. Jesús sabía que había llegado la hora de que él dejara este mundo para ir a reunirse con el Padre. Él siempre había amado a los suyos que estaban en el mundo, y así los amó hasta el fin.

²⁻⁴ El diablo ya había metido en el corazón de Judas, hijo de Simón Iscariote, la idea de traicionar a Jesús. Jesús sabía que había venido de Dios, que iba a volver a Dios y que el Padre le había dado toda autoridad; así que, mientras estaban cenando, se levantó de la mesa, se quitó la

ᵐ 12.24 Mt 10.38; 16.24; Mr 8.34; Lc 9.23. ⁿ 12.25 Mt 10.39; 16.25; Mr 8.35; Lc 9.24; 17.33. ⁿ 12.34 Sal 110.4; Is 9.7; Ez 37.25; Dn 7.14. ᵒ 12.38 Is 53.1. ᵖ 12.40 Is 6.10.

ropa exterior y se ató una toalla a la cintura. ⁵ Luego echó agua en una palangana y se puso a lavar los pies de los discípulos y a secárselos con la toalla que llevaba a la cintura.

⁶ Cuando iba a lavarle los pies a Simón Pedro, éste le dijo:

—Señor, ¿tú me vas a lavar los pies a mí?

⁷ Jesús le contestó:

—Ahora no entiendes lo que estoy haciendo, pero después lo entenderás.

⁸ Pedro le dijo:

—¡Jamás permitiré que me laves los pies!

Respondió Jesús:

—Si no te los lavo, no podrás ser de los míos.

⁹ Simón Pedro le dijo:

—¡Entonces, Señor, no me laves solamente los pies, sino también las manos y la cabeza!

¹⁰ Pero Jesús le contestó:

—El que está recién bañado no necesita lavarse más que los pies, porque está todo limpio. Y ustedes están limpios, aunque no todos.

¹¹ Dijo: "No están limpios todos", porque sabía quién lo iba a traicionar.

¹² Después de lavarles los pies, Jesús volvió a ponerse la ropa exterior, se sentó otra vez a la mesa y les dijo:

—¿Entienden ustedes lo que les he hecho? ¹³ Ustedes me llaman Maestro y Señor, y tienen razón, porque lo soy. ¹⁴ Pues si yo, el Maestro y Señor, les he lavado a ustedes los pies, también ustedes deben lavarse los pies unos a otros. ¹⁵ Yo les he dado un ejemplo, para que ustedes hagan lo mismo que yo les he hecho.q ¹⁶ Les aseguro que ningún criado es más que su amo,r y que ningún enviado es más que el que lo envía. ¹⁷ Si entienden estas cosas y las ponen en práctica, serán dichosos. ¹⁸ "No estoy hablando de todos ustedes; yo sé quiénes son los que he escogido. Pero tiene que cumplirse lo que dice la Escritura: 'El que come conmigo, se ha vuelto contra mí.'s ¹⁹ Les digo esto de antemano para que, cuando suceda, ustedes crean que yo soy el que soy. ²⁰ Les aseguro que el que recibe al que yo envío, me recibe a mí; y el que me recibe a mí, recibe al que me ha enviado.t

Jesús anuncia que Judas lo traicionará
(Mt 26.20-25; Mr 14.17-21; Lc 22.21-23)

²¹ Después de decir esto, Jesús se sintió profundamente conmovido, y añadió con toda claridad:

—Les aseguro que uno de ustedes me va a traicionar.

²² Los discípulos comenzaron entonces a mirarse unos a otros, sin saber de quién estaba hablando. ²³ Uno de ellos, a quien Jesús quería mucho, estaba a su lado, de forma que podían conversar mientras cenaban, ²⁴ y Simón Pedro le dijo por señas que le preguntara de quién estaba hablando. ²⁵ Él, acercándose más a Jesús, le preguntó:

—Señor, ¿quién es?

²⁶ Jesús le contestó:

—Voy a mojar un pedazo de pan, y a quien se lo dé, ése es.

En seguida mojó un pedazo de pan y se lo dio a Judas, hijo de Simón Iscariote. ²⁷ Y tan pronto como Judas recibió el pan, Satanás entró en su corazón. Jesús le dijo:

—Lo que vas a hacer, hazlo pronto.

²⁸ Pero ninguno de los que estaban cenando a la mesa entendió por qué le decía eso. ²⁹ Como Judas era el encargado de la bolsa del dinero, algunos pensaron que Jesús le quería decir que comprara algo para la fiesta, o que diera algo a los pobres.

³⁰ Una vez que Judas hubo recibido el pan, salió. Ya era de noche.

El nuevo mandamiento

³¹ Después que Judas hubo salido, Jesús dijo:

—Ahora se muestra la gloria del Hijo del hombre, y la gloria de Dios se muestra en él. ³² Y si el Hijo del hombre muestra la gloria de Dios, también Dios mostrará la gloria de él; y lo hará pronto. ³³ Hijitos míos, ya no estaré con ustedes mucho tiempo. Ustedes me buscarán, pero lo mismo que les dije a los judíos les digo ahora a ustedes: No podrán ir a donde yo voy.u ³⁴ Les doy este mandamiento nuevo: Que se amen los unos a los otros. Así como yo los amo a ustedes, así deben amarse ustedes los unos a los otros.v ³⁵ Si se aman los unos a los otros, todo el mundo se dará cuenta de que son discípulos míos.

Jesús anuncia que Pedro lo negará
(Mt 26.31-35; Mr 14.27-31; Lc 22.31-34)

³⁶ Simón Pedro le preguntó a Jesús:

—Señor, ¿a dónde vas?

—A donde yo voy —le contestó Jesús—, no puedes seguirme ahora; pero me seguirás después.

³⁷ Pedro le dijo:

—Señor, ¿por qué no puedo seguirte ahora? ¡Estoy dispuesto a dar mi vida por ti!

³⁸ Jesús le respondió:

q **13.12-15** Mt 20.28; Mr 10.45; Lc 22.27. r **13.16** Mt 10.24; Lc 6.40; Jn 15.20. s **13.18** Sal 41.9. t **13.20** Mt 10.40; Mr 9.37; Lc 9.48; 10.16. u **13.33** Jn 7.34. v **13.34** Jn 15.12,17; 1 Jn 3.23; 2 Jn 5.

—¿De veras estás dispuesto a dar tu vida por mí? Pues te aseguro que antes que cante el gallo, me negarás tres veces.

Jesús, el camino al Padre

14 [1] "No se angustien ustedes. Confíen en Dios y confíen también en mí.[19] [2] En la casa de mi Padre hay muchos lugares donde vivir; si no fuera así, yo no les hubiera dicho que voy a prepararles un lugar. [3] Y después de irme y de prepararles un lugar, vendré otra vez para llevarlos conmigo, para que ustedes estén en el mismo lugar en donde yo voy a estar. [4] Ustedes saben el camino que lleva a donde yo voy.[20]

[5] Tomás le dijo a Jesús:

—Señor, no sabemos a dónde vas, ¿cómo vamos a saber el camino?

[6] Jesús le contestó:

—Yo soy el camino, la verdad y la vida. Solamente por mí se puede llegar al Padre.[w] [7] Si ustedes me conocen a mí, también conocerán a mi Padre; y ya lo conocen desde ahora, pues lo han estado viendo.

[8] Felipe le dijo entonces:

—Señor, déjanos ver al Padre, y con eso nos basta.

[9] Jesús le contestó:

—Felipe, hace tanto tiempo que estoy con ustedes, ¿y todavía no me conoces? El que me ve a mí, ve al Padre; ¿por qué me pides que les deje ver al Padre? [10] ¿No crees que yo estoy en el Padre y el Padre está en mí? Las cosas que les digo, no las digo por mi propia cuenta. El Padre, que vive en mí, es el que hace su propio trabajo. [11] Créanme que yo estoy en el Padre y el Padre está en mí; si no, crean al menos por lo que hago. [12] Les aseguro que el que cree en mí hará también las obras que yo hago; y hará otras todavía más grandes, porque yo voy a donde está el Padre. [13] Y todo lo que ustedes pidan en mi nombre, yo lo haré, para que por el Hijo se muestre la gloria del Padre. [14] Yo haré cualquier cosa que en mi nombre ustedes me pidan.[x]

Jesús promete enviar el Espíritu Santo

[15] "Si ustedes me aman, obedecerán mis mandamientos. [16-17] Y yo le pediré al Padre que les mande otro Defensor, el Espíritu de la verdad, para que esté siempre con ustedes. Los que son del mundo no lo pueden recibir, porque no lo ven ni lo conocen; pero ustedes lo conocen, porque él está con ustedes y permanecerá siempre en ustedes.

[18] "No los voy a dejar abandonados; volveré para estar con ustedes. [19] Dentro de poco, los que son del mundo ya no me verán; pero ustedes me verán, y vivirán porque yo vivo. [20] En aquel día, ustedes se darán cuenta de que yo estoy en mi Padre, y ustedes están en mí, y yo en ustedes. [21] El que recibe mis mandamientos y los obedece, demuestra que de veras me ama. Y mi Padre amará al que me ama, y yo también lo amaré y me mostraré a él.

[22] Judas (no el Iscariote) le preguntó:

—Señor, ¿por qué vas a mostrarte a nosotros y no a la gente del mundo?

[23] Jesús le contestó:

—El que me ama, hace caso de mi palabra; y mi Padre lo amará, y mi Padre y yo vendremos a vivir con él. [24] El que no me ama, no hace caso de mis palabras. Las palabras que ustedes están escuchando no son mías, sino del Padre, que me ha enviado.

[25] "Les estoy diciendo todo esto mientras estoy con ustedes; [26] pero el Espíritu Santo, el Defensor que el Padre va a enviar en mi nombre, les enseñará todas las cosas y les recordará todo lo que les he dicho.

[27] "Al irme les dejo la paz. Les doy mi paz, pero no se la doy como la dan los que son del mundo. No se angustien ni tengan miedo. [28] Ya me oyeron decir que me voy y que vendré para estar otra vez con ustedes. Si de veras me amaran, se habrían alegrado al saber que voy al Padre, porque él es más que yo. [29] Les digo esto de antemano para que, cuando suceda, entonces crean.

[30] "Ya no hablaré mucho con ustedes, porque viene el que manda en este mundo. Aunque no tiene ningún poder sobre mí, [31] así tiene que ser, para que el mundo sepa que yo amo al Padre y que hago lo que él me ha mandado.

"Levántense. Vámonos de aquí."

La vid verdadera

15 [1] Jesús continuó: "Yo soy la vid[y] verdadera, y mi Padre es el que la cultiva. [2] Si una de mis ramas no da uvas, la corta; pero si da uvas, la poda y la limpia, para que dé más. [3] Ustedes ya están limpios por las palabras que les he dicho. [4] Sigan unidos a mí, como yo sigo unido a ustedes. Una rama no puede dar uvas de sí misma, si no está unida a la vid; de igual

[19] Confíen en Dios . . . en mí: otras posibles traducciones: ustedes confían en Dios, y confían también en mí; y ustedes confían en Dios, confíen también en mí. [20] Ustedes saben . . . a donde yo voy: algunos mss. dicen: Ustedes saben a dónde voy y saben el camino.

[w] 14.6 Mt 11.27; Jn 1.18; 6.46; Hch 4.12. [x] 14.13–14 Mt 7.7–11; Lc 11.9–13; Jn 15.7,16; 16.23–24; 1 Jn 3.21–22; 5.14–15. [y] 15.1 Is 5.1–7.

manera, ustedes no pueden dar fruto, si no permanecen unidos a mí.

5 "Yo soy la vid, y ustedes son las ramas. El que permanece unido a mí, y yo unido a él, da mucho fruto; pues sin mí no pueden ustedes hacer nada. 6 El que no permanece unido a mí, será echado fuera y se secará como las ramas que se recogen y se queman en el fuego.

7 "Si ustedes permanecen unidos a mí, y si permanecen fieles a mis enseñanzas, pidan lo que quieran y se les dará. 8 Mi Padre recibe honor cuando ustedes dan mucho fruto y llegan así a ser verdaderos discípulos míos. 9 Yo los amo a ustedes como el Padre me ama a mí; permanezcan, pues, en el amor que les tengo. 10 Si obedecen mis mandamientos, permanecerán en mi amor, así como yo obedezco los mandamientos de mi Padre y permanezco en su amor.

11 "Les hablo así para que se alegren conmigo y su alegría sea completa. 12 Mi mandamiento es éste: Que se amen unos a otros como yo los he amado a ustedes.ᶻ 13 El amor más grande que uno puede tener es dar su vida por sus amigos. 14 Ustedes son mis amigos, si hacen lo que yo les mando. 15 Ya no los llamo siervos, porque el siervo no sabe lo que hace su amo. Los llamo mis amigos, porque les he dado a conocer todo lo que mi Padre me ha dicho. 16 Ustedes no me escogieron a mí, sino que yo los he escogido a ustedes y les he encargado que vayan y den mucho fruto, y que ese fruto permanezca. Así el Padre les dará todo lo que le pidan en mi nombre. 17 Esto, pues, es lo que les mando: Que se amen unos a otros.

El mundo odia a Jesús y a los suyos

18 "Si el mundo los odia a ustedes, sepan que a mí me odió primero. 19 Si ustedes fueran del mundo, la gente del mundo los amaría, como ama a los suyos. Pero yo los escogí a ustedes entre los que son del mundo, y por eso el mundo los odia, porque ya no son del mundo.ᵃ 20 Acuérdense de esto que les dije: 'Ningún criado es más que su amo.'ᵇ Si a mí me han perseguido, también a ustedes los perseguirán; y si han hecho caso de mi palabra, también harán caso de la de ustedes. 21 Todo esto van a hacerles por mi causa, porque no conocen al que me envió.

22 "Ellos no tendrían ninguna culpa, si yo no hubiera venido a hablarles. Pero ahora no tienen disculpa por su pecado; 23 pues los que me odian a mí, odian también a mi Padre. 24 No tendrían ninguna

culpa, si yo no hubiera hecho entre ellos cosas que ningún otro ha hecho; pero ya han visto estas cosas y, a pesar de ello, me odian a mí y odian también a mi Padre. 25 Pero esto sucede porque tienen que cumplirse las palabras que están escritas en la ley de ellos: 'Me odiaron sin motivo.'ᶜ

26 "Pero cuando venga el Defensor, el Espíritu de la verdad, que yo voy a enviar de parte del Padre, él será mi testigo. 27 Y ustedes también serán mis testigos, porque han estado conmigo desde el principio.

16 ¹ "Les digo estas cosas para que no pierdan su fe en mí. ² Los expulsarán de las sinagogas, y aun llegará el momento en que cualquiera que los mate creerá que así presta un servicio a Dios. ³ Esto lo harán porque no nos han conocido, ni al Padre ni a mí. ⁴ Les digo esto para que, cuando llegue el momento, se acuerden de que yo se lo había dicho ya.

Lo que hace el Espíritu Santo

"No les dije esto desde un principio porque yo estaba con ustedes. ⁵ Pero ahora me voy para estar con el que me ha enviado, y ninguno de ustedes me pregunta a dónde voy; ⁶ al contrario, se han puesto muy tristes porque les he dicho estas cosas. ⁷ Pero les digo la verdad: es mejor para ustedes que yo me vaya. Porque si no me voy, el Defensor no vendrá para estar con ustedes; pero si me voy, yo se lo enviaré. ⁸ Cuando él venga, mostrará claramente a la gente del mundo lo que es el pecado, la rectitud y el juicio de Dios. ⁹ El pecado se mostrará en que ellos no creen en mí; ¹⁰ la rectitud, en que yo voy al Padre y ustedes ya no me verán; ¹¹ y el juicio, en que ya ha sido condenado el que gobierna este mundo.

12 "Tengo mucho más que decirles, pero en este momento sería demasiado para ustedes. ¹³ Cuando venga el Espíritu de la verdad, él los guiará a toda verdad; porque no hablará por su propia cuenta, sino que dirá todo lo que oye, y les hará saber las cosas que van a suceder. ¹⁴ El me honrará a mí, porque recibirá de lo que es mío y se lo dará a conocer a ustedes. ¹⁵ Todo lo que el Padre tiene, es mío también; por eso dije que el Espíritu recibirá de lo que es mío y se lo dará a conocer a ustedes.

16 "Dentro de poco, ustedes ya no me verán, pero un poco más tarde me volverán a ver."

ᶻ 15.12 Jn 13.34; 15.17; 1 Jn 3.23; 2 Jn 5.   ᵃ 15.18-19 Jn 17.14-18.   ᵇ 15.20 Mt 10.24; Lc 6.40; Jn 13.16.
ᶜ 15.25 Sal 35.19; 69.4.

La tristeza se cambiará en alegría

[17] Entonces algunos de sus discípulos se preguntaban unos a otros:

—¿Qué quiere decir con esto? Nos dice que dentro de poco ya no lo veremos, y que un poco más tarde lo volveremos a ver, y que es porque se va a donde está el Padre. [18] ¿Qué quiere decir con eso de 'dentro de poco'? No entendemos de qué está hablando.

[19] Jesús se dio cuenta de que querían hacerle preguntas, y les dijo:

—Yo les he dicho que dentro de poco ya no me verán, y que un poco más tarde me volverán a ver. ¿Es esto lo que se están preguntando ustedes? [20] Les aseguro que ustedes llorarán y estarán tristes, mientras que la gente del mundo se alegrará. Sin embargo, aunque ustedes estén tristes, su tristeza se convertirá en alegría. [21] Cuando una mujer va a dar a luz, se aflige porque le ha llegado la hora; pero después que nace la criatura, se olvida del dolor a causa de la alegría de que haya nacido un niño en el mundo. [22] Así también, ustedes se afligen ahora; pero yo volveré a verlos, y entonces su corazón se llenará de alegría, una alegría que nadie les podrá quitar.

[23] "En aquel día ya no me preguntarán nada. Les aseguro que el Padre les dará todo lo que le pidan en mi nombre. [24] Hasta ahora, ustedes no han pedido nada en mi nombre; pidan y recibirán, para que su alegría sea completa.[d]

Jesucristo, vencedor del mundo

[25] "Les he dicho estas cosas poniéndoles comparaciones; pero vendrá la hora en que ya no les pondré más comparaciones, sino que les hablaré claramente acerca del Padre. [26] Aquel día, ustedes le pedirán en mi nombre; y no digo que yo voy a rogar por ustedes al Padre, [27] porque el Padre mismo los ama. Los ama porque ustedes me aman a mí, y porque han creído que yo he venido de Dios. [28] Salí de la presencia del Padre para venir a este mundo, y ahora dejo el mundo para volver al Padre.

[29] Entonces dijeron sus discípulos:

—Ahora sí estás hablando claramente, sin usar comparaciones. [30] Ahora vemos que sabes todas las cosas y que no hay necesidad de que nadie te haga preguntas. Por esto creemos que has venido de Dios.

[31] Jesús les contestó:

—¿Así que ahora creen? [32] Pues ya llega la hora, y es ahora mismo, cuando ustedes se dispersarán cada uno por su lado, y me dejarán solo. Pero no estoy solo, porque el Padre está conmigo. [33] Les digo todo esto para que encuentren paz en su unión conmigo. En el mundo, ustedes habrán de sufrir; pero tengan valor: yo he vencido al mundo.[e]

Jesús ora por sus discípulos

17 [1] Después de decir estas cosas, Jesús miró al cielo y dijo: "Padre, la hora ha llegado: glorifica a tu Hijo, para que también tu Hijo te glorifique a ti. [2] Pues tú has dado a tu Hijo autoridad sobre todo hombre, para dar vida eterna a todos los que le diste. [3] Y la vida eterna consiste en que te conozcan a ti, el único Dios verdadero, y a Jesucristo, a quien tú enviaste.

[4] "Yo te he glorificado aquí en el mundo, pues he terminado lo que me mandaste hacer. [5] Ahora, pues, Padre, dame en tu presencia la misma gloria que yo tenía contigo desde antes que existiera el mundo.

[6] "A los que escogiste del mundo para dármelos, les he hecho saber quién eres. Eran tuyos, y tú me los diste, y han hecho caso de tu palabra. [7] Ahora saben que todo lo que me diste viene de ti; [8] pues les he dado el mensaje que me diste, y ellos lo han aceptado. Se han dado cuenta de que en verdad he venido de ti, y han creído que tú me enviaste.

[9] "Yo te ruego por ellos; no ruego por los que son del mundo, sino por los que me diste, porque son tuyos. [10] Todo lo que es mío es tuyo, y lo que es tuyo es mío; y mi gloria se hace visible en ellos.

[11] "Yo no voy a seguir en el mundo, pero ellos sí van a seguir en el mundo, mientras que yo me voy para estar contigo. Padre santo, cuídalos con el poder de tu nombre, el nombre que me has dado,[21] para que estén completamente unidos, como tú y yo. [12] Cuando yo estaba con ellos en este mundo, los cuidaba y los protegía con el poder de tu nombre, el nombre que me has dado.[21] Y ninguno de ellos se perdió, sino aquel que ya estaba perdido, para que se cumpliera lo que dice la Escritura.[f]

[13] "Ahora voy a donde tú estás; pero digo estas cosas mientras estoy en el mundo, para que ellos se llenen de la misma perfecta alegría que yo tengo. [14] Yo les he comunicado tu palabra, pero el mundo los odia porque ellos no son del mundo, como tampoco yo soy del mundo. [15] No te pido que los saques del mundo, sino que los protejas del mal. [16] Así como yo no soy del mundo, ellos tampoco son del mundo. [17] Conságralos a ti mismo por

[21] El nombre que me has dado: algunos mss. dicen: a los que me has dado.
d 16.23-24 Mt 7.7-11; Stg 1.5-6. • 16.33 Rm 8.37; 2 Co 2.14; Ap 3.21; 5.5. f 17.12 Sal 41.9; Jn 13.18.

medio de la verdad; tu palabra es la verdad. [18] Como me enviaste a mí entre los que son del mundo, también yo los envío a ellos entre los que son del mundo. [19] Y por causa de ellos me consagro a mí mismo, para que también ellos sean consagrados por medio de la verdad.

[20] "No te ruego solamente por éstos, sino también por los que después han de creer en mí al oír el mensaje de ellos. [21] Te pido que todos ellos estén completamente unidos, que sean una sola cosa en unión con nosotros, oh Padre, así como tú estás en mí y yo estoy en ti. Que estén completamente unidos, para que el mundo crea que tú me enviaste. [22] Les he dado la misma gloria que tú me diste, para que sean una sola cosa, así como tú y yo somos una sola cosa: [23] yo en ellos y tú en mí, para que lleguen a ser perfectamente uno, y que así el mundo pueda darse cuenta de que tú me enviaste, y que los amas tanto como me amas a mí.

[24] "Padre, tú me los diste, y quiero que estén conmigo donde yo voy a estar, para que vean mi gloria, la gloria que me has dado; porque me has amado desde antes que el mundo fuera hecho. [25] Oh Padre justo, los que son del mundo no te conocen; pero yo te conozco, y éstos también saben que tú me enviaste. [26] Les he dado a conocer quién eres, y aún seguiré haciéndolo, para que el amor que me tienes esté en ellos, y para que yo mismo esté en ellos."

Arrestan a Jesús
(Mt 26.47–56; Mr 14.43–50; Lc 22.47–53)

18 [1] Después de decir esto, Jesús salió con sus discípulos para ir al otro lado del arroyo de Cedrón. Allí había un huerto, donde Jesús entró con sus discípulos. [2] También Judas, el que lo estaba traicionando, conocía el lugar, porque muchas veces Jesús se había reunido allí con sus discípulos. [3] Así que Judas llegó con una tropa de soldados y con algunos guardianes del templo enviados por los jefes de los sacerdotes y por los fariseos. Estaban armados, y llevaban lámparas y antorchas. [4] Pero como Jesús ya sabía todo lo que le iba a pasar, salió y les preguntó:

—¿A quién buscan?

[5] Ellos le contestaron:

—A Jesús de Nazaret.

Jesús dijo:

—Yo soy.

Judas, el que lo estaba traicionando, se encontraba allí con ellos. [6] Cuando Jesús les dijo: "Yo soy", se echaron hacia atrás y cayeron al suelo. [7] Jesús volvió a preguntarles:

—¿A quién buscan?

Y ellos repitieron:

—A Jesús de Nazaret.

[8] Jesús les dijo otra vez:

—Ya les he dicho que soy yo. Si me buscan a mí, dejen que estos otros se vayan.

[9] Esto sucedió para que se cumpliera lo que Jesús mismo había dicho: "Padre, de los que me diste, no se perdió ninguno." [10] Entonces Simón Pedro, que tenía una espada, la sacó y le cortó la oreja derecha a uno llamado Malco, que era criado del sumo sacerdote. [11] Jesús le dijo a Pedro:

—Vuelve a poner la espada en su lugar. Si el Padre me da a beber este trago amargo,^{g} ¿acaso no habré de beberlo?

Jesús ante Anás
(Mt 26.57–58; Mr 14.53–54; Lc 22.54)

[12] Los soldados de la tropa, con su comandante y los guardianes judíos del templo, arrestaron a Jesús y lo ataron. [13] Lo llevaron primero a la casa de Anás, porque era suegro de Caifás, sumo sacerdote aquel año. [14] Este Caifás era el mismo que había dicho a los judíos que era mejor para ellos que un solo hombre muriera por el pueblo.^{h}

Pedro niega conocer a Jesús
(Mt 26.69–70; Mr 14.66–68; Lc 22.55–57)

[15] Simón Pedro y otro discípulo seguían a Jesús. El otro discípulo era conocido del sumo sacerdote, de modo que entró con Jesús en la casa; [16] pero Pedro se quedó afuera, a la puerta. Por esto, el discípulo conocido del sumo sacerdote salió y habló con la portera, e hizo entrar a Pedro. [17] La portera le preguntó a Pedro:

—¿No eres tú uno de los discípulos de ese hombre?

Pedro contestó:

—No, no lo soy.

[18] Como hacía frío, los criados y los guardianes del templo habían hecho fuego, y estaban allí calentándose. Pedro también estaba con ellos, calentándose junto al fuego.

El sumo sacerdote interroga a Jesús
(Mt 26.59–66; Mr 14.55–64; Lc 22.66–71)

[19] El sumo sacerdote comenzó a preguntarle a Jesús acerca de sus discípulos y de lo que él enseñaba. [20] Jesús le dijo:

—Yo he hablado públicamente delante de todo el mundo; siempre he enseñado en las sinagogas y en el templo, donde se reúnen todos los judíos; así que no he dicho nada en secreto. [21] ¿Por qué me preguntas

---

g **18.11** Mt 26.39; Mr 14.36; Lc 22.42.   *h* **18.14** Jn 11.49–50.

a mí? Pregúntales a los que me han escuchado, y que ellos digan de qué les he hablado. Ellos saben lo que he dicho.

²² Cuando Jesús dijo esto, uno de los guardianes del templo le dio una bofetada, diciéndole:

—¿Así contestas al sumo sacerdote?

²³ Jesús le respondió:

—Si he dicho algo malo, dime en qué ha consistido; y si lo que he dicho está bien, ¿por qué me pegas?

²⁴ Entonces Anás lo envió, atado, a Caifás, el sumo sacerdote.

Pedro niega otra vez a Jesús
(Mt 26.71–75; Mr 14.69–72; Lc 22.58–62)

²⁵ Entre tanto, Pedro seguía allí, calentándose junto al fuego. Le preguntaron:

—¿No eres tú uno de los discípulos de ese hombre?

Pedro lo negó, diciendo:

—No, no lo soy.

²⁶ Luego le preguntó uno de los criados del sumo sacerdote, pariente del hombre a quien Pedro le había cortado la oreja:

—¿No te vi con él en el huerto?

²⁷ Pedro lo negó otra vez, y en ese mismo instante cantó el gallo.

Jesús ante Pilato
(Mt 27.1–2, 11–14; Mr 15.1–5; Lc 23.1–5)

²⁸ Llevaron a Jesús de la casa de Caifás al palacio del gobernador romano. Como ya comenzaba a amanecer, los judíos no entraron en el palacio, pues de lo contrario faltarían a las leyes sobre la pureza ritual y entonces no podrían comer la cena de Pascua. ²⁹ Por eso Pilato salió a hablarles; les dijo:

—¿De qué acusan a este hombre?

³⁰ —Si no fuera un criminal —le contestaron—, no te lo habríamos entregado.

³¹ Pilato les dijo:

—Llévenselo ustedes, y júzguenlo conforme a su propia ley.

Los judíos contestaron:

—Pero los judíos no tenemos el derecho de dar muerte a nadie.

³² Así se cumplió lo que Jesús había dicho sobre la manera en que tendría que morir.ⁱ ³³ Pilato volvió a entrar en el palacio, llamó a Jesús y le preguntó:

—¿Eres tú el Rey de los judíos?

³⁴ Jesús le dijo:

—¿Eso lo preguntas tú por tu cuenta, o porque otros te lo han dicho de mí?

³⁵ Le contestó Pilato:

—¿Acaso soy yo judío? Los de tu nación y los jefes de los sacerdotes son los que te han entregado a mí. ¿Qué has hecho?

³⁶ Jesús le contestó:

—Mi reino no es de este mundo. Si lo fuera, tendría gente a mi servicio que pelearía para que yo no fuera entregado a los judíos. Pero mi reino no es de aquí.

³⁷ Le preguntó entonces Pilato:

—¿Así que tú eres rey?

Jesús le contestó:

—Tú lo has dicho: soy rey. Yo nací y vine al mundo para decir lo que es la verdad. Y todos los que pertenecen a la verdad, me escuchan.

³⁸ Pilato le dijo:

—¿Y qué es la verdad?

Jesús es sentenciado a muerte
(Mt 27.15–31; Mr 15.6–20; Lc 23.13–25)

Después de hacer esta pregunta, Pilato salió otra vez a hablar con los judíos, y les dijo:

—Yo no encuentro ningún delito en este hombre. ³⁹ Pero ustedes tienen la costumbre de que yo les suelte un preso durante la fiesta de la Pascua: ¿quieren que les deje libre al Rey de los judíos?

⁴⁰ Todos volvieron a gritar:

—¡A ése no! ¡Suelta a Barrabás!

Y Barrabás era un bandido.

19 ¹ Pilato tomó entonces a Jesús y mandó azotarlo. ² Los soldados trenzaron una corona de espinas, la pusieron en la cabeza de Jesús y lo vistieron con una capa de color rojo oscuro. ³ Luego se acercaron a él, diciendo:

—¡Viva el Rey de los judíos!

Y le pegaban en la cara.

⁴ Pilato volvió a salir, y les dijo:

—Miren, lo he sacado para que se den cuenta de que no encuentro en él ningún delito.

⁵ Salió, pues, Jesús, con la corona de espinas en la cabeza y vestido con aquella capa de color rojo oscuro. Pilato dijo:

—¡Ahí tienen a este hombre!

⁶ Cuando lo vieron los jefes de los sacerdotes y los guardianes del templo, comenzaron a gritar:

—¡Crucifícalo! ¡Crucifícalo!

Pilato les dijo:

—Pues llévenselo y crucifíquenlo ustedes, porque yo no encuentro ningún delito en él.

⁷ Los judíos le contestaron:

—Nosotros tenemos una ley, y según nuestra ley debe morir, porque se ha hecho pasar por Hijo de Dios.

⁸ Al oír esto, Pilato tuvo más miedo todavía. ⁹ Entró de nuevo en el palacio y le preguntó a Jesús:

—¿De dónde eres tú?

Pero Jesús no le contestó nada. ¹⁰ Pilato le dijo:

ⁱ **18.32** Jn 3.14; 12.32.

—¿Es que no me vas a contestar? ¿No sabes que tengo autoridad para crucificarte, lo mismo que para ponerte en libertad? ¹¹ Entonces Jesús le contestó:

—No tendrías ninguna autoridad sobre mí, si Dios no te la hubiera dado; por eso, el que me entregó a ti es más culpable de pecado que tú.

¹² Desde aquel momento, Pilato buscaba la manera de dejar libre a Jesús; pero los judíos le gritaron:

—¡Si lo dejas libre, no eres amigo del emperador! ¡Cualquiera que se hace rey, es enemigo del emperador!

¹³ Pilato, al oír esto, ordenó que sacaran a Jesús, y luego se sentó en el tribunal, en el lugar que en hebreo se llamaba Gabata, que quiere decir el Empedrado. ¹⁴ Era el día antes de la Pascua, como al mediodía. Pilato dijo a los judíos:

—¡Ahí tienen a su rey!

¹⁵ Pero ellos gritaron:

—¡Muera! ¡Muera! ¡Crucifícalo!

Pilato les preguntó:

—¿Acaso voy a crucificar a su rey?

Y los jefes de los sacerdotes le contestaron:

—¡Nosotros no tenemos más rey que el emperador!

¹⁶ Entonces Pilato les entregó a Jesús para que lo crucificaran, y ellos se lo llevaron.

Jesús es crucificado
(Mt 27.32–44; Mr 15.21–32; Lc 23.26–43)

¹⁷ Jesús salió llevando su cruz, para ir al llamado "Lugar de la Calavera" (o que en hebreo se llama Gólgota). ¹⁸ Allí lo crucificaron, y con él a otros dos, uno a cada lado. ¹⁹ Pilato mandó poner sobre la cruz un letrero, que decía: "Jesús de Nazaret, Rey de los judíos." ²⁰ Muchos judíos leyeron aquel letrero, porque el lugar donde crucificaron a Jesús estaba cerca de la ciudad, y el letrero estaba escrito en hebreo, latín y griego. ²¹ Por eso, los jefes de los sacerdotes judíos dijeron a Pilato:

—No escribas: 'Rey de los judíos', sino escribe: 'El que dice ser Rey de los judíos'.

²² Pero Pilato les contestó:

—Lo que he escrito, escrito queda.

²³ Después que los soldados crucificaron a Jesús, recogieron su ropa y la repartieron en cuatro partes, una para cada soldado. Tomaron también la túnica, pero como era sin costura, tejida de arriba abajo de una sola pieza, ²⁴ los soldados se dijeron unos a otros:

—No la rompamos, sino echémosla a suertes, a ver a quién le toca.

Así se cumplió la Escritura que dice: "Se repartieron entre sí mi ropa, y echaron a suertes mi túnica."ʲ Esto fue lo que hicieron los soldados.

²⁵ Junto a la cruz de Jesús estaban su madre, y la hermana de su madre, María, esposa de Cleofas, y María Magdalena. ²⁶ Cuando Jesús vio a su madre, y junto a ella al discípulo a quien él quería mucho, dijo a su madre:

—Mujer, ahí tienes a tu hijo.

²⁷ Luego le dijo al discípulo:

—Ahí tienes a tu madre.

Desde entonces, ese discípulo la recibió en su casa.

Muerte de Jesús
(Mt 27.45–56; Mr 15.33–41; Lc 23.44–49)

²⁸ Después de esto, como Jesús sabía que ya todo se había cumplido, y para que se cumpliera la Escritura,ᵏ dijo:

—Tengo sed.

²⁹ Había allí un jarro lleno de vino agrio. Empaparon una esponja en el vino, la ataron a una rama de hisopo y se la acercaron a la boca. ³⁰ Jesús bebió el vino agrio, y dijo:

—Todo está cumplido.

Luego inclinó la cabeza y murió.

Un soldado abre con su lanza el costado de Jesús

³¹ Era el día antes de la Pascua, y los judíos no querían que los cuerpos quedaran en las cruces durante el día de reposo,²² pues precisamente aquel día de reposo²² era muy solemne. Por eso le pidieron a Pilato que ordenara quebrar las piernas a los crucificados y que quitaran de allí los cuerpos. ³² Los soldados fueron entonces y le quebraron las piernas al primero, y también al otro que estaba crucificado junto a Jesús. ³³ Pero al acercarse a Jesús, vieron que ya estaba muerto. Por eso no le quebraron las piernas. ³⁴ Sin embargo, uno de los soldados le abrió el costado con una lanza, y al momento salió sangre y agua. ³⁵ El que cuenta esto es uno de los que lo vio, y dice la verdad; él sabe que dice la verdad, para que ustedes también crean. ³⁶ Porque estas cosas sucedieron para que se cumpliera la Escritura que dice: "No le quebrarán ningún hueso."ˡ ³⁷ Y en otra parte, la Escritura dice: "Mirarán al que traspasaron."ᵐ

Jesús es sepultado
(Mt 27.57–61; Mr 15.42–47; Lc 23.50–56)

³⁸ Después de esto, José, el de Arimatea, pidió permiso a Pilato para llevarse el

---

²² *Día de reposo:* aquí equivale a *sábado.*
ʲ **19.24** Sal 22.18. ᵏ **19.28** Sal 69.21. ˡ **19.36** Ex 12.46; Nm 9.12; Sal 34.20; 1 Co 5.7. ᵐ **19.37** Zac 12.10; Ap 1.7.

cuerpo de Jesús. José era un seguidor de Jesús, aunque en secreto por miedo a los judíos. Pilato le dio permiso, y José fue y se llevó el cuerpo. [39] También Nicodemo, el que una noche fue a hablar con Jesús,[n] llegó con unos treinta kilos de un perfume, mezcla de mirra y áloe. [40] Así pues, José y Nicodemo tomaron el cuerpo de Jesús y lo envolvieron con vendas empapadas en aquel perfume, según la costumbre que siguen los judíos para enterrar a los muertos. [41] En el lugar donde crucificaron a Jesús había un huerto, y en el huerto un sepulcro nuevo donde todavía no habían puesto a nadie. [42] Allí pusieron el cuerpo de Jesús, porque el sepulcro estaba cerca y porque ya iba a empezar el día de reposo de los judíos.

La resurrección de Jesús
(Mt 28.1–10; Mr 16.1–8; Lc 24.1–12)

20 [1] El primer día de la semana, María Magdalena fue al sepulcro muy temprano, cuando todavía estaba oscuro; y vio quitada la piedra que tapaba la entrada. [2] Entonces se fue corriendo a donde estaban Simón Pedro y el otro discípulo, aquel a quien Jesús quería mucho, y les dijo:

—¡Se han llevado del sepulcro al Señor, y no sabemos dónde lo han puesto!

[3] Pedro y el otro discípulo salieron y fueron al sepulcro. [4] Los dos iban corriendo juntos; pero el otro corrió más que Pedro y llegó primero al sepulcro. [5] Se agachó a mirar, y vio allí las vendas, pero no entró. [6] Detrás de él llegó Simón Pedro, y entró en el sepulcro. Él también vio allí las vendas; [7] y además vio que la tela que había servido para envolver la cabeza de Jesús, no estaba junto a las vendas, sino enrollada y puesta aparte. [8] Entonces entró también el otro discípulo, el que había llegado primero al sepulcro, y vio lo que había pasado, y creyó. [9] Pues todavía no habían entendido lo que dice la Escritura, que él tenía que resucitar. [10] Luego, aquellos discípulos regresaron a su casa.

Jesús se aparece a María Magdalena
(Mr 16.9–11)

[11] María se quedó afuera, junto al sepulcro, llorando. Y llorando como estaba, se agachó para mirar dentro, [12] y vio dos ángeles vestidos de blanco, sentados donde había estado el cuerpo de Jesús; uno a la cabecera y otro a los pies. [13] Los ángeles le preguntaron:

—Mujer, ¿por qué lloras?

Ella les dijo:

—Porque se han llevado a mi Señor, y no sé dónde lo han puesto.

[14] Apenas dijo esto, volvió la cara y vio allí a Jesús, pero no sabía que era él. [15] Jesús le preguntó:

—Mujer, ¿por qué lloras? ¿A quién buscas?

Ella, pensando que era el que cuidaba el huerto, le dijo:

—Señor, si usted se lo ha llevado, dígame dónde lo ha puesto, para que yo vaya a buscarlo.

[16] Jesús entonces le dijo:

—¡María!

Ella se volvió y le dijo en hebreo:

—¡Rabuní! (que quiere decir: "Maestro").

[17] Jesús le dijo:

—Suéltame, porque todavía no he ido a reunirme con mi Padre. Pero ve y di a mis hermanos que voy a reunirme con el que es mi Padre y Padre de ustedes, mi Dios y Dios de ustedes.

[18] Entonces María Magdalena fue y contó a los discípulos que había visto al Señor, y también les contó lo que él le había dicho.

Jesús se aparece a los discípulos
(Mt 28.16–20; Mr 16.14–18; Lc 24.36–49)

[19] Al llegar la noche de aquel mismo día, el primero de la semana, los discípulos se habían reunido con las puertas cerradas por miedo a los judíos. Jesús entró y, poniéndose en medio de los discípulos, los saludó diciendo:

—¡Paz a ustedes!

[20] Dicho esto, les mostró las manos y el costado. Y ellos se alegraron de ver al Señor. [21] Luego Jesús les dijo otra vez:

—¡Paz a ustedes! Como el Padre me envió a mí, así yo los envío a ustedes.

[22] Y sopló sobre ellos, y les dijo:

—Reciban el Espíritu Santo. [23] A quienes ustedes perdonen los pecados, les quedarán perdonados; y a quienes no se los perdonen, les quedarán sin perdonar.[ñ]

Tomás ve al Señor resucitado

[24] Tomás, uno de los doce discípulos, al que llamaban el Gemelo, no estaba con ellos cuando llegó Jesús. [25] Después los otros discípulos le dijeron:

—Hemos visto al Señor.

Pero Tomás les contestó:

—Si no veo en sus manos las heridas de los clavos, y si no meto mi dedo en ellas y mi mano en su costado, no lo podré creer.

[26] Ocho días después, los discípulos se habían reunido de nuevo en una casa, y esta vez Tomás estaba también. Tenían

ⁿ 19.39 Jn 3.1–2.   ñ 20.23 Mt 16.19; 18.18.

las puertas cerradas, pero Jesús entró, se
puso en medio de ellos y los saludó, diciendo:
—¡Paz a ustedes!
27 Luego dijo a Tomás:
—Mete aquí tu dedo, y mira mis manos;
y trae tu mano y métela en mi costado.
No seas incrédulo; ¡cree!
28 Tomás entonces exclamó:
—¡Mi Señor y mi Dios!
29 Jesús le dijo:
—¿Crees porque me has visto? ¡Dichosos los que creen sin haber visto!

El porqué de este libro

30 Jesús hizo muchas otras señales milagrosas delante de sus discípulos, las cuales
no están escritas en este libro. 31 Pero éstas se han escrito para que ustedes crean
que Jesús es el Mesías, el Hijo de Dios, y
para que creyendo en él tengan vida.

Jesús se aparece a siete de sus discípulos

21 1 Después de esto, Jesús se apareció
otra vez a sus discípulos, a orillas
del lago de Tiberias. Sucedió de esta manera: 2 Estaban juntos Simón Pedro, Tomás, al que llamaban el Gemelo, Natanael,
que era de Caná de Galilea, los hijos de
Zebedeo y otros dos discípulos de Jesús.
3 Simón Pedro les dijo:
—Voy a pescar.
Ellos contestaron:
—Nosotros también vamos contigo.
Fueron, pues, y subieron a una barca;
pero aquella noche no pescaron nada.[o]
4 Cuando comenzaba a amanecer, Jesús se
apareció en la orilla, pero los discípulos no
sabían que era él. 5 Jesús les preguntó:
—Muchachos, ¿no han pescado nada?
Ellos le contestaron:
—Nada.
6 Jesús les dijo:
—Echen la red a la derecha de la barca,
y pescarán.
Así lo hicieron, y después no podían sacar la red por los muchos pescados que tenía.[p] 7 Entonces el discípulo a quien Jesús
quería mucho, le dijo a Pedro:
—¡Es el Señor!
Apenas oyó Simón Pedro que era el Señor, se vistió, porque estaba sin ropa, y se
tiró al agua. 8 Los otros discípulos llegaron
a la playa con la barca, arrastrando la red
llena de pescados, pues estaban a cien metros escasos de la orilla. 9 Al bajar a tierra,
encontraron un fuego encendido, con un
pescado encima, y pan. 10 Jesús les dijo:
—Traigan algunos pescados de los que
acaban de sacar.
11 Simón Pedro subió a la barca y arrastró hasta la playa la red llena de grandes
pescados, ciento cincuenta y tres; y aunque eran tantos, la red no se rompió.
12 Jesús les dijo:
—Vengan a desayunarse.
Ninguno de los discípulos se atrevía a
preguntarle quién era, porque sabían que
era el Señor. 13 Luego Jesús se acercó,
tomó en sus manos el pan y se lo dio a
ellos; y lo mismo hizo con el pescado.
14 Esta fue la tercera vez que Jesús se
apareció a sus discípulos después de haber
resucitado.

Jesús habla con Simón Pedro

15 Terminado el desayuno, Jesús le pre-
guntó a Simón Pedro:
—Simón, hijo de Juan, ¿me amas más
que éstos?
Pedro le contestó:
—Sí, Señor, tú sabes que te quiero.
Jesús le dijo:
—Cuida de mis corderos.
16 Volvió a preguntarle:
—Simón, hijo de Juan, ¿me amas?
Pedro le contestó:
—Sí, Señor, tú sabes que te quiero.
Jesús le dijo:
—Cuida de mis ovejas.
17 Por tercera vez le preguntó:
—Simón, hijo de Juan, ¿me quieres?
Pedro, triste porque le había preguntado
por tercera vez si lo quería, le contestó:
—Señor, tú lo sabes todo: tú sabes que
te quiero.
Jesús le dijo:
—Cuida de mis ovejas. 18 Te aseguro
que cuando eras más joven, te vestías
para ir a donde querías; pero cuando ya
seas viejo, extenderás los brazos y otro te
vestirá, y te llevará a donde no quieras ir.
19 Al decir esto, Jesús estaba dando a entender de qué manera Pedro iba a morir y
a glorificar con su muerte a Dios. Después
le dijo:
—¡Sígueme!

El discípulo a quien Jesús quería mucho

20 Al volverse, Pedro vio que detrás venía el discípulo a quien Jesús quería mucho, el mismo que en la cena había estado
a su lado y le había preguntado: "Señor,
¿quién es el que te va a traicionar?"[q]
21 Cuando Pedro lo vio, preguntó a Jesús:
—Señor, y a éste, ¿qué le va a pasar?
22 Jesús le contestó:
—Si quiero que él viva hasta que yo
vuelva, ¿qué te importa a ti? Tú sígueme.

[o] **21.3** Lc 5.5. [p] **21.6** Lc 5.6. [q] **21.20** Jn 13.25.

²³ Por esto corrió entre los hermanos el rumor de que aquel discípulo no moriría. Pero Jesús no dijo que no moriría. Lo que dijo fue: "Si quiero que él viva hasta que yo vuelva, ¿qué te importa a ti?"

²⁴ Este es el mismo discípulo que da testimonio de estas cosas, y que las ha escrito. Y sabemos que dice la verdad.

²⁵ Jesús hizo muchas otras cosas; tantas que, si se escribieran una por una, creo que en todo el mundo no cabrían los libros que podrían escribirse.

LOS HECHOS
de los Apóstoles

Juntando el comienzo de este libro (1.1) con el del Evangelio de Lucas, se ve que Hechos es la continuación de la historia relatada en el evangelio. Se podría decir que es la segunda parte de una misma obra. En efecto, hasta repite, como para volver a tomar el hilo, el relato de la ascensión, con que terminó el evangelio. Hechos refiere cómo los primeros seguidores de Jesús, guiados por el Espíritu Santo, difundieron la fe cristiana, partiendo de Jerusalén, por toda Judea, luego, hacia el norte, por Samaria, y después, entrando en territorio no judío, por Antioquía de Siria. Después, principalmente debido a la labor misionera de Pablo, el mensaje cristiano se extiende por Asia Menor y penetra en el mundo clásico, primero Grecia y luego Roma, capital del imperio. Es, pues, la historia de los principios del movimiento cristiano que después se difundiría por todo el mundo occidental y, con el correr de los siglos, por todos los continentes.

Destacan en este relato, como personajes principales, los apóstoles Pedro y Pablo. Pero el verdadero protagonista es el Espíritu Santo, con cuyo poder y bajo cuya dirección surge, en el escenario de la historia, la Iglesia, cuyo fundador y eterno cimiento es Cristo. Con toda razón, el Espíritu Santo se menciona unas cincuenta veces en el libro. El Espíritu Santo desciende poderosamente sobre los creyentes el día de Pentecostés en Jerusalén, y desde entonces no cesa de guiar y fortalecer a la Iglesia y a sus líderes en el curso de los sucesos consignados en Hechos. El mensaje cristiano primitivo se proclama en los sermones, y los acontecimientos registrados en el libro muestran el poder ejercido por ese mensaje en la vida de cada uno de los creyentes y de la comunidad que ellos forman.

Hechos puede dividirse en tres grandes partes: (1) los comienzos del movimiento cristiano en Jerusalén (1.15–8.3) después de la ascensión de Jesús y de su último mandato y promesa (1.1–14); (2) la propagación del movimiento a otras partes de Palestina (8.4–12.25) y (3) su posterior difusión por el mundo del Mediterráneo hasta Roma: primer viaje misionero de Pablo (13.1–14.28), la reunión de apóstoles y ancianos en Jerusalén (15.1–35), segundo viaje misionero (15.36—18.22), tercer viaje misionero (18.23—21.16) y prisiones de Pablo en Jerusalén, Cesarea y, finalmente, Roma (21.17–28.31).

La promesa del Espíritu Santo

1 ¹ En mi primer libro, excelentísimo Teófilo,ᵃ escribí acerca de todo lo que Jesús había hecho y enseñado desde el principio ² y hasta el día en que subió al cielo. Antes de irse, les dio instrucciones, por medio del Espíritu Santo, a los apóstoles que había escogido, sobre lo que debían hacer. ³ Y después de muerto se les presentó en persona, dándoles así claras pruebas de que estaba vivo. Durante cuarenta días se dejó ver de ellos y les estuvo hablando del reino de Dios.

⁴ Cuando todavía estaba con los apóstoles, Jesús les advirtió que no debían irse de Jerusalén. Les dijo:

—Esperen a que se cumpla la promesa que mi Padre les hizo,ᵇ de la cual yo les hablé. ⁵ Es cierto que Juan bautizó con agua, pero dentro de pocos días ustedes serán bautizados con el Espíritu Santo.ᶜ

Jesús asciende al cielo

⁶ Los que estaban reunidos con Jesús, le preguntaron:

—Señor, ¿vas a restablecer en este momento el reino de Israel?

⁷ Jesús les contestó:

—No les toca a ustedes saber en qué día o en qué ocasión hará el Padre las cosas que solamente él tiene autoridad para hacer; ⁸ pero cuando el Espíritu Santo venga sobre ustedes, recibirán poder y saldrán a dar testimonio de mí, en Jerusalén, en toda la región de Judea y de Samaria, y hasta en las partes más lejanas de la tierra.ᵈ

⁹ Dicho esto, mientras ellos lo estaban mirando, Jesús fue llevado, y una nube lo envolvió y no lo volvieron a ver.ᵉ ¹⁰ Y mientras miraban cómo subía Jesús al cielo, dos hombres vestidos de blanco se aparecieron junto a ellos ¹¹ y les dijeron:

—Galileos, ¿por qué se han quedado mi-

ᵃ **1.1** Lc 1.1–4. ᵇ **1.4** Lc 24.49. ᶜ **1.5** Mt 3.11; Mr 1.8; Lc 3.16; Jn 1.33. ᵈ **1.8** Mt 28.19; Mr 16.15; Lc 24.47–48. ᵉ **1.9** Mr 16.19; Lc 24.50–51.

rando al cielo? Este mismo Jesús que estuvo entre ustedes y que ha sido llevado al cielo, vendrá otra vez de la misma manera que lo han visto irse allá.

Se escoge a Matías para reemplazar a Judas

¹² Desde el monte llamado de los Olivos, regresaron los apóstoles a Jerusalén: un trecho corto, precisamente lo que la ley permitía caminar en el día de reposo.ʲ ¹³ Cuando llegaron a la ciudad, subieron al piso alto de la casa donde estaban alojados. Eran Pedro, Juan, Santiago, Andrés, Felipe, Tomás, Bartolomé, Mateo, Santiago hijo de Alfeo, Simón el Celote, y Judas, el hijo de Santiago.ᶠ ¹⁴ Todos ellos se reunían siempre para orar con los hermanos de Jesús, con María su madre y con las otras mujeres.

¹⁵ Por aquellos días se reunieron los creyentes, que eran unas ciento veinte personas, y Pedro tomó la palabra y les dijo: ¹⁶ "Hermanos, tenía que cumplirse lo que el Espíritu Santo, por medio de David, ya había dicho en la Escritura acerca de Judas, el que sirvió de guía a los que arrestaron a Jesús. ¹⁷ Pues Judas era uno de los nuestros, y tenía parte en nuestro trabajo. ¹⁸ Pero fue y compró un terreno con el dinero que le pagaron por su maldad; luego cayó de cabeza y se reventó, y se le salieron todos los intestinos. ¹⁹ Cuando los que vivían en Jerusalén lo supieron, llamaron a aquel terreno Acéldama, que en su lengua quiere decir: 'Campo de Sangre.'ᵍ ²⁰ Porque en el libro de los Salmos dice:

'Que su casa se vuelva un desierto,
y que nadie viva en ella.'ʰ

Y dice también:

'Que otro ocupe su cargo.'ⁱ

²¹ "Tenemos aquí hombres que nos han acompañado todo el tiempo que el Señor Jesús estuvo entre nosotros, ²² desde que fue bautizado por Juanʲ hasta que subió al cielo.ᵏ Es necesario, pues, que uno de ellos sea agregado a nosotros, para que junto con nosotros dé testimonio de que Jesús resucitó."

²³ Entonces propusieron a dos: a José, llamado Barsabás, y llamado también Justo, y a Matías. ²⁴ Y oraron así: "Señor, tú que conoces los corazones de todos, muéstranos cuál de estos dos has escogido ²⁵ para que tome a su cargo el servicio de apóstol que Judas perdió por su pecado, cuando se fue al lugar que le correspondía." ²⁶ Las suertes fueron echadas, y cayeron sobre Matías, quien desde aquel momento quedó agregado a los once apóstoles.

La venida del Espíritu Santo

2 ¹ Cuando llegó la fiesta de Pentecostés,ˡ todos los creyentes se encontraban reunidos en un mismo lugar. ² De repente, un gran ruido que venía del cielo, como de un viento fuerte, resonó en toda la casa donde ellos estaban. ³ Y se les aparecieron lenguas como de fuego, repartidas sobre cada uno de ellos. ⁴ Y todos quedaron llenos del Espíritu Santo, y comenzaron a hablar en otras lenguas, según el Espíritu hacía que hablaran.

⁵ Por aquellos días había en Jerusalén judíos cumplidores de sus deberes religiosos, llegados de todas partes del mundo. ⁶ La gente se reunió al oír aquel ruido, y no sabían qué pensar, porque cada uno oía a los creyentes hablar en su propia lengua. ⁷ Eran tales su sorpresa y su asombro, que se decían unos a otros:

—¿Acaso no son de Galilea todos estos que están hablando? ⁸ ¿Cómo es que les oímos hablar en nuestras propias lenguas? ⁹ Aquí hay gente de Partia, de Media, de Elam, de Mesopotamia, de Judea, de Capadocia, del Ponto y de la provincia de Asia, ¹⁰ de Frigia y de Panfilia, de Egipto y de las regiones de Libia cercanas a Cirene. Hay también algunos que vienen de Roma; ¹¹ unos son judíos de nacimiento y otros se han convertido al judaísmo. También los hay venidos de Creta y de Arabia. ¡Y todos les oímos hablar en nuestras propias lenguas de las maravillas de Dios!

¹² Todos estaban asombrados y sin saber qué pensar; y se preguntaban:

—¿Qué significa todo esto?

¹³ Pero algunos, burlándose, decían:

—¡Es que están borrachos!

Discurso de Pedro

¹⁴ Entonces Pedro se puso de pie junto con los otros once apóstoles, y con voz fuerte dijo: "Judíos y todos los que viven en Jerusalén, sepan ustedes esto y oigan bien lo que les voy a decir. ¹⁵ Estos no están borrachos como ustedes creen, ya que apenas son las nueve de la mañana. ¹⁶ Al contrario, aquí está sucediendo lo que anunció el profeta Joel, cuando dijo:

¹⁷ 'Sucederá que en los últimos días,
          dice Dios,
     derramaré mi Espíritu sobre toda la
          humanidad;
     los hijos e hijas de ustedes
     hablarán de mi parte,
     los jóvenes tendrán visiones,
     y los viejos tendrán sueños.
¹⁸ También sobre mis siervos y siervas

ʲ Día de reposo: aquí equivale a sábado.
ᶠ 1.13 Mt 10.2–4; Mr 3.16–19; Lc 6.14–16. ᵍ 1.18–19 Mt 27.3–8. ʰ 1.20 Sal 69.25. ⁱ 1.20 Sal 109.8. ʲ 1.22 Mt 3.16; Mr 1.9; Lc 3.21. ᵏ 1.22 Mr 16.19; Lc 24.51. ˡ 2.1 Lv 23.15–21; Dt 16.9–11.

derramaré mi Espíritu en aquellos
días,
y hablarán de mi parte.
[19] En el cielo mostraré grandes
maravillas,
y sangre, fuego y nubes de humo en
la tierra.
[20] El sol se volverá oscuridad,
y la luna como sangre,
antes que llegue el día del Señor,
día grande y glorioso.
[21] Pero todos los que invoquen el
nombre del Señor,
alcanzarán la salvación.'[m]

[22] "Escuchen, pues, israelitas, lo que voy
a decir: Como ustedes saben muy bien,
Jesús de Nazaret fue un hombre a quien
Dios aprobó ante ustedes, haciendo por
medio de él grandes maravillas, milagros y
señales. [23] Sin embargo, cuando él fue entregado en manos de ustedes, conforme a
los planes y propósitos que Dios tenía hechos de antemano,[n] ustedes lo arrastraron
y lo mataron, crucificándolo por medio de
hombres malvados.[ñ] [24] Pero Dios lo resucitó,[o] liberándolo de los dolores de la
muerte, porque la muerte no podía tenerlo
dominado. [25] El rey David, refiriéndose a
Jesús, dijo:
'Yo veía siempre al Señor delante de
mí;
con él a mi derecha, nada me hará
caer.
[26] Por eso se alegra mi corazón,
y mi lengua canta llena de gozo.
Todo mi ser vivirá confiadamente,
[27] porque no me dejarás en el sepulcro
ni permitirás que se descomponga
el cuerpo de tu santo siervo.
[28] Me mostraste el camino de la vida,
y me llenarás de alegría con tu
presencia.'[p]
[29] "Hermanos, permítanme decirles con
franqueza que nuestro antepasado David
murió y fue enterrado, y que su sepulcro
está todavía entre nosotros. [30] Pero David
era profeta, y sabía que Dios le había prometido con juramento que pondría por
rey a uno de sus descendientes.[q] [31] Así
que, como si ya lo estuviera viendo, David
habló de la resurrección del Mesías, y dijo
que éste no se quedaría en el sepulcro ni
su cuerpo se descompondría. [32] Pues bien,
Dios ha resucitado a ese mismo Jesús, y
de ello todos nosotros somos testigos. [33] El
fue levantado para ir a sentarse a la derecha de Dios, y recibió del Padre el Espíritu
Santo que había sido prometido, el cual, a
su vez, él ha repartido. Eso es lo que ustedes
han visto y oído. [34] Porque no fue David
quien subió al cielo; pues él mismo dijo:

'El Señor dijo a mi Señor:
Siéntate a mi derecha,
[35] hasta que yo haga de tus enemigos
el estrado de tus pies.'[r]
[36] "Sepa todo el pueblo de Israel, con
toda seguridad, que a este mismo Jesús a
quien ustedes crucificaron, Dios lo ha hecho Señor y Mesías."
[37] Cuando los allí reunidos oyeron esto,
se afligieron profundamente, y preguntaron a Pedro y a los otros apóstoles:
—Hermanos, ¿qué debemos hacer?
[38] Pedro les contestó:
—Vuélvanse a Dios y bautícese cada
uno en el nombre de Jesucristo, para que
Dios les perdone sus pecados, y así él les
dará el Espíritu Santo. [39] Esta promesa es
para ustedes y para sus hijos, y también
para todos los que están lejos; es decir,
para todos aquellos a quienes el Señor
nuestro Dios quiera llamar.
[40] Con estas y otras palabras, Pedro les
habló y les aconsejó, diciéndoles:
—¡Apártense de esta gente perversa!
[41] Así pues, los que hicieron caso de su
mensaje fueron bautizados; y aquel día se
agregaron a los creyentes unas tres mil
personas. [42] Todos seguían firmes en lo
que los apóstoles les enseñaban, y compartían lo que tenían, y oraban y se reunían para partir el pan.

La vida de los primeros cristianos

[43] Todos estaban asombrados a causa de
los muchos milagros y señales que eran
hechos por medio de los apóstoles. [44] Los
que habían creído estaban muy unidos y
compartían sus bienes entre sí;[s] [45] vendían sus propiedades y todo lo que tenían,
y repartían el dinero según las necesidades de cada uno. [46] Todos los días se reunían en el templo, y en las casas partían el
pan y comían juntos con alegría y sencillez de corazón. [47] Alababan a Dios y eran
estimados por todos; y cada día el Señor
añadía a la iglesia los que iban siendo salvos.

Un cojo es sanado

3 [1] Un día, Pedro y Juan fueron al templo a las tres de la tarde, que era la
hora de la oración. [2] Allí, en el templo, estaba un hombre cojo de nacimiento, al
cual llevaban todos los días y lo ponían
junto a la puerta llamada la Hermosa,
para que pidiera limosna a los que entra-
ban. [3] Cuando el cojo vio a Pedro y a
Juan, que estaban a punto de entrar en el
templo, les pidió una limosna. [4] Ellos lo
vieron, y Pedro le dijo:
—Míranos.

m 2.17-21 Jl 2.28-32.   n 2.23 Lc 24.26.   ñ 2.23 Mt 27.35; Mr 15.24; Lc 23.33; Jn 19.18.   o 2.24 Mt 28.5-6; Mr 16.6; Lc 24.5.
p 2.25-28 Sal 16.8-11.   q 2.30 Sal 132.11; 2 S 7.12-13.   r 2.34-35 Sal 110.1.   s 2.44 Hch 4.32-35.

⁵ El hombre puso atención, creyendo que le iban a dar algo. ⁶ Pero Pedro le dijo:

—No tengo plata ni oro, pero lo que tengo te doy: en el nombre de Jesucristo de Nazaret, levántate y anda.

⁷ Dicho esto, Pedro lo tomó por la mano derecha y lo levantó, y en el acto cobraron fuerzas sus pies y sus tobillos. ⁸ El cojo se puso en pie de un salto y comenzó a andar; luego entró con ellos en el templo, por su propio pie, brincando y alabando a Dios. ⁹ Todos los que lo vieron andar y alabar a Dios, ¹⁰ se llenaron de asombro y de temor por lo que le había pasado, ya que conocían al hombre y sabían que era el mismo que se sentaba a pedir limosna en el templo, en la puerta llamada la Hermosa.

Discurso de Pedro en el Pórtico de Salomón

¹¹ El cojo que había sido sanado no soltaba a Pedro y a Juan. Toda la gente, admirada, corrió a la parte del templo que se llama Pórtico de Salomón, donde ellos estaban. ¹² Pedro, al ver esto, les dijo: "¿Por qué se asombran ustedes, israelitas? ¿Por qué nos miran como si nosotros mismos hubiéramos sanado a este hombre y lo hubiéramos hecho andar por medio de algún poder nuestro o por nuestra devoción a Dios? ¹³ El Dios de Abraham, de Isaac y de Jacob, el Dios de nuestros antepasados,ᵗ ha dado el más alto honor a su siervoᵘ Jesús, a quien ustedes entregaron a las autoridades y a quien, cuando Pilato quiso soltarlo, ustedes no lo permitieron. ¹⁴ En vez de pedir la libertad de aquel que era santo y justo, ustedes pidieron que se soltara a un criminal.ᵛ ¹⁵ Y así mataron ustedes al que nos lleva a la vida.ᶻ Pero Dios lo resucitó, y de esto nosotros somos testigos. ¹⁶ Lo que ha hecho cobrar fuerzas a este hombre que ustedes ven y conocen, es la fe en el nombre de Jesús. Esa fe en Jesús es la que le ha hecho sanar completamente, como todos ustedes pueden ver.

¹⁷ "Ya sé, hermanos, que cuando ustedes y sus jefes mataron a Jesús, lo hicieron sin saber en realidad lo que estaban haciendo. ¹⁸ Pero Dios cumplió de este modo lo que antes había anunciado por medio de todos sus profetas: que su Mesías tenía que morir. ¹⁹ Por eso, vuélvanse ustedes a Dios y conviértanse, para que él les borre sus pecados. Quizás entonces el Señor les mande tiempos de alivio, ²⁰ enviándoles a Jesús, a quien desde el principio había escogido como Mesías para ustedes. ²¹ Aunque por ahora Jesucristo debe permanecer en el cielo hasta que Dios ponga en orden todas las cosas, como dijo por medio de sus santos profetas que vivieron en los tiempos antiguos. ²² Moisés anunció a nuestros antepasados: 'El Señor su Dios hará que salga de entre ustedes un profeta como yo. Obedézcanlo en todo lo que les diga, ²³ porque todo aquel que no haga caso a ese profeta, será eliminado del pueblo.'ʷ ²⁴ "Y todos los profetas, desde Samuel en adelante, hablaron también de estos días. ²⁵ Ustedes son herederos de las promesas que Dios hizo por medio de los profetas, y son también herederos del pacto hecho por Dios con nuestros antepasados. Pues Dios le dijo a Abraham: 'Todas las naciones del mundo serán bendecidas por medio de tus descendientes.'ˣ ²⁶ Cuando Dios resucitó a su Hijo, lo envió primero a ustedes, para bendecirlos, para que cada uno de ustedes se convierta de su maldad."

Pedro y Juan ante las autoridades

4 ¹ Todavía Pedro y Juan estaban hablándole a la gente, cuando llegaron los sacerdotes, con el jefe de la guardia del templo y con los saduceos. ² Estaban enojados porque Pedro y Juan enseñaban a la gente y decían que la resurrección de los muertos había quedado demostrada en el caso de Jesús. ³ Los arrestaron y, como ya era tarde, los metieron en la cárcel hasta el día siguiente. ⁴ Pero muchos de los que habían escuchado el mensaje, creyeron; y el número de creyentes, contando solamente los hombres, llegó a cerca de cinco mil.

⁵ Al día siguiente se reunieron en Jerusalén los jefes de los judíos, los ancianos y los maestros de la ley. ⁶ Allí estaban también Anás, que era el sumo sacerdote, Caifás, Juan, Alejandro y todos los que pertenecían a la familia de los sumos sacerdotes. ⁷ Ordenaron que les llevaran a Pedro y a Juan, y poniéndolos en medio de ellos les preguntaron:

—¿Con qué autoridad, o en nombre de quién hacen ustedes estas cosas?

⁸ Pedro, lleno del Espíritu Santo, les contestó:

—Jefes del pueblo y ancianos: ⁹ ustedes nos preguntan acerca del bien hecho a un enfermo, para saber de qué manera ha sido sanado. ¹⁰ Pues bien, declaramos ante ustedes, para que lo sepa todo el pueblo de Israel, que este hombre que está aquí, delante de todos, ha sido sanado en el nombre de Jesucristo de Nazaret, el

---

ᶻ *Al que nos lleva a la vida:* otra posible traducción: *al que gobierna la vida.* También es posible: *al originador de la vida.*
ᵗ **3.13** Ex 3.15.   ᵘ **3.13** Is 52.13—53.12; Fil 2.7-9.   ᵛ **3.14** Mt 27.15-23; Mr 15.6-14; Lc 23.13-23; Jn 19.12-15.
ʷ **3.22-23** Dt 18.15-19; 34.10.   ˣ **3.25** Gn 12.3; 22.18.

mismo a quien ustedes crucificaron y a quien Dios resucitó. [11] Este Jesús es la piedra que ustedes los constructores despreciaron, pero que se ha convertido en la piedra principal.[y] [12] En ningún otro hay salvación,[z] porque en todo el mundo Dios no nos ha dado otra persona por la cual podamos ser salvos.

[13] Cuando las autoridades vieron la valentía con que hablaban Pedro y Juan, y se dieron cuenta de que eran hombres sin estudios ni cultura, se quedaron sorprendidos, y reconocieron que eran discípulos de Jesús. [14] Además, el que había sido sanado estaba allí con ellos, y por eso no podían decir nada en contra. [15] Entonces los mandaron salir de la reunión, y se quedaron discutiendo unos con otros. [16] Decían:

—¿Qué vamos a hacer con estos hombres? Todos los habitantes de Jerusalén saben que han hecho esta señal milagrosa, y no lo podemos negar. [17] Pero a fin de que este asunto no siga corriendo de boca en boca, vamos a amenazarlos, para que de aquí en adelante no hablen del nombre de Jesús a nadie.

[18] Así que los llamaron y les ordenaron que no hablaran ni enseñaran nada acerca del nombre de Jesús. [19] Pero Pedro y Juan les contestaron:

—Piensen ustedes mismos si es justo delante de Dios obedecerlos a ustedes en lugar de obedecerle a él. [20] Nosotros no podemos dejar de decir lo que hemos visto y oído.

[21] Las autoridades los amenazaron, pero los dejaron libres. No encontraron cómo castigarlos, porque toda la gente alababa a Dios por lo que había pasado. [22] El hombre que fue sanado de esta manera milagrosa, tenía más de cuarenta años.

Los creyentes piden confianza y valor

[23] Pedro y Juan, ya puestos en libertad, fueron a reunirse con sus compañeros y les contaron todo lo que les jefes de los sacerdotes y los ancianos les habían dicho. [24] Después de haberlos oído, todos juntos oraron a Dios, diciendo: "Señor, tú que hiciste el cielo, la tierra, el mar y todo lo que hay en ellos,[a] [25] dijiste por medio del Espíritu Santo y por boca de tu siervo David:

'¿Por qué se alborotan los pueblos?
¿Por qué hacen planes sin sentido?
[26] Los reyes y gobernantes de la tierra
se rebelan, y juntos conspiran
contra el Señor y contra su
escogido, el Mesías.'[b]
[27] "Es un hecho que Herodes[c] y Poncio

Pilato[d] se juntaron aquí, en esta ciudad, con los extranjeros y los israelitas, contra tu santo siervo[e] Jesús, a quien escogiste como Mesías. [28] De esta manera, ellos hicieron todo lo que tú en tus planes ya habías dispuesto que tenía que suceder. [29] Ahora, Señor, fíjate en sus amenazas y concede a tus siervos que anuncien tu mensaje sin miedo, [30] y que por tu poder sanen a los enfermos y hagan señales y milagros en el nombre de tu santo siervo Jesús."

[31] Cuando acabaron de orar, el lugar donde estaban reunidos tembló; y todos fueron llenos del Espíritu Santo, y anunciaban abiertamente el mensaje de Dios.

Todas las cosas eran de todos

[32] Todos los creyentes, que eran muchos, pensaban y sentían de la misma manera. Ninguno decía que sus cosas fueran solamente suyas, sino que eran de todos.[f] [33] Los apóstoles seguían dando un poderoso testimonio de la resurrección del Señor Jesús, y Dios los bendecía mucho a todos. [34] No había entre ellos ningún necesitado, porque quienes tenían terrenos o casas, los vendían, y el dinero [35] lo ponían a disposición de los apóstoles, para repartirlo entre todos según las necesidades de cada uno. [36] Tal fue el caso de un levita llamado José, natural de la isla de Chipre, a quien los apóstoles pusieron por sobrenombre Bernabé (que significa: "Hijo de Consolación"). [37] Este hombre tenía un terreno, y lo vendió y puso el dinero a disposición de los apóstoles.

El pecado de Ananías y Safira

5 [1] Pero hubo uno, llamado Ananías, que junto con Safira, su esposa, vendió un terreno. [2] Este hombre, de común acuerdo con su esposa, se quedó con una parte del dinero y puso la otra parte a disposición de los apóstoles. [3] Pedro le dijo:

—Ananías, ¿por qué entró Satanás en tu corazón, para hacerte mentir al Espíritu Santo quedándote con parte del dinero que te pagaron por el terreno? [4] ¿Acaso no era tuyo el terreno? Y puesto que lo vendiste, ¿no era tuyo el dinero? ¿Por qué se te ocurrió hacer esto? No has mentido a los hombres, sino a Dios.

[5] Al oír esto, Ananías cayó muerto. Y todos los que lo supieron se llenaron de miedo. [6] Entonces vinieron unos jóvenes, envolvieron el cuerpo y se lo llevaron a enterrar.

[7] Unas tres horas después entró la esposa de Ananías, sin saber lo que había pasado. [8] Pedro le preguntó:

y 4.11 Sal 118.22. z 4.12 Jn 14.6. a 4.24 Ex 20.11; Neh 9.6; Sal 146.6. b 4.25-26 Sal 2.1-2. c 4.27 Lc 23.7-11.
d 4.27 Mt 27.1-2; Mr 15.1; Lc 23.1; Jn 18.28-29. e 4.27 Is 52.13; Fil 2.7. f 4.32 Hch 2.44-45.

—Dime, ¿vendieron ustedes el terreno en el precio que han dicho?

Ella contestó:

—Sí, en ese precio.

⁹ Pedro le dijo:

—¿Por qué se pusieron ustedes de acuerdo para poner a prueba al Espíritu del Señor? Ahí vienen los que se llevaron a enterrar a tu esposo, y ahora te van a llevar también a ti.

¹⁰ En ese mismo instante Safira cayó muerta a los pies de Pedro. Cuando entraron los jóvenes, la encontraron muerta, y se la llevaron a enterrar al lado de su esposo. ¹¹ Y todos los de la iglesia, y todos los que supieron estas cosas, se llenaron de miedo.

Muchos milagros y señales

¹² Por medio de los apóstoles se hacían muchas señales y milagros entre la gente; y todos se reunían en el Pórtico de Salomón. ¹³ Ninguno de los otros se atrevía a juntarse con ellos, pero la gente los tenía en alta estima. ¹⁴ Y aumentó el número de personas, tanto hombres como mujeres, que creyeron en el Señor. ¹⁵ Y sacaban los enfermos a las calles, poniéndolos en camas y camillas para que, al pasar Pedro, por lo menos su sombra cayera sobre alguno de ellos. ¹⁶ También de los pueblos vecinos acudía mucha gente a Jerusalén, trayendo enfermos y personas atormentadas por espíritus impuros; y todos eran sanados.

Los apóstoles son perseguidos

¹⁷ El sumo sacerdote y los del partido de los saduceos que estaban con él, se llenaron de envidia, ¹⁸ y arrestaron a los apóstoles y los metieron en la cárcel pública. ¹⁹ Pero un ángel del Señor abrió de noche las puertas de la cárcel y los sacó, diciéndoles: ²⁰ "Vayan y, de pie en el templo, cuenten al pueblo todo lo de esta vidaᵍ nueva." ²¹ Conforme a esto que habían oído, al día siguiente entraron temprano en el templo y comenzaron a enseñar.

Mientras tanto, el sumo sacerdote y los que estaban con él llamaron a todos los ancianos israelitas a una reunión de la Junta Suprema, y mandaron traer de la cárcel a los apóstoles. ²² Pero cuando los guardias llegaron a la cárcel, no los encontraron. Así que volvieron con la noticia, ²³ diciendo:

—Encontramos la cárcel perfectamente cerrada, y a los soldados vigilando delante de las puertas; pero cuando abrimos, no encontramos a nadie adentro.

²⁴ Al oírlo, el sumo sacerdote, el jefe de la guardia del templo y los principales sacerdotes se preguntaban en qué iría a parar todo aquello. ²⁵ En aquel momento llegó uno, que les dijo:

—Los que ustedes metieron en la cárcel, están en el templo enseñando al pueblo.

²⁶ El jefe de la guardia, junto con los guardias, fue a buscarlos; pero no los maltrataron, porque tenían miedo de ser apedreados por la gente. ²⁷ Al llegar, los llevaron ante la Junta Suprema, y el sumo sacerdote les dijo:

²⁸ —Nosotros les habíamos prohibido terminantemente que enseñaran nada relacionado con ese hombre. ¿Y qué han hecho ustedes? Han llenado toda Jerusalén con esas enseñanzas, y encima quieren echarnos la culpa de la muerte de ese hombre.ʰ

²⁹ Pedro y los demás apóstoles contestaron:

—Es nuestro deber obedecer a Dios antes que a los hombres. ³⁰ El Dios de nuestros antepasados resucitó a Jesús, el mismo a quien ustedes mataron colgándolo en una cruz. ³¹ Dios lo ha levantado y lo ha puesto a su derecha, y lo ha hecho Guía y Salvador, para que la nación de Israel se vuelva a Dios y reciba el perdón de sus pecados. ³² De esto somos testigos nosotros, y también lo es el Espíritu Santo, que Dios ha dado a los que le obedecen.

³³ Cuando oyeron esto, se enfurecieron y quisieron matarlos. ³⁴ Pero entre aquellas autoridades había un fariseo llamado Gamaliel, que era un maestro de la ley muy respetado por el pueblo. Este se puso de pie y mandó que por un momento sacaran de allí a los apóstoles. ³⁵ Luego dijo a las demás autoridades:

—Israelitas, tengan cuidado con lo que van a hacer con estos hombres. ³⁶ Recuerden que hace algún tiempo se levantó Teudas, alegando ser un hombre importante, y unos cuatrocientos hombres lo siguieron. Pero a éste lo mataron, y sus seguidores se dispersaron, y allí se acabó todo. ³⁷ Más tarde, en los días del censo, se levantó Judas, el de Galilea, y logró que algunos lo siguieran; pero también lo mataron, y todos sus seguidores se dispersaron. ³⁸ Por eso, yo les aconsejo que dejen a estos hombres y que no se metan con ellos. Porque si este asunto es cosa de los hombres, pasará; ³⁹ pero si es cosa de Dios, no podrán ustedes vencerlos. Tengan cuidado, no se vayan a encontrar luchando contra Dios.

Ellos le hicieron caso. ⁴⁰ Así que llamaron a los apóstoles, los azotaron y les prohibieron seguir hablando en el nombre de Jesús; después los soltaron. ⁴¹ Los apóstoles salieron de la presencia de las autoridades muy contentos, porque Dios les había permitido sufrir injurias por causa del nombre de Jesús. [42] Todos los días enseñaban y anunciaban las buenas noticias de Jesús el Mesías, tanto en el templo como por las casas.

Se nombra a siete ayudantes

6 [1] En aquel tiempo, como el número de los creyentes iba aumentando, los de habla griega comenzaron a quejarse de los de habla hebrea, diciendo que las viudas griegas no eran bien atendidas en la distribución diaria de ayuda.[3] [2] Los doce apóstoles reunieron a todos los creyentes, y les dijeron:

—No está bien que nosotros dejemos de anunciar el mensaje de Dios para dedicarnos a la administración. [3] Por eso, hermanos, busquen entre ustedes siete hombres de confianza, entendidos y llenos del Espíritu Santo, para que les encarguemos estos trabajos. [4] Nosotros seguiremos orando y proclamando el mensaje de Dios.

[5] Todos estuvieron de acuerdo, y escogieron a Esteban, hombre lleno de fe y del Espíritu Santo, y a Felipe, a Prócoro, a Nicanor, a Timón, a Parmenas y a Nicolás, uno de Antioquía que antes se había convertido al judaísmo. [6] Luego los llevaron a donde estaban los apóstoles, los cuales oraron y les impusieron las manos.

[7] El mensaje de Dios iba extendiéndose, y el número de los creyentes aumentaba mucho en Jerusalén. Incluso muchos sacerdotes judíos aceptaban la fe.

Arrestan a Esteban

[8] Esteban, lleno del poder y la bendición de Dios, hacía milagros y señales entre el pueblo. [9] Algunos de la sinagoga llamada de los Esclavos Libertados, junto con algunos de Cirene, de Alejandría, de Cilicia y de la provincia de Asia, comenzaron a discutir con Esteban; [10] pero no podían hacerle frente, porque hablaba con la sabiduría que le daba el Espíritu Santo. [11] Pagaron entonces a unos para que afirmaran que le habían oído decir palabras ofensivas contra Moisés y contra Dios. [12] De este modo alborotaron al pueblo, a los ancianos y a los maestros de la ley; por lo cual atacaron a Esteban, lo apresaron y lo llevaron ante la Junta Suprema. [13] Además buscaron testigos falsos, que dijeron:

—Ese hombre no deja de lanzar insultos contra este santo templo y contra la ley. [14] Le hemos oído decir que ese Jesús de Nazaret va a destruir el templo y que va a cambiar las costumbres que nos dejó Moisés.

[15] Las autoridades y todos los que estaban allí sentados, al mirar a Esteban, vieron que su cara era como la de un ángel.

Defensa de Esteban

7 [1] El sumo sacerdote le preguntó a Esteban si lo que decían de él era cierto, [2] y él contestó: "Hermanos y padres, escúchenme: Nuestro glorioso Dios se mostró a nuestro antepasado Abraham cuando estaba en Mesopotamia, antes que se fuera a vivir a Harán, [3] y le dijo: 'Deja tu tierra y a tus parientes, y vete a la tierra que yo te mostraré.'[i] [4] Entonces Abraham salió de Caldea y se fue a vivir a Harán.[i] Después murió su padre, y Dios trajo a Abraham a esta tierra, donde ustedes viven ahora.[k] [5] Pero no le dio ninguna herencia en ella; ni siquiera un lugar donde poner un pie. Pero sí le prometió que se la daría, para que después de su muerte fuera de sus descendientes[l] (aunque en aquel tiempo Abraham todavía no tenía hijos). [6] Además, Dios le dijo que sus descendientes vivirían como extranjeros en una tierra extraña, y que serían esclavos, y que los maltratarían durante cuatrocientos años. [7] Pero también le dijo Dios: 'Yo castigaré a la nación que los haga esclavos, y después ellos saldrán de allí y me servirán en este lugar.'[m] [8] En su pacto, Dios ordenó a Abraham la práctica de la circuncisión.[n] Por eso, a los ocho días de haber nacido su hijo Isaac, Abraham lo circuncidó.[ñ] Lo mismo hizo Isaac con su hijo Jacob,[o] y éste hizo lo mismo con sus hijos, que fueron los padres de las doce tribus de Israel.[p]

[9] "Estos hijos de Jacob, que fueron nuestros antepasados, tuvieron envidia de su hermano José,[q] y lo vendieron para que se lo llevaran a Egipto.[r] Pero Dios, que estaba con José,[s] [10] lo libró de todas sus aflicciones. Le dio sabiduría y le hizo ganarse el favor del faraón, rey de Egipto, el cual nombró a José gobernador de Egipto y del palacio real.[t]

[11] "Hubo entonces hambre y mucha aflicción en todo Egipto y en Canaán, y nuestros antepasados no tenían qué comer.[u] [12] Pero cuando Jacob supo que en Egipto había trigo, mandó allá a sus hijos, es decir, a nuestros antepasados. Este fue el primer viaje que hicieron. [13] Cuando fueron por segunda vez, José se dio a conocer a sus hermanos,[v] y así el faraón

[3] Este texto hace referencia a judíos procedentes de regiones en las que usualmente se hablaba el griego, a diferencia de los judíos palestinos, que conservaban la lengua aramea, llamada hebrea en el Nuevo Testamento.
[i] 7.2-3 Gn 12.1. [i] 7.4 Gn 11.31. [k] 7.4 Gn 12.4. [l] 7.5 Gn 12.7; 13.15; 15.18; 17.8. [m] 7.6-7 Gn 15.13-14; Ex 3.12.
[n] 7.8 Gn 17.10-14. [ñ] 7.8 Gn 21.2-4. [o] 7.8 Gn 25.26. [p] 7.8 Gn 29.31—35.18. [q] 7.9 Gn 37.11. [r] 7.9 Gn 37.28.
[s] 7.9 Gn 39.2,21. [t] 7.10 Gn 41.39-41. [u] 7.11 Gn 42.1-2. [v] 7.13 Gn 45.1.

supo de qué raza era José.[w] 14 Más tarde,
José ordenó que su padre Jacob y toda su
familia,[x] que eran setenta y cinco personas,[y] fueran llevados a Egipto. 15 De ese
modo Jacob se fue a vivir a Egipto;[z] y allí
murió,[a] y allí murieron también nuestros
antepasados. 16 Los restos de Jacob fueron
llevados a Siquem, y fueron enterrados en
el sepulcro que Abraham había comprado
por cierta cantidad de dinero a los hijos de
Hamor, en Siquem.[b]

17 "Cuando ya se acercaba el tiempo en
que había de cumplirse la promesa hecha
por Dios a Abraham, el pueblo de Israel
había crecido en Egipto y se había hecho
numeroso; 18 y por entonces comenzó a
gobernar en Egipto un rey que no había
conocido a José.[c] 19 Este rey engañó a
nuestro pueblo[d] y maltrató a nuestros
antepasados; los obligó a abandonar y dejar morir a sus hijos recién nacidos.[e]
20 En aquel tiempo nació Moisés. Fue un
niño que agradó a Dios, y sus padres lo
criaron en su casa durante tres meses.[f]
21 Cuando tuvieron que abandonarlo, la
hija del faraón lo recogió y lo crió como si
fuera su propio hijo.[g] 22 De esa manera
Moisés fue instruido en la sabiduría de los
egipcios, y fue un hombre poderoso en
palabras y en hechos.

23 "A la edad de cuarenta años, Moisés
decidió visitar a los israelitas, que eran su
propio pueblo. 24 Pero al ver que un egipcio maltrataba a uno de ellos, Moisés salió
en su defensa, y lo vengó matando al egipcio. 25 Y es que Moisés pensaba que sus
hermanos los israelitas se darían cuenta
de que por medio de él Dios iba a libertar-
los; pero ellos no se dieron cuenta. 26 Al
día siguiente, Moisés encontró a dos israelitas que se estaban peleando y, queriendo
ponerlos en paz, les dijo: 'Ustedes son hermanos; ¿por qué se maltratan el uno al
otro?' 27 Entonces el que maltrataba a su
compañero empujó a Moisés, y le dijo:
'¿Quién te ha puesto a ti como jefe y juez
entre nosotros? 28 ¿Acaso quieres matarme, como mataste ayer al egipcio?' 29 Al
oír esto, Moisés huyó y se fue a la tierra
de Madián.[h] Allí vivió como extranjero, y
tuvo dos hijos.[i]

30 "Cuarenta años después, en el desierto, cerca del monte Sinaí, un ángel se
le apareció en el fuego de una zarza que
estaba ardiendo. 31 Moisés se asombró de
aquella visión, y cuando se acercó para
ver mejor, oyó la voz del Señor, que decía:
32 'Yo soy el Dios de tus antepasados. Soy
el Dios de Abraham, de Isaac y de Jacob.'
Moisés comenzó a temblar de miedo, y no
se atrevía a mirar. 33 Entonces el Señor le
dijo: 'Descálzate, porque el lugar donde
estás es sagrado. 34 Claramente he visto
cómo sufre mi pueblo, que está en Egipto.
Los he oído quejarse y he bajado para librarlos. Por lo tanto, ven, que te voy a enviar a Egipto.'[j]

35 "Aunque ellos habían despreciado a
Moisés y le habían dicho: '¿Quién te nombró jefe y juez?', Dios lo envió como jefe y
libertador, por medio del ángel que se le
apareció en la zarza. 36 Y fue Moisés quien
sacó de Egipto a nuestros antepasados, y
quien hizo milagros y señales durante
cuarenta años en aquella tierra,[k] en el
Mar Rojo[l] y en el desierto.[m] 37 Este
mismo Moisés fue quien dijo a los israelitas: 'Dios hará que salga de entre ustedes
un profeta como yo.'[n] 38 Fue también
Moisés quien estuvo en la asamblea de Israel en el desierto, y con el ángel que le
habló en el monte Sinaí,[ñ] y con nuestros
antepasados; y él fue quien recibió palabras de vida para pasárnoslas a nosotros.

39 "Pero nuestros antepasados no quisieron obedecerlo, sino que lo rechazaron y
quisieron volverse a Egipto. 40 Le dijeron a
Aarón: 'Haznos dioses que nos guíen,
porque no sabemos qué le ha pasado a
este Moisés que nos sacó de Egipto.'[o]
41 Entonces hicieron un ídolo que tenía
forma de becerro, mataron animales para
ofrecérselos y celebraron una fiesta en
honor del ídolo que ellos mismos habían
hecho.[p] 42 Por esto, Dios se apartó de
ellos y los dejó adorar a las estrellas del
cielo. Pues así está escrito en el libro de
los profetas:

'Israelitas,
¿acaso en los cuarenta años del
desierto
me ofrecieron ustedes sacrificos y
ofrendas?
43 Por el contrario,
cargaron con el santuario del dios
Moloc
y con la estrella del dios Refán,
imágenes de dioses que ustedes
mismos
se hicieron para adorarlas.
Por eso los lanzaré a ustedes al
destierro
más allá de Babilonia.'[q]

44 "Nuestros antepasados tenían en el
desierto la tienda del pacto,[4] que fue hecha tal como Dios se lo ordenó a Moisés
cuando le dijo que la hiciera según el modelo que había visto.[r] 45 Nuestros antepa-

[4] *Tienda del pacto:* lit. *Tienda del testimonio.*

[w] **7.13** Gn 45.16. [x] **7.14** Gn 45.9–10,17–18. [y] **7.14** Gn 46.27. [z] **7.15** Gn 46.1–7. [a] **7.15** Gn 49.33. [b] **7.16** Gn 23.3–16; 33.19; 50.7–13; Jos 24.32. [c] **7.17–18** Ex 1.7–8. [d] **7.19** Ex 1.10–11. [e] **7.19** Ex 1.22. [f] **7.20** Ex 2.2. [g] **7.21** Ex 2.3–10. [h] **7.23–29** Ex 2.11–15. [i] **7.29** Ex 18.3–4. [j] **7.30–34** Ex 3.1–10. [k] **7.36** Ex 7.3. [l] **7.36** Ex 14.21. [m] **7.36** Nm 14.33. [n] **7.37** Dt 8.15,18. [ñ] **7.38** Ex 19.1—20.17; Dt. 5.1–33. [o] **7.40** Ex 32.1. [p] **7.41** Ex 32.2–6. [q] **7.42–43** Am 5.25–27. [r] **7.44** Ex 25.9,40.

sados recibieron esta tienda en herencia, y los que vinieron con Josué la trajeron consigo⁵ cuando conquistaron la tierra de los otros pueblos, a los que Dios arrojó de delante de ellos. Así fue hasta los días de David. ⁴⁶ El rey David encontró favor delante de Dios, y quiso construir un lugar donde viviera la descendencia⁵ de Jacob;ᵗ ⁴⁷ pero fue Salomón quien construyó el templo de Dios.ᵘ ⁴⁸ Aunque el Dios altísimo no vive en templos hechos por la mano de los hombres. Como dijo el profeta:

⁴⁹ 'El cielo es mi trono,
   y la tierra es el estrado de mis pies.
   ¿Qué clase de casa me construirán?,
     dice el Señor;
   ¿cuál será mi lugar de descanso,
⁵⁰ si yo mismo hice todas estas cosas?'ᵛ

⁵¹ "Pero ustedes —siguió diciendo Esteban— siempre han sido tercos, y tienen oídos y corazón paganos. Siempre están en contra del Espíritu Santo. Son iguales que sus antepasados.ʷ ⁵² ¿A cuál de los profetas no maltrataron los antepasados de ustedes? Ellos mataron a quienes habían hablado de la venida de aquel que es justo, y ahora que este justo ya ha venido, ustedes lo traicionaron y lo mataron. ⁵³ Ustedes, que recibieron la ley por medio de ángeles, no la obedecen."

Muerte de Esteban

⁵⁴ Cuando oyeron estas cosas, se enfurecieron y rechinaron los dientes contra Esteban. ⁵⁵ Pero él, lleno del Espíritu Santo, miró al cielo y vio la gloria de Dios, y a Jesús de pie a la derecha de Dios. ⁵⁶ Entonces dijo:

—¡Miren! Veo los cielos abiertos, y al Hijo del hombre a la derecha de Dios.

⁵⁷ Pero ellos se taparon los oídos, y dando fuertes gritos se lanzaron todos contra él. ⁵⁸ Lo sacaron de la ciudad y lo apedrearon; y los que le acusaban dejaron sus ropas al cuidado de un joven llamado Saulo.

⁵⁹ Mientras lo apedreaban, Esteban oró, diciendo: "Señor Jesús, recibe mi espíritu."ˣ ⁶⁰ Luego se puso de rodillas y gritó con voz fuerte: "¡Señor, no les tomes en cuenta ese pecado!"ʸ

Habiendo dicho esto, murió.

8 ¹ Y Saulo estaba allí, dando su aprobación a la muerte de Esteban.

Saulo persigue a la iglesia

Aquel mismo día comenzó una gran persecución contra la iglesia de Jerusalén. Todos, menos los apóstoles, se dispersaron por las regiones de Judea y de Samaria.

² Algunos hombres piadosos enterraron a Esteban y lloraron mucho por él. ³ Mientras tanto, Saulo perseguía a la iglesia, y entraba de casa en casa para sacar a rastras a hombres y mujeres y mandarlos a la cárcel.ᶻ

Anuncio del evangelio en Samaria

⁴ Pero los que tuvieron que salir de Jerusalén anunciaban el mensaje de salvación por dondequiera que iban. ⁵ Felipe, uno de ellos, se dirigió a la principal ciudad de Samaria y comenzó a hablarles de Cristo. ⁶ La gente se reunía, y todos escuchaban con atención lo que decía Felipe, pues veían las señales milagrosas hechas por él. ⁷ Muchas personas que tenían espíritus impuros eran sanadas, y los espíritus salían de ellas gritando; y también muchos paralíticos y cojos eran sanados. ⁸ Por esta causa hubo gran alegría en aquel pueblo.

⁹ Pero había allí un hombre llamado Simón, que antes había practicado la brujería y que había engañado a la gente de Samaria haciéndose pasar por una persona importante. ¹⁰ Todos, desde el más pequeño hasta el más grande, lo escuchaban atentamente y decían: "Este es a quien llaman 'el gran poder de Dios'."

¹¹ Y le hacían caso, porque con su brujería los había engañado durante mucho tiempo. ¹² Pero cuando creyeron en las buenas noticias que Felipe les anunciaba acerca del reino de Dios y de Jesucristo, tanto hombres como mujeres se bautizaron. ¹³ Y el mismo Simón creyó y se bautizó, y comenzó a acompañar a Felipe, admirado de los grandes milagros y señales que veía.

¹⁴ Cuando los apóstoles que estaban en Jerusalén supieron que los de Samaria habían aceptado el mensaje de Dios, mandaron allá a Pedro y a Juan. ¹⁵ Al llegar, oraron por los creyentes de Samaria, para que recibieran el Espíritu Santo. ¹⁶ Porque todavía no había venido el Espíritu Santo sobre ninguno de ellos; solamente se habían bautizado en el nombre del Señor Jesús. ¹⁷ Entonces Pedro y Juan les impusieron las manos, y así recibieron el Espíritu Santo.

¹⁸ Simón, al ver que el Espíritu Santo venía cuando los apóstoles imponían las manos a la gente, les ofreció dinero, ¹⁹ y les dijo:

—Denme también a mí ese poder, para que aquel a quien yo le imponga las manos reciba igualmente el Espíritu Santo.

²⁰ Entonces Pedro le contestó:

---

⁵ *La descendencia:* lit. *la casa.* Otros mss.: *el Dios.*
ˢ **7.45** Jos 3.14-17. ᵗ **7.46** 2 S 7.1-16; 1 Cr 17.1-14. ᵘ **7.47** 1 R 6.1-38; 2 Cr 3.1-17. ᵛ **7.49-50** Is 66.1-2. ʷ **7.51** Is 63.10.
ˣ **7.59** Sal 31.5; Lc 23.46. ʸ **7.60** Lc 23.34. ᶻ **8.3** Hch 22.4-5; 26.9-11.

—¡Que tu dinero se condene contigo, porque has pensado comprar con dinero lo que es un don de Dios! ²¹ Tú no tienes ningún derecho a recibirlo, porque delante de Dios tu corazón no es recto. ²² Abandona esta maldad tuya, y ruega a Dios, que tal vez te perdonará el haber pensado así. ²³ Porque veo que estás lleno de amargura y que la maldad te tiene preso.

²⁴ Simón contestó:

—Oren ustedes al Señor por mí, para que no me pase nada de esto que me han dicho.

²⁵ Después de dar testimonio y de comunicar la palabra de Dios, los apóstoles anunciaron las buenas noticias en muchas de las aldeas de Samaria, y regresaron a Jerusalén.

Felipe y el funcionario etiope

²⁶ Después de esto, un ángel del Señor le dijo a Felipe: "Levántate y vete al sur, por el camino de Jerusalén a Gaza." Este camino pasa por el desierto. ²⁷ Felipe se levantó y se fue; y en el camino se encontró con un hombre de Etiopía. Era un alto funcionario, tesorero de la reina de Etiopía, el cual había ido a Jerusalén a adorar a Dios. ²⁸ Iba de regreso a su país, sentado en su carro y leyendo el libro del profeta Isaías.

²⁹ El Espíritu le dijo a Felipe: "Ve y acércate a ese carro." ³⁰ Cuando Felipe se acercó, oyó que el etiope leía el libro de Isaías; entonces le preguntó:

—¿Entiende usted lo que está leyendo?

³¹ Él etiope le contestó:

—¿Cómo lo voy a entender, si no hay quien me lo explique?

Y le pidió a Felipe que subiera y se sentara junto a él. ³² La parte de la Escritura que estaba leyendo era ésta:

"Fue llevado como una oveja al
    matadero;
como un cordero que se queda
    callado
delante de los que lo trasquilan,
así tampoco abrió él la boca.
³³ Fue humillado, y no se le hizo
    justicia;
¿quién podrá hablar de su
    descendencia?
Porque su vida fue arrancada de la
    tierra."ᵃ

³⁴ El funcionario etiope le preguntó a Felipe:

—Dígame, por favor, ¿de quién dice esto el profeta: de sí mismo o de algún otro?

³⁵ Entonces Felipe, tomando como punto de partida el lugar de la Escritura que el etiope leía, le anunció las buenas noticias acerca de Jesús. ³⁶ Más tarde, al pasar por un sitio donde había agua, el funcionario dijo:

—Aquí hay agua; ¿no podría yo ser bautizado?⁶

³⁸ Entonces mandó parar el carro; y los dos bajaron al agua, y Felipe lo bautizó. ³⁹ Cuando subieron del agua, el Espíritu del Señor se llevó a Felipe, y el funcionario no lo volvió a ver; pero siguió su camino lleno de alegría. ⁴⁰ Felipe se encontró en Azoto, y pasó de pueblo en pueblo anunciando las buenas noticias, hasta llegar a Cesarea.

Conversión de Saulo
(Hch 22.6–16; 26.12–18)

9 ¹ Mientras tanto, Saulo no dejaba de amenazar de muerte a los creyentes en el Señor. Por eso, se presentó al sumo sacerdote, ² y le pidió cartas de autorización para ir a las sinagogas de Damasco, a buscar a los que seguían el Nuevo Camino,⁷ tanto hombres como mujeres, y llevarlos presos a Jerusalén. ³ Pero cuando ya se encontraba cerca de la ciudad de Damasco, una luz que venía del cielo brilló de repente a su alrededor. ⁴ Saulo cayó al suelo, y oyó una voz que le decía: "Saulo, Saulo, ¿por qué me persigues?"

⁵ Saulo preguntó: "¿Quién eres, Señor?" La voz le contestó: "Yo soy Jesús, el mismo a quien estás persiguiendo.⁸ ⁶ Levántate y entra en la ciudad; allí te dirán lo que debes hacer."

⁷ Los que viajaban con Saulo estaban muy asustados, porque habían oído la voz pero no habían visto a nadie. ⁸ Luego, Saulo se levantó del suelo; pero cuando abrió los ojos, no podía ver. Así que lo tomaron de la mano y lo llevaron a Damasco. ⁹ Allí estuvo tres días sin ver, y sin comer ni beber nada.

¹⁰ En Damasco vivía un creyente que se llamaba Ananías, a quien el Señor se le presentó en una visión y le dijo: "¡Ananías!" Él contestó: "Aquí estoy, Señor."

¹¹ El Señor le dijo: "Levántate y vete a la calle llamada Derecha, y en la casa de Judas pregunta por un hombre de Tarso que se llama Saulo. Está orando, ¹² y en una visión ha visto a uno llamado Ananías que entra y pone sus manos sobre él para que pueda ver de nuevo."

¹³ Al oír esto, Ananías dijo: "Señor, muchos me han hablado de ese hombre y de todos los males que ha causado en Jerusa-

---

⁶ Algunos mss. añaden v. 37: Felipe le dijo: —Si cree usted de todo corazón, puede. Y el hombre contestó: —Creo que Jesucristo es el Hijo de Dios.   ⁷ El Nuevo Camino: lit. el Camino.   ⁸ Algunos mss. añaden parte de los vs. 5 y 6: Te estás haciendo daño a ti mismo, con sus dieras coces contra el aguijón. 6 Saulo entonces, temblando de miedo, dijo: "Señor, ¿qué quieres que yo haga?" Y el Señor le dijo: . . .
ᵃ **8.32–33** Is 53.7–8.

lén a tu pueblo santo. [14] Y ahora ha venido aquí, con autorización de los jefes de los sacerdotes, a llevarse presos a todos los que invocan tu nombre."

[15] Pero el Señor le dijo: "Ve, porque he escogido a ese hombre para que hable de mí a la gente de otras naciones, y a sus reyes, y también a los israelitas. [16] Yo le mostraré lo mucho que tiene que sufrir por mi causa."

[17] Ananías fue a la casa donde estaba Saulo. Al entrar, puso sus manos sobre él, y le dijo:

—Hermano Saulo, el Señor Jesús, el que se te apareció en el camino por donde venías, me ha mandado para que recobres la vista y quedes lleno del Espíritu Santo.

[18] Al momento cayeron de los ojos de Saulo una especie de escamas, y recobró la vista. Entonces se levantó y fue bautizado. [19] Después comió y recobró las fuerzas, y se quedó algunos días con los creyentes que vivían en Damasco.

Saulo predica en Damasco

[20] Luego Saulo comenzó a proclamar en las sinagogas que Jesús es el Hijo de Dios. [21] Todos los que lo oían se quedaban asombrados, y decían:

—¿No es éste el que andaba persiguiendo en Jerusalén a los que invocan el nombre de Jesús? ¿No es el mismo que también vino aquí para arrestarlos y entregarlos a los jefes de los sacerdotes?

[22] Pero Saulo hablaba cada vez con más valor, y dejaba confundidos a los judíos que vivían en Damasco, demostrándoles que Jesús es el Mesías.

Saulo escapa de los judíos

[23] Al cabo de muchos días, los judíos se pusieron de acuerdo para matar a Saulo, [24] pero él llegó a saberlo. Día y noche lo esperaban en las puertas de salida de la ciudad, para matarlo, [25] pero los creyentes lo pusieron en un gran canasto y lo bajaron de noche por la muralla que rodeaba la ciudad. Así se escapó. [b]

Saulo en Jerusalén

[26] Cuando Saulo llegó a Jerusalén, quiso reunirse con los creyentes; pero todos le tenían miedo, porque no creían que él también fuera creyente. [27] Sin embargo, Bernabé lo llevó y lo presentó a los apóstoles. Les contó que Saulo había visto al Señor en el camino, y que el Señor le ha-

bía hablado, y que, en Damasco, Saulo había anunciado a Jesús con toda valentía. [28] Así Saulo se quedó en Jerusalén, y andaba con ellos. Hablaba del Señor con toda valentía, [29] conversando y discutiendo con los judíos que hablaban griego; pero éstos procuraban matarlo. [30] Cuando los hermanos se dieron cuenta de ello, llevaron a Saulo a Cesarea, y de allí lo mandaron a Tarso.

[31] Entonces la iglesia, en todas las regiones de Judea, Galilea y Samaria, tenía paz y crecía espiritualmente. Vivía en el temor del Señor y, con la ayuda del Espíritu Santo, iba aumentando en número.

Curación de Eneas

[32] Pedro, que andaba visitando a los hermanos, fue también a ver a los creyentes que vivían en Lida. [33] Allí encontró a un hombre llamado Eneas, que desde hacía ocho años estaba en cama, paralítico. [34] Pedro le dijo:

—Eneas, Jesucristo te sana. Levántate y arregla tu cama.

Eneas se levantó al momento. [35] Y todos los que vivían en Lida y en Sarón lo vieron levantarse, y se convirtieron al Señor.

Resurrección de Dorcas

[36] Por aquel tiempo había en la ciudad de Jope una creyente llamada Tabita, que en griego significa Dorcas. [9] Esta mujer pasaba su vida haciendo el bien y ayudando a los necesitados. [37] Por aquellos días, Dorcas enfermó y murió. Su cuerpo, después de haber sido lavado, fue puesto en un cuarto del piso alto. [38] Jope estaba cerca de Lida, donde Pedro se encontraba; y como los creyentes supieron que estaba allí, mandaron dos hombres a decirle: "Venga usted a Jope sin demora."

[39] Y Pedro se fue con ellos. Cuando llegó, lo llevaron al cuarto donde estaba el cuerpo, y todas las viudas le rodearon llorando y le mostraron los vestidos y túnicas que Dorcas había hecho cuando aún vivía. [40] Pedro los hizo salir a todos, y se arrodilló y oró; luego, mirando a la muerta, dijo:

—¡Tabita, levántate!

Ella abrió los ojos y, al ver a Pedro, se sentó. [41] Él la tomó de la mano y la levantó; luego llamó a los creyentes y a las viudas, y la presentó viva. [42] Esto se supo en toda la ciudad de Jope, y muchos creyeron en el Señor. [43] Pedro se quedó varios días en la ciudad, en casa de un curtidor que se llamaba Simón.

[9] El nombre arameo Tabita, cuya traducción griega es Dorcas, en castellano significa gacela.
[b] **9.23-25** 2 Co 11.32-33.

Pedro y Cornelio

10 ¹ Había en la ciudad de Cesarea un hombre que se llamaba Cornelio, capitán del batallón llamado el Italiano. ² Era un hombre piadoso que, junto con toda su familia, adoraba a Dios. También daba mucho dinero para ayudar a los judíos, y oraba siempre a Dios. ³ Un día, a eso de las tres de la tarde, tuvo una visión: Vio claramente a un ángel de Dios que entraba donde él estaba y le decía: "¡Cornelio!" ⁴ Cornelio se quedó mirando al ángel, y con mucho miedo le preguntó: "¿Qué se te ofrece, señor?" El ángel le dijo: "Dios ha aceptado tus oraciones y lo que has hecho para ayudar a los necesitados. ⁵ Manda a alguien a la ciudad de Jope para que haga venir a Simón, que también es conocido como Pedro. ⁶ Está alojado en casa de otro Simón, un curtidor que vive junto al mar."

⁷ Cuando se fue el ángel que le había hablado, Cornelio llamó a dos de sus sirvientes y a un soldado que era muy religioso y de su confianza, ⁸ y después de contárselo todo, los envió a Jope.

⁹ Al día siguiente, a eso del mediodía, mientras iban de camino cerca de Jope, Pedro subió a orar a la azotea de la casa. ¹⁰ Tenía hambre y quería comer, pero mientras le estaban preparando la comida, tuvo una visión: ¹¹ vio que el cielo se abría y que bajaba a la tierra algo parecido a una gran sábana, atada por las cuatro puntas. ¹² En la sábana había toda clase de cuadrúpedos, y también reptiles y aves. ¹³ Y oyó una voz, que le dijo: "Levántate, Pedro; mata y come." ¹⁴ Pedro contestó: "No, Señor; yo nunca he comido nada profano ni impuro." ¹⁵ La voz le habló de nuevo, y le dijo: "Lo que Dios ha purificado, no le llames tú profano."

¹⁶ Esto sucedió tres veces, y luego la sábana volvió a subir al cielo. ¹⁷ Pedro estaba preocupado pensando qué querría decir aquella visión, cuando llegaron a la puerta los hombres de Cornelio, que iban preguntando por la casa de Simón. ¹⁸ Al llegar, preguntaron en voz alta si allí se alojaba un tal Simón, a quien también llamaban Pedro.

¹⁹ Y mientras Pedro todavía estaba pensando en la visión, el Espíritu Santo le dijo: "Mira, tres hombres te buscan. ²⁰ Levántate, baja y ve con ellos sin dudarlo, porque yo los he enviado."

²¹ Pedro bajó y dijo a los hombres:
—Yo soy el que ustedes buscan; ¿a qué han venido?

²² Ellos contestaron:
—Venimos de parte del capitán Corne-

lio, un hombre justo, que adora a Dios y a quien todos los judíos estiman y quieren. Un ángel de Dios le dijo que debía hacerle llamar a usted, para que usted vaya a su casa y él escuche lo que tenga que decirle.

²³ Entonces Pedro los hizo entrar, y se quedaron con él aquella noche. Al día siguiente, Pedro se fue con ellos, y lo acompañaron algunos de los hermanos que vivían en Jope.

²⁴ Y al otro día llegaron a Cesarea, donde Cornelio los estaba esperando junto con un grupo de sus parientes y amigos íntimos, a quienes había invitado. ²⁵ Cuando Pedro llegó a la casa, Cornelio salió a recibirlo, y se puso de rodillas delante de él, para adorarlo. ²⁶ Pero Pedro lo levantó, diciéndole:
—Ponte de pie, pues yo también soy un hombre, como tú.

²⁷ Mientras hablaba con él, entró y encontró a muchas personas reunidas. ²⁸ Pedro les dijo:
—Ustedes saben que a un judío le prohíbe su religión tener tratos con extranjeros o entrar en sus casas. Pero Dios me ha enseñado que no debo llamar profano o impuro a nadie. ²⁹ Por eso, tan pronto como me avisaron, vine sin poner ninguna objeción. Quisiera saber, pues, por qué me han llamado.

³⁰ Cornelio contestó:
—Hace cuatro días, como a esta misma hora, yo estaba aquí en mi casa ayunando y haciendo la oración de la tarde, cuando se me apareció un hombre vestido con ropa brillante. ³¹ Me dijo: 'Cornelio, Dios ha oído tu oración y se ha acordado de lo que has hecho para ayudar a los necesitados. ³² Envía a la ciudad de Jope a hacer venir a Simón, que también se llama Pedro. Está alojado en casa de otro Simón, un curtidor que vive junto al mar.' ³³ Así que envié inmediatamente a buscarte, y tú has tenido la bondad de venir. Ahora estamos todos aquí delante de Dios, y queremos escuchar todo lo que el Señor te ha mandado decirnos.

Discurso de Pedro en casa de Cornelio

³⁴ Pedro entonces comenzó a hablar, y dijo:
—Ahora entiendo que de veras Dios no hace diferencia entre una persona y otra,ᶜ ³⁵ sino que en cualquier nación acepta a los que lo reverencian y hacen lo bueno. ³⁶ Dios habló a los descendientes de Israel, anunciando el mensaje de paz por medio de Jesucristo, que es el Señor de todos. ³⁷ Ustedes bien saben lo que pasó en toda la tierra de los judíos, comenzando en Galilea, después que Juan proclamó que era

necesario bautizarse. ³⁸ Saben que Dios llenó de poder y del Espíritu Santo a Jesús de Nazaret, y que Jesús anduvo haciendo bien y sanando a todos los que sufrían bajo el poder del diablo. Esto pudo hacerlo porque Dios estaba con él, ³⁹ y nosotros somos testigos de todo lo que hizo Jesús en la región de Judea y en Jerusalén. Después lo mataron, colgándolo en una cruz. ⁴⁰ Pero Dios lo resucitó al tercer día, e hizo que se nos apareciera a nosotros. ⁴¹ No se apareció a todo el pueblo, sino a nosotros, a quienes Dios había escogido de antemano como testigos. Nosotros comimos y bebimos con él después que resucitó. ⁴² Y él nos envió a anunciarle al pueblo que Dios lo ha puesto como Juez de los vivos y de los muertos. ⁴³ Todos los profetas habían hablado ya de Jesús, y habían dicho que quienes creen en él reciben por medio de él el perdón de los pecados.

Los no judíos reciben el Espíritu Santo

⁴⁴ Todavía estaba hablando Pedro, cuando el Espíritu Santo vino sobre todos los que escuchaban su mensaje. ⁴⁵ Y los creyentes procedentes del judaísmo que habían llegado con Pedro, se quedaron admirados de que el Espíritu Santo fuera dado también a los que no eran judíos, ⁴⁶ pues los oían hablar en lenguas extrañas y alabar a Dios. ⁴⁷ Entonces Pedro dijo:

—¿Acaso puede impedirse que sean bautizadas estas personas, que han recibido el Espíritu Santo igual que nosotros?

⁴⁸ Y mandó que fueran bautizados en el nombre de Jesucristo. Después rogaron a Pedro que se quedara con ellos algunos días.

Informe de Pedro a la iglesia de Jerusalén

11 ¹ Los apóstoles y los hermanos que estaban en Judea recibieron noticias de que también los no judíos habían aceptado el mensaje de Dios. ² Pero cuando Pedro volvió a Jerusalén, lo criticaron algunos de los creyentes procedentes del judaísmo. ³ Le preguntaron:

—¿Por qué fuiste a visitar a los que no son judíos, y comiste con ellos?

⁴ Pedro les contó desde el principio todo lo que había pasado. Les dijo:

⁵ —Yo estaba en la ciudad de Jope, y mientras oraba tuve una visión: Vi algo parecido a una gran sábana que, atada por las cuatro puntas, bajaba del cielo hasta donde yo estaba. ⁶ Me fijé bien para ver lo que había adentro, y vi cuadrúpedos y fieras, reptiles y aves. ⁷ Y oí una voz, que me dijo: 'Levántate, Pedro; mata y come.'

⁸ Yo contesté: 'No, Señor, porque nunca ha entrado en mi boca nada profano ni impuro.' ⁹ Entonces la voz del cielo me habló de nuevo, diciéndome: 'Lo que Dios ha purificado, no lo llames tú profano.' ¹⁰ Esto sucedió tres veces, y luego todo volvió a subir al cielo. ¹¹ En aquel momento, tres hombres enviados desde Cesarea a buscarme llegaron a la casa donde estábamos. ¹² El Espíritu me mandó que, sin dudarlo, fuera con ellos. Y también fueron conmigo estos seis hermanos. Todos entramos en casa de cierto hombre, ¹³ que nos contó cómo en su casa había visto a un ángel, que puesto de pie le había dicho: 'Manda a alguien a la ciudad de Jope para que haga venir a Simón, que también es conocido como Pedro; ¹⁴ él te dirá cómo puedes salvarte, tú y toda tu familia.' ¹⁵ Cuando comencé a hablarles, el Espíritu Santo vino sobre ellos de igual manera que al principio vino sobre nosotros. ¹⁶ Entonces me acordé de lo que había dicho el Señor: 'Es cierto que Juan bautizó con agua, pero ustedes serán bautizados con el Espíritu Santo.'ᵈ ¹⁷ Pues bien, si Dios les da también a ellos lo mismo que nos ha dado a nosotros que hemos creído en el Señor Jesucristo, ¿quién soy yo para oponerme a Dios?

¹⁸ Cuando los hermanos de Jerusalén oyeron estas cosas, se callaron y alabaron a Dios, diciendo:

—¡De manera que también a los que no son judíos les ha dado Dios la oportunidad de volverse a él y alcanzar la vida eterna!

La iglesia de Antioquía

¹⁹ Después de la muerte de Esteban, comenzaron a perseguir a los creyentes, por lo que algunos tuvieron que huir a Fenicia, Chipre y Antioquía.ᵉ Allí anunciaron a los judíos el mensaje del evangelio, pero no a los demás. ²⁰ Sin embargo, algunos creyentes de Chipre y de Cirene llegaron a la ciudad de Antioquía y hablaron también a los no judíos, anunciándoles las buenas noticias acerca de Jesús, el Señor. ²¹ El poder del Señor estaba con ellos, y así fueron muchos los que dejaron sus antiguas creencias y creyeron en el Señor. ²² Los de la iglesia de Jerusalén, al conocer esta noticia, mandaron a Bernabé a Antioquía. ²³ Al llegar, Bernabé vio cómo Dios los había bendecido, y se alegró mucho. Les aconsejó a todos que con corazón firme siguieran fieles al Señor. ²⁴ Porque Bernabé era un hombre bueno, lleno del Espíritu Santo y de fe. Y así mucha gente se unió al Señor. ²⁵ Después de esto, Bernabé fue a Tarso a buscar a Saulo, ²⁶ y cuando lo encontró,

ᵈ 11.16 Hch 1.5.   ᵉ 11.19 Hch 8.1–4.

lo llevó a Antioquía. Allí estuvieron con la iglesia un año entero, enseñando a mucha gente. Fue en Antioquía donde por primera vez se les dio a los discípulos el nombre de cristianos. [27] Por aquel tiempo, unos profetas fueron de Jerusalén a Antioquía. [28] Y uno de ellos, llamado Agabo,[f] puesto de pie y por inspiración del Espíritu, anunció que iba a haber una gran hambre en todo el país, lo cual sucedió, en efecto, en tiempos del emperador Claudio. [29] Entonces los creyentes de Antioquía decidieron enviar ayuda a los hermanos que vivían en Judea, según lo que cada uno pudiera dar. [30] Así lo hicieron, y por medio de Bernabé y Saulo mandaron una ofrenda a los ancianos de Judea.

Muerte de Santiago y encarcelamiento de Pedro

12 [1] Por aquel tiempo, el rey Herodes comenzó a perseguir a algunos de la iglesia. [2] Ordenó matar a filo de espada a Santiago, el hermano de Juan; [3] y como vio que esto había agradado a los judíos, hizo arrestar también a Pedro. Esto sucedió en los días de la fiesta en que se come el pan sin levadura. [4] Después de arrestarlo, Herodes metió a Pedro en la cárcel, donde estaba vigilado por cuatro grupos de soldados, de cuatro soldados por grupo. Pensaba presentarlo ante el pueblo después de la Pascua.[g] [5] Así que Pedro estaba en la cárcel, bien vigilado, pero los de la iglesia seguían orando a Dios por él con mucho fervor.

Dios libra de la cárcel a Pedro

[6] La misma noche anterior al día en que Herodes lo iba a presentar al pueblo, Pedro estaba durmiendo entre dos soldados, sujeto con dos cadenas, mientras otros soldados estaban en la puerta vigilando la cárcel. [7] De pronto se presentó un ángel del Señor, y la cárcel se llenó de luz. El ángel tocó a Pedro en el costado, lo despertó, y le dijo: "¡Levántate en seguida!" Al instante, las cadenas cayeron de las manos de Pedro, [8] y el ángel le dijo: "Vístete y ponte las sandalias." Así lo hizo Pedro, y el ángel añadió: "Ponte tu capa y sígueme."
[9] Pedro salió tras el ángel, sin saber si era realidad o no lo que el ángel hacía. Más bien le parecía que estaba viendo una visión. [10] Pero pasaron la primera guardia, luego la segunda, y cuando llegaron a la puerta de hierro que daba a la calle, la puerta se abrió por sí sola. Salieron, y después de haber caminado una calle, el ángel lo dejó solo.
[11] Pedro comprendió entonces, y dijo: "Ahora veo que verdaderamente el Señor ha enviado a su ángel para librarme de Herodes y de todo lo que los judíos querían hacerme."
[12] Al darse cuenta de esto, Pedro se fue a casa de María, la madre de Juan, llamado también Marcos, donde muchas personas estaban reunidas en oración. [13] Llamó a la puerta de la calle, y una muchacha llamada Rode salió a ver quién era. [14] Al reconocer la voz de Pedro, fue tanta su alegría que, en vez de abrir, corrió adentro a avisar que Pedro estaba a la puerta. [15] Le dijeron:
—¡Estás loca!
Pero ella aseguraba que era cierto. Ellos decían:
—No es él; es su ángel.
[16] Mientras tanto, Pedro seguía llamando a la puerta. Y cuando abrieron y lo vieron, se asustaron. [17] Pero él, con la mano, les hizo señas de que se callaran, y les contó cómo el Señor lo había sacado de la cárcel. Y añadió:
—Cuenten esto a Santiago y a los hermanos.
Luego salió y se fue a otro lugar.
[18] Cuando amaneció, se produjo una gran confusión entre los soldados, porque no sabían qué había pasado con Pedro. [19] Herodes ordenó buscarlo, pero como no lo pudo encontrar, hizo responsables a los guardias y los mandó matar. Después de esto, Herodes salió de Judea y se fue a vivir a Cesarea.

La muerte de Herodes

[20] Herodes estaba enojado con los habitantes de Tiro y de Sidón, los cuales se pusieron de acuerdo para presentarse ante él. Lograron ganarse la buena voluntad de Blasto, un alto funcionario del rey Herodes, y por medio de él le pidieron paz, porque Tiro y Sidón obtenían sus provisiones en el país del rey. [21] Herodes los citó para un cierto día, en el que, vestido con ropa de ceremonia, ocupó su asiento en el tribunal y les dirigió un discurso. [22] La gente comenzó entonces a gritar: "¡Este que habla no es un hombre, sino un dios!" [23] En el mismo momento, un ángel del Señor hizo que Herodes cayera enfermo, por no haber dado honor a Dios, y murió comido de gusanos.
[24] Entre tanto, el mensaje de Dios iba extendiéndose y era anunciado en todas partes.
[25] Cuando Bernabé y Saulo terminaron su trabajo, volvieron de Jerusalén lle-

vando con ellos a Juan, que también se llamaba Marcos.

Bernabé y Saulo comienzan su trabajo misionero

13 [1] En la iglesia que estaba en Antioquía había profetas y maestros. Eran Bernabé, Simón (al que también llamaban el Negro), Lucio de Cirene, Manaén (que se había criado junto con Herodes, el que gobernó en Galilea) y Saulo. [2] Un día, mientras estaban celebrando el culto al Señor y ayunando, el Espíritu Santo dijo: "Sepárenme a Bernabé y a Saulo para el trabajo al cual los he llamado." [3] Entonces, después de orar y ayunar, les impusieron las manos y los despidieron.

Los apóstoles en Chipre

[4] Enviados por el Espíritu Santo, Bernabé y Saulo se dirigieron a Seleucia, y allí se embarcaron para la isla de Chipre. [5] Al llegar al puerto de Salamina, comenzaron a anunciar el mensaje de Dios en las sinagogas de los judíos. Juan iba también con ellos, como ayudante.

[6] Recorrieron toda la isla y llegaron a Pafos, donde encontraron a un brujo judío llamado Barjesús, el cual era además un mentiroso que decía hablar de parte de Dios. [7] Este brujo estaba con el gobernador Sergio Paulo, que era un hombre inteligente. El gobernador mandó llamar a Bernabé y a Saulo, porque quería oír el mensaje de Dios. [8] Pero el brujo, cuyo nombre griego era Elimas, se les opuso, tratando de impedir que el gobernador creyera. [9] Entonces Saulo, también llamado Pablo, lleno del Espíritu Santo, lo miró fijamente [10] y le dijo:

—¡Mentiroso, malvado, hijo del diablo y enemigo de todo lo bueno! ¿Por qué no dejas de torcer los caminos rectos del Señor? [11] Ahora el Señor te va a castigar: vas a quedarte ciego, y por algún tiempo no podrás ver la luz del sol.

Inmediatamente Elimas quedó en total oscuridad, y buscaba que alguien lo llevara de la mano porque estaba ciego. [12] Al ver esto, el gobernador creyó, admirado de la enseñanza acerca del Señor.

Pablo y Bernabé en Antioquía de Pisidia

[13] Pablo y sus compañeros se embarcaron en Pafos y viajaron a Perge, en la región de Panfilia; pero Juan los dejó y vol-

vió a Jerusalén. [14] De Perge pasaron a Antioquía, que está cerca de Pisidia. Allí, el día de reposo,[10] entraron en la sinagoga y se sentaron. [15] Después de leer en los libros de la ley y de los profetas, los jefes de la sinagoga los invitaron:

—Hermanos, si tienen algo que decir para dar ánimo a la gente, díganlo ahora.

[16] Entonces Pablo se levantó y, pidiéndoles con la mano que guardaran silencio, dijo:

—Escuchen ustedes, israelitas, y también ustedes, los extranjeros que tienen temor de Dios. [17] El Dios del pueblo de Israel escogió a nuestros antepasados; hizo de ellos una nación grande cuando todavía estaban viviendo como extranjeros en Egipto,[h] y después, con su poder, los sacó de aquella tierra.[i] [18] Dios soportó su conducta en el desierto unos cuarenta años,[j] [19] y destruyó siete naciones en el país de Canaán,[k] para dar sus tierras a nuestros antepasados.[l] [20] Todo esto duró unos cuatrocientos cincuenta años.

"Después les dio caudillos,[m] hasta los días del profeta Samuel.[n] [21] Entonces ellos pidieron un rey[ñ] que los gobernara, y Dios, durante cuarenta años, les dio como rey a Saúl, hijo de Cis, que era de la tribu de Benjamín.[o] [22] Más tarde, Dios quitó de su puesto a Saúl,[p] y les dio por rey a David, de quien dijo: 'He encontrado que David, hijo de Isaí, es un hombre que me agrada y que está dispuesto a hacer todo lo que yo quiero.'[q] [23] Uno de los descendientes de este mismo David fue Jesús, a quien Dios envió para salvar a Israel, como había prometido. [24] Antes que Jesús viniera, Juan anunciaba el mensaje a todo el pueblo de Israel, diciéndoles que debían volverse a Dios y ser bautizados.[r] [25] Y cuando Juan se iba acercando al fin de su vida, dijo: 'Yo no soy lo que ustedes piensan;[s] pero después de mí viene uno a quien yo ni siquiera merezco desatarle las sandalias de los pies.'[t]

[26] "Hermanos descendientes de Abraham, y ustedes, los extranjeros que tienen temor de Dios: este mensaje de salvación es para ustedes. [27] Pues los que vivían en Jerusalén, y sus jefes, no sabían quién era Jesús, ni entendían las palabras de los profetas que se leen en la sinagoga cada día de reposo;[10] así ellos mismos, cuando condenaron a Jesús, cumplieron esas profecías. [28] Y aunque no encontraron en él ningún motivo para darle muerte, pidieron a Pilato que mandara matarlo.[u] [29] Luego, cuando ya habían hecho todo lo que se decía de él en las Escrituras, lo ba-

[10] Día de reposo: aquí equivale a sábado. Día de reposo: aquí equivale a sábado.
h 13.17 Ex 1.7.   i 13.17 Ex 12.51.   j 13.18 Nm 14.34; Dt 1.31.   k 13.19 Dt 7.1.   l 13.19 Jos 14.1.   m 13.20 Jue 2.16.
n 13.20 1 S 3.20.   ñ 13.21 1 S 8.5.   o 13.21 1 S 10.21.   p 13.22 1 S 13.14.   q 13.22 1 S 16.12; Sal 89.20.   r 13.24 Mr 1.4;
Lc 3.3.   s 13.25 Jn 1.20.   t 13.25 Mt 3.11; Mr 1.7; Lc 3.16; Jn 1.27.   u 13.28 Mt 27.22-23; Mr 15.13-14; Lc 23.21-23;
Jn 19.15.

jaron de la cruz y lo enterraron.ᵛ ³⁰ Pero Dios lo resucitó. ³¹ Y, durante muchos días, Jesús se apareció a los que lo habían acompañado en su viaje de Galilea a Jerusalén;ʷ y ahora son ellos los que hablan de Jesús a la gente.

³² "Así que nosotros les estamos dando a ustedes esta buena noticia: La promesa que Dios hizo a nuestros antepasados, ³³ nos la ha cumplido a nosotros, que somos los descendientes. Esto lo ha hecho al resucitar a Jesús, como está escrito en el salmo segundo: 'Tú eres mi Hijo; yo te he engendrado hoy.'ˣ ³⁴ Dios ya había anunciado que lo resucitaría para que su cuerpo no se descompusiera, al decir en las Escrituras: 'Cumpliré las santas y verdaderas promesas que hice a David.'ʸ ³⁵ Por eso dice también en otro lugar: 'No permitirás que se descomponga el cuerpo de tu santo siervo.'ᶻ ³⁶ Ahora bien, lo cierto es que David sirvió a los de su tiempo, según Dios se lo había ordenado, y que después murió y se reunió con sus padres, y que su cuerpo se descompuso. ³⁷ Pero el cuerpo de aquel que Dios resucitó, no se descompuso. ³⁸⁻³⁹ Así pues, hermanos, ustedes deben saber que el perdón de los pecados se les anuncia por medio de Jesús. Por medio de él, todos los que creen quedan perdonados de todo aquello que bajo la ley de Moisés no tenía perdón. ⁴⁰ Tengan, pues, cuidado, para que no caiga sobre ustedes lo que escribieron los profetas:

⁴¹ 'Miren, ustedes que desprecian,
   asómbrense y desaparezcan;
porque en sus días haré cosas tales
   que ustedes no las creerían,
   si alguien se las contara.' "ᵃ

⁴² Cuando Pablo y sus compañeros salieron de la sinagoga de los judíos, los que no eran judíos de nacimiento les pidieron que al siguiente día de reposo¹⁰ les hablaran también de estas cosas. ⁴³ Una vez terminada la reunión en la sinagoga, muchos de los judíos y de los que se habían convertido al judaísmo siguieron a Pablo y Bernabé. Y ellos les aconsejaron que permanecieran firmes en el llamamiento que habían recibido por amor de Dios.

⁴⁴ A la siguiente semana, en el día de reposo,¹⁰ casi toda la ciudad se reunió para oír el mensaje del Señor. ⁴⁵ Pero cuando los judíos vieron tanta gente, se llenaron de celos y comenzaron a contradecir a Pablo y a insultarlo. ⁴⁶ Entonces Pablo y Bernabé, hablando con valentía, les contestaron:

—Teníamos la obligación de anunciar el mensaje de Dios en primer lugar a ustedes, que son judíos; pero ya que ustedes lo rechazan y no se consideran dignos de la vida eterna, nos iremos a los que no son judíos. ⁴⁷ Porque así nos mandó el Señor, diciendo:

'Te he puesto como luz de las
   naciones,
para que lleves mi salvación
hasta las partes más lejanas de la
   tierra.'ᵇ

⁴⁸ Al oír esto, los que no eran judíos se alegraron y comenzaron a decir que el mensaje del Señor era bueno; y creyeron todos los que estaban destinados a tener vida eterna. ⁴⁹ Así se predicó el mensaje del Señor por toda aquella región. ⁵⁰ Pero los judíos hablaron con algunas mujeres piadosas y honorables, y con los hombres importantes de la ciudad, y los incitaron a comenzar una persecución contra Pablo y Bernabé, para echarlos de la región. ⁵¹ Entonces éstos sacudieron el polvo de sus pies en señal de protesta contra aquella gente,ᶜ y se fueron a Iconio. ⁵² Pero los creyentes estaban llenos de alegría y del Espíritu Santo.

Pablo y Bernabé en Iconio

14 ¹ En Iconio, Pablo y Bernabé entraron juntos en la sinagoga de los judíos, y hablaron de tal modo que muchos creyeron, tanto judíos como no judíos. ² Pero los judíos que no creían incitaron a los no judíos, haciéndolos pensar mal de los hermanos. ³ Por esto, los apóstoles se quedaron allí mucho tiempo, y confiados en el Señor hablaron con toda franqueza; y el Señor confirmaba lo que ellos decían del amor de Dios, dándoles poder para hacer señales y milagros. ⁴ Pero la gente de la ciudad estaba dividida, unos a favor de los judíos y otros a favor de los apóstoles. ⁵ Entonces, tanto los judíos como los no judíos se pusieron de acuerdo con las autoridades para maltratarlos y apedrearlos. ⁶ Pero Pablo y Bernabé, al saberlo, se escaparon a Listra y Derbe, pueblos de Licaonia, y a la región de alrededor, ⁷ donde también anunciaron las buenas noticias.

Apedrean a Pablo en Listra

⁸ En Listra había un hombre que no podía andar. Nunca había andado, porque era cojo de nacimiento. Este hombre estaba sentado, ⁹ oyendo lo que Pablo decía, y Pablo se fijó en él y vio que tenía suficiente fe para ser sanado. ¹⁰ Entonces le dijo con voz fuerte:

—¡Levántate y ponte derecho sobre tus pies!

El hombre se puso en pie de un salto, y

ᵛ **13.29** Mt 27.57–61; Mr 15.42–47; Lc 23.50–56; Jn 19.38–42. ʷ **13.31** Hch 1.3. ˣ **13.33** Sal 2.7. ʸ **13.34** Is 55.3. ᶻ **13.35** Sal 16.10. ᵃ **13.41** Hab 1.5. ᵇ **13.47** Is 42.6; 49.6. ᶜ **13.51** Mt 10.14; Mr 6.11; Lc 9.5; 10.11.

comenzó a andar. ¹¹ Al ver lo que Pablo había hecho, la gente empezó a gritar en la lengua de Licaonia:

—¡Dioses en forma de hombre han bajado a nosotros!

¹² Y tomaron a Bernabé por el dios Zeus, y a Pablo por el dios Hermes, porque era el que hablaba. ¹³ El sacerdote de Zeus, que tenía su templo a la entrada del pueblo, trajo toros y adornos florales; y él y la gente querían adorar a los apóstoles y matar los toros como sacrificio. ¹⁴ Pero cuando Bernabé y Pablo se dieron cuenta, se rasgaron la ropa y se metieron entre la gente, gritando:

¹⁵ —Pero señores, ¿por qué hacen esto? Nosotros somos hombres, como ustedes. Precisamente hemos venido para decirles que dejen ya estas cosas que no sirven para nada, y que se vuelvan al Dios viviente, que hizo el cielo, la tierra, el mar y todo lo que hay en ellos. ¹⁶ Aunque en otros tiempos Dios permitió que cada cual siguiera su propio camino, ¹⁷ nunca dejó de mostrar, por medio del bien que hacía, quién era él; pues él es quien les manda a ustedes la lluvia y las buenas cosechas, y quien les da lo suficiente para que coman y estén contentos.

¹⁸ Pero aunque les dijeron todo esto, les fue difícil impedir que la gente matara los toros para ofrecérselos en sacrificio y adorarlos.

¹⁹ En esto llegaron unos judíos de Antioquía y de Iconio, que hicieron cambiar de parecer a la gente; entonces apedrearon a Pablo y, creyendo que lo habían matado, lo arrastraron fuera del pueblo. ²⁰ Pero cuando los creyentes se juntaron alrededor de Pablo, él se levantó y entró otra vez en el pueblo; y al día siguiente salió con Bernabé para Derbe.

²¹ Después de anunciar las buenas noticias en Derbe, donde ganaron muchos creyentes, volvieron a Listra, a Iconio y a Antioquía. ²² En estos lugares animaron a los creyentes, y recomendándoles que siguieran firmes en la fe, les dijeron que para entrar en el reino de Dios hay que sufrir muchas aflicciones. ²³ También nombraron ancianos en cada iglesia, y después de orar y ayunar los encomendaron al Señor, en quien habían creído.

Pablo y Bernabé vuelven a Antioquía de Siria

²⁴ Pasando por la región de Pisidia, llegaron a la de Panfilia. ²⁵ Anunciaron el mensaje en Perge, y luego fueron a Atalia; ²⁶ allí se embarcaron para Antioquía, la ciudad donde los habían encomendado al amor de Dios para el trabajo que ahora

habían terminado. ²⁷ Cuando llegaron a Antioquía, reunieron a los de la iglesia y les contaron todas las cosas que Dios había hecho con ellos, y cómo el Señor había abierto la puerta a los no judíos, para que también ellos pudieran creer. ²⁸ Y Pablo y Bernabé se quedaron allí mucho tiempo con los creyentes.

La reunión en Jerusalén

15 ¹ Por aquel tiempo, algunos que habían ido de Judea a Antioquía comenzaron a enseñar a los hermanos que no podían ser salvos si no se sometían al rito de la circuncisión, conforme a la práctica establecida por Moisés.ᵈ ² Pablo y Bernabé tuvieron una fuerte discusión con ellos, y por fin Pablo, Bernabé y algunos otros fueron nombrados para ir a Jerusalén a tratar este asunto con los apóstoles y ancianos de la iglesia de aquella ciudad.

³ Enviados, pues, por los de la iglesia de Antioquía, al pasar por las regiones de Fenicia y Samaria contaron cómo los no judíos habían dejado sus antiguas creencias para seguir a Dios. Y todos los hermanos se alegraron mucho con estas noticias.

⁴ Cuando Pablo y Bernabé llegaron a Jerusalén, fueron recibidos por la iglesia y por los apóstoles y ancianos, y contaron todo lo que Dios había hecho con ellos. ⁵ Pero algunos fariseos que habían creído, se levantaron y dijeron:

—Es necesario circuncidar a los creyentes que no son judíos, y mandarles que cumplan la ley de Moisés.

⁶ Se reunieron entonces los apóstoles y los ancianos para estudiar este asunto. ⁷ Después de mucho discutir, Pedro se levantó y les dijo:

—Hermanos, ustedes saben que hace tiempo Dios me escogió de entre ustedes para comunicar las buenas noticias de la salvación a los no judíos, para que ellos crean.ᵉ ⁸ Y Dios, que conoce los corazones, mostró que los aceptaba, pues les dio el Espíritu Santo a ellosᶠ lo mismo que a nosotros.ᵍ ⁹ Dios no ha hecho ninguna diferencia entre ellos y nosotros, pues también ha purificado sus corazones por medio de la fe. ¹⁰ Ahora pues, ¿por qué desafían ustedes a Dios imponiendo sobre estos creyentes una carga que ni nosotros ni nuestros antepasados hemos podido llevar? ¹¹ Al contrario, nosotros creemos que somos salvados gratuitamente por la bondad del Señor Jesús, lo mismo que ellos.

¹² Todos se callaron y escucharon mientras Bernabé y Pablo hablaban de las señales y milagros que Dios había hecho por medio de ellos entre los no judíos.

¹³ Cuando terminaron de hablar, Santiago dijo:

—Hermanos, óiganme: ¹⁴ Simón nos ha contado cómo Dios favoreció por primera vez a los no judíos, escogiendo también de entre ellos un pueblo para sí mismo. ¹⁵ Esto está de acuerdo con lo que escribieron los profetas, como dice en la Escritura:

¹⁶ 'Después de esto volveré
y reconstruiré la caída choza de
David;
reconstruiré sus ruinas
y la volveré a levantar,
¹⁷ para que los demás busquen al
Señor
junto con todas las naciones
que han sido consagradas a mi
nombre.
¹⁸ El Señor, que dio a conocer estas
cosas
desde tiempos antiguos,
ha dado su palabra.'ʰ

¹⁹ "Considero, por lo tanto, que no se les debe imponer cargas innecesarias a aquellos que, no siendo judíos, dejan sus antiguas creencias para seguir a Dios. ²⁰ Basta con escribirles que se aparten de todo lo que haya sido contaminado por los ídolos,ⁱ que eviten la inmoralidad sexualʲ y que no coman carne de animales estrangulados o ahogados,ᵏ ²¹ Porque desde los tiempos antiguos hay en cada pueblo quienes predican la ley de Moisés, la cual se lee en las sinagogas cada día de reposo.¹⁰

La carta a los no judíos

²² Los apóstoles y los ancianos, con toda la iglesia, decidieron escoger algunos de entre ellos y enviarlos a Antioquía junto con Pablo y Bernabé. Nombraron a Judas, que también se llamaba Barsabás, y a Silas, hombres de importancia entre los hermanos, ²³ y con ellos mandaron la siguiente carta:

"Nosotros los apóstoles y los ancianos hermanos de ustedes saludamos a nuestros hermanos que no son judíos y que viven en Antioquía, Siria y Cilicia. ²⁴ Hemos sabido que algunas personas han ido de aquí sin nuestra autorización, y que los han molestado a ustedes con sus palabras, y los han confundido.¹¹ ²⁵ Por eso, de común acuerdo, nos ha parecido bien nombrar a algunos de entre nosotros para que vayan a verlos a ustedes junto con nuestros muy queridos hermanos Bernabé y Pablo, ²⁶ quienes han

puesto sus vidas en peligro por la causa de nuestro Señor Jesucristo. ²⁷ Así que les enviamos a Judas y a Silas: ellos hablarán personalmente con ustedes para explicarles todo esto. ²⁸ Pues ha parecido bien al Espíritu Santo y a nosotros no imponer sobre ustedes ninguna carga aparte de estas cosas necesarias: ²⁹ que no coman carne de animales ofrecidos en sacrificio a los ídolos, que no coman sangre ni carne de animales estrangulados y que eviten la inmoralidad sexual. Si se guardan de estas cosas, actuarán correctamente. Que les vaya bien."

³⁰ Así que ellos, después de despedirse, se dirigieron a Antioquía y, reuniendo a la congregación les entregaron la carta. ³¹ Cuando los hermanos la leyeron, se alegraron mucho por el consuelo que les daba. ³² Y como Judas y Silas tenían también el don de comunicar mensajes recibidos de Dios, consolaron y animaron mucho con sus palabras a los hermanos. ³³ Al cabo de algún tiempo, los hermanos los despidieron con saludos de paz, para que regresaran a quienes los habían enviado.¹² ³⁵ Pero Pablo y Bernabé se quedaron en Antioquía y, junto con otros muchos, siguieron enseñando y anunciando el mensaje del Señor.

Pablo comienza su segundo viaje misionero

³⁶ Algún tiempo después, Pablo dijo a Bernabé:

—Vamos a visitar otra vez a los hermanos en todas las ciudades donde hemos anunciado el mensaje del Señor, para ver cómo están.

³⁷ Bernabé quería llevar con ellos a Juan, al que también llamaban Marcos; ³⁸ pero a Pablo no le pareció conveniente llevarlo, porque Marcos los había abandonado en Panfiliaⁱ y no había seguido con ellos en el trabajo. ³⁹ Fue tan serio el desacuerdo, que terminaron separándose: Bernabé se llevó a Marcos y se embarcó para Chipre, ⁴⁰ mientras Pablo, por su parte, escogió a Silas y, encomendado por los hermanos al amor del Señor, salió de allí ⁴¹ y pasó por Siria y Cilicia animando a los hermanos en las iglesias.

Timoteo acompaña a Pablo y a Silas

16 ¹ Pablo llegó a Derbe y Listra, donde encontró a un creyente llamado Timoteo, hijo de una mujer judía creyente y de padre griego. ² Los herma-

---

¹⁰ *Día de reposo:* aquí equivale a *sábado.Día de reposo:* aquí equivale a *sábado.* ¹¹ Algunos mss. añaden: *diciéndoles que deben circuncidarse y cumplir la ley.* ¹² Algunos mss. añaden v. 34: *Pero Silas decidió quedarse.*
ʰ **15.16–18** Am 9.11–12. ⁱ **15.20** Ex 34.15–17. ʲ **15.20** Lv 18.6–23. ᵏ **15.20** Lv 17.10–16. ⁱ **15.38** Hch 13.13.

nos de Listra y de Iconio hablaban bien de él. ³ Pablo quiso que Timoteo lo acompañara, pero antes lo hizo circuncidar para que no se ofendieran los judíos que vivían en aquellos lugares, ya que todos sabían que el padre de Timoteo era griego. ⁴ En todos los pueblos por donde pasaban, comunicaron a los hermanos las instrucciones dadas por los apóstoles y los ancianos de la iglesia de Jerusalén. ⁵ Así que las iglesias se afirmaban en la fe, y el número de creyentes aumentaba cada día.

La visión que Pablo tuvo de un hombre de Macedonia

⁶ Como el Espíritu Santo no les permitió anunciar el mensaje en la provincia de Asia, atravesaron la región de Frigia y Galacia, ⁷ y llegaron a la frontera de Misia. De allí pensaban entrar en la región de Bitinia, pero el Espíritu de Jesús no se lo permitió. ⁸ Así que, pasando de largo por Misia, bajaron al puerto de Troas. ⁹ Allí Pablo tuvo de noche una visión; vio a un hombre de la región de Macedonia, que puesto de pie le rogaba: "Pasa a Macedonia y ayúdanos." ¹⁰ En cuanto Pablo tuvo esa visión, preparamos el viaje a Macedonia, seguros de que Dios nos estaba llamando para anunciar allí las buenas noticias.

Pablo y Silas en Filipos

¹¹ Nos embarcamos, pues, en Troas, y fuimos directamente a la isla de Samotracia, y al día siguiente llegamos a Neápolis. ¹² De aquí fuimos a Filipos, que es una colonia romana y la ciudad más importante de esa parte de Macedonia. Allí estuvimos algunos días. ¹³ Un día de reposo¹³ salimos a las afueras de la ciudad, junto al río, donde pensamos que había un lugar de oración de los judíos. Nos sentamos y hablamos del evangelio a las mujeres que se habían reunido. ¹⁴ Una de ellas se llamaba Lidia; era de la ciudad de Tiatira y vendía telas finas de púrpura. A esta mujer, que adoraba a Dios y que estaba escuchando, el Señor la movió a poner toda su atención en lo que Pablo decía. ¹⁵ Fue bautizada, junto con toda su familia, y después nos rogó:

—Si ustedes juzgan que de veras soy creyente en el Señor, vengan a alojarse en mi casa.

Y nos obligó a quedarnos.

¹⁶ Sucedió una vez, cuando íbamos al lugar de oración, que encontramos a una muchacha poseída por un espíritu de adivinación. Era una esclava que, adivi-

nando, daba a ganar mucho dinero a sus amos. ¹⁷ Esta muchacha comenzó a seguirnos a Pablo y a nosotros, gritando:

—¡Estos hombres son servidores del Dios altísimo, y les anuncian a ustedes el camino de salvación!

¹⁸ Esto hizo durante muchos días, hasta que Pablo, ya molesto, terminó por volverse y decirle al espíritu que la poseía:

—En el nombre de Jesucristo, te ordeno que salgas de ella.

En aquel mismo momento el espíritu la dejó.

¹⁹ Pero cuando los amos de la muchacha vieron que ya no tenían más esperanza de ganar dinero por medio de ella, agarraron a Pablo y a Silas y los llevaron ante las autoridades, a la plaza principal. ²⁰ Los presentaron a los jueces, diciendo:

—Estos judíos están alborotando nuestra ciudad, ²¹ y enseñan costumbres que nosotros no podemos admitir ni practicar, porque somos romanos.

²² Entonces la gente se levantó contra ellos, y los jueces ordenaron que les quitaran la ropa y los azotaran con varas. ²³ Después de haberlos azotado mucho, los metieron en la cárcel, y ordenaron al carcelero que los vigilara con el mayor cuidado. ²⁴ Al recibir esta orden, el carcelero los metió en el lugar más profundo de la cárcel y los dejó con los pies sujetos en el cepo.

²⁵ Pero a eso de la medianoche, mientras Pablo y Silas oraban y cantaban himnos a Dios, y los otros presos estaban escuchando, ²⁶ vino de repente un temblor tan fuerte que sacudió los cimientos de la cárcel. En el mismo momento se abrieron todas las puertas, y a todos los presos se les soltaron las cadenas. ²⁷ Cuando el carcelero despertó y vio que las puertas de la cárcel estaban abiertas, sacó su espada para matarse, pues pensaba que los presos se habían escapado. ²⁸ Pero Pablo le gritó:

—¡No te hagas ningún daño, que todos estamos aquí!

²⁹ Entonces el carcelero pidió una luz, entró corriendo y, temblando de miedo, se echó a los pies de Pablo y de Silas. ³⁰ Luego los sacó y les preguntó:

—Señores, ¿qué debo hacer para ser salvo?

³¹ Ellos contestaron:

—Cree en el Señor Jesús, y serás salvo tú y tu familia.

³² Y les hablaron del mensaje del Señor a él y a todos los que estaban en su casa. ³³ A esa misma hora de la noche, el carcelero les lavó las heridas, y luego él y toda su familia fueron bautizados. ³⁴ Los llevó después a su casa y les dio de comer, y él

---

¹³ *Día de reposo*: aquí equivale a *sábado*.

y su familia estaban muy contentos por haber creído en Dios.

³⁵ Por la mañana, los jueces mandaron unos guardias al carcelero con orden de soltar a Pablo y a Silas. ³⁶ El carcelero le dijo a Pablo:

—Los jueces me han ordenado que los suelte a ustedes; así que ya pueden irse tranquilos.

³⁷ Pero Pablo dijo a los guardias:

—A nosotros, que somos ciudadanos romanos, nos azotaron públicamente sin antes habernos juzgado, y nos metieron en la cárcel; ¿y ahora quieren soltarnos a escondidas? ¡Pues no! Que vengan ellos mismos a sacarnos.

³⁸ Los guardias hicieron saber esto a los jueces, los cuales se asustaron al oír que se trataba de ciudadanos romanos. ³⁹ Fueron, pues, los jueces a disculparse ante Pablo y Silas, y los sacaron y les rogaron que salieran de la ciudad. ⁴⁰ Al salir de la cárcel, Pablo y Silas se dirigieron a casa de Lidia, y después de ver a los hermanos y animarlos, se fueron de allí.

El alboroto en Tesalónica

17 ¹ En su viaje, Pablo y Silas pasaron por Anfípolis y Apolonia, y luego llegaron a Tesalónica, donde los judíos tenían una sinagoga. ² Pablo, según su costumbre, fue a la sinagoga, y cada día de reposo,¹³ durante tres semanas, discutió con ellos. Basándose en las Escrituras, ³ les explicaba que el Mesías tenía que morir, y que después de muerto tenía que resucitar. Les decía:

—Este mismo Jesús que yo les anuncio a ustedes, es el Mesías.

⁴ Algunos de los judíos creyeron, y se unieron a Pablo y Silas. También creyeron muchos griegos que adoraban a Dios, y muchas mujeres distinguidas. ⁵ Pero esto hizo que los judíos que no creían se llenaran de celos, y que reunieran a unos malvados que andaban ociosos por la calle para que alborotaran y perturbaran la ciudad. Atacaron además la casa de Jasón, buscando a Pablo y a Silas para sacarlos y entregarlos a la gente; ⁶ pero como no los encontraron allí, llevaron a rastras a Jasón y a algunos otros hermanos ante las autoridades de la ciudad, gritando:

—¡Estos hombres, que han trastornado el mundo entero, también han venido acá, ⁷ y Jasón los ha recibido en su casa! ¡Todos ellos están violando las leyes del emperador romano, pues dicen que hay otro rey, que es Jesús!

⁸ Al oír estas cosas, la gente y las autoridades se inquietaron. ⁹ Pero Jasón y los otros dieron una fianza, y los soltaron.

---

¹³ *Día de reposo:* aquí equivale a *sábado.*

Pablo y Silas en Berea

¹⁰ Ya de noche, los hermanos hicieron que Pablo y Silas partieran inmediatamente hacia Berea. En cuanto llegaron, se dirigieron a la sinagoga de los judíos. ¹¹ Estos judíos, que eran de mejores sentimientos que los de Tesalónica, de buena gana recibieron el mensaje, y día tras día estudiaban las Escrituras para ver si era cierto lo que se les decía. ¹² De modo que muchos de ellos creyeron, y también creyeron muchos de los griegos, tanto mujeres distinguidas como hombres. ¹³ Pero cuando los judíos de Tesalónica supieron que Pablo estaba anunciando el mensaje de Dios también en Berea, se fueron allá y alborotaron a la gente. ¹⁴ Pero los hermanos hicieron que Pablo saliera sin demora hacia la costa, mientras Silas y Timoteo se quedaban en Berea. ¹⁵ Los que acompañaban a Pablo fueron con él hasta la ciudad de Atenas. Luego volvieron con instrucciones para que Silas y Timoteo se le reunieran lo más pronto posible.

Pablo en Atenas

¹⁶ Mientras Pablo esperaba en Atenas a Silas y Timoteo, se indignó mucho al ver que la ciudad estaba llena de ídolos. ¹⁷ Por eso discutía en la sinagoga con los judíos y con otros que adoraban a Dios, y cada día discutía igualmente en la plaza con los que allí se reunían. ¹⁸ También algunos filósofos epicúreos y estoicos comenzaron a discutir con él. Unos decían:

—¿De qué habla este charlatán?

Y otros:

—Parece que es propagandista de dioses extranjeros.

Esto lo decían porque Pablo les anunciaba las buenas noticias acerca de Jesús y de la resurrección. ¹⁹ Entonces lo llevaron al Areópago, el lugar donde acostumbraban reunirse en consejo, y le preguntaron:

—¿Se puede saber qué nueva enseñanza es ésta que usted nos trae? ²⁰ Pues nos habla usted de cosas extrañas, y queremos saber qué significan.

²¹ Y es que todos los atenienses, como también los extranjeros que vivían allí, sólo se ocupaban de oír y comentar las últimas novedades.

²² Pablo se levantó en medio de ellos en el Areópago, y dijo:

"Atenienses, por todo lo que veo, ustedes son gente muy religiosa. ²³ Pues al mirar los lugares donde ustedes celebran sus cultos, he encontrado un altar que tiene escritas estas palabras: 'Al Dios no conocido'. Pues bien, de ese Dios que ustedes adoran sin conocerlo es de quien yo les hablo. 24 "El Dios que hizo el mundo y todas las cosas que hay en él, es Señor del cielo y de la tierra. No vive en templos hechos por los hombres, 25 ni necesita que nadie haga nada por él, pues él es quien nos da a todos la vida, el aire y las demás cosas.*m* 26 "De un solo hombre hizo él todas las naciones, para que vivan en toda la tierra; y les ha señalado el tiempo y el lugar en que deben vivir, 27 para que busquen a Dios, y quizás, como a tientas, puedan encontrarlo, aunque en verdad Dios no está lejos de cada uno de nosotros. 28 Porque en Dios vivimos, nos movemos y existimos; como también algunos de los poetas de ustedes dijeron: 'Somos descendientes de Dios.' 29 Siendo, pues, descendientes de Dios, no debemos pensar que Dios sea como las imágenes de oro, plata o piedra que los hombres hacen según su propia imaginación. 30 Dios pasó por alto en otros tiempos la ignorancia de la gente, pero ahora ordena a todos, en todas partes, que se vuelvan a él. 31 Porque Dios ha fijado un día en el cual juzgará al mundo con justicia,*n* por medio de un hombre que él ha escogido; y de ello dio pruebas a todos cuando lo resucitó."

32 Al oír eso de la resurrección de los muertos, unos se burlaron y otros dijeron:

—Ya le oiremos hablar de esto en otra ocasión.

33 Entonces Pablo los dejó. 34 Pero algunos lo siguieron y creyeron. Entre ellos estaba Dionisio, que era uno de los miembros del Areópago, y también una mujer llamada Dámaris, y otros más.

Pablo en Corinto

18 ¹ Después de esto, Pablo salió de Atenas y se fue a Corinto. ² Allí se encontró con un judío llamado Aquila, que era de la región del Ponto. Poco antes, Aquila y su esposa Priscila habían llegado de Italia, de donde tuvieron que salir porque el emperador Claudio había ordenado que todos los judíos salieran de Roma. Pablo fue a visitarlo ³ y, como tenía el mismo oficio que ellos, que era hacer tiendas de campaña, se quedó con ellos para trabajar juntos. ⁴ Y cada día de reposo*13* Pablo iba a la sinagoga, donde hablaba y trataba de convencer tanto a los judíos como a los no judíos.

⁵ Cuando Silas y Timoteo llegaron de Macedonia, Pablo se dedicó por completo a anunciar el mensaje y a probar a los judíos que Jesús era el Mesías. ⁶ Pero ellos comenzaron a ponerse en contra suya y a

insultarlo; así que Pablo sacudió su ropa en señal de protesta, y les dijo:

—De ustedes será la culpa de su propia perdición; yo no me hago responsable. De hoy en adelante me iré a los que no son judíos.

⁷ Salió de la sinagoga y se fue a casa de un hombre llamado Ticio Justo, que adoraba a Dios y que vivía al lado de la sinagoga. ⁸ Y Crispo, un jefe de la sinagoga, con toda su familia, creyó en el Señor. Y también muchos de los de Corinto, al oír el mensaje, creyeron y fueron bautizados. ⁹ Una noche, el Señor le dijo a Pablo en una visión: "No tengas miedo; sigue anunciando el mensaje y no calles. 10 Porque yo estoy contigo y nadie te puede tocar para hacerte daño, pues yo tengo mucha gente en esta ciudad." 11 Así que Pablo se quedó un año y medio en Corinto, enseñando entre ellos el mensaje de Dios.

12 Pero en los días en que Galión era gobernador de Acaya, los judíos se juntaron contra Pablo; lo llevaron al tribunal 13 y dijeron al gobernador:

—Este hombre anda convenciendo a la gente de que deben adorar a Dios en una forma que va contra la ley.

14 Pablo ya iba a hablar, cuando Galión dijo a los judíos:

—Si se tratara de algún delito o algún crimen grave, yo, naturalmente, me tomaría la molestia de oírlos a ustedes los judíos; 15 pero como se trata de palabras, de nombres y de la ley de ustedes, arréglenlo ustedes mismos, porque yo no quiero meterme en esos asuntos.

16 Y los echó del tribunal. 17 Entonces agarraron todos a Sóstenes, un jefe de la sinagoga, y lo golpearon allí mismo, delante del tribunal. Pero a Galión no le importaba nada de esto.

Pablo vuelve a Antioquía y comienza su tercer viaje misionero

18 Pablo se quedó todavía muchos días en Corinto. Después se despidió de los hermanos y, junto con Priscila y Aquila, se embarcó para la región de Siria. En Cencrea, antes de embarcarse, se rapó la cabeza, para cumplir una promesa*n* que había hecho. 19 Cuando llegaron a Efeso, Pablo dejó a Priscila y Aquila y se fue a la sinagoga, donde habló con los judíos que allí se reunían. 20 Ellos le rogaron que se quedara más tiempo, pero no quiso, 21 sino que se despidió de ellos diciendo:*14* "Si Dios quiere, volveré a visitarlos otra vez."

Después Pablo se embarcó y se fue de Efeso. 22 Cuando llegó a Cesarea, fue a Jerusalén a saludar a los de la iglesia, y

---

13 Día de reposo: aquí equivale a *sábado.* *14* Algunos mss. añaden aquí: *Tengo que estar en Jerusalén para celebrar la próxima fiesta.*
m **17.24-25** 1 R 8.27; Is 42.5; Hch 8.47. *n* **17.31** Sal 9.8. *ñ* **18.18** Nm 6.18.

luego se dirigió a Antioquía. ²³ Al cabo de algún tiempo, salió de nuevo a recorrer uno por uno los lugares de Galacia y Frigia, animando a todos los creyentes.

Apolos predica en Efeso

²⁴ Por aquel tiempo llegó a Efeso un judío llamado Apolos, que era de la ciudad de Alejandría. Era muy elocuente y conocía muy bien las Escrituras. ²⁵ Estaba instruido en el camino del Señor, y hablaba con mucho entusiasmo enseñando con claridad acerca de Jesús, aunque sólo conocía el bautismo de Juan. ²⁶ Apolos se puso a hablar abiertamente en la sinagoga; pero cuando lo oyeron Priscila y Aquila, lo llevaron aparte y le explicaron más exactamente el camino de Dios. ²⁷ Cuando Apolos quiso pasar a la región de Acaya, los hermanos le dieron su apoyo, y escribieron una carta a los creyentes de allá para que lo recibieran bien. Cuando llegó a Acaya, ayudó mucho a los que, por la bondad de Dios, habían creído, ²⁸ pues delante de todos contradecía a los judíos con razones que ellos no podían negar, y basándose en las Escrituras demostraba que Jesús era el Mesías.

Pablo en Efeso

19 ¹ Mientras Apolos estaba en Corinto, Pablo cruzó la región montañosa y llegó a Efeso, donde encontró a varios creyentes. ² Les preguntó:

—¿Recibieron ustedes el Espíritu Santo cuando se hicieron creyentes?

Ellos le contestaron:

—Ni siquiera habíamos oído hablar del Espíritu Santo.

³ Pablo les preguntó:

—Pues ¿qué bautismo recibieron ustedes?

Y ellos respondieron:

—El bautismo de Juan.

⁴ Pablo les dijo:

—Sí, Juan bautizaba a los que se volvían a Dios, pero les decía que creyeran en el que vendría después de él, es decir, en Jesús.º

⁵ Al oír esto, fueron bautizados en el nombre del Señor Jesús; ⁶ y cuando Pablo les impuso las manos, también vino sobre ellos el Espíritu Santo, y hablaban en lenguas extrañas, y comunicaban mensajes recibidos de Dios. ⁷ Eran entre todos unos doce hombres.

⁸ Durante tres meses, Pablo estuvo yendo a la sinagoga, donde anunciaba el mensaje sin ningún temor, y hablaba y trataba de convencer a la gente acerca del reino de Dios. ⁹ Pero algunos, tercamente,

º **19.4** Mt 3.11; Mr 1.4,7–8; Lc 3.4,16; Jn 1.26–27.

no quisieron creer, sino que delante de la gente hablaban mal del Nuevo Camino. Entonces Pablo se apartó de ellos y llevó a los creyentes a la escuela de un tal Tirano. Allí hablaba todos los días, ¹⁰ y así lo hizo durante dos años, de modo que todos los que vivían en la provincia de Asia, tanto los judíos como los que no lo eran, oyeron el mensaje del Señor. ¹¹ Y Dios hacía grandes milagros por medio de Pablo, ¹² tanto que hasta los pañuelos o las ropas que habían sido tocados por su cuerpo eran llevados a los enfermos, y éstos se curaban de sus enfermedades, y los espíritus malignos salían de ellos.

¹³ Pero algunos judíos que andaban por las calles expulsando de la gente espíritus malignos, quisieron usar para ello el nombre del Señor Jesús; así que decían a los espíritus: "¡En el nombre de Jesús, a quien Pablo anuncia, les ordeno que salgan!"

¹⁴ Esto es lo que hacían los siete hijos de un judío llamado Esceva, que era un jefe de los sacerdotes. ¹⁵ Pero en cierta ocasión el espíritu maligno les contestó: "Conozco a Jesús, y sé quién es Pablo; pero ustedes, ¿quiénes son?"

¹⁶ Al mismo tiempo, el hombre que tenía el espíritu maligno se lanzó sobre ellos, y con gran fuerza los dominó a todos, maltratándolos con tanta violencia que huyeron de la casa desnudos y heridos. ¹⁷ Todos los que vivían en Efeso, judíos y no judíos, lo supieron, y se llenaron de temor. De esta manera crecía la fama del nombre del Señor Jesús.

¹⁸ También muchos de los que creyeron llegaban confesando públicamente todo lo malo que antes habían hecho, ¹⁹ y muchos que habían practicado la brujería trajeron sus libros y los quemaron en presencia de todos. Cuando se calculó el precio de aquellos libros, resultó que valían como cincuenta mil monedas de plata. ²⁰ Así el mensaje del Señor iba extendiéndose y demostrando su poder.

²¹ Después de estas cosas, Pablo decidió visitar Macedonia y Acaya, y seguir su viaje hasta Jerusalén. Además decía que después de ir a Jerusalén tendría que ir también a Roma. ²² Entonces mandó a Macedonia a dos de sus ayudantes, Timoteo y Erasto, mientras él se quedaba algún tiempo más en Asia.

El alboroto en Efeso

²³ Por aquel tiempo hubo en Efeso un gran alboroto acerca del Nuevo Camino, ²⁴ causado por uno llamado Demetrio, que era platero. Este hombre hacía figuritas de plata que representaban el templo de la

diosa Artemisa,*15* y daba mucha ganancia a los que trabajaban con él. *25* Reunió, pues, a éstos, junto con otros que trabajaban en oficios semejantes, y les dijo: "Señores, ustedes saben que nuestro bienestar depende de este oficio. *26* Pero como ustedes ven y oyen, ese tal Pablo anda diciendo que los dioses hechos por los hombres no son dioses; y así ha convencido a mucha gente, no solamente aquí en Efeso sino en casi toda la provincia de Asia. *27* Esto es muy peligroso, porque nuestro negocio puede echarse a perder, y el templo mismo de la gran diosa Artemisa puede también perder la fama que tiene, y así será despreciada la grandeza de esta diosa que es adorada en toda la provincia de Asia y en el mundo entero."

28 Cuando oyeron esto, se enojaron mucho y gritaron: "¡Viva Artemisa de los efesios!"

29 Hubo, pues, confusión en toda la ciudad. Se lanzaron sobre Gayo y Aristarco, dos hombres de Macedonia que acompañaban a Pablo, y los arrastraron hasta el teatro. *30* Pablo quiso entrar allí para hablar a la gente, pero los creyentes no lo dejaron. *31* También entre las autoridades de Asia había algunos amigos de Pablo, que mandaron a decirle que no debía meterse allí. *32* Entre tanto, en la reunión, unos gritaban una cosa y otros otra, porque la gente estaba alborotada y la mayor parte ni sabía para qué se habían reunido. *33* Pero algunos de ellos explicaron el asunto a Alejandro, a quien los judíos habían empujado al frente de todos. Alejandro hizo señas con la mano para pedir silencio y hablar en defensa de los judíos delante del pueblo. *34* Pero cuando se dieron cuenta de que él mismo era judío, gritaron todos durante un par de horas: "¡Viva Artemisa de los efesios!"

35 El secretario de la ciudad, cuando pudo calmar a la gente, dijo: "Ciudadanos de Efeso, todo el mundo sabe que esta ciudad está encargada de cuidar el templo de la gran diosa Artemisa y de la imagen de ella que cayó del cielo.*16* *36* Como nadie puede negar esto, cálmense ustedes y no hagan nada sin pensarlo bien. *37* Porque estos hombres que ustedes han traído no han profanado el templo ni han hablado mal de nuestra diosa. *38* Si Demetrio y los que trabajan con él tienen alguna queja contra alguien, ahí están los jueces y los juzgados; que reclamen ante las autoridades y que cada uno defienda su derecho. *39* Y si ustedes piden alguna otra cosa, deberá tratarse en una reunión legal. *40* Con lo que hoy ha pasado corremos peligro de que nos acusen de agitadores, pues no hay

ninguna razón que podamos dar, si nos preguntan por la causa de este alboroto." *41* Dicho esto, despidió a la gente.

Viaje de Pablo a Macedonia y Grecia

20 *1* Una vez terminado el alboroto, Pablo llamó a los creyentes para darles algunos consejos. Luego se despidió de ellos y se fue a Macedonia. *2* Visitó todos aquellos lugares animando mucho con sus palabras a los hermanos; y después llegó a Grecia, *3* donde se quedó tres meses. Estaba ya a punto de tomar el barco para ir a Siria, cuando supo que los judíos habían hecho planes contra él. Así que decidió regresar por tierra, pasando otra vez por Macedonia. *4* Le acompañaron Sópater de Berea, hijo de Pirro; y Aristarco y Segundo de Tesalónica, Gayo de Derbe, Timoteo, y también Tíquico y Trófimo, que eran de la provincia de Asia. *5* Estos hermanos se adelantaron y nos esperaron en Troas. *6* Nosotros, después de la fiesta en que se come el pan sin levadura, salimos de Filipos en barco, y a los cinco días los alcanzamos en Troas, donde nos quedamos siete días.

Visita de Pablo a Troas

7 El primer día de la semana nos reunimos para partir el pan, y Pablo estuvo hablando a los creyentes. Como tenía que salir al día siguiente, prolongó su discurso hasta la medianoche. *8* Nos hallábamos reunidos en un cuarto del piso alto, donde había muchas lámparas encendidas; *9* y un joven que se llamaba Eutico estaba sentado en la ventana. Como Pablo habló por largo tiempo, le entró sueño al muchacho, que al fin, profundamente dormido, cayó desde el tercer piso; y lo levantaron muerto. *10* Entonces Pablo bajó, se tendió sobre el muchacho y lo abrazó. Y dijo a los hermanos:

—No se asusten; está vivo.

11 Luego Pablo volvió a subir, partió el pan, comió y siguió hablando hasta el amanecer. Entonces se fue. *12* En cuanto al muchacho, se lo llevaron vivo, y eso los animó mucho.

Viaje desde Troas a Mileto

13 Nosotros nos adelantamos y fuimos en barco hasta Aso para recoger a Pablo, según se había convenido, porque él quiso ir por tierra. *14* Cuando nos encontramos con él en Aso, se embarcó con nosotros y fuimos a Mitilene. *15* Salimos de allí, y al día siguiente pasamos frente a Quío, llegando un día después al puerto de

---

15 Artemisa. Llamada también Diana, pero diferente, en sus atributos e imágenes, de la Diana cazadora de los griegos.
16 Por esta alusión se cree que la imagen de la diosa que se adoraba en Efeso pudo haber estado esculpida en un aerolito.

Samos.[17] Al cabo de otro día de viaje, llegamos a Mileto. [16] Se hizo así porque Pablo, para no retrasarse mucho en Asia, no quiso ir a Efeso; pues quería llegar pronto a Jerusalén y, de ser posible, estar allí para el día de Pentecostés.

Discurso de Pablo a los ancianos de Efeso

[17] Estando en Mileto, Pablo mandó llamar a los ancianos de la iglesia de Efeso. [18] Cuando llegaron les dijo: "Ustedes saben cómo me he portado desde el primer día que vine a la provincia de Asia. [19] Todo el tiempo he estado entre ustedes sirviendo al Señor con toda humildad, con muchas lágrimas y en medio de muchas pruebas que me vinieron por lo que me querían hacer los judíos. [20] Pero no dejé de anunciarles a ustedes nada de lo que era para su bien, enseñándoles públicamente y en sus casas. [21] A judíos y a no judíos les he dicho que se vuelvan a Dios y crean en nuestro Señor Jesús. [22] Y ahora voy a Jerusalén, obligado por el Espíritu, sin saber lo que allí me espera. [23] Lo único que sé es que, en todas las ciudades a donde voy, el Espíritu Santo me dice que me esperan la cárcel y muchos sufrimientos. [24] Para mí, sin embargo, mi propia vida no cuenta, con tal de que yo pueda correr con gozo hasta el fin de la carrera[p] y cumplir el encargo que el Señor Jesús me dio de anunciar la buena noticia del amor de Dios.

[25] "Y ahora estoy seguro de que ninguno de ustedes, entre quienes he anunciado el reino de Dios, me volverá a ver. [26] Por esto quiero decirles hoy que no me siento culpable respecto de ninguno, [27] porque les he anunciado todo el plan de Dios, sin ocultarles nada. [28] Por lo tanto, estén atentos y cuiden de toda la congregación, en la cual el Espíritu Santo los ha puesto como pastores para que cuiden de la iglesia de Dios,[18] que él compró con su propia sangre. [29] Sé que cuando yo me vaya vendrán otros que, como lobos feroces, querrán acabar con la iglesia. [30] Aun entre ustedes mismos se levantarán algunos que enseñarán mentiras para que los creyentes los sigan. [31] Estén alerta; acuérdense de que durante tres años, de día y de noche, no dejé de aconsejar con lágrimas a cada uno de ustedes.

[32] "Ahora, hermanos, los encomiendo a Dios y al mensaje de su amor. El tiene poder para hacerlos crecer espiritualmente y darles todo lo que ha prometido a su pueblo santo. [33] No he querido para mí mismo ni el dinero ni la ropa de nadie; [34] al contrario, bien saben ustedes que trabajé con mis propias manos para conseguir lo necesario para mí y para los que estaban conmigo. [35] Siempre les he enseñado que así se debe trabajar y ayudar a los que están en necesidad, recordando aquellas palabras del Señor Jesús: 'Hay más dicha en dar que en recibir.' "

[36] Después de decir esto, Pablo se puso de rodillas y oró con todos ellos. [37] Todos lloraron, y abrazaron y besaron a Pablo. [38] Y estaban muy tristes, porque les había dicho que no volverían a verlo. Luego lo acompañaron hasta el barco.

Viaje de Pablo a Jerusalén

21 [1] Cuando dejamos a los hermanos, nos embarcamos y fuimos directamente a Cos, y al día siguiente a Rodas, y de allí a Pátara. [2] En Pátara encontramos un barco que iba a Fenicia, y en él nos embarcamos. [3] Al pasar, vimos la isla de Chipre, y dejándola a mano izquierda seguimos hasta Siria. Y como el barco tenía que dejar carga en el puerto de Tiro, entramos allí. [4] Encontramos a los creyentes, y nos quedamos con ellos siete días. Ellos, advertidos por el Espíritu, dijeron a Pablo que no debía ir a Jerusalén. [5] Pero pasados los siete días, salimos. Todos, con sus mujeres y niños, nos acompañaron hasta fuera de la ciudad, y allí en la playa nos arrodillamos y oramos. [6] Luego nos despedimos y subimos al barco, y ellos regresaron a sus casas.

[7] Terminamos nuestro viaje por mar yendo de Tiro a Tolemaida, donde saludamos a los hermanos y nos quedamos con ellos un día. [8] Al día siguiente salimos y llegamos a Cesarea. Fuimos a casa de Felipe[q] el evangelista, que era uno de los siete ayudantes de los apóstoles, y nos quedamos con él. [9] Felipe tenía cuatro hijas solteras, que eran profetisas. [10] Ya hacía varios días que estábamos allí, cuando llegó de Judea un profeta llamado Agabo.[r] [11] Al llegar a nosotros tomó el cinturón de Pablo, se sujetó con él las manos y los pies, y dijo:

—El Espíritu Santo dice que en Jerusalén los judíos atarán así al dueño de este cinturón, y lo entregarán en manos de los extranjeros.

[12] Al oír esto, nosotros y los de Cesarea rogamos a Pablo que no fuera a Jerusalén. [13] Pero Pablo contestó:

—¿Por qué lloran y me ponen triste? Yo estoy dispuesto, no solamente a ser atado sino también a morir en Jerusalén por causa del Señor Jesús.

[14] Como no pudimos convencerlo, lo dejamos, diciendo:

—Que se haga la voluntad del Señor.

[17] Algunos mss. añaden: Después de detenernos en Troguilio. ᵖ 20.24 2 Ti 4.7. ᑫ 21.8 Hch 6.5; 8.5. ᵣ 21.10 Hch 11.28. [18] Algunos mss. añaden: iglesia del Señor.

¹⁵ Después de esto, nos preparamos y nos fuimos a Jerusalén. ¹⁶ Nos acompañaron algunos creyentes de Cesarea, quienes nos llevaron a casa de un hombre de Chipre llamado Mnasón, que era creyente desde hacía mucho tiempo y que iba a darnos alojamiento.

Pablo visita a Santiago

¹⁷ Cuando llegamos a Jerusalén, los hermanos nos recibieron con alegría. ¹⁸ Al día siguiente, Pablo fue con nosotros a visitar a Santiago, y allí estaban también todos los ancianos. ¹⁹ Pablo los saludó, y luego les contó detalladamente las cosas que Dios había hecho por medio de él entre los no judíos. ²⁰ Cuando lo oyeron, alabaron a Dios. Dijeron a Pablo:

—Bueno, hermano, ya ves que entre los judíos hay muchos miles que han creído, y todos ellos insisten en que es necesario seguir la ley de Moisés. ²¹ Y les han informado de que a todos los judíos que viven en el extranjero tú les enseñas a no hacer caso de lo que mandó Moisés, y les dices que no deben circuncidar a sus hijos ni seguir nuestras costumbres. ²² ¿Qué hay de esto? Pues sin duda la gente va a saber que has venido. ²³ Lo mejor es que hagas lo siguiente: Hay aquí, entre nosotros, cuatro hombres que tienen que cumplir una promesa. ²⁴ Llévalos contigo, purifícate junto con ellos y paga sus gastos, para que ellos puedan hacerse cortar el cabello.^s Así todos verán que no es cierto lo que les han dicho de ti, sino que, al contrario, tú también obedeces la ley. ²⁵ En cuanto a los que no son judíos y han creído, ya les hemos escrito nuestra decisión: no deben comer carne que haya sido ofrecida a los ídolos, ni sangre, ni carne de animales estrangulados, y deben evitar la inmoralidad sexual.^t

Arrestan a Pablo en el templo

²⁶ Entonces Pablo se llevó a los cuatro hombres, y al día siguiente se purificó junto con ellos; luego entró en el templo para avisar cuándo terminarían los días del cumplimiento de la promesa, es decir, cuándo cada uno de ellos tendría que presentar su ofrenda.

²⁷ Estando ya por terminar los siete días, unos judíos de la provincia de Asia vieron a Pablo en el templo y alborotaron a la gente. Se lanzaron contra Pablo, ²⁸ gritando: "¡Israelitas, ayúdennos! Este es el hombre que anda por todas partes enseñando a la gente cosas que van contra nuestro pueblo, contra la ley de Moisés y contra este templo. Además, ahora ha metido en el templo a unos griegos, profanando este lugar santo."

²⁹ Decían esto porque antes lo habían visto en la ciudad con Trófimo^u de Efeso, y pensaban que Pablo lo había llevado al templo.

³⁰ Toda la ciudad se alborotó, y la gente llegó corriendo. Agarraron a Pablo y lo arrastraron fuera del templo, cerrando inmediatamente las puertas. ³¹ Estaban a punto de matarlo, cuando al comandante del batallón romano le llegó la noticia de que toda la ciudad de Jerusalén se había alborotado. ³² El comandante reunió a sus soldados y oficiales, y fue corriendo a donde estaba la gente. Cuando vieron al comandante y a los soldados, dejaron de golpear a Pablo. ³³ Entonces el comandante se acercó, arrestó a Pablo y mandó que lo sujetaran con dos cadenas. Después preguntó quién era y qué había hecho. ³⁴ Pero unos gritaban una cosa y otros otra, de modo que el comandante no podía aclarar nada a causa del ruido que hacían; así que mandó llevarlo al cuartel. ³⁵ Al llegar a las gradas del cuartel, los soldados tuvieron que llevar a Pablo a cuestas, debido a la violencia de la gente; ³⁶ porque todos iban detrás, gritando: "¡Muera!"

Pablo se defiende delante de la gente

³⁷ Cuando ya iban a meterlo en el cuartel, Pablo le preguntó al comandante del batallón:

—¿Puedo hablar con usted un momento?

El comandante le contestó:

—¿Sabes hablar griego? ³⁸ Entonces, ¿tú no eres aquel egipcio que hace algún tiempo comenzó una rebelión y salió al desierto con cuatro mil guerrilleros?

³⁹ Pablo le dijo:

—Yo soy judío, natural de Tarso de Cilicia, ciudadano de una población importante; pero, por favor, permítame usted hablar a la gente.

⁴⁰ El comandante le dio permiso, y Pablo se puso de pie en las gradas y con la mano hizo callar a la gente. Cuando se hizo silencio, les habló en hebreo, diciendo:

22 ¹ "Hermanos y padres, escuchen lo que les digo en mi defensa."

² Al oír que les hablaba en hebreo, guardaron aún más silencio. Pablo continuó:

³ "Yo soy judío. Nací en Tarso de Cilicia, pero me crié aquí en Jerusalén y estudié bajo la dirección de Gamaliel,^v muy de acuerdo con la ley de nuestros antepasados. Siempre he procurado servir a Dios

s **21.23-24** Nm 6.13-21.   t **21.25** Hch 15.29.   u **21.29** Hch 20.4.   v **22.3** Hch 5.34-39.

con todo mi corazón, tal como todos ustedes lo hacen hoy día. ⁴ Antes perseguí a muerte a quienes seguían este Nuevo Camino, y los arresté y metí en la cárcel, ya fueran hombres o mujeres. ⁵ El jefe de los sacerdotes y todos los ancianos son testigos de esto. Ellos me dieron cartas para nuestros hermanos judíos en Damasco, y fui allá en busca de creyentes, para traerlos aquí a Jerusalén y castigarlos. ʷ

Pablo cuenta su conversión
(Hch 9.1–19; 26.12–18)

⁶ "Pero mientras iba yo de camino, y estando ya cerca de Damasco, a eso del mediodía, una fuerte luz del cielo brilló de repente a mi alrededor, ⁷ y caí al suelo. Y oí una voz, que me decía: 'Saulo, Saulo, ¿por qué me persigues?' ⁸ Pregunté: '¿Quién eres, Señor?' Y la voz me contestó: 'Yo soy Jesús de Nazaret, el mismo a quien tú estás persiguiendo.' ⁹ Los que iban conmigo vieron la luz y se asustaron, pero no oyeron la voz del que me hablaba. ¹⁰ Yo pregunté: '¿Qué debo hacer, Señor?' Y el Señor me dijo: 'Levántate y sigue tu viaje a Damasco. Allí se te dirá todo lo que debes hacer.' ¹¹ Como la luz me dejó ciego, mis compañeros me llevaron de la mano a Damasco.

¹² "Allí había un hombre llamado Ananías, que era muy piadoso y obediente a la ley de Moisés; todos los judíos que vivían en Damasco hablaban muy bien de él. ¹³ Ananías vino a verme, y al llegar me dijo: 'Hermano Saulo, recibe de nuevo la vista.' En aquel mismo momento recobré la vista, y pude verlo. ¹⁴ Luego añadió: 'El Dios de nuestros padres te ha escogido para que conozcas su voluntad, y para que veas al que es justo y oigas su voz de sus propios labios. ¹⁵ Pues tú vas a ser testigo suyo ante todo el mundo, y vas a contar lo que has visto y oído. ¹⁶ Y ahora, no esperes más. Levántate y bautízate, invocando el nombre del Señor para lavarte de tus pecados.'

Pablo cuenta cómo fue enviado a los no judíos

¹⁷ "Cuando regresé a Jerusalén, fui al templo a orar, y tuve una visión. ¹⁸ Vi al Señor, que me dijo: 'Date prisa, sal rápidamente de Jerusalén, porque no van a hacer caso de lo que dices de mí.' ¹⁹ Yo le dije: 'Señor, ellos saben que yo iba por todas las sinagogas y llevaba a la cárcel a los que creían en ti, y que los golpeaba, ²⁰ y que cuando mataron a tu siervo Esteban, que daba testimonio de ti, yo mismo estaba allí, aprobando que lo mataran, e incluso cuidé la ropa de quienes lo mataron.'ˣ ²¹ Pero el Señor me dijo: 'Ponte en camino, que voy a enviarte a naciones lejanas.' "

Pablo en manos del comandante

²² Hasta este punto lo escucharon; pero entonces comenzaron a gritar: "¡Ese hombre no debe vivir! ¡Bórralo de este mundo!" ²³ Y como seguían gritando y sacudiendo sus ropas y tirando polvo al aire, ²⁴ el comandante ordenó que metieran a Pablo en el cuartel, y mandó que lo azotaran, para que confesara por qué la gente gritaba en contra suya. ²⁵ Pero cuando ya lo tenían atado para azotarlo, Pablo le preguntó al capitán que estaba presente:

—¿Tienen ustedes autoridad para azotar a un ciudadano romano, y además sin haberlo juzgado?

²⁶ Al oír esto, el capitán fue y avisó al comandante, diciendo:

—¿Qué va a hacer usted? Este hombre es ciudadano romano.

²⁷ Entonces el comandante se acercó a Pablo, y le preguntó:

—¿Es cierto que tú eres ciudadano romano?

Pablo le contestó:

—Sí.

²⁸ El comandante le dijo:

—A mí me costó mucho dinero hacerme ciudadano romano.

Y Pablo respondió:

—Pues yo lo soy por nacimiento.

²⁹ Con esto, los que iban a azotar a Pablo se apartaron de él; y hasta el mismo comandante, al darse cuenta de que era ciudadano romano, tuvo miedo por haberlo encadenado.

Pablo ante la Junta Suprema de los judíos

³⁰ Al día siguiente, el comandante, queriendo saber con exactitud de qué acusaban los judíos a Pablo, le quitó las cadenas y mandó reunir a los jefes de los sacerdotes y a toda la Junta Suprema. Luego sacó a Pablo y lo puso delante de ellos.

23 ¹ Pablo miró a los de la Junta Suprema y les dijo:

—Hermanos, yo he vivido hasta hoy con la conciencia tranquila delante de Dios.

² Entonces Ananías, que era sumo sacerdote, mandó a los que estaban cerca de Pablo que le pegaran en la boca. ³ Pero Pablo le contestó:

—¡Dios le va a pegar a usted, hipócrita!ʸ Si usted está sentado ahí para juzgarme

ʷ **22.4–5** Hch 8.3; 26.9–11.   ˣ **22.20** Hch 7.58.   ʸ **23.3** Mt 23.27.

según la ley, ¿por qué contra la ley manda que me peguen?

⁴ Los que estaban presentes le dijeron:

—¿Así insultas al sumo sacerdote de Dios?

⁵ Pablo dijo:

—Hermanos, yo no sabía que fuera el sumo sacerdote; pues la Escritura dice: 'No maldigas al que gobierna a tu pueblo.'ᶻ

⁶ Luego, dándose cuenta de que algunos de la Junta eran del partido saduceo y otros del partido fariseo, dijo Pablo en voz alta:

—Hermanos, yo soy fariseo,ᵃ de familia de fariseos; y se me está juzgando porque creo en la resurrección de los muertos.

⁷ En cuanto Pablo dijo esto, los fariseos y los saduceos comenzaron a discutir entre sí, y se dividió la reunión. ⁸ Porque los saduceos dicen que los muertos no resucitan,ᵇ y que no hay ángeles ni espíritus; en cambio, los fariseos creen en todas estas cosas. ⁹ Todos gritaban; y algunos maestros de la ley, que eran del partido fariseo, se levantaron y dijeron:

—Este hombre no ha hecho nada malo; tal vez le ha hablado un espíritu o un ángel.

¹⁰ Como el alboroto era cada vez mayor, el comandante tuvo miedo de que hicieran pedazos a Pablo, por lo cual mandó llamar a unos soldados para sacarlo de allí y llevarlo otra vez al cuartel.

¹¹ A la noche siguiente, el Señor se le apareció a Pablo y le dijo: "Ánimo, Pablo, porque así como has dado testimonio de mí aquí en Jerusalén, así tendrás que darlo también en Roma."

Planes para matar a Pablo

¹² Al día siguiente, algunos de los judíos se pusieron de acuerdo para matar a Pablo, y juraron bajo maldición que no comerían ni beberían hasta que lograran matarlo. ¹³ Eran más de cuarenta hombres los que así se habían comprometido. ¹⁴ Fueron, pues, a los jefes de los sacerdotes y a los ancianos de los judíos, y les dijeron:

—Nosotros hemos jurado bajo maldición que no comeremos nada mientras no matemos a Pablo. ¹⁵ Ahora, ustedes y los demás miembros de la Junta Suprema pidan al comandante que lo traiga mañana ante ustedes, con el pretexto de investigar su caso con más cuidado; y nosotros estaremos listos para matarlo antes que llegue.

¹⁶ Pero el hijo de la hermana de Pablo se enteró del asunto, y fue al cuartel a avisarle. ¹⁷ Pablo llamó a uno de los capitanes, y le dijo:

—Lleve a este muchacho al comandante, porque tiene algo que comunicarle.

¹⁸ El capitán lo llevó al comandante, y le dijo:

—El preso Pablo me llamó y me pidió que trajera aquí a este muchacho, que tiene algo que comunicarle a usted.

¹⁹ El comandante tomó de la mano al muchacho, y llevándolo aparte le preguntó:

—¿Qué quieres decirme?

²⁰ El muchacho le dijo:

—Los judíos se han puesto de acuerdo para pedirle a usted que mañana lleve a Pablo ante la Junta Suprema, con el pretexto de que quieren investigar su caso con más cuidado. ²¹ Pero no les crea, porque más de cuarenta de sus hombres lo esperan escondidos, y han jurado bajo maldición que no comerán ni beberán hasta que maten a Pablo; y ahora están listos, esperando solamente que usted les dé una respuesta.

²² Entonces el comandante despidió al muchacho, mandándole que no dijera a nadie lo que le había contado.

Envían a Pablo ante Félix el gobernador

²³ El comandante llamó a dos de sus capitanes, y les dio orden de preparar doscientos soldados de a pie, setenta de a caballo y doscientos con lanzas, para ir a Cesarea a las nueve de la noche. ²⁴ Además mandó preparar caballos para que Pablo montara, y dio orden de llevarlo sano y salvo al gobernador Félix. ²⁵ Con ellos envió una carta que decía lo siguiente:

²⁶ "De Claudio Lisias al excelentísimo gobernador Félix: saludos. ²⁷ Los judíos habían arrestado a este hombre y lo iban a matar, pero cuando yo supe que se trataba de un ciudadano romano, fui con mis soldados y lo libré. ²⁸ Como quise saber de qué lo acusaban, lo llevé ante la Junta de los judíos, ²⁹ y resultó que lo acusaban de asuntos de la ley de ellos; pero no había razón para matarlo, ni siquiera para tenerlo en la cárcel. ³⁰ Pero como me he enterado de que los judíos tienen planes para matarlo, ahí se lo envío a usted; y he pedido también a los que lo acusan que traten delante de usted lo que tengan contra él."

³¹ Los soldados, conforme a las órdenes que tenían, tomaron a Pablo y lo llevaron de noche a Antípatris. ³² Al día siguiente, los soldados de a pie volvieron al cuartel, y los de a caballo siguieron el viaje con

ᶻ 23.5 Ex 22.28.   ᵃ 23.6 Hch 26.5; Fil 3.5.   ᵇ 23.8 Mt 22.23; Mr 12.18; Lc 20.27.

Pablo. ³³ Al llegar a Cesarea, dieron la carta al gobernador y le entregaron también a Pablo. ³⁴ Después de leer la carta, el gobernador preguntó de dónde era Pablo; y al saber que era de Cilicia, ³⁵ le dijo:

—Te oiré cuando vengan los que te acusan.

Luego dio orden de ponerlo bajo vigilancia en el palacio de Herodes.

Defensa de Pablo ante Félix

24 ¹ Cinco días después, Ananías, el sumo sacerdote, llegó a Cesarea con algunos de los ancianos y con un abogado que se llamaba Tértulo. Estos se presentaron ante el gobernador, para acusar a Pablo. ² Cuando trajeron a Pablo, Tértulo comenzó su acusación, diciendo a Félix:

—Gracias a usted, señor gobernador, tenemos paz, y gracias a su sabiduría se han hecho muchas mejoras en nuestra nación. ³ Todo esto lo recibimos siempre y en todas partes, oh excelentísimo Félix, con mucho agradecimiento. ⁴ Pero para no quitarle mucho tiempo, le ruego que tenga la bondad de oírnos un momento. ⁵ Hemos encontrado que este hombre es una calamidad, y que por todo el mundo anda provocando divisiones entre los judíos, y que es cabecilla de la secta de los nazarenos. ⁶ Incluso trató de profanar el templo, por lo cual lo arrestamos.¹⁹ ⁸ Usted mismo puede interrogarlo para saber la verdad de todo esto de que lo acusamos.

⁹ Los judíos allí presentes también afirmaban lo mismo. ¹⁰ El gobernador le hizo entonces a Pablo señas de que hablara, y Pablo dijo:

—Con mucho gusto presento mi defensa ante usted, porque sé que usted es juez de esta nación desde hace muchos años. ¹¹ Como usted mismo puede averiguar, hace apenas doce días que llegué a Jerusalén, a adorar a Dios. ¹² Y no me encontraron discutiendo con nadie, ni alborotando a la gente en el templo, ni en las sinagogas, ni en otras partes de la ciudad. ¹³ Estas personas no pueden probar ninguna de las cosas de que me acusan. ¹⁴ Pero lo que sí confieso es que sirvo al Dios de mis padres de acuerdo con el Nuevo Camino, que ellos llaman una secta, porque creo todo lo que está escrito en los libros de la ley y de los profetas. ¹⁵ Y tengo, lo mismo que ellos, la esperanza en Dios de que los muertos han de resucitar, tanto los buenos como los malos. ¹⁶ Por eso procuro siempre tener limpia mi conciencia delante de Dios y de los hombres.

¹⁷ 'Después de algunos años de andar por otras partes, volví a mi país para dar limosnas y presentar ofrendas. ¹⁸⁻¹⁹ Y estaba haciendo esto, después de haberme purificado según el rito establecido, aunque sin mucha gente y sin ningún alboroto, cuando unos judíos de la provincia de Asia me encontraron en el templo.ᶜ Esos son los que deben venir y presentarse aquí para acusarme, si es que tienen algo contra mí. ²⁰ Y si no, que éstos que están aquí digan si me hallaron culpable de algún delito cuando estuve ante la Junta Suprema de los judíos. ²¹ A no ser que cuando estuve entre ellos dije en voz alta: 'Hoy me están juzgando ustedes porque creo en la resurrección de los muertos.'ᵈ

²² Al oír esto, Félix, como estaba bien informado del Nuevo Camino, dejó el asunto pendiente y les dijo:

—Cuando venga el comandante Lisias, me informaré mejor de este asunto de ustedes.

²³ Y mandó Félix al capitán que Pablo siguiera detenido, pero que le diera alguna libertad y dejara que sus amigos lo atendieran.

²⁴ Unos días más tarde llegó otra vez Félix, junto con Drusila, su esposa, una judía. Y mandó Félix llamar a Pablo, y escuchó lo que éste decía acerca de la fe en Jesucristo. ²⁵ Pero cuando Pablo le habló de una vida de rectitud, del dominio propio y del juicio futuro, Félix se asustó y le dijo:

—Vete ahora. Te volveré a llamar cuando tenga tiempo.

²⁶ Por otra parte, Félix esperaba que Pablo le diera dinero, para que lo soltara; por eso lo llamaba muchas veces para hablar con él. ²⁷ Dos años pasaron así; luego Félix dejó de ser gobernador, y en su lugar entró Porcio Festo. Y como Félix quería quedar bien con los judíos, dejó preso a Pablo.

Pablo delante de Festo

25 ¹ Festo llegó para tomar su puesto de gobernador, y tres días después se dirigió de Cesarea a Jerusalén. ² Allí los jefes de los sacerdotes y los judíos más importantes le presentaron una demanda contra Pablo. ³ Le pidieron, como favor especial, que ordenara que Pablo fuera llevado a Jerusalén. El plan de ellos era hacer que lo mataran en el camino; ⁴ pero Festo contestó que Pablo estaba preso en Cesarea, y que él mismo pensaba ir allá dentro de poco. ⁵ Les dijo:

—Por eso, las autoridades de ustedes deben ir conmigo a Cesarea, y si ese hom-

---

¹⁹ Algunos mss. añaden: *y quisimos juzgarlo de acuerdo con nuestra ley;* ⁷ *pero el comandante Lisias se metió, y con mucha fuerza nos lo quitó* ⁸ *y dijo que los que lo acusaban debían presentarse ante usted.*
ᶜ **24.17-19** Hch 21.17-28.   ᵈ **24.21** Hch 23.6.

bre ha cometido algún delito, allí podrán acusarlo.

⁶ Festo estuvo en Jerusalén unos ocho o diez días más, y luego regresó a Cesarea. Al día siguiente ocupó su asiento en el tribunal y ordenó que le llevaran a Pablo. ⁷ Cuando Pablo entró, los judíos que habían llegado de Jerusalén se acercaron y lo acusaron de muchas cosas graves, aunque no pudieron probar ninguna de ellas. ⁸ Pablo, por su parte, decía en su defensa:

—Yo no he cometido ningún delito, ni contra la ley de los judíos ni contra el templo ni contra el emperador romano.

⁹ Pero como Festo quería quedar bien con los judíos, le preguntó a Pablo:

—¿Quieres ir a Jerusalén, para que yo juzgue allá tu caso?

¹⁰ Pablo contestó:

—Estoy ante el tribunal del emperador romano, que es donde debo ser juzgado. Como bien sabe usted, no he hecho nada malo contra los judíos. ¹¹ Si he cometido algún delito que merezca la pena de muerte, no me niego a morir; pero si no hay nada de cierto en las cosas de que me acusan, nadie tiene el derecho de entregarme a ellos. Pido que el emperador mismo me juzgue.

¹² Festo entonces consultó con sus consejeros, y luego dijo:

—Ya que has pedido que te juzgue el emperador, al emperador irás.

Pablo ante el rey Agripa

¹³ Al cabo de algunos días, el rey Agripa y Berenice fueron a Cesarea a saludar a Festo. ¹⁴ Como estuvieron allí varios días, Festo contó al rey el caso de Pablo. Le dijo:

—Hay aquí un hombre que Félix dejó preso. ¹⁵ Cuando estuve en Jerusalén, los jefes de los sacerdotes y los ancianos de los judíos me presentaron una demanda contra él, pidiéndome que lo condenara. ¹⁶ Yo les contesté que la autoridad romana no acostumbra condenar a muerte a nadie sin que antes el acusado pueda verse cara a cara con los que lo acusan, para defenderse de la acusación. ¹⁷ Por eso, cuando ellos vinieron acá, no perdí tiempo, sino que al día siguiente ocupé mi asiento en el tribunal y mandé traer al hombre. ¹⁸ Pero los que se presentaron para acusarlo no alegaron en contra suya ninguno de los delitos que yo había pensado. ¹⁹ Lo único que decían contra él eran cosas de su religión, y de un tal Jesús que murió y que Pablo dice que está vivo. ²⁰ Como yo no sabía qué hacer en este asunto, le pregunté a Pablo si quería ir a Jerusalén para

ser juzgado de esas cosas. ²¹ Pero él ha pedido que lo juzgue Su Majestad el emperador, así que he ordenado que siga preso hasta que yo pueda mandárselo.

²² Entonces Agripa le dijo a Festo:

—Yo también quisiera oír a ese hombre.

Y Festo le contestó:

—Mañana mismo lo oirás.

²³ Al día siguiente, Agripa y Berenice llegaron y entraron con gran solemnidad en la sala, junto con los jefes militares y los principales señores de la ciudad. Festo mandó que le llevaran a Pablo, ²⁴ y dijo:

—Rey Agripa y señores que están aquí reunidos con nosotros: ahí tienen a ese hombre. Todos los judíos me han traído acusaciones contra él, tanto en Jerusalén como aquí en Cesarea, y no dejan de pedirme a gritos su muerte; ²⁵ pero a mí me parece que no ha hecho nada que la merezca. Sin embargo, como él mismo ha pedido ser juzgado por Su Majestad el emperador, he decidido enviárselo. ²⁶ Pero como no tengo nada concreto que escribirle a mi señor el emperador acerca de él, lo traigo ante ustedes, y sobre todo ante ti, oh rey Agripa, para que después de interrogarlo tenga yo algo que escribir. ²⁷ Pues me parece absurdo enviar un preso y no decir de qué está acusado.

Pablo presenta su caso ante el rey Agripa

26 ¹ Entonces Agripa le dijo a Pablo:

—Puedes hablar en tu defensa.

Pablo alzó la mano y comenzó a hablar así: ² "Me siento feliz de poder hablar hoy delante de Su Majestad, oh rey Agripa, para defenderme de todas las acusaciones que los judíos han presentado contra mí, ³ sobre todo porque Su Majestad conoce todas las costumbres de los judíos y las cosas que discutimos. Por eso le pido que me oiga con paciencia.

La vida de Pablo antes de su conversión

⁴ "Todos los judíos saben cómo viví entre ellos, en mi tierra y en Jerusalén, desde mi juventud. ⁵ También saben, y lo pueden declarar si quieren, que siempre he sido fariseo,ᵉ que es la secta más estricta de nuestra religión. ⁶ Y ahora me han traído a juicio precisamente por esta esperanza que tengo en la promesa que Dios hizo a nuestros antepasados. ⁷ Nuestras doce tribus de Israel esperan ver el cumplimiento de esta promesa, y por eso adoran a Dios y le sirven día y noche. Por esta misma esperanza, oh rey Agripa, los judíos me acusan ahora. ⁸ ¿Por qué no

ᵉ **26.5** Hch 23.6; Fil 3.5.

creen ustedes que Dios resucita a los muertos?

Pablo cuenta cómo perseguía a los cristianos

⁹ "Yo mismo pensaba antes que debía hacer muchas cosas en contra del nombre de Jesús de Nazaret, ¹⁰ y así lo hice en Jerusalén. Con la autorización de los jefes de los sacerdotes, metí en la cárcel a muchos de los creyentes; y cuando los mataban, yo estaba de acuerdo. ¹¹ Muchas veces los castigaba para obligarlos a negar su fe. Y esto lo hacía en todas las sinagogas, y estaba tan furioso contra ellos que los perseguía hasta en ciudades extranjeras.ᶠ

Pablo cuenta otra vez su conversión
(Hch 9.1–19; 22.6–16)

¹² "Con ese propósito me dirigía a la ciudad de Damasco, autorizado y comisionado por los jefes de los sacerdotes. ¹³ Pero en el camino, oh rey, vi a mediodía una luz del cielo, más fuerte que la luz del sol, que brilló alrededor de mí y de los que iban conmigo. ¹⁴ Todos caímos al suelo, y oí una voz que me decía en hebreo: 'Saulo, Saulo, ¿por qué me persigues? Te estás haciendo daño a ti mismo, como si dieras coces contra el aguijón.' ¹⁵ Entonces dije: '¿Quién eres, Señor?' El Señor me contestó: 'Yo soy Jesús, el mismo a quien estás persiguiendo. ¹⁶ Pero levántate, ponte en pie, porque me he aparecido a ti para que me sirvas y para que seas testigo de lo que ahora has visto y de lo que todavía has de ver de mí. ¹⁷ Te voy a librar de los judíos y también de los no judíos, a los cuales ahora te envío. ¹⁸ Te mando a ellos para que les abras los ojos y no caminen más en la oscuridad, sino en la luz; para que no sigan bajo el poder de Satanás, sino que sigan a Dios; y para que crean en mí y reciban así el perdón de los pecados y una herencia en el pueblo santo de Dios.

Pablo obedece a la visión

¹⁹ "Así que, oh rey Agripa, no desobedecí a la visión del cielo, ²⁰ sino que primero anuncié el mensaje a los que estaban en Damasco,ᵍ luego a los de Jerusalénʰ y de toda la región de Judea, y también a los no judíos, invitándolos a convertirse, y a volverse a Dios, y a hacer obras que demuestren esa conversión. ²¹ Por este motivo, los judíos me arrestaron en el templo y quisieron matarme. ²² Pero con la ayuda de Dios sigo firme

hasta ahora, hablando de Dios a todos, pequeños y grandes. Nunca les digo nada aparte de lo que los profetas y Moisés dijeron que había de suceder: ²³ que el Mesías tenía que morir, pero que después de morir sería el primero en resucitar,ⁱ y que anunciaría la luz de la salvación tanto a nuestro pueblo como a las otras naciones."ʲ

Pablo trata de convencer a Agripa de que se haga cristiano

²⁴ Al decir Pablo estas cosas en su defensa, Festo gritó:
—¡Estás loco, Pablo! De tanto estudiar te has vuelto loco.
²⁵ Pero Pablo contestó:
—No estoy loco, excelentísimo Festo; al contrario, lo que digo es razonable y es la verdad. ²⁶ Ahí está el rey Agripa, que conoce bien estas cosas, y por eso hablo con tanta libertad delante de él; porque estoy seguro de que él también sabe todo esto, ya que no se trata de cosas sucedidas en algún rincón escondido. ²⁷ ¿Cree Su Majestad lo que dijeron los profetas? Yo sé que lo cree.
²⁸ Agripa le contestó:
—Por poco me convences de que me haga cristiano.
²⁹ Pablo dijo:
—Pues por poco o por mucho, quiera Dios que, no solamente Su Majestad, sino también todos los que me están escuchando hoy, lleguen a ser como yo, aunque sin estas cadenas.
³⁰ Entonces se levantó el rey, y también el gobernador, junto con Berenice y todos los que estaban allí sentados, ³¹ y se fueron aparte a hablar del asunto. Decían entre sí:
—Este hombre no ha hecho nada que merezca la muerte; ni siquiera debe estar en la cárcel.
³² Y Agripa dijo a Festo:
—Se podría haber soltado a este hombre, si él mismo no hubiera pedido ser juzgado por el emperador.

Pablo enviado a Roma

27 ¹ Cuando decidieron mandarnos a Italia, Pablo y los otros presos fueron entregados a un capitán que se llamaba Julio, del batallón llamado del Emperador. ² Nos embarcamos, pues, en un barco del puerto de Adramitio que estaba a punto de salir para los puertos de Asia. Estaba también con nosotros Aristarco, que era de Tesalónica, ciudad de Macedonia. ³ Al día siguiente llegamos al puerto

ᶠ 26.9–11 Hch 8.3; 22.4–5. ᵍ 26.20 Hch 9.20. ʰ 26.20 Hch 9.28–29. ⁱ 26.23 1 Co 15.20. ʲ 26.23 Is 42.6; 49.6.

de Sidón, donde Julio trató a Pablo con mucha consideración, pues le dejó visitar a sus amigos y ser atendido por ellos. ⁴ Saliendo de Sidón, navegamos protegidos del viento por la isla de Chipre, porque teníamos el viento en contra. ⁵ Atravesamos el mar frente a la costa de Cilicia y Panfilia, y llegamos a Mira, una ciudad de Licia.

⁶ El capitán de los soldados encontró allí un barco de Alejandría que iba a Italia, y nos hizo embarcar para seguir el viaje. ⁷ Durante varios días viajamos despacio, y con mucho trabajo llegamos frente a Gnido. Como todavía teníamos el viento en contra, pasamos frente a Salmón dando la vuelta a la isla de Creta; ⁸ y navegando con dificultad a lo largo de la costa, llegamos a un lugar llamado Buenos Puertos, cerca del pueblo de Lasea.

⁹ Se había perdido mucho tiempo, y ya era peligroso viajar por mar porque se acercaba el invierno.²⁰ Por eso, Pablo les aconsejó:

¹⁰ —Señores, veo que este viaje va a ser muy peligroso, y que vamos a perder tanto el barco como su carga, y que hasta podemos perder la vida.

¹¹ Pero el capitán de los soldados hizo más caso al dueño del barco y al capitán del mismo que a Pablo. ¹² Y como aquel puerto no era bueno para pasar el invierno, casi todos pensaron que sería mejor salir de allí e intentar llegar a Fenice, un puerto de Creta que mira al noroeste y al suroeste, y pasar allí el invierno.

La tempestad en el mar

¹³ Pensando que podrían seguir el viaje porque comenzaba a soplar un viento suave del sur, salieron y navegaron junto a la costa de Creta. ¹⁴ Pero poco después un viento huracanado del nordeste azotó el barco, ¹⁵ y comenzó a arrastrarlo. Como no podíamos mantener el barco de cara al viento, tuvimos que dejarnos llevar por él. ¹⁶ Pasamos por detrás de una pequeña isla llamada Cauda, donde el viento no soplaba tan fuerte, y con mucho trabajo pudimos recoger el bote salvavidas. ¹⁷ Después de subirlo a bordo, usaron sogas para reforzar el barco. Luego, como tenían miedo de encallar en los bancos de arena llamados la Sirte, echaron el ancla flotante²¹ y se dejaron llevar por el viento. ¹⁸ Al día siguiente, la tempestad era todavía fuerte, así que comenzaron a arrojar al mar la carga del barco; ¹⁹ y al tercer día, con sus propias manos, arrojaron también los aparejos del barco. ²⁰ Por muchos días no se dejaron ver ni el sol ni las estrellas, y con la gran tempestad que nos azotaba habíamos perdido ya toda esperanza de salvarnos.

²¹ Como habíamos pasado mucho tiempo sin comer, Pablo se levantó en medio de todos y dijo:

—Señores, hubiera sido mejor hacerme caso y no salir de Creta; así habríamos evitado estos daños y perjuicios. ²² Ahora, sin embargo, no se desanimen, porque ninguno de ustedes morirá, aunque el barco sí va a perderse. ²³ Pues anoche se me apareció un ángel, enviado por el Dios a quien pertenezco y sirvo, ²⁴ y me dijo: 'No tengas miedo, Pablo, porque tienes que presentarte ante el emperador romano, y por tu causa Dios va a librar de la muerte a todos los que están contigo en el barco.' ²⁵ Por tanto, señores, anímense, porque tengo confianza en Dios y estoy seguro de que las cosas sucederán como el ángel me dijo. ²⁶ Pero tendremos que ser arrojados a una isla.

²⁷ Una noche, cuando al cabo de dos semanas de viaje nos encontrábamos en el mar Adriático llevados de un lado a otro por el viento, a eso de la medianoche los marineros se dieron cuenta de que estábamos llegando a tierra. ²⁸ Midieron la profundidad del agua, y era de treinta y seis metros; un poco más adelante la midieron otra vez, y era de veintisiete metros. ²⁹ Por miedo de chocar contra las rocas, echaron cuatro anclas por la parte de atrás del barco, mientras pedían a Dios que amaneciera. ³⁰ Pero los marineros pensaron en escapar del barco, así que comenzaron a bajar el bote salvavidas, haciendo como que iban a echar las anclas de la parte delantera del barco. ³¹ Pero Pablo avisó al capitán y a sus soldados, diciendo:

—Si éstos no se quedan en el barco, ustedes no podrán salvarse.

³² Entonces los soldados cortaron las amarras del bote salvavidas y lo dejaron caer al agua.

³³ De madrugada, Pablo les recomendó a todos que comieran algo. Les dijo:

—Ya hace dos semanas que, por esperar a ver qué pasa, ustedes no han comido como de costumbre. ³⁴ Les ruego que coman algo. Esto es necesario, si quieren sobrevivir, pues nadie va a perder ni un cabello de la cabeza.

³⁵ Al decir esto, Pablo tomó en sus manos un pan y dio gracias a Dios delante de todos. Lo partió y comenzó a comer. ³⁶ Luego todos se animaron y comieron también. ³⁷ Éramos en el barco doscientas setenta y seis personas en total. ³⁸ Después

---

²⁰ *Porque se acercaba el invierno:* lit. *porque ya había pasado el ayuno.* Al hacer Pablo referencia al ayuno del Día de Perdón, que en el calendario judío tiene lugar el día diez del mes Tishri (septiembre-octubre), lo hace para indicar la época del año en que esto ocurría (véase v. 12). ²¹ *Echaron el ancla flotante:* una especie de balsa con cuyo peso se contrarresta la velocidad del barco. Otra posible traducción: *arriaron los aparejos.*

de haber comido lo que quisieron, echaron el trigo al mar para aligerar el barco.

Se hunde el barco

³⁹ Cuando amaneció, los marineros no reconocieron la tierra, pero vieron una bahía que tenía playa; y decidieron tratar de arrimar el barco hacia allá. ⁴⁰ Cortaron las amarras de las anclas, abandonándolas en el mar, y aflojaron los remos que servían para guiar el barco. Luego alzaron al viento la vela delantera, y el barco comenzó a acercarse a la playa. ⁴¹ Pero fue a dar en un banco de arena, donde el barco encalló. La parte delantera quedó atascada en la arena, sin poder moverse, mientras la parte de atrás comenzó a hacerse pedazos por la fuerza de las olas. ⁴² Los soldados quisieron matar a los presos, para no dejarlos escapar nadando. ⁴³ Pero el capitán de los soldados, que quería salvar a Pablo, no dejó que lo hicieran, sino que ordenó que quienes supieran nadar se echaran al agua primero para llegar a tierra, ⁴⁴ y que los demás siguieran sobre tablas o en pedazos del barco. Así llegamos todos salvos a tierra.

Pablo en la isla de Malta

28 ¹ Cuando ya estuvimos todos a salvo, supimos que la isla se llamaba Malta. ² Los nativos nos trataron muy bien a todos; y como estaba lloviendo y hacía frío, encendieron una gran fogata y nos invitaron a acercarnos. ³ Pablo, que había recogido un poco de leña seca, la estaba echando al fuego cuando una víbora salió huyendo del calor y se le enredó en la mano. ⁴ Al ver los nativos la víbora colgada de la mano de Pablo, se dijeron unos a otros: "Este hombre debe de ser un asesino, pues aunque se salvó del mar, la justicia divina²² no lo deja vivir."

⁵ Pero Pablo se sacudió la víbora en el fuego, y no le pasó nada. ⁶ Todos estaban esperando que se hinchara o que de un momento a otro cayera muerto; pero después de mucho esperar, cuando vieron que nada le pasaba, cambiaron de idea y comenzaron a decir que Pablo era un dios.

⁷ Cerca de aquel lugar había unos terrenos que pertenecían al personaje principal de la isla, llamado Publio, que nos recibió y nos atendió muy bien durante tres días. ⁸ Y sucedió que el padre de Publio estaba en cama, enfermo de fiebre y disentería. Pablo fue entonces a visitarlo y, después de orar, puso las manos sobre él y lo sanó. ⁹ Con esto, vinieron también los otros enfermos que había en la isla, y fueron sanados. ¹⁰ Nos llenaron de atenciones, y después, al embarcarnos de nuevo, nos dieron todo lo necesario para el viaje.

Pablo llega a Roma

¹¹ Al cabo de tres meses de estar en la isla, nos embarcamos en un barco que había pasado allí el invierno; era una embarcación de Alejandría, que llevaba por insignia la figura de los dioses Cástor y Pólux. ¹² Llegamos al puerto de Siracusa, donde nos quedamos tres días, ¹³ y de allí navegamos cerca de la costa hasta arribar a Regio. El día siguiente tuvimos viento sur, y un día más tarde llegamos a Puteoli, ¹⁴ donde encontramos a algunos hermanos que nos invitaron a quedarnos con ellos una semana; y así, finalmente, llegamos a Roma. ¹⁵ Los hermanos de Roma ya tenían noticias acerca de nosotros; de manera que salieron a nuestro encuentro hasta el Foro de Apio y el lugar llamado las Tres Tabernas. Al verlos, Pablo dio gracias a Dios y se sintió animado. ¹⁶ Cuando llegamos a Roma,²³ permitieron que Pablo viviera aparte, vigilado solamente por un soldado.

Pablo en Roma

¹⁷ Tres días después de su llegada, Pablo mandó llamar a los principales judíos de Roma. Cuando estuvieron reunidos, les dijo:

—Hermanos, yo no he hecho nada contra los judíos ni contra las costumbres de nuestros antepasados. Sin embargo, en Jerusalén fui entregado a los romanos, ¹⁸ quienes después de interrogarme querían soltarme, porque no encontraron ninguna razón para condenarme a muerte. ¹⁹ Pero los judíos se opusieron, y tuve que pedir que el emperador me juzgara,ᵏ aunque no tengo nada de qué acusar a los de mi nación. ²⁰ Por esto, pues, los he llamado a ustedes, para verlos y hablarles; porque es precisamente por la esperanza que tenemos nosotros los israelitas, por lo que me encuentro aquí encadenado.

²¹ Ellos le dijeron:

—Nosotros no hemos recibido ninguna carta de Judea acerca de ti, ni ninguno de los hermanos judíos que han llegado de allá nos ha dicho nada malo en contra tuya. ²² Quisiéramos oír lo que tú piensas, porque sabemos que en todas partes se habla en contra de esta nueva secta.

²³ Así que le señalaron un día, en el que acudieron muchas personas a donde Pablo estaba alojado. Desde la mañana hasta la tarde, Pablo les habló del reino de Dios.

²² La justicia divina: en griego, dike. Al parecer los malteses aludían a Dike, la diosa griega de la justicia. ²³ Algunos mss. añaden: el capitán entregó los presos al prefecto militar.
ᵏ **28.19** Hch 25.11.

Trataba de convencerlos acerca de Jesús, por medio de la ley de Moisés y los escritos de los profetas. ²⁴ Unos aceptaron lo que Pablo decía, pero otros no creyeron. ²⁵ Y como no se ponían de acuerdo entre sí, comenzaron a irse. Pablo les dijo:

—Bien habló el Espíritu Santo a los antepasados de ustedes por medio del profeta Isaías, diciendo:

²⁶ 'Anda y dile a este pueblo:
Por más que escuchen, no entenderán;
por más que miren, no verán.
²⁷ Pues la mente de este pueblo está entorpecida,

tienen tapados los oídos
y sus ojos están cerrados,
para que no puedan ver ni oír,
ni puedan entender;
para que no se vuelvan a mí,
y yo no los sane.'ⁱ

²⁸ Sepan ustedes, pues, que de ahora en adelante esta salvación de Dios se ofrece a los no judíos, y ellos sí escucharán.ᶻ⁴

³⁰ Pablo se quedó dos años completos en la casa que tenía alquilada, donde recibía a todos los que iban a verlo. ³¹ Con toda libertad anunciaba el reino de Dios, y enseñaba acerca del Señor Jesucristo sin que nadie se lo estorbara.

²⁴ Algunos mss. añaden v. 29: *Cuando Pablo dijo esto, los judíos se fueron, discutiendo mucho entre ellos.*
ⁱ 28.26–27 Is 6.9–10.

Carta de San Pablo a los
ROMANOS

Pablo no había visitado Roma todavía cuando escribió esta carta a los creyentes de aquella ciudad, pero tenía planes de hacerlo de camino a España, a donde también pensaba ir. Y esperaba que ellos le ayudaran a tal fin. Esta carta es, con la dirigida a los Gálatas, la más amplia exposición de cómo entiende Pablo la fe cristiana y lo que ésta significa, en sentido práctico, para el modo de vivir cristiano. Siguiendo el estilo epistolar de su época, empieza con la identificación del que escribe y un saludo, a lo cual se añade una oración de gratitud y una indicación del motivo y propósito de la carta (1.1–17). Y en seguida (vs. 16, 17) hace un resumen de lo que para él es el evangelio —las buenas noticias— y la doctrina central de su predicación y enseñanza: judíos y gentiles, y en fin todos los hombres, necesitan la salvación; en el mensaje del evangelio se nos muestra de qué manera Dios nos libra de culpa: es "por fe y solamente por fe" (1.17).

En lo que sigue, se puede notar una forma característica de casi todas las cartas de Pablo. Tras una introducción, se divide en una primera gran sección que podríamos llamar de exposición de doctrina; una segunda, en que lleva la doctrina a su aplicación en la vida práctica, y, finalmente, recomendaciones adicionales y saludos, sea en general o personales.

En esta carta, la sección doctrinal ocupa la mayor parte: 1.18—11.36. En ella enseña Pablo que todo hombre, judío o no judío, se halla bajo el poder del pecado y, por tanto, bajo condenación. Necesita, pues, de la salvación (1.18—3.20). Esta consiste en que Dios perdona al hombre, lo libra de culpa y lo restaura a una íntima relación con él, todo mediante la fe en Jesucristo (3.21—4.25). El resultado de esa relación con Dios es una nueva vida en unión con Cristo. El creyente, liberado por el Espíritu Santo del poder del pecado y de la muerte, y reconciliado con Dios, obtiene una profunda paz. El propósito de la ley ha sido convencer al hombre de su pecado, pero, una vez perdonado y librado de él, su vida queda bajo el poder del Espíritu de Dios (caps. 5—8). En el plan de Dios para todos los hombres, el rechazo actual de Jesús por la mayoría de los judíos abre las puertas de la gracia divina a todos los demás hombres. Pero Dios no ha retirado de los judíos ni su amor ni su llamamiento, y al final también ellos aceptarán a Jesús y "todo Israel será salvado" (caps. 9—11).

Pablo termina su exposición escribiendo sobre lo que es la vida cristiana, cuya clave es el amor, e incluye el servicio a Dios y los deberes para con el estado y de los unos para con los otros. Trata también algunas cuestiones de conciencia (12.1—15.13). La carta concluye con una serie de referencias y saludos personales (15.14—16.27).

Saludo

1 ¹ Yo, Pablo, siervo de Jesucristo, escribo esta carta. Dios me llamó y me apartó para ser apóstol suyo, para anunciar su mensaje de salvación. ² Por medio de sus profetas, Dios ya había comunicado este mensaje en las santas Escrituras. ³⁻⁴ Es el mensaje que trata de su Hijo Jesucristo, nuestro Señor, que como hombre fue descendiente del rey David,ᵃ pero como espíritu santificador y por el hecho de haber resucitado, fue declarado Hijo de Dios y se le dieron plenos poderes.

⁵ Por medio de Jesucristo, Dios me ha concedido el privilegio de ser su apóstol y de anunciar su nombre, para que en todas las naciones haya quienes crean en él y le obedezcan. ⁶⁻⁷ Entre ellos están también ustedes, que viven en Roma. Dios los ama, y los ha llamado a ser de Jesucristo y a formar parte de su pueblo. Que Dios nuestro Padre y el Señor Jesucristo derramen su gracia y su paz sobre ustedes.

Pablo quiere visitar Roma

⁸ En primer lugar, por medio de Jesucristo doy gracias a mi Dios por cada uno de ustedes, porque en todas partes se habla de su fe. ⁹ Dios, a quien yo sirvo con todo mi corazón anunciando el mensaje de su Hijo, es testigo de que continuamente los recuerdo en mis oraciones, ¹⁰ y pido siempre a Dios que, si es su voluntad, me conceda que vaya por fin a visitarlos. ¹¹ Porque deseo verlos y prestarles alguna ayuda espiritual, para que estén más firmes; ¹² es decir, para que nos animemos

ᵃ **1.3–4** Mt 1.1; 12.23.

unos a otros con esta fe que ustedes y yo tenemos.

¹³ Quiero que sepan, hermanos, que muchas veces me he propuesto ir a verlos,ᵇ pero hasta ahora siempre se me han presentado obstáculos. Mi deseo es recoger alguna cosecha espiritual entre ustedes, como la he recogido entre las otras naciones. ¹⁴ Me siento en deuda con todos, sean cultos o incultos, sabios o ignorantes; ¹⁵ por eso estoy tan ansioso de anunciarles el evangelio también a ustedes que viven en Roma.

El poder del evangelio

¹⁶ No me avergüenzoᶜ del mensaje del evangelio, porque es poder de Diosᵈ para que todos los que creen alcancen la salvación, los judíos en primer lugar, pero también los que no lo son. ¹⁷ Pues este mensaje nos muestra de qué manera Dios nos libra de culpa: es por fe y solamente por fe. Así lo dicen las Escrituras: "El justo por la fe vivirá."ᵉ

La culpa de la humanidad

¹⁸ Pues vemos que el terrible castigo de Dios viene del cielo sobre toda la gente mala e injusta, que con su maldad impide que se conozca la verdad. ¹⁹ Lo que de Dios se puede conocer, ellos lo conocen muy bien, porque él mismo se lo ha mostrado; ²⁰ pues lo invisible de Dios se puede llegar a conocer, si se reflexiona en lo que él ha hecho. En efecto, desde que el mundo fue creado, claramente se ha podido ver que él es Dios y que su poder nunca tendrá fin. Por eso los malvados no tienen disculpa. ²¹ Pues aunque han conocido a Dios, no lo han honrado como a Dios ni le han dado gracias. Al contrario, han terminado pensando puras tonterías, y su necia mente se ha quedado a oscuras.ᶠ ²² Dicen que son sabios, pero son tontos; ²³ porque han cambiadoᵍ la gloria del Dios inmortal por imágenes del hombre mortal, y por imágenes de aves, cuadrúpedos y reptiles.ʰ

²⁴ Por eso, Dios los ha abandonado a los impuros deseos que hay en ellos, y han cometido unos con otros acciones vergonzosas. ²⁵ En lugar de la verdad de Dios, han buscado la mentira, y han honrado y adorado las cosas creadas por Dios y no a Dios mismo, que las creó y que merece alabanza por siempre. Así sea.

²⁶ Por eso, Dios los ha abandonado a pasiones vergonzosas. Hasta sus mujeres han cambiado las relaciones naturales por las que van en contra la naturaleza; ²⁷ de la misma manera, los hombres han dejado sus relaciones naturales con la mujer y arden en malos deseos los unos por los otros. Hombres con hombres cometen acciones vergonzosas, y sufren en su propio cuerpo el castigo de su perversión.

²⁸ Como no quieren reconocer a Dios, él los ha abandonado a sus perversos pensamientos, para que hagan lo que no deben. ²⁹ Están llenos de toda clase de injusticia,ⁱ perversidad, avaricia y maldad. Son envidiosos, asesinos, pendencieros, engañadores, perversos y chismosos. ³⁰ Hablan mal de los demás, son enemigos de Dios, insolentes, vanidosos y orgullosos; inventan maldades, desobedecen a sus padres, ³¹ no quieren entender, no cumplen su palabra, no sienten cariño por nadie, no saben perdonar, no sienten compasión. ³² Saben muy bien que Dios ha decretado que quienes hacen estas cosas merecen la muerte; y sin embargo las siguen haciendo, y hasta ven con gusto que otros las hagan.

Dios juzga conforme a la verdad

2 ¹ Por eso no tienes disculpa, tú que juzgas a otros, no importa quién seas. Al juzgar a otros te condenas a ti mismo,ⁱ pues haces precisamente lo mismo que hacen ellos. ² Pero sabemos que Dios juzga conforme a la verdad cuando condena a los que así se portan. ³ En cuanto a ti, que juzgas a otros y haces lo mismo que ellos, no creas que vas a escapar de la condenación de Dios. ⁴ Tú desprecias la inagotable bondad, tolerancia y paciencia de Dios, sin darte cuenta de que es precisamente su bondad la que te está llevando a convertirte a él. ⁵ Pero tú, como eres terco y no has querido volverte a Dios, estás amontonando castigo sobre ti mismo para el día del castigo, cuando Dios se manifestará para dictar su justa sentencia ⁶ y pagar a cada uno conforme a lo que haya hecho.ʲ ⁷ Dará vida eterna a quienes, buscando gloria, honor e inmortalidad, perseveraron en hacer lo bueno; ⁸ pero castigará con enojo a los rebeldes, es decir, a los que están en contra de la verdad y a favor de la maldad. ⁹ Habrá sufrimiento y angustia para todos los que hacen lo malo, para los judíos en primer lugar, pero también para los que no lo son. ¹⁰ En cambio, Dios dará gloria, honor y paz a todos los que hacen lo bueno, a los judíos en primer lugar, pero también a los que no lo son.

¹¹ Porque Dios no hace diferencia entre unos y otros:ᵏ ¹² todos los que pecan sin haber tenido la ley de Moisés, morirán sin

---

ⁱ Algunos mss. añaden aquí: *inmoralidad sexual.*
ᵇ **1.13** Hch 19.21.   ᶜ **1.16** Mr 8.38.   ᵈ **1.16** 1 Co 1.18.   ᵉ **1.17** Hab 2.4.   ᶠ **1.21** Ef 4.17-18.   ᵍ **1.23** Sal 106.20; Jer 2.11.
ʰ **1.23** Dt 4.16-18.   ⁱ **2.1** Mt 7.1; Lc 6.37.   ʲ **2.6** Sal 62.11-12; Pr 24.12; Jer 17.10; Ez 18,30; 33.20; Mt 16.27.
ᵏ **2.11** Dt 10.17.

esa ley; y los que pecan a pesar de tener la ley de Moisés, por medio de esa misma ley serán juzgados. [13] Porque no quedan libres de culpa los que solamente oyen la ley, sino los que la obedecen. [14] Pero cuando los que no son judíos ni tienen la ley hacen por naturaleza lo que la ley manda, ellos mismos son su propia ley, [15] pues muestran por su conducta que llevan la ley escrita en el corazón. Su propia conciencia lo comprueba, y sus propios pensamientos los acusarán o los defenderán [16] el día en que Dios juzgará los secretos de todos por medio de Jesucristo, conforme al mensaje de salvación que yo predico.

Los judíos y la ley de Moisés

[17] Tú dices que eres judío, y te basas en la ley de Moisés, y estás orgulloso de tu Dios. [18] Conoces su voluntad, y la ley te enseña a escoger lo mejor. [19] Estás convencido de que puedes guiar a los ciegos y alumbrar a los que andan en la oscuridad; [20] de que puedes instruir a los ignorantes y orientar a los sencillos, ya que en la ley tienes la regla del conocimiento y de la verdad. [21] Pues bien, si enseñas a otros, ¿por qué no te enseñas a ti mismo? Si predicas que no se debe robar, ¿por qué robas? [22] Si dices que no se debe cometer adulterio, ¿por qué lo cometes? Si odias a los ídolos, ¿por qué robas las riquezas de sus templos? [23] Te ufanas de la ley, pero deshonras a Dios porque la desobedeces. [24] Con razón dice la Escritura: "Los paganos ofenden a Dios por culpa de ustedes."[l]

[25] Es cierto que, a quien obedece a la ley de Moisés, la circuncisión le sirve de algo; pero si no la obedece, es como si no estuviera circuncidado. [26] En cambio, si el que no está circuncidado se porta según lo que la ley ordena, se le considerará circuncidado aun cuando no lo esté. [27] El que obedece a la ley, aunque no esté circuncidado en su cuerpo, juzgará a aquel que, a pesar de tener la ley y de estar circuncidado, no la obedece. [28] Porque ser judío no es serlo solamente por fuera, y estar circuncidado no es estarlo solamente por fuera, en el cuerpo. [29] El verdadero judío lo es interiormente, y el estar circuncidado es cosa del corazón:[m] no depende de reglas escritas, sino del espíritu. El que es así, resulta aprobado, no por los hombres, sino por Dios.

3 [1] Entonces, ¿qué ventajas tiene el ser judío o el estar circuncidado? [2] Muchas y por muchas razones. En primer lugar, Dios confió su mensaje a los judíos.[n]

[3] Ahora bien, ¿qué pasa si dejan de ser fieles algunos de ellos? ¿Acaso por eso dejará Dios de ser fiel? [4] ¡Claro que no! Al contrario, Dios actúa siempre conforme a la verdad, aunque todo hombre sea mentiroso; pues la Escritura dice:
"Serás tenido por justo en lo que
  dices,
y saldrás vencedor cuando te
  juzguen."[ñ]

[5] Pero si nuestra maldad sirve para poner de relieve que Dios es justo, ¿qué diremos? ¿Que Dios es injusto porque nos castiga? (Hablo en términos humanos.) [6] ¡Claro que no! Porque si Dios fuera injusto, ¿cómo podría juzgar al mundo? [7] Pero si mi mentira sirve para que la verdad de Dios resulte todavía más gloriosa, ¿por qué se me juzga a mí como pecador? [8] En tal caso, ¿por qué no hacer lo malo para que venga lo bueno? Esto es precisamente lo que algunos, para desacreditarme, dicen que yo enseño; pero tales personas merecen la condenación.

Todos somos culpables

[9] ¿Qué pues? ¿Somos nosotros, los judíos, mejores que los demás?[2] ¡Claro que no! Porque ya hemos demostrado que, tanto los judíos como los que no lo son, están bajo el poder del pecado, [10] pues las Escrituras dicen:
"¡No hay quien haga lo bueno!
¡No hay ni siquiera uno!
[11] No hay quien tenga entendimiento;
no hay quien busque a Dios.
[12] Todos se han ido por mal camino;
todos por igual se han pervertido.
¡No hay quien haga lo bueno!
¡No hay ni siquiera uno![o]
[13] Su garganta es un sepulcro abierto,
su lengua es mentirosa,[p]
sus labios esconden veneno de
  víbora[q]
[14] y su boca está llena de maldición y
  amargura.[r]
[15] Sus pies corren ágiles a derramar
  sangre;
[16] destrucción y miseria hay en sus
  caminos,
[17] y no conocen el camino de la paz.[s]
[18] Jamás tienen presente que hay que
  temer a Dios."[t]
[19] Sabemos que todo lo que dice el libro de la ley, lo dice a quienes están sometidos a ella, para que todos callen y el mundo entero caiga bajo el juicio de Dios; [20] porque Dios no declarará a nadie libre de culpa por haber cumplido la ley,[u] ya que la ley solamente sirve para hacernos saber que somos pecadores.

[2] *¿Somos nosotros . . . los demás?:* otra posible traducción: *¿Nos estamos disculpando?*
[l] **2.24** Is 52.5. [m] **2.25–29** Dt 10.16; 30.6; Jer 4.4. [n] **3.2** Sal 147.19–20. [ñ] **3.4** Sal 51.4. [o] **3.10–12** Sal 14.1–3; 53.1–3.
[p] **3.13** Sal 5.9. [q] **3.13** Sal 140.3. [r] **3.14** Sal 10.7. [s] **3.15–17** Is 59.7–8. [t] **3.18** Sal 36.1. [u] **3.20** Sal 143.2; Gá 2.16.

La salvación es por medio de la fe

21-22 Pero ahora, dejando aparte la ley, Dios ha dado a conocer de qué manera nos libra de culpa, y esto se comprueba leyendo los libros de la ley y los profetas: Dios nos libra de culpa por medio de la fe en Jesucristo;[v] y lo hace por igual con todos los que creen, **23** pues todos han pecado y están lejos de la presencia salvadora de Dios. **24** Pero Dios, en su bondad y gratuitamente, los ha librado de culpa, mediante la liberación que se alcanza por Cristo Jesús. **25** Dios hizo que Cristo, al derramar su sangre, fuera el instrumento del perdón. Este perdón se alcanza por la fe, y demuestra que Dios es justo y que, si pasó por alto los pecados de otro tiempo, **26** fue sólo a causa de su paciencia. Igualmente demuestra que Dios es justo ahora, y que sigue siendo justo al declarar libres de culpa a los que creen en Jesús.

27 ¿Dónde, pues, queda el orgullo del hombre ante Dios? ¡Queda eliminado! ¿Por qué razón? No por haber cumplido la ley, sino por haber creído. **28** Así llegamos a esta conclusión: que Dios declara libre de culpa al hombre por la fe, sin exigirle cumplir con la ley. **29** ¿Acaso Dios es solamente Dios de los judíos? ¿No lo es también de todas las naciones? ¡Claro está que lo es también de todas las naciones, **30** pues no hay más que un Dios:[w] el Dios que libra de culpa a los que tienen fe, sin tomar en cuenta si están o no están circuncidados! **31** Entonces, ¿con la fe le quitamos el valor a la ley? ¡Claro que no! Más bien afirmamos el valor de la ley.

El ejemplo de Abraham

4 **1** Pero entonces, ¿qué diremos que ganó Abraham, nuestro antepasado? **2** En realidad, si Abraham hubiera sido aceptado como justo a causa de sus propios hechos, tendría un motivo de orgullo, aunque no delante de Dios. **3** Pues la Escritura dice: "Abraham creyó a Dios, y por eso Dios lo aceptó como justo."[x] **4** Ahora bien, si alguno trabaja, el pago no se le da como un regalo sino como algo merecido. **5** En cambio, si alguno cree en Dios, que libra de culpa al pecador, Dios lo acepta como justo por su fe, aunque no haya hecho nada que merezca su favor. **6** David mismo habló de la dicha de aquel a quien Dios acepta como justo sin tomarle en cuenta sus hechos. **7** Dijo David:

"¡Dichosos aquellos a quienes Dios perdona sus maldades y pasa por alto sus pecados!

8 ¡Dichoso el hombre a quien el Señor no toma en cuenta su pecado!"[y]

9 ¿Será que esta dicha corresponde solamente a los que están circuncidados, o corresponderá también a los que no lo están? Hemos dicho que Dios aceptó como justo a Abraham por su fe. **10** Pero ¿cuándo lo aceptó? ¿Después de que Abraham fue circuncidado, o antes? No después, sino antes. **11** Y después Abraham fue circuncidado,[z] como señal o sello de que Dios ya lo había aceptado como justo por causa de su fe. De este modo, Abraham ha venido a ser también el padre de todos los que tienen fe, aunque no hayan sido circuncidados; y así Dios los acepta igualmente a ellos como justos. **12** Y Abraham es también el padre de quienes, además de estar circuncidados, siguen el ejemplo de aquella fe que él ya tenía cuando aún no estaba circuncidado.

La promesa se cumple por medio de la fe

13 Pues Dios prometió a Abraham y a sus descendientes que recibirían el mundo como herencia;[a] pero esta promesa no les fue hecha porque Abraham hubiera obedecido la ley, sino porque tuvo fe en Dios; y por eso, Dios lo aceptó como justo. **14** Pues si los que han de recibir la herencia son los que obedecen la ley, entonces la fe resultaría cosa inútil y la promesa de Dios perdería su valor.[b] **15** Porque la ley trae castigo; pero donde no hay ley, tampoco hay faltas contra la ley.

16 Por eso, para que la promesa hecha a Abraham fuera firme para todos sus descendientes, tenía que ser un don basado en la fe. Es decir, la promesa no es solamente para los que obedecen la ley, sino también para todos los que creen como creyó Abraham. De esa manera, él viene a ser padre de todos nosotros,[c] **17** como dice la Escritura: "Te he hecho padre de muchas naciones."[d] Este es el Dios en quien Abraham creyó, el Dios que da vida a los muertos y crea las cosas que aún no existen.

18 Cuando ya no había esperanza, Abraham creyó y tuvo esperanza, y así vino a ser "padre de muchas naciones", conforme a lo que Dios le había dicho: "Así será el número de tus descendientes."[e] **19** La fe de Abraham no se debilitó, aunque ya tenía casi cien años de edad[f] y se daba cuenta de que tanto él como Sara morirían pronto, y que eran demasiado viejos para tener hijos. **20** No dudó ni desconfió de la promesa de Dios, sino que tuvo más

v 3.21-22 Gá 2.16. **w 3.30** Dt 6.4; Gá 3.20. **x 4.3** Gn 15.6; Gá 3.6. **y 4.7-8** Sal 32.1-2. **z 4.11** Gn 17.10. **a 4.13** Gn 17.4-6; 22.17-18; Gá 3.29. **b 4.14** Gá 3.18. **c 4.16** Gá 3.7. **d 4.17** Gn 17.5. **e 4.18** Gn 15.5. **f 4.19** Gn 17.17.

fe y confianza. Alabó a Dios, ²¹ plenamente convencido de que Dios tiene poder para cumplir lo que promete. ²² Por eso, Dios lo aceptó como justo.

²³ Y esto de que Dios lo aceptó como justo por su fe, no se escribió solamente de Abraham; ²⁴ se escribió también de nosotros. Pues, por nuestra fe, Dios nos acepta como justos también a nosotros, los que creemos en aquel que resucitó a Jesús, nuestro Señor, ²⁵ que fue entregado a la muerte por nuestros pecados⁸ y resucitado para librarnos de culpa.

Libres de culpa

5 ¹ Así pues, libres ya de culpa gracias a la fe, tenemos paz con Dios por medio de nuestro Señor Jesucristo. ² Pues por Cristo gozamos del favor de Dios por medio de la fe, y estamos firmes, y nos alegramos con la esperanza de tener parte en la gloria de Dios. ³ Y no sólo esto, sino que también nos alegramos en el sufrimiento; porque sabemos que el sufrimiento nos da firmeza para soportar, ⁴ y esta firmeza nos permite salir aprobados, y el salir aprobados nos llena de esperanza. ⁵ Y esta esperanza no nos defrauda, porque Dios ha llenado con su amor nuestro corazón por medio del Espíritu Santo que nos ha dado.

⁶ Pues cuando nosotros éramos incapaces de salvarnos, Cristo, a su debido tiempo, murió por los malos. ⁷ No es fácil que alguien se deje matar en lugar de otra persona. Ni siquiera en lugar de una persona justa; aunque quizás alguien estaría dispuesto a morir por una persona verdaderamente buena. ⁸ Pero Dios prueba que nos ama, en que, cuando todavía éramos pecadores, Cristo murió por nosotros. ⁹ Y ahora, libres ya de culpa mediante la muerte de Cristo, con mayor razón seremos librados del castigo final por medio de él. ¹⁰ Porque si Dios, cuando todavía éramos sus enemigos, nos puso en paz consigo mismo mediante la muerte de su Hijo, con mayor razón seremos salvados por su vida, ahora que ya estamos en paz con él. ¹¹ Y no sólo esto, sino que también nos alegramos en Dios mediante nuestro Señor Jesucristo, pues por Cristo hemos llegado a tener paz con Dios.

Adán y Cristo

¹² Así pues, por medio de un solo hombre entró el pecado en el mundo y trajo consigo la muerte,ʰ y la muerte pasó a todos porque todos pecaron. ¹³ Antes que hubiera ley, ya había pecado en el mundo; aunque el pecado no se toma en cuenta cuando no hay ley. ¹⁴ Sin embargo, desde el tiempo de Adán hasta el de Moisés, la muerte reinó sobre los que pecaron, aunque el pecado de éstos no consistió en desobedecer un mandato, como hizo Adán,ⁱ el cual fue figura de aquel que había de venir.

¹⁵ Pero el delito de Adán no puede compararse con el don que Dios nos ha dado. Pues por el delito de un solo hombre, muchos murieron; pero el don que Dios nos ha dado gratuitamente por medio de un solo hombre, Jesucristo, es mucho mayor y en bien de muchos. ¹⁶ El pecado de un solo hombre no puede compararse con el don de Dios, pues por un solo pecado vino la condenación, pero por el don de Dios los hombres son declarados libres de sus muchos pecados. ¹⁷ Pues si la muerte reinó como resultado del delito de un solo hombre, con mayor razón aquellos a quienes Dios, en su gran bondad y gratuitamente, declara libres de culpa, reinarán en la nueva vida mediante un solo hombre, Jesucristo.

¹⁸ Y así como el delito de Adán puso bajo condenación a todos los hombres, así también el acto justo de Jesucristo trajo a todos los hombres una vida libre de condenación. ¹⁹ Es decir, que por la desobediencia de un solo hombre, muchos fueron hechos pecadores; pero, de la misma manera, por la obediencia de un solo hombre, muchos quedarán libres de culpa.

²⁰ La ley vino para que aumentara el pecado; pero cuando el pecado aumentó, Dios se mostró aún más bondadoso. ²¹ Y así como el pecado reinó para traer muerte, así también la bondad de Dios reinó para librarnos de culpa y darnos vida eterna mediante nuestro Señor Jesucristo.

Muertos respecto al pecado pero vivos en Cristo

6 ¹ ¿Qué, pues, diremos? ¿Vamos a seguir pecando para que Dios se muestre aún más bondadoso? ² ¡Claro que no! Nosotros ya hemos muerto respecto al pecado; ¿cómo, pues, podremos seguir viviendo en pecado? ³ ¿No saben ustedes que, al quedar unidos a Cristo Jesús en el bautismo, quedamos unidos a su muerte? ⁴ Pues por el bautismo fuimos sepultados con Cristo, y morimos para ser resucitados y vivir una vida nueva, así como Cristo fue resucitado por el glorioso poder del Padre.ʲ

⁵ Si nos hemos unido a Cristo en una muerte como la suya, también nos uniremos a él en su resurrección. ⁶ Sabemos que lo que antes éramos fue crucificado con Cristo, para que el poder de nuestra

---

⁸ **4.25** Is 53.4-5. ʰ **5.12** Gn 3.6-19. ⁱ **5.14** Gn 2.16-17; 3.11-12. ʲ **6.4** Col 2.12. ᵏ **6.6** Gá 2.20.

naturaleza pecadora quedara destruido y ya no siguiéramos siendo esclavos del pecado.[k] [7] Porque, cuando uno muere, queda libre del pecado. [8] Si nosotros hemos muerto con Cristo, confiamos en que también viviremos con él. [9] Sabemos que Cristo, habiendo resucitado, no volverá a morir. La muerte ya no tiene poder sobre él. [10] Pues Cristo, al morir, murió de una vez para siempre respecto al pecado; pero al vivir, vive para Dios. [11] Así también, ustedes considérense muertos respecto al pecado, pero vivos para Dios en unión con Cristo Jesús.

[12] Por lo tanto, no dejen ustedes que el pecado siga dominando en su cuerpo mortal y que los siga obligando a obedecer los deseos del cuerpo. [13] No entreguen su cuerpo al pecado, como instrumento para hacer lo malo. Al contrario, entréguense a Dios, como personas que han muerto y han vuelto a vivir, y entréguenle su cuerpo como instrumento para hacer lo bueno. [14] Así el pecado ya no tendrá poder sobre ustedes, pues no están sujetos a la ley sino a la bondad de Dios.

Un ejemplo tomado de la esclavitud

[15] ¿Entonces qué? ¿Vamos a pecar porque no estamos sujetos a la ley sino a la bondad de Dios? ¡Claro que no! [16] Ustedes saben muy bien que si se entregan como esclavos a un amo para obedecerlo, entonces son esclavos de ese amo a quien obedecen. Y esto es así, lo mismo si obedecen al pecado, lo cual lleva a la muerte, que si obedecen a Dios para vivir una vida de rectitud. [17] Pero gracias a Dios que ustedes, que antes eran esclavos del pecado, ya han obedecido de corazón a la forma de enseñanza que han recibido. [18] Una vez libres de la esclavitud del pecado, ustedes han entrado al servicio de una vida de rectitud. [19] (Hablo en términos humanos, porque ustedes, por su naturaleza humana, no pueden entender bien estas cosas.) De modo que, así como antes entregaron su cuerpo al servicio de la impureza y la maldad para hacer lo malo, entreguen también ahora su cuerpo al servicio de una vida de rectitud, con el fin de vivir completamente consagrados a Dios.

[20] Cuando ustedes todavía eran esclavos del pecado, no estaban al servicio de una vida de rectitud; [21] pero ¿qué provecho sacaron de aquellas cosas que ahora les dan vergüenza, y que no llevan sino a la muerte?[j] [22] Pero ahora, libres de la esclavitud del pecado, han entrado al servicio de Dios. Esto sí les es provechoso, pues el resultado es una vida consagrada a Dios y,

finalmente, la vida eterna.[l] [23] El pago que da el pecado es la muerte, pero el don de Dios es vida eterna en unión con Cristo Jesús, nuestro Señor.

Un ejemplo tomado del matrimonio

7 [1] Hermanos, ustedes conocen la ley, y saben que la ley solamente tiene poder sobre una persona mientras esa persona vive. [2] Por ejemplo, una mujer casada está ligada por ley a su esposo mientras éste vive; pero si el esposo muere, la mujer queda libre de la ley que la ligaba a él. [3] De modo que si ella tiene relaciones con otro hombre mientras el esposo vive, comete adulterio, pero si el esposo muere, ella queda libre de esa ley, y puede casarse con otro sin cometer adulterio.

[4] Así también, ustedes, hermanos míos, mediante la muerte de Cristo han muerto con él a la ley, para pertenecer a otro esposo. Ahora son de Cristo, de aquel que resucitó. De este modo, nuestra vida será útil delante de Dios. [5] Porque mientras estábamos viviendo como hombres pecadores, la ley sirvió para despertar en nuestro cuerpo los malos deseos, y eso nos llevó a la muerte. [6] Pero ahora hemos muerto a la ley que nos tenía bajo su poder, quedando así libres para servir a Dios en la nueva vida del Espíritu y no bajo la vieja ley escrita.

El pecado que está en mí

[7] ¿Vamos a decir por esto que la ley es pecado? ¡Claro que no! Sin embargo, de no ser por la ley, yo no hubiera sabido lo que es el pecado. Jamás habría sabido lo que es codiciar, si la ley no hubiera dicho: "No codicies."[m] [8] Pero el pecado se aprovechó de esto, y valiéndose del propio mandamiento despertó en mí toda clase de malos deseos. Pues mientras no hay ley, el pecado es cosa muerta. [9] Hubo un tiempo en que, sin la ley, yo tenía vida; pero cuando vino el mandamiento, cobró vida el pecado, [10] y yo morí. Así resultó que aquel mandamiento que debía darme la vida, me llevó a la muerte, [11] porque el pecado se aprovechó del mandamiento y me engañó,[n] y con el mismo mandamiento me dio muerte.

[12] En resumen, la ley en sí misma es santa, y el mandamiento es santo, justo y bueno. [13] Pero entonces, ¿esto que es bueno habrá de llevarme a la muerte? ¡Claro que no! Lo que pasa es que el pecado, para demostrar que verdaderamente es pecado, me causó la muerte valiéndose

---

[j] Les dan vergüenza . . . muerte?: otra posible traducción: les dan vergüenza? No llevan sino a la muerte.
[l] 6.21-22 Pr 12.28. [m] 7.7 Ex 20.17; Dt 5.21. [n] 7.11 Gn 3.13.

de lo bueno. Y así, por medio del mandamiento, quedó demostrado lo terriblemente malo que es el pecado.

[14] Sabemos que la ley es espiritual, pero en mi naturaleza humana estoy vendido como esclavo al pecado. [15] No entiendo lo que me pasa, pues no hago lo que quiero, y en cambio aquello que odio es precisamente lo que hago.[n] [16] Pero si lo que hago es lo que no quiero hacer, reconozco con ello que la ley es buena. [17] Así que ya no soy yo quien lo hace, sino el pecado que está en mí. [18] Porque yo sé que en mí, es decir, en mi naturaleza de hombre pecador, no hay nada bueno; pues aunque tengo el deseo de hacer lo bueno, no soy capaz de hacerlo. [19] No hago lo bueno que quiero hacer, sino lo malo que no quiero hacer. [20] Ahora bien, si hago lo que no quiero hacer, ya no soy yo quien lo hace, sino el pecado que está en mí.

[21] Me doy cuenta de que, aun queriendo hacer el bien, solamente encuentro el mal a mi alcance. [22] En mi interior me gusta la ley de Dios, [23] pero veo en mí algo que se opone a mi capacidad de razonar: es la ley del pecado, que está en mí y que me tiene preso. [24] ¡Desdichado de mí! ¿Quién me librará del poder de la muerte que está en mi cuerpo?[4] [25] Solamente Dios, a quien doy gracias por medio de nuestro Señor Jesucristo. En conclusión: yo entiendo que debo someterme a la ley de Dios, pero como hombre estoy sometido a la ley del pecado.

La vida conforme al Espíritu de Dios

8 [1] Así pues, no hay ninguna condenación para los que están unidos a Cristo Jesús,[5] [2] porque la ley del Espíritu que da vida en Cristo Jesús, nos libera de la ley del pecado y de la muerte. [3] Porque Dios ha hecho lo que la ley de Moisés no pudo hacer, pues no era capaz de hacerlo debido a la naturaleza del hombre pecador: Dios envió a su propio Hijo en condición semejante a la del hombre pecador y como sacrificio por el pecado, para de esta manera condenar al pecado en la propia naturaleza humana. [4] Lo hizo para que nosotros podamos cumplir lo que la ley ordena, pues ya no vivimos conforme a la naturaleza del hombre pecador sino conforme al Espíritu.

[5] Los que viven conforme a la naturaleza del hombre pecador, sólo se preocupan por lo puramente humano; pero los que viven conforme al Espíritu, se preocupan por las cosas del Espíritu. [6] Y preocu-

parse por lo puramente humano lleva a la muerte; pero preocuparse por las cosas del Espíritu lleva a la vida y a la paz. [7] Los que se preocupan por lo puramente humano son enemigos de Dios, porque ni quieren ni pueden someterse a su ley. [8] Por eso, los que viven sometidos a los deseos del hombre pecador no pueden agradar a Dios.

[9] Pero ustedes ya no viven conforme a tales deseos, sino conforme al Espíritu, si es que realmente el Espíritu de Dios vive en ustedes. El que no tiene el Espíritu de Cristo, no es de Cristo. [10] Pero si Cristo vive en ustedes, el espíritu vive[6] porque Dios los ha librado de culpa, aun cuando el cuerpo esté destinado a la muerte por causa del pecado. [11] Y si el Espíritu de aquel que resucitó a Jesús vive en ustedes, el mismo que resucitó a Cristo dará nueva vida a sus cuerpos mortales por medio del Espíritu de Dios que vive en ustedes.[o]

[12] Así pues, hermanos, tenemos una obligación, pero no es la de vivir conforme a los deseos del hombre pecador. [13] Porque si viven ustedes conforme a tales deseos, morirán; pero si por medio del Espíritu hacen ustedes morir esos deseos, vivirán. [14] Todos los que son guiados por el Espíritu de Dios, son hijos de Dios. [15] Pues ustedes no han recibido un espíritu de esclavitud que los lleve otra vez a tener miedo, sino el Espíritu que los hace hijos de Dios. Por este Espíritu nos dirigimos a Dios, diciendo: "¡Padre mío!"[p] [16] Y este mismo Espíritu se une a nuestro espíritu para dar testimonio de que ya somos hijos de Dios. [17] Y puesto que somos sus hijos, también tendremos parte en la herencia que Dios nos ha prometido,[q] la cual compartiremos con Cristo, si es que realmente sufrimos con él para después estar con él en su gloria.

La gloria que ha de venir

[18] Considero que los sufrimientos del tiempo presente no son nada si los comparamos con la gloria que habremos de ver después. [19] La creación espera con gran impaciencia el momento en que los hijos de Dios sean dados a conocer. [20] Porque la creación perdió su verdadera finalidad, no por su propia voluntad, sino porque Dios así lo había dispuesto;[r] pero le quedaba siempre la esperanza [21] de ser liberada de la esclavitud y la destrucción, para alcanzar la gloriosa libertad de los hijos de Dios. [22] Sabemos que hasta ahora la creación se queja y sufre como una mujer con dolores de parto. [23] Y no sólo ella sufre, sino también nosotros, que ya tenemos el

[4] *Del poder de la muerte que está en mi cuerpo:* lit. *del cuerpo de esta muerte.* [5] *Algunos mss. añaden: los que no viven según la naturaleza humana sino según el espíritu.* [6] *El espíritu vive:* otra posible traducción: *el Espíritu es vida para ustedes.*
[n] **7.15** Gá 5.17. [o] **8.11** 1 Co 3.16. [p] **8.15** Mr 14.36; Gá 4.6. [q] **8.15-17** Gá 4.5-7. [r] **8.20** Gn 3.17-19.

Espíritu como anticipo de lo que vamos a recibir. Sufrimos profundamente, esperando el momento de ser adoptados como hijos de Dios, con lo cual serán liberados nuestros cuerpos.ˢ ²⁴ Hemos sido salvados, pero sólo en esperanza. Ahora bien, si lo que uno espera ya lo está viendo, entonces no es esperanza, pues lo que uno ve no tiene por qué esperarlo. ²⁵ Pero si lo que esperamos es algo que todavía no vemos, tenemos que esperarlo con constancia.

²⁶ De igual manera, el Espíritu nos ayuda en nuestra debilidad. Porque no sabemos orar como es debido, pero el Espíritu mismo ruega a Dios por nosotros, con gemidos que no pueden expresarse con palabras. ²⁷ Y Dios, que examina los corazones, sabe qué es lo que el Espíritu quiere decir, porque el Espíritu ruega, conforme a la voluntad de Dios, por los que le pertenecen.

Más que victoriosos

²⁸ Sabemos que Dios dispone todas las cosas para el bien de quienes le aman, a los cuales él ha llamado de acuerdo con su propósito. ²⁹ A los que de antemano Dios había conocido, los destinó desde un principio a ser como su Hijo,ᵗ para que su Hijo fuera el mayor entre muchos hermanos. ³⁰ Y a los que Dios destinó desde un principio, también los llamó; y a los que llamó, los declaró libres de culpa; y a los que declaró libres de culpa, les dio parte en su gloria.

³¹ ¿Qué más podremos decir? ¡Que si Dios está a nuestro favor, nadie estar contra nosotros! ³² Si Dios no nos negó ni a su propio Hijo, sino que lo entregó a la muerte por todos nosotros, ¿cómo no habrá de darnos también, junto con su Hijo, todas las cosas? ³³ ¿Quién podrá acusar a los que Dios ha escogido? Dios es quien los declara libres de culpa. ³⁴ ¿Quién podrá condenarlos? Cristo Jesús es quien murió; todavía más, quien resucitó y está a la derecha de Dios, rogando por nosotros. ³⁵ ¿Quién nos podrá separar del amor de Cristo? ¿El sufrimiento, o las dificultades, o la persecución, o el hambre, o la falta de ropa, o el peligro, o la muerte? ³⁶ Como dice la Escritura:

"Por causa tuya estamos siempre
    expuestos a la muerte;
nos tratan como a ovejas llevadas al
    matadero."ᵘ

³⁷ Pero en todo esto salimos más que vencedores por medio de aquel que nos amó. ³⁸ Estoy convencido de que nada podrá separarnos del amor de Dios: ni la muerte, ni la vida, ni los ángeles, ni los poderes y fuerzas espirituales, ni lo presente, ni lo futuro, ³⁹ ni lo alto, ni lo profundo, ni ninguna otra de las cosas creadas por Dios. ¡Nada podrá separarnos del amor que Dios nos ha mostrado en Cristo Jesús nuestro Señor!

Dios ha escogido a Israel

9 ¹ Como creyente que soy en Cristo, estoy diciendo la verdad, no miento. Además, mi conciencia, guiada por el Espíritu Santo, me asegura que esto es verdad: ² tengo una gran tristeza y en mi corazón hay un dolor continuo, ³ pues hasta quisiera estar yo mismo bajo maldición, separado de Cristo, si así pudiera favorecer a mis hermanos, los de mi propia raza. ⁴ Son descendientes de Israel, y Dios los adoptó como hijos.ᵛ Dios estuvo entre ellos con su presencia gloriosa, y les dio los pactos, la ley de Moisés, el culto y las promesas. ⁵ Son descendientes de nuestros antepasados; y de su raza, en cuanto a lo humano, vino el Mesías, el cual es Dios sobre todas las cosas, alabado por siempre.⁷ Así sea.

⁶ Pero no es que las promesas de Dios a Israel hayan quedado sin cumplirse; más bien es que no todos los descendientes de Israel son verdadero pueblo de Israel. ⁷ No todos los descendientes de Abraham son verdaderamente sus hijos, sino que Dios le había dicho: "Tu descendencia vendrá por medio de Isaac."ʷ ⁸ Esto nos da a entender que nadie es hijo de Dios solamente por pertenecer a cierta raza; al contrario, sólo a quienes son hijos en cumplimiento de la promesa de Dios, se les considera verdaderos descendientes. ⁹ Porque ésta es la promesa que Dios hizo a Abraham: "Por este tiempo volveré, y Sara tendrá un hijo."ˣ

¹⁰ Pero eso no es todo. Los dos hijos de Rebeca eran de un mismo padre, nuestro antepasado Isaac, ¹¹⁻¹³ y antes que ellos nacieran, cuando aún no habían hecho nada, ni bueno ni malo, Dios anunció a Rebeca: "El mayor será siervo del menor."ʸ Lo cual también está de acuerdo con la Escritura que dice: "Amé a Jacob y aborrecí a Esaú."ᶻ Así quedó confirmado el derecho que Dios tiene de escoger, de acuerdo con su propósito, a los que quiere llamar, sin tomar en cuenta lo que hayan hecho.

¹⁴ ¿Diremos por eso que Dios es injusto?

---

⁷ *El Mesías, el cual . . . por siempre:* otra posible traducción: *el Mesías, Dios, que está sobre todas las cosas, sea alabado por siempre.* ˢ **8.23** 2 Co 5.2-4. ᵗ **8.29** 2 Co 3.18; Gá 4.19; Fil 3.10. ᵘ **8.36** Sal 44.22. ᵛ **9.4** Ex 4.22. ʷ **9.7** Gn 21.12. ˣ **9.9** Gn 18.10. ʸ **9.11-13** Gn 25.23. ᶻ **9.11-13** Mal 1.2-3.

¡Claro que no! [15] Porque Dios dijo a Moisés: "Tendré misericordia de quien yo quiera, y tendré compasión también de quien yo quiera."[a] [16] Así pues, no depende de que el hombre quiera o se esfuerce, sino de que Dios tenga compasión. [17] Pues en la Escritura Dios le dice al rey de Egipto: "Te hice rey precisamente para mostrar en ti mi poder y para darme a conocer en toda la tierra."[b] [18] De manera que Dios tiene compasión de quien él quiere tenerla, y también le endurece el corazón a quien él quiere endurecérselo.

[19] Pero me dirás: "Siendo así, ¿de qué puede Dios culpar al hombre, si nadie puede oponerse a su voluntad?" [20] Y tú, hombre, ¿quién eres para pedirle cuentas a Dios? ¿Acaso la olla de barro le dirá al que la hizo: "¿Por qué me hiciste así?"[c] [21] El alfarero tiene el poder de hacer lo que quiera con el barro,[d] y del mismo barro puede hacer una olla para uso especial y otra para uso común.

[22] Dios, queriendo dar un ejemplo de castigo y mostrar su poder, soportó con mucha paciencia a aquellos que merecían el castigo e iban a ser destruidos. [23] Al mismo tiempo quiso dar a conocer en nosotros la grandeza de su gloria, pues nos tuvo compasión y nos preparó de antemano para tener parte en ella. [24] Así que Dios nos llamó, a unos de entre los judíos y a otros de entre los no judíos. [25] Como se dice en el libro de Oseas:

"A los que no eran mi pueblo, los
    llamaré mi pueblo,
a la que no era amada, la llamaré mi
    amada.[e]

[26] Y en el mismo lugar donde se les
    dijo: 'Ustedes no son mi pueblo',
serán llamados hijos del Dios
    viviente.[f]

[27] En cuanto a los israelitas, Isaías dijo: "Aunque los descendientes de Israel sean tan numerosos como la arena del mar, solamente un resto de ellos alcanzará la salvación, [28] porque muy pronto el Señor cumplirá plenamente su palabra en todo el mundo."[g] [29] Como el mismo Isaías había dicho antes:

"Si el Señor todopoderoso no nos
    hubiera dejado descendencia,
ahora mismo estaríamos como
    Sodoma y Gomorra."[h]

Los judíos y el evangelio

[30] ¿Qué diremos a esto? Que, por medio de la fe, Dios ha declarado libres de culpa a los paganos, que no buscaban tal liberación. [31] En cambio, los israelitas, que intentaban cumplir la ley para quedar libres de culpa, no lo lograron. [32] ¿Por qué? Porque no procuraron quedar libres de culpa por su fe, sino por sus hechos. Por eso tropezaron con la "piedra de tropiezo" [33] que se menciona en la Escritura:

"Yo pongo en Sión una roca,
una piedra con la cual tropezarán;
el que confíe en ella, no quedará
    defraudado."[i]

10 [1] Hermanos, el deseo de mi corazón y mi oración a Dios por los israelitas es que alcancen la salvación. [2] En su favor puedo decir que tienen un gran deseo de servir a Dios; sólo que ese deseo no está basado en el verdadero conocimiento. [3] Pues no reconocen que es Dios quien libra de culpa a los hombres, y por eso buscan ser librados por sus propios medios, sin someterse a lo que Dios ha establecido. [4] Porque la ley se cumple en Cristo, para librar de culpa a todos los que tienen fe.

[5] En cuanto a quedar libres de culpa por cumplir la ley, Moisés escribió esto: "La persona que cumpla la ley, vivirá por ella."[j] [6] Pero en cuanto a quedar libres de culpa por medio de la fe, dice: "No pienses: ¿Quién subirá al cielo? —esto es, para hacer que Cristo baje—; [7] o '¿Quién bajará al abismo?' " —esto es, para hacer que Cristo suba de entre los muertos. [8] ¿Qué es, pues, lo que dice?: "La palabra está cerca de ti, en tu boca y en tu corazón."[k] Esta palabra es el mensaje de fe que predicamos. [9] Si con tu boca reconoces a Jesús como Señor, y con tu corazón crees que Dios lo resucitó, alcanzarás la salvación. [10] Pues con el corazón se cree para quedar libre de culpa, y con la boca se reconoce a Jesucristo para alcanzar la salvación. [11] La Escritura dice: "El que confíe en él, no quedará defraudado."[l] [12] No hay diferencia entre los judíos y los no judíos; pues el mismo Señor es Señor de todos, y da con abundancia a todos los que le invocan. [13] Porque esto es lo que dice: "Todos los que invoquen el nombre del Señor, alcanzarán la salvación."[m] [14] Pero ¿cómo van a invocarlo, si no han creído en él? ¿Y cómo van a creer en él, si no han oído hablar de él? ¿Y cómo van a oír, si no hay quien les anuncie el mensaje? [15] ¿Y cómo van a anunciar el mensaje, si no hay quien los envíe? Como dice la Escritura: "¡Qué hermosa es la llegada de los que traen buenas noticias!"[n]

[16] Pero no todos hacen caso del mensaje de salvación. Es como dice Isaías: "Señor, ¿quién ha creído nuestro mensaje?"[ñ]

a 9.15 Ex 33.19.   *b* 9.17 Ex 9.16.   *c* 9.20 Is 29.16; 45.9.   *d* 9.21 Jer 18.4–6.   *e* 9.25 Os 2.23.   *f* 9.26 Os 1.10.
g 9.27–28 Is 10.22–23.   *h* 9.29 Is 1.9.   *i* 9.33 Is 28.16.   *j* 10.5 Lv 18.5.   *k* 10.6–8 Dt 30.12–14.   *l* 10.11 Is 28.16.
m 10.13 Jl 2.32.   *n* 10.15 Is 52.7.   *ñ* 10.16 Is 53.1.

17 Así pues, la fe viene como resultado del
oír, y lo que se oye es el mensaje de
Cristo.
18 Pero yo pregunto: ¿Será tal vez que
no oyeron el mensaje? ¡Claro que lo oyeron! Porque la Escritura dice:
"La voz de ellos salió por toda la
tierra,
y hasta los últimos rincones del
mundo llegaron sus palabras."[o]
19 Y vuelvo a preguntar: ¿Será que los de
Israel no se han dado cuenta? En primer
lugar, Moisés dice:
"Yo los pondré a ustedes celosos
de un pueblo que no es pueblo;
los haré enojar contra un pueblo
que no quiere entender."[p]
20 Luego, Isaías se atreve a decir:
"Los que no me buscaban, me
encontraron;
y me mostré a los que no
preguntaban por mí."[q]
21 Y al hablar de los israelitas, Isaías dice:
"Todo el día extendí mis manos a un
pueblo desobediente y rebelde."[r]

El Israel escogido

11 1 Ahora pregunto: ¿Será que Dios
ha rechazado a su pueblo? ¡Claro
que no! Yo mismo soy israelita, descendiente de Abraham y de la tribu de Benjamín.[s] 2 Desde el principio, Dios había reconocido a los israelitas como su pueblo; y
ahora no los ha rechazado. ¿No saben
ustedes que la Escritura dice en la historia
del profeta Elías que éste, en su oración a
Dios, acusó al pueblo de Israel? Dijo:
3 "Señor, han matado a tus profetas y han
destruido tus altares; sólo yo he quedado
con vida, y a mí también me quieren matar."[t] 4 Pero Dios le contestó: "He apartado para mí siete mil hombres que no se
han arrodillado ante el dios Baal."[u] 5 Pues
de la misma manera, ha quedado ahora un
pequeño resto de ellos, que Dios, en su
bondad, ha escogido. 6 Y si es por la bondad de Dios, ya no es por los hechos;
porque si así fuera, la bondad de Dios ya
no sería bondad.[g]
7 ¿Entonces qué? Los israelitas no consiguieron lo que buscaban, pero los que
Dios escogió sí lo consiguieron. Los otros
fueron endurecidos, 8 como dice la Escritura: "Dios los hizo espiritualmente insen-
sibles, y así son hasta el día de hoy; les dio
ojos que no ven y oídos que no oyen."[v]
9 También dice David:
"Que sus banquetes se les vuelvan
trampas y redes,
para que tropiecen y sean
castigados.
10 Que sus ojos se queden ciegos y no
vean;
que su espalda se les doble para
siempre."[w]

La salvación de los no judíos

11 Ahora pregunto: ¿Será que los judíos,
al tropezar, cayeron por completo? ¡De
ninguna manera! Al contrario, al desobedecer los judíos, los otros han podido alcanzar la salvación, para que los israelitas
se pongan celosos. 12 Así que, si el tropiezo
y el fracaso de los judíos han servido para
enriquecer al mundo, a los que no son judíos, ¡ya podemos imaginarnos lo que será
su plena restauración!
13 Pero tengo algo que decirles a ustedes, que no son judíos. Puesto que Dios
me ha enviado a los no judíos, yo doy mucha importancia a mi trabajo. 14 Quiero
que algunos de mi propia raza sientan celos de ustedes, y que así alcancen la salvación. 15 Pues si por ser rechazados los judíos, el mundo pudo llegar a la paz con
Dios, ¿qué no será cuando sean acepta-
dos? ¡Nada menos que vida para los que
estaban muertos! 16 Pues si el primer pan
que se hace de la masa está consagrado a
Dios, también lo está la masa entera. Y si
la raíz de un árbol está consagrada a Dios,
también lo están las ramas.
17 Algunos de los judíos, como ramas
naturales del olivo, fueron cortados, y en
su lugar fuiste injertado tú, que eras como
una rama de olivo silvestre. Así llegaste a
tener parte en la misma raíz y en la misma
vida del olivo. 18 Pero no te creas mejor
que las ramas naturales. Si te crees mejor,
recuerda que no eres tú quien sostiene a
la raíz, sino que la raíz te sostiene a ti.
19 Tal vez dirás: "Sí, pero las ramas fueron cortadas para injertarme a mí en el
olivo." 20 Bien, pero fueron cortadas
porque no tenían fe, y tú estás ahí únicamente porque tienes fe. Así que no te
jactes, sino más bien siente temor.
21 Porque si Dios no perdonó a las ramas
naturales, tampoco a ti te perdonará.
22 Mira, pues, qué bueno es Dios, aunque
también qué estricto. Ha sido estricto con
los que cayeron, y ha sido bueno contigo.
Pero tienes que vivir siempre de acuerdo
con su bondad; pues de lo contrario también tú serás cortado. 23 Por otra parte, si
los judíos abandonan su incredulidad, serán injertados de nuevo; pues Dios tiene
poder para volver a injertarlos. 24 Porque

[g] Algunos mss. añaden: *Y si es por los hechos, ya no es por la bondad de Dios; porque si así fuera, los hechos ya no serían hechos.*

[o] **10.18** Sal 19.4. [p] **10.19** Dt 32.21. [q] **10.20.** Is 65.1. [r] **10.21** Is 65.2. [s] **11.1** Fil 3.5. [t] **11.2–3.** 1 R 19.10,14.
[u] **11.4** 1 R 19.18. [v] **11.8** Dt 29.4; Is 29.10. [w] **11.9–10** Sal 69.22–23.

si tú, que no eres judío, fuiste cortado de un olivo silvestre e injertado contra lo natural en el olivo bueno, ¡cuánto más los judíos, que son las ramas naturales del olivo bueno, serán injertados nuevamente en su propio olivo!

La salvación final de los de Israel

25 Hermanos, quiero que sepan este secreto del plan de Dios, para que no se crean sabios: los israelitas se han endurecido en parte, pero sólo hasta que hayan entrado todos los que no son de Israel. 26 Cuando esto suceda, todo Israel alcanzará la salvación, pues la Escritura dice:
"El libertador vendrá de Sión
y apartará de Jacob la maldad.ˣ
27 Y éste será mi pacto con ellos
cuando yo quite sus pecados."ʸ
28 En cuanto al mensaje de salvación, los judíos son tenidos por enemigos de Dios a fin de darles oportunidad a ustedes; pero Dios todavía los ama a ellos, porque escogió a sus antepasados. 29 Pues lo que Dios da, no lo quita, ni retira tampoco su llamamiento. 30 En tiempos pasados, ustedes desobedecieron a Dios, pero ahora que los judíos han desobedecido, Dios tiene compasión de ustedes. 31 De la misma manera, ellos han desobedecido ahora, pero solamente para que Dios tenga compasión de ustedes y para que, también ahora, tenga compasión de ellos. 32 Porque Dios sujetó a todos por igual a la desobediencia, con el fin de tener compasión de todos por igual.
33 ¡Qué profundas son las riquezas de Dios, y su sabiduría y entendimiento! Nadie puede explicar sus decisiones, ni llegar a comprender sus caminos.ᶻ 34 Pues "¿quién conoce la mente del Señor? ¿Quién podrá darle consejos?ᵃ 35 ¿Quién le ha dado algo antes, para que él tenga que devolvérselo?" 36 Porque todas las cosas vienen de Dios, y existen por él y para él.ᵇ ¡Gloria para siempre a Dios! Así sea.

La vida consagrada a Dios

12 1 Así que, hermanos míos, les ruego por la misericordia de Dios que se presenten ustedes mismos como ofrenda viva, consagrada y agradable a Dios. Este es el verdadero culto que deben ofrecer. 2 No vivan ya según los criterios del tiempo presente; al contrario, cambien su manera de pensar para que así cambie su manera de vivir y lleguen a conocer la voluntad de Dios, es decir, lo que es bueno, lo que le es grato, lo que es perfecto.ᵍ

3 Por el encargo que Dios en su bondad me ha dado, digo a todos ustedes que ninguno piense de sí mismo más de lo que debe pensar. Antes bien, cada uno piense de sí con moderación, según los dones que Dios le haya dado junto con la fe. 4 Porque así como en un solo cuerpo tenemos muchas partes, y no todas las partes sirven para lo mismo, 5 así también nosotros, aunque somos muchos, formamos un solo cuerpo en Cristo y estamos unidos unos a otros como partes de un mismo cuerpo.ᶜ 6 Dios nos ha dado diferentes dones, según lo que él quiso dar a cada uno. Por lo tanto, si Dios nos ha dado el don de comunicar sus mensajes, hagámoslo según la fe que tenemos; 7 si nos ha dado el don de servir a otros, sirvámoslos bien. El que haya recibido el don de enseñar, que se dedique a la enseñanza; 8 el que haya recibido el don de animar a otros, que se dedique a animarlos. El que da, hágalo con sencillez; el que ocupa un puesto de responsabilidad, desempeñe su cargo con todo cuidado; el que ayuda a los necesitados, hágalo con alegría.ᵈ

Deberes de la vida cristiana

9 Ámense sinceramente unos a otros. Aborrezcan lo malo y sigan lo bueno. 10 Ámense como hermanos los unos a los otros, dándose preferencia y respetándose mutuamente.
11 Esfuércense, no sean perezosos y sirvan al Señor con corazón ferviente.
12 Vivan alegres por la esperanza que tienen; soporten con valor los sufrimientos; no dejen nunca de orar.
13 Hagan suyas las necesidades de los que pertenecen al pueblo de Dios; reciban bien a quienes los visitan.ᵉ
14 Bendigan a quienes los persiguen.ᶠ Bendíganlos y no los maldigan.
15 Alégrense con los que están alegres y lloren con los que lloran.
16 Vivan en armonía unos con otros. No sean orgullosos, sino pónganse al nivel de los humildes. No se crean sabios.ᵍ
17 No paguen a nadie mal por mal. Procuren hacer lo bueno delante de todos. 18 Hasta donde dependa de ustedes, hagan cuanto puedan por vivir en paz con todos. 19 Queridos hermanos, no tomen venganza ustedes mismos, sino dejen que Dios sea quien castigue; porque la Escritura dice: "A mí me corresponde hacer justicia; yo pagaré, dice el Señor."ʰ 20 Y también: "Si tu enemigo tiene hambre, dale de comer; y si tiene sed, dale de beber; así harás que le arda la cara de vergüenza."ⁱ 21 No te

---

ᵍ La voluntad de Dios . . . perfecto: otra posible traducción: la voluntad de Dios, buena, grata y perfecta.
ˣ 11.26 Is 59.20. ʸ 11.27 Jer 31.33-34. ᶻ 11.33 Is 55.8-9. ᵃ 11.34 Job 15.8; Is 40.13; Jer 23.18; 1 Co 2.16.
ᵇ 11.36 1 Co 8.6; Ef 4.6; Col 1.16. ᶜ 12.4-5 1 Co 12.12. ᵈ 12.6-8 1 Co 12.4-11. ᵉ 12.13 He 13.2; 1 P 4.9.
ᶠ 12.14 Mt 5.44; Lc 6.28. ᵍ 12.16 Pr 3.7. ʰ 12.19 Dt 32.35. ⁱ 12.20 Pr 25.21-22.

dejes vencer por el mal. Al contrario, vence con el bien el mal.

13 [1] Todos deben someterse a las autoridades establecidas. Porque no hay autoridad que no venga de Dios, y las que hay, fueron puestas por él. [2] Así que quien se opone a la autoridad, va en contra de lo que Dios ha ordenado. Y los que se oponen serán castigados; [3] porque los gobernantes no están para causar miedo a los que hacen lo bueno, sino a los que hacen lo malo. ¿Quieres vivir sin miedo a la autoridad? Pues pórtate bien, y la autoridad te aprobará, [4] porque está al servicio de Dios para tu bien. Pero si te portas mal, entonces sí debes tener miedo; porque no en vano la autoridad lleva la espada, ya que está al servicio de Dios para dar su merecido al que hace lo malo. [5] Por lo tanto, es preciso someterse a las autoridades, no sólo para evitar el castigo, sino como un deber de conciencia. [6] También por esta razón ustedes pagan impuestos; porque las autoridades están al servicio de Dios, y a eso se dedican.

[7] Denle a cada uno lo que le corresponde. Al que deban pagar contribuciones, páguenle las contribuciones; al que deban pagar impuestos, páguenle los impuestos; al que deban respeto, respétenlo; al que deban estimación, estímenlo.[j]

[8] No tengan deudas con nadie, aparte de la deuda de amor que tienen unos con otros; pues el que ama a su prójimo ya ha cumplido todo lo que la ley ordena. [9] Los mandamientos dicen: "No cometas adulterio,[k] no mates,[l] no robes,[10, m] no codicies";[n] pero éstos y los demás mandamientos quedan comprendidos en estas palabras: "Ama a tu prójimo como a ti mismo."[ñ] [10] El que tiene amor no hace mal al prójimo; así que en el amor se cumple perfectamente la ley.

[11] En todo esto tengan en cuenta el tiempo en que vivimos, y sepan que ya es hora de despertarnos del sueño. Porque nuestra salvación está más cerca ahora que al principio, cuando creímos en el mensaje. [12] La noche está muy avanzada, y se acerca el día; por eso dejemos de hacer las cosas propias de la oscuridad y revistámonos de luz, como un soldado se reviste de su armadura. [13] Actuemos con decencia, como en pleno día. No andemos en borracheras y banquetes ruidosos, ni en inmoralidades y vicios, ni en discordias y envidias. [14] Al contrario, revístanse ustedes del Señor Jesucristo como de una armadura,[o] y no busquen satisfacer los malos deseos de la naturaleza humana.

No critiques a tu hermano

14 [1] Reciban bien al que es débil en la fe, y no entren en discusiones con él. [2] Por ejemplo, hay quienes piensan que pueden comer de todo, mientras otros, que son débiles en la fe, comen solamente verduras. [3] Pues bien, el que come de todo no debe menospreciar al que no come ciertas cosas; y el que no come ciertas cosas no debe criticar al que come de todo, pues Dios lo ha aceptado. [4] ¿Quién eres tú para criticar al servidor de otro? Si queda bien o queda mal, es asunto de su propio amo. Pero quedará bien, porque el Señor tiene poder para hacerle quedar bien.

[5] Otro caso: Hay quienes dan más importancia a un día que a otro, y hay quienes creen que todos los días son iguales. Cada uno debe estar convencido de lo que cree. [6] El que guarda cierto día, para honrar al Señor lo guarda.[ll] Y el que come de todo, para honrar al Señor lo come, y da gracias a Dios; y el que no come ciertas cosas, para honrar al Señor deja de comerlas, y también da gracias a Dios.[p]

[7] Ninguno de nosotros vive para sí mismo ni muere para sí mismo. [8] Si vivimos, para el Señor vivimos; y si morimos, para el Señor morimos. De manera que, tanto en la vida como en la muerte, del Señor somos. [9] Para eso murió Cristo y volvió a la vida: para ser Señor tanto de los muertos como de los vivos.

[10] ¿Por qué, entonces, criticas a tu hermano? ¿O por qué lo desprecias? Todos tendremos que presentarnos delante de Dios, para que él nos juzgue.[q] [11] Porque la Escritura dice:

"Juro por mi vida, dice el Señor,
que ante mí todos doblarán la
    rodilla
y todos alabarán a Dios."[r]

[12] Así pues, cada uno de nosotros tendrá que dar cuenta de sí mismo a Dios.

No hagas tropezar a tu hermano

[13] Por eso, ya no debemos criticarnos unos a otros. Al contrario, propónganse ustedes no hacer nada que sea causa de que su hermano tropiece, o que ponga en peligro su fe. [14] Yo sé que no hay nada impuro en sí mismo; como creyente en el Señor Jesús, estoy seguro de ello. Y si alguno piensa que una cosa es impura, será impura para él. [15] Pero si, por lo que tú comes, tu hermano se siente ofendido, tu

---

[10] Algunos mss. añaden aquí: *no digas mentiras en perjuicio de tu prójimo.* [11] Algunos mss. añaden: *y el que no lo guarda, para honrar al Señor deja de guardarlo.*
[j] **13.6-7** Mt 22.21; Mr 12.17; Lc 20.25. [k] **13.9** Ex 20.14; Dt 5.18. [l] **13.9** Ex 20.13; Dt 5.17. [m] **13.9** Ex 20.15; Dt 5.19.
[n] **13.9** Ex 20.17; Dt 5.21. [ñ] **13.9** Lv 19.18. [o] **13.14** Ef 6.11-17. [p] **14.1-6** Col 2.16. [q] **14.10** 2 Co 5.10. [r] **14.11** Is 45.23.

conducta ya no es de amor. ¡Que tu comida no sea causa de que se pierda aquel por quien Cristo murió! [16] No den pues, lugar, a que se hable mal de la libertad que ustedes tienen.[12] [17] Porque el reino de Dios no es cuestión de comer o beber determinadas cosas, sino de vivir en rectitud, paz y alegría por medio del Espíritu Santo. [18] El que de esta manera sirve a Cristo, agrada a Dios y es aprobado por los hombres.

[19] Por lo tanto, busquemos todo lo que conduce a la paz; con ello podremos ayudarnos unos a otros a crecer espiritualmente. [20] No eches a perder la obra de Dios por causa de la comida. En realidad, todos los alimentos son limpios; lo malo es comer algo que haga perder la fe a otros. [21] Es mejor no comer carne, ni beber vino, ni hacer nada que sea causa de que tu hermano tropiece. [22] La fe que tienes, debes tenerla tú mismo delante de Dios. ¡Dichoso aquel que usa de su libertad sin cargos de conciencia! [23] Pero el que no está seguro de si debe o no comer algo, al comerlo se hace culpable, porque no lo come con la convicción que da la fe; y todo lo que no se hace con la convicción que da la fe, es pecado.

Agrada a tu prójimo, no a ti mismo

15 [1] Los que somos fuertes en la fe debemos aceptar como nuestras las debilidades de los que son menos fuertes, y no buscar lo que a nosotros mismos nos agrada. [2] Todos nosotros debemos agradar a nuestro prójimo y hacer las cosas para su bien y para que pueda crecer en la fe. [3] Porque tampoco Cristo buscó agradarse a sí mismo; al contrario, en él se cumplió lo que dice la Escritura: "Las ofensas de los que te insultaban cayeron sobre mí."[s] [4] Todo lo que antes se dijo en las Escrituras, se escribió para nuestra instrucción, para que con constancia y con el consuelo que de ellas recibimos, tengamos esperanza. [5] Y Dios, que es quien da constancia y consuelo, los ayude a ustedes a vivir en armonía unos con otros, conforme al ejemplo de Cristo Jesús, [6] para que todos juntos, a una sola voz, alaben al Dios y Padre de nuestro Señor Jesucristo.

El evangelio es anunciado a los no judíos

[7] Así pues, recíbanse los unos a los otros, como también Cristo los recibió a ustedes, para gloria de Dios. [8] Puedo decirles que Cristo vino a servir a los judíos para cumplir las promesas hechas a nuestros antepasados y demostrar así que Dios es fiel a lo que promete. [9] Vino también para que los no judíos alaben a Dios por su misericordia, según dice la Escritura:

"Por eso te alabaré entre las
    naciones
y cantaré himnos a tu nombre."[t]

[10] En otra parte, la Escritura dice:
"¡Alégrense, naciones, con el pueblo
    de Dios!"[u]

[11] Y en otro lugar dice:
"Naciones y pueblos todos,
    ¡alaben al Señor!"[v]

[12] Isaías también escribió:
"Brotará la raíz de Isaí,
que se levantará para gobernar a las
    naciones,
las cuales pondrán en él su
    esperanza."[w]

[13] Que Dios, que da esperanza, los llene de alegría y paz a ustedes que tienen fe en él, y les dé abundante esperanza por el poder del Espíritu Santo.

[14] Hermanos míos, estoy convencido de que ustedes están llenos de bondad y de todo conocimiento, y que saben aconsejarse unos a otros; [15] pero en esta carta me he atrevido a escribirles francamente sobre algunas cosas, para que no las olviden. Lo hago por el encargo que Dios en su bondad me ha dado, [16] de servir a Jesucristo para bien de los que no son judíos. El servicio sacerdotal que presto consiste en predicar el mensaje de la salvación que Dios ofrece, con el fin de presentar ante él a los no judíos, como ofrenda que le sea grata, consagrada por el Espíritu Santo.

[17] Como creyente en Cristo Jesús, tengo motivo de satisfacción en mi servicio a Dios, [18] porque no me atrevo a hablar de nada, aparte de lo que Cristo mismo ha hecho por medio de mí para llevar a los no judíos a obedecer a Dios. Esto se ha realizado con palabras y hechos, [19] por el poder de señales y milagros y por el poder del Espíritu de Dios. De esta manera he llevado a buen término la predicación del mensaje de la salvación por Cristo, desde Jerusalén y por todas partes hasta la región de Iliria. [20] Así he procurado anunciar la salvación donde nunca antes se había oído hablar de Cristo, para no construir sobre bases puestas por otros, [21] sino más bien, como dice la Escritura:

"Verán los que nunca habían tenido
    noticias de él;
entenderán los que nunca habían
    oído de él."[x]

---

[12] *La libertad que ustedes tienen:* otra posible traducción: *lo que ustedes consideran bueno.*
s 15.3 Sal 69.9.   **t** 15.9 2 S 22.50; Sal 18.49.   **u** 15.10 Dt 32.43.   **v** 15.11 Sal 117.1.   **w** 15.12 Is 11.10.   **x** 15.21 Is 52.15.

Pablo piensa ir a Roma

²² Precisamente por esto no he podido ir a verlos, aunque muchas veces me lo había propuesto.ʸ ²³ Pero ahora que ya he terminado mi trabajo en estas regiones, y como desde hace muchos años estoy queriendo visitarlos, ²⁴ espero que podré hacerlo durante mi viaje a España. Y una vez que haya tenido el gusto de verlos, espero que ustedes me ayuden a continuar el viaje. ²⁵ Pero ahora voy a Jerusalén, a llevar ayuda a los hermanos de allí. ²⁶ Porque los de Macedonia y Acaya decidieron voluntariamente hacer una colecta y mandarla a los hermanos pobres de Jerusalén.ᶻ ²⁷ Lo decidieron voluntariamente, y han hecho bien, porque así como los creyentes judíos compartieron sus bienes espirituales con los no judíos, éstos, a su vez, deben ayudar con sus bienes materiales a los creyentes judíos.ᵃ ²⁸ Así que, cuando yo haya terminado este asunto y les haya entregado a ellos la colecta, saldré para España, y de paso los visitaré a ustedes. ²⁹ Estoy seguro de que cuando yo vaya, Cristo me bendecirá abundantemente.

³⁰ Hermanos, por nuestro Señor Jesucristo y por el amor que el Espíritu nos da, les ruego que se unan conmigo en la lucha, orando a Dios por mí. ³¹ Pidan a Dios que me libre de los incrédulos que hay en Judea, y que la ayuda que llevo a los hermanos de Jerusalén sea bien recibida, ³² para que, si Dios quiere, llegue yo con alegría a verlos a ustedes y tenga descanso al visitarlos. ³³ Que el Dios de paz esté con todos ustedes. Así sea.

Saludos personales

16 ¹ Les recomiendo a nuestra hermana Febe, diaconisa en la iglesia de Cencrea. ² Recíbanla bien en el nombre del Señor, como se debe hacer entre los hermanos en la fe, y ayúdenla en todo lo que necesite, porque ha ayudado a muchos, y también a mí mismo. ³ Saluden a Prisca y Aquila,ᵇ mis compañeros de trabajo en el servicio de Cristo Jesús. ⁴ A ellos, que pusieron en peligro su propia vida por salvar la mía, no sólo yo les doy las gracias, sino también todos los hermanos de las iglesias no judías. ⁵ Saluden igualmente a los hermanos que se reúnen en casa de Prisca y Aquila. Saluden a mi querido amigo Epeneto, que en la provincia de Asia fue el primer creyente en Cristo. ⁶ Saluden a María, que tanto ha trabajado por ustedes. ⁷ Saluden a mis pai-

sanos Andrónico y Junias, que fueron mis compañeros de cárcel; se han distinguido entre los apóstoles, y se hicieron creyentes en Cristo antes que yo.

⁸ Saluden a Ampliato, mi querido amigo en el Señor. ⁹ Saluden a Urbano, nuestro compañero de trabajo en Cristo, y a mi querido Estaquis. ¹⁰ Saluden a Apeles, que ha dado tantas pruebas de su fe en Cristo; y también a los de la familia de Aristóbulo. ¹¹ Saluden a mi paisano Herodión, y a los de la familia de Narciso que creen en el Señor. ¹² Saluden a Trifena y a Trifosa, que trabajan en la obra del Señor; y también a nuestra querida hermana Pérsida, que tanto ha trabajado en la obra del Señor. ¹³ Saluden a Rufo,ᶜ distinguido creyente en el Señor, y a su madre, que ha sido también como una madre para mí. ¹⁴ Saluden a Asíncrito, a Flegonte, a Hermes, a Patrobas, a Hermas y a los hermanos que están con ellos. ¹⁵ Saluden también a Filólogo y a Julia, a Nereo y a su hermana, a Olimpas y a todos los hermanos en la fe que están con ellos.

¹⁶ Salúdense los unos a los otros con un beso santo. Todas las iglesias de Cristo les mandan saludos.

¹⁷ Hermanos, les ruego que se fijen en los que causan divisiones y ponen tropiezos, pues eso va contra la enseñanza que ustedes recibieron. Apártense de ellos, ¹⁸ porque no sirven a nuestro Señor Jesucristo, sino a sus propios apetitos, y con sus palabras suaves y agradables engañan el corazón de la gente sencilla. ¹⁹ Todos saben que ustedes han sido obedientes; por eso me alegro, y quiero que muestren sabiduría para hacer lo bueno, pero no para hacer lo malo; ²⁰ así el Dios de paz aplastará pronto a Satanás bajo los pies de ustedes. Que nuestro Señor Jesús los bendiga.

²¹ Les manda saludos Timoteo,ᵈ mi compañero de trabajo; y también Lucio, Jasón y Sosípater, mis paisanos.

²² Yo, Tercio, que estoy escribiendo esta carta, también les mando saludos en el Señor.

²³ Los saluda Gayo.ᵉ Estoy alojado en su casa, que él pone a disposición de toda la iglesia. También los saluda Erasto,ᶠ tesorero de la ciudad, y el hermano Cuarto.¹³

Alabanza final

²⁵ Alabemos a Dios, que puede hacerlos a ustedes firmes conforme al mensaje de salvación que yo anuncio y la enseñanza acerca de Jesucristo. Esto está de acuerdo con lo que Dios ha revelado de su plan se-

¹³ Algunos mss. añaden v. 24: *Que nuestro Señor Jesucristo bendiga a todos ustedes. Así sea.*
ʸ **15.22** Ro 1.13.   ᶻ **15.25-26** 1 Co 16.1-4.   ᵃ **15.27** 1 Co 9.11.   ᵇ **16.3** Hch 18.2.   ᶜ **16.13** Mr 15.21.   ᵈ **16.21** Hch 16.1.
ᵉ **16.23** Hch 19.29; 1 Co 1.14.   ᶠ **16.23** 2 Ti 4.20.

creto, el cual estuvo oculto desde antes que el mundo existiera, ²⁶ pero ahora se ha dado a conocer por los escritos de los profetas, de acuerdo con el mandato del Dios eterno. Este secreto del plan de Dios se ha dado a conocer a todas las naciones, para que crean y obedezcan.

²⁷ ¡A Dios, el único y sabio, sea la gloria para siempre por medio de Jesucristo! Así sea.

Primera Carta de San Pablo a los
CORINTIOS

En la iglesia de Corinto, que Pablo había fundado, se habían presentado muy serios problemas tanto de doctrina como de conducta. Corinto era una gran ciudad griega, cosmopolita y próspera. De comercio floreciente, con una cultura refinada y una variedad de religiones, ofrecía un ambiente cargado de inmoralidad que constituía un medio lleno de presiones y tentaciones para la comunidad cristiana del lugar.

En el saludo acostumbrado, no obstante la situación de la iglesia corintia, Pablo halla motivo para dar gracias por lo bueno que todavía hay en ella (1.1–9). Después el apóstol va al grano. Reprocha a los corintios que se hallen divididos en facciones (1.10—4.21), que ocurran entre ellos graves inmoralidades sexuales y que lleven sus pleitos ante los jueces civiles; y les da consejos prácticos sobre el matrimonio (caps. 5—7). El predominio del paganismo había planteado a los cristianos problemas de conciencia sobre los que Pablo les ofrece orientación y criterios (8.1—11.1). En materias de culto y vida de la iglesia, había cuestiones que necesitaban aclararse, como lo relativo a los dones del Espíritu Santo y la reverencia en la Cena del Señor (11.2—14.40).

Los creyentes se sentían confundidos respecto a la doctrina de la resurrección de Cristo y de los cristianos, y Pablo les explica su significado (cap. 15). Para terminar les da instrucciones acerca de la ayuda económica para los creyentes de Judea, y les habla de sus propios planes y de otros asuntos personales. El capítulo 13 ha sido llamado el "himno del amor".

Saludo

1 ¹ Yo, Pablo, he sido llamado por la voluntad de Dios a ser apóstol de Jesucristo. Junto con el hermano Sóstenes, ² escribo esta carta a los hermanos de la iglesia de Dios que están en la ciudad de Corinto,ᵃ los que en Cristo Jesús han sido consagrados a Dios y llamados a formar parte de su pueblo, junto con todos los que en todas partes invocan el nombre de nuestro Señor Jesucristo, Señor nuestro y de ellos. ³ Que Dios nuestro Padre y el Señor Jesucristo derramen sobre ustedes su gracia y su paz.

Bendiciones por medio de Cristo

⁴ Siempre doy gracias a Dios por ustedes, por la gracia que Dios ha derramado sobre ustedes por medio de Cristo Jesús. ⁵ Pues por medio de él Dios les ha dado gran riqueza espiritual, así de palabra como de conocimiento. ⁶ De manera que el mensaje acerca de Cristo ha llegado a ser una realidad en ustedes. ⁷ De este modo no les falta ningún don de Dios mientras esperan el día en que aparezca nuestro Señor Jesucristo. ⁸ Dios los mantendrá firmes hasta el fin, para que nadie pueda reprocharles nada cuando nuestro Señor Jesucristo regrese. ⁹ Dios siempre cumple sus promesas, y él es quien los llamó a vivir en unión con su Hijo Jesucristo, nuestro Señor.

Divisiones en la iglesia

¹⁰ Hermanos, en el nombre de nuestro Señor Jesucristo les ruego que se pongan de acuerdo y no estén divididos. Vivan en armonía, pensando y sintiendo de la misma manera. ¹¹ Digo esto, hermanos míos, porque he sabido por los de la familia de Cloé que hay discordias entre ustedes. ¹² Quiero decir, que algunos de ustedes afirman: "Yo soy de Pablo"; otros: "Yo soy de Apolos";ᵇ otros: "Yo soy de

ᵃ **1.2** Hch 18.1.   ᵇ **1.12** Hch 18.24.

Pedro"; y otros: "Yo soy de Cristo." ¹³ ¿Acaso Cristo está dividido? ¿Fue crucificado Pablo en favor de ustedes? ¿O fueron ustedes bautizados en el nombre de Pablo? ¹⁴ ¡Gracias a Dios que yo no bauticé a ninguno de ustedes, aparte de Crispo*c* y de Gayo!*d* ¹⁵ Así nadie puede decir que fue bautizado en mi nombre. ¹⁶ También bauticé a la familia de Estéfanas,*e* pero no recuerdo haber bautizado a ningún otro, ¹⁷ pues Cristo no me mandó a bautizar, sino a anunciar la salvación, y no con alardes de sabiduría, para no quitarle valor a la muerte de Cristo en la cruz.

Cristo, poder y sabiduría de Dios

¹⁸ El mensaje de la muerte de Cristo en la cruz parece una tontería a los que van a la destrucción; pero este mensaje es poder de Dios para los que vamos a la salvación.*f* ¹⁹ Como dice la Escritura:

"Destruiré la sabiduría de los sabios
y rechazaré el entendimiento de los
    entendidos."*g*

²⁰ ¿En qué pararon el sabio, y el maestro,*h* y el que sabe discutir sobre cosas de este mundo? ¡Dios ha convertido en tontería la sabiduría de este mundo!*i* ²¹ Dios, en su sabiduría, dispuso que los que son del mundo no le conocieran por medio de la sabiduría humana; antes bien, prefirió salvar por medio de su mensaje a los que confían en él, aunque este mensaje parezca una tontería. ²² Los judíos quieren ver señales milagrosas, y los griegos buscan sabiduría; ²³ pero nosotros anunciamos a un Mesías crucificado. Esto les resulta ofensivo a los judíos, y a los no judíos les parece una tontería; ²⁴ pero para los que Dios ha llamado, sean judíos o griegos, este Mesías es el poder y la sabiduría de Dios. ²⁵ Pues lo que en Dios puede parecer una tontería, es mucho más sabio que toda sabiduría humana; y lo que en Dios puede parecer debilidad, es más fuerte que toda fuerza humana. ²⁶ Hermanos, deben darse cuenta de que Dios los ha llamado a pesar de que pocos de ustedes son sabios según los criterios humanos, y pocos de ustedes son gente con autoridad o pertenecientes a familias importantes. ²⁷ Y es que, para avergonzar a los sabios, Dios ha escogido a los que el mundo tiene por tontos; y para avergonzar a los fuertes, ha escogido a los que el mundo tiene por débiles. ²⁸ Dios ha escogido a la gente despreciada y sin importancia de este mundo, es decir, a los que no son nada, para anular a los que son algo. ²⁹ Así nadie podrá presumir delante de Dios. ³⁰ Pero Dios mismo los ha unido a ustedes con Cristo Jesús, y ha hecho también que Cristo sea nuestra sabiduría y que por medio de Cristo seamos librados de culpa, consagrados a Dios y salvados. ³¹ De esta manera, como dicen las Escrituras: "Si alguno quiere enorgullecerse, que se enorgullezca del Señor."*j*

El mensaje de Cristo crucificado

2 ¹ Pero hermanos, cuando yo fui a hablarles de la verdad secreta de Dios, lo hice sin usar palabras sabias ni elevadas. ² Y, estando entre ustedes, no quise saber de otra cosa sino de Jesucristo y, más estrictamente, de Jesucristo crucificado. ³ Me presenté ante ustedes débil y temblando de miedo,*k* ⁴ y cuando les hablé y les prediqué el mensaje, no usé palabras sabias para convencerlos. Al contrario, los convencí por medio del Espíritu y del poder de Dios, ⁵ para que la fe de ustedes dependiera del poder de Dios y no de la sabiduría de los hombres.

Dios se da a conocer por medio de su Espíritu

⁶ Sin embargo, entre los que ya han alcanzado la madurez en su fe sí usamos palabras de sabiduría. Pero no se trata de una sabiduría propia de este mundo ni de quienes lo gobiernan, los cuales pronto van a desaparecer. ⁷ Se trata más bien de la sabiduría secreta de Dios, del secreto propósito que Dios, desde antes de hacer el mundo, ha tenido para nuestra gloria. ⁸ Esto es algo que no han entendido los gobernantes de este mundo, pues si lo hubieran entendido no habrían crucificado al Señor de la gloria. ⁹ Pero, como se dice en la Escritura:

"Dios ha preparado para los que le
    aman
cosas que nadie ha visto ni oído,
y ni siquiera pensado."*l*

¹⁰ Estas son las cosas que Dios nos ha hecho conocer por medio del Espíritu, pues el Espíritu lo examina todo, hasta las cosas más profundas de Dios.

¹¹ ¿Quién entre los hombres puede saber lo que hay en el corazón del hombre, sino sólo el espíritu que está dentro del hombre? De la misma manera, solamente el Espíritu de Dios sabe lo que hay en Dios. ¹² Y nosotros no hemos recibido el espíritu del mundo, sino el Espíritu que viene de Dios, para que entendamos las cosas que Dios en su bondad nos ha dado. ¹³ Hablamos de estas cosas con palabras que el Espíritu de Dios nos ha enseñado, y no con

---

c **1.14** Hch 18.8.   *d* **1.14** Hch 19.29; Ro 16.23.   *e* **1.16** 1 Co 16.15.   *f* **1.18** Ro 1.16.   *g* **1.19** Is 29.14.   *h* **1.20** Job 12.17; Is 19.12; 33.18.   *i* **1.20** Is 44.25.   *j* **1.31** Jer 9.23–24.   *k* **2.3** Hch 18.9.   *l* **2.9** Is 64.4.

palabras que hayamos aprendido por nuestra propia sabiduría. Así explicamos las cosas espirituales a los que son espirituales. [14] El que no es espiritual no acepta las cosas que son del Espíritu de Dios, porque para él son tonterías. Y tampoco las puede entender, porque son cosas que tienen que juzgarse espiritualmente. [15] Pero aquel que tiene el Espíritu puede juzgar todas las cosas, y nadie lo puede juzgar a él. [16] Pues la Escritura dice: "¿Quién conoce la mente del Señor? ¿Quién podrá instruirle?"[m] Sin embargo, nosotros tenemos la mente de Cristo.

Compañeros de trabajo al servicio de Dios

3 [1] Yo, hermanos, no pude hablarles entonces como a gente guiada por el Espíritu, sino como a personas con criterios puramente humanos, como a niños en cuanto a las cosas de Cristo. [2] Les di una enseñanza sencilla, igual que a un niño de pecho se le da leche en vez de alimento sólido,[n] porque ustedes todavía no podían digerir la comida fuerte. ¡Y ni siquiera pueden digerirla ahora, [3] porque todavía tienen criterios puramente humanos! Mientras haya entre ustedes envidias y discordias, es que siguen manteniendo criterios puramente humanos y conduciéndose como lo hace todo el mundo. [4] Porque cuando uno afirma: "Yo soy de Pablo", y otro: "Yo soy de Apolos",[ñ] están manteniendo criterios puramente humanos.

[5] A fin de cuentas, ¿quién es Pablo?, ¿quién es Apolos? Simplemente servidores, por medio de los cuales ustedes han creído en el Señor. Cada uno de nosotros hizo el trabajo que el Señor le señaló: [6] yo sembré[o] y Apolos regó,[p] pero Dios es quien hizo crecer la planta. [7] De manera que ni el que siembra ni el que riega son nada, sino que Dios lo es todo, pues él es quien hace crecer la planta. [8] Los que siembran y los que riegan son iguales, aunque Dios pagará a cada uno según su trabajo. [9] Somos compañeros de trabajo al servicio de Dios, y ustedes son el campo que Dios está trabajando, el edificio que Dios está construyendo. [10] Yo soy el maestro albañil al cual Dios permitió poner los fundamentos, y otro está construyendo sobre ellos. Pero cada uno debe tener cuidado de cómo construye, [11] pues nadie puede poner otro fundamento que el que ya está puesto, que es Jesucristo. [12] Sobre este fundamento, uno puede construir con oro, plata y piedras preciosas, o con madera, paja y cañas; [13] pero el trabajo de cada cual se verá claramente en el día del juicio; porque ese día vendrá con fuego, y el fuego probará la clase de trabajo que cada uno haya hecho. [14] Si alguno construyó un edificio resistente al fuego, recibirá su pago; [15] pero si lo que construyó llega a quemarse, lo perderá todo, aunque él mismo logrará salvarse como quien escapa del fuego.

[16] ¿Acaso no saben ustedes que son templo de Dios, y que el Espíritu de Dios vive en ustedes?[q] [17] Si alguno destruye el templo de Dios, Dios lo destruirá a él, porque el templo de Dios es santo, y ese templo son ustedes mismos.

[18] Que nadie se engañe: si alguno de ustedes se cree sabio según la sabiduría de este mundo, vuélvase como un ignorante, para así llegar a ser realmente sabio. [19] Pues la sabiduría de este mundo es pura tontería para Dios. En efecto, la Escritura dice: "Dios atrapa a los sabios en la propia astucia de ellos."[r] [20] Y dice también: "El Señor sabe que los pensamientos de los sabios son tonterías."[s] [21] Por eso, nadie debe sentirse orgulloso de ser seguidor de hombre alguno; pues todas las cosas son de ustedes: [22] Pablo, Apolos, Pedro, el mundo, la vida, la muerte, el presente y el futuro; todo es de ustedes, y [23] ustedes son de Cristo, y Cristo es de Dios.

El trabajo de los apóstoles

4 [1] Ustedes deben considerarnos simplemente como ayudantes de Cristo, encargados de enseñar los secretos del plan de Dios. [2] Ahora bien, el que recibe un encargo debe demostrar que es digno de confianza. [3] En cuanto a mí respecta, muy poco me preocupa ser juzgado por ustedes o por algún tribunal humano. Ni siquiera yo mismo me juzgo. [4] Sin embargo, el que mi conciencia no me acuse de nada no significa que Dios me considere libre de culpa. Pues el que me juzga es el Señor.[t] [5] Por lo tanto, no juzguen ustedes nada antes de tiempo; esperen a que el Señor venga y saque a la luz lo que ahora está en la oscuridad y dé a conocer las intenciones del corazón. Entonces Dios dará a cada uno la alabanza que merezca.

[6] Hermanos, les hablo de estas cosas por su propio bien y poniendo como ejemplo a Apolos y a mí mismo. Lo digo para que por nuestro ejemplo aprendan ustedes a no ir más allá de lo que está escrito, y para que nadie se enorgullezca de favorecer a uno en perjuicio de otro. [7] Pues, ¿quién te hace mejor que los demás? ¿Y qué tienes que Dios no te haya dado? Y si

él te lo ha dado, ¿por qué presumes, como si lo hubieras conseguido por ti mismo?

[8] Al parecer, ustedes ya son ricos, y tienen todo lo que pueden desear, y se sienten como reyes que nada necesitan de nosotros. ¡Ojalá fueran reyes de verdad, para que nosotros tuviéramos parte en su reino! [9] Pues me parece que a nosotros, los apóstoles, Dios nos ha puesto en el último lugar, como si fuéramos condenados a muerte. Hemos llegado a ser un espectáculo para el mundo, para los ángeles y para los hombres. [10] Nosotros, por causa de Cristo, pasamos por tontos; mientras que ustedes, gracias a Cristo, pasan por inteligentes. Nosotros somos débiles, mientras que ustedes son fuertes. A nosotros se nos desprecia, y a ustedes se les respeta. [11] Hasta hoy mismo no hemos dejado de sufrir hambre, sed y falta de ropa; la gente nos maltrata, no tenemos hogar propio [12] y nos cansamos trabajando con nuestras propias manos.[u] A las maldiciones respondemos con bendiciones; somos perseguidos, y lo soportamos. [13] Se habla mal de nosotros, y contestamos con bondad. Nos tratan como a basura del mundo, como a desperdicio de la humanidad. Y así hasta el día de hoy.

[14] No les escribo esto para avergonzarlos, sino para darles un consejo, como a mis propios hijos, pues los amo. [15] Pues aunque ustedes tengan diez mil maestros que les hablen de Cristo, padres no tienen muchos. Padre de ustedes en cuanto a su fe en Cristo Jesús, lo soy yo por haberles dado las buenas noticias de la salvación. [16] Así pues, les ruego que sigan mi ejemplo.[v]

[17] Por esto les envío a Timoteo, mi querido y fiel hijo en el Señor. Él les hará recordar mi conducta como creyente en Cristo Jesús, conforme a lo que enseño en todas las iglesias por donde paso. [18] Algunos de ustedes ya se sienten importantes pensando que no iré a verlos; [19] pero, si el Señor quiere, espero visitarlos pronto. Entonces veré lo que son capaces de hacer esos presumidos, y no solamente lo que son capaces de decir. [20] Porque el reino de Dios no es cuestión de palabras, sino de poder. [21] ¿Qué prefieren ustedes: que vaya dispuesto a castigarlos, o que vaya a verlos con amor y ternura?

Juicio sobre un caso de inmoralidad

5 [1] Se ha sabido que uno de ustedes tiene como mujer a su propia madrastra.[w] Este caso de inmoralidad es tan grave, que ni siquiera se da entre los paganos. [2] ¡Y aún se llenan ustedes de orgullo!

¡Deberían llenarse de tristeza! El hombre que vive en semejante situación debe ser expulsado de entre ustedes. [3] En cuanto a mí, aunque en el cuerpo no estoy presente entre ustedes, lo estoy en el espíritu; y, como si estuviera presente, en nombre de nuestro Señor Jesucristo he dado ya mi sentencia sobre aquél que así actúa. [4] Cuando ustedes se reúnan, yo estaré con ustedes en espíritu, y también el poder del Señor Jesús estará con ustedes. [5] Entonces ese hombre deberá ser entregado a Satanás, para que su cuerpo sea destruido y su espíritu se salve cuando el Señor Jesús venga.

[6] Ustedes no deben enorgullecerse de tales acciones. Ya conocen el dicho: "Un poco de levadura hace fermentar toda la masa."[x] [7] Así que echen fuera esa vieja levadura que los corrompe, para que sean como el pan hecho de masa nueva y sin levadura que se come en la fiesta de Pascua, lo que en realidad son ustedes. Porque Cristo, que es el Cordero de nuestra Pascua,[y] fue muerto en sacrificio por nosotros. [8] Así que debemos celebrar nuestra Pascua con sinceridad y verdad, que son como el pan sin levadura,[z] y no celebrarla con maldad y perversidad, que son como la vieja levadura.

[9] En mi otra carta les dije que no deben tener trato alguno con quienes cometen inmoralidades sexuales. [10] Y con esto no quise decirles que se aparten por completo de todos los que en este mundo son inmorales, o avaros, o ladrones, o idólatras, pues para lograrlo tendrían ustedes que salirse del mundo. [11] Lo que quise decir es que no deben tener trato con ninguno que, llamándose hermano, sea inmoral, o avaro, o idólatra, o chismoso, o borracho, o ladrón. Con gente así, ni siquiera se sienten a comer. [12-13] No me toca a mí juzgar a los de afuera; Dios será quien los juzgue. Pero ustedes deben juzgar a los de adentro. Por eso, quiten a ese pecador de en medio de ustedes.[a]

Pleitos ante jueces no creyentes

6 [1] Cuando alguno de ustedes tiene una queja que presentar contra otro, ¿por qué va a pedir justicia a los jueces paganos, en vez de pedírsela al pueblo de Dios? [2] ¿Acaso no saben ustedes que el pueblo de Dios ha de juzgar al mundo? Y si ustedes han de juzgar al mundo, ¿cómo no son capaces de juzgar estos asuntos tan pequeños? [3] ¿No saben que incluso a los ángeles habremos de juzgarlos nosotros? ¡Pues con mayor razón los asuntos de esta vida! [4] Así que, si ustedes tienen pleitos

[u] **4.12** Hch 18.3. [v] **4.16** 1 Co 11.1; Fil 3.17. [w] **5.1** Dt 22.30. [x] **5.6** Gá 5.9. [y] **5.7** Ex 12.5. [z] **5.8** Ex 13.7; Dt 16.3. [a] **5.12-13** Dt 13.5; 17.7.

por asuntos de esta vida, ¿por qué ponen por jueces a los que nada significan para la iglesia? [5] Digo esto para que les dé vergüenza: ¿Acaso no hay entre ustedes ni siquiera uno con capacidad suficiente para juzgar un asunto entre sus hermanos? [6] ¡No sólo se pelean unos hermanos con otros, sino que llevan sus pleitos ante jueces paganos!

[7] Ya el simple hecho de tener pleitos entre ustedes mismos, es un grave defecto. ¿Por qué no, mejor, soportar la injusticia? ¿Por qué no, mejor, dejar que les roben? [8] ¡Pero ustedes, al contrario, cometen injusticias y roban hasta a sus propios hermanos!

[9-10] ¿No saben ustedes que los malvados no tendrán parte en el reino de Dios? No se dejen engañar, pues en el reino de Dios no tendrán parte los que cometen inmoralidades sexuales, ni los idólatras, ni los que cometen adulterio, ni los hombres que tienen trato sexual con otros hombres, ni los ladrones, ni los avaros, ni los borrachos, ni los chismosos, ni los tramposos. [11] Y esto eran antes algunos de ustedes; pero ahora ya han sido limpiados y consagrados a Dios, ya han sido librados de culpa en el nombre del Señor Jesucristo y por el Espíritu de nuestro Dios.

La santidad del cuerpo

[12] Se dice: "Yo soy libre de hacer lo que quiera." Es cierto, pero no todo conviene.[b] Sí, yo soy libre de hacer lo que quiera, pero no debo dejar que nada me domine. [13] También se dice: "La comida es para el estómago, y el estómago para la comida." Es cierto, pero Dios va a terminar con las dos cosas. En cambio, no es verdad que el cuerpo sea para la inmoralidad sexual; el cuerpo es para el Señor, y el Señor es para el cuerpo. [14] Y así como Dios resucitó al Señor, también nos va a resucitar a nosotros por su poder.

[15] ¿Acaso no saben ustedes que su cuerpo es parte del cuerpo de Cristo? ¿Y habré de tomar yo esa parte del cuerpo de Cristo y hacerla parte del cuerpo de una prostituta? ¡Claro que no! [16] ¿No saben ustedes que cuando un hombre se une con una prostituta, se hacen los dos un solo cuerpo? Pues la Escritura dice: "Los dos serán como una sola persona."[c] [17] Pero cuando alguien se une al Señor, se hace espiritualmente uno con él.

[18] Huyan, pues, de la inmoralidad sexual. Cualquier otro pecado que una persona comete, no afecta a su cuerpo; pero el que comete inmoralidades sexuales, peca contra su propio cuerpo. [19] ¿No saben ustedes que su cuerpo es templo del Espíritu Santo que Dios les ha dado, y que el Espíritu Santo vive en ustedes?[d] Ustedes no son sus propios dueños, [20] porque Dios los ha comprado por un precio. Por eso deben honrar a Dios en el cuerpo.

Consejos sobre el matrimonio

7 [1] Ahora paso a contestar las preguntas que ustedes me hicieron en su carta. Bueno sería que el hombre no se casara; [2] pero, a causa de la inmoralidad sexual, cada uno debe tener su propia esposa, y cada mujer su propio esposo. [3] Y tanto el esposo como la esposa deben cumplir con los deberes propios del matrimonio. [4] Ni la esposa es dueña de su propio cuerpo, puesto que pertenece a su esposo, ni el esposo es dueño de su propio cuerpo, puesto que pertenece a su esposa. [5] Por lo tanto, no se nieguen el uno al otro, a no ser que se pongan de acuerdo en no juntarse por algún tiempo para dedicarse a la oración. Después deberán volver a juntarse; no sea que, por no poder dominarse, Satanás los haga pecar.

[6] Todo esto lo digo más como concesión que como mandamiento. [7] Personalmente, quisiera que todos fueran como yo; pero Dios ha dado a cada uno diferentes dones, a unos de una clase y a otros de otra.

[8] A los solteros y a las viudas les digo que es bueno quedarse sin casar, como yo. [9] Pero si no pueden controlar su naturaleza, que se casen, pues más vale casarse que consumirse de pasión.

[10] Pero a los que ya están casados, les doy este mandato, que no es mío, sino del Señor: que la esposa no se separe de su esposo. [11] Ahora bien, en caso de que se la esposa se separe de su esposo, deberá quedarse sin casar o reconciliarse con él. De la misma manera, el esposo no debe divorciarse de su esposa.[e]

[12] En cuanto a lo demás, les digo, como cosa mía y no del Señor, que si la mujer de algún hermano no es creyente pero está de acuerdo en seguir viviendo con él, el hermano no debe divorciarse de ella. [13] Y si una mujer creyente está casada con un hombre no creyente que está de acuerdo en seguir viviendo con ella, no deberá divorciarse de él. [14] Pues el esposo no creyente queda consagrado a Dios por su unión con una mujer creyente; y la mujer no creyente queda consagrada a Dios por su unión con un esposo creyente. De otra manera, los hijos de ustedes serían impuros; pero, de hecho, son parte del pueblo de Dios. [15] Ahora bien, si el esposo o la esposa no creyentes insisten en separarse, que lo hagan. En estos casos, el

hermano o la hermana quedan en libertad, porque Dios los ha llamado a ustedes a vivir en paz. [16] Pues ¿cómo sabes tú, esposa, si acaso puedes salvar a tu esposo? ¿O cómo sabes tú, esposo, si acaso puedes salvar a tu esposa?

[17] Como quiera que sea, cada uno debe vivir según los dones que el Señor le ha dado, y tal como era cuando Dios lo llamó. Esta es la norma que doy a todas las iglesias. [18] Si Dios llama a alguno que ha sido circuncidado, no trate de disimular su circuncisión; y si llama a uno que no ha sido circuncidado, no debe circuncidarse. [19] Porque lo que importa no es estar o no estar circuncidado, sino obedecer los mandatos de Dios. [20] Cada uno debe quedarse en la condición en que estaba cuando Dios lo llamó. [21] Si cuando fuiste llamado eras esclavo, no te preocupes; aunque si tienes oportunidad de conseguir tu libertad, debes aprovecharla.[1] [22] Pues el que era esclavo cuando fue llamado a creer en el Señor, ahora es un hombre libre al servicio del Señor; y, de la misma manera, el que era hombre libre cuando fue llamado, ahora es esclavo de Cristo. [23] Dios los ha comprado a ustedes a gran precio; no permitan que otros hombres los hagan esclavos. [24] Así pues, hermanos, que cada cual permanezca delante de Dios en la condición en que estaba cuando fue llamado.

[25] En cuanto al no casarse, no tengo ningún mandato especial del Señor; pero doy mi opinión, como uno que es digno de confianza por la misericordia del Señor. [26] A mí me parece que el hombre debe quedarse tal como está, por causa de los tiempos difíciles en que vivimos. [27] Si tienes mujer, no la abandones; y si no tienes, no la busques. [28] Si te casas, no cometes pecado; y si una joven se casa, tampoco comete pecado. Pero los que se casan van a tener problemas materiales que yo quisiera evitarles.

[29] Hermanos, lo que quiero decir es esto: Nos queda poco tiempo. Por lo tanto, los casados deben vivir como si no la estuvieran; [30] los que están de luto deben portarse como si estuvieran de fiesta, y los que están de fiesta deben portarse como si estuvieran de luto; los que compran deben vivir como si nada fuera suyo; [31] y los que sacan provecho de este mundo deben vivir como si no lo estuvieran sacando, porque este mundo que vemos ha de terminar.

[32] Yo quisiera librarlos a ustedes de preocupaciones. El que está soltero se preocupa por las cosas del Señor, y por agradarle; [33] pero el que está casado se preocupa por las cosas del mundo y por agradar a su esposa, [34] y así está dividido. Igualmente, la mujer que no está casada y la que nunca se casó, se preocupan por las cosas del Señor, por estar consagradas a Dios[2] tanto en cuerpo como en espíritu; pero la casada se preocupa por las cosas del mundo y por agradar a su esposo. [35] Les digo esto, no para ponerles restricciones, sino en bien de ustedes y para que vivan de una manera digna, sirviendo al Señor con toda dedicación.

[36] Si alguno cree que debe casarse con su prometida, porque ya está en edad de casarse, y si piensa que eso es lo más indicado, que haga lo que crea conveniente; cásese, pues no es pecado. [37] Y si otro, sin sentirse obligado, y con toda libertad para actuar como quiera, se hace en su corazón el propósito firme de no casarse, hará bien. [38] Así que, si se casa con su prometida, hace bien; pero si no se casa, hace mejor.[3]

[39] La mujer casada está ligada a su esposo mientras éste vive; pero si el esposo muere, ella queda libre para casarse con quien quiera, con tal de que sea un creyente. [40] Aunque creo que será más feliz si no vuelve a casarse. Esta es mi opinión, y creo que yo también tengo el Espíritu de Dios.

Los alimentos consagrados a los ídolos

8 [1] Ahora paso al asunto de los alimentos ofrecidos en sacrificio a los ídolos. Es verdad lo que se dice: que todos tenemos conocimiento; pero el conocimiento nos hace creernos importantes, en tanto que el amor nos hace crecer espiritualmente. [2] Si alguien cree que conoce algo, todavía no lo conoce como lo debe conocer. [3] Pero si alguien ama a Dios, Dios lo conoce a él.

[4] En cuanto a esto de comer alimentos ofrecidos en sacrificio a los ídolos, bien sabemos que un ídolo no tiene valor alguno en el mundo, y que solamente hay un Dios. [5] Pues aunque en el cielo y en la tierra existan esos llamados dioses (y en este sentido hay muchos dioses y muchos señores), [6] para nosotros no hay más que un solo Dios, el Padre, en quien todo tiene su origen y para quien nosotros existimos. Y hay también un solo Señor, Jesucristo,

[1] *Aunque si tienes ... aprovecharla:* otra posible traducción: *y aunque tengas oportunidad de conseguir tu libertad, saca provecho de tu esclavitud.* [2] *Y así está dividido ... consagradas a Dios:* algunos mss. dicen: *Y hay diferencia entre la que está casada y la que nunca se casó. La que nunca se casó se preocupa por las cosas del Señor, por estar consagrada a Dios.* [3] Otra posible traducción de los vs. 36-38: *Si alguno piensa que es mejor que su hija se case, porque va pasando ya su juventud, y si piensa que eso es lo más indicado, que haga lo que crea conveniente; puede casarla, pues eso no es pecado.* [37] *Y si otro, sin sentirse obligado, y con toda libertad para actuar como quiera, se hace en su corazón el propósito firme de que su hija se quede sin casar, hará bien.* [38] *Así que, el que la da en matrimonio, hace bien; y el que no la da, hace mejor.*

por quien todas las cosas existen, incluso nosotros mismos.ᶠ

⁷ Pero no todos saben esto. Algunos que estaban acostumbrados a adorar ídolos, todavía comen de esos alimentos pensando que fueron ofrecidos a los dioses; y su conciencia, que es débil, los hace sentirse contaminados por el ídolo. ⁸ Claro que el que Dios nos acepte no depende de lo que comamos; pues no vamos a ser mejores por comer, ni peores por no comer. ⁹ Pero eviten que esa libertad que ustedes tienen haga caer en pecado a los que son débiles en su fe. ¹⁰ Porque si tú, que sabes estas cosas, te sientas a comer en un lugar dedicado a los ídolos, y algún hermano débil te ve, puede suceder que él se anime a comer de esa ofrenda hecha a un ídolo. ¹¹ Y así tú, por tu conocimiento, haces que se pierda tu hermano débil, por quien Cristo también murió. ¹² Al herir la conciencia de los hermanos débiles en la fe, pecan ustedes contra Cristo mismo.ᵍ ¹³ Por eso, si por causa de mi comida hago caer en pecado a mi hermano, mejor me será no comer carne nunca, para no ponerlo en peligro de pecar.

Los derechos de un apóstol

9 ¹ Claro que yo tengo la libertad y los derechos de un apóstol, pues he visto a Jesús nuestro Señor,ʰ y ustedes mismos son el resultado de mi trabajo en la obra del Señor. ² Puede ser que otros no me reconozcan como apóstol; pero ustedes tienen que reconocerme como tal, porque el hecho de que ustedes sean creyentes en el Señor prueba que en verdad lo soy.

³ Esta es mi respuesta a los que me critican: ⁴ Tengo todo el derecho de recibir comida y bebida, ⁵ y también de llevar conmigo una esposa cristiana, como hacen los otros apóstoles, y los hermanos del Señor, y Pedro. ⁶ ¿O acaso Bernabé y yo somos los únicos que no tenemos derecho a que la comunidad nos mantenga? ⁷ ¿Quién sirve como soldado pagándose sus propios gastos? ¿Quién cultiva un viñedo y no come de sus uvas? ¿Quién cuida las ovejas y no toma de la leche que ordeña? ⁸ Y no vayan a creer que ésta es sólo una opinión humana, porque la ley de Moisés también lo dice. ⁹ Pues está escrito en el libro de la ley: "No le pongas bozal al buey que trilla."ⁱ Y esto no significa que Dios se preocupe de los bueyes, ¹⁰ sino que se preocupa de nosotros. Porque la ley se escribió por causa nuestra, pues tanto el que ara la tierra como el que trilla el grano deben hacerlo con la esperanza de recibir su parte de la cosecha. ¹¹ Así que, si

nosotros hemos sembrado en ustedes una semilla espiritual, no es mucho pedir que cosechemos de ustedes algo de lo material.ʲ ¹² Si otros tienen este derecho sobre ustedes, con mayor razón nosotros.

Pero no hemos hecho uso de tal derecho, y hemos venido soportándolo todo por no estorbar la predicación del mensaje de Cristo. ¹³ Ustedes saben que quienes trabajan al servicio del templo, viven de lo que hay en el templo.ᵏ Es decir, que quienes atienden el altar donde se ofrecen los sacrificios, comen de la carne de los animales que allí se sacrifican. ¹⁴ De igual manera, el Señor ha dispuesto que quienes anuncian el mensaje de salvación vivan de ese mismo trabajo.ˡ ¹⁵ Pero yo nunca he utilizado ninguno de estos derechos, ni tampoco les escribo esto para que ustedes me den algo. ¡Prefiero morir a que alguien me quite esta satisfacción que tengo!

¹⁶ Para mí no es motivo de orgullo predicar el mensaje de salvación, porque lo considero una obligación ineludible. ¡Y ay de mí si no lo predico!ᵐ ¹⁷ Por eso, si lo hago por mi propia voluntad, ya tengo mi recompensa; y si lo hago a regañadientes, de todas maneras es un encargo que Dios me ha dado. ¹⁸ Así pues, mi recompensa es la satisfacción de predicar el mensaje de salvación sin cobrar nada; es decir, sin hacer valer mi derecho a vivir de mi trabajo como predicador.

¹⁹ Aunque no soy esclavo de nadie, me he hecho esclavo de todos, a fin de ganar para Cristo el mayor número posible de personas. ²⁰ Cuando estoy entre los judíos me vuelvo como un judío, para ganarlos a ellos; es decir, que para ganar a los que viven bajo la ley de Moisés, yo mismo me pongo bajo esa ley, aunque en realidad no estoy sujeto a ella. ²¹ Por otra parte, para ganar a los que no viven bajo la ley de Moisés, me vuelvo como uno de ellos, aunque realmente estoy sujeto a la ley de Dios, ya que estoy bajo la ley de Cristo. ²² Cuando estoy con los que son débiles en la fe, me vuelvo débil como uno de ellos, para ganarlos también. Es decir, me he hecho igual a todos, para de alguna manera poder salvar a algunos. ²³ Hago todo esto por causa del mensaje de salvación, para tener parte en el mismo.

²⁴ Ustedes saben que en una carrera todos corren, pero solamente uno recibe el premio. Pues bien, corran ustedes de tal modo que reciban el premio. ²⁵ Los que se preparan para competir en un deporte, evitan todo lo que pueda hacerles daño. Y esto lo hacen por alcanzar como premio una corona de hojas de laurel, que en seguida se marchita; en cambio, nosotros lu-

ᶠ 8.6 Mal 2.10; Jn 1.3; Ro 11.36; Ef 4.6; Col 1.16. ᵍ 8.12 Mt 25.45. ʰ 9.1 Hch 9.3–6; 1 Co 15.8; Gá 1.11–16. ⁱ 9.9 Dt 25.4; 1 Ti 5.18. ʲ 9.11 Ro 15.27. ᵏ 9.13 Dt 18.1. ˡ 9.14 Mt 10.10; Lc 10.7. ᵐ 9.16 Jer 20.9; Am 3.8.

chamos por recibir un premio que no se marchita. 26 Yo, por mi parte, no corro a ciegas ni peleo como si estuviera dando golpes al aire. 27 Al contrario, castigo mi cuerpo y lo obligo a obedecerme, para no quedar yo mismo descalificado después de haber enseñado a otros.

Consejos contra la idolatría

10 1 No quiero, hermanos, que olviden que nuestros antepasados estuvieron todos bajo aquella nube,[n] y que todos atravesaron el Mar Rojo.[ñ] 2 De ese modo, todos ellos quedaron unidos a Moisés al ser bautizados en la nube y en el mar. 3 Igualmente, todos ellos comieron el mismo alimento espiritual[o] 4 y tomaron la misma bebida espiritual.[p] Porque bebían agua de la roca espiritual que los acompañaba en su viaje, la cual era Cristo. 5 Sin embargo, la mayoría de ellos no agradó a Dios, y por eso sus cuerpos quedaron tendidos en el desierto.[q]

6 Todo esto sucedió como un ejemplo para nosotros, para que no deseemos lo malo, como ellos lo desearon.[r] 7 Por eso, no adoren ustedes ídolos, como algunos de ellos lo hicieron, según dice la Escritura: "La gente se sentó a comer y beber, y luego se levantó a divertirse."[s] 8 No cometamos inmoralidades sexuales, como las que algunos de ellos cometieron, por lo que en un solo día murieron veintitrés mil.[t] 9 Tampoco pongamos a prueba a Cristo, como algunos de ellos lo hicieron, por lo que murieron mordidos por las serpientes.[u] 10 Ni murmuren contra Dios, como algunos de ellos murmuraron, por lo que el ángel de la muerte los mató.[v]

11 Todo esto les sucedió a nuestros antepasados como un ejemplo para nosotros, y fue puesto en las Escrituras como una advertencia para los que vivimos en estos tiempos últimos. 12 Así pues, el que cree estar firme, tenga cuidado de no caer. 13 Ustedes no han pasado por ninguna prueba que no sea humanamente soportable. Y pueden ustedes confiar en Dios, que no les dejará sufrir pruebas más duras de lo que pueden soportar. Por el contrario, cuando llegue la prueba, Dios les dará también la manera de salir de ella, para que puedan soportarla.

14 Por eso, mis queridos hermanos, huyan de la idolatría. 15 Les hablo como a personas entendidas, y ustedes mismos pueden juzgar lo que les digo. 16 Cuando bebemos de la copa bendita por la cual damos gracias a Dios, nos hacemos uno con Cristo en su sangre; cuando comemos del pan que partimos, nos hacemos uno con Cristo en su cuerpo.[w] 17 Aunque somos muchos, todos comemos de un mismo pan, y por esto somos un solo cuerpo.

18 Fíjense en el pueblo de Israel: los que comen de los animales ofrecidos en sacrificio, participan del sacrificio mismo.[x] 19 Con esto no quiero decir que el ídolo tenga valor alguno, ni que la carne ofrecida al ídolo sea algo más que otra carne cualquiera. 20 Lo que digo es que cuando los paganos ofrecen algo en sacrificio, se lo ofrecen a los demonios, y no a Dios,[y] y yo no quiero que ustedes tengan parte con los demonios. 21 No pueden beber de la copa del Señor y, a la vez, de la copa de los demonios; ni pueden sentarse a la mesa del Señor y, a la vez, a la mesa de los demonios.[z]

22 ¿O acaso queremos poner celoso al Señor?[a] ¿Somos acaso más fuertes que él?

La libertad y el amor cristiano

23 Se dice: "Uno es libre de hacer lo que quiera." Es cierto, pero no todo conviene.[b] Sí, uno es libre de hacer lo que quiera, pero no todo ayuda al crecimiento espiritual. 24 No hay que buscar el bien de uno mismo, sino el bien de los demás.

25 Coman ustedes de todo lo que se vende en la carnicería, sin preguntar nada por motivos de conciencia; 26 porque el mundo entero, con todo lo que hay en él, es del Señor.[c]

27 Si uno que no es creyente los invita a comer, y ustedes quieren ir, coman de todo lo que les sirvan, sin preguntar nada por motivos de conciencia. 28 Ahora bien, si alguien les dice: "Esta carne fue ofrecida en sacrificio", entonces no la coman, en atención al que lo dijo y por motivos de conciencia.[4] 29 Estoy hablando de la conciencia del otro, no de la de ustedes.[d]

Pero alguien puede preguntar: "¿Por qué se ha de juzgar mi libertad según la conciencia de otra persona? 30 Y si doy gracias a Dios por lo que como, ¿por qué me han de criticar por comerlo?" 31 En todo caso, lo mismo si comen, que si beben, que si hacen cualquier otra cosa, háganlo todo para la gloria de Dios. 32 No den mal ejemplo a nadie; ni a los judíos, ni a los no judíos, ni a los que pertenecen a la iglesia de Dios. 33 Yo, por mi parte, procuro agradar a todos en todo, sin buscar mi propio bien sino el de los demás, para

11 que alcancen la salvación. 1 Sigan ustedes mi ejemplo,[e] como yo sigo el ejemplo de Cristo.

[4] Algunos mss. añaden: *Porque del Señor es la tierra y todo lo que hay en ella.*

[n] **10.1** Ex 13.21–22. [ñ] **10.1** Ex 14.22–29. [o] **10.3** Ex 16.35. [p] **10.4** Ex 17.6; Nm 20.11. [q] **10.5** Nm 14.29–30. [r] **10.6** Nm 11.4. [s] **10.7** Ex 32.6. [t] **10.8** Nm 25.1–18. [u] **10.9** Nm 21.5–6. [v] **10.10** Nm 16.41–49. [w] **10.16** Mt 26.26–28; Mr 14.22–24; Lc 22.19–20. [x] **10.18** Lv 7.6. [y] **10.20** Dt 32.17. [z] **10.21** 2 Co 6.15–16. [a] **10.22** Ex 20.5; Dt 32.21. [b] **10.23** 1 Co 6.12. [c] **10.26** Sal 24.1; 50.12; 89.11. [d] **10.28–29** 1 Co 8.7–12. [e] **11.1** 1 Co 4.16; Fil 3.17.

Las mujeres en el culto

² Los felicito porque siempre se acuerdan de mí y siguen las enseñanzas que les trasmití.ᶠ ³ Pero quiero que entiendan que Cristo es cabeza de cada hombre, y que el esposo es cabeza de su esposa, así como Dios es cabeza de Cristo. ⁴ Si un hombre se cubre la cabeza cuando ora o cuando comunica mensajes de parte de Dios, deshonra al que es su cabeza. ⁵ En cambio, si una mujer no se cubre la cabeza cuando ora o cuando comunica mensajes de parte de Dios, deshonra al que es su cabeza. Es igual que si se hubiera rapado. ⁶ Porque si una mujer no se cubre la cabeza, más vale que se la rape de una vez. Pero si la mujer considera vergonzoso cortarse el cabello o raparse la cabeza, entonces que se la cubra. ⁷ El hombre no debe cubrirse la cabeza, porque él es imagen de Dios y refleja la gloria de Dios.ᵍ Pero la mujer refleja la gloria del hombre, ⁸ pues el hombre no fue sacado de la mujer, sino la mujer del hombre. ⁹ Y el hombre no fue creado por causa de la mujer, sino la mujer por causa del hombre.ʰ ¹⁰ Precisamente por esto, y por causa de los ángeles, la mujer debe llevar sobre la cabeza una señal de autoridad. ¹¹ Sin embargo, en la vida cristiana, ni el hombre existe sin la mujer, ni la mujer sin el hombre. ¹² Pues aunque es verdad que la mujer fue formada del hombre, también es cierto que el hombre nace de la mujer; y todo tiene su origen en Dios.

¹³ Ustedes mismos juzguen si está bien que la mujer ore a Dios sin cubrirse la cabeza. ¹⁴ La naturaleza misma nos enseña que es una vergüenza que el hombre se deje crecer el cabello; ¹⁵ en cambio, es una honra para la mujer dejárselo crecer; porque a ella se le ha dado el cabello largo para que le cubra la cabeza. ¹⁶ En todo caso, si alguno quiere discutir este asunto, debe saber que ni nosotros ni las iglesias de Dios conocemos otra costumbre.

Abusos en la Cena del Señor

¹⁷ Al escribirles lo que sigue, no puedo felicitarlos, pues parece que sus reuniones les hacen daño en vez de hacerles bien. ¹⁸ En primer lugar, se me ha dicho que cuando se reúnen para celebrar el culto, hay divisiones entre ustedes; y en parte creo que esto es verdad. ¹⁹ ¡No cabe duda de que ustedes tienen que dividirse en partidos, para que se sepa quiénes son los verdaderos cristianos! ²⁰ El resultado de esas divisiones es que la cena que ustedes toman en sus reuniones ya no es realmente la Cena del Señor. ²¹ Porque a la hora de comer, cada uno se adelanta a tomar su propia cena; y mientras unos se quedan con hambre, otros hasta se emborrachan. ²² ¿No tienen ustedes casas donde comer y beber? ¿Por qué menosprecian la iglesia de Dios y ponen en vergüenza a los que no tienen nada? ¿Qué les voy a decir? ¿Que los felicito? ¡No en cuanto a esto!

La Cena del Señor

(Mt 26.26–29; Mr 14.22–25; Lc 22.14–20)

²³ Porque yo recibí del Señor esta enseñanza que les di: Que la misma noche que el Señor Jesús fue traicionado, tomó en sus manos pan ²⁴ y, después de dar gracias a Dios, lo partió y dijo: "Esto es mi cuerpo, entregado a muerte para bien de ustedes. Hagan esto en memoria de mí." ²⁵ Así también, después de la cena, tomó en sus manos la copa y dijo: "Esta copa es el nuevo pactoⁱ confirmado con mi sangre.ʲ Cada vez que beban, háganlo en memoria de mí." ²⁶ De manera que, hasta que venga el Señor, ustedes proclaman su muerte cada vez que comen de este pan y beben de esta copa.

Cómo se debe tomar la Cena del Señor

²⁷ Así pues, cualquiera que come del pan o bebe de la copa del Señor de manera indigna, comete un pecado contra el cuerpo y la sangre del Señor. ²⁸ Por tanto, cada uno debe examinar su propia conciencia antes de comer del pan y beber de la copa. ²⁹ Porque si come y bebe sin fijarse en que se trata del cuerpo del Señor, para su propio castigo come y bebe. ³⁰ Por eso, muchos de ustedes están enfermos y débiles, y también algunos han muerto. ³¹ Si nos examináramos bien a nosotros mismos, el Señor no tendría que castigarnos, ³² aunque si el Señor nos castiga es para que aprendamos y no seamos condenados con los que son del mundo.ᵏ

³³ Así que, hermanos míos, cuando se reúnan para comer, espérense unos a otros. ³⁴ Y si alguno tiene hambre, que coma en su propia casa, para que Dios no tenga que castigarlos por esa clase de reuniones. Los otros asuntos los arreglaré cuando vaya a verles.

Los dones espirituales

12 ¹ Hermanos, quiero que ustedes sepan algo respecto a los dones espirituales. ² Ustedes saben que cuando todavía no eran creyentes se dejaban arrastrar ciega-

---

ᶠ **11.2** 2 Ts 2.15.   ᵍ **11.7** Gn 1.26–27.   ʰ **11.8–9** Gn 2.18–23.   ⁱ **11.25** Ex 24.8; Jer 31.31–34.   ʲ **11.25** Ex 24.6–8.
ᵏ **11.31–32** Dt 8.5; He 12.5–11.

mente tras los ídolos mudos. ³ Por eso, ahora quiero que sepan que nadie puede decir: "¡Maldito sea Jesús!", si está hablando por el poder del Espíritu de Dios. Y tampoco puede decir nadie: "¡Jesús es Señor!", si no está hablando por el poder del Espíritu Santo.

⁴ Una persona puede recibir diferentes dones, pero el que los concede es un mismo Espíritu. ⁵ Hay diferentes maneras de servir, pero todas por encargo de un mismo Señor. ⁶ Y hay diferentes poderes para actuar, pero es un mismo Dios el que lo hace todo en todos. ⁷ Dios da a cada uno alguna prueba de la presencia del Espíritu, para provecho de todos. ⁸ Por medio del Espíritu, a unos les concede que hablen con sabiduría; y a otros, por el mismo Espíritu, les concede que hablen con profundo conocimiento. ⁹ Unos reciben fe por medio del mismo Espíritu, y otros reciben el don de curar enfermos. ¹⁰ Unos reciben poder para hacer milagros, y otros para comunicar mensajes recibidos de Dios. A unos, Dios les da la capacidad de distinguir entre los espíritus falsos y el Espíritu verdadero, y a otros la capacidad de hablar en lenguas; y todavía a otros les da la capacidad de interpretar lo que se ha dicho en esas lenguas. ¹¹ Pero todas estas cosas las hace el único y mismo Espíritu, dando a cada persona lo que a él mejor le parece.ˡ

Todos pertenecemos a un solo cuerpo

¹² El cuerpo humano, aunque está formado por muchas partes, es un solo cuerpo. Así también Cristo.ᵐ ¹³ Y de la misma manera, todos nosotros, judíos o no judíos, esclavos o libres, fuimos bautizados para formar un solo cuerpo por medio de un solo Espíritu; y a todos se nos dio a beber de ese mismo Espíritu.

¹⁴ Un cuerpo no se compone de una sola parte, sino de muchas. ¹⁵ Si el pie dijera: "Como no soy mano, no soy del cuerpo", no por eso dejaría de ser del cuerpo. ¹⁶ Y si la oreja dijera: "Como no soy ojo, no soy del cuerpo", no por eso dejaría de ser del cuerpo. ¹⁷ Si todo el cuerpo fuera ojo, no podríamos oír. Y si todo el cuerpo fuera oído, no podríamos oler. ¹⁸ Pero Dios ha puesto cada parte del cuerpo en el sitio que mejor le pareció. ¹⁹ Si todo fuera una sola parte, no habría cuerpo. ²⁰ Lo cierto es que, aunque son muchas las partes, el cuerpo sólo es uno.

²¹ El ojo no puede decirle a la mano: "No te necesito"; ni la cabeza puede decirles a los pies: "No los necesito." ²² Al contrario, las partes del cuerpo que parecen más débiles, son las que más se necesitan; ²³ y las partes del cuerpo que menos estimamos, son las que vestimos con más cuidado. Y las partes que consideramos menos presentables, son las que tratamos con más modestia, ²⁴ lo cual no es necesario hacer con las partes más presentables. Dios arregló el cuerpo de tal manera que las partes menos estimadas reciban más honor, ²⁵ para que no haya desunión en el cuerpo, sino que cada parte del cuerpo se preocupe por las otras. ²⁶ Si una parte del cuerpo sufre, todas las demás sufren también; y si una parte recibe atención especial, todas las demás comparten su alegría.

²⁷ Pues bien, ustedes son el cuerpo de Cristo, y cada uno de ustedes es parte de ese cuerpo. ²⁸ Dios ha querido que en la iglesia haya, en primer lugar, apóstoles; en segundo lugar, profetas; en tercer lugar, maestros;ⁿ luego personas que hacen milagros, y otras que curan enfermos, o que ayudan, o que dirigen, o que hablan en lenguas. ²⁹ No todos son apóstoles, ni todos son profetas. No todos son maestros, ni todos hacen milagros, ³⁰ ni todos tienen poder para curar enfermos. Tampoco todos hablan en lenguas, ni todos saben interpretarlas. ³¹ Ustedes deben ambicionar los mejores dones.

El amor

Yo voy a enseñarles un camino mucho mejor.

13 ¹ Si hablo las lenguas de los hombres y aun la de los ángeles, pero no tengo amor, no soy más que un metal que resuena o un platillo discordante. ² Y si hablo de parte de Dios, y entiendo sus propósitos secretos, y sé todas las cosas, y si tengo la fe necesaria para mover montañas,�ñ pero no tengo amor, no soy nada. ³ Y si reparto entre los pobres todo lo que poseo, y aun si entrego mi propio cuerpo para ser quemado,ˢ pero no tengo amor, de nada me sirve.

⁴ Tener amor es saber soportar; es ser bondadoso; es no tener envidia, ni ser presumido, ni orgulloso, ⁵ ni grosero, ni egoísta; es no enojarse ni guardar rencor; ⁶ es no alegrarse de las injusticias, sino de la verdad. ⁷ Tener amor es sufrirlo todo, creerlo todo, esperarlo todo, soportarlo todo.

⁸ El amor jamás dejará de existir. Un día los hombres dejarán de profetizar, y ya no hablarán en lenguas, ni serán necesarios los conocimientos. ⁹ Porque los conocimientos y la profecía son cosas im-

---

ˢ *Para ser quemado:* algunos mss. dicen: *para poder enorgullecerme.*
ˡ **12.4-11** Ro 12.6-8.   ᵐ **12.12** Ro 12.4-5; Ef 4.14-16.   ⁿ **12.28** Ef 4.11.   ᶯ **13.2** Mt 17.20; 21.21; Mr 11.23.

perfectas, [10] que llegarán a su fin cuando venga lo que es perfecto.

[11] Cuando yo era niño, hablaba, pensaba y razonaba como un niño; pero al hacerme hombre, dejé atrás lo que era propio de un niño. [12] Ahora vemos de manera borrosa, como en un espejo; pero un día lo veremos todo tal como es en realidad.[o] Mi conocimiento es ahora imperfecto, pero un día lo conoceré todo del mismo modo que Dios me conoce a mí.

[13] Tres cosas hay que son permanentes: la fe, la esperanza y el amor; pero la más importante de las tres es el amor.

El hablar en lenguas

14 [1] Procuren, pues, tener amor, y al mismo tiempo ambicionen que Dios les dé dones espirituales, especialmente el de comunicar mensajes de su parte. [2] Aquel que habla en lenguas extrañas, habla a Dios y no a la gente, pues nadie le entiende. Lo que dice es espiritual, pero nadie lo sabe.[6] [3] En cambio, el que comunica mensajes de parte de Dios, hace crecer espiritualmente a los demás, y los anima y consuela. [4] El que habla en una lengua extraña, crece espiritualmente él mismo; pero el que comunica mensajes recibidos de Dios, hace crecer espiritualmente a los de la iglesia.

[5] Yo quisiera que todos ustedes hablaran en lenguas extrañas; pero preferiría que comunicaran mensajes de parte de Dios; esto es mejor que hablar en lenguas, a menos que se interprete su significado para que los de la iglesia crezcan espiritualmente. [6] Por eso, hermanos, no les servirá de nada que yo los visite y les hable en lenguas extrañas, en vez de hablarles de lo que Dios nos manifiesta, o del conocimiento de la verdad, o en vez de comunicarles algún mensaje de parte de Dios, o alguna enseñanza.

[7] Si los instrumentos musicales, como la flauta o el arpa, no tuvieran diferente sonido, no podrían distinguirse unos de otros. [8] Y si, en la guerra, la trompeta no diera sus toques con claridad, nadie se prepararía para la batalla. [9] Lo mismo sucede con ustedes: si no usan su lengua para pronunciar palabras que se puedan entender, ¿cómo va a saberse lo que están diciendo? ¡Le estarán hablando al aire! [10] Sin duda hay muchos idiomas en el mundo, y ciertamente todos tienen sentido. [11] Pero si yo no conozco el significado de las palabras, seré un extranjero para el que me habla, y él será un extranjero para mí. [12] Por eso, ya que ustedes ambicionan poseer dones espirituales, procuren tener en abundancia aquellos que ayudan a crecer espiritualmente a los de la iglesia.

[13] Por lo tanto, el que habla en lengua extraña, pídale a Dios que le conceda el poder de interpretarla. [14] Pues si yo oro en una lengua extraña, es verdad que estoy orando con mi espíritu, pero mi entendimiento no participa. [15] ¿Qué debo hacer entonces? Pues debo orar con el espíritu, pero también con el entendimiento. Debo cantar con el espíritu, pero también con el entendimiento. [16] Porque si tú alabas a Dios solamente con el espíritu, y una persona no instruida te escucha, no podrá unirse a ti en tu acción de gracias, pues no entenderá lo que dices. [17] Tu acción de gracias podrá ser muy buena, pero no ayudará al otro a crecer espiritualmente. [18] Doy gracias a Dios porque hablo en lenguas extrañas más que todos ustedes; [19] pero en la iglesia prefiero decir cinco palabras que se entiendan, para enseñar así a otros, que decir diez mil palabras en lengua extraña.

[20] Hermanos, no piensen ustedes como niños. Sean como niños para lo malo; pero sean adultos en su modo de pensar. [21] En el libro de la ley está escrito: "Hablaré a esta nación en lenguas extrañas y por boca de extranjeros, pero ni aun así me harán caso, dice el Señor."[p] [22] Así que el hablar en lenguas es una señal para los incrédulos, no para los creyentes. Pero el comunicar mensajes de parte de Dios es una señal para los creyentes, no para los incrédulos. [23] Porque cuando la iglesia se encuentra reunida, si todos están hablando en lenguas, y entra un simple oyente o un incrédulo, creerá que ustedes se han vuelto locos. [24] En cambio, si todos están comunicando mensajes recibidos de Dios, y entra un incrédulo o un simple oyente, se convencerá de su pecado, y él mismo se examinará al oír lo que todos están diciendo. [25] Así quedará al descubierto lo más profundo de su corazón, y adorará de rodillas a Dios, y reconocerá que Dios está verdaderamente entre ustedes.

Háganlo todo decentemente y con orden

[26] En resumen, hermanos, cuando ustedes se reúnan, unos pueden cantar salmos, otros pueden enseñar, o comunicar lo que Dios les haya revelado, o hablar en lenguas extrañas, o interpretarlas. Pero que todo sea para su crecimiento espiritual. [27] Y cuando se hable en lenguas extrañas, que lo hagan dos personas, o tres cuando más, y por turno; además, alguien debe interpretar esas lenguas. [28] Y si no

---

[6] *Lo que dice es espiritual, pero nadie lo sabe:* otra posible traducción: *para sí mismo* (lit. *en espíritu*) *habla de cosas secretas.*
[o] **13.12** 1 Jn 3.2.   [p] **14.21** Is 28.11-12.

hay nadie en la iglesia que pueda interpretarlas, mejor será no hablar en lenguas, sino que cada uno hable consigo mismo y con Dios. ²⁹ Igualmente, si se trata de comunicar mensajes de parte de Dios, que hablen dos o tres, y que los otros consideren lo que se haya dicho. ³⁰ Pero si Dios le revela algo a otra persona que está allí sentada, entonces el primero debe dejar de hablar. ³¹ De esta manera todos, cada uno en su turno correspondiente, podrán comunicar mensajes de parte de Dios, para que todos aprendan y se animen. ³² El comunicar mensajes de parte de Dios debe estar bajo el control del que los comunica, ³³ porque Dios es Dios de paz y no de confusión.

Siguiendo la práctica general del pueblo de Dios, ³⁴ las mujeres deben guardar silencio en el culto de la iglesia, porque no les está permitido hablar. Deben estar sometidas a sus esposos, como manda la ley de Dios. ³⁵ Si quieren saber algo, pregúntenlo a sus esposos en casa; porque no está bien que una mujer hable en el culto.

³⁶ Tengan presente que la palabra de Dios no comenzó en ustedes, ni ustedes son los únicos que la han recibido. ³⁷ Si alguien se cree profeta, o cree estar inspirado por el Espíritu, reconocerá que esto que les estoy escribiendo es un mandato del Señor. ³⁸ Y si no lo reconoce, que tampoco se le reconozca a él.

³⁹ Así pues, hermanos míos, ambicionen comunicar mensajes de Dios, y no prohíban que se hable en lenguas; ⁴⁰ pero háganlo todo decentemente y con orden.

La resurrección de Cristo

15 ¹ Ahora, hermanos, quiero que se acuerden del mensaje de salvación que les he predicado. Este es el mensaje que ustedes aceptaron, y en el cual están firmes. ² También por medio de este mensaje son ustedes salvos, si es que se mantienen firmes en él; de lo contrario, habrán creído en vano.

³ En primer lugar les he dado a conocer la enseñanza que yo recibí. Les he enseñado que Cristo murió por nuestros pecados, como dicen las Escrituras;^q ⁴ que lo sepultaron y que resucitó al tercer día, como también dicen las Escrituras;^r ⁵ y que se apareció a Pedro,^s y luego a los doce.^t ⁶ Después se apareció a más de quinientos hermanos a la vez, la mayoría de los cuales vive todavía, aunque algunos ya han muerto. ⁷ Después se apareció a Santiago, y luego a todos los apóstoles. ⁸ Por último se me apareció también a

mí,^u que soy como un niño nacido anormalmente. ⁹ Pues yo soy el menos importante de los apóstoles, y ni siquiera merezco llamarme apóstol, porque perseguí a la iglesia de Dios.^v ¹⁰ Pero soy lo que soy porque Dios fue bueno conmigo; y su bondad para conmigo no ha resultado en vano. Al contrario, he trabajado más que todos ellos; aunque no he sido yo, sino Dios, que en su bondad me ha ayudado. ¹¹ Lo que importa no es si he sido yo o si han sido ellos, sino que éste es nuestro mensaje y que esto es lo que ustedes han creído.

La resurrección de los muertos

¹² Pero si nuestro mensaje es que Cristo resucitó, ¿por qué dicen algunos de ustedes que los muertos no resucitan? ¹³ Porque si los muertos no resucitan, entonces tampoco Cristo resucitó; ¹⁴ y si Cristo no resucitó, el mensaje que predicamos no vale para nada, ni tampoco vale para nada la fe que ustedes tienen. ¹⁵ Si esto fuera así, nosotros resultaríamos ser testigos falsos de Dios, puesto que afirmamos que él resucitó a Cristo, cuando en realidad no lo habría resucitado si fuera verdad que los muertos no resucitan. ¹⁶ Porque si los muertos no resucitan, entonces tampoco Cristo resucitó; ¹⁷ y si Cristo no resucitó, la fe de ustedes no vale para nada: todavía siguen en sus pecados. ¹⁸ En este caso, también están perdidos los que murieron creyendo en Cristo. ¹⁹ Si nuestra esperanza en Cristo solamente está referida a esta vida, somos los más desdichados de todos.

²⁰ Pero lo cierto es que Cristo ha resucitado. Él es el primer fruto de la cosecha: ha sido el primero en resucitar. ²¹ Así como por causa de un hombre entró la muerte en el mundo, también por causa de un hombre entró la resurrección de los muertos. ²² Y así como en Adán todos mueren, así también en Cristo todos tendrán vida.^w ²³ Pero cada uno en el orden que le corresponda: Cristo en primer lugar; después, cuando Cristo vuelva, los que son suyos. ²⁴ Entonces vendrá el fin, cuando Cristo derrote a todos los señoríos, autoridades y poderes, y entregue el reino al Dios y Padre. ²⁵ Porque Cristo tiene que reinar hasta que todos sus enemigos estén puestos debajo de sus pies;^x ²⁶ y el último enemigo que será derrotado es la muerte. ²⁷ Porque Dios lo ha sometido todo debajo de sus pies.^y Pero cuando dice que todo le ha quedado sometido, es

q **15.3** Is 53.5-12. r **15.4** Sal 16.8-10; Mt 12.40; Hch 2.24-32. s **15.5** Lc 24.34. t **15.5** Mt 28.16-17; Mr 16.14; Lc 24.36; Jn 20.19. u **15.8** Hch 9.3-6. v **15.9** Hch 8.3. w **15.21-22** Ro 5.12-18. x **15.25** Sal 110.1. y **15.27** Sal 8.6.

claro que esto no incluye a Dios mismo, ya que es él quien le sometió todas las cosas. [28] Y cuando todo haya quedado sometido a Cristo, entonces Cristo mismo, que es el Hijo, se someterá a Dios, que es quien sometió a él todas las cosas. Así, Dios será todo en todo.

[29] De otra manera, los que se bautizan por los muertos, ¿para qué lo harían? Si los muertos no resucitan, ¿para qué bautizarse por ellos? [30] ¿Y por qué estamos nosotros en peligro a todas horas? [31] Porque, hermanos, todos los días estoy en peligro de muerte. Esto es tan cierto como la satisfacción que siento por ustedes como creyentes en nuestro Señor Jesucristo. [32] Yo he luchado con las fieras en Efeso, pero ¿qué he ganado con eso? Si es verdad que los muertos no resucitan, entonces, como algunos dicen: "¡Comamos y bebamos, que mañana moriremos!"[z]

[33] No se dejen engañar. Como alguien dijo: "Los malos compañeros echan a perder las buenas costumbres." [34] Vuelvan ustedes al buen juicio, y no pequen, pues algunos de ustedes no conocen a Dios. Digo esto para que se avergüencen.

Cómo resucitarán los muertos

[35] Tal vez alguno preguntará: "¿Cómo resucitarán los muertos? ¿Qué clase de cuerpo tendrán?" [36] ¡Vaya pregunta tonta! Cuando se siembra, la semilla tiene que morir para que tome vida la planta. [37] Lo que se siembra no es la planta que ha de brotar, sino el simple grano, sea de trigo o de otra cosa. [38] Después Dios le da la forma que él quiere, y a cada semilla la da el cuerpo que le corresponde. [39] No todos los cuerpos son iguales; uno es el cuerpo del hombre, otro el de los animales, otro el de las aves y otro el de los peces. [40] Del mismo modo, hay cuerpos celestes y cuerpos terrestres; pero una es la hermosura de los cuerpos celestes y otra la hermosura de los cuerpos terrestres. [41] El brillo del sol es diferente del brillo de la luna y del brillo de las estrellas; y aun entre las estrellas, el brillo de una es diferente del de otra.

[42] Lo mismo pasa con la resurrección de los muertos. Lo que se entierra es corruptible; lo que resucita es incorruptible. [43] Lo que se entierra es despreciable; lo que resucita es glorioso. Lo que se entierra es débil; lo que resucita es fuerte. [44] Lo que se entierra es un cuerpo material; lo que resucita es un cuerpo espiritual. Si hay cuerpo material, también hay cuerpo espiritual.

[45] Así dice la Escritura: "El primer hombre, Adán, fue materia con vida"; pero el último Adán es espíritu que da la vida. [46] Sin embargo, lo espiritual no es primero, sino lo material; después lo espiritual. [47] El primer hombre, hecho de tierra, era de la tierra;[a] el segundo hombre es del cielo. [48] Los cuerpos de la tierra son como aquel hombre hecho de tierra; y los del cielo son como aquel que es del cielo.

[49] Así como nos parecemos al hombre hecho de tierra, así también nos pareceremos a aquel que es del cielo.

[50] Quiero decirles, hermanos, que lo que es de carne y hueso[7] no puede tener parte en el reino de Dios, y que lo corruptible no puede tener parte en lo incorruptible. [51] Pero quiero que sepan un secreto: No todos moriremos, pero todos seremos transformados [52] en un momento, en un abrir y cerrar de ojos, cuando suene el último toque de trompeta. Porque sonará la trompeta, y los muertos serán resucitados para no volver a morir. Y nosotros seremos transformados.[b] [53] Pues nuestra naturaleza corruptible se revestirá de lo incorruptible, y nuestro cuerpo mortal se revestirá de inmortalidad. [54] Y cuando nuestra naturaleza corruptible se haya revestido de lo incorruptible, y cuando nuestro cuerpo mortal se haya revestido de inmortalidad, se cumplirá lo que dice la Escritura: "La muerte ha sido devorada por la victoria.[c] [55] ¿Dónde está, oh muerte, tu victoria? ¿Dónde está, oh muerte, tu aguijón?"[d] [56] El aguijón de la muerte es el pecado, y la ley antigua es la que da al pecado su poder. [57] ¡Pero gracias a Dios, que nos da la victoria por medio de nuestro Señor Jesucristo!

[58] Por lo tanto, mis queridos hermanos, sigan firmes y constantes, trabajando siempre más y más en la obra del Señor; porque ustedes saben que no es en vano el trabajo que hacen en unión con el Señor.

La colecta para los hermanos

16 [1] En cuanto a la colecta para los hermanos en la fe,[e] hágala según las instrucciones que di a las iglesias en la provincia de Galacia. [2] Los domingos, cada uno de ustedes debe apartar algo, según lo que haya ganado, y guardarlo para que cuando yo llegue no se tengan que hacer colectas. [3] Y cuando yo llegue, mandaré a Jerusalén a las personas que ustedes esco-

7 *Carne y hueso:* lit. *carne y sangre.*
z **15.32** Is 22.13.   a **15.45–47** Gn 2.7.   b **15.51–52** 1 Ts 4.15–17.   c **15.54** Is 25.8.   d **15.55** Os 13.14.   e **16.1** Ro 15.25–26; 2 Co 8–9.

jan, dándoles cartas para que lleven a los hermanos de allá la colecta hecha por ustedes. 4 Y si es conveniente que yo también vaya, ellos irán conmigo.

Planes de viaje de Pablo

5 En mi viaje tengo que pasar por la región de Macedonia; y después de Macedonia llegaré a Corinto.f 6 Puede ser que me quede con ustedes algún tiempo, o que tal vez pase allí todo el invierno; entonces ustedes podrán ayudarme en mi viaje a donde tenga que ir después. 7 No quiero verlos solamente de paso, sino que espero estar algún tiempo con ustedes, si el Señor lo permite; 8 pero me quedaré en Efeso hasta el día de Pentecostés,g 9 porque tengo una gran oportunidad de trabajar en la obra del Señor y obtener buenos resultados, a pesar de que muchos están en contra mía.h

10 Si llega Timoteo,i procuren que se sienta a gusto entre ustedes, pues trabaja en la obra del Señor lo mismo que yo. 11 Así que ninguno de ustedes lo desprecie; sino, al contrario, ayúdenlo a seguir su viaje en paz, para que venga a verme, porque lo estoy esperando junto con los otros hermanos.

12 En cuanto al hermano Apolos, le rogué mucho que fuera con los hermanos a visitarlos a ustedes, pero por ahora no quiso ir. Lo hará cuando tenga oportunidad.

Saludos finales

13 Manténganse despiertos y firmes en la fe. Tengan mucho valor y firmeza. 14 Y todo lo que hagan, háganlo con amor.

15 Hermanos, ustedes saben que la familia de Estéfanasj fue la primera que en la región de Acaya se convirtió al evangelio, y que ellos se han dedicado a servir a los hermanos en la fe. 16 Quiero que ustedes, a su vez, se sometan a personas como ellos y a todos los que ayudan y trabajan en esta labor.

17 Me alegro de que hayan venido Estéfanas, Fortunato y Acaico, pues en ausencia de ustedes 18 ellos me han animado espiritualmente, lo mismo que a ustedes. Personas así merecen que ustedes las reconozcan.

19 Las iglesias de la provincia de Asia les mandan saludos. Aquila y Prisca,k y la congregación que se reúne en su casa, les mandan muchos saludos en el Señor. 20 Reciban saludos de todos los hermanos. Salúdense unos a otros con un beso santo.

21 Yo, Pablo, les escribo a ustedes este saludo de mi puño y letra. 22 Si alguien no ama al Señor Jesucristo, que sea puesto bajo maldición. ¡Señor nuestro, ven!l 23 Que el Señor Jesucristo derrame su gracia sobre ustedes. 24 A todos ustedes les envío mi amor en Cristo Jesús.

l ¡Señor nuestro, ven!: otra posible traducción: El Señor viene.
f 16.5 Hch 19.21. g 16.8 Lv 23.15–21; Dt 16.9–11. h 16.8–9 Hch 19.8–10. i 16.10 1 Co 4.17. j 16.15 1 Co 1.16. k 16.19 Hch 18.2.

Segunda Carta de San Pablo a los
CORINTIOS

Esta es una de las cartas más emotivas y francas del apóstol, así como más de carácter personal. La iglesia de Corinto seguía causándole dolores de cabeza, y ahora sus relaciones con ella parecían colgar de un hilo. Algunos de sus miembros habían emprendido una campaña para desprestigiar a Pablo, llegando hasta poner en duda la legitimidad y autoridad de su apostolado. Y a esto él reaccionaba con energía y aun con rudeza. Pero no obstante, la carta respira el amor del apóstol por los corintios, su espíritu dispuesto a la reconciliación y su convicción de que, a pesar de todo, los corintios también lo aman.

Tras la introducción acostumbrada (1.1-11), Pablo se refiere a sus relaciones con la iglesia de Corinto, y explica por qué les ha escrito con severidad ante la campaña desatada contra él. Se alegra de que su severidad hubiera producido arrepentimiento y reconciliación (1.12-7.16). Aun en medio del conflicto que se había creado no deja de pensar en los demás, así que hace un nuevo llamamiento a la iglesia para que envíen socorros a los hermanos de Judea (caps. 8,9). Luego viene la más vibrante defensa que hizo Pablo de su autoridad de apóstol, frente a aquellos —al parecer sólo una minoría— que lo acusaban de ser un falso apóstol, y que, además, se presentaban a sí mismos como verdaderos apóstoles y trataban de suplantarlo en el afecto y obediencia de los creyentes corintios (10.1—13.10). La conclusión es breve, pero afectuosa (13.11-14).

Saludo

1 ¹ Yo, Pablo, por la voluntad de Dios soy apóstol de Jesucristo. Junto con el hermano Timoteo, escribo esta carta a la iglesia de Dios que está en la ciudad de Corinto*a* y al pueblo de Dios en toda la región de Acaya. ² Que Dios nuestro Padre y el Señor Jesucristo derramen su gracia y su paz sobre ustedes.

Sufrimientos de Pablo

³ Alabemos al Dios y Padre de nuestro Señor Jesucristo, pues él es el Padre que nos tiene compasión y el Dios que siempre nos consuela. ⁴ El nos consuela en todos nuestros sufrimientos, para que nosotros podamos consolar también a los que sufren, dándoles el mismo consuelo que él nos ha dado a nosotros. ⁵ Porque así como los sufrimientos de Cristo se desbordan sobre nosotros y nosotros sufrimos con él, así también por medio de Cristo se desborda nuestro consuelo. ⁶ Pues si nosotros sufrimos, es para que ustedes tengan consuelo y salvación; y si Dios nos consuela, también es para que ustedes tengan consuelo y puedan soportar con fortaleza los mismos sufrimientos que nosotros padecemos. ⁷ Tenemos una esperanza firme en cuanto a ustedes, porque nos consta que, así como tienen parte en los sufrimientos, también tienen parte en el consuelo que viene de Dios.

⁸ Hermanos, queremos recordarles cuántas dificultades tuvimos en la provincia de Asia.*b* Fue una prueba tan dura que ya no podíamos resistir más, y hasta perdimos la esperanza de salir con vida. ⁹ Nos sentíamos como condenados a muerte. Pero esto sirvió para enseñarnos a no confiar en nosotros mismos, sino en Dios, que resucita a los muertos. ¹⁰ Y Dios nos libró y nos librará de tan gran peligro de muerte. Confiamos en que seguirá librándonos, ¹¹ si ustedes nos ayudan orando por nosotros. Si muchos oran por nosotros, muchos también darán gracias a Dios por las bendiciones que de él recibimos.

Por qué no fue Pablo a Corinto

¹² Hay algo que nos causa satisfacción, y es que nuestra conciencia nos dice que nos hemos portado limpia y sinceramente en este mundo, y especialmente entre ustedes. Esto no se debe a nuestra propia sabiduría, sino a que Dios, en su bondad, nos ha ayudado a vivir así. ¹³ En nuestras cartas, no escribimos nada distinto de lo que ustedes pueden leer y entender. Y espero que lleguen a entender perfectamente, ¹⁴ como ya lo han entendido en parte, que cuando regrese nuestro Señor Jesús ustedes se sentirán satisfechos de nosotros, como también nosotros nos sentiremos satisfechos de ustedes.

¹⁵ Confiando en esto, yo había pensado en ir primero a verlos a ustedes, y así hacerles el favor de visitarlos dos veces; ¹⁶ pensaba visitarlos primero al pasar ca-

a 1.1 Hch 18.1. *b 1.8* 1 Co 15.32.

mino de Macedonia,ᶜ y después, al regresar, visitarlos otra vez. Así ustedes podrían ayudarme luego a seguir mi viaje a Judea. ¹⁷ ¿Será que cuando decidí hacer esto no lo pensé seriamente? ¿Creen ustedes que yo hago mis planes con doblez, diciendo "sí" y "no" al mismo tiempo? ¹⁸ Dios es testigo de que nosotros no les decimos a ustedes "sí" y "no" al mismo tiempo. ¹⁹ Porque Cristo Jesús, el Hijo de Dios, a quien Silvano, Timoteo y yoᵈ predicamos entre ustedes, no es "sí" y "no" al mismo tiempo. Cristo es el "sí" de Dios, ²⁰ pues en él se cumplen todas las promesas de Dios. Por esto, cuando alabamos a Dios, decimos "Así sea" por medio de Cristo Jesús. ²¹ Y Dios es el que a nosotros y a ustedes nos ha afirmado al unirnos a Cristo, y nos ha escogido. ²² Nos ha marcado con su sello, y ha puesto en nuestro corazón el Espíritu Santo como garantíaᵉ de lo que vamos a recibir.

²³ Pero si todavía no he ido a Corinto, como pensaba, pongo a Dios por testigo de que ha sido por consideración a ustedes. ²⁴ No es que queramos imponerles a ustedes lo que tienen que creer, pues ya están firmes en su fe; lo que queremos es colaborar con ustedes, para que tengan alegría.

2 ¹ Por esto decidí no hacerles otra visita que les causara tristeza. ² Porque si yo los entristezco, ¿quién hará que me sienta alegre, de no ser ustedes, a quienes he entristecido? ³ Por eso les escribí como lo hice, porque no quería ir para que me entristecieran ustedes, que más bien deberían alegrarme. Estaba seguro de que todos ustedes harían suya mi alegría, ⁴ pero cuando les escribí esa carta, me sentía tan preocupado y afligido que hasta lloraba. Sin embargo, no la escribí para causarles tristeza, sino para que vieran el amor tan grande que les tengo.

Perdón para el que había ofendido a Pablo

⁵ Si alguno ha causado tristeza, no me la ha causado sólo a mí, sino hasta cierto punto también a todos ustedes. Digo "hasta cierto punto" para no exagerar. ⁶ El castigo que la mayoría de ustedes le impuso a esa persona, ya es suficiente. ⁷ Lo que ahora deben hacer es perdonarlo y ayudarlo, no sea que tanta tristeza lo lleve a la desesperación. ⁸ Por eso les ruego que nuevamente le demuestren el amor que le tienen. ⁹ Ya antes les escribí sobre este asunto, precisamente para probarlos y saber si están dispuestos a seguir mis instrucciones. ¹⁰ Así que aquel a quien ustedes perdonen algo, también yo se lo perdono. Y se lo perdono, si es que había algo que perdonar, por consideración a ustedes y en presencia de Cristo. ¹¹ Así Satanás no se aprovechará de nosotros, pues conocemos muy bien sus mañas.

Intranquilidad de Pablo en Troas

¹² Cuando llegué a la ciudad de Troas para anunciar el mensaje de Cristo, se me presentó una gran oportunidad de trabajar por el Señor. ¹³ Pero mi ánimo no estaba tranquilo, porque no encontré a nuestro hermano Tito. Por eso me despedí de ellos y me fui a Macedonia.ᶠ

Victoriosos en Cristo

¹⁴ Gracias a Dios que siempre nos lleva en el desfile victorioso de Cristo Jesúsʲ y que por medio de nosotros da a conocer su mensaje, el cual se esparce por todas partes como un aroma agradable. ¹⁵ Porque nosotros somos como el olor del incienso que Cristo ofrece a Dios, y que se esparce tanto entre los que se salvan como entre los que se pierden. ¹⁶ Para los que se pierden, este incienso resulta un aroma mortal, pero para los que se salvan, es una fragancia que les da vida. ¿Y quién está capacitado para esto? ¹⁷ Nosotros no andamos negociando con el mensaje de Dios, como hacen muchos; al contrario, hablamos con sinceridad delante de Dios, como enviados suyos que somos y por nuestra unión con Cristo.

El mensaje del nuevo pacto

3 ¹ Cuando decimos esto, ¿les parece que estamos comenzando otra vez a alabarnos a nosotros mismos? ¿O acaso tendremos que presentarles o pedirles a ustedes cartas de recomendación, como hacen algunos? ² Ustedes mismos son la única carta de recomendación que necesitamos: una carta escrita en nuestro corazón, la cual todos conocen y pueden leer. ³ Y se ve claramente que ustedes son una carta escrita por Cristo mismo y entregada por nosotros; una carta que no ha sido escrita con tinta, sino con el Espíritu del Dios viviente; una carta que no ha sido grabada en tablas de piedra,ᵍ sino en corazones humanos.ʰ

⁴ Confiados en Dios por medio de Cristo, estamos seguros de esto. ⁵ No es que nosotros mismos estemos capacitados para considerar algo como nuestro; al contrario, todo lo que podemos hacer

---

ʲ *Nos lleva . . . Cristo Jesús:* otra posible traducción: *nos hace triunfar en unión con Cristo Jesús.*
ᶜ **1.16** Hch 19.21. ᵈ **1.19** Hch 18.5. ᵉ **1.22** Ef 1.14. ᶠ **2.12-13** Hch 20.1. ᵍ **3.3** Ex 24.12. ʰ **3.3** Jer 31.33; Ez 11.19; 36.26.

viene de Dios, ⁶ pues él nos ha capacitado para ser servidores de un nuevo pacto,ⁱ no escrito, sino espiritual. La ley escrita condena a muerte, pero el Espíritu de Dios da vida.

⁷ Esta ley, grabada en letras sobre tablas de piedra, vino con tal resplandor que los israelitas ni siquiera podían mirar la cara de Moisés a causa de su intenso brillo.ʲ Sin embargo, aquel resplandor había de terminar por apagarse. Pero si esa ley que condena a muerte fue promulgada con tanta gloria, ⁸ ¡cuánta más será la gloria del anuncio de un nuevo pacto fundado en el Espíritu! ⁹ Es decir, que si fue tan gloriosa la promulgación de una ley que sirvió para condenarnos, ¡cuánto más glorioso será poder anunciar que Dios nos declara sin culpa! ¹⁰ Porque la gloria anterior ya no es nada en comparación con esto, que es mucho más glorioso. ¹¹ Y si fue glorioso lo que había de terminar por apagarse, mucho más glorioso será lo que permanece para siempre.

¹² Precisamente porque tenemos esta esperanza, hablamos con toda libertad. ¹³ No hacemos como Moisés, que se tapaba la cara con un veloᵏ para que los israelitas no vieran que aquel resplandor se iba apagando. ¹⁴ Pero ellos no lo entendieron así, y todavía ahora, cuando leen el antiguo pacto, ese mismo velo les impide entender, pues no les ha sido quitado, porque solamente se quita por medio de Cristo. ¹⁵ Hasta el día de hoy, cuando leen los libros de Moisés, un velo cubre su entendimiento. ¹⁶ Pero cuando una persona se vuelve al Señor, el velo se le quita. ¹⁷ Porque el Señor es el Espíritu; y donde está el Espíritu del Señor, allí hay libertad. ¹⁸ Por eso, todos nosotros, ya sin el velo que nos cubría la cara, somos como un espejo que refleja la gloria del Señor, y vamos transformándonos en su imagen misma,ˡ porque cada vez tenemos más de su gloria, y esto por la acción del Señor, que es el Espíritu.

4 ¹ Por eso no nos desanimamos, porque Dios, en su misericordia, nos ha encargado este trabajo. ² Hemos rechazado las cosas vergonzosas que se hacen a escondidas; y no actuamos con astucia ni falseamos el mensaje de Dios. Al contrario, decimos solamente la verdad, y de esta manera nos recomendamos a la conciencia de todos delante de Dios. ³ Y si el mensaje de salvación que predicamos es oscuro, lo es solamente para los que se pierden. ⁴ Pues como ellos no creen, el dios de este mundo los ha hecho ciegos de entendimiento, para que no vean la brillante luz del evangelio del Cristo glorioso, imagen viva de Dios. ⁵ No nos predicamos a nosotros mismos, sino a Jesucristo como Señor; nosotros nos declaramos simplemente servidores de ustedes por amor a Jesús. ⁶ Porque el mismo Dios que mandó que la luz brotara de la oscuridad,ᵐ es el que ha hecho brotar su luz en nuestro corazón, para que por medio de ella podamos conocer la gloria de Dios que brilla en la cara de Jesucristo.

El vivir por la fe

⁷ Pero esta riqueza la tenemos en nuestro cuerpo, que es como una olla de barro, para mostrar que ese poder tan grande viene de Dios y no de nosotros. ⁸ Así, aunque llenos de problemas, no estamos sin salida; tenemos preocupaciones, pero no nos desesperamos. ⁹ Nos persiguen, pero no estamos abandonados; nos derriban, pero no nos destruyen. ¹⁰ Dondequiera que vamos, llevamos siempre en nuestro cuerpo la muerte de Jesús, para que también su vida se muestre en nosotros. ¹¹ Pues nosotros, los que vivimos, siempre estamos expuestos a la muerte por causa de Jesús, para que también su vida se muestre en nuestro cuerpo mortal. ¹² De ese modo, la muerte actúa en nosotros, y en ustedes actúa la vida.

¹³ La Escritura dice: "Tuve fe, y por eso hablé."ⁿ De igual manera, nosotros, con esa misma actitud de fe, creemos y también hablamos. ¹⁴ Porque sabemos que Dios, que resucitó de la muerte al Señor Jesús, también nos resucitará a nosotros con él, y junto con ustedes nos llevará a su presencia. ¹⁵ Todo esto ha sucedido para bien de ustedes, para que, siendo muchas las bendiciones de Dios, muchos sean también los que le den gracias, para la gloria de Dios.

¹⁶ Por eso no nos desanimamos. Pues aunque por fuera vamos envejeciendo, por dentro nos rejuvenecemos día a día. ¹⁷ Lo que sufrimos en esta vida es cosa ligera, que pronto pasa; pero nos trae como resultado una gloria eterna mucho más grande y abundante. ¹⁸ Porque no nos fijamos en lo que se ve, sino en lo que no se ve, ya que las cosas que se ven son pasajeras, pero las que no se ven son eternas.

5 ¹ Nosotros somos como una casa terrenal, como una tienda de campaña no permanente; pero sabemos que si esta tienda se destruye, Dios nos tiene preparada en el cielo una casa eterna, que no ha sido hecha por manos humanas. ² Por eso suspiramos mientras vivimos en esta casa actual, pues quisiéramos mudarnos ya a nuestra casa celestial, ³ la cual nos cubrirá

como un vestido para que no quedemos
desnudos. 4 Mientras vivimos en esta
tienda suspiramos afligidos, pues no quisiéramos ser desnudados, sino más bien
ser revestidos de tal modo que lo mortal
quede absorbido por la nueva vida. 5 Y
Dios es quien nos ha preparado para esto,
y quien nos ha dado el Espíritu Santo
como garantía de lo que hemos de recibir.
6 Por eso tenemos siempre confianza.
Sabemos que mientras vivamos en este
cuerpo estaremos como en el destierro, lejos del Señor. 7 Ahora no podemos verlo,
sino que vivimos sostenidos por la fe;
8 pero tenemos confianza, y quisiéramos
más bien salir de este cuerpo para ir a presentarnos ante el Señor. 9 Por eso procuramos agradar siempre al Señor, ya sea que
dejemos este cuerpo o que sigamos en él.
10 Porque todos tenemos que presentarnos
ante el tribunal de Cristo,[n] para que cada
uno reciba lo que le corresponda, según lo
bueno o lo malo que haya hecho mientras
estaba en el cuerpo.[2]

El mensaje de la paz

11 Por eso, sabiendo que al Señor hay
que tenerle reverencia, procuramos convencer a los hombres. Dios nos conoce
muy bien, y espero que también ustedes
nos conozcan. 12 No es que nos hayamos
puesto otra vez a alabarnos a nosotros
mismos, sino que les estamos dando a
ustedes una oportunidad de sentirse satisfechos de nosotros, para que puedan contestar a quienes presumen de las apariencias y no de lo que hay en el corazón.
13 Pues si estamos locos, es para Dios; y si
no lo estamos, es para ustedes. 14 El amor
de Cristo gobierna nuestras vidas, desde
que sabemos que uno murió por todos y
que, por consiguiente, todos han muerto.
15 Y Cristo murió por todos, para que los
que viven ya no vivan para sí mismos,
sino para él, que murió y resucitó por
ellos. 16 Por eso, nosotros ya no pensamos
de nadie según los criterios de este
mundo; y aunque antes pensábamos de
Cristo según tales criterios, ahora ya no
pensamos así de él. 17 Por lo tanto, el que
está unido a Cristo es una nueva persona.
Las cosas viejas pasaron; lo que ahora
hay, es nuevo.[3,o]
18 Todo esto es la obra de Dios, quien
por medio de Cristo nos puso en paz consigo mismo y nos dio el encargo de poner
a todos en paz con él. 19 Es decir que, en
Cristo, Dios estaba poniendo al mundo en
paz consigo mismo, sin tomar en cuenta
los pecados de los hombres; y a nosotros
nos encargó que diéramos a conocer este
mensaje. 20 Así que somos embajadores de
Cristo, lo cual es como si Dios mismo les
rogara a ustedes por medio de nosotros.
Así pues, en el nombre de Cristo les rogamos que se pongan en paz con Dios.
21 Cristo no cometió pecado alguno; pero
por causa nuestra, Dios lo trató como al
pecado mismo, para así, por medio de
Cristo, librarnos de culpa.

6 1 Ahora pues, como colaboradores en
la obra de Dios, les rogamos a ustedes
que no desaprovechen la bondad que Dios
les ha mostrado. 2 Porque él dice en las Escrituras:

"En el momento oportuno te
escuché;
en el día de la salvación te ayudé."[p]

Y ahora es el momento oportuno. ¡Ahora
es el día de la salvación!
3 En nada damos mal ejemplo a nadie,
para que nuestro trabajo no caiga en des-
crédito. 4 Al contrario, en todo damos
muestras de que somos siervos de Dios,
soportando con mucha paciencia los sufrimientos, las necesidades, las dificultades,
5 los azotes, las prisiones,[q] los alborotos, el
trabajo duro, los desvelos y el hambre.
6 También lo demostramos por nuestra pureza de vida, por nuestro conocimiento de
la verdad, por nuestra tolerancia y bondad, por la presencia del Espíritu Santo en
nosotros, por nuestro amor sincero, 7 por
nuestro mensaje de verdad y por el poder
de Dios en nosotros. Usamos las armas de
la rectitud, tanto para el ataque como
para la defensa. 8 Unas veces se nos honra,
y otras veces se nos ofende; unas veces se
habla bien de nosotros, y otras veces se
habla mal. Nos tratan como a mentirosos,
a pesar de que decimos la verdad. 9 Nos
tratan como a desconocidos, a pesar de
que somos bien conocidos. Estamos medio
muertos, pero seguimos viviendo; nos castigan, pero no nos matan. 10 Parecemos
tristes, pero siempre estamos contentos;
parecemos pobres, pero hemos enrique-
cido a muchos; parece que no tenemos
nada, pero lo tenemos todo.
11 Hermanos corintios, les hemos hablado con toda franqueza; les hemos
abierto por completo nuestro corazón.
12 No tenemos con ustedes ninguna clase
de reserva; son ustedes quienes tienen re-
servas con nosotros. 13 Les ruego por lo
tanto, como un padre ruega a sus hijos,
que sean francos conmigo, como yo lo he
sido con ustedes.

Somos templo del Dios viviente

14 No se unan ustedes en un mismo
yugo con los que no creen. Porque ¿qué

[2] *Mientras estaba en el cuerpo:* otra posible traducción: *sirviéndose de su cuerpo.* [3] *Lo que ahora hay, es nuevo:* otra posible traducción: *se han vuelto nuevas.*

[n] **5.10** Ro 14.10. [o] **5.17** Jn 3.3–7; Gá 6.15. [p] **6.2** Is 49.8. [q] **6.5** Hch 16.23.

tienen en común la justicia y la injusticia? ¿O cómo puede la luz ser compañera de la oscuridad? [15] No puede haber armonía entre Cristo y el diablo, ni entre un creyente y un incrédulo. [16] No puede haber nada en común entre el templo de Dios y los ídolos. Porque nosotros somos templo del Dios viviente,[r] como él mismo dijo:

"Viviré y andaré entre ellos;
yo seré su Dios
y ellos serán mi pueblo."[s]

[17] Por eso también dice el Señor:
"Salgan de en medio de ellos, y
apártense;
no toquen nada impuro.[t]
Entonces yo los recibiré
[18] y seré un Padre para ustedes,
y ustedes serán mis hijos y mis
hijas,
dice el Señor todopoderoso."[u]

7 [1] Así pues, queridos hermanos, éstas son las promesas que tenemos. Por eso debemos mantenernos limpios de todo lo que pueda mancharnos, tanto en el cuerpo como en el espíritu; y en el temor de Dios debemos consagrarnos completamente a él.

La conversión de los corintios

[2] ¡Háganos un lugar en su corazón! Con nadie hemos sido injustos; a nadie hemos hecho daño; a nadie hemos engañado. [3] No les digo esto para criticarlos, pues, como ya les dije antes, ustedes están en mi corazón, para vivir juntos y morir juntos. [4] Tengo mucha franqueza para hablarles y mucha satisfacción a causa de ustedes. En medio de todo lo que sufrimos, me siento muy animado y lleno de gozo. [5] Desde que llegamos a Macedonia,[v] no hemos tenido ningún descanso, sino que en todas partes hemos encontrado dificultades: luchas a nuestro alrededor y temores en nuestro interior. [6] Pero Dios, que anima a los desanimados, nos animó con la llegada de Tito; [7] y no solamente con su llegada, sino también por el hecho de que él se sentía muy animado a causa de ustedes. El nos habló de lo mucho que ustedes desean vernos, y nos contó de la tristeza que sienten y de su preocupación por mí; y con todo esto me alegré más todavía. [8] Aunque la carta que les escribí los entristeció, no lo lamento ahora. Y si antes lo lamenté viendo que esa carta los había entristecido por un poco de tiempo, [9] ahora me alegro; no por la tristeza que les causó, sino porque esa tristeza les hizo volverse a Dios. Ustedes soportaron la tristeza de una manera que agrada a Dios,

así que nosotros no les causamos ningún daño; [10] pues la tristeza que se soporta de manera agradable a Dios, conduce a una conversión que da por resultado la salvación, y no hay nada que lamentar. Pero la tristeza del mundo produce la muerte. [11] Ustedes soportaron la tristeza como a Dios le agrada, ¡y miren ahora los resultados! Les hizo tomar en serio el asunto y defenderme; les hizo enojar, y también sentir miedo. Después tuvieron deseos de verme, y se dispusieron a castigar al culpable. Con todo lo cual han demostrado ustedes que no tuvieron nada que ver en este asunto. [12] Así pues, cuando les escribí aquella carta, no lo hice pensando en el ofensor ni en la persona ofendida, sino más bien para que se viera delante de Dios la preocupación que ustedes tienen por nosotros. [13] Esto ha sido para nosotros un consuelo.

Pero mucho más que este consuelo que hemos recibido, nos ha alegrado el ver que Tito está muy contento; pues todos ustedes le han dado nuevos ánimos. [14] Yo ya le había dicho a Tito que me sentía satisfecho de ustedes, y no he quedado mal. Al contrario, así como es verdad todo lo que les hemos dicho a ustedes, también es verdad lo que le dijimos a Tito: que estamos satisfechos de ustedes. [15] Y él les tiene aún más cariño cuando recuerda que todos ustedes le obedecieron y lo recibieron con tan profundo respeto. [16] ¡Me alegro de poder confiar plenamente en ustedes!

Generosidad en las ofrendas

8 [1] Ahora, hermanos, queremos contarles cómo se ha mostrado la bondad de Dios en las iglesias de Macedonia. [2] A pesar de las pruebas por las que han tenido que pasar, son muy felices; y a pesar de ser muy pobres, sus ofrendas han sido tan generosas como si fueran ricos. [3] Yo soy testigo de que, de buena gana, han ofrendado según sus posibilidades, y aun más allá de sus posibilidades. [4] Nos rogaron mucho que les permitiéramos tomar parte en esta ayuda para el pueblo de Dios.[w] [5] Y hasta hicieron más de lo que esperábamos, pues se ofrendaron a sí mismos, primero al Señor y luego a nosotros, conforme a la voluntad de Dios. [6] Por eso hemos rogado a Tito que recoja entre ustedes esta bondadosa colecta que él comenzó antes a recoger. [7] Pues ustedes, que sobresalen en todo: en fe, en facilidad de palabra, en conocimientos, en buena disposición para servir y en amor que aprendieron de nosotros, igualmente deben sobresalir en esta obra de caridad.

[r] **6.16** 1 Co 3.16; 6.19. [s] **6.16** Lv 26.12; Ez 37.27. [t] **6.17** Is 52.11. [u] **6.18** 2 S 7.14; 1 Cr 17.13; Is 43.6; Jer 31.9. [v] **7.5** 2 Co 2.13. [w] **8.1–4** Ro 15.26.

⁸ No les digo esto como un mandato; solamente quiero que conozcan la buena disposición de otros, para darles a ustedes la oportunidad de demostrar que su amor es verdadero. ⁹ Porque ya saben ustedes que nuestro Señor Jesucristo, en su bondad, siendo rico se hizo pobre por causa de ustedes, para que por su pobreza fueran ustedes enriquecidos.

¹⁰ Por el bien de ustedes les doy mi opinión sobre este asunto. Desde el año pasado, no sólo comenzaron ustedes a hacer algo al respecto, sino a hacerlo con entusiasmo. ¹¹ Ahora pues, dentro de sus posibilidades, terminen lo que han comenzado con la misma buena disposición que mostraron al principio, cuando decidieron hacerlo. ¹² Porque si alguien de veras quiere dar, Dios le acepta la ofrenda que él dé conforme a sus posibilidades. Dios no pide lo que uno no tiene.

¹³ No se trata de que por ayudar a otros ustedes pasen necesidad; ¹⁴ se trata más bien de que haya igualdad. Ahora ustedes tienen lo que a ellos les falta; en otra ocasión ellos tendrán lo que les falte a ustedes, y de esta manera habrá igualdad. ¹⁵ Como dice la Escritura: "Ni le sobró al que había recogido mucho, ni le faltó al que había recogido poco."ˣ

Tito y sus compañeros

¹⁶ Gracias a Dios que puso en el corazón de Tito la misma preocupación que yo tengo por ustedes. ¹⁷ Pues aceptó mi encargo y, como él mismo está muy interesado en ustedes, ahora va a verlos por su propia voluntad. ¹⁸ Junto con Tito, les envío un hermano de quien se habla muy bien en todas las iglesias, por lo bien que ha trabajado en favor del mensaje de salvación. ¹⁹ Además, las iglesias lo escogieron para que viajara con nosotros y ayudara en esta obra de caridad que estamos haciendo para honrar al Señor y para demostrar nuestros deseos de ayudar. ²⁰ Queremos evitar así que se nos critique a causa de esta gran colecta que estamos recogiendo, ²¹ y por eso procuramos hacer lo bueno, no sólo delante del Señor sino también delante de los hombres.ʸ

²² Juntamente con aquellos, les envío otro de nuestros hermanos, que nos ha demostrado de muchas maneras su buena disposición, y mucho más ahora, por la gran confianza que tiene en ustedes. ²³ Si alguien pregunta acerca de Tito, díganle que es mi compañero y que trabaja conmigo para servirles a ustedes. Y si preguntan acerca de los otros hermanos, díganles que son enviados de las iglesias y que

honran a Cristo. ²⁴ Y para que las iglesias lo sepan, muéstrenles ustedes que verdaderamente los aman y que tenemos razón al estar satisfechos de ustedes.

La colecta para los hermanos

9 ¹ En cuanto a la colecta para los hermanos en la fe, realmente no es necesario que les escriba a ustedes, ² porque ya conozco su buena voluntad. Siempre digo con satisfacción a los de Macedonia, que desde el año pasado ustedes los de Acaya han estado dispuestos a ayudar, y la mayoría de los de Macedonia se han animado por la buena disposición de ustedes. ³ Sin embargo, les envío a estos hermanos para que no resulte falso lo bueno que respecto de ustedes he dicho al hablar de este asunto. Es decir, para que de veras estén preparados, ⁴ no sea que algunos de Macedonia vayan conmigo y encuentren que ustedes no lo están. Eso sería una vergüenza para nosotros, que hemos tenido tanta confianza en ustedes; por no hablar de la vergüenza que sería para ustedes mismos. ⁵ Precisamente por ello me ha parecido necesario pedir a estos hermanos que vayan a visitarlos primero, y que los ayuden a completar la colecta que ustedes habían prometido. Así, la colecta de ustedes estará dispuesta como una muestra de generosidad, y no como una muestra de tacañería.

⁶ Acuérdense de esto: El que siembra poco, poco cosecha; el que siembra mucho, mucho cosecha. ⁷ Cada uno debe dar según lo que haya decidido en su corazón, y no de mala gana o a la fuerza, porque Dios ama al que da con alegría. ⁸ Dios puede darles a ustedes con abundancia toda clase de bendiciones, para que tengan siempre todo lo necesario y además les sobre para ayudar en toda clase de buenas obras. ⁹ La Escritura dice:

"Ha dado generosamente a los
    pobres,
y su justicia permanece para
    siempre."ᶻ

¹⁰ Dios, que da la semilla que se siembra y el alimento que se come,ᵃ les dará a ustedes todo lo necesario para su siembra, y la hará crecer, y hará que la generosidad de ustedes produzca una gran cosecha. ¹¹ Así tendrán ustedes toda clase de riquezas y podrán dar generosamente. Y la colecta que ustedes envíen, será motivo de que por medio de nosotros los hermanos den gracias a Dios. ¹² Porque al llevar esta ayudaᵃ a los hermanos, no solamente les llevamos lo que les hace falta, sino que también los movemos a dar muchas gra-

---

ᵃ Al llevar esta ayuda: lit. al oficiar (en) esta liturgia. La expresión que se emplea es propia de un acto de culto a Dios.
ˣ 8.15 Ex 16.18.   ʸ 8.21 Pr 3.4.   ᶻ 9.9 Sal 112.9.   ᵃ 9.10 Is 55.10.

cias a Dios. [13] Y ellos alabarán a Dios, pues esta ayuda les demostrará que ustedes obedecen al evangelio de Cristo. También ellos honrarán a Dios por la generosa contribución de ustedes para ellos y para todos. [14] Y además orarán por ustedes con mucho cariño, por la gran bondad que Dios les ha mostrado a ustedes. [15] ¡Gracias a Dios, porque nos ha hecho un regalo tan grande que no tenemos palabras para expresarlo!

La autoridad de Pablo como apóstol

10 [1] Yo, Pablo, les ruego a ustedes, por la ternura y la bondad de Cristo. Se dice que cuando estoy entre ustedes soy muy tímido, y muy atrevido cuando estoy lejos. [2] Pues bien, les ruego que, cuando vaya a verlos, no me obliguen a ser atrevido con quienes nos acusan de hacer las cosas por motivos puramente humanos, pues estoy dispuesto a enfrentarme con ellos. [3] Es cierto que somos humanos, pero no luchamos como los hombres de este mundo. [4] Las armas que usamos no son las del mundo, sino que son poder de Dios capaz de destruir fortalezas. Y así destruimos las acusaciones [5] y toda altanería que pretenda impedir que se conozca a Dios. Todo pensamiento humano lo sometemos a Cristo, para que le obedezca a él, [6] y estamos dispuestos a castigar toda desobediencia, una vez que ustedes obedezcan perfectamente.

[7] Ustedes sólo se fijan en las apariencias.[5] Si alguno está seguro de ser de Cristo, debe tener en cuenta que también nosotros somos de Cristo. [8] Y aunque yo insista un poco más de la cuenta en nuestra autoridad, no tengo por qué avergonzarme; pues el Señor nos dio la autoridad para hacerlos crecer a ustedes espiritualmente, y no para destruirlos. [9] No quiero que parezca que trato de asustarlos con mis cartas. [10] Hay quien dice que mis cartas son duras y fuertes, pero que en persona no impresiono a nadie, ni impongo respeto al hablar. [11] Pero el que esto dice debe saber también que, así como somos con palabras y por carta estando lejos de ustedes, así seremos con hechos cuando estemos entre ustedes.

[12] Ciertamente, no nos atrevemos a igualarnos o a compararnos con esos que se alaban a sí mismos. Pero ellos cometen una tontería al medirse con su propia medida y al compararse unos con otros. [13] Nosotros no vamos a jactarnos más allá de ciertos límites. Dios es quien señala los límites de nuestro campo de trabajo, y él nos permitió llegar hasta ustedes en Co-

rinto. [14] Por eso, no estamos saliéndonos de nuestros límites, como sería el caso si no hubiéramos estado antes entre ustedes. Nosotros fuimos los primeros en llevarles a ustedes la buena noticia acerca de Cristo. [15] Y no nos jactamos de los trabajos que otros han hecho, saliéndonos de nuestros límites. Al contrario, esperamos poder trabajar más entre ustedes, conforme ustedes vayan teniendo más fe, aunque siempre dentro de nuestros límites. [16] También esperamos extendernos y anunciar la salvación en lugares más allá de donde están ustedes, pero sin meternos en campos ajenos, para no jactarnos de los trabajos que otros han hecho.

[17] Si alguno quiere enorgullecerse, que se enorgullezca del Señor.[b] [18] Porque el hombre digno de aprobación no es el que se alaba a sí mismo, sino aquel a quien el Señor alaba.

Pablo y los falsos apóstoles

11 [1] ¡Ojalá me soportaran ustedes un poco de locura! Como quiera que sea, sopórtenme. [2] Porque el celo que siento por ustedes es un celo que viene de Dios. Yo los he comprometido en casamiento con un solo esposo, Cristo, y quiero presentarlos ante él puros como una virgen. [3] Pero temo que, así como la serpiente engañó con su astucia a Eva,[c] también ustedes se dejen engañar, y que sus pensamientos se aparten de la devoción pura y sincera a Cristo. [4] Ustedes soportan con gusto a cualquiera que llega hablándoles de un Jesús diferente del que nosotros les hemos predicado; y aceptan de buena gana un espíritu diferente del Espíritu que ya recibieron y un mensaje de salvación diferente del que ya han aceptado. [5] Pues bien, yo no me siento inferior en nada a esos superapóstoles a quienes ustedes siguen. [6] Aunque yo sea torpe en mi modo de hablar, no lo soy en cuanto a conocimientos; y esto se lo hemos demostrado a ustedes siempre y en todos nuestros hechos.

[7] ¿Será que hice mal en predicarles el mensaje de salvación sin cobrarles nada, humillándome yo para enaltecerlos a ustedes? [8] Les he quitado su dinero a otras iglesias, al aceptar que ellos me pagaran para poder servirles a ustedes. [9] Y cuando estando entre ustedes necesité algo, nunca fui una carga para ninguno; pues los hermanos que llegaron de Macedonia me dieron lo que necesitaba.[d] Procuré no ser una carga para ustedes, y así seguiré haciéndolo. [10] Tan seguro estoy de que conozco la verdad de Cristo, como de que

[5] **Ustedes sólo se fijan en las apariencias:** otra posible traducción: *Fíjense en lo que es evidente.*
[b] **10.17** Jer 9.24.   [c] **11.3** Gn 3.1–5,13.   [d] **11.9** Fil 4.15–18.

nadie me va a quitar este motivo de satisfacción en toda la región de Acaya. ¹¹ ¿Por qué hablo así? ¿Será porque no los quiero a ustedes? ¡Dios sabe que sí los quiero!

¹² Pero voy a seguir haciendo lo que hago, para no dar oportunidad a ésos que andan buscando pretexto para tener una satisfacción como la nuestra; ¹³ pues no son más que falsos apóstoles y engañadores que se disfrazan de apóstoles de Cristo. ¹⁴ Y esto no es nada raro, ya que Satanás mismo se disfraza de ángel de luz; ¹⁵ por eso resulta muy natural que sus servidores también se disfracen de personas de bien. ¡Pero habrán de terminar como sus hechos merecen!

Sufrimientos de Pablo como apóstol

¹⁶ Vuelvo a decirles que nadie piense que estoy loco; pero si así lo piensan, déjenme que les hable como un loco, para que también yo pueda jactarme un poco, ¹⁷ aunque esta jactancia sea más bien una locura y no palabras que el Señor apruebe. ¹⁸ ¡Ya que hay tantos que se jactan de sus propios méritos, también yo me jactaré! ¹⁹ Ustedes son muy sabios, pero soportan de buena gana a los locos, ²⁰ y soportan también a aquellos que les obligan a servir, que los explotan, que los engañan, que los tratan con desprecio o que los golpean en la cara. ²¹ Aunque me da vergüenza decirlo, ¡nosotros fuimos demasiado débiles para portarnos así!

Pero si los otros se atreven a jactarse, también yo me atreveré, aunque esto sea una locura. ²² ¿Son ellos hebreos? Yo también. ¿Son israelitas? Yo también. ¿Son descendientes de Abraham? Yo también. ²³ ¿Son siervos de Cristo? Yo lo soy más que ellos, aunque al decir esto hablo como un loco. Yo he trabajado más que ellos, me han encarcelado*ᵉ* más veces que a ellos, he sido azotado más que ellos, y muchas veces he estado en peligro de muerte. ²⁴ En cinco ocasiones los judíos me castigaron con los treinta y nueve azotes.*ᶠ* ²⁵ Tres veces me apalearon,*ᵍ* y una me apedrearon.*ʰ* En tres ocasiones se hundió el barco en que yo viajaba, y, a punto de ahogarme, pasé una noche y un día en alta mar. ²⁶ He viajado mucho, y me he visto en peligros de ríos, en peligros de ladrones, y en peligros entre mis paisanos*ⁱ* y entre los extranjeros.*ʲ* También me he visto en peligros en la ciudad, en el campo y en el mar, y en peligros entre falsos hermanos. ²⁷ He pasado trabajos y dificultades; muchas veces me he quedado sin dormir; he sufrido hambre y sed; muchas

veces no he comido; he sufrido por el frío y por la falta de ropa. ²⁸ Además de estas y otras cosas, cada día pesa sobre mí la preocupación por todas las iglesias. ²⁹ Si alguien enferma, también yo enfermo; y si hacen caer a alguno, yo me indigno. ³⁰ Si de algo hay que jactarse, me jactaré de las cosas que demuestran mi debilidad. ³¹ El Dios y Padre de nuestro Señor Jesucristo, que es digno de alabanza por siempre, sabe que digo la verdad. ³² Cuando estuve en Damasco, el gobernador que servía al rey Aretas puso guardias a las puertas de la ciudad, para que me arrestaran; ³³ pero hubo quienes me bajaron en un canasto por una ventana de la muralla de la ciudad, y así escapé de sus manos.*ᵏ*

Visiones y revelaciones

12 ¹ Nada gana uno con hacer alarde de sí mismo. Sin embargo, tengo que hablar de las visiones y revelaciones que he recibido del Señor. ² Conozco a un hombre que cree en Cristo y que hace catorce años fue llevado al tercer cielo. No sé si fue llevado en cuerpo o en espíritu; Dios lo sabe. ³ Pero sé que ese hombre (si en cuerpo o en espíritu, no lo sé, sólo Dios lo sabe) ⁴ fue llevado al paraíso, donde oyó palabras tan secretas que a ningún hombre se le permite pronunciarlas. ⁵ Yo podría hacer alarde de alguien así, pero no de mí mismo, a no ser de mis debilidades. ⁶ Aunque si quisiera yo alardear, eso no sería ninguna locura, porque estaría diciendo la verdad; pero no lo hago, para que nadie piense que soy más de lo que aparento o de lo que digo. ⁷ Por eso, para que no creyera yo ser más de lo que soy, por haber recibido revelaciones tan maravillosas, se me dio un sufrimiento, una especie de espina clavada en el cuerpo, que como un instrumento de Satanás vino a maltratarme. ⁸ Tres veces le he pedido al Señor que me quite ese sufrimiento; ⁹ pero el Señor me ha dicho: "Mi amor es todo lo que necesitas; pues mi poder se muestra mejor en los débiles." Así que me alegro de ser débil, para que en mí se muestre el poder de Cristo. ¹⁰ Y me alegro también de las debilidades, de los insultos, las necesidades, las persecuciones y las dificultades que sufro por Cristo, porque cuando más débil me siento es cuando más fuerte soy.

Preocupación de Pablo por la iglesia de Corinto

¹¹ Me he portado como un loco, pero ustedes me obligaron a hacerlo. Porque

---

ᵉ **11.23** Hch 16.23.   *ᶠ* **11.24** Dt 25.3.   *ᵍ* **11.25** Hch 16.22.   *ʰ* **11.25** Hch 14.19.   *ⁱ* **11.26** Hch 9.23.   *ʲ* **11.26** Hch 14.5.   *ᵏ* **11.32-33** Hch 9.23-25.

ustedes son quienes debían hablar bien de mí, pues en nada valgo menos que esos superapóstoles a quienes ustedes siguen. ¡Y eso que yo no valgo nada! [12] Con las señales, milagros y maravillas que con tanta paciencia he realizado entre ustedes, ha quedado comprobado que soy un verdadero apóstol. [13] Perdónenme si los ofendo, pero sólo en una cosa han sido ustedes menos que las otras iglesias: ¡en que yo no fui una carga para ustedes!

[14] Ya estoy preparado para hacerles mi tercera visita, y tampoco ahora les seré una carga. Yo no busco lo que ustedes tienen, sino a ustedes mismos; porque son los padres quienes deben juntar dinero para los hijos, y no los hijos para los padres. [15] Y yo de buena gana gastaré todo lo que tengo, y aun a mí mismo me gastaré en bien de ustedes; aunque parece que mientras más los quiero yo, menos me quieren ustedes.

[16] No, yo no fui una carga para ustedes. Sin embargo, algunos dicen que los hice caer astutamente en una trampa. [17] ¿Acaso los engañé por medio de alguna de las personas que les he enviado? [18] A Tito le pedí que fuera a visitarlos, y con él mandé al otro hermano. ¿Acaso los engañó Tito? ¿No es verdad que los dos nos hemos portado de la misma manera y con el mismo espíritu?

[19] Tal vez ustedes piensen que nos estamos disculpando ante ustedes, pero no es así. Al contrario, estamos hablando en presencia de Dios y como quienes pertenecen a Cristo. Y todo esto, queridos hermanos, es para que ustedes crezcan espiritualmente. [20] Porque temo que cuando vaya a verlos, quizá no los encuentre como quisiera, y que tampoco ustedes me encuentren a mí como ustedes quisieran. Temo que haya discordias, envidias, enojos, egoísmos, chismes, críticas, orgullos y desórdenes. [21] Temo también que, en mi próxima visita, mi Dios me haga sentir vergüenza de ustedes, y que me haga llorar por muchos de ustedes que desde hace tiempo vienen pecando y no han dejado la impureza, la inmoralidad sexual y los vicios que practicaban.

[13.1] Dt 17.6; 19.15.

Advertencias y saludos finales

13 [1] Esta es la tercera vez que voy a visitarlos. Todo tendrá que decidirse por el testimonio de dos o tres testigos.[1] [2] A los que antes pecaron, y a todos, ahora que estoy lejos les repito la advertencia que les hice personalmente en mi segunda visita: que si voy otra vez a visitarlos, no voy a tenerles consideración, [3] ya que ustedes están buscando una prueba de que Cristo habla por mí. Y Cristo no es débil en su trato con ustedes, sino que muestra su fuerza entre ustedes. [4] Es cierto que fue crucificado como débil, pero vive por el poder de Dios. De la misma manera, nosotros participamos de su debilidad, pero unidos a él viviremos por el poder de Dios para servirles a ustedes.

[5] Examínense ustedes mismos, para ver si están firmes en la fe; pónganse a prueba. ¿No se dan cuenta de que Jesucristo está en ustedes? ¡A menos que hayan fracasado en la prueba! [6] Confío, sin embargo, en que reconocerán que nosotros no hemos fracasado. [7] Y oramos a Dios para que ustedes no hagan nada malo; no para demostrar que nosotros hemos pasado la prueba, sino simplemente para que ustedes hagan lo bueno, aunque parezca que nosotros hemos fracasado. [8] Porque no podemos hacer nada contra la verdad, sino solamente a favor de la verdad. [9] Por eso nos alegramos cuando somos débiles, con tal de que ustedes sean fuertes; y seguiremos orando para que lleguen a ser perfectos. [10] Les escribo esta carta antes de ir a verlos, para que cuando vaya no tenga que ser tan duro en el uso de mi autoridad, la cual el Señor me dio, no para destruirlos, sino para hacer que ustedes crezcan espiritualmente.

[11] Para terminar, hermanos, deseo que vivan felices y que busquen la perfección en su vida. Anímense y vivan en armonía y paz; y el Dios de amor y de paz estará con ustedes. [12] Salúdense los unos a los otros con un beso santo. [13] Todos los hermanos en la fe les mandan saludos.

[14] Que la gracia del Señor Jesucristo, el amor de Dios y la presencia constante del Espíritu Santo estén con todos ustedes.

Carta de San Pablo a los
GÁLATAS

El tema de esta carta es en importantes respectos semejante al de la carta a los romanos: Pablo insiste en que la clave de la reconciliación con Dios es la fe y no las obras de la ley. Pero mientras que en Romanos ésta es una designación general, en Gálatas se trata particularmente de una de tales "obras": la circuncisión. También, a diferencia del caso de Roma, Pablo había fundado las iglesias de la provincia romana de Galacia, en el Asia Menor, así que el problema que se presentaba en ellas le tocaba más vivamente el corazón. A la zaga del apóstol, en su activa labor misionera en Galacia, habían entrado personas que predicaban que para obtener la reconciliación con Dios era necesario cumplir también con la ley de Moisés, especialmente en cuanto a la circuncisión. Esto iba en completa contraposición con lo que Pablo llamaba "su" evangelio, y no podía menos que repudiar enérgicamente esa exigencia que se les hacía a los cristianos no judíos. Y más cuando la gente que así enseñaba atacaba también su autoridad apostólica.

Pablo escribe a los gálatas, que ya habían comenzado a desviarse de la fe y la práctica verdaderas, con el fin de volverlos a ellas. Después de la introducción (1.1–10), defiende con toda energía su autoridad como apóstol. Con vigor insiste en que recibió su autoridad directamente del Señor, y con ella el evangelio que predica. No los recibió de seres humanos, ni siquiera de los otros apóstoles. Y la comisión que recibió de él fue de llevar ese evangelio a los no judíos (1.11—2.21). Luego explica que este evangelio es el único auténtico, el evangelio de la gracia de Dios solamente por la fe en Cristo (3.1—4.31).

Habla con seguridad de la libertad cristiana que Cristo da, y de la responsabilidad que de ella resulta, hace un fervoroso llamado a los gálatas a que vivan esa libertad y no vuelvan a dejarse esclavizar por ritos y obras de la ley, y los exhorta a aplicar en su vida el amor que es producto de la fe en Cristo (5.1—6.10). En su conclusión escribe, de su puño y letra, su famosa declaración: "De nada vale estar o no estar circuncidados; lo que sí vale es el haber sido creados de nuevo" (6.15).

Saludo

1 ¹ Yo, Pablo, soy un apóstol, no enviado ni nombrado por los hombres, sino por Jesucristo mismo y por Dios Padre, que lo resucitó. ² Yo, junto con todos los hermanos que están conmigo, escribo esta carta a las iglesias de la provincia de Galacia. ³ Que Dios nuestro Padre y el Señor Jesucristo derramen su gracia y su paz sobre ustedes. ⁴ Jesucristo se entregó a la muerte por nuestros pecados,ᵃ para librarnos del presente mundo perverso, según la voluntad de nuestro Dios y Padre. ⁵ ¡Gloria a Dios para siempre! Así sea.

No hay otro mensaje de salvación

⁶ Estoy muy sorprendido de que ustedes se hayan alejado tan pronto de Dios, que los llamó por el amor de Cristo, y se hayan pasado a un mensaje diferente de salvación. ⁷ En realidad no es que haya otro mensaje de salvación. Lo que pasa es que hay algunos que los perturban a ustedes, y que quieren trastornar el mensaje de salvación de Cristo. ⁸ Pero si alguien les anuncia un mensaje de salvación distinto del que ya les hemos anunciado, caiga bajo maldición, no importa si se trata de mí mismo o de un ángel venido del cielo. ⁹ Lo he dicho antes y ahora lo repito: Si alguien les anuncia un mensaje de salvación diferente del que ya recibieron, caiga bajo maldición.

¹⁰ Yo no busco la aprobación de los hombres, sino la aprobación de Dios.ᵇ ¡Si yo quisiera quedar bien con los hombres, ya no sería un siervo de Cristo!

Cómo llegó Pablo a ser apóstol

¹¹ Sepan ustedes esto, hermanos: el mensaje de salvación que yo anuncio no es una idea humana. ¹² No lo recibí ni lo aprendí de hombre alguno, sino que Jesucristo mismo me lo hizo conocer.

¹³ Ustedes habrán oído decir que en otros tiempos, cuando yo pertenecía al judaísmo, perseguí con violencia a la iglesia de Dios y procuré destruirla.ᶜ ¹⁴ En el judaísmo, yo estaba más adelantado que muchos de mis paisanos de mi misma edad, porque era mucho más estricto en conservar las tradiciones de mis antepasados.ᵈ ¹⁵ Pero Dios me escogió antes que

ᵃ **1.4** Mt 20.28; Mr 10.45; 1 Ti 2.6; Tit 2.14. ᵇ **1.10** 1 Ts 2.4. ᶜ **1.13** Hch 8.3; 22.4-5; 26.9-11. ᵈ **1.14** Hch 22.3.

yo naciera, y por su mucho amor me llamó. Cuando él quiso, [16] me hizo conocer a su Hijo,[e] para que yo anunciara su mensaje de salvación entre los no judíos. Y no fui entonces a consultar con nadie; [17] ni fui tampoco a Jerusalén a ver a los que eran apóstoles antes que yo. Por el contrario, me dirigí sin tardar a la región de Arabia, y luego volví a Damasco.

[18] Tres años después fui a Jerusalén[f] para conocer a Pedro, con quien estuve quince días. [19] Pero no vi a ningún otro de los apóstoles, sino a Santiago[j] el hermano del Señor. [20] Les aseguro delante de Dios que lo que les estoy escribiendo es la verdad.

[21] Después me dirigí a las regiones de Siria y Cilicia. [22] En cambio, los hermanos de las iglesias de Cristo que están en Judea no me conocían personalmente. [23] Solamente oían decir: "El que antes nos perseguía, anda ahora predicando el mensaje de fe que en otro tiempo quería destruir." [24] Y alababan a Dios por causa mía.

Los otros apóstoles aceptan a Pablo

2 [1] Catorce años después fui otra vez a Jerusalén[g] con Bernabé, y llevé a Tito conmigo. [2] Fui porque Dios me había mostrado que tenía que ir. Y ya en Jerusalén, en una reunión que tuve en privado con los que eran reconocidos como dirigentes, les expliqué el mensaje de salvación que predico entre los no judíos. Hice esto porque no quería que lo que había hecho y estaba haciendo fuera trabajo perdido. [3] Pero ni siquiera Tito, que estaba conmigo y que era griego, fue obligado a someterse al rito de la circuncisión. [4] Algunos falsos hermanos se habían metido entre nosotros a escondidas, para espiar la libertad que tenemos en Cristo Jesús y hacernos otra vez esclavos de la ley. [5] Pero ni por un momento nos dejamos llevar por ellos, porque queríamos que la verdad del mensaje de salvación permaneciera en ustedes.

[6] Pero no me dieron nuevas instrucciones los que eran reconocidos como dirigentes (aunque a mí no me interesa lo que hayan sido ellos, porque Dios no juzga por las apariencias[h]). [7] Lejos de darme nuevas instrucciones, reconocieron que Dios me había encargado el trabajo de predicar el mensaje de salvación a los no judíos, así como a Pedro le había encargado el trabajo de predicarlo a los judíos. [8] Pues el mismo Dios que envió a Pedro como apóstol a los judíos, me envió también a mí como apóstol a los no judíos.

[9] Por eso, Santiago, Pedro y Juan, que eran tenidos por columnas de la iglesia, reconocieron que Dios me había concedido este privilegio. Para confirmar que nos aceptaban como compañeros, nos dieron la mano a mí y a Bernabé, y estuvieron de acuerdo en que nosotros fuéramos a trabajar entre los no judíos, mientras que ellos trabajarían entre los judíos. [10] Solamente nos pidieron que nos acordáramos de los pobres, cosa que he procurado hacer con todo cuidado.

Pablo reprende a Pedro en Antioquía

[11] Pero cuando Pedro fue a la ciudad de Antioquía, le reprendí en su propia cara, porque lo que estaba haciendo era condenable. [12] Pues primero comía con los no judíos,[i] hasta que llegaron algunas personas de parte de Santiago; entonces comenzó a separarse, y dejó de comer con ellos, porque tenía miedo de los fanáticos de la circuncisión. [13] Y los otros creyentes judíos consintieron también con Pedro en su hipocresía, tanto que hasta Bernabé se dejó llevar por ellos. [14] Por eso, cuando vi que no se portaban conforme a la verdad que el mensaje de salvación enseña, le dije a Pedro delante de toda la congregación: "Tú, que eres judío, has estado viviendo como si no fueras; ¿por qué, pues, quieres obligar a los no judíos a vivir como si lo fueran?"

Los judíos y los no judíos alcanzan la salvación por la fe

[15] Nosotros somos judíos de nacimiento, y no pecadores paganos. [16] Sin embargo, sabemos que nadie queda libre de culpa por hacer lo que manda la ley de Moisés,[j] sino únicamente por creer en Jesucristo.[k] Por esto, también nosotros hemos creído en Jesucristo, para ser librados de culpa por medio de esta fe y no por hacer lo que manda la ley. Porque nadie queda libre de culpa por hacer lo que manda la ley. [17] Ahora bien, si buscando ser librados de culpa por medio de Cristo, resulta que también nosotros somos pecadores, ¿acaso esto querrá decir que Cristo nos hace pecadores? ¡Claro que no! [18] Pues si destruyo algo y luego lo vuelvo a construir, yo mismo soy el culpable. [19] Porque debido a la ley yo he muerto a la ley, a fin de vivir para Dios. Con Cristo he sido crucificado, [20] y ya no soy yo quien vive, sino que es Cristo quien vive en mí.[l] Y la vida que ahora vivo en el cuerpo, la vivo por mi fe en el Hijo de Dios, que me amó y se entregó a la muerte por mí. [21] No quiero rechazar la bondad de Dios; pues si uno

[j] Pero no vi . . . a Santiago: otra posible traducción: Pero fuera de los apóstoles no vi sino a Santiago.
[e] 1.15–16 Hch 9.3–6; 22.6–10; 26.13–18. [f] 1.18 Hch 9.26–30. [g] 2.1 Hch 11.30; 15.2. [h] 2.6 Dt 10.17. [i] 2.12 Hch 11.2–17.
[j] 2.16 Sal 143.2; Ro 3.20. [k] 2.16 Ro 3.22. [l] 2.20 Fil 1.21.

pudiera quedar libre de culpa por obedecer a la ley, Cristo habría muerto inútilmente.

La ley o la fe

3 ¹ ¡Gálatas estúpidos! ¿Quién los embrujó? En nuestra predicación hemos mostrado ante sus propios ojos a Jesucristo crucificado. ² Sólo quiero que me contesten a esta pregunta: ¿Recibieron ustedes el Espíritu de Dios por obedecer a la ley de Moisés o por haber creído en el mensaje que oyeron? ³ ¿Tan estúpidos son ustedes, que habiendo comenzado con el Espíritu quieren ahora terminar con esfuerzos puramente humanos? ⁴ ¿Tantas buenas experiencias para nada? . . . ¡Imposible que hayan sido para nada! ⁵ Cuando Dios les da su Espíritu y hace milagros entre ustedes, ¿por qué lo hace? No porque ustedes cumplan lo que la ley manda, sino porque creen en el mensaje que han oído.

⁶ Abraham creyó a Dios, y por eso Dios lo aceptó como justo.ᵐ ⁷ Por lo tanto, ustedes deben saber que los verdaderos descendientes de Abraham son los que tienen fe.ⁿ ⁸ La Escritura, viendo de antemano que también entre los no judíos iba Dios a librar de culpa a los que tuvieran fe, había anunciado a Abraham esta buena noticia: "Todas las naciones serán bendecidas por medio de ti."ñ ⁹ De manera que los que creen son bendecidos junto con Abraham, que también creyó.

¹⁰ Quienes ponen su confianza en la ley de Moisés, están bajo maldición, porque la Escritura dice: "Maldito sea el que no cumple fielmente todo lo que está escrito en el libro de la ley."ᵒ ¹¹ Por tanto, está claro que nadie queda libre de culpa por hacer lo que manda la ley; pues la Escritura dice: "El justo por la fe vivirá."ᵖ ¹² Pero la ley de Moisés no es cuestión de fe, sino que dice: "El que cumpla la ley, vivirá por ella."�q

¹³ Cristo nos libró de la maldición de la ley, pues él fue hecho objeto de maldición por causa nuestra, porque la Escritura dice: "Maldito todo el que muere colgado de un madero."ʳ ¹⁴ Esto sucedió para que la bendición que Dios prometió a Abraham alcance también, por medio de Cristo Jesús, a los no judíos; y para que por medio de la fe recibamos todos el Espíritu que Dios ha prometido.

La ley y la promesa

¹⁵ Hermanos, voy a hablarles en términos humanos: Cuando un hombre hace un trato y lo respalda con su firma, nadie puede anularlo ni agregarle nada. ¹⁶ Ahora bien, Dios hizo sus promesas a Abraham y a su descendencia. La Escritura no habla de "descendencias", en plural, sino en singular; dice: "y a tu descendencia",ˢ la cual es Cristo. ¹⁷ Lo que digo es esto: Dios hizo un pacto con Abraham, y lo confirmó. Por eso, la ley de Moisés, que vino cuatrocientos treinta años después,ᵗ no puede anular aquel pacto y dejar sin valor la promesa de Dios. ¹⁸ Pues si lo que Dios ha de darnos dependiera de la ley de Moisés, ya no sería una promesa;ᵘ pero el hecho es que Dios prometió a Abraham dárselo gratuitamente.

¹⁹ Entonces, ¿para qué sirve la ley de Moisés? Fue dada después, para poner de manifiesto la desobediencia de los hombres, hasta que viniera esa "descendencia" a quien se le había hecho la promesa. La ley fue proclamada por medio de ángeles, y Moisés sirvió de intermediario. ²⁰ Pero no hay necesidad de intermediario cuando se trata de una sola persona, y Dios es uno solo.

El propósito de la ley

²¹ ¿Acaso esto quiere decir que la ley de Moisés está en contra de las promesas de Dios? ¡Claro que no! Porque si la ley pudiera dar vida, entonces uno podría quedar libre de culpa haciendo lo que esa ley manda. ²² Pero, según lo que dice la Escritura, todos son prisioneros del pecado, para que quienes creen en Jesucristo puedan recibir lo que Dios ha prometido.

²³ Antes de venir la fe, la ley nos tenía presos, esperando a que la fe fuera dada a conocer. ²⁴ La ley, como el esclavo que conduce a los niños, nos condujo a Cristo,ᶻ para que al creer en él pudiéramos ser hechos libres de culpa. ²⁵ Pero ahora que ha llegado la fe, ya no estamos a cargo de ese esclavo que era la ley, ²⁶ pues por la fe en Cristo Jesús todos ustedes son hijos de Dios, ²⁷ y por el bautismo han venido a estar unidos con Cristo y se encuentran revestidos de él. ²⁸ Ya no importa el ser judío o griego, esclavo o libre, hombre o mujer; porque unidos a Cristo Jesús, todos ustedes son uno solo. ²⁹ Y si son de Cristo, entonces son descendientes de Abraham y herederos de las promesas que Dios le hizo.ᵛ

4 ¹ Lo que quiero decir es esto: Mientras el heredero es niño, en nada se diferencia de un esclavo de la familia, aunque sea en realidad el dueño de todo. ² Hay personas que lo cuidan y que se encargan de sus asuntos, hasta el tiempo que su

---

ᶻ La ley . . . a Cristo: otra posible traducción: Hasta Cristo, la ley nos condujo, como el esclavo que conduce a los niños. ᵐ **3.6** Gn 15.6; Ro 4.3. ⁿ **3.7** Ro 4.16. ñ **3.8** Gn 12.3. ᵒ **3.10** Dt 27.26. ᵖ **3.11** Hab 2.4. q **3.12** Lv 18.5. ʳ **3.13** Dt 21.23. ˢ **3.16** Gn 12.7. ᵗ **3.17** Ex 12.40. ᵘ **3.18** Ro 4.14. ᵛ **3.29** Ro 4.13.

padre haya señalado. ³ Lo mismo pasa con nosotros: durante nuestra niñez, estábamos, por así decirlo, sometidos a los poderes que dominan este mundo. ʷ ⁴ Pero cuando se cumplió el tiempo, Dios envió a su Hijo, que nació de una mujer, sometido a la ley de Moisés, ⁵ para dar libertad a los que estábamos bajo esa ley, para que Dios nos recibiera como a hijos. ⁶ Y para mostrar que ya somos sus hijos, Dios mandó el Espíritu de su Hijo a nuestros corazones; y el Espíritu clama: "¡Padre mío!" ⁷ Así pues, tú ya no eres esclavo, sino hijo de Dios; y por ser hijo suyo, es voluntad de Dios que seas también su heredero.³ˣ

Pablo se preocupa por los creyentes

⁸ Antes, cuando ustedes no conocían a Dios, eran esclavos de dioses que en realidad no lo son. ⁹ Pero ahora que conocen a Dios, o mejor dicho, que Dios los conoce a ustedes, ¿cómo es posible que vuelvan a someterse a esos débiles y pobres poderes, y a hacerse sus esclavos? ¹⁰ Ustedes celebran ciertos días, meses, fechas y años . . . ¹¹ ¡Mucho me temo que mi trabajo entre ustedes no haya servido de nada!

¹² Hermanos, les ruego que se vuelvan como yo, porque yo me he vuelto como ustedes. No es que me hayan causado ustedes ningún daño. ¹³ Como ya saben, cuando primero les prediqué el mensaje de salvaciónʸ lo hice debido a una enfermedad que sufría. ¹⁴ Y esa enfermedad fue una prueba para ustedes, que no me despreciaron ni me rechazaron a causa de ella, sino que, al contrario, me recibieron como a un ángel de Dios, ¡como si se tratara de Jesucristo mismo! ¹⁵ ¿Qué pasó con aquella alegría que sentían? Puedo decir en favor de ustedes que, de haberles sido posible, hasta se habrían sacado los ojos para dármelos a mí. ¹⁶ Y ahora, ¿acaso me he vuelto enemigo de ustedes, solamente porque les he dicho la verdad?

¹⁷ Esa gente tiene mucho interés en ustedes, pero no son buenas sus intenciones. Lo que quieren es apartarlos de nosotros, para que luego ustedes se interesen por ellos. ¹⁸ Claro que es bueno interesarse por los demás, pero con buenas intenciones; y que sea siempre, y no solamente cuando estoy entre ustedes. ¹⁹ Hijitos míos, otra vez sufro dolores por ustedes, como una madre sufre dolores de parto; y seguiré sufriéndolos hasta que Cristo se forme en ustedes.ᶻ ²⁰ ¡Ojalá estuviera yo ahí ahora mismo para hablarles de otra manera, pues no sé qué pensar de ustedes!

El ejemplo de Agar y Sara

²¹ Díganme una cosa, ustedes, los que quieren someterse a la ley de Moisés: ¿acaso no han escuchado lo que esa ley dice? ²² Pues dice que Abraham tuvo dos hijos: uno de una esclava,ᵃ y el otro de su propia esposa, que era libre.ᵇ ²³ El hijo de la esclava nació según las leyes de la naturaleza; pero el hijo de la libre nació para que se cumpliera lo que Dios había prometido. ²⁴ Esto tiene un profundo sentido; las dos mujeres representan dos pactos: uno es el del monte Sinaí, y está representado por Agar; los que pertenecen a este pacto nacen para ser esclavos. ²⁵ Pues Agar, en efecto, representa el monte Sinaí, en Arabia, que corresponde a la actual Jerusalén, ya que esta ciudad está sometida a esclavitud junto con sus hijos. ²⁶ Pero la Jerusalén celestial es libre, y nosotros somos hijos suyos. ²⁷ Porque la Escritura dice:

"Alégrate, mujer estéril, tú que no
    tienes hijos;
grita de alegría, tú que no conoces
    los dolores de parto.
Porque la mujer que fue
    abandonada tendrá más hijos
    que la mujer que tiene esposo."ᶜ

²⁸ Hermanos, ustedes son como Isaac: son los hijos que Dios había prometido. ²⁹ Pero así como en aquel tiempo el hijo que nació según las leyes de la naturaleza perseguía al hijo que nació por obra del Espíritu,ᵈ así sucede también ahora. ³⁰ Pero ¿qué dice la Escritura? Pues dice: "Echa fuera a la esclava y a su hijo, porque el hijo de la esclava no puede compartir la herencia con el hijo de la libre."ᵉ ³¹ De manera, hermanos, que no somos hijos de la esclava, sino de la libre.

Firmes en la libertad

5 ¹ Cristo nos dio libertad para que seamos libres.ᶠ Por lo tanto, manténganse ustedes firmes en esa libertad y no se sometan otra vez al yugo de la esclavitud.

² Escúchenme. Yo, Pablo, les digo que si ustedes se someten al rito de la circuncisión, Cristo no les servirá de nada. ³ Quiero repetirle a cualquier hombre que se circuncida, que está obligado a hacer todo lo que manda la ley de Moisés. ⁴ Ustedes, los que buscan quedar libres de culpa cumpliendo la ley, se han apartado de Cristo; se han separado del amor de Dios. ⁵ Pero nosotros, por medio del Espíritu y por la fe, tenemos la esperanza de ser librados de culpa. ⁶ Porque si estamos unidos a Cristo Jesús, de nada vale estar o

³ Algunos mss. añaden: por medio de Cristo.
ʷ **4.3,9** Col 2.8,20.   ˣ **4.5–7** Ro 8.15–17.   ʸ **4.13** Hch 16.6.   ᶻ **4.19** Ro 8.29; 2 Co 3.18; Fil 3.10.   ᵃ **4.22** Gn 16.15.
ᵇ **4.22** Gn 21.2.   ᶜ **4.27** Is 54.1.   ᵈ **4.29** Gn 21.9.   ᵉ **4.30** Gn 21.10.   ᶠ **5.1** Jn 8.32–36.

no circuncidados. Lo que sí vale es tener fe, y que esta fe nos haga vivir con amor. ⁷ Ustedes iban bien. ¿Quién hizo que dejaran de obedecer a la verdad? ⁸ No fue cosa de Dios, que los ha llamado. ⁹ Se dice que "un poco de levadura hace que fermente toda la masa",ᵍ ¹⁰ y yo tengo confianza en el Señor de que ustedes no van a pensar de otro modo; pero Dios castigará a ese que los anda perturbando, no importa quién sea.

¹¹ En cuanto a mí, hermanos, si todavía estuviera yo insistiendo en que los creyentes se circunciden, los judíos no me perseguirían, ya que en ese caso el mensaje de la cruz de Cristo no los ofendería. ¹² Pero esos que los andan perturbando a ustedes, ¡ojalá se castraran a sí mismos de una vez! ¹³ Ustedes, hermanos, fueron llamados a ser libres. Pero no usen esta libertad para dar rienda suelta a sus instintos. Más bien sírvanse los unos a los otrosʰ por amor. ¹⁴ Porque toda la ley se resume en este solo mandato: "Ama a tu prójimo como a ti mismo."ⁱ ¹⁵ Tengan cuidado, porque si ustedes se muerden y se comen unos a otros, llegarán a destruirse entre ustedes mismos.

Los deseos humanos y la vida por el Espíritu

¹⁶ Por lo tanto, digo: Vivan según el Espíritu, y no busquen satisfacer sus propios malos deseos. ¹⁷ Porque los malos deseos están en contra del Espíritu, y el Espíritu está en contra de los malos deseos. El uno está en contra de los otros, y por eso ustedes no pueden hacer lo que quisieran.ʲ ¹⁸ Pero si el Espíritu los guía, entonces ya no estarán sometidos a la ley.

¹⁹ Es fácil ver lo que hacen quienes siguen los malos deseos: cometen inmoralidades sexuales, hacen cosas impuras y viciosas, ²⁰ adoran ídolos y practican la brujería. Mantienen odios, discordias y celos. Se enojan fácilmente, causan rivalidades, divisiones y partidismos. ²¹ Son envidiosos,ᵏ borrachos, glotones y otras cosas parecidas. Les advierto a ustedes, como ya antes lo he hecho, que los que así se portan no tendrán parte en el reino de Dios. ²² En cambio, lo que el Espíritu produce es amor, alegría, paz, paciencia, amabilidad, bondad, fidelidad, ²³ humildad y dominio propio. No hay ninguna ley que condene cosas como éstas. ²⁴ Y los que son de Jesucristo, ya han crucificado la naturaleza del hombre pecador junto con sus pasiones y malos deseos.ᵏ ²⁵ Si ahora vivi-

mos por el Espíritu, dejemos también que el Espíritu nos guíe. ²⁶ No seamos orgullosos, ni sembremos rivalidades y envidias entre nosotros.

Ayúdense unos a otros

6 ¹ Hermanos, si ven que alguien ha caído⁵ en algún pecado, ustedes que son espirituales deben ayudarlo a corregirse. Pero háganlo amablemente; y que cada cual tenga mucho cuidado, no suceda que él también sea puesto a prueba. ² Ayúdense entre sí a soportar las cargas, y de esa manera cumplirán la ley de Cristo.

³ Si alguien se cree ser algo, cuando no es nada, a sí mismo se engaña. ⁴ Cada uno debe juzgar su propia conducta, y si ha de sentirse satisfecho, que lo sea respecto de sí mismo y no respecto de los demás. ⁵ Pues cada uno tiene que llevar su propia carga.

⁶ El que recibe instrucción en el mensaje del evangelio, debe compartir con su maestro toda clase de bienes.

⁷ No se engañen ustedes: nadie puede burlarse de Dios. Lo que se siembra, se cosecha.ˡ ⁸ El que siembra la satisfacción de sus malos deseos, de sus malos deseos recogerá una cosecha de muerte. El que siembra la satisfacción del Espíritu, del Espíritu recogerá una cosecha de vida eterna. ⁹ Así que no debemos cansarnos de hacer el bien;ᵐ porque si no nos desanimamos, a su debido tiempo cosecharemos. ¹⁰ Por eso, siempre que podamos, hagamos bien a todos, y especialmente a nuestros hermanos en la fe.

Advertencias y saludos finales

¹¹ ¡Miren ustedes con qué letras tan grandes les estoy escribiendo ahora con mi propia mano! ¹² Esos que quieren obligarlos a circuncidarse, lo hacen solamente para quedar bien con la gente y no ser perseguidos por causa de la cruz de Cristo. ¹³ Pero ni siquiera los que se circuncidan cumplen todo lo que la ley dice. En cambio quieren que ustedes se circunciden, para así ellos presumir de haberlos obligado a ustedes a llevar esa marca en el cuerpo. ¹⁴ En cuanto a mí, de nada quiero presumir sino de la cruz de nuestro Señor Jesucristo. Pues por medio de la cruz de Cristo,⁶ el mundo ha muerto para mí y yo he muerto para el mundo. ¹⁵ De nada vale estar o no estar circuncidados; lo que sí vale es el haber sido creados de nuevo.ⁿ

---

⁴ Algunos mss. añaden: *asesinos.* ⁵ *Si ven que alguien ha caído:* otra posible traducción: *si alguien es sorprendido.*
⁶ *Pues por medio de la cruz de Cristo:* otra posible traducción: *pues por medio de él.*
ᵍ **5.9** 1 Co 5.6. ʰ **5.13** Mt 20.26. ⁱ **5.14** Lv 19.18; Ro 13.8–10. ʲ **5.17** Ro 7.15–23. ᵏ **5.24** Ro 6.3–14; Gá 2.20; 6.14.
ˡ **6.7** Pr 22.8; Os 8.7. ᵐ **6.9** 2 Ts 3.13. ⁿ **6.15** Jn 3.3–7; 2 Co 5.17.

¹⁶ Reciban paz y misericordia todos los que viven según esta regla, y todos los del verdadero pueblo de Dios. ⁿ

¹⁷ De ahora en adelante no quiero que nadie me cause más dificultades; pues las cicatrices que tengo en mi cuerpo muestran que soy un siervo de Jesús.

¹⁸ Hermanos, que nuestro Señor Jesucristo derrame su gracia sobre todos ustedes. Así sea.

ⁿ **6.16** Sal 125.5; 128.6.

Carta de San Pablo a los
EFESIOS

El tema central de esta carta es el plan y propósito eternos de Dios, de unir a toda la creación bajo la autoridad de Cristo cuando llegue el tiempo señalado. Dios revela a los suyos este plan, que está oculto a los otros. Y en vista de él, debe el pueblo de Dios vivir en unidad con Cristo, camino por el cual se llegará a la unidad de todos los hombres.

La introducción es más breve que la de otras cartas (1.1,2). Luego la carta puede dividirse en dos grandes secciones. En la primera (1.3—3.21) se desarrolla el tema de la unidad, hablando de cómo ha escogido Dios a su pueblo, cómo lo ha perdonado y librado del pecado mediante su Hijo Jesucristo, y cuán grande es el amor de Cristo. En la segunda sección (4.1—6.20) se hace hincapié en la unidad por el Espíritu Santo, en la nueva vida en Cristo y en cómo deben vivir los hijos de Dios. En la conclusión (6.21-24) se anuncia el envío de un mensajero, Tíquico.

Tres principales figuras se emplean en la carta para ilustrar la unidad de los creyentes: la del cuerpo —la Iglesia, con Cristo como cabeza—; la del edificio —la Iglesia con Cristo como piedra principal—, y la del matrimonio —la Iglesia como la esposa de Cristo. Cuando se habla del amor de Cristo, la carta prorrumpe en una fervorosa alabanza a Dios (3.20,21). Antes de los saludos finales se exhorta a tener firmeza y valor, comparando las armas espirituales del cristiano con la armadura que usaban los ejércitos de ese tiempo (6.10-20).

Saludo

1 ¹ Yo, Pablo, apóstol de Jesucristo por la voluntad de Dios, escribo esta carta a quienes en la ciudad de Efesoᵃ pertenecen a Dios y creen en Cristo Jesús. ² Que Dios nuestro Padre y el Señor Jesucristo derramen su gracia y su paz sobre ustedes.

Bendiciones espirituales en Cristo

³ Alabemos al Dios y Padre de nuestro Señor Jesucristo, pues en nuestra unión con Cristoʲ nos ha bendecido en los cielos con toda clase de bendiciones espirituales. ⁴ Dios nos escogió en Cristo desde antes de la creación del mundo, para estar en su presencia, consagrados a él y sin culpa. Por su amor² ⁵ nos había destinado a ser adoptados como hijos suyos por medio de Jesucristo, conforme a lo que se había propuesto en su voluntad. ⁶ Por esta causa alabamos siempre a Dios por su gloriosa bondad, con la cual nos bendijo mediante su amado Hijo. ⁷ En su gran amor, Dios nos ha liberado por la sangre que su Hijo derramó,ᵇ y ha perdonado nuestros pecados.ᶜ ⁸ Dios nos ha mostrado su amor dándonos toda sabiduría y entendimiento, ⁹ y nos ha hecho conocer su voluntad secreta, o sea el plan que él mismo se había propuesto llevar a cabo. ¹⁰ Según este plan, que se cumplirá fielmente a su debido tiempo, Dios va a unir bajo el mando de Cristo todas las cosas, tanto en el cielo como en la tierra.

¹¹ Dios nos había escogido de antemano para que, por nuestra unión con Cristo, recibiéramos nuestra parte en la herencia,³ de acuerdo con el propósito de Dios mismo, que todo lo hace según lo que bien le parece. ¹² Y lo ha hecho así a fin de que nosotros, que fuimos los primeros en con-

ʲ En nuestra unión con Cristo: otra posible traducción: en la persona de Cristo. ² Para estar en su ... Por su amor: otra posible traducción: para que, consagrados a él y sin culpa, estemos en su presencia en el amor. ³ Recibiéramos ... su herencia: otra posible traducción: fuéramos su herencia.
ᵃ **1.1** Hch 18.19-21; 19.1. ᵇ **1.7** Mr 10.45; 14.24; He 9.12-14. ᶜ **1.7** Col 1.14.

fiar en Cristo, vivamos para que Dios sea alabado por su grandeza. [13] Y también ustedes, cuando oyeron el mensaje de la verdad, el anuncio de su salvación, y creyeron en Cristo, fueron unidos a él y sellados como propiedad de Dios por medio del Espíritu Santo que él había prometido.[d] [14] El Espíritu Santo es la garantía[e] de que recibiremos la herencia que Dios nos ha de dar cuando haya completado la liberación de los suyos, para que él sea alabado por su grandeza.

Pablo pide a Dios que dé sabiduría a los creyentes

[15] Por esto, como sé que ustedes tienen fe en el Señor Jesús y amor para con todos los que pertenecen al pueblo de Dios, [16] no dejo de darle gracias por ustedes, recordándolos en mis oraciones. [17] Pido al Dios de nuestro Señor Jesucristo, al glorioso Padre, que les dé sabiduría espiritual para entender su revelación y conocerlo mejor. [18] Pido que Dios les ilumine la mente, para que sepan cuál es la esperanza a la que han sido llamados, cuán gloriosa y rica es la herencia que Dios da a los que pertenecen a su pueblo, [19] y cuán grande y sin límites es su poder, el cual actúa en nosotros los creyentes. Este poder es el mismo que Dios mostró con tanta fuerza y potencia [20] cuando resucitó a Cristo y lo hizo sentar a su derecha en el cielo,[f] [21] poniéndolo por encima de todo poder, autoridad, dominio y señorío, y por encima de todo lo que existe, tanto en este mundo como en el venidero. [22] Sometió todas las cosas bajo los pies de Cristo,[g] y a Cristo mismo lo dio a la iglesia como cabeza de ella. [23] Pues la iglesia es el cuerpo de Cristo,[h] la plenitud misma de Cristo; y Cristo es la plenitud de todas las cosas.[i]

Salvos por el amor de Dios

2 [1] Antes ustedes estaban muertos a causa de las maldades y pecados [2] en que vivían, pues seguían el ejemplo de este mundo y hacían la voluntad de aquel espíritu que domina en el aire y que anima a los que desobedecen a Dios.[i] [3] De esa manera vivíamos también todos nosotros en otro tiempo, siguiendo nuestros propios deseos y cumpliendo los caprichos de nuestra naturaleza pecadora y de nuestros pensamientos. A causa de esa naturaleza merecíamos el terrible castigo de Dios,[j] igual que los demás. [4] Pero Dios es tan misericordioso y nos amó tanto, [5] que nos

dio vida juntamente con Cristo cuando todavía estábamos muertos a causa de nuestros pecados.[k] Por la bondad de Dios han recibido ustedes la salvación. [6] Dios nos resucitó juntamente con Cristo Jesús, y nos hizo sentar con él en el cielo. [7] Hizo esto para demostrar en los tiempos futuros el gran amor que nos tiene, y su bondad para con nosotros en Cristo Jesús. [8] Pues por la bondad de Dios han recibido ustedes la salvación por medio de la fe. No es esto algo que ustedes mismos hayan conseguido, sino que les ha sido dado por Dios. [9] No es el resultado de las propias acciones, de modo que nadie puede jactarse de nada; [10] pues es Dios quien nos ha hecho; él nos ha creado en Cristo Jesús para que hagamos buenas obras, según él lo había dispuesto de antemano.

La paz que tenemos por medio de Cristo

[11] Así pues, ustedes, que no son judíos, y a quienes llaman "no circuncidados" los judíos (que circuncidan al hombre en el cuerpo, y a sí mismos se llaman "circuncidados"), [12] recuerden que en otro tiempo estaban sin Cristo, separados de la nación de Israel, y no tenían parte en los pactos ni en la promesa de Dios. Vivían en este mundo, sin Dios y sin esperanza. [13] Pero ahora, unidos a Cristo Jesús por la sangre que él derramó, que antes estaban lejos han sido acercados. [14] Cristo es nuestra paz.[l] El hizo de judíos y de no judíos un solo pueblo, al destruir el muro de enemistad que los separaba. En su propio cuerpo, [15] Cristo puso fin a la ley que consistía en mandatos y reglamentos,[m] y formó de los dos pueblos un solo pueblo nuevo, unido a él. Así hizo la paz. [16] Por su muerte en la cruz, Cristo dio fin a las luchas entre los dos pueblos, y los puso en paz con Dios, haciendo de ellos un solo cuerpo.[n] [17] Cristo vino a traer buenas noticias de paz a todos, tanto a ustedes que estaban lejos de Dios como a los que estaban cerca.[ñ] [18] Pues por medio de Cristo, los unos y los otros podemos acercarnos al Padre por un mismo Espíritu. [19] Por eso, ustedes ya no son extranjeros, ya no están fuera de su tierra, sino que ahora comparten con el pueblo de Dios los mismos derechos, y son miembros de la familia de Dios. [20] Ustedes son como un edificio levantado sobre los fundamentos que son los apóstoles y los profetas, y Jesucristo mismo es la piedra que corona el edificio.[o] [21] Unido a Cristo, todo el edificio va levan-

[i] *La plenitud misma . . . todas las cosas:* otra posible traducción: *la que completa al que es la plenitud de todas las cosas.*
[d] 1.13 Lc 24.49; Jn 14.26; 16.13-15; Hch 1.4; 2.33.   [e] 1.14 2 Co 1.22.   [f] 1.20 Sal 110.1.   [g] 1.22 Sal 8.6.   [h] 1.22-23 Col 1.18.
[i] 2.2 Ef 6.11-12; Col 1.13.   [j] 2.3 Col 3.6.   [k] 2.1-5 Col 2.13.   [l] 2.14 Jn 14.27.   [m] 2.15 Col 2.14.   [n] 2.16 Col 1.20.
[ñ] 2.17 Is 57.19.   [o] 2.20 Is 28.16; Mt 21.42.

tándose en todas y cada una de sus partes, hasta llegar a ser un templo consagrado y unido al Señor. [22] Así también ustedes, unidos a Cristo, se unen todos entre sí para llegar a ser un templo[p] en el cual Dios vive por medio de su Espíritu.

Pablo encargado de llevar el evangelio a los no judíos

3 [1] Por esta razón yo, Pablo, estoy preso por causa de Cristo Jesús para bien de ustedes, los que no son judíos. [2] Pues ya deben de saber que Dios, en su bondad, me ha encargado esta tarea[5] en favor de ustedes.[q] [3] Dios mostró su plan secreto, y me lo hizo saber,[r] como ya les escribí brevemente. [4] Al leerlo, pueden darse cuenta de que conozco el secreto de Cristo, [5] un secreto que no se dio a conocer a nadie en otros tiempos, pero que ahora Dios ha mostrado a sus santos apóstoles y profetas por medio de su Espíritu. [6] El secreto es éste: que por medio del mensaje de salvación, los no judíos recibirán la misma herencia que los judíos, pues son miembros del mismo cuerpo y tienen parte en la misma promesa que Dios hizo en Cristo Jesús.[s]

[7] Yo, sin merecerlo, he sido puesto al servicio de este mensaje, por la acción poderosa de Dios. [8] Yo soy menos que el más pequeño de todos los que pertenecen al pueblo de Dios;[t] pero él me ha concedido este privilegio de anunciar a los no judíos la buena noticia de las incontables riquezas de Cristo. [9] Y me ha encargado hacerles ver a todos cuál es el plan que desde siempre era un secreto de Dios, creador de todas las cosas. [10] Sucedió así para que ahora, por medio de la iglesia, todos los poderes y autoridades en el cielo lleguen a conocer la sabiduría de Dios en todas sus formas. [11] Dios hizo esto de acuerdo con el propósito eterno que llevó a cabo en nuestro Señor Jesucristo. [12] Y en Cristo tenemos libertad para acercarnos a Dios, con la confianza que nos da nuestra fe en él. [13] Por eso les ruego que no se desanimen a causa de lo que por ustedes estoy sufriendo, porque esto es más bien un honor para ustedes.

El amor de Cristo

[14] Por esta razón me pongo de rodillas delante del Padre,[6] [15] de quien recibe su nombre toda familia, tanto en el cielo como en la tierra. [16] Pido al Padre que de su gloriosa riqueza les dé a ustedes, inte-riormente, poder y fuerza por medio del Espíritu de Dios, [17] y que Cristo viva en sus corazones por la fe. Así ustedes, firmes y con raíces profundas en el amor, [18] podrán comprender con todos los creyentes cuán ancho, largo, profundo y alto es el amor de Cristo. [19] Pido, pues, que conozcan ese amor, que es mucho más grande que todo cuanto podemos conocer, para que así estén completamente llenos de Dios.

[20] Y ahora, gloria sea a Dios, que tiene poder para hacer muchísimo más de lo que nosotros pedimos o pensamos, por medio de su poder que actúa en nosotros. [21] ¡Gloria a Dios en la iglesia y en Cristo Jesús, por todos los siglos y para siempre! Así sea.

Unidos por el Espíritu

4 [1] Por esto yo, que estoy preso por la causa del Señor, les ruego que se porten como deben hacerlo los que han sido llamados por Dios, como lo fueron ustedes. [2] Sean humildes y amables; tengan paciencia y sopórtense unos a otros con amor;[u] [3] procuren mantenerse siempre unidos, con la ayuda del Espíritu Santo y por medio de la paz que ya los une. [4] Hay un solo cuerpo y un solo Espíritu, así como Dios los ha llamado a una sola esperanza. [5] Hay un Señor, una fe, un bautismo; [6] hay un Dios y Padre de todos, que está sobre todos, actúa por medio de todos y está en todos.

[7] Pero cada uno de nosotros ha recibido los dones que Cristo le ha querido dar. [8] Por eso, la Escritura dice:

"Subió al cielo llevando consigo a
    los cautivos,
y dio dones a los hombres."[v]

[9] ¿Y qué quiere decir eso de que "subió"? Pues quiere decir que primero bajó a esta tierra.[7] [10] Y el que bajó es el mismo que también subió a lo más alto del cielo, para llenarlo todo con su presencia. [11] Y él mismo concedió a unos ser apóstoles y a otros profetas, a otros anunciar el mensaje de salvación y a otros ser pastores y maestros. [12] Así preparó a los suyos para un trabajo de servicio, para hacer crecer el cuerpo de Cristo [13] hasta que todos lleguemos a estar unidos en la fe y en el conocimiento del Hijo de Dios. De ese modo alcanzaremos la madurez y el desarrollo que corresponden a la estatura perfecta de Cristo. [14] Ya no seremos como niños, que cambian fácilmente de parecer y que son arrastrados por el viento de cualquier

---

[5] *Dios, en su bondad . . . tarea:* otra posible traducción: *Dios me ha encargado esta tarea de su bondad.* [6] Algunos mss. añaden: *de nuestro Señor Jesucristo.* [7] *A esta tierra:* otra posible traducción: *a lo más bajo de la tierra.*
[p] **2.22** 1 Co 3.16-17; 1 P 2.4-5. [q] **3.2** Col 1.25. [r] **3.3** Gá 1.12. [s] **3.4-6** Col 1.26-27. [t] **3.8** 1 Co 15.9. [u] **4.2** Col 3.12-13.
[v] **4.8** Sal 68.18.

nueva enseñanza hasta dejarse engañar por gente astuta que anda por caminos equivocados. [15] Más bien, hablando la verdad en un espíritu de amor, debemos crecer en todo hacia Cristo, que es la cabeza del cuerpo. [16] Y por Cristo el cuerpo entero se ajusta y se liga bien mediante la unión entre sí de todas sus partes; y cuando cada parte funciona bien, todo va creciendo y desarrollándose en amor.[w]

La nueva vida en Cristo

[17] Esto, pues, es lo que les digo y les encargo en el nombre del Señor: que ya no vivan más como los paganos, los cuales viven de acuerdo con sus inútiles pensamientos [18] y tienen oscurecido el entendimiento. Ellos no gozan de la vida que viene de Dios, porque son ignorantes a causa de lo insensible de su corazón. [19] Se han endurecido y se han entregado al vicio, cometiendo sin freno toda clase de cosas impuras.[x] [20] Pero ustedes no conocieron a Cristo para vivir así, [21] si es que de veras oyeron acerca de él y aprendieron de él en qué consiste la verdad. [22] En cuanto a su antigua manera de vivir, desháganse ustedes de su vieja naturaleza,[y] que está corrompida, engañada por sus malos deseos. [23] Ustedes deben renovarse en su mente y en su espíritu, [24] y revestirse de la nueva naturaleza,[z] creada según la voluntad de Dios[a] y que se muestra en una vida recta y pura, basada en la verdad.

[25] Por lo tanto, ya no mientan más, sino diga cada uno la verdad a su prójimo,[b] porque todos somos miembros de un mismo cuerpo.[c] [26] Si se enojan, no pequen;[d] y procuren que el enojo no les dure todo el día. [27] No le den oportunidad al diablo. [28] El que robaba, deje de robar y póngase a trabajar, realizando un buen trabajo con sus manos para que tenga algo que dar a los necesitados. [29] No digan malas palabras, sino sólo palabras buenas y oportunas que ayuden a crecer y traigan bendición a quienes las escuchen. [30] No hagan que se entristezca el Espíritu Santo de Dios, con el que ustedes han sido sellados para distinguirlos como propiedad de Dios el día en que él les dé completa salvación. [31] Echen fuera la amargura, las pasiones, los enojos, los gritos, los insultos y toda clase de maldad. [32] Sean buenos y compasivos unos con otros, y perdónense unos a otros, como Dios los perdonó a ustedes en Cristo.[e]

Cómo deben vivir los hijos de Dios

5 [1] Ustedes, como hijos amados de Dios, procuren ser como él. [2] Condúzcanse con amor, lo mismo que Cristo nos amó y se entregó para ser sacrificado por nosotros, como ofrenda y sacrificio de olor agradable a Dios.[f]

[3] Ustedes, que pertenecen al pueblo de Dios, no deben ni siquiera hablar de la inmoralidad sexual ni de ninguna otra clase de impureza o de avaricia. [4] No digan indecencias ni tonterías ni vulgaridades, porque estas cosas no convienen; más bien alaben a Dios. [5] Pues ya saben que quien comete inmoralidades sexuales, o hace cosas impuras, o es avaro (que es una especie de idolatría), no puede tener parte en el reino de Cristo y de Dios. [6] Que nadie los engañe con palabras huecas, porque precisamente por estas cosas viene el terrible castigo de Dios sobre aquellos que no le obedecen. [7] No tengan ustedes, pues, ninguna parte con ellos.

[8] Ustedes antes vivían en la oscuridad, pero ahora, por estar unidos al Señor, viven en la luz. Pórtense como quienes pertenecen a la luz, [9] pues la luz produce toda una cosecha de bondad, rectitud y verdad. [10] Procuren hacer lo que agrada al Señor. [11] No tomen parte en las cosas inútiles que hacen los que son de la oscuridad; más bien sáquenlas a la luz. [12] Pues hasta vergüenza da hablar de lo que ellos hacen en secreto; [13] pero cuando todas las cosas son puestas al descubierto por la luz, quedan en claro, [14] porque la luz lo descubre todo. Por eso se dice:

"Despiértate, tú que duermes;
levántate de entre los muertos,
y Cristo te alumbrará."

[15] Por lo tanto, cuiden mucho su comportamiento. No vivan neciamente, sino con sabiduría. [16] Aprovechen bien el tiempo,[g] porque los días son malos. [17] No actúen tontamente; procuren entender cuál es la voluntad del Señor. [18] No se emborrachen, pues eso lleva al desenfreno; al contrario, llénense del Espíritu Santo. [19] Háblense unos a otros con salmos, himnos y cantos espirituales, y canten y alaben de todo corazón al Señor. [20] Den siempre gracias a Dios el Padre por todas las cosas, en el nombre de nuestro Señor Jesucristo.[h]

La vida familiar del cristiano

[21] Sométanse los unos a los otros, por reverencia a Cristo.

[22] Esposas, estén sujetas a sus esposos[i]

w 4.16 Col 2.19. x 4.17-19 Ro 1.21-25. y 4.22 Col 3.9. z 4.24 Col 3.10. a 4.24 Gn 1.26. b 4.25 Zac 8.16. c 4.25 Ro 12.5. d 4.26 Sal 4.4; Stg 1.19-20. e 4.32 Col 3.13. f 5.2 Ex 29.18; Sal 40.6. g 5.16 Col 4.5. h 5.19-20 Col 3.16-17. i 5.22 Col 3.18; 1 P 3.1.

como al Señor. ²³ Porque el esposo es cabeza de la esposa, como Cristo es cabeza de la iglesia. Cristo es también el Salvador de la iglesia, la cual es su cuerpo; ²⁴ y así como la iglesia está sujeta a Cristo, así también las esposas deben estar en todo sujetas a sus esposos.

²⁵ Esposos, amen a sus esposas*j* como Cristo amó a la iglesia y dio su vida por ella. ²⁶ Esto lo hizo para consagrarla, purificándola por medio de la palabra y del lavamiento del agua ²⁷ para presentársela a sí mismo como una iglesia gloriosa, sin mancha ni arruga ni nada parecido, sino consagrada y perfecta.*k* ²⁸ Así como el esposo ama a su propio cuerpo, así debe amar también a su esposa. El que ama a su esposa, se ama a sí mismo. ²⁹ Porque nadie odia su propio cuerpo, sino que lo alimenta y lo cuida, como Cristo hace con la iglesia, ³⁰ porque ella es su cuerpo.*s* Y nosotros somos parte de ese cuerpo. ³¹ "Por eso, el hombre dejará a su padre y a su madre para unirse a su esposa, y los dos serán como una sola persona."*l* ³² Esto es un secreto muy grande; pero yo me estoy refiriendo a Cristo y a la iglesia. ³³ En todo caso, que cada uno de ustedes ame a su esposa como a sí mismo, y que la esposa respete al esposo.

6 ¹ Hijos, obedezcan a sus padres por amor al Señor, porque esto es justo.*m* ² El primer mandamiento que contiene una promesa es éste: "Honra a tu padre y a tu madre, ³ para que seas feliz y vivas una larga vida en la tierra."*n*

⁴ Y ustedes, padres, no hagan enojar a sus hijos,*ñ* sino más bien críenlos con disciplina e instrúyanlos en el amor al Señor.

⁵ Esclavos, obedezcan ustedes a los que aquí en la tierra son sus amos. Háganlo con respeto, temor y sinceridad, como si estuvieran sirviendo a Cristo. ⁶ Sírvanles, no solamente cuando ellos los están mirando, para quedar bien con ellos, sino como siervos de Cristo, haciendo de todo corazón la voluntad de Dios. ⁷ Realicen su trabajo de buena gana, como un servicio al Señor y no a los hombres. ⁸ Pues ya saben que cada uno, sea esclavo o libre, recibirá del Señor según lo que haya hecho de bueno.*o*

⁹ Y ustedes, amos, pórtense del mismo modo con sus siervos, sin amenazas.

Recuerden que tanto ustedes como ellos están sujetos al Señor que está en el cielo,*p* y que él no hace diferencia entre una persona y otra.*q*

Las armas espirituales del cristiano

¹⁰ Y ahora, hermanos, háganse fuertes en unión con el Señor, por medio de su fuerza poderosa. ¹¹ Protéjanse con toda la armadura*r* que Dios les ha dado, para que puedan estar firmes contra los engaños del diablo. ¹² Porque no estamos luchando contra gente de carne y hueso, sino contra malignas fuerzas espirituales del cielo, las cuales tienen mando, autoridad y dominio sobre este mundo oscuro. ¹³ Por eso, tomen toda la armadura que Dios les ha dado, para que puedan resistir en el día malo y, después de haberse preparado bien, mantenerse firmes.*9*

¹⁴ Así que manténganse firmes, revestidos de la verdad*s* y protegidos por la rectitud.*t* ¹⁵ Estén siempre listos*10* para salir a anunciar el mensaje de la paz.*u* ¹⁶ Sobre todo, que su fe sea el escudo que los libre de las flechas encendidas del maligno.*v* ¹⁷ Que la salvación sea el casco*w* que proteja su cabeza, y que la palabra de Dios sea la espada*x* que les da el Espíritu Santo. ¹⁸ No dejen ustedes de orar:*y* rueguen y pidan a Dios siempre, guiados por el Espíritu. Manténganse alerta, sin desanimarse, y oren por todo el pueblo de Dios. ¹⁹ Oren también por mí, para que Dios me dé las palabras que debo decir, y para que pueda hablar con valor y dar así a conocer el secreto del mensaje de salvación. ²⁰ Dios me ha enviado como embajador de este mensaje, por el cual estoy preso ahora. Oren para que yo hable de él sin temor alguno.

Saludos finales

²¹ Tíquico,*z* nuestro querido hermano y fiel ayudante en la obra del Señor, les llevará todas las noticias acerca de mí y de lo que estoy haciendo. ²² Por eso se lo envío a ustedes, para que les diga cómo estamos y de esta manera los anime.*a* ²³ Que Dios el Padre, y el Señor Jesucristo, les dé a los hermanos paz y amor, con fe; ²⁴ y que derrame su gracia sobre todos los que aman a nuestro Señor Jesucristo con un amor inalterable.

---

8 Algunos mss. añaden: *de su carne y de sus huesos.* *9* *Y, después de . . . firmes:* otra posible traducción: *y vencer, y mantenerse firmes.* *10* *Estén siempre listos:* lit. *Pónganse sus sandalias.*
j **5.25** Col 3.19; 1 P 3.7. *k* **5.25-27** 2 Co 11.2; Ap 21.2,9. *l* **5.31** Gn 2.24. *m* **6.1** Col 3.20. *n* **6.2-3** Ex 20.12; Dt 5.16.
ñ **6.4** Col 3.21. *o* **6.5-8** Col 3.22-25. *p* **6.9** Col 4.1. *q* **6.9** Dt 10.17; Col 3.25. *r* **6.11-17** Ro 13.12-14; 1 Ts 5.8.
s **6.14** Is 11.5. *t* **6.14** Is 59.17. *u* **6.15** Is 52.7. *v* **6.16** Sal 7.13. *w* **6.17** Is 59.17. *x* **6.17** He 4.12. *y* **6.18-20** Col 4.2-4.
z **6.21** Hch 20.4; 2 Ti 4.12. *a* **6.21-22** Col 4.7-8.

Carta de San Pablo a los
FILIPENSES

La primera iglesia que Pablo estableció en Europa propiamente dicha fue la de Filipos, en Macedonia. El apóstol escribe desde la prisión, en un tono especialmente afectuoso, primeramente para dar gracias a los cristianos filipenses por el donativo que le han enviado para asistirlo en su necesidad. A la vez, preocupado por falsas enseñanzas que se han introducido en aquella iglesia, los exhorta a ser fieles y a tener valor y confianza.

Desde la introducción (1.1–11), Pablo hace sonar la nota del gozo, del amor y de la gratitud que siente por los creyentes de Filipos. Sintiéndolos tan cerca de su corazón, les da informes sobre su situación. Pero lo hace, no como queja, sino expresando su ánimo y seguridad por sentirse completamente identificado con Cristo, a tal punto que puede enfrentarse con la propia muerte. "Porque para mí —escribe— la vida es Cristo y la muerte es ganancia" (1.12–21). Exhorta a los filipenses a tener valor y confianza, a vivir de acuerdo con el evangelio y a mostrar el espíritu de humildad que hubo en Cristo (1.27—2.18). Pasa luego a comunicarles los planes que tiene para Timoteo y Epafrodito, sus ayudantes (2.19–30).

Y volviendo a hacer sonar la nota del gozo, les da su testimonio de cómo él, habiendo sido celoso cumplidor de la ley, ha llegado a encontrar en Cristo la clave de la verdadera rectitud, aunque de ninguna manera cree haber alcanzado la perfección. A este respecto emplea Pablo la comparación de los juegos olímpicos y la carrera del atleta (cap. 3). Termina la carta con reiteradas exhortaciones al gozo cristiano, recomendaciones, referencias personales y saludos (cap. 4).

Saludo

1 ¹ Pablo y Timoteo, siervos de Jesucristo, escribimos esta carta a los que en la ciudad de Filipos*ª* pertenecen al pueblo de Dios y están unidos con Cristo Jesús, es decir, a toda la comunidad con sus obispos y diáconos. ² Que Dios nuestro Padre y el Señor Jesucristo derramen su gracia y su paz sobre ustedes.

Oración de Pablo por los creyentes

³ Cada vez que me acuerdo de ustedes doy gracias a mi Dios; ⁴ y cuando oro, siempre pido con alegría por todos ustedes; ⁵ pues juntos hemos participado en la causa del evangelio, desde el primer día hasta hoy. ⁶ Estoy seguro de que Dios, que comenzó a hacer su buena obra en ustedes, la irá llevando a buen fin*ᵇ* hasta el día en que Jesucristo regrese. ⁷ Es muy justo que yo piense así de todos ustedes, porque les tengo mucho cariño y porque participan conmigo de las mismas bendiciones, ya sea que esté yo en la cárcel o que me presente delante de las autoridades para defender y confirmar el mensaje de salvación. ⁸ Pues Dios sabe cuánto deseo verlos a todos ustedes, por el tierno amor de Jesucristo. ⁹ Pido en oración que lleguen a tener más amor todavía, y mucha sabiduría y entendimiento en todo, ¹⁰ para que sepan escoger siempre lo mejor. Así podrán vivir una vida limpia, y no habrá nada que reprocharles cuando Cristo regrese; ¹¹ pues ustedes presentarán una abundante cosecha de buenas acciones gracias a Jesucristo, para honra y gloria de Dios.

Para mí la vida es Cristo

¹² Hermanos, quiero que sepan que las cosas que a mí me han pasado han venido en realidad a ayudar a la predicación del mensaje de salvación. ¹³ Toda la gente de palacio, y todos los demás, saben que estoy preso*ᶜ* por seguir a Cristo. ¹⁴ Y al ver que estoy preso, la mayoría de los hermanos se han animado a anunciar el mensaje, sin miedo y con más confianza en el Señor.

¹⁵ Es verdad que algunos hablan de Cristo por envidia y rivalidad, pero otros lo hacen con buena intención. ¹⁶ Algunos hablan de Cristo por amor, sabiendo que Dios me ha puesto aquí para defender el mensaje de salvación; ¹⁷ pero otros lo hacen por interés personal, y no son sinceros, sino que quieren causarme más dificultades ahora que estoy preso. ¹⁸ Pero ¿qué importa? De cualquier manera, con sinceridad o sin ella, hablan de Cristo; y esto me causa alegría.

Y todavía me alegraré más, ¹⁹ pues yo sé que todo esto será para mi salvación, gracias a las oraciones de ustedes y a la ayuda que me da el Espíritu de Jesucristo.

ª 1.1 Hch 16.12. *ᵇ* 1.6 Sal 138.8. *ᶜ* 1.13 Hch 28.30.

²⁰ Pues espero firmemente que Dios no me dejará quedar mal, sino que podré hablar con confianza delante de todos y, ahora como siempre, se verá más y más en mí la grandeza de Cristo, tanto si estoy vivo como si estoy muerto. ²¹ Porque para mí la vida es Cristo[d] y la muerte es ganancia. ²² Pero si viviendo en este cuerpo puedo seguir trabajando para bien de la causa del Señor, entonces no sé qué escoger. ²³ Me es difícil decidirme por una de las dos cosas: por un lado, quisiera morir para ir a estar con Cristo, pues eso sería mucho mejor para mí; ²⁴ pero, por otro lado, a causa de ustedes es más necesario que siga viviendo. ²⁵ Y como estoy convencido de esto, sé que me quedaré todavía con ustedes, para ayudarlos a seguir adelante y a tener más gozo en su fe. ²⁶ Así me tendrán otra vez entre ustedes, como motivo de satisfacción en Cristo Jesús.

²⁷ Solamente esto: procuren que su manera de vivir esté de acuerdo con el evangelio de Cristo. Así, lo mismo si voy a verlos que si no voy, quiero recibir noticias de que ustedes siguen firmes y muy unidos, luchando todos juntos por la fe que procede del mensaje de salvación, ²⁸ sin dejarse asustar en nada por sus enemigos. Esto es una clara señal de que ellos van a la destrucción, y al mismo tiempo es señal de la salvación de ustedes. Y esto procede de Dios. ²⁹ Pues por causa de Cristo, ustedes no sólo tienen el privilegio de creer en él, sino también de sufrir por él. ³⁰ Ustedes y yo estamos en la misma lucha. Ya vieron antes cómo luché,[e] y ahora tienen noticias de cómo sigo luchando.

La humillación y la grandeza de Cristo

2 ¹ Así que, si Cristo los anima, si el amor los consuela, si el Espíritu está con ustedes, si conocen el cariño y la compasión, ² llénenme de alegría viviendo todos en armonía, unidos por un mismo amor, por un mismo espíritu y por un mismo propósito. ³ No hagan nada por rivalidad o por orgullo, sino con humildad, y que cada uno considere a los demás como mejores que él mismo. ⁴ Ninguno busque únicamente su propio bien, sino también el bien de los otros.

⁵ Tengan ustedes la misma manera de pensar que tuvo Cristo Jesús,[l] ⁶ el cual,

Aunque era de naturaleza divina,[f]
no insistió en ser igual a Dios,
⁷ sino que hizo a un lado lo que le era
propio,

y tomando naturaleza de siervo
nació como hombre.
Y al presentarse como hombre
⁸ se humilló a sí mismo,
y por obediencia fue a la muerte,[g]
a la vergonzosa muerte en la cruz.
⁹ Por eso, Dios le dio el más alto
honor[h]
y el más excelente de todos los
nombres,
¹⁰ para que, al nombre de Jesús,
doblen la rodilla
todos los que están en los cielos,
y en la tierra, y debajo de la tierra,
¹¹ y todos reconozcan[i]
que Jesucristo es el Señor,
para honra de Dios Padre.

Los cristianos son como luces en el mundo

¹² Por tanto, mis queridos hermanos, así como ustedes me han obedecido siempre cuando he estado entre ustedes, obedézcanme más ahora que estoy lejos. Ocúpense de su salvación con profunda reverencia; ¹³ pues Dios es quien hace nacer en ustedes los buenos deseos y quien les ayuda a llevarlos a cabo, según su buena voluntad.

¹⁴ Háganlo todo sin murmuraciones ni discusiones, ¹⁵ para que nadie encuentre en ustedes culpa ni falta alguna. Sean hijos de Dios sin mancha en medio de esta gente mala y perversa.[j] Entre ellos brillan ustedes como estrellas en un mundo oscuro, ¹⁶ manteniendo en alto el mensaje de vida. Así, cuando venga Cristo, yo podré sentirme satisfecho a causa de ustedes, sabiendo que no he corrido ni trabajado en vano. ¹⁷ Y aunque mi propia vida sea sacrificada para completar la ofrenda que ustedes hacen a Dios por su fe, yo me alegro y comparto esa alegría con todos ustedes. ¹⁸ Alégrense ustedes también, y tomen parte en mi alegría.

Timoteo y Epafrodito

¹⁹ Confiado en el Señor Jesús, espero mandarles pronto a Timoteo,[k] para alegrarme al recibir noticias de ustedes. ²⁰ Porque no tengo a ningún otro que piense igual que yo y que de veras se preocupe por el bien de ustedes; ²¹ todos buscan su propio interés, y no el interés de Jesucristo. ²² Pero ustedes ya saben del buen comportamiento de Timoteo y de cómo ha servido conmigo en el anuncio del mensaje, ayudándome como si fuera mi hijo. ²³ Así que espero enviárselo en cuanto yo sepa cómo van mis asuntos;

l Que tuvo Cristo Jesús: otra posible traducción: que conviene al que está unido a Cristo Jesús.
d 1.21 Gá 2.20; Col 3.4.   e 1.30 Hch 16.19-40.   f 2.6 Jn 1.1-3; Col 1.15.   g 2.8 Mt 26.39; Jn 10.18; He 5.8.   h 2.8-9 He 2.9; 12.2.   i 2.10-11 Is 45.23.   j 2.15 Dt 32.5.   k 2.19 Hch 16.1-3.

²⁴ aunque confío en el Señor que también yo mismo iré pronto.

²⁵ Igualmente me parece necesario mandarles al hermano Epafrodito, mi compañero de trabajo y de armas, al que ustedes mismos me enviaron para atender mis necesidades. ²⁶ El tiene muchos deseos de verlos a todos, y está muy preocupado porque ustedes supieron que se encontraba enfermo. ²⁷ Y es verdad que lo estuvo, y hasta a punto de morir; pero Dios tuvo compasión de él, y no sólo de él sino también de mí, para que no tuviera yo más tristezas de las que ya tengo. ²⁸ Por eso se lo envío a toda prisa, para que ustedes se alegren de verlo otra vez y para que yo no esté tan triste. ²⁹ Recíbanlo con toda alegría, como hermano en el Señor, y estimen siempre a los que son como él, ³⁰ ya que estuvo a punto de morir por servir a Cristo. Puso en peligro su propia vida por prestarme los servicios que ustedes no me podían prestar personalmente.

Lo verdaderamente valioso

3 ¹ Y ahora, hermanos míos, alégrense en el Señor. Para mí no es ninguna molestia repetir lo que ya les he escrito, y para ustedes es útil. ² Cuídense de esa gente despreciable,² de esos que hacen lo malo, de esos que mutilan el cuerpo; ³ porque los verdaderos circuncidadosˡ somos nosotros, los que adoramos a Dios movidos por su Espíritu,³ y nos alegramos de ser de Cristo Jesús, y no ponemos nuestra confianza en las cosas externas. ⁴ Aunque también yo tengo razones para confiar en tales cosas. Nadie tendría más razones que yo para confiar en ellas: ⁵ me circuncidaron a los ocho días de nacer, soy de raza israelita, pertenezco a la tribu de Benjamín,ᵐ soy hebreo e hijo de hebreos. En cuanto a la interpretación de la ley judía, fui del partido fariseo;ⁿ ⁶ era tan fanático, que perseguía a los de la iglesia;ⁿ y en cuanto al cumplimiento de la ley, nadie tuvo nada que reprocharme. ⁷ Pero todo esto, que antes valía mucho para mí, ahora, a causa de Cristo, lo tengo por algo sin valor. ⁸ Aún más, a nada le concedo valor si lo comparo con el bien supremo de conocer a Cristo Jesús, mi Señor. Por causa de Cristo lo he perdido todo, y todo lo considero basura a cambio de ganarlo a él ⁹ y encontrarme unido a él. No busco quedar libre de culpa por la obediencia a la ley, sino por medio de la fe en Cristo; es decir, que Dios me libre de culpa por medio de la fe. ¹⁰ Lo que quiero es conocer a Cristo, sentir en mí el poder de su resurrección, tomar parte en sus sufri-

mientos y llegar a ser como él en su muerte,ᵒ ¹¹ con la esperanza de alcanzar la resurrección de los muertos.

La lucha por llegar a la meta

¹² No quiero decir que ya lo haya conseguido todo, ni que ya sea perfecto; pero sigo adelante con la esperanza de alcanzarlo, puesto que Cristo Jesús me alcanzó primero. ¹³ Hermanos, no digo que yo mismo ya lo haya alcanzado; lo que sí hago es olvidarme de lo que queda atrás y esforzarme por alcanzar lo que está delante, ¹⁴ para llegar a la meta y ganar el premio que Dios nos llama a recibir por medio de Cristo Jesús.

¹⁵ Todos los que ya poseemos una fe madura, debemos pensar de esta manera. Si en alguna cosa ustedes piensan de otro modo, Dios les hará ver esto también. ¹⁶ Pero, eso sí, debemos vivir de acuerdo con lo que ya hemos alcanzado.

¹⁷ Hermanos, sigan mi ejemploᵖ y fíjense también en los que viven según el ejemplo que nosotros les hemos dado a ustedes. ¹⁸ Ya les he dicho muchas veces, y ahora se lo repito con lágrimas, que hay muchos que están viviendo como enemigos de la cruz de Cristo ¹⁹ y que acabarán por ser destruidos. Su dios son sus propios apetitos, y sienten orgullo de lo que debería darles vergüenza. Sólo piensan en las cosas de este mundo. ²⁰ En cambio, nosotros somos ciudadanos del cielo, y estamos esperando del cielo venga al Salvador, el Señor Jesucristo, ²¹ que cambiará nuestro cuerpo miserable para que sea como su propio cuerpo glorioso. Y lo hará por medio del poder que tiene para dominar todas las cosas.

Alégrense siempre en el Señor

4 ¹ Por eso, mis queridos hermanos, a quienes tanto deseo ver; ustedes, amados míos, que son mi alegría y mi premio, sigan así, firmes en el Señor.

² Ruego a Evodia, y también a Síntique, que se pongan de acuerdo como hermanas en el Señor. ³ Y a ti, mi fiel compañero de trabajo, te pido que ayudes a estas hermanas, pues ellas lucharon a mi lado en la predicación del mensaje de salvación, junto con Clemente y los otros que trabajaron conmigo. Sus nombres ya están escritos en el libro de la vida.

⁴ Alégrense siempre en el Señor. Repito: ¡Alégrense!�q ⁵ Que todos los conozcan a ustedes como personas bondadosas. El Señor está cerca.ʳ

⁶ No se aflijan por nada, sino presén-

---

² *Esa gente despreciable.* lit. *los perros.* ³ *Movidos por su Espíritu:* algunos mss. dicen: *en espíritu.*
ˡ **3.3** Jer 4.4; Ro 2.28–29; Gá 6.14–15; Col 2.11–13. ᵐ **3.5** Ro 11.1. ⁿ **3.5** Hch 23.6; 26.5. ⁿ **3.6** Hch 8.3; 9.1–2; 22.4; 26.9–11. ᵒ **3.10** Ro 6.11–13; 8.29; 2 Co 3.18; Gá 4.19. ᵖ **3.17** 1 Co 4.16; 11.1. q **4.4** 1 Ts 5.16. ʳ **4.5** Sal 119.151.

204

tenselo todo a Dios en oración; pídanle, y denle gracias también.ᵉ ⁷ Así Dios les dará su paz, que es más grande de lo que el hombre puede entender; y esta paz cuidará sus corazones y sus pensamientos, porque ustedes están unidos a Cristo Jesús.

Piensen en todo lo que es bueno

⁸ Por último, hermanos, piensen en todo lo verdadero, en todo lo que es digno de respeto, en todo lo recto, en todo lo puro, en todo lo agradable, en todo lo que tiene buena fama. Piensen en todo lo que es bueno y merece alabanza. ⁹ Pongan en práctica lo que les enseñé y las instrucciones que les di, lo que me oyeron decir y lo que me vieron hacer: háganlo así y el Dios de paz estará con ustedes.

Ofrendas de los filipenses para Pablo

¹⁰ Me alegro mucho en el Señor de que ustedes hayan vuelto a pensar en mí. No quiero decir que me hubieran olvidado, sino que no tenían la oportunidad de ayudarme. ¹¹ No lo digo porque yo esté necesitado, pues he aprendido a contentarme con lo que tengo. ¹² Sé lo que es vivir en la pobreza, y también lo que es vivir en la abundancia. He aprendido a hacer frente a cualquier situación, lo mismo que a estar satisfecho que a tener hambre, a tener de sobra que a no tener nada. ¹³ A todo puedo hacerle frente, pues Cristo es quien me

sostiene. ¹⁴ Sin embargo, ustedes hicieron bien compartiendo mis dificultades.

¹⁵ Cuando yo partí de Macedonia, al comenzar a anunciar el mensaje de salvación, fueron ustedes, los de la iglesia de Filipos, los únicos que me enviaron ofrendas de gratitud por la ayuda espiritual que habían recibido. ¹⁶ Pues incluso estando yo en Tesalónica,ᵗ más de una vez ustedes me enviaron ofrendas para mis necesidades.ᵘ ¹⁷ No es que yo piense sólo en recibir; lo que quiero es que ustedes lleguen a tener más en su cuenta delante de Dios. ¹⁸ Pues yo ya lo he recibido todo, y hasta tengo de sobra. Con lo que me enviaron por medio de Epafrodito, tengo más que suficiente. Lo que me enviaron fue como una ofrenda de incienso perfumado, un sacrificio de olor agradable a Dios.ᵛ ¹⁹ Por lo tanto, mi Dios les dará a ustedes todo lo que les falte, conforme a las gloriosas riquezas que tiene en Cristo Jesús. ²⁰ ¡Gloria para siempre a nuestro Dios y Padre! Así sea.

Saludos finales

²¹ Saluden de mi parte a todos los que pertenecen al pueblo de Dios por Jesucristo. Los hermanos que están conmigo les mandan saludos. ²² También les mandan saludos todos los que pertenecen al pueblo de Dios, y especialmente los del servicio del emperador romano.

²³ Que nuestro Señor Jesucristo derrame su gracia sobre todos ustedes.

ᵉ**4.6** Col 4.2–7; 1 Ts 5.17–18. ᵗ**4.16** Hch 17.1. ᵘ**4.15–16** 2 Co 11.9. ᵛ**4.18** Ex 29.18.

Carta de San Pablo a los
COLOSENSES

Aunque Pablo no había fundado él mismo la iglesia de Colosas, se sentía responsable por ella debido, en primer lugar, a que estaba en el área que consideraba bajo su cuidado, y después a que desde Efeso había enviado personas a ayudar a dicha iglesia. Es otra de las cartas desde la prisión. Después del saludo inicial, en el cual asocia a su ayudante Timoteo, expresa, como en otras cartas, su gratitud a Dios por todo lo bueno que se le ha informado sobre la iglesia de Colosas (1.1–8). Al parecer se habían introducido en ella falsos maestros que hablaban de ciertas potencias y espíritus sobrenaturales que debían ser adorados, y a la vez insistían en que la circuncisión, las reglas sobre comidas y otros preceptos de la ley mosaica deberían ser estrictamente observados.

Pablo rebate todo esto, proclamando que Cristo, por medio de quien Dios creó todas las cosas, es superior a aquellas potencias sobrehumanas, las cuales le están sujetas. Además, él es la cabeza de la Iglesia, y por su muerte en la cruz ha efectuado la reconciliación con Dios. La obra de Cristo es suficiente para la salvación. A la circuncisión corporal contrapone una "circuncisión que viene de Cristo" (2.11) y que consiste en despojarse de los pecados. Al exaltar la soberanía de Cristo, el tono general es muy semejante al de la carta a los efesios (1.9—2.19). Y su mensaje sobre la nueva vida en Cristo (2.20—4.6), tema que se recalca en la carta a los filipenses, hace pensar que tal vez el apóstol escribió ambas cartas por las mismas fechas. Los creyentes, a quienes Dios ha dado una nueva vida, la "vida juntamente con Cristo" (2.13), deben mantenerse unidos a él, y mostrar en su conducta diaria y en sus relaciones con los demás que en verdad viven esa nueva vida. Algunas de sus recomendaciones al respecto se asemejan a las del cap. 5 de Efesios.

Los saludos finales reflejan el interés y afecto personales que dominaban en las relaciones de Pablo con sus compañeros de trabajo. En esta sección (4.7–18) se habla de una carta a la iglesia de Laodicea, pero entre las cartas de Pablo que se conocen no figura una "Carta a los Laodicenses".

Saludo

1 ¹ Yo, Pablo, apóstol de Jesucristo por la voluntad de Dios, junto con el hermano Timoteo ² escribo esta carta a nuestros fieles hermanos en Cristo que están en Colosas y pertenecen al pueblo de Dios. Que Dios nuestro Padre*ʲ* derrame su gracia y su paz sobre ustedes.

La oración de Pablo por los creyentes

³ Siempre que oramos por ustedes damos gracias a Dios, el Padre de nuestro Señor Jesucristo. ⁴ Pues hemos recibido noticias de su fe en Cristo Jesús y de su amor para con todos los que pertenecen al pueblo de Dios, ⁵ amor basado en la esperanza de lo que a ustedes se les ha reservado en el cielo. Ustedes alcanzaron esta esperanza al escuchar el mensaje verdadero, las buenas noticias de la salvación. ⁶ Este mensaje que les fue predicado está creciendo y dando fruto en todas partes del mundo, igual que ha sucedido entre ustedes desde que oyeron hablar del amor de Dios y supieron que este amor es verdadero. ⁷ Esto les enseñó nuestro querido Epafras,*ᵃ* quien ha trabajado con nosotros y en quien ustedes tienen un fiel servidor de Cristo. ⁸ El nos ha traído noticias de ustedes y del amor que el Espíritu les inspira.

⁹ Por esto nosotros, desde el día que lo supimos, no hemos dejado de orar por ustedes y de pedir a Dios que les haga conocer plenamente su voluntad y les dé toda clase de sabiduría y entendimiento espiritual. ¹⁰ Así podrán portarse como deben hacerlo los que son del Señor, haciendo siempre lo que a él le agrada, dando frutos de toda clase de buenas obras y llegando a conocer mejor a Dios. ¹¹ Pedimos que él, con su glorioso poder, los haga fuertes; así podrán ustedes soportarlo todo con mucha fortaleza y paciencia, ¹² y darán gracias con alegría al Padre, que los ha preparado a ustedes para recibir en la luz la parte de la herencia que él dará a quienes pertenecen a su pueblo. ¹³ Dios nos libró del poder de la oscuridad*ᵇ* y nos llevó al reino de su amado Hijo, ¹⁴ por quien nos salvó y nos perdonó nuestros pecados.*ᶜ*

ʲ Algunos mss. añaden aquí: *y el Señor Jesucristo.*
ᵃ **1.7** Col 4.12; Flm 23. *ᵇ* **1.13** Ef 6.12. *ᶜ* **1.14** Ef 1.7.

La paz con Dios por medio de la muerte de Cristo

[15] Cristo es la imagen visible de Dios, que es invisible; es su Hijo primero, anterior a todo lo creado. [16] Por medio de él, Dios creó todo lo que hay en el cielo y en la tierra, tanto lo visible como lo invisible, asi como los seres espirituales que tienen dominio, autoridad y poder.[d] Todo fue creado por medio de él y para él. [17] Cristo existe antes que todas las cosas, y por él se mantiene todo en orden.[e] [18] Además, Cristo es la cabeza del cuerpo, que es la iglesia.[f] El, que es el principio, fue el primero en resucitar, para tener así el primer puesto en todo.[g] [19] Pues Dios quiso habitar plenamente en Cristo, [20] y por medio de Cristo quiso poner en paz consigo al universo entero, tanto lo que está en la tierra como lo que está en el cielo, haciendo la paz mediante la sangre que Cristo derramó en la cruz.[h] [21] Ustedes antes eran extranjeros y enemigos de Dios en sus corazones, por las cosas malas que hacían, [22] pero ahora Dios los ha puesto en paz con él, mediante la muerte que Cristo sufrió en su cuerpo humano. Y lo hizo para tenerlos a ustedes en su presencia, consagrados a él, sin mancha y sin culpa. [23] Pero para esto deben permanecer firmemente basados en la fe, sin apartarse de la esperanza que tienen por la muerte de salvación que oyeron. Este es el mensaje que se ha anunciado en todas partes del mundo, y que yo, Pablo, ayudo a predicar.

Pablo encargado de servir a la iglesia

[24] Ahora me alegro de lo que sufro por ustedes, porque de esta manera voy completando, en mi propio cuerpo, lo que falta de los sufrimientos de Cristo por la iglesia, que es su cuerpo. [25] Dios ha hecho de mí un servidor de la iglesia, por el encargo que él me dio, para bien de ustedes,[i] de anunciar en forma completa su mensaje, [26] es decir, el secreto que desde hace siglos y generaciones Dios tenía escondido, pero que ahora ha manifestado a los suyos. [27] A ellos Dios les quiso dar a conocer la gloriosa riqueza que ese secreto encierra para los que no son judíos. Y ese secreto es Cristo, que habita en ustedes[z] y que es la esperanza de la gloria que han de tener. [28] Nosotros anunciamos a Cristo, aconsejando y enseñando a todos en toda sabiduría, para presentarlos perfectos en Cristo. [29] Para esto trabajo y lucho con toda la fuerza y el poder que Cristo me da.

2 [1] Pues quiero que sepan que estoy luchando duramente por ustedes, por los de Laodicea[j] y por todos los que no me han visto personalmente. [2] Lucho para que ellos reciban ánimo en su corazón, para que permanezcan unidos en amor y enriquecidos con un perfecto entendimiento que les permita comprender el secreto de Dios, que es Cristo mismo;[3] [3] pues en él están encerradas todas las riquezas de la sabiduría y del conocimiento. [4] Esto se lo digo a ustedes para que nadie los engañe con palabras seductoras. [5] Pues aunque no estoy presente entre ustedes en persona, lo estoy en espíritu, y me alegra ver que tienen orden y que se mantienen firmes en su fe en Cristo.

La nueva vida en Cristo

[6] Por eso, asi como aceptaron ustedes al Señor Jesucristo, así deben vivir unidos a él, [7] con profundas raices en él, firmemente basados en él por la fe, como se les enseñó, y dando siempre gracias a Dios. [8] Tengan cuidado: no se dejen llevar por quienes los quieren engañar con teorías y argumentos falsos, pues ellos no se apoyan en Cristo, sino en las tradiciones de los hombres y en los poderes que dominan este mundo.[k] [9] Porque todo lo que Dios es, se encuentra plenamente en la persona de Cristo, [10] y ustedes están llenos de Dios porque están unidos a Cristo, que es cabeza de todos los seres espirituales que tienen poder y autoridad. [11] También, por su unión con Cristo, ustedes han sido circuncidados, no con aquella circuncisión que se hace en el cuerpo, sino con la que consiste en ser librados de la naturaleza pecadora. Esta es la circuncisión que viene de Cristo. [12] Al ser bautizados, ustedes fueron sepultados con Cristo, y fueron también resucitados con él,[l] porque creyeron en el poder de Dios, que lo resucitó. [13] Ustedes, en otro tiempo, estaban muertos espiritualmente a causa de sus pecados y por no haber sido circuncidados; pero ahora Dios les ha dado vida juntamente con Cristo,[m] en quien nos ha perdonado todos los pecados. [14] Dios canceló la deuda que había contra nosotros y que nos obligaba con sus requisitos legales. Puso fin a esa deuda clavándola en la cruz.[n] [15] Por medio de Cristo, Dios[4] venció a los seres espirituales que tienen poder y autoridad, y los humilló públicamente llevándolos como prisioneros en su desfile victorioso.

[z] *Cristo, que habita entre ustedes:* otra posible traducción: *Cristo predicado entre ustedes.* [3] *El secreto de Dios que es Cristo mismo:* algunos mss. dicen: *el secreto de Dios el Padre, y de Cristo.* [4] *Por medio de Cristo, Dios:* otra posible traducción: *En la cruz, Cristo.*

[d] 1.16 Ef 6.12. [e] 1.15–17 Jn 1.1–3,18; He 1.2–3. [f] 1.18 Ef 1.22–23; 4.15. [g] 1.18 Hch 26.23; Ap 1.5. [h] 1.20 Ef 2.16. [i] 1.25 Ef 3.2. [j] 2.1 Ap 3.14–22. [k] 2.8,20 Gá 4.3,9. [l] 2.12 Ro 6.4. [m] 2.13 Ef 2.1–5. [n] 2.14 Ef 2.15.

Busquen las cosas del cielo

[16] Por tanto, que nadie los critique a ustedes por lo que comen o beben, o por cuestiones tales como días de fiesta, lunas nuevas o días de reposo.[5][ñ] [17] Todo esto no es más que la sombra de lo que ha de venir, pero la realidad misma es Cristo. [18] No dejen que los condenen esos que se hacen pasar por muy humildes y que adoran a los ángeles, que pretenden tener visiones y que se hinchan de orgullo a causa de sus pensamientos humanos. [19] Ellos no están unidos a la cabeza, la cual hace crecer todo el cuerpo al alimentarlo y unir cada una de sus partes conforme al plan de Dios.[o]

[20] Ustedes han muerto con Cristo[p] y ya no están sujetos a los poderes que dominan este mundo. ¿Por qué, pues, viven como si todavía fueran del mundo, sometidos a reglas tales [21] como: "No toques eso, no comas aquello, no lo tomes en tus manos"? [22] Todas estas reglas tienen que ver con cosas que se acaban con el uso y que sólo son mandatos y enseñanzas de hombres. [23] Es verdad que tales cosas pueden parecer sabias, porque exigen cierta religiosidad y humildad y duro trato del cuerpo, pero de nada sirven para combatir los deseos humanos.

3 [1] Por lo tanto, ya que ustedes han sido resucitados con Cristo,[q] busquen las cosas del cielo, donde Cristo está sentado a la derecha de Dios.[r] [2] Piensen en las cosas del cielo, no en las de la tierra. [3] Pues ustedes murieron, y ahora su vida está escondida con Cristo en Dios. [4] Cristo mismo es la vida de ustedes.[s] Cuando él aparezca, ustedes también aparecerán con él y tendrán parte en su gloria.

La vida antigua y la vida nueva

[5] Hagan, pues, morir todo lo que de terrenal hay en ustedes: que nadie cometa inmoralidades sexuales, ni haga cosas impuras, ni siga sus pasiones y malos deseos, ni sea avaro (que es una forma de idolatría). [6] Estas cosas, por las que viene el terrible castigo de Dios sobre aquellos que no le obedecen,[t] [7] son las que ustedes hacían en su vida pasada. [8] Pero ahora dejen todo eso: el enojo, la pasión, la maldad, los insultos y las palabras indecentes. [9] No se mientan los unos a los otros, puesto que ya se han librado de su vieja naturaleza[u] y de las cosas que antes hacían, [10] y se han revestido de la nueva naturaleza:[v] la del nuevo hombre, que se va renovando a imagen de Dios, su Creador,[w] para llegar a

conocerlo plenamente. [11] Ya no tiene importancia el ser griego o judío, el estar circuncidado o no estarlo, el ser extranjero, inculto, esclavo o libre; lo que importa es que Cristo es todo y está en todos. [12] Dios los ama a ustedes y los ha escogido para que pertenezcan a su pueblo. Vivan, pues, revestidos de verdadera compasión, bondad, humildad, mansedumbre y paciencia.[x] [13] Tengan paciencia unos con otros, y perdónense si alguno tiene una queja contra otro. Así como el Señor los perdonó, perdonen también ustedes.[y] [14] Sobre todo revístanse de amor, que es el perfecto lazo de unión. [15] Y que la paz de Cristo dirija sus corazones, porque con este propósito los llamó Dios a formar un solo cuerpo. Y sean agradecidos. [16] Que el mensaje de Cristo esté siempre presente en sus corazones. Instrúyanse y anímense unos a otros con toda sabiduría. Con profunda gratitud canten a Dios salmos, himnos y canciones espirituales. [17] Y todo lo que hagan o digan, háganlo en el nombre del Señor Jesús, dando gracias a Dios el Padre por medio de él.[z]

Deberes sociales del cristiano

[18] Esposas, sométanse a sus esposos,[a] pues éste es su deber como creyentes en el Señor. [19] Esposos, amen a sus esposas[b] y no las traten con aspereza.

[20] Hijos, obedezcan en todo a sus padres, porque esto agrada al Señor.[c] [21] Padres, no hagan enojar a sus hijos,[d] para que no se desanimen.

[22] Esclavos, obedezcan en todo a quienes aquí en la tierra son sus amos, no solamente cuando ellos los estén mirando, para quedar bien con ellos, sino de corazón sincero, por temor al Señor. [23] Todo lo que hagan, háganlo de buena gana, como si estuvieran sirviendo al Señor y no a los hombres. [24] Pues ya saben que, en recompensa, el Señor les dará parte en la herencia. Porque ustedes sirven a Cristo, que es su verdadero Señor. [25] Pero el que hace lo malo, recibirá el pago del mal que ha hecho,[e] porque Dios no hace diferencia entre una persona y otra.[f]

4 [1] Ustedes, amos, sean justos y razonables con sus esclavos. Acuérdense de que también ustedes tienen que responder ante un Señor que está en el cielo.[g]

[2] Manténganse constantes en la oración,[h] siempre alerta y dando gracias a Dios. [3] Oren también por nosotros, a fin de que el Señor nos abra las puertas para predicar el mensaje y hablar del secreto de Cristo, pues por este secreto estoy

[5] *Días de reposo:* aquí equivale a *sábado.*
[ñ] **2.16** Ro 14.1–6. [o] **2.19** Ef 1.22; 4.15–16. [p] **2.20** Ro 6.6–11; Gá 2.19–20. [q] **3.1–3** Ro 6.4–11; Col 2.12. [r] **3.1** Sal 110.1;
He 1.3. [s] **3.4** Gá 2.20; Fil 1.21. [t] **3.6** Ef 2.3. [u] **3.9** Ef 4.22. [v] **3.10** Ef 4.24. [w] **3.10** Gn 1.26; Ef 2.10. [x] **3.12–13** Ef 4.2.
[y] **3.13** Ef 4.32. [z] **3.16–17** Ef 5.19–20. [a] **3.18** Ef 5.22; 1 P 3.1. [b] **3.19** Ef 5.25; 1 P 3.7. [c] **3.20** Ef 6.1. [d] **3.21** Ef 6.4.
[e] **3.22–25** Ef 6.5–8. [f] **3.25** Dt 10.17; Ef 6.9. [g] **4.1** Ef 6.9. [h] **4.2–4** Ef 6.18–20; Fil 4.6.

preso. [4] Oren para que yo lo dé a conocer tan claramente como debo hacerlo.

[5] Pórtense prudentemente con los no creyentes, y aprovechen bien el tiempo.[i] [6] Su conversación debe ser siempre agradable y de buen gusto, y deben saber también cómo contestar a cada uno.

Saludos finales

[7] Nuestro querido hermano Tíquico,[j] que ha sido un fiel ayudante y que ha servido al Señor conmigo, les llevará noticias mías. [8] Por esto lo envío a ustedes, para que les diga cómo estamos y los anime.[k] [9] Con él va también Onésimo,[l] nuestro querido y fiel hermano, que es uno de ustedes. Ellos les contarán todo lo que pasa por aquí.

[10] Aristarco,[m] mi compañero de cárcel, les manda saludos; y también Marcos,[n] el primo de Bernabé. Ustedes ya tienen instrucciones respecto a Marcos; si va a visitarlos, recíbanlo bien. [11] También los saluda Jesús, al que llaman el Justo. Estos son los únicos entre los creyentes judíos

que han trabajado conmigo por el reino de Dios, y han sido un gran consuelo para mí. [12] Les manda saludos Epafras,[ñ] un siervo de Cristo Jesús; él es uno de ustedes, y siempre está rogando por ustedes en oración, para que se mantengan firmes y totalmente entregados a hacer la voluntad de Dios. [13] Yo soy testigo de lo mucho que Epafras se preocupa por ustedes y por los que están en Laodicea y en Hierápolis. [14] Lucas,[o] el médico amado, los saluda, y también Demas.[p]

[15] Saluden a los hermanos que están en Laodicea. Saluden también a Ninfa y a la congregación que se reúne en su casa. [16] Después de haber leído ustedes esta carta, mándenla a la iglesia de Laodicea,[q] para que también allí sea leída; y ustedes, a su vez, lean la carta que les llegue de allá. [17] Díganle esto a Arquipo:[r] "Procura cumplir bien el servicio que el Señor te ha encomendado."

[18] Yo, Pablo, les escribo este saludo de mi puño y letra. Recuerden que estoy preso. Que Dios derrame su gracia sobre ustedes.

[i] 4.5 Ef 5.16.   [j] 4.7 Hch 20.4; 2 Ti 4.12.   [k] 4.7-8 Ef 6.21-22.   [l] 4.9 Flm 10-12.   [m] 4.10 Hch 19.29; 27.2; Flm 24.
[n] 4.10 Hch 12.12,25; 13.13; 15.37-39.   [ñ] 4.12 Col 1.7; Flm 23.   [o] 4.14 2 Ti 4.11; Flm 24.   [p] 4.14 2 Ti 4.10; Flm 24.
[q] 4.16 Ap 3.14-22.   [r] 4.17 Flm 2.

Primera Carta de San Pablo a los
TESALONICENSES

Se hallaba Pablo en Corinto cuando Timoteo, su compañero y colaborador, le dio un informe personal sobre la situación de la iglesia fundada por él en Tesalónica, la capital de Macedonia, provincia romana. Por la oposición judía, debida a que el mensaje del apóstol estaba siendo aceptado por no judíos que se habían interesado por el judaísmo, y que estaban convirtiéndose en cristianos, Pablo había tenido que salir de aquella ciudad. Pero siempre recordaba a los creyentes con cariño, y estaba ansioso de saber de ellos.

Las noticias eran buenas. A pesar de la oposición, los creyentes eran un verdadero ejemplo de fidelidad para los cristianos de toda la región. Pablo no puede menos que escribirles, lleno de alegría, agradeciendo a Dios y a ellos esa adhesión a la fe, y haciendo recuerdos de cuando estaba con ellos (1.1—3.13). Los exhorta a crecer en la vida cristiana, en la que han mostrado tan buen comienzo (4.13—5.11), y pasa a tratar un asunto que había despertado interés especial entre ellos y sobre el cual necesitaban más explicación: la resurrección de los muertos y la segunda venida del Señor. Pablo les confirma esta doctrina y esperanza, y les aconseja estar preparados en la fe y el amor. Termina con algunas exhortaciones, consejos y más encargos (5.12–28).

Con mucha probabilidad esta carta fue el primer escrito con que empezó a formarse el Nuevo Testamento. Pablo la escribió más o menos por el año 50 o el 51 de nuestra era.

Saludo

1 ¹ Yo, Pablo, junto con Silvano y Timoteo, escribo esta carta a los hermanos de la iglesia de la ciudad de Tesalónica,ᵃ que están unidos a Dios el Padre y al Señor Jesucristo. Que Dios derrameʲ su gracia y su paz sobre ustedes.

El ejemplo de fe que daban los de Tesalónica

² Siempre damos gracias a Dios por todos ustedes, y los recordamos en nuestras oraciones. ³ Continuamente recordamos delante de nuestro Dios y Padre con cuánta fe han trabajado ustedes, con cuánto amor han servido y de qué manera su esperanza en nuestro Señor Jesucristo los ha ayudado a soportar con fortaleza los sufrimientos. ⁴ Hermanos, Dios los ama a ustedes, y sabemos que él los ha escogido. ⁵ Pues cuando nosotros les predicamos el mensaje de salvación, no fue solamente con palabras, sino también con el poder del Espíritu Santo y con la completa seguridad de que este mensaje es la verdad. Bien saben cómo nos portamos entre ustedes, buscando su propio bien. ⁶ Ustedes, por su parte, siguieron nuestro ejemplo y el ejemplo del Señor, y recibieron el mensaje con la alegría que el Espíritu Santo les daba, aunque les costó mucho sufrimiento.ᵇ ⁷ De esta manera llegaron a ser un ejemplo para todos los creyentes en las regiones de Macedonia y Acaya. ⁸ Partiendo de ustedes, el mensaje del Señor se ha extendido, no sólo por Macedonia y Acaya, sino por todas partes, y se sabe de la fe que ustedes tienen en Dios, de manera que ya no es necesario que nosotros digamos nada. ⁹ Al contrario, ellos mismos hablan de la visita que les hicimos a ustedes, de lo bien que ustedes nos recibieron y de cómo abandonaron los ídolos para seguir al Dios vivo y verdadero y comenzar a servirle. ¹⁰ También cuentan cómo ustedes están esperando que vuelva del cielo Jesús, el Hijo de Dios, al cual Dios resucitó. Jesús es quien nos salva del terrible castigo que viene.

El trabajo de Pablo en Tesalónica

2 ¹ Ustedes mismos, hermanos, saben que nuestra visita a ustedes no fue en vano. ² Más bien, aunque, como ya saben, antes habíamos sido insultados y maltratados en Filipos,ᶜ Dios nos ayudó a anunciarles a ustedes su mensaje de salvación, con todo valor y en medio de una fuerte lucha.ᵈ ³ Porque no estábamos equivocados en lo que predicábamos, ni tampoco hablábamos con malas intenciones ni con el propósito de engañar a nadie. ⁴ Al contrario, Dios nos aprobó y nos encargó el mensaje de salvación, y así es como hablamos. No tratamos de agradar a la gente,ᵉ sino a Dios, que examina nuestros corazones. ⁵ Como ustedes saben, nunca los hemos halagado con palabras bonitas, ni hemos usado pretextos para ganar di-

ʲ *Que Dios derrame:* algunos mss. dicen: *Que Dios nuestro Padre y el Señor Jesucristo derramen.*
ᵃ **1.1** Hch 17.1. ᵇ **1.6** Hch 17.5–9. ᶜ **2.2** Hch 16.19–24. ᵈ **2.2** Hch 17.1–9. ᵉ **2.4** Gá 1.10.

nero. Dios es testigo de esto. [6] Nunca hemos buscado honores de nadie: ni de ustedes ni de otros. [7] Aunque muy bien hubiéramos podido hacerles sentir el peso de nuestra autoridad como apóstoles de Cristo, fuimos como niños entre ustedes. Como una madre que cría y cuida a sus propios hijos, [8] así también les tenemos a ustedes tanto cariño que hubiéramos deseado darles, no sólo el evangelio de Dios, sino hasta nuestras propias vidas. ¡Tanto hemos llegado a quererlos! [9] Hermanos, ustedes se acuerdan de cómo trabajábamos y luchábamos para ganarnos la vida.[f] Trabajábamos día y noche, a fin de no ser una carga para ninguno de ustedes mientras les anunciábamos el mensaje de Dios.

[10] Ustedes son testigos, y Dios también, de que nos hemos portado de una manera limpia, recta e irreprochable con ustedes los creyentes. [11-12] También saben que los hemos animado y consolado a cada uno de ustedes, como hace un padre con sus hijos. Les hemos encargado que se porten como deben hacerlo los que son de Dios, que los ha llamado a tener parte en su propio reino y gloria.

[13] Por esto damos siempre gracias a Dios, pues cuando ustedes escucharon el mensaje de Dios que nosotros les predicamos, lo recibieron realmente como mensaje de Dios y no como mensaje de hombres. Y en verdad es el mensaje de Dios, el cual produce sus resultados en ustedes los que creen. [14] Cuando ustedes, hermanos, sufrieron persecución a manos de sus paisanos,[g] les pasó lo mismo que a las iglesias de Dios que están en Judea y que son de Cristo Jesús, pues ellos también fueron perseguidos por sus paisanos los judíos. [15] Estos judíos mataron al Señor Jesús, como antes habían matado a los profetas, y nos echaron fuera a nosotros.[h] No agradan a Dios, y están en contra de todos, [16] pues cuando queremos hablar a los que no son judíos, para que también se salven, no nos dejan hacerlo. De esta manera han llenado la medida de sus pecados. Pero ahora, por fin, el terrible castigo de Dios ha venido sobre ellos.

Pablo desea visitar otra vez a los de Tesalónica

[17] Hermanos, cuando nos separamos de ustedes por algún tiempo, aunque no los veíamos, siempre los teníamos presentes en nuestro corazón y deseábamos mucho ir a verlos. [18] Intentamos ir; por lo menos yo, Pablo, quise hacerlo varias veces, pero Satanás nos lo impidió. [19] Pues ¿cuál es nuestra esperanza, nuestro gozo, nuestro motivo de alegría y satisfacción? ¡Ustedes mismos lo serán cuando regrese nuestro Señor Jesucristo! [20] Sí, ustedes son nuestra satisfacción y nuestra alegría.

3 [1] Entonces, como ya no pude resistir más, decidí quedarme, yo solo, en Atenas,[i] [2] y envié a nuestro hermano Timoteo, que es un colaborador de Dios en el anuncio de las buenas noticias acerca de Cristo. Lo envié para que fuera a visitarlos y los afirmara y animara en su fe, [3] y para que ninguno se desanimara por estas dificultades. Pues ustedes mismos saben que tenemos que sufrir estas cosas. [4] Además, cuando todavía estábamos con ustedes, les advertimos que íbamos a tener aflicciones; y así sucedió, como ya saben. [5] Por eso, no pudiendo resistir más, mandé preguntar cómo andaban ustedes en cuanto a su fe, pues tenía miedo de que el diablo los hubiera empujado al mal y que nuestro trabajo hubiera resultado en vano.

[6] Pero ahora Timoteo ha vuelto de Tesalónica,[j] y nos trae buenas noticias de la fe y el amor que ustedes tienen. Nos dice que siempre se acuerdan de nosotros con cariño, y que tienen tantos deseos de vernos como nosotros los tenemos de verlos a ustedes. [7] Por esto, hermanos, en medio de todas nuestras dificultades y aflicciones, hemos recibido mucho consuelo al saber que ustedes siguen firmes en su fe. [8] El saber que ustedes están firmes en el Señor, nos reaviva. [9] ¿Cómo podremos dar suficientes gracias a nuestro Dios por ustedes y por el mucho gozo que a causa de ustedes tenemos delante de él? [10] Día y noche suplicamos a Dios que nos permita verlos personalmente y completar lo que todavía falte en su fe.

[11] Deseamos que Dios mismo nuestro Padre, y nuestro Señor Jesús, nos ayuden para que podamos ir a visitarlos. [12] Y que el Señor los haga crecer y tener todavía más amor los unos para con los otros y para con todos, como nosotros los amamos a ustedes. [13] Que los haga firmes en sus corazones, santos y sin culpa delante de Dios nuestro Padre cuando regrese nuestro Señor Jesús con todos los suyos. Así sea.

La vida que agrada a Dios

4 [1] Ahora, hermanos, les rogamos y encargamos esto en el nombre del Señor Jesús: que sigan ustedes portándose (como ya lo están haciendo) de la manera que nosotros les enseñamos que lo hicieran para agradar a Dios.

f 2.9 Hch 18.3; 2 Ts 3.8.   *g* 2.14 Hch 17.5.   *h* 2.15 Hch 9.23,29; 13.45,50; 14.2,5,19; 17.5,13; 18.12.   *i* 3.1 Hch 17.15.   *j* 3.6 Hch 18.5.

² Ustedes conocen las instrucciones que les dimos por la autoridad del Señor Jesús. ³ Lo que Dios quiere es que ustedes vivan consagrados a él, que nadie cometa inmoralidades sexuales ⁴ y que cada uno sepa portarse con su propia esposa² en forma santa y respetuosa, ⁵ no con pasión y malos deseos como las gentes que no conocen a Dios. ⁶ Que nadie abuse ni engañe en este asunto³ a su hermano, porque el Señor castiga duramente todo esto, como ya les hemos advertido. ⁷ Pues Dios no nos ha llamado a vivir en impureza, sino consagrados a él. ⁸ Así pues, el que desprecia estas enseñanzas no desprecia a ningún hombre, sino a Dios, que les ha dado a ustedes su Espíritu Santo.

⁹ En cuanto al amor entre hermanos, no tengo necesidad de escribirles, porque Dios mismo les ha enseñado a amarse unos a otros. ¹⁰ Pues así hacen ustedes con todos los hermanos que viven en toda Macedonia. Pero les rogamos, hermanos, que su amor aumente todavía más. ¹¹ Procuren vivir tranquilos y ocupados en sus propios asuntos, trabajando con sus manos como les hemos encargado, ¹² para que los respeten los de afuera y para que no les falte nada.

El regreso del Señor

¹³ Hermanos, no queremos que se queden sin saber lo que pasa con los muertos, para que ustedes no se entristezcan como los otros, los que no tienen esperanza. ¹⁴ Así como creemos que Jesús murió y resucitó, así también creemos que Dios va a resucitar con Jesús a los que murieron creyendo en él.

¹⁵ Por esto les decimos a ustedes, como enseñanza del Señor, que nosotros, los que quedemos vivos hasta la venida del Señor, no nos adelantaremos a los que murieron. ¹⁶ Porque se oirá una voz de mando, la voz de un arcángel y el sonido de la trompeta de Dios, y el Señor mismo bajará del cielo. Y los que murieron creyendo en Cristo, resucitarán primero; ¹⁷ después, los que estemos vivos seremos llevados, juntamente con ellos, en las nubes, para encontrarnos con el Señor en el aire; y así estaremos con el Señor para siempre. ¹⁸ Anímense, pues, unos a otros con estas palabras.

5 ¹ En cuanto a las fechas y los tiempos, hermanos, no es necesario que yo les escriba. ² Ustedes saben muy bien que el día del regreso del Señor llegará cuando menos se le espere, como un ladrón que llega de noche.ᶦ ³ Cuando la gente diga: "Todo está en paz y tranquilo", entonces vendrá de repente sobre ellos la destrucción, como le vienen los dolores de partoᵐ a una mujer que está encinta; y no podrán escapar. ⁴ Pero ustedes, hermanos, no están en la oscuridad para que el día del regreso del Señor los sorprenda como un ladrón. ⁵ Todos ustedes son de la luz y del día. No somos de la noche ni de la oscuridad; ⁶ por eso no debemos dormir como los otros, sino mantenernos despiertos y en nuestro sano juicio. ⁷ Los que duermen, duermen de noche, y los que se emborrachan, se emborrachan de noche; ⁸ pero nosotros, que somos del día, debemos estar siempre en nuestro sano juicio. Debemos protegernos con la fe y el amor, y cubrirnos, como con un casco, con la esperanza de la salvación.ⁿ ⁹ Porque Dios no nos destinó a recibir el castigo, sino a alcanzar la salvación por medio de nuestro Señor Jesucristo. ¹⁰ Jesucristo murió por nosotros, para que, ya sea que vivamos o que muramos, vivamos juntamente con él. ¹¹ Por eso, anímense y fortalézcanse unos a otros, tal como ya lo están haciendo.

Pablo aconseja a los hermanos

¹² Hermanos, les rogamos que tengan respeto a los que trabajan entre ustedes y los dirigen y aconsejan en el Señor. ¹³ Deben estimarlos y amarlos mucho, por el trabajo que hacen. Vivan en paz unos con otros.

¹⁴ También les encargamos, hermanos, que reprendan a los que no quieren trabajar, que animen a los que están desanimados, que ayuden a los débiles y que tengan paciencia con todos. ¹⁵ Tengan cuidado de que ninguno pague a otro mal por mal. Al contrario, procuren hacer siempre el bien, lo mismo entre ustedes mismos que a todo el mundo. ¹⁶ Estén siempre contentos.ñ ¹⁷ Oren en todo momento. ¹⁸ Den gracias a Dios por todo, porque esto es lo que él quiere de ustedes como creyentes en Cristo Jesús.º ¹⁹ No apaguen el fuego del Espíritu. ²⁰ No desprecien el mensaje de los que hablan por inspiración de Dios. ²¹ Sométanlo todo a prueba y retengan lo bueno. ²² Apártense de toda clase de mal.

²³ Que Dios mismo, el Dios de paz, los haga a ustedes perfectamente santos, y les

---

² *Esposa:* lit. *vasija,* según el uso de los rabinos. Véase 1 P 3.7.   ³ *En este asunto:* otra posible traducción: *en los negocios.*
ᵏ **4.15-17** Mt 24.30-31; Mr 13.26-27; 1 Co 15.51-52. ᶦ **5.2** Mt 24.43; Lc 12.39; 2 P 3.10. ᵐ **5.3** Is 13.8. ⁿ **5.8** Is 59.17;
Ro 13.12; Ef 6.13-17. ñ **5.16** Fil 4.4. º **5.17-18** Fil 4.6; Col 4.2-7.

conserve todo su ser, espíritu, alma y cuerpo, sin defecto alguno, para la venida de nuestro Señor Jesucristo. ²⁴ El que los ha llamado es fiel, y cumplirá todo esto.

Saludos y bendición final

²⁵ Hermanos, oren también por nosotros.

²⁶ Saluden a todos los hermanos con un beso santo.

²⁷ Les encargo, por la autoridad del Señor, que lean esta carta a todos los hermanos.

²⁸ Que nuestro Señor Jesucristo derrame su gracia sobre ustedes.

Segunda Carta de San Pablo a los
TESALONICENSES

Al parecer, la primera carta tuvo entre los cristianos de Tesalónica un efecto inesperado para Pablo: produjo alarma, porque creyeron que la venida de Cristo estaba muy próxima. Hasta, según se desprende de la amonestación de 3.6–12, algunos hermanos habían abandonado su trabajo y, mientras esperaban la venida del Señor, estaban viviendo a costa de los demás. Pablo les escribe esta segunda carta para aclarar las cosas y corregir aquella alarma y confusión.

Después de alegrarse y dar nuevamente gracias a Dios porque la fe y amor de los creyentes de Tesalónica va en aumento (1.1–12), pasa a explicarles que, aunque el juicio de Dios es seguro y la segunda venida del Señor es cierta, antes de ella la maldad del mundo alcanzará una culminación bajo la dirección de un misterioso poder que el apóstol llama "el hombre malvado". Les encarga, pues, que no se dejen asustar por nadie que les diga, ni siquiera atribuyéndole a él mismo el aviso, "que el día del regreso del Señor ya llegó" (2.2).

Entre los consejos en cuanto al modo cristiano de vivir, que les da al final de su carta (cap. 3), después de pedirles que oren por él y sus compañeros, hace hincapié, severamente, en el deber de trabajar para ganarse honradamente el propio sustento, conforme al ejemplo que él les dio personalmente. Es suya, y aparece en este pasaje, la famosa máxima que a veces se ha atribuido a otros: "El que no quiera trabajar, que tampoco coma" (3.10).

Saludo

1 ¹ Yo, Pablo, junto con Silvano y Timoteo, escribo esta carta a los hermanos de la iglesia de la ciudad de Tesalónica,ᵃ que están unidos a Dios nuestro Padre y al Señor Jesucristo. ² Que Dios nuestro Padre y el Señor Jesucristo derramen su gracia y su paz sobre ustedes.

Dios juzgará a los pecadores cuando Cristo vuelva

³ Hermanos, siempre tenemos que dar gracias a Dios por ustedes, como es justo que hagamos, porque la fe de ustedes está creciendo y el amor que cada uno tiene por los otros es cada vez mayor. ⁴ De modo que nosotros mismos hablamos de ustedes con satisfacción en las iglesias de Dios, por la fortaleza y la fe que ustedes muestran en medio de todas las persecuciones y aflicciones que sufren. ⁵ Esto demuestra que Dios es justo en su manera

de juzgar, al tenerlos a ustedes por dignos de entrar en su reino, por el cual están sufriendo.

⁶ Pues es justo que Dios haga sufrir a quienes los hacen sufrir a ustedes, ⁷ y que a ustedes, los que sufren, les dé descanso lo mismo que a nosotros. Esto será en el día en que el Señor Jesús aparezca con sus ángeles poderosos, viniendo del cielo entre llamas de fuego. ⁸ Vendrá para castigar a los que no reconocen a Dios ni hacen caso al mensaje de salvación de nuestro Señor Jesús. ⁹ Estos serán castigados con destrucción eterna, y serán arrojados lejos de la presencia del Señor y de su gloria y poder, ¹⁰ cuando el Señor venga en aquel día para ser honrado por los suyos y admirado por todos los creyentes; pues ustedes han creído en el testimonio que les dimos.

¹¹ Con este fin oramos siempre por ustedes, pidiendo a nuestro Dios que los tenga por dignos de haber sido llamados por él, y que él cumpla por su poder todos los bue-

---

ᵃ **1.1** Hch 17.1; 1 Ts 1.1.

nos deseos de ustedes y los trabajos que realizan por fe. ¹² De esta manera, el nombre de nuestro Señor Jesús será honrado por causa de ustedes, y él los honrará conforme a la bondad de nuestro Dios y del Señor Jesucristo.

Aclaraciones sobre el regreso del Señor

2 ¹ Ahora, hermanos, en cuanto al regreso de nuestro Señor Jesucristo y a nuestra reunión con él,ᵇ les rogamos ² que no cambien fácilmente de manera de pensar ni se dejen asustar por ningún mensaje espiritual, discurso o carta que reciban como si fuera nuestra, diciendo que el día del regreso del Señor ya llegó. ³ No se dejen engañar de ninguna manera. Pues antes de aquel día tiene que venir la rebelión contra Dios, cuando aparecerá el hombre malvado, el que está condenado a la destrucción. ⁴ Este es el enemigo que se levanta contra todo lo que lleva el nombre de Dios o merece ser adorado,ᶜ y llega incluso a instalar su trono en el templo de Dios, haciéndose pasar por Dios.

⁵ ¿No recuerdan que yo les hablaba de esto cuando aún estaba con ustedes? ⁶ Y ahora ustedes saben qué es lo que lo detiene, para que no aparezca antes de su debido tiempo. ⁷ Pues el plan secreto de la maldad ya está en marcha; sólo falta que sea quitado de en medio el que ahora lo está deteniendo. ⁸ Entonces aparecerá aquel malvado, a quien el Señor Jesús matará con el soplo de su bocaᵈ y destruirá cuando regrese en todo su esplendor. ⁹ En cuanto a ese malvado, vendrá con la ayuda de Satanás; llegará con mucho poder, y con señales y milagrosᵉ falsos. ¹⁰ Y usará toda clase de maldad para engañar a los que van a la condenación, porque no quisieron aceptar y amar la verdad para recibir la salvación. ¹¹ Por eso, Dios deja que el error los engañe y que crean en la mentira, ¹² a fin de que sean condenados todos los que no han querido creer en la verdad, sino que se complacen en la maldad.

Escogidos para ser salvados

¹³ Pero nosotros siempre tenemos que dar gracias a Dios por ustedes, hermanos amados por el Señor, porque Dios los escogió para que fueran los primeros en alcanzar la salvaciónʲ por medio del Espíritu que los consagra y de la verdad en que han creído. ¹⁴ Para esto los llamó Dios por medio del mensaje de salvación que nosotros anunciamos: para que lleguen a tener parte en la gloria de nuestro Señor Jesucristo.

¹⁵ Así que, hermanos, sigan firmes y no se olviden de las enseñanzas que les hemos trasmitido personalmente y por carta.ᶠ ¹⁶ Que nuestro Señor Jesucristo mismo, y Dios nuestro Padre, que en su bondad nos ha amado y nos ha dado consuelo eterno y una buena esperanza, ¹⁷ anime sus corazones y les mantenga firmes para que todo lo que digan y hagan sea bueno.

Oren por nosotros

3 ¹ Por último, hermanos, oren por nosotros, para que el mensaje del Señor llegue pronto a todas partes y sea recibido con estimación, como sucedió entre ustedes. ² Oren también para que seamos librados de los hombres malos y perversos, porque no todos tienen fe. ³ Pero el Señor es fiel, y él los mantendrá a ustedes firmes y los protegerá del mal. ⁴ Y en el Señor tenemos confianza en que ustedes hacen y seguirán haciendo lo que les hemos ordenado. ⁵ Que el Señor los ayude a amar como Dios ama y a tener en el sufrimiento la fortaleza de Cristo.

El deber de trabajar

⁶ Hermanos, les ordenamos en el nombre de nuestro Señor Jesucristo, que se aparten de cualquier hermano que no quiera trabajar y que no viva de acuerdo con las enseñanzas que les hemos trasmitido. ⁷ Pues ustedes saben cómo deben vivir para seguir nuestro ejemplo: nosotros no hemos vivido entre ustedes sin trabajar, ⁸ ni hemos comido el pan de nadie sin pagarlo. Al contrario, trabajamos y luchamos día y noche para no serle una carga a ninguno de ustedes.ᵍ ⁹ Y ciertamente teníamos el derecho de pedirles a ustedes que nos ayudaran, pero trabajamos para darles un ejemplo a seguir. ¹⁰ Cuando estuvimos con ustedes, les dimos esta regla: El que no quiera trabajar, que tampoco coma. ¹¹ Pero hemos sabido que algunos de ustedes viven sin trabajar, muy ocupados en no hacer nada. ¹² A tales personas les mandamos y encargamos, por la autoridad del Señor Jesucristo, que trabajen tranquilamente para ganarse la vida.

¹³ Hermanos, no se cansen de hacer el bien.ʰ ¹⁴ Si alguno no hace caso a lo que decimos en esta carta, fíjense en quién es y no se junten con él, para que le dé ver-

---

ʲ *Para que fueran los primeros en alcanzar la salvación:* algunos mss. dicen: *desde el principio para la salvación.*
ᵇ **2.1** 1 Ts 4.15-17.   ᶜ **2.4** Dn 11.36; Ez 28.2.   ᵈ **2.8** Is 11.4.   ᵉ **2.9** Mt 24.24.   ᶠ **2.15** 1 Co 11.2.
ᵍ **3.8** Hch 18.3; 1 Ts 2.9.   ʰ **3.13** Gá 6.9.

güenza. ¹⁵ Pero no lo tengan por enemigo, sino aconséjenlo como a hermano.

Bendición final

¹⁶ Y que el mismo Señor de paz les dé paz a ustedes en todo tiempo y en todas formas. Que el Señor esté con todos ustedes.

¹⁷ Yo, Pablo, les escribo este saludo de mi puño y letra. Así firmo todas mis cartas; así escribo. ¹⁸ Que nuestro Señor Jesucristo derrame su gracia sobre todos ustedes.

Primera Carta de San Pablo a
TIMOTEO

Esta es la primera de las cartas llamadas "pastorales". Timoteo era un joven cristiano, de madre judía y padre griego, que Pablo había encontrado en Listra (Hch. 6.1–3) y que había llegado a ser un amado y valioso colaborador suyo. Esta carta y la siguiente, dirigida también a Timoteo, se consideran como la Carta Magna del joven ministro cristiano. Ambas están llenas de consejos, más que pastorales, paternales, y rebosan de solicitud y afecto.

La primera carta trata de tres grandes temas. En los caps. 1—3, se expresa mucha preocupación por las falsas doctrinas que se han infiltrado en la iglesia, en este caso una mezcla de ideas judías y paganas. De las primeras, es la abstención de cierta clase de alimentos. De las segundas, el concepto de que el mundo material es malo en sí —creencia muy difundida en el mundo griego y oriental—, y que la salvación se alcanza por una especie de conocimiento particular secreto, reservado a los iniciados. También es de origen pagano la prohibición del matrimonio. De modo que se hace una severa advertencia contra estas serias desviaciones doctrinales y de conducta.

El segundo tema tratado es el de la dirección del culto y el comportamiento en él, así como de la organización, administración y dignatarios de la congregación. Por último (caps. 4—6), en un plano más personal y afectuoso, se instruye al joven ministro sobre cómo debe realizar su trabajo, a fin de ser "un buen siervo de Jesucristo" (4.6).

Saludo

1 ¹ Yo, Pablo, apóstol de Jesucristo, enviado por mandato de Dios nuestro Salvador y del Señor Jesucristo, que es nuestra esperanza, ² te escribo esta carta, Timoteo,ᵃ mi verdadero hijo en la fe, deseando que Dios nuestro Padre y Cristo Jesús nuestro Señor derramen su gracia, su misericordia y su paz sobre ti.

Advertencia contra enseñanzas falsas

³ Como ya te rogué al irme a la región de Macedonia, quédate en Efeso, para ordenar a ciertas personas que no enseñen ideas falsas ⁴ ni presten atención a cuentos y cuestiones interminables acerca de los antepasados. Estas cosas llevan solamente a la discusión y no ayudan a aceptar con fe el plan de Dios. ⁵ El propósito de esa orden es que nos amemos unos a otros con el amor que proviene de un corazón limpio, de una buena conciencia y de una fe sincera. ⁶ Algunos se han desviado de esto y se han perdido en inútiles discusiones. ⁷ Quieren ser maestros de la ley de Dios, cuando no entienden lo que ellos mismos dicen ni lo que enseñan con tanta seguridad.

⁸ Sabemos que la ley es buena, si se usa de ella conforme al propósito que tiene. ⁹ Hay que recordar que ninguna ley se da para quienes hacen lo bueno. La ley se da para castigar a los rebeldes y desobedientes, a los malvados y pecadores, a los que no respetan a Dios ni a la religión, a los que matan a su padre o a su madre, a todos los asesinos, ¹⁰ a los que cometen inmoralidades sexuales, a los homosexuales, a los traficantes de esclavos, a los mentirosos y a los que juran en falso; es decir, a los que hacen cosas que van en contra de la sana enseñanza. ¹¹ Y esta sana enseñanza es la que se encuentra en el glorioso mensaje de salvación que el Dios bendito me ha encargado.

ᵃ **1.2** Hch 16.1–3.

Gratitud por la misericordia de Dios

¹² Doy gracias a nuestro Señor Jesucristo, el cual me ha dado fuerzas, porque me ha considerado fiel y me ha puesto a su servicio, ¹³ a pesar de que yo antes decía cosas ofensivas contra él, lo perseguía[b] y lo insultaba. Pero Dios tuvo misericordia de mí, porque yo todavía no era creyente y no sabía lo que hacía. ¹⁴ Y así nuestro Señor derramó abundantemente su gracia sobre mí, y me dio la fe y el amor que tenemos por nuestra unión con Cristo Jesús. ¹⁵ Esto es muy cierto, y todos deben creerlo: que Cristo Jesús vino al mundo para salvar a los pecadores, de los cuales yo soy el primero. ¹⁶ Por eso, Dios tuvo misericordia de mí: para que Jesucristo mostrara en mí toda su paciencia. Así yo vine a ser ejemplo de los que habían de creer en él para obtener la vida eterna. ¹⁷ ¡Demos honor y gloria para siempre al Rey eterno, al inmortal, invisible y único Dios! Así sea.

¹⁸⁻¹⁹ Timoteo, hijo mío, te doy este encargo para que pelees la buena batalla con fe y buena conciencia, conforme a lo que antes dijeron los hermanos que hablaron de ti en nombre de Dios. Algunos, por no haber hecho caso a su conciencia, han fracasado en su fe. ²⁰ Esto les ha pasado a Himeneo y Alejandro, a quienes he entregado a Satanás para que aprendan a no decir cosas ofensivas contra Dios.

Instrucciones sobre la oración

2 ¹ Ante todo recomiendo que se hagan peticiones, oraciones, súplicas y acciones de gracias a Dios por toda la humanidad. ² Se debe orar por los que gobiernan y por todas las autoridades, para que podamos gozar de una vida tranquila y pacífica, llena de reverencia a Dios y respetable en todos sentidos. ³ Esto es bueno y agrada a Dios nuestro Salvador, ⁴ pues él quiere que todos se salven y lleguen a conocer la verdad. ⁵ Porque no hay más que un Dios; y no hay más que un hombre que pueda llevar a todos los hombres a la unión con Dios: Jesucristo. ⁶ Porque Jesucristo se entregó a la muerte para pagar el precio de la salvación de todos,[c] conforme al testimonio que se dio a su debido tiempo. ⁷ Por esto yo he sido nombrado mensajero y apóstol, y se me ha encargado que enseñe acerca de la fe y de la verdad a los que no son judíos. Lo que digo es cierto; no miento.[d]

⁸ Así pues, quiero que los hombres oren en todas partes, y que eleven sus manos a Dios con pureza de corazón y sin enojos

ni discusiones. ⁹ Y quiero que las mujeres se vistan decentemente, con modestia y sencillez; que se adornen, pero no con peinados exagerados, ni con oro, perlas o vestidos costosos,[e] ¹⁰ sino con buenas obras, como deben hacerlo las mujeres que se han consagrado a Dios. ¹¹ La mujer debe escuchar la instrucción en silencio, con toda sumisión; ¹² y no permito que la mujer enseñe en público ni domine al hombre. Quiero que permanezca callada, ¹³ porque Dios hizo primero a Adán[f] y después a Eva;[g] ¹⁴ y Adán no fue el engañado, sino la mujer; y al ser engañada, cayó en pecado.[h] ¹⁵ Pero la mujer se salvará si cumple sus deberes como madre, y si con buen juicio se mantiene en la fe, el amor y la santidad.

Cómo deben ser los dirigentes

3 ¹ Esto es muy cierto: si alguien aspira a un puesto de dirigente en la iglesia,[i] a un buen trabajo aspira. ² Por eso, la conducta del que tiene responsabilidades como dirigente ha de ser irreprensible. Debe ser esposo de una sola mujer[2] y llevar una vida seria, juiciosa y respetable. Debe estar siempre dispuesto a hospedar gente en su casa; debe ser apto para enseñar; ³ no debe ser borracho ni amigo de peleas, sino bondadoso, pacífico y desinteresado en cuanto al dinero. ⁴ Debe saber gobernar bien su casa y hacer que sus hijos sean obedientes y respetuosos; ⁵ porque si uno no sabe gobernar su propia casa, ¿cómo podrá cuidar de la iglesia de Dios? ⁶ Por lo tanto, el dirigente no debe ser un recién convertido, no sea que se llene de orgullo y caiga bajo la misma condenación en que cayó el diablo. ⁷ También debe ser respetado entre los no creyentes, para que no caiga en deshonra y en alguna trampa del diablo.[i]

Cómo deben ser los diáconos

⁸ Asimismo, los diáconos deben ser hombres respetables, que nunca falten a su palabra ni sean dados a emborracharse ni a desear ganancias mal habidas. ⁹ Deben apegarse a la verdad revelada en la cual creemos, y mantener limpia la conciencia. ¹⁰ Primero deben ser sometidos a una prueba, y después, si no tienen falta, podrán servir como diáconos. ¹¹ Igualmente, las mujeres deben ser respetables, no chismosas, serias y fieles en todo. ¹² Un diácono debe ser esposo de una sola mujer,[j] y saber gobernar bien a sus hijos y su

---

[i] *Un puesto de dirigente en la iglesia:* lit. *obispado.*   [2] *Esposo de una sola mujer:* otra posible traducción: *casado una sola vez.*   [3] Véase nota en 3.2.
[b] 1.13 Hch 8.3; 9.4-5.   [c] 2.6 Mt 20.28; Mr 10.45; Gá 1.4; Tit 2.14.   [d] 2.7 2 Ti 1.11.   [e] 2.9 1 P 3.3.   [f] 2.13 Gn 2.7.
[g] 2.13 Gn 2.21-22.   [h] 2.14 Gn 3.1-6.   [i] 3.2-7 Tit 1.6-9.

propia casa. [13] Porque los diáconos que realizan bien su trabajo, se ganan un lugar de honor, y con mayor confianza podrán hablar de su fe en Cristo Jesús.

La verdad revelada de nuestra religión

[14] Espero ir pronto a verte; pero te escribo esto [15] para que, si me retraso, sepas cómo debe portarse uno en la familia de Dios, que es la iglesia del Dios viviente, la cual sostiene y defiende la verdad. [16] No hay duda de que el secreto de nuestra religión es algo muy grande:

Cristo se manifestó en su condición
   de hombre,
triunfó en su condición de espíritu[4]
y fue visto por los ángeles.
Fue anunciado a las naciones,
creído en el mundo
y recibido en la gloria.

Los que se apartarán de la fe

4 [1] Pero el Espíritu dice claramente que en los últimos tiempos algunos se apartarán de la fe, siguiendo a espíritus engañadores y enseñanzas que vienen de los demonios. [2] Harán caso a gente hipócrita y mentirosa, cuya conciencia está marcada con el hierro de sus malas acciones. [3] Esta gente prohíbe casarse y comer ciertos alimentos que Dios ha creado para que los creyentes y los que conocen la verdad los coman, dándole gracias. [4] Pues todo lo que Dios ha creado es bueno; y nada debe ser rechazado si lo aceptamos dando gracias a Dios, [5] porque la palabra de Dios y la oración lo hacen sagrado.

Un buen siervo de Jesucristo

[6] Si enseñas estas cosas a los hermanos y te alimentas con las palabras de la fe y de la buena enseñanza que has seguido, serás un buen siervo de Jesucristo. [7] Pero no hagas caso de cuentos mundanos y tontos. Ejercítate en la devoción a Dios; [8] pues aunque el ejercicio del cuerpo sirve para algo, la devoción a Dios es útil para todo, porque nos trae provecho para esta vida y también para la vida futura. [9] Esto es muy cierto, y todos deben creerlo. [10] Por eso mismo trabajamos y luchamos,[5] porque hemos puesto nuestra esperanza en el Dios viviente, que es el Salvador de todos, especialmente de los que creen. [11] Estas cosas tienes que mandar y enseñar. [12] Evita que te desprecien por ser joven; más bien debes ser un ejemplo para los creyentes en tu modo de hablar y de

portarte, y en amor, fe y pureza de vida. [13] Mientras llego, dedícate a leer en público las Escrituras, a animar a los hermanos y a instruirlos. [14] No descuides los dones que Dios te concedió cuando, por inspiración suya, los ancianos de la iglesia te impusieron las manos. [15] Pon toda tu atención en estas cosas, para que todos puedan ver cómo adelantas. [16] Ten cuidado de ti mismo y de lo que enseñas a otros, y sigue firme en todo. Si lo haces así, te salvarás a ti mismo y salvarás también a los que te escuchan.

Cómo portarse con los creyentes

5 [1] No reprendas al anciano; al contrario, aconséjalo como si fuera tu padre; y trata a los jóvenes como si fueran tus hermanos. [2] A las ancianas trátalas como a tu propia madre; y a las jóvenes, como si fueran tus hermanas, con toda pureza.

[3] Ayuda a las viudas que no tengan a quien recurrir. [4] Pero si una viuda tiene hijos o nietos, ellos son quienes primero deben aprender a cumplir sus obligaciones con los de su propia familia y a corresponder al amor de sus padres, porque esto es bueno y agrada a Dios. [5] La verdadera viuda, la que se ha quedado sola, pone su esperanza en Dios y no deja de rogar, orando día y noche. [6] Pero la viuda que se entrega al placer, está muerta en vida. [7] Mándales también estas cosas, para que sean irreprensibles. [8] Pues quien no se preocupa de los suyos, y sobre todo de los de su propia familia, ha negado la fe y es peor que los que no creen.

[9] En la lista de las viudas debe estar únicamente la que tenga más de sesenta años y no haya tenido sino un sólo esposo. [10] Debe ser conocida por el bien que haya hecho: si ha criado bien a sus hijos, si ha sido amable con los que llegan a su casa, si ha lavado los pies a los creyentes y si ha ayudado a los que sufren; en fin, si ha procurado hacer toda clase de obras buenas. [11] Pero no pongas en la lista a viudas de menos edad; porque cuando sus propios deseos las apartan de Cristo, quieren casarse de nuevo [12] y resultan culpables de haber faltado a su compromiso. [13] Además andan de casa en casa, y se vuelven perezosas; y no sólo perezosas, sino también chismosas, metiéndose en todo y diciendo cosas que no convienen. [14] Por eso quiero que las viudas jóvenes se casen, que tengan hijos, que sean amas de casa y que no den lugar a las críticas del enemigo. [15] Pues algunas viudas ya se han apartado y han seguido a Satanás. [16] Si alguna mujer creyente[6] tiene viu-

---

[4] *Triunfó en su condición de espíritu:* otra posible traducción: *fue declarado justo por el Espíritu.* [5] *Luchamos:* algunos mss. dicen: *somos objeto de insultos.* [6] *Si alguna mujer creyente:* algunos mss. dicen: *Si algún creyente o alguna creyente.*

das en su familia, debe ayudarlas, para que no sean una carga para la iglesia; así la iglesia podrá ayudar a las viudas que de veras no tengan a quien recurrir.

[17] Los ancianos que gobiernan bien la iglesia deben ser doblemente apreciados,[7] especialmente los que se dedican a predicar y enseñar. [18] Pues la Escritura dice: "No le pongas bozal al buey que trilla."[j] Y también: "El trabajador tiene derecho a su paga."[k]

[19] No hagas caso de acusaciones contra un anciano, si no están apoyadas por dos o tres testigos.[l]

[20] A los que siguen pecando, debes reprenderlos delante de todos, para que los demás tengan temor.

[21] Te encargo delante de Dios, de Jesucristo y de los ángeles escogidos, que sigas estas reglas sin hacer distinciones ni preferencias. [22] No impongas las manos a nadie sin haberlo pensado bien, para no hacerte cómplice de los pecados de otros. Evita lo malo.

[23] Puesto que a menudo estás enfermo del estómago, no bebas agua sola, sino bebe también un poco de vino.

[24] Los pecados de algunos se ven claramente antes de que ellos vayan a juicio, pero en otros casos sólo se ven después. [25] Del mismo modo, las obras buenas se ven claramente; y aquellas que no se ven, no podrán quedar siempre escondidas.

6 [1] Los que están sometidos a esclavitud, deben considerar a sus amos como dignos de todo respeto, para que no se hable mal del nombre de Dios ni de nuestra enseñanza. [2] Y si algunos tienen amos creyentes, que no dejen de respetarlos por ser sus hermanos en la fe. Al contrario, deben servirlos mejor todavía, porque los que reciben sus buenos servicios son creyentes y hermanos amados.

La verdadera riqueza

Enseña y predica esto: [3] Si alguien enseña ideas extrañas y no está de acuerdo con la sana enseñanza de nuestro Señor Jesucristo ni con lo que enseña nuestra religión, [4] es un orgulloso que no sabe nada. Discutir sobre cuestiones de palabras es en él como una enfermedad; y de ahí vienen envidias, discordias, insultos, desconfianzas [5] y peleas sin fin entre gente que tiene la mente pervertida y no conoce la verdad, y que toma la religión por una fuente de riqueza.[g] [6] Y claro está que la religión es una fuente de gran riqueza, pero sólo para el que se contenta con lo que tiene. [7] Porque nada trajimos a este mundo, y nada podremos llevarnos;[m]

[8] si tenemos qué comer y con qué vestirnos, ya nos podemos dar por satisfechos. [9] En cambio, los que quieren hacerse ricos no resisten la prueba, y caen en la trampa de muchos deseos insensatos y perjudiciales, que hunden a los hombres en la ruina y la condenación. [10] Porque el amor al dinero es raíz de toda clase de males;[n] y hay quienes, por codicia, se han desviado de la fe y han llenado de sufrimiento sus propias vidas.

La buena lucha de la fe

[11] Pero tú, hombre de Dios, huye de todo esto. Lleva una vida de rectitud, de devoción a Dios, de fe, de amor, de constancia y de humildad de corazón. [12] Pelea la buena batalla de la fe; no dejes escapar la vida eterna, pues para eso te llamó Dios y por eso hiciste una buena declaración de tu fe delante de muchos testigos. [13] Ahora, delante de Dios, que da vida a todo lo que existe, y delante de Jesucristo, que también hizo una buena declaración y dio testimonio ante Poncio Pilato,[ñ] te mando [14] que obedezcas lo que te ordeno, sin cambiarlo, para que no haya de qué reprenderte. Y hazlo así hasta que venga nuestro Señor Jesucristo. [15] A su debido tiempo, Dios llevará esto a cabo, porque él es el único y bendito Soberano, Rey de reyes y Señor de señores. [16] Es el único inmortal, que vive en una luz a la que nadie puede acercarse.[o] Ningún hombre lo ha visto ni lo puede ver. ¡Suyos sean para siempre el honor y el poder! Así sea.

[17] A los que tienen riquezas de este mundo, mándales que no sean orgullosos ni pongan su esperanza en sus riquezas, porque las riquezas no son seguras. Antes bien, que pongan su esperanza en Dios, el cual nos da todas las cosas con abundancia y para nuestro provecho. [18] Mándales que hagan el bien, que se hagan ricos en buenas obras y que estén dispuestos a dar y compartir lo que tienen. [19] Así tendrán riquezas que les proporcionarán una base firme para el futuro, y alcanzarán la vida verdadera.[q]

Encargo final a Timoteo

[20] Timoteo, cuida bien lo que se te ha confiado. No escuches palabrerías mundanas y vacías, ni los argumentos que opone el falsamente llamado conocimiento; [21] pues algunos que profesan esa clase de conocimiento, se han desviado de la fe.

Que el Señor derrame su gracia sobre ustedes.

---

[7] *Deben ser doblemente apreciados*: otra posible traducción: *deben recibir doble salario.*   [8] Algunos mss. añaden: *apártate de ellos.*   [9] *La vida verdadera*: algunos mss. dicen: *la vida eterna.*   [j] **5.18** Dt 25.4.   [k] **5.18** Mt 10.10; Lc 10.7.   [l] **5.19** Dt 17.6; 19.15.   [m] **6.7** Job 1.21; Sal 49.17; Ec 5.15.   [n] **6.6–10** He 13.5.   [ñ] **6.13** Jn 18.37.   [o] **6.16** Sal 104.2.

Segunda Carta de San Pablo a
TIMOTEO

*Esta segunda carta prosigue en el plano íntimo, personal y práctico de la primera.
El autor, que siente muy próxima su muerte, recuerda y agradece a Dios el amor y la
fe de Timoteo. Ante el sufrimiento y la oposición, le exhorta a resistir valerosamente
las pruebas y mantenerse firme "como un buen soldado de Jesucristo" (1.1—2.13). Por
otra parte, le aconseja no enredarse en polémicas "por cuestión de palabras", que no
sirven de nada, sino que perjudican a quienes las oyen, y degeneran en pleitos. Le
recomienda igualmente cuidar de su vida personal, y mantenerse firme en las enseñanzas que, conforme a las Escrituras sagradas, ha recibido desde niño (2.14—4.5).
La carta termina haciendo a Timoteo confidencias acerca de la propia situación
del autor: preso y procesado, abandonado de muchos, sufriendo la enemistad de otros,
con sólo Lucas a su lado, y con el deseo de que él, Timoteo, venga pronto a verlo. En
medio de todo, sin embargo, el Señor ha estado con él y lo ha ayudado, por lo cual le
da gloria (4.6–22). En todo esto, se invoca el ejemplo que el autor ha dado a Timoteo en
su manera de vivir y en sus enseñanzas, su determinación, paciencia, fe, amor y fortaleza para soportar la persecución.*

Saludo

1 ¹ Yo, Pablo, apóstol de Jesucristo, enviado por la voluntad de Dios de
acuerdo con la promesa de vida que hay
en la unión con Cristo Jesús, ² te escribo
esta carta, mi querido hijo Timoteo,ª deseando que Dios el Padre y nuestro Señor
Jesucristo derramen su gracia, su misericordia y su paz sobre ti.

Dar testimonio de Cristo

³ Al recordarte siempre en mis oraciones, día y noche doy gracias a Dios, a
quien sirvo con una conciencia limpia,
como sirvieron también mis antepasados.
⁴ Me acuerdo siempre de tus lágrimas, y
quisiera verte para llenarme de alegría.
⁵ Porque me acuerdo de la fe sincera que
tienes. Primero la tuvieron tu abuela
Loida y tu madre Eunice,ᵇ y estoy seguro
de que también tú la tienes.
⁶ Por eso te recomiendo que avives el
fuego del don que Dios te dio cuando te
impuse las manos. ⁷ Pues Dios no nos ha
dado un espíritu de temor, sino un espíritu
de poder, de amor y de buen juicio. ⁸ No te
avergüences, pues, de dar testimonio a favor de nuestro Señor; ni tampoco te avergüences de mí, preso por causa suya.
Antes bien, con las fuerzas que Dios te da,
acepta tu parte en los sufrimientos que
vienen por causa del mensaje de salvación. ⁹ Dios nos salvó y nos ha llamado a
consagrarle nuestra vida, no por lo que
nosotros hayamos hecho, sino porque ése
fue su propósito y porque nos ama en
Cristo Jesús. Dios, que nos ama desde
antes que el mundo existiera, ¹⁰ ha mos-

trado su amor ahora, al venir nuestro Salvador Jesucristo, que destruyó el poder de
la muerte y que, por el mensaje de salvación, sacó a la luz la vida inmortal.
¹¹ Dios me ha encargado de anunciar
este mensaje, y me ha enviado como
apóstol y maestro.ᶜ ¹² Precisamente por
eso sufro todas estas cosas. Pero no me
avergüenzo de ello, porque yo sé en quién
he puesto mi confianza; y estoy seguro de
que él tiene poder para guardar hasta
aquel día lo que me ha encomendado.ᶦ
¹³ Sigue el modelo de la sana enseñanza
que de mí has recibido, y vive en la fe y el
amor que tenemos por estar unidos a
Cristo Jesús. ¹⁴ Con la ayuda del Espíritu
Santo que vive en nosotros, cuida de la
buena doctrina que Dios te ha confiado.
¹⁵ Como ya sabes, todos los de la provincia de Asia me abandonaron; entre ellos,
Figelo y Hermógenes. ¹⁶ Que el Señor
tenga misericordia de la familia de Onesíforo, porque él muchas veces me trajo alivio y no se avergonzó de que yo estuviera
preso. ¹⁷ Al contrario, apenas llegó a Roma
se puso a buscarme sin descanso, hasta
que me encontró. ¹⁸ Que el Señor le permita encontrar su misericordia en aquel
día. Tú ya sabes muy bien cuánto nos
ayudó en Efeso.

Un buen soldado de Jesucristo

2 ¹ Y tú, hijo mío, saca fuerzas de los
dones que has recibido de Cristo
Jesús. ² Lo que me has oído decir delante
de muchos testigos, encárgaselo a hombres de confianza que sean capaces de en-
señárselo a otros.

ᶦ *Lo que me ha encomendado:* lit. *mi depósito.*
ª **1.2** Hch 16.1; 1 Ti 1.2. ᵇ **1.5** Hch 16.1. ᶜ **1.11** 1 Ti 2.7.

³ Toma tu parte en los sufrimientos como un buen soldado de Jesucristo. ⁴ Ningún soldado en servicio activo se enreda en los asuntos de la vida civil, porque tiene que agradar a su superior. ⁵ De la misma manera, el deportista no puede recibir el premio, si no lucha de acuerdo con las reglas. ⁶ El que trabaja en el campo tiene derecho a ser el primero en recibir su parte de la cosecha. ⁷ Piensa en esto que digo, y el Señor te lo hará comprender todo.

⁸ Acuérdate de Jesucristo, que resucitó y que era descendiente del rey David; éste es el mensaje de salvación que predico. ⁹ Y por causa de este mensaje soporto sufrimientos, incluso el estar encadenado como un criminal; pero el mensaje de Dios no está encadenado. ¹⁰ Por eso lo soporto todo en bien de los que Dios ha escogido, para que también ellos alcancen la salvación gloriosa y eterna en Cristo Jesús.

¹¹ Esto es muy cierto:

Si hemos muerto con él, también
      viviremos con él;
¹² si sufrimos, tendremos parte en su
      reino;ᵈ
si le negamos, también él nos
      negará;ᵉ
¹³ si no somos fieles, él sigue siendo
      fiel,
porque no puede negarse a sí
      mismo.

Un trabajador aprobado

¹⁴ Recuérdales esto, y encárgales delante de Dios que dejen de discutir por cuestiones de palabras. Esas discusiones no sirven para nada; lo que hacen es perjudicar a quienes las escuchan. ¹⁵ Haz todo lo posible por presentarte delante de Dios como un trabajador aprobado que no tiene de qué avergonzarse, que enseña debidamente el mensaje de la verdad. ¹⁶ Evita palabrerías mundanas y vacías, porque los que hablan así, se hunden cada vez más en la maldad ¹⁷ y sus enseñanzas corroen como la gangrena. Esto es lo que sucede con Himeneo y Fileto, ¹⁸ que se han desviado de la verdad diciendo que nuestra resurrección ya ha tenido lugar, y andan trastornando de esa manera la fe de algunos. ¹⁹ Pero Dios ha puesto una base que permanece firme, en la cual está escrito: "El Señor conoce a los que le pertenecen",ᶠ y "Todos los que invocan el nombre del Señor han de apartarse de la maldad."

²⁰ En una casa grande, no solamente hay objetos de oro y de plata, sino también de madera y de barro; unos son para usos especiales y otros para uso común. ²¹ Para ser de uso especial, consagrado y útil al Señor, uno tiene que mantenerse limpio de todo lo malo; entonces será útil para cualquier cosa buena.

²² Huye, pues, de las pasiones de la juventud, y vive con rectitud, fe, amor y paz, junto con todos los que de limpio corazón invocan al Señor. ²³ No hagas caso de discusiones que no tienen ton ni son; ya sabes que traen disgustos. ²⁴ Y un siervo del Señor no debe andar en peleas; al contrario, debe ser bueno con todos. Debe ser apto para enseñar; debe tener paciencia ²⁵ y corregir con corazón humilde a los rebeldes, esperando que Dios haga que se vuelvan a él y conozcan la verdad, ²⁶ a fin de que se despierten y escapen de la trampa en que el diablo los tiene presos para hacer de ellos lo que quiera.

Cómo será la gente en los tiempos últimos

3 ¹ También debes saber que en los tiempos últimos vendrán días difíciles. ² Los hombres serán egoístas, amantes del dinero, orgullosos y vanidosos. Hablarán en contra de Dios, desobedecerán a sus padres, serán ingratos y no respetarán la religión. ³ No tendrán cariño ni compasión, serán chismosos, no podrán dominar sus pasiones, serán crueles y enemigos de todo lo bueno. ⁴ Serán traidores y atrevidos, estarán llenos de vanidad y buscarán sus propios placeres en vez de buscar a Dios. ⁵ Aparentarán ser muy religiosos, pero con sus hechos negarán el verdadero poder de la religión.

No tengas nada que ver con esa clase de gente. ⁶ Porque a ellos pertenecen esos que se meten en las casas y engañan a débiles mujeres cargadas de pecado que, arrastradas por toda clase de deseos, ⁷ están siempre aprendiendo pero jamás llegan a comprender la verdad. ⁸ Y así como los brujos Janes y Jambres se opusieron a Moisés,ᵍ también esa gente se opone a la verdad. Son hombres de mente pervertida, fracasados en la fe. ⁹ Pero no avanzarán mucho, porque todo el mundo se dará cuenta de que son unos tontos, igual que les pasó a aquellos dos que se opusieron a Moisés.

El último encargo de Pablo a Timoteo

¹⁰ Pero tú has seguido bien mis enseñanzas, mi manera de vivir, mi propósito, mi

fe, mi paciencia, mi amor y mi fortaleza para soportar [11] las persecuciones y los sufrimientos. Sabes todo lo que me pasó en Antioquía,[h] Iconio[i] y Listra,[j] y las persecuciones que sufrí; pero el Señor me libró de todo ello. [12] Es cierto que todos los que quieren vivir consagrados a Cristo Jesús sufrirán persecución; [13] pero los malos y los engañadores irán de mal en peor, engañando y siendo engañados.

[14] Tú, sigue firme en todo aquello que aprendiste, de lo cual estás convencido. Ya sabes quiénes te lo enseñaron. [15] Recuerda que desde niño conoces las sagradas Escrituras, que pueden instruirte y llevarte a la salvación por medio de la fe en Cristo Jesús. [16] Toda Escritura está inspirada por Dios y es útil[2] para enseñar y reprender, para corregir y educar en una vida de rectitud, [17] para que el hombre de Dios esté capacitado y completamente preparado para hacer toda clase de bien.

4 [1] Delante de Dios y de Cristo Jesús, que vendrá como rey a juzgar a los vivos y a los muertos, te encargo mucho [2] que prediques el mensaje, y que insistas cuando sea oportuno y aun cuando no lo sea. Convence, reprende y anima, enseñando con toda paciencia. [3] Porque va a llegar el tiempo en que la gente no soportará la sana enseñanza; más bien, según sus propios caprichos, se buscarán un montón de maestros que sólo les enseñen lo que ellos quieran oír. [4] Darán la espalda a la verdad y harán caso a toda clase de cuentos. [5] Pero tú conserva siempre el buen juicio, soporta los sufrimientos, dedícate a predicar el mensaje de salvación, cumple bien con tu trabajo.

[6] Yo ya estoy para ser ofrecido en sacrificio; ya se acerca la hora de mi muerte. [7] He peleado la buena batalla, he llegado al término de la carrera, me he mantenido fiel. [8] Ahora me espera la corona merecida[3] que el Señor, el Juez justo, me dará en aquel día. Y no me la dará solamente a mí, sino también a todos los que con amor esperan que él vuelva.

Instrucciones personales

[9] Haz lo posible por venir pronto a verme; [10] pues Demas,[k] que amaba más las cosas de este mundo, me ha abandonado y se ha ido a Tesalónica. Crescente se ha ido a la región de Galacia, y Tito[l] a la de Dalmacia. [11] Solamente Lucas[m] está conmigo. Busca a Marcos[n] y tráelo contigo, porque puede ser una ayuda para mí en el trabajo. [12] A Tíquico[ñ] lo mandé a Efeso. [13] Cuando vengas, tráeme la capa que dejé en Troas,[o] en casa de Carpo; también los libros, y especialmente los pergaminos. [14] Alejandro[p] el herrero se ha portado muy mal conmigo; el Señor le pagará conforme a lo que ha hecho.[q] [15] Tú cuídate de él, porque se ha puesto muy en contra de nuestro mensaje.

[16] En mi primera defensa ante las autoridades, nadie me ayudó; todos me abandonaron. Espero que Dios no se lo tome en cuenta. [17] Pero el Señor sí me ayudó y me dio fuerzas, de modo que pude llevar a cabo la predicación del mensaje de salvación y hacer que lo oyeran todos los paganos. Así el Señor me libró de la boca del león, [18] y me librará de todo mal, y me guardará para su reino celestial. ¡Gloria a él para siempre! Así sea.

Saludos y bendición final

[19] Saludos a Prisca y a Aquila,[r] y a la familia de Onesíforo.[s] [20] Erasto[t] se quedó en Corinto, y a Trófimo[u] lo dejé enfermo en Mileto. [21] Procura venir antes del invierno. Te mandan saludos Eubulo, Pudente, Lino, Claudia y todos los hermanos.

[22] Que el Señor Jesucristo esté contigo, y que Dios derrame su gracia sobre todos ustedes.

---

[2] *Toda Escritura está inspirada por Dios y es útil:* otra posible traducción: *Toda Escritura inspirada por Dios también es útil.* [3] *Corona merecida:* lit. *corona de justicia.*
[h] **3.11** Hch 13.14-52. [i] **3.11** Hch 14.1-7. [j] **3.11** Hch 14.8-20. [k] **4.10** Col 4.14; Flm 24. [l] **4.10** 2 Co 8.23; Gá 2.3; Tit 1.4.
[m] **4.11** Col 4.14; Flm 24. [n] **4.11** Hch 12.12,25; 13.13; 15.37-39; Col 4.10; Flm 24. [ñ] **4.12** Hch 20.4; Ef 6.21-22; Col 4.7-8.
[o] **4.13** Hch 20.6. [p] **4.14** 1 Ti 1.20. [q] **4.14** Sal 62.12; Ro 2.6. [r] **4.19** Hch 18.2,18. [s] **4.19** 2 Ti 1.16-17. [t] **4.20** Hch 19.22;
Ro 16.23. [u] **4.20** Hch 20.4; 21.29.

Carta de San Pablo a
TITO

Pablo había dejado en Creta a Tito, un no judío convertido al cristianismo, a quien había encargado organizar debidamente la iglesia del lugar. Esta carta se la dirige para aconsejarlo sobre varios asuntos al respecto. Como las cartas a Timoteo, esta carta está llena de afecto personal.

En primer lugar, la carta habla sobre los dignatarios de la iglesia, sus requisitos y deberes, en términos semejantes a los que emplea cuando escribe a Timoteo (3.1–13). El carácter y conducta de aquellos han de ser ejemplares, sobre todo en vista del difícil medio ambiente en que han de trabajar (cap. 1). Se le encomienda que vigile cómo han de ser y comportarse los varios grupos y las distintas edades que forman la iglesia (cap. 2) y cómo cumplen sus deberes los creyentes en general (3.1–11). Concluye, como en otras cartas, con instrucciones y saludos personales (3.12–15).

Saludo

1 ¹ Yo, Pablo, soy siervo de Dios y apóstol de Jesucristo, enviado por él para traer a la fe a los que Dios ha escogido, y para que conozcan la verdad de nuestra religión, ² que está basada en la esperanza de la vida eterna. Dios, que no miente, prometió esta vida desde antes que el mundo existiera; ³ y ahora, a su debido tiempo, nos ha dado a conocer su mensaje por medio de la predicación que me ha sido confiada por mandato de Dios nuestro Salvador. ⁴ Te escribo la presente carta, Tito,ᵃ verdadero hijo mío en esta fe que los dos tenemos, deseando que Dios nuestro Padre y Jesucristo nuestro Salvador derramen su gracia y su paz sobre ti.

El trabajo de Tito en Creta

⁵ Cuando te dejé en la isla de Creta, lo hice para que arreglaras lo que quedaba por arreglar y para que, en cada pueblo, nombraras ancianos de la iglesia, de acuerdo con lo que yo te encargué. ⁶ Un anciano debe vivir de tal manera que no haya nada de qué reprenderlo. Debe ser esposo de una sola mujer,ⁱ y sus hijos deben ser creyentes y no estar acusados de mala conducta o de ser rebeldes. ⁷ Pues el que tiene responsabilidades como dirigente de la iglesia, está encargado de las cosas de Dios, y por eso es necesario que lleve una vida recta. No debe ser terco, ni de mal genio; no debe ser borracho, ni amigo de peleas, ni desear ganancias mal habidas. ⁸ Al contrario, siempre debe estar dispuesto a hospedar gente en su casa, y debe ser un hombre de bien, de buen juicio, justo, consagrado a Dios y disciplinado. ⁹ Debe apegarse al verdadero mensaje que se le enseñó, para que también pueda animar a otros con la sana enseñanza y convencer a los que contradicen.ᵇ

¹⁰ Porque hay muchos rebeldes, sobre todo entre los que insisten en la circuncisión, que dicen cosas sin sentido y engañan a la gente. ¹¹ A ésos hay que taparles la boca, pues trastornan familias enteras, enseñando lo que no deben para obtener ganancias mal habidas.

¹² Fue un profeta de la misma isla de Creta quien dijo de sus paisanos: "Los cretenses, siempre mentirosos, salvajes, glotones y perezosos." ¹³ Y dijo la verdad; por eso, repréndelos duramente, para que sean sanos en su fe ¹⁴ y para que no hagan caso de cuentos inventados por los judíos, ni de lo que ordenan los que dan la espalda a la verdad.

¹⁵ Para quienes tienen la mente limpia, todas las cosas son limpias; pero para quienes no creen ni tienen la mente limpia, no hay nada limpio; pues hasta su mente y su conciencia están sucias. ¹⁶ Dicen conocer a Dios, pero con sus hechos lo niegan; son odiosos y rebeldes, incapaces de ninguna obra buena.

La sana enseñanza

2 ¹ Lo que digas debe estar siempre de acuerdo con la sana enseñanza. ² Los ancianos deben ser serios, respetables y de buen juicio; sanos en su fe, en su amor y en su fortaleza para soportar el sufrimiento. ³ Igualmente, las ancianas deben portarse con reverencia, y no ser chismosas, ni emborracharse. Deben dar buen ejemplo ⁴ y enseñar a las jóvenes a amar a sus esposos y a sus hijos, ⁵ a ser juiciosas, puras, cuidadosas del hogar, bondadosas y sujetas a sus esposos, para que nadie pueda hablar mal del mensaje de Dios.

⁶ Anima igualmente a los jóvenes a ser juiciosos, ⁷ y dales tú mismo un buen

---

ⁱ *Esposo de una sola mujer: otra posible traducción: casado una sola vez.*
ᵃ **1.4** 2 Co 8.23; Gá 2.3; 2 Ti 4.10. ᵇ **1.6–9** 1 Ti 3.2-7.

ejemplo en todas las cosas. Al enseñarles, hazlo con toda pureza y seriedad, [8] hablando de una manera sana, que nadie pueda condenar. Así sentirá vergüenza cualquiera que se ponga en contra, pues no podrá decir nada malo de nosotros.

[9] Aconseja a los siervos que obedezcan en todo a sus amos; que sean amables y no respondones. [10] Que no roben, sino que sean completamente honrados, para que todos vean en sus vidas lo hermosa que es la enseñanza acerca de Dios nuestro Salvador.

[11] Pues Dios nos ha mostrado su bondad, la cual trae la salvación a toda la humanidad. [12] Esa bondad de Dios nos enseña a dejar la maldad y los deseos mundanos, y a llevar en este mundo una vida de buen juicio, rectitud y devoción a Dios, [13] viviendo en espera del feliz cumplimiento de lo que se nos ha prometido: el regreso glorioso de nuestro gran Dios y Salvador Jesucristo.[c] [14] El se entregó a la muerte por nosotros,[d] para salvarnos de toda maldad[e] y limpiarnos completamente, para que seamos suyos,[f] deseosos de hacer el bien.

[15] Esto es lo que tienes que enseñar, animando y reprendiendo con toda autoridad. Que nadie te desprecie.

Deberes de los creyentes

3 [1] Recuérdales que se sometan al gobierno y a las autoridades, que sean obedientes y que siempre estén dispuestos a hacer lo bueno. [2] Que no hablen mal de nadie, que sean pacíficos y bondadosos, y que se muestren humildes de corazón en su trato con todos. [3] Porque antes también nosotros éramos insensatos y desobedientes a Dios; andábamos perdidos y éramos esclavos de toda clase de deseos y placeres. Vivíamos en maldad y envidia, odiados y odiándonos unos a otros. [4] Pero cuando Dios nuestro Salvador mostró su bondad y su amor por la humanidad, [5] nos salvó, no porque nosotros hubiéramos hecho nada bueno, sino porque tuvo compasión de nosotros.[g] Por medio del lavamiento[h] nos ha hecho nacer de nuevo; por medio del Espíritu Santo nos ha dado nueva vida; [6] y por medio de nuestro Salvador Jesucristo nos ha dado el Espíritu Santo en abundancia, [7] para que, habiéndonos librado de culpa por su bondad, recibamos la vida eterna que esperamos.

[8] Esto es muy cierto, y quiero que insistas mucho en ello, para que los que creen en Dios se ocupen en hacer el bien. Estas cosas son buenas y útiles para todos. [9] Pero evita las discusiones tontas, las leyendas acerca de los antepasados, las discordias y las peleas por cuestiones de la ley de Moisés. Son cosas inútiles y sin sentido.

[10] Si alguien causa divisiones en la iglesia, llámale la atención una y dos veces; pero si no te hace caso, expúlsalo de ella, [11] pues debes saber que esa persona se ha pervertido y que su mismo pecado la está condenando.

Instrucciones personales

[12] Cuando yo te mande a Artemas o a Tíquico,[i] haz lo posible por ir a Nicópolis a verme, porque he decidido pasar allí el invierno. [13] Ayuda en todo lo que puedas al abogado Zenas y a Apolos,[j] dándoles lo necesario para que sigan su viaje y no les falte nada. [14] Y que los nuestros aprendan también a hacer el bien y a ayudar en casos de necesidad, para que sus vidas sean útiles.

Saludos y bendición final

[15] Todos los que están conmigo te mandan saludos. Saluda a nuestros queridos amigos en la fe. Que Dios derrame su gracia sobre todos ustedes.

c **2.13** 2 P 1.1.   d **2.14** Mt 20.28; Mr 10.45; Gá 1.4; 1 Ti 2.6.   e **2.14** Sal 130.8; Mt 20.28.   f **2.14** Ex 19.5; Dt 4.20; 7.6; 14.2; 1 P 2.9.   g **3.5** Dn 9.18.   h **3.5** Ef 5.26.   i **3.12** Hch 20.4; Ef 6.21–22; Col 4.7–8; 2 Ti 4.12.   j **3.13** Hch 18.24; 1 Co 16.12.

Carta de San Pablo a
FILEMÓN

Cuando Pablo se hallaba preso, cierto esclavo fugitivo, llamado Onésimo, se puso de algún modo en contacto con él, se hizo cristiano por su predicación y se puso a su servicio. Era para él una gran ayuda, pero conforme a la ley romana, debía ser devuelto a su dueño. En este caso, el dueño era un cristiano llamado Filemón, persona muy importante y probablemente miembro de la iglesia de Colosas, a quien Pablo conocía bien. Habiendo decidido devolver su esclavo a Filemón, Pablo se lo envía, pero le escribe una carta pidiéndole que lo reciba bien, ya no como a un esclavo sino como a un querido hermano en la fe.

Esta carta es un verdadero modelo de tacto, discreción, cortesía y ternura: Pablo no discute los derechos legales de Filemón sobre Onésimo. Simplemente le habla en nombre de una ley más alta, la del amor cristiano.

Saludo

[1] Yo, Pablo, que estoy preso por causa de Cristo Jesús, te escribo esta carta junto con el hermano Timoteo, a ti, Filemón, nuestro querido compañero de trabajo, [2] y a la iglesia que se reúne en tu casa, así como a nuestra hermana Apia y a Arquipo,[a] compañero nuestro en la lucha. [3] Que Dios nuestro Padre y el Señor Jesucristo derramen su gracia y su paz sobre ustedes.

El amor y la fe de Filemón

[4] Siempre doy gracias a mi Dios al acordarme de ti en mis oraciones, [5] porque he tenido noticias del amor y la fe que tienes para con el Señor Jesús y para con todos los que pertenecen al·pueblo de Dios. [6] Y pido a Dios que tú, que compartes nuestra fe, llegues a entender bien todas las bendiciones que tenemos por Cristo Jesús.[1] [7] Estoy muy contento y animado por tu amor, ya que gracias a ti, hermano, el corazón de los creyentes ha sido consolado.

Pablo pide un favor para el esclavo Onésimo

[8] Por eso, aunque como apóstol de Cristo tengo derecho a ordenarte lo que debes hacer, [9] prefiero rogártelo en nombre del amor. Yo, Pablo, ya anciano, y ahora preso por causa de Cristo Jesús, [10] te pido un favor para Onésimo,[b] que ha llegado a ser mi hijo espiritual aquí en la cárcel.

[11] En otro tiempo, Onésimo fue para ti un esclavo inútil, pero ahora nos es útil[2] tanto a ti como a mí. [12] Te lo envío de nuevo: trátalo como a mí mismo. [13] Yo hu-

biera querido que se quedara aquí conmigo, para que me sirviera en tu lugar mientras estoy preso por causa del evangelio. [14] Pero no quiero hacer nada que tú antes no hayas aprobado, para que el favor que me haces no sea por obligación sino por tu propia voluntad. [15] Tal vez Onésimo se apartó de ti por algún tiempo para que ahora lo tengas para siempre, [16] ya no como un esclavo, sino como algo mejor que un esclavo: como un hermano querido. Yo lo quiero mucho, pero tú debes quererlo todavía más, no solamente como persona sino también como hermano en el Señor.

[17] Así pues, si me tienes por hermano en la fe, recíbelo como si se tratara de mí mismo. [18] Si te ha hecho algún daño, o si te debe algo, cóbramelo a mí. [19] Yo, Pablo, escribo esto con mi puño y letra: Yo lo pagaré. ¡Aunque podría recordarte que tú me debes tu propia persona! [20] Sí, hermano, hazme este favor como creyente en el Señor; consuela mi corazón como hermano en Cristo.

[21] Te escribo porque estoy seguro de tu obediencia, y sé que harás más de lo que te pido. [22] Además de esto, prepárame alojamiento; porque espero que, en respuesta a las oraciones de ustedes, Dios les concederá que yo vaya a verlos.

Saludos y bendición final

[23] Saludos de Epafras,[c] mi compañero de cárcel por causa de Cristo Jesús, [24] y también de Marcos,[d] Aristarco,[e] Demas[f] y Lucas,[g] que me ayudan en el trabajo.
[25] Que el Señor Jesucristo derrame su gracia sobre ustedes.

---

[1] Y pido a Dios . . . que tenemos por Cristo Jesús: otra posible traducción: Y pido a Dios que la fe que compartes con nosotros sea tan eficaz que llegues a entender todo lo bueno que entre nosotros se puede hacer para Cristo. Griego oscuro. [2] Ahora nos es útil: posible juego de palabras con el nombre Onésimo, que significa «cosa útil».
[a] 2 Col 4.17. [b] 10 Col 4.9. [c] 23 Col 1.7; 4.12. [d] 24 Hch 12.12,25; 13.13; 15.37-39; Col 4.10. [e] 24 Hch 19.29; 27.2; Col 4.10. [f] 24 Col 4.14; 2 Ti 4.10. [g] 24 Col 4.14; 2 Ti 4.11.

Carta a los
HEBREOS

Sólo al final tiene este escrito el carácter de una carta propiamente dicha. En realidad parece más bien una disertación o sermón. Por su contenido parece haberse dirigido, sin embargo, a cristianos casi seguramente de origen judío que, acosados por la impopularidad y la oposición, se veían tentados a abandonar la fe cristiana y volver a sus antiguas creencias y prácticas. El autor trata de disuadirlos. El tema central, que se expresa a modo de resumen al comienzo (1.1–3), es la superioridad de Jesucristo como revelación definitiva de Dios.

Luego se desarrolla de modo ordenado ese tema: Jesús, como Hijo eterno de Dios, que aprendió la obediencia por medio del sufrimiento que soportó, es superior, no sólo a sus profetas (1.1) sino a los ángeles sus mensajeros (1.4—2.18), a Moisés mismo y a Josué (3.1—4.13), así como al antiguo sacerdocio, puesto que Dios lo ha declarado sacerdote eterno (4.14—7.28). Por medio de él, Dios establece un pacto nuevo y mejor (8.1—9.28). Por el sacrificio que Jesús hace de sí mismo, superior al de los toros y de los cabritos, y oficiando él mismo a la vez como sumo sacerdote eterno, el que cree en él es salvado del pecado, el temor y la muerte. Así obtiene de él la verdadera salvación, de la cual los rituales y los sacrificios de animales del pacto antiguo son sólo una figura anticipada (10.1–31).

Y puesto que esa salvación se recibe sólo por la fe, el autor procede a declarar, con numerosos ejemplos de la historia judía, la primacía de la fe. En consecuencia, exhorta a los creyentes a permanecer fieles hasta el fin y, con la mirada fija en Jesús, a soportar el sufrimiento y la persecución que puedan sobrevenirles. El cap. 13 cierra el libro con varias exhortaciones, peticiones y saludos finales.

Dios ha hablado por medio de su Hijo

1 ¹ En tiempos antiguos Dios habló a nuestros antepasados muchas veces y de muchas maneras por medio de los profetas. ² Ahora, en estos tiempos últimos, nos ha hablado por su Hijo, mediante el cual creó los mundos y al cual ha hecho heredero de todas las cosas. ³ El es el resplandor glorioso de Dios, la imagen misma de lo que Dios es y el que sostiene todas las cosas con su palabra poderosa.ᵃ Después de limpiarnos de nuestros pecados, se ha sentado en el cielo, a la derecha del trono de Dios.

El Hijo de Dios es superior a los ángeles

⁴ El Hijo de Dios ha llegado a ser superior a los ángeles, pues ha recibido en herencia un título mucho más importante que el de ellos. ⁵ Porque Dios nunca dijo a ningún ángel:

"Tú eres mi Hijo;
yo te he engendrado hoy."ᵇ

Ni dijo tampoco de ningún ángel:

"Yo seré un padre para él,
y él será un hijo para mí."ᶜ

⁶ Pero en otro lugar, al presentar a su Hijo primogénito al mundo, dice:

"Que todos los ángeles de Dios le adoren."ᵈ

⁷ Respecto a los ángeles, Dios dice:

"Hace que sus ángeles sean como vientos,
y como llamas de fuego sus servidores."ᵉ

⁸ Pero respecto al Hijo, dice:

"Tu reinado, oh Dios, es eterno,
y es un reinado de justicia.
⁹ Has amado lo bueno y odiado lo malo;
por eso te ha escogido Dios, tu Dios,
y te ha colmado de alegría
más que a tus compañeros."ᶠ

¹⁰ También dice:

"Tú, oh Señor, afirmaste la tierra desde el principio;
tú mismo hiciste el cielo.
¹¹ Todo ello dejará de existir,
pero tú permaneces para siempre.
Todo ello se gastará como la ropa;
¹² ¡lo doblarás como se dobla un vestido,
lo cambiarás como quien se cambia de ropa!
Pero tú eres el mismo;
tu vida no terminará."ᵍ

¹³ Dios nunca dijo a ninguno de los ángeles:

"Siéntate a mi derecha,
hasta que yo haga de tus enemigos el estrado de tus pies."ʰ

¹⁴ Porque todos los ángeles son espíritusⁱ al servicio de Dios, enviados en ayuda de

---

ⁱ *Son espíritus:* juego de palabras con 1.7: en griego como en hebreo la misma palabra puede significar *espíritu* o *viento.* **a 1.2-3** Jn 1.1-3; Col 1.15-17. **b 1.5** Sal 2.7. **c 1.5** 2 S 7.14; 1 Cr 17.13. **d 1.6** Dt 32.43; Sal 97.7. **e 1.7** Sal 104.4. **f 1.8-9** Sal 45.6-7. **g 1.10-12** Sal 102.25-27. **h 1.13** Sal 110.1.

quienes han de recibir en herencia la salvación.

No hay que descuidar la salvación

2 [1] Por esta causa debemos prestar mucha más atención al mensaje que hemos oído, para que no nos apartemos del camino. [2] Los mandamientos que Dios dio en otros tiempos por medio de los ángeles, tenían fuerza de ley, y quienes pecaron y los desobedecieron fueron castigados justamente. [3] ¿Cómo, pues, escaparemos nosotros, si descuidamos una salvación tan grande? Pues el mismo Señor fue quien anunció primero esta salvación, la cual después confirmaron entre nosotros los que le oyeron. [4] Además, Dios la ha confirmado con señales, maravillas y muchos milagros, y por medio del Espíritu Santo, que nos ha dado de diferentes maneras, conforme a su voluntad.

Jesucristo, hecho como sus hermanos

[5] Dios no ha puesto bajo la autoridad de los ángeles ese mundo futuro del cual estamos hablando. [6] Al contrario, en un lugar de la Escritura alguien declara:

"¿Qué es el hombre? ¿Qué es el ser
    humano?
¿Por qué lo recuerdas y te
    preocupas por él?
[7] Por un poco de tiempo lo hiciste
    algo menor que los ángeles,
pero lo coronaste de gloria y honor;
[8] todo lo sujetaste debajo de sus
    pies."[i]

Así que, al sujetarlo todo debajo de sus pies, Dios no dejó nada sin sujetarlo a él. Sin embargo, todavía no vemos que todo le esté sujeto. [9] Pero vemos a Jesús, a quien, por un poco de tiempo, Dios hizo algo menor que los ángeles. Dios, en su amor, quiso que muriera por todos aquél que ahora, a causa de la muerte que sufrió, está coronado de gloria y honor.[j] [10] Todas las cosas existen para Dios y por la acción de Dios, que quiere que todos sus hijos tengan parte en su gloria. Por eso, Dios, por medio del sufrimiento, tenía que hacer perfecto a Jesucristo, el Salvador de ellos. [11] Porque todos son del mismo Padre: tanto los consagrados como el que los consagra. Por esta razón, el Hijo de Dios no se avergüenza de llamarlos hermanos, [12] al decir en la Escritura:

"Hablaré de ti a mis hermanos,
y te cantaré himnos en medio de la
    congregación."[k]

[13] También dice:
"En él pondré mi esperanza."[l]
Y otra vez dice:

"Aquí estoy, con los hijos que Dios
    me dio."[m]

[14] Así como los hijos de una familia son de la misma carne y sangre, así también Jesús fue de carne y sangre humanas, para derrotar con su muerte al que tenía poder para matar, es decir, al diablo. [15] De esta manera ha dado libertad a todos los que por miedo a la muerte viven como esclavos durante toda la vida. [16] Pues ciertamente no vino para ayudar a los ángeles, sino a los descendientes de Abraham. [17] Y para eso tenía que ser hecho igual en todo a sus hermanos, para llegar a ser delante de Dios un sumo sacerdote fiel y compasivo, y para obtener el perdón de los pecados de los hombres por medio del sacrificio. [18] Y como él mismo sufrió y fue puesto a prueba, ahora puede ayudar a los que también son puestos a prueba.

Jesús es superior a Moisés

3 [1] Por lo tanto, hermanos, ustedes que pertenecen al pueblo de Dios, que han sido llamados por Dios a ser suyos, consideren atentamente a Cristo Jesús, el apóstol y sumo sacerdote gracias al cual profesamos nuestra fe. [2] Pues Jesús ha sido fiel a Dios, que lo nombró para este servicio, como también Moisés fue fiel en su servicio en toda la casa de Dios.[n] [3] Pero Jesús merece más honor que Moisés, del mismo modo que el que hace una casa merece más honor que la casa misma. [4] Toda casa tiene que estar hecha por alguien; pero Dios es el que hizo todo lo que existe. [5] Así pues, Moisés, como siervo, fue fiel en toda la casa de Dios, y su servicio consistió en ser testigo de las cosas que Dios había de decir. [6] Pero Cristo, como Hijo, es fiel sobre esta casa de Dios que somos nosotros mismos, si mantenemos la seguridad y la alegría en la esperanza que tenemos.

Reposo del pueblo de Dios

[7] Por eso, como dice el Espíritu Santo en la Escritura:

"Si hoy escuchan ustedes lo que
    Dios dice,
[8] no endurezcan su corazón como
    aquellos que se rebelaron
y pusieron a Dios a prueba en el
    desierto.
[9] Allí me pusieron a prueba los
    antepasados de ustedes,
aun cuando habían visto mis obras
    durante cuarenta años.
[10] Por eso me enojé con aquella
    generación,
y dije: 'Andan siempre extraviados
    en su corazón,

[i] 2.6-8 Sal 8.4-6.   [j] 2.9 Fil 2.6-11; He 12.2.   [k] 2.12 Sal 22.22.   [l] 2.13 Is 8.17.   [m] 2.13 Is 8.18.   [n] 3.2 Nm 12.7.

y no han querido conocer mis caminos.'
[11] Por eso juré en mi furor
que no entrarían en mi reposo."ᵃ

[12] Hermanos, cuídense de que ninguno de ustedes tenga un corazón malo que se aparte del Dios viviente por no creer en él. [13] Al contrario, animense unos a otros cada día, mientras dura ese "hoy" de que habla la Escritura, para que ninguno de ustedes sea engañado por el pecado y su corazón se vuelva rebelde. [14] Porque para tener parte con Cristo, hemos de mantenernos firmes hasta el fin en la confianza que teníamos al principio.

[15] Por lo cual dice:
"Si hoy escuchan ustedes lo que
Dios dice,
no endurezcan su corazón como
aquellos que se rebelaron."ᵒ

[16] ¿Y quiénes fueron los que se rebelaron después de haber oído la voz de Dios? Pues todos los que Moisés había sacado de la tierra de Egipto. [17] ¿Y con quiénes estuvo Dios enojado durante cuarenta años? Con los que pecaron, los cuales cayeron muertos en el desierto. [18] ¿Y a quiénes juró Dios que no entrarían en su reposo? A los que desobedecieron.ᵖ [19] Y, en efecto, vemos que no pudieron entrar porque no creyeron.

4 [1] Por eso, mientras todavía contamos con la promesa de entrar en ese reposo de Dios, debemos tener cuidado, no sea que alguno de ustedes no lo logre. [2] Porque a nosotros también se nos anunció el mensaje de salvación, lo mismo que a ellos; pero a ellos no les sirvió de nada el oírlo, porque no se unieron por la fe con los que habían obedecido al mensaje. [3] Pero nosotros, que hemos creído, entraremos en ese reposo, del cual Dios ha dicho:

"Por eso juré en mi furor
que no entrarían en el lugar de mi
reposo."q

Sin embargo, Dios había terminado su trabajo desde que creó el mundo; [4] pues en alguna parte de las Escrituras se dice del séptimo día:

"Dios reposó de todo su trabajo el
séptimo día."r

[5] Y otra vez se dice en las Escrituras: "No entrarán en mi reposo."ˢ

[6] Pero todavía falta que algunos entren en ese lugar de reposo, ya que, por haber desobedecido, no entraron los que primero oyeron el mensaje de salvación. [7] Por eso, Dios ha vuelto a señalar un día, un nuevo "hoy", y lo ha hecho hablándonos por medio de lo que, mucho tiempo después, David dijo en la Escritura ya mencionada:

"Si hoy escuchan ustedes lo que
Dios dice,
no endurezcan su corazón."ᵗ

[8] Porque si Josué les hubiera dado reposo a los israelitas,ᵘ Dios no habría hablado de otro día. [9] De manera que todavía queda un reposo sagrado para el pueblo de Dios; [10] porque el que entra en ese reposo de Dios, reposa de su trabajo, así como Dios reposó del suyo. [11] Debemos, pues, esforzarnos por entrar en ese reposo, para que nadie siga el ejemplo de aquellos que no creyeron.

[12] Porque la palabra de Dios tiene vida y poder. Es más aguda que cualquier espada de dos filos,ᵛ y penetra hasta lo más profundo del alma y del espíritu, hasta lo más íntimo de la persona; y somete a juicio los pensamientos y las intenciones del corazón. [13] Nada de lo que Dios ha creado puede esconderse de él; todo está claramente expuesto ante aquel a quien tenemos que rendir cuentas.

Jesús es el gran sumo sacerdote

[14] Jesús, el Hijo de Dios, es nuestro gran sumo sacerdote que ha entrado en el cielo. Por eso debemos seguir firmes en la fe que profesamos. [15] Pues nuestro sumo sacerdote puede compadecerse de nuestra debilidad, porque él también estuvo sometido a las mismas pruebas que nosotros; sólo que él jamás pecó. [16] Acerquémonos, pues, con confianza al trono de nuestro Dios amoroso, para que él tenga misericordia de nosotros y en su bondad nos ayude en la hora de necesidad.

5 [1] Todo sumo sacerdote es escogido de entre los hombres, nombrado para representarlos delante de Dios y para hacer ofrendas y sacrificios por los pecados. [2] Y como el sacerdote está sujeto a las debilidades humanas, puede tener compasión de los ignorantes y los extraviados; [3] y a causa de su propia debilidad, tiene que ofrecer sacrificios por sus pecados tanto como por los pecados del pueblo.ʷ [4] Nadie puede tomar este honor para sí mismo, sino que es Dios quien lo llama y le da el honor, como en el caso de Aarón.ˣ [5] De la misma manera, Cristo no se nombró sumo sacerdote a sí mismo, sino que Dios le dio ese honor, pues él fue quien dijo:

"Tú eres mi hijo;
yo te he engendrado hoy."ʸ

[6] Y también le dijo en otra parte de las Escrituras:

"Tú eres sacerdote para siempre,
de la misma clase que
Melquisedec."ᶻ

ᵃ 3.7-11 Sal 95.7-11.   ᵒ 3.15 Sal 95.7-8.   ᵖ 3.16-18 Nm 14.1-35.   q 4.3 Sal 95.11.   r 4.4 Gn 2.2.   ᵃ 4.5 Sal 95.11. ᵗ 4.7 Sal 95.7-8.   ᵘ 4.8 Dt 31.7; Jos 22.4.   ᵛ 4.12 Is 49.2; Ef 6.17.   ʷ 5.3 Lv 9.7.   ˣ 5.4 Ex 28.1.   ʸ 5.5 Sal 2.7. ᶻ 5.6 Sal 110.4.

[7] Mientras Cristo estuvo viviendo aquí en el mundo, con voz fuerte y muchas lágrimas oró y suplicó a Dios, que tenía poder para librarlo de la muerte;[a] y por su obediencia, Dios lo escuchó. [8] Así que Cristo, a pesar de ser Hijo, sufriendo aprendió a obedecer;[b] [9] y al perfeccionarse de esa manera, llegó a ser fuente de salvación eterna para todos los que le obedecen, [10] y Dios lo nombró sumo sacerdote de la misma clase que Melquisedec.

Peligro de renunciar a la fe

[11] Tenemos mucho que decir sobre este asunto, pero es difícil explicarlo, porque ustedes son lentos para entender. [12] Al cabo de tanto tiempo, ustedes ya deberían ser maestros; en cambio, necesitan que se les expliquen de nuevo las cosas más sencillas de las enseñanzas de Dios. Han vuelto a ser tan débiles que, en vez de comida sólida, tienen que tomar leche. [13] Y los que se alimentan de leche son como niños de pecho, incapaces de juzgar rectamente.[2, c] [14] La comida sólida es para los adultos, para los que ya saben juzgar, porque están acostumbrados a distinguir entre lo bueno y lo malo.

[6] [1] Así que sigamos adelante hasta llegar a ser adultos, dejando a un lado las primeras enseñanzas acerca de Cristo. No volvamos otra vez a las cosas básicas, como la conversión y el abandono de las obras que llevan a la muerte, o como la fe en Dios, [2] las enseñanzas sobre el bautismo, el imponer las manos a los creyentes, la resurrección de los muertos y el juicio eterno. [3] Es lo que haremos, si Dios lo permite.

[4] Porque a los que una vez recibieron la luz, y saborearon el don de Dios, y tuvieron parte en el Espíritu Santo, [5] y saborearon el buen mensaje de Dios y el poder del mundo venidero, [6] si caen de nuevo, ya no se les puede hacer volver a Dios, porque ellos mismos están crucificando otra vez al Hijo de Dios y exponiéndolo a la burla de todos. [7] Son como la tierra que bebe la lluvia que cae sobre ella: si da una cosecha útil a los que la trabajan, recibe la bendición de Dios; [8] pero si da espinos y cardos, no vale nada; cae bajo la maldición de Dios,[d] y finalmente será quemada.

La esperanza que nos mantiene firmes

[9] Pero aunque hablamos así, queridos hermanos, estamos seguros de que ustedes se encuentran en el primer caso, es decir, en camino de salvación. [10] Porque Dios es justo, y no olvidará lo que ustedes

han hecho y el amor que le han mostrado al ayudar a los hermanos en la fe, como aún lo están haciendo. [11] Pero deseamos que cada uno de ustedes siga mostrando hasta el fin ese mismo entusiasmo, para que se realice completamente su esperanza. [12] No queremos que se vuelvan perezosos, sino que sigan el ejemplo de quienes por medio de la fe y la constancia están recibiendo la herencia que Dios les ha prometido.

[13] Cuando Dios hizo la promesa a Abraham, juró por sí mismo, porque no había otro superior a él por quien jurar; [14] y dijo: "Sí, yo te bendeciré mucho y haré que tu descendencia sea numerosa."[e] [15] Abraham esperó con paciencia, y recibió lo que Dios le había prometido. [16] Cuando los hombres juran, lo hacen por alguien superior a ellos mismos; y cuando garantizan algo mediante un juramento, ya no hay más que discutir. [17] Pues bien, Dios quiso mostrar claramente a quienes habían de recibir la herencia el les prometía, que estaba dispuesto a cumplir la promesa sin cambiar nada de ella. Por eso garantizó su promesa mediante el juramento. [18] De estas dos cosas que no pueden cambiarse y en las que Dios no puede mentir, recibimos un firme consuelo los que hemos buscado la protección de Dios y hemos confiado en la esperanza que él nos ha dado. [19] Esta esperanza mantiene firme y segura nuestra alma, igual que el ancla mantiene firme al barco. Es una esperanza que ha penetrado hasta detrás del velo[f] en el templo celestial, [20] donde antes entró Jesús para abrirnos camino, llegando él a ser así sumo sacerdote para siempre, de la misma clase que Melquisedec.[g]

Jesús, sacerdote de la misma clase que Melquisedec

[7] [1] Este Melquisedec fue rey de Salem y sacerdote del Dios altísimo. Cuando Abraham regresaba de la batalla en la que había derrotado a los reyes, Melquisedec salió a su encuentro y lo bendijo; [2] entonces Abraham le dio la décima parte de todo lo que había ganado en la batalla.[h] El nombre Melquisedec quiere decir en primer lugar "rey justo"; y, como era rey de Salem, que quiere decir "paz", significa también "rey de paz". [3] Nada se sabe de su padre ni de su madre ni de sus antepasados; ni tampoco se habla de su nacimiento ni de su muerte; y así, a semejanza del Hijo de Dios, es sacerdote para siempre.

[4] Ahora bien, fíjense qué importante era Melquisedec, que nuestro propio antepasado Abraham le dio la décima parte de

---

[2] *Incapaces de juzgar rectamente:* otra posible traducción: *inexpertos en cuanto a la recta doctrina.* [a] **5.7** Mt 26.36-46; Mr 14.32-42; Lc 22.39-46. [b] **5.7-8** Mt 26.39; Jn 10.18; Fil 2.8. [c] **5.12-13** 1 Co 3.2. [d] **6.8** Gn 3.17-18. [e] **6.14** Gn 22.16-17. [f] **6.19** Lv 16.2. [g] **6.20** Sal 110.4. [h] **7.1-2** Gn 14.17-20.

lo que les había ganado a los reyes en la batalla. ⁵ Según la ley de Moisés, los sacerdotes que son descendientes de Leví tienen el derecho de cobrarle al pueblo la décima parte de todo,ⁱ a pesar de que son sus parientes y descienden de Abraham lo mismo que ellos. ⁶ Pero Melquisedec, aunque no era descendiente de Leví, le cobró la décima parte a Abraham, que había recibido las promesas de Dios. Así Melquisedec bendijo a Abraham; ⁷ y nadie puede negar que el que bendice es superior al bendecido. ⁸ Aquí, en esta vida, los que cobran la décima parte son hombres mortales; pero la Escritura habla de Melquisedec como de uno que todavía vive. ⁹ Y se puede decir que los sacerdotes que descienden de Leví, y que ahora cobran la décima parte, pagaron también la décima parte a Melquisedec al pagársela a él Abraham; ¹⁰ porque, en cierto sentido, cuando Melquisedec salió al encuentro de Abraham, éste llevaba ya en su cuerpo a sus descendientes que aún no habían nacido.

¹¹ El pueblo de Israel recibió la ley por medio de los sacerdotes levitas, que eran descendientes de Aarón. Ahora pues, si en verdad éstos hubieran podido hacer perfectos a los que seguían la ley, no habría sido necesario que apareciera otro sacerdote, ya no de la clase de Aarón sino de la clase de Melquisedec. ¹² Porque al cambiar el sacerdocio, también se tiene que cambiar la ley; ¹³ y nuestro Señor, de quien la Escritura dice esto, pertenece a otra tribu de Israel, de la cual no ha salido ningún sacerdote. ¹⁴ Porque es bien sabido que nuestro Señor vino de la tribu de Judá, y Moisés no dijo nada de esa tribu cuando habló del sacerdocio.

¹⁵ Y esto es aún más claro si el nuevo sacerdote que aparece es uno como Melquisedec, ¹⁶ que no fue sacerdote según una ley que establece de qué familia debe venir, sino según el poder de una vida indestructible. ¹⁷ Porque esto es lo que Dios dice de él:

"Tú eres sacerdote para siempre,
de la misma clase que
Melquisedec."ʲ

¹⁸ Así que el mandato anterior quedó cancelado porque era débil e inútil, ¹⁹ pues la ley de Moisés no perfeccionó nada, y en su lugar tenemos una esperanza mejor, por la cual nos acercamos a Dios.

²⁰ Y Dios garantizó esto con un juramento. Los otros sacerdotes fueron nombrados sin juramento alguno, ²¹ pero en el caso del Señor sí hubo un juramento, pues en la Escritura se le dice:

"El Señor hizo un juramento
y no va a desdecirse:
'Tú eres sacerdote para siempre.'"ᵏ

²² De este modo, Jesús es quien garantiza un pacto mejor que el primero. ²³ Los otros sacerdotes fueron muchos porque la muerte les impedía seguir viviendo; ²⁴ pero como Jesús no muere, su oficio sacerdotal no pasa a ningún otro. ²⁵ Por eso puede salvar para siempre a los que se acercan a Dios por medio de él, pues vive para siempre, para rogar a Dios por ellos.

²⁶ Así pues, Jesús es precisamente el sumo sacerdote que necesitábamos. El es santo, sin maldad y sin mancha, apartado de los pecadores y puesto más alto que el cielo. ²⁷ No es como los otros sumos sacerdotes, que tienen que matar animales y ofrecerlos cada día en sacrificio, primero por sus propios pecados y luego por los pecados del pueblo.ˡ Por el contrario, Jesús ofreció el sacrificio una sola vez y para siempre, cuando se ofreció a sí mismo. ²⁸ La ley de Moisés nombra como sumos sacerdotes a hombres imperfectos; pero el juramento de Dios, que fue hecho después de la ley, nombra sumo sacerdote a su Hijo, quien ha sido hecho perfecto para siempre.

Jesús, mediador de un nuevo pacto

8 ¹ Lo más importante de lo que estamos diciendo es que nuestro sumo sacerdote es de tal naturaleza que se ha sentado en el cielo, a la derecha del trono de Dios,ᵐ ² y oficia como sacerdote en el verdadero santuario, el que fue hecho por el Señor y no por los hombres.

³ Todo sumo sacerdote es nombrado para presentar ofrendas y sacrificios, y por eso es necesario que Jesucristo también tenga algo que ofrecer. ⁴ Si él estuviera en la tierra, ni siquiera sería sacerdote, pues aquí ya hay sacerdotes que presentan las ofrendas mandadas por la ley de Moisés. ⁵ Pero estos sacerdotes prestan su servicio por medio de cosas que no son más que copias y sombras de lo que hay en el cielo. Y sabemos que son copias porque, cuando Moisés iba a construir el santuario, Dios le dijo: "Pon atención y hazlo todo según el modelo que te mostré en el monte."ⁿ ⁶ Pero nuestro sumo sacerdote, que ha recibido un ministerio sacerdotal mucho mejor, ha unido a Dios y los hombres mediante un pacto mejor, basado en mejores promesas.

⁷ Si el primer pacto hubiera sido perfecto, no habría sido necesario un segundo pacto. ⁸ Pero Dios encontró imperfecta a aquella gente,³ y dijo:

---

³ *Dios encontró imperfecta a aquella gente:* algunos mss. dicen: *Dios encontró que para ellos era imperfecto* (aquel pacto).
ⁱ **7.5** Nm 18.21.   ʲ **7.17** Sal 110.4.   ᵏ **7.21** Sal 110.4.   ˡ **7.27** Lv 9.7.   ᵐ **8.1** Sal 110.1.   ⁿ **8.5** Ex 25.40.

"El Señor dice: Vendrán días
en que haré un nuevo pacto con
Israel y con Judá.
[9] Este pacto no será como el que hice
con sus antepasados,
cuando los tomé de la mano
para sacarlos de la tierra de Egipto;
y como ellos no cumplieron mi
pacto,
yo los abandoné, dice el Señor.
[10] El pacto que haré con Israel
después de aquellos días,
será éste, dice el Señor:
Pondré mis leyes en su mente
y las escribiré en su corazón.
Yo seré su Dios
y ellos serán mi pueblo.
[11] Ya no será necesario que unos a
otros,
compatriotas o parientes, tengan
que instruirse
para que conozcan al Señor,
porque todos me conocerán,
desde el más pequeño hasta el más
grande.
[12] Yo les perdonaré sus maldades
y no me acordaré más de sus
pecados."[n]
[13] Cuando Dios habla de un nuevo pacto
es porque ha declarado viejo al primero; y
a lo que está viejo y anticuado, poco le
falta para desaparecer.

El santuario terrenal y el santuario celestial

9 [1] Ahora bien, el primer pacto tenía sus
reglas para el culto, pero en un santuario terrenal. [2] La tienda[o] se levantó de
tal forma que en su primera parte, llamada el Lugar Santo, estaban el candelabro[p] y la mesa con los panes consagrados
a Dios.[q] [3] Detrás del segundo velo estaba
el llamado Lugar Santísimo;[r] [4] allí había
un altar de oro para quemar el incienso,[s] y
el cofre del pacto cubierto de oro por todos lados.[t] En el cofre había una jarra de
oro que contenía el maná,[u] y también estaban el bastón de Aarón, que había reto-
ñado,[v] y las tablas del pacto.[w] [5] Encima
del cofre estaban los seres alados que representaban la presencia de Dios, los
cuales cubrían con sus alas la tapa del
cofre.[x] Pero por ahora no es necesario dar
más detalles sobre estas cosas.
[6] Preparadas así las cosas, los sacerdotes entran continuamente en la primera
parte de la tienda para celebrar los oficios
del culto.[y] [7] Pero en la segunda parte entra únicamente el sumo sacerdote, y sólo

una vez al año; y cuando entra, tiene que
llevar sangre de animales para ofrecerla
por sí mismo y por los pecados que el
pueblo comete sin darse cuenta.[z] [8] Con
esto el Espíritu Santo nos da a entender
que, mientras la primera parte de la tienda
seguía sirviendo para el culto, el camino al
santuario todavía no estaba abierto.
[9] Todo esto es como un ejemplo para el
tiempo presente; pues las ofrendas y sacrificios que allí se ofrecen a Dios no pueden
hacer perfecta la conciencia de los que así
le adoran. [10] Se trata únicamente de alimentos, bebidas y ciertas ceremonias de
purificación, que son reglas externas y
que tienen valor solamente hasta que Dios
cambie las cosas.
[11] Pero Cristo ya vino, y ahora él es el
sumo sacerdote de los bienes definitivos.[4]
El santuario donde él actúa como sacerdote es mejor y más perfecto, y no ha sido
hecho por los hombres; es decir, no es de
esta creación. [12] Cristo ha entrado en el
santuario, ya no para ofrecer la sangre de
chivos y becerros, sino su propia sangre;
ha entrado una sola vez y para siempre, y
ha obtenido para nosotros la salvación
eterna. [13] Es verdad que la sangre de los
toros y chivos,[a] y las cenizas de la be-
cerra[b] que se quema en el altar, las cuales
son rociadas sobre los que están impuros,
tienen poder para consagrarlos y purificarlos por fuera. [14] Pero si esto es así,
¡cuánto más poder tendrá la sangre de
Cristo! Pues por medio del Espíritu eterno,
Cristo se ofreció a sí mismo a Dios como
sacrificio sin mancha, y su sangre limpia
nuestra conciencia de las obras que llevan
a la muerte, para que podamos servir al
Dios viviente.
[15] Por eso, Jesucristo intervino con su
muerte, a fin de unir a Dios y los hombres
mediante un nuevo pacto y testamento,
para que sean perdonados los pecados co-
metidos bajo el primer pacto, y para que
los que Dios ha llamado puedan recibir la
herencia eterna que él les ha prometido.
[16] Para que un testamento[5] entre en vigor,
tiene que comprobarse primero la muerte
de la persona que lo hizo. [17] Pues un testamento no tiene valor mientras vive el que
lo hizo, sino sólo cuando ya ha muerto.
[18] Por eso, el primer pacto también se estableció con derramamiento de sangre.
[19] Moisés anunció todos los mandamientos
de la ley a todo el pueblo; después tomó
lana roja y una rama de hisopo, las mojó
en la sangre de los becerros y los chivos
mezclada con agua, y roció el libro de la
ley y también a todo el pueblo. [20] Entonces

---

[4] *Bienes definitivos:* algunos mss. dicen: *bienes venideros.*   [5] *Testamento:* la misma palabra griega puede
significar *pacto* o *testamento.*
[n] **8.8-12** Jer 31.31-34.   [o] **9.2** Ex 26.1-30.   [p] **9.2** Ex 25.31-40.   [q] **9.2** Ex 25.23-30.   [r] **9.3** Ex 26.31-33.   [s] **9.4** Ex 30.1-6.
[t] **9.4** Ex 25.10-16.   [u] **9.4** Ex 16.33.   [v] **9.4** Nm 17.8-10.   [w] **9.4** Ex 25.16; Dt 10.3-5.   [x] **9.5** Ex 25.18-22.   [y] **9.6** Nm 18.2-6.
[z] **9.7** Lv 16.2-34.   [a] **9.13** Lv 16.15-16.   [b] **9.13** Nm 19.9,17-19.

les dijo: "Esta es la sangre que confirma el pacto que Dios ha ordenado para ustedes."[c] [21] Moisés roció también con sangre el santuario y todos los objetos que se usaban en el culto.[d] [22] Según la ley, casi todo tiene que ser purificado con sangre; y no hay perdón de pecados si no hay derramamiento de sangre.[e]

El sacrificio de Cristo quita el pecado

[23] De manera que se necesitaban tales sacrificios para purificar aquellas cosas que son copias de lo celestial; pero las cosas celestiales necesitan mejores sacrificios que esos. [24] Porque Cristo no entró en aquel santuario hecho por los hombres, que era solamente una figura del santuario verdadero, sino que entró en el cielo mismo, donde ahora se presenta delante de Dios para rogar en nuestro favor. [25] Y no entró para ofrecerse en sacrificio muchas veces, como hace cada año todo sumo sacerdote, que entra en el santuario para ofrecer sangre ajena. [26] Si ése fuera el caso, Cristo habría tenido que morir muchas veces desde la creación del mundo. Pero el hecho es que ahora, en el final de los tiempos, Cristo ha aparecido una sola vez y para siempre, ofreciéndose a sí mismo en sacrificio para quitar el pecado. [27] Y así como todos han de morir una sola vez y después vendrá el juicio, [28] así también Cristo ha sido ofrecido en sacrificio una sola vez para quitar los pecados de muchos.[f] Después aparecerá por segunda vez, ya no en relación con el pecado, sino para salvar a los que le esperan.

10 [1] Porque la ley de Moisés era solamente una sombra de los bienes que habían de venir, y no su presencia verdadera. Por eso la ley nunca puede hacer perfectos a quienes cada año se acercan a Dios para ofrecerle los mismos sacrificios. [2] Pues si la ley realmente pudiera purificarlos del pecado, ya no se sentirían culpables, y dejarían de ofrecer sacrificios. [3] Pero estos sacrificios sirven más bien para hacerles recordar sus pecados cada año, [4] ya que la sangre de los toros y de los chivos no puede quitar los pecados.

[5] Por eso Cristo, al entrar en el mundo, dijo a Dios:

"No quieres sacrificio ni ofrendas,
sino que me has dado un cuerpo.
[6] No te agradan los holocaustos ni las
ofrendas para quitar el pecado.
[7] Entonces dije: 'Aquí estoy, tal como
está escrito de mí en el libro,
para hacer tu voluntad, oh Dios.' "[g]
[8] En primer lugar, dice que Dios no quiere

ni le agradan sacrificios ni ofrendas de animales, ni holocaustos para quitar el pecado, a pesar de que son cosas que la ley manda ofrecer. [9] Y después añade: "Aquí vengo para hacer tu voluntad." Es decir, que quita aquellos sacrificios antiguos y pone en su lugar uno nuevo. [10] Dios nos ha consagrado porque Jesucristo hizo la voluntad de Dios al ofrecer su propio cuerpo en sacrificio una sola vez y para siempre.

[11] Todo sacerdote judío oficia cada día y sigue ofreciendo muchas veces los mismos sacrificios, aunque éstos nunca pueden quitar los pecados.[h] [12] Pero Jesucristo ofreció por los pecados un solo sacrificio para siempre, y luego se sentó a la derecha de Dios. [13] Allí está esperando hasta que Dios haga de sus enemigos el estrado de sus pies,[i] [14] porque por medio de una sola ofrenda hizo perfectos para siempre a los que han sido consagrados a Dios. [15] Y el Espíritu Santo nos lo confirma, al decir:
[16] "El pacto que haré con ellos
después de aquellos días,
será éste, dice el Señor:
Pondré mis leyes en su corazón
y las escribiré en su mente.[j]
[17] Y no me acordaré más de sus
pecados y maldades."[k]
[18] Así pues, cuando los pecados han sido perdonados, ya no hay necesidad de más ofrendas por el pecado.

Debemos acercarnos a Dios

[19] Por tanto, hermanos, ahora podemos entrar sin ningún temor en el santuario por medio de la sangre de Jesucristo, [20] siguiendo el camino nuevo, el camino de vida que él nos abrió a través del velo, es decir, a través de su propio cuerpo. [21] Jesús es nuestro gran sacerdote que está al frente de la casa de Dios; [22] por eso debemos acercarnos a Dios con corazón sincero y con una fe completamente segura, limpios nuestros corazones de mala conciencia y lavados nuestros cuerpos con agua pura.[l] [23] Mantengámonos firmes, sin dudar, en la esperanza de la fe que profesamos, porque Dios cumplirá la promesa que nos ha hecho. [24] Busquemos la manera de ayudarnos unos a otros a tener más amor y a hacer el bien. [25] No dejemos de asistir a nuestras reuniones, como hacen algunos, sino démonos ánimos unos a otros; y tanto más cuanto que vemos que el día del Señor se acerca.

[26] Porque si seguimos pecando intencionalmente después de haber conocido la verdad, ya no queda más sacrificio por los pecados; [27] solamente nos queda la terrible

amenaza del juicio y del fuego ardiente que destruirá a los enemigos de Dios.[m] [28] Cuando alguien que desobedece la ley de Moisés tiene dos o tres testigos en su contra, se le condena a muerte sin compasión.[n] [29] Pues ¿no creen ustedes que mucho mayor castigo merecen los que pisotean al Hijo de Dios y desprecian su sangre, los que insultan al Espíritu del Dios que los ama? Esa sangre es la que confirma el pacto,[ñ] y con ella han sido ellos consagrados. [30] Sabemos que el Señor ha dicho: "A mí me corresponde hacer justicia; yo pagaré."[o] Y ha dicho también: "El Señor juzgará a su pueblo."[p] [31] ¡Terrible cosa es caer en las manos del Dios viviente!

[32] Pero recuerden ustedes los tiempos pasados, cuando acababan ustedes de recibir la luz y soportaron con fortaleza los sufrimientos de una gran lucha. [33] Algunos de ustedes fueron insultados y maltratados públicamente, y otros se unieron en el sufrimiento con los que fueron tratados así. [34] Ustedes tuvieron compasión de los que estaban en la cárcel, y hasta con alegría se dejaron quitar lo que poseían, sabiendo que en el cielo tienen algo que es mucho mejor y que permanece para siempre. [35] No pierdan, pues, su confianza, porque ella les traerá una gran recompensa. [36] Ustedes necesitan tener fortaleza en el sufrimiento, para hacer la voluntad de Dios y recibir así lo que él ha prometido. [37] Pues la Escritura dice:

"Pronto, muy pronto,
vendrá el que tiene que venir.
No tardará.
[38] Mi justo por la fe vivirá;
pero si se vuelve atrás,
no estaré contento de él."[q]

[39] Y nosotros no somos de los que se vuelven atrás y van a su condenación, sino de los que alcanzan la salvación porque tienen fe.

La fe

11 [1] Tener fe es tener la plena seguridad de recibir lo que se espera; es estar convencidos de la realidad de cosas que no vemos. [2] Nuestros antepasados fueron aprobados porque tuvieron fe. [3] Por fe sabemos que Dios formó los mundos mediante su palabra,[r] de modo que lo que ahora vemos fue hecho de cosas que no podían verse.[6] [4] Por fe, Abel ofreció a Dios un sacrificio mejor que el que ofreció Caín, y por

eso Dios lo declaró justo y le aceptó sus ofrendas.[s] Así que, aunque Abel está muerto, sigue hablando por medio de su fe. [5] Por su fe, Enoc fue llevado en vida para que no muriera, y ya no lo encontraron, porque Dios se lo había llevado. Y la Escritura dice que, antes de ser llevado, Enoc había agradado a Dios.[t] [6] Pero no es posible agradar a Dios sin tener fe, porque para acercarse a Dios, uno tiene que creer que existe y que recompensa a los que le buscan.

[7] Por fe, Noé, cuando Dios le advirtió que habían de pasar cosas que todavía no podían verse, obedeció y construyó la barca para salvar a su familia.[u] Y por esa misma fe, Noé condenó a la gente del mundo y alcanzó la salvación que se obtiene por la fe.

[8] Por fe, Abraham, cuando Dios lo llamó, obedeció y salió para ir al lugar que él le iba a dar como herencia. Salió de su tierra sin saber a dónde iba,[v] [9] y por la fe que tenía vivió como extranjero en la tierra que Dios le había prometido. Vivió en tiendas de campaña, lo mismo que Isaac y Jacob, que también recibieron esa promesa.[w] [10] Porque Abraham esperaba aquella ciudad que tiene bases firmes, de la cual Dios es arquitecto y constructor.[x] [11] Por fe también, aunque Sara no podía tener hijos y Abraham era demasiado viejo, éste recibió fuerzas para ser padre, porque creyó que Dios cumpliría sin falta su promesa.[y] [12] Así que Abraham, aunque ya próximo al fin de sus días, llegó a tener descendientes tan numerosos como las estrellas del cielo y como la arena de la orilla del mar, que no se puede contar.[z]

[13] Todas esas personas murieron sin haber recibido las cosas que Dios había prometido; pero como tenían fe, las vieron de lejos, y las saludaron reconociéndose a sí mismos como extranjeros de paso por este mundo.[a] [14] Y los que dicen tal cosa, claramente dan a entender que todavía andan en busca de una patria. [15] Si hubieran estado pensando en la tierra de donde salieron, bien podrían haber regresado allá; [16] pero ellos deseaban una patria mejor, es decir, la patria celestial. Por eso, Dios no se avergüenza de ser llamado el Dios de ellos, pues les tiene preparada una ciudad.

[17] Por fe, Abraham, cuando Dios lo puso a prueba, tomó a Isaac para ofrecerlo en sacrificio. Estaba dispuesto a ofrecer a su único hijo,[b] a pesar de que Dios le había prometido: [18] "Por medio de Isaac tendrás

[6] Lo que ahora vemos fue hecho de cosas que no podían verse: otra posible traducción: lo que ahora vemos no fue hecho de cosas que podían verse.
[m] 10.27 Is 26.11. [n] 10.28 Dt 17.6; 19.15. [ñ] 10.29 Ex 24.8; He 13.20. [o] 10.30 Dt 32.35. [p] 10.30 Dt 32.36. [q] 10.37-38 Hab 2.3-4. [r] 11.3 Gn 1.1; Sal 33.6,9; Jn 1.3. [s] 11.4 Gn 4.3-10. [t] 11.5 Gn 5.21-24. [u] 11.7 Gn 6.13-22. [v] 11.8 Gn 12.1-5. [w] 11.9 Gn 35.27. [x] 11.10 He 13.14. [y] 11.11 Gn 17.19; 18.11-14; 21.2; Ro 4.17-22. [z] 11.12 Gn 15.5; 22.17; 32.12. [a] 11.13 Gn 23.4; 1 Cr 29.15; Sal 39.12. [b] 11.17 Gn 22.1-14.

descendientes."[c] [19] Es que Abraham reconocía que Dios tiene poder hasta para resucitar a los muertos; y por eso Abraham recobró a su hijo,[d] y así vino a ser un símbolo.

[20] Por fe, Isaac prometió bendiciones futuras a Jacob y a Esaú.[e]

[21] Por fe, Jacob, cuando ya iba a morir, prometió bendiciones a cada uno de los hijos de José, y adoró a Dios apoyándose sobre la punta de su bastón.[f]

[22] Por fe, José, al morir, dijo que los israelitas saldrían más tarde de la tierra de Egipto, y dejó órdenes acerca de lo que deberían hacer con sus restos.[g]

[23] Por fe, al nacer Moisés, sus padres lo escondieron durante tres meses;[h] porque vieron que era un niño hermoso, y no tuvieron miedo de la orden que el rey había dado de matar a los niños.[i]

[24] Y por fe, Moisés, cuando ya fue hombre, no quiso llamarse hijo de la hija del faraón;[j] [25] prefirió ser maltratado junto con el pueblo de Dios, a gozar por un tiempo los placeres del pecado. [26] Consideró de más valor sufrir la deshonra del Mesías que gozar de la riqueza de Egipto; porque tenía la vista puesta en la recompensa que Dios le había de dar.

[27] Por fe, Moisés se fue de la tierra de Egipto,[k] sin miedo al enojo del rey; y se mantuvo firme en su propósito, como si viera al Dios invisible. [28] Por fe, Moisés celebró la Pascua y mandó rociar las puertas con sangre, para que el ángel de la muerte no tocara al hijo mayor de ningún israelita.[l]

[29] Por fe, los israelitas pasaron el Mar Rojo como si fuera tierra seca; luego, cuando los egipcios quisieron hacer lo mismo, se ahogaron.[m]

[30] Por fe cayeron los muros de la ciudad de Jericó, después que los israelitas marcharon alrededor de ellos durante siete días.[n] [31] Y por fe, Rahab, la prostituta, no murió junto con los desobedientes,[ñ] porque ella había recibido bien a los espías de Israel.[o]

[32] ¿Qué más voy a decir? Me faltaría tiempo para hablar de Gedeón,[p] de Barac,[q] de Sansón,[r] de Jefté,[s] de David,[t] de Samuel[u] y de los profetas. [33] Por la fe conquistaron países, impartieron justicia, recibieron lo que Dios había prometido, cerraron la boca de los leones,[v] [34] apagaron fuegos violentos,[w] escaparon de ser muertos a filo de espada, sacaron fuerzas de flaqueza y llegaron a ser poderosos en la guerra, venciendo a los ejércitos enemigos. [35] Hubo mujeres que recibieron otra vez con vida a sus familiares muertos.[x]

Otros murieron en el tormento, sin aceptar ser liberados, a fin de resucitar a una vida mejor. [36] Otros sufrieron burlas y azotes,[y] y hasta cadenas y cárceles.[z] [37] Y otros fueron muertos a pedradas,[a] aserrados por la mitad o muertos a filo de espada;[b] anduvieron de un lado a otro vestidos sólo de piel de oveja y de cabra; pobres, afligidos y maltratados. [38] Estos hombres, que el mundo ni siquiera merecía, anduvieron sin rumbo fijo por los desiertos, y por los montes, y por las cuevas y las cavernas de la tierra.

[39] Sin embargo, ninguno de ellos recibió lo que Dios había prometido, aunque fueron aprobados por la fe que tenían; [40] porque Dios, teniéndonos en cuenta a nosotros, había dispuesto algo mejor, para que solamente en unión con nosotros fueran ellos hechos perfectos.

Fijemos la mirada en Jesús

12 [1] Por eso, nosotros, teniendo a nuestro alrededor tantas personas que han demostrado su fe, dejemos a un lado todo lo que nos estorba y el pecado que nos enreda, y corramos con fortaleza la carrera que tenemos por delante. [2] Fijemos nuestra mirada en Jesús, pues de él procede nuestra fe y él es quien la perfecciona. Jesús sufrió en la cruz, sin hacer caso de lo vergonzoso de esa muerte, porque sabía que después del sufrimiento tendría gozo y alegría; y se sentó a la derecha del trono de Dios.[c]

[3] Por lo tanto, mediten en el ejemplo de Jesús, que sufrió tanta contradicción de parte de los pecadores; por eso, no se cansen ni se desanimen. [4] Pues ustedes aún no han tenido que llegar hasta la muerte en su lucha contra el pecado, [5] y han olvidado ya lo que Dios les aconseja como a hijos suyos. Dice en la Escritura:

"No desprecies, hijo mío,
la corrección del Señor,
ni te desanimes cuando te reprenda.
[6] Porque el Señor corrige a quien él ama,
y castiga a aquel a quien recibe como hijo."[d]

[7] Soporten ustedes el castigo, y así Dios los tratará como a hijos. ¿Acaso hay algún hijo a quien su padre no corrija? [8] Pero si Dios no los corrige a ustedes como corrige a todos sus hijos, es que ustedes no son hijos legítimos, sino ilegítimos. [9] Además,

c 11.18 Gn 21.12. d 11.19 Gn 22.13. e 11.20 Gn 27.27-29,39-40. f 11.21 Gn 47.31—48.20. g 11.22 Gn 50.24-25; Ex 13.19. h 11.23 Ex 2.2. i 11.23 Ex 1.22. j 11.24 Ex 2.10-12. k 11.27 Ex 2.15. l 11.28 Ex 12.21-30. m 11.29 Ex 14.21-31. n 11.30 Jos 6.12-21. ñ 11.31 Jos 6.22-25. o 11.31 Jos 2.1-21. p 11.32 Jue 6.11—8.32. q 11.32 Jue 4.6—5.31. r 11.32 Jue 13.2—16.31. s 11.32 Jue 11.1—12.7. t 11.32 1 S 16.1—1 R 2.11. u 11.32 1 S 1.1—25.1. v 11.33 Dn 6. w 11.34 Dn 3. x 11.35 1 R 17.17-24; 2 R 4.25-37. y 11.36 Jer 20.2; 37.15. z 11.36 1 R 22.26-27; 2 Cr 18.25-26; Jer 20.2; 37.15; 38.6. a 11.37 2 Cr 24.21. b 11.37 Jer 26.23. c 12.2 Fil 2.6-11; He 2.9. d 12.5-6 Job 5.17; Pr 3.11-12.

cuando éramos niños, nuestros padres aquí en la tierra nos corregían, y los respetábamos. ¿Por qué no hemos de someternos, con mayor razón, a nuestro Padre celestial, para obtener la vida? [10] Nuestros padres aquí en la tierra nos corregían durante esta corta vida, según lo que más conveniente les parecía; pero Dios nos corrige para nuestro verdadero provecho, para hacernos santos como él. [11] Ciertamente, ningún castigo es agradable en el momento de recibirlo, sino que duele; pero si uno aprende la lección, el resultado es una vida de paz y rectitud.[e]

El peligro de rechazar la voz de Dios

[12] Así pues, renueven las fuerzas de sus manos cansadas y de sus rodillas debilitadas,[f] [13] y busquen el camino derecho, para que sane el pie que está cojo y no se tuerza más.

[14] Procuren estar en paz con todos y llevar una vida santa; pues sin la santidad, nadie podrá ver al Señor. [15] Procuren que a nadie le falte la gracia de Dios, a fin de que ninguno sea como una planta de raíz amarga[g] que hace daño y envenena a la gente. [16] Que ninguno de ustedes cometa inmoralidades sexuales ni desprecie lo sagrado; pues esto hizo Esaú, que por una sola comida vendió sus derechos de hijo mayor.[h] [17] Y ustedes saben que después, cuando quiso recibir la bendición de su padre, fue rechazado; y aunque lloró mucho, ya no hubo remedio para lo sucedido.[i]

[18] Ustedes no se acercaron, como los israelitas, a algo[7] que se podía tocar y que ardía en llamas, donde había oscuridad, tinieblas y tempestad; [19] ni oyeron el sonido de la trompeta ni la voz de Dios. Los que oyeron esa voz rogaron que no les siguiera hablando,[j] [20] porque no podían soportar el mandato que decía: "Al que ponga el pie en el monte, hay que matarlo a pedradas o con lanza, aunque sea un animal."[k] [21] Tan espantoso era lo que se veía, que el mismo Moisés dijo: "Estoy temblando de miedo."[l]

[22] Ustedes, por el contrario, se han acercado al monte Sión, y a la ciudad del Dios viviente, la Jerusalén celestial, y a muchos miles de ángeles reunidos para alabar a Dios, [23] y a la congregación de los primeros hijos de Dios inscritos en el cielo. Se han acercado a Dios, el Juez de todos, a los espíritus de los hombres buenos que Dios ha hecho perfectos, [24] a Jesús, que

realizó el nuevo pacto, y a la sangre con que hemos sido purificados, la cual nos habla mejor que la sangre de Abel.[m]

[25] Por eso tengan cuidado de no rechazar al que nos habla. Pues los que rechazaron a Dios cuando él les llamó la atención aquí en la tierra, no escaparon. Y mucho menos podremos escapar nosotros, si le damos la espalda al que nos llama la atención desde el cielo.[n] [26] En aquel tiempo, la voz de Dios hizo temblar la tierra, pero ahora dice: "Una vez más haré temblar no sólo la tierra, sino también el cielo."[ñ] [27] Al decir "una vez más", se entiende que se quitarán las cosas creadas, lo que puede ser movido, para que permanezca lo que no puede moverse. [28] El reino que Dios nos da, no puede ser movido. Demos gracias por esto, y adoremos a Dios con la devoción y reverencia que le agradan. [29] Porque nuestro Dios es como un fuego que todo lo consume.[o]

Cómo agradar a Dios

13 [1] No dejen de amarse unos a otros como hermanos. [2] No se olviden de ser amables con los que lleguen a su casa, pues de esa manera, sin saberlo, algunos hospedaron ángeles.[p]

[3] Acuérdense de los presos, como si también ustedes estuvieran presos con ellos. Piensen en los que han sido maltratados, ya que ustedes también pueden pasar por lo mismo.[q,8]

[4] Que todos respeten el matrimonio y mantengan la pureza de sus relaciones matrimoniales; porque Dios juzgará a los que cometen inmoralidades sexuales y a los que cometen adulterio.

[5] No amen el dinero;[r] conténtense con lo que tienen, porque Dios ha dicho: "Nunca te dejaré ni te abandonaré."[s]
[6] Así que podemos decir con confianza:

"El Señor es mi ayuda; no temeré.
¿Qué me puede hacer el hombre?"[t]

[7] Acuérdense de quienes los han dirigido y les han anunciado el mensaje de Dios; mediten en cómo han terminado sus vidas, y sigan el ejemplo de su fe.

[8] Jesucristo es el mismo ayer, hoy y siempre. [9] No se dejen ustedes llevar por enseñanzas diferentes y extrañas. Es mejor que nuestros corazones se fortalezcan en el amor de Dios que en seguir reglas sobre los alimentos; pues esas reglas nunca han sido de provecho.

[10] Nosotros tenemos un sacrificio distinto, del cual no tienen derecho a comer

7 A algo: algunos mss. dicen: a un monte.   8 Ya que ustedes . . . por lo mismo: otra posible traducción: como si se tratara de ustedes mismos.
e **12.5-11** Dt 8.5; 1 S 7.14; 1 Co 11.31-32. f **12.12** Is 35.3. g **12.15** Dt 29.18. h **12.16** Gn 25.29-34. i **12.17** Gn 27.30-40.
j **12.18-19** Ex 19.16-22; 20.18-21; Dt 4.11-12; 5.22-27. k **12.20** Ex 19.12-13. l **12.21** Dt 9.19. m **12.24** Gn 4.10.
n **12.25** Ex 20.22. ñ **12.26** Hag 2.6. o **12.29** Dt 4.24; 9.3; Mt 3.12; 2 Ts 1.7-8. p **13.2** Gn 18.1-8; 19.1-3; Ro 12.13; 1 P 4.9.
q **13.3** Mt 25.35-46. r **13.5** 1 Ti 6.6-10. s **13.5** Dt 31.6,8; Jos 1.5; Fil 4.11-13. t **13.6** Sal 56.3-4,9-11; 118.6.

los sacerdotes del antiguo santuario. [11] Pues el sumo sacerdote lleva la sangre de los animales al santuario, como ofrenda para quitar el pecado, pero los cuerpos de esos animales se queman fuera del campamento.[u] [12] Así también, Jesús sufrió la muerte fuera de la ciudad, para consagrar al pueblo por medio de su propia sangre. [13] Vayamos, pues, con Jesús, fuera del campamento, y suframos la misma deshonra que él sufrió. [14] Pues en este mundo no tenemos una ciudad que permanezca para siempre, sino que vamos en busca de la ciudad futura. [15] Por eso debemos alabar siempre a Dios por medio de Jesucristo. Esta alabanza es el sacrificio que debemos ofrecer. ¡Alabémosle, pues, con nuestros labios![v] [16] No se olviden ustedes de hacer el bien y de compartir con otros lo que tienen; porque éstos son los sacrificios que agradan a Dios.

[17] Obedezcan a sus dirigentes y sométanse a ellos, porque ellos cuidan sin descanso de ustedes, sabiendo que tienen que rendir cuentas a Dios. Procuren hacerles el trabajo agradable y no penoso, pues lo contrario no sería de ningún provecho para ustedes.

[18] Oren por nosotros, que estamos seguros de tener la conciencia tranquila, ya que queremos portarnos bien en todo. [19] Pido especialmente sus oraciones para que Dios me permita volver a estar pronto con ustedes.

Bendición y saludos finales

[20] Que el Dios de paz, que resucitó de la muerte a nuestro Señor Jesús, el gran Pastor de las ovejas,[w] por la sangre que confirmó su pacto eterno[x] [21] los haga a ustedes perfectos y buenos en todo, para que cumplan su voluntad; y que haga de nosotros lo que él quiera, por medio de Jesucristo. ¡Gloria para siempre a Cristo! Así sea.

[22] Hermanos, les ruego que reciban con paciencia estas pocas palabras de aliento que les he escrito. [23] Sepan ustedes que nuestro hermano Timoteo está ya en libertad; si llega pronto, lo llevaré conmigo cuando vaya a verlos.

[24] Saluden a todos sus dirigentes y a todos los que pertenecen al pueblo de Dios. Los de Italia les mandan saludos.

[25] Que Dios derrame su gracia sobre todos ustedes.

---

[u] **13.11** Lv 16.27.   [v] **13.15** Lv 7.12; Sal 50.14,23; Os 14.2.   [w] **13.20** Is 40.11; Ez 34; Lc 15.4–5; Jn 10.1–16.   [x] **13.20** Ex 24.8; He 10.29.

Carta de
SANTIAGO

*Si Hebreos comienza como sermón y termina como carta, este escrito comienza
como carta y termina como sermón. Pero una y otro van dirigidos a los creyentes
esparcidos por todo el mundo. El hincapié está en la vida cristiana práctica, la cual,
por medio de vivas comparaciones y analogías, se presenta como prueba y fruto de la
verdadera fe, que, si no se manifiesta en los hechos de una persona, en su manera de
vivir, resulta una fe muerta (2.14–26).*

*El autor exhorta a procurar la sabiduría que viene de Dios, la cual se necesita
cuando la fe está sometida a prueba, y se obtiene sólo pidiéndola con fe (1.1–8). Trata
en seguida sobre la pobreza y la riqueza, las pruebas y tentaciones, y la verdadera
religión, que se expresa en hechos virtuosos (1.9–27). Amonesta enérgicamente contra
la discriminación (2.1–13). Uno de sus pasajes más fuertes y a la vez más lleno de
comparaciones gráficas, es aquel en que denuncia los peligros y daños de la mala
lengua (3.1–12), y en que, como al principio, insiste en la verdadera sabiduría y lo que
ésta significa (3.13–18).*

*Reconviene severamente a los causantes de discordias, a los que tienen amistad
con el mundo, a los que se erigen en jueces de sus hermanos y a los ricos explotadores
(4.1—5.6). Y termina recomendando la paciencia y la oración, y dando otros consejos
(5.7–20).*

Saludo

1 ¹ Yo, Santiago,ᵃ siervo de Dios y del
Señor Jesucristo, saludo a las doce tribus de Israel esparcidas por todo el
mundo.ᵇ

La sabiduría que viene de Dios

² Hermanos míos, ustedes deben te-
nerse por muy dichosos cuando se vean
sometidos a pruebas de toda clase. ³ Pues
ya saben que cuando su fe es puesta a
prueba, ustedes aprenden a soportar con
fortaleza el sufrimiento. ⁴ Pero procuren
que esa fortaleza los lleve a la perfección,
a la madurez plena, sin que les falte nada.
⁵ Si a alguno de ustedes le falta sabiduría, pídasela a Dios, y él se la dará; pues
Dios da a todos sin limitación y sin hacer
reproche alguno.ᶜ ⁶ Pero tiene que pedir
con fe, sin dudar nada; porque el que duda
es como una ola del mar, que el viento
lleva de un lado a otro.ᵈ ⁷ Quien es así, no
crea que va a recibir nada del Señor,
⁸ porque hoy piensa una cosa y mañana
otra, y no es constante en su conducta.
⁹ El hermano de condición humilde
debe sentirse orgulloso si Dios lo enal-
tece;ᵉ ¹⁰ y el rico debe sentirse orgulloso
si Dios lo humilla. Porque el rico es como
la flor de la hierba, que no permanece.
¹¹ Cuando el sol sale y calienta con fuerza,
la hierba se seca, su flor se cae y su belleza se pierde.ᶠ Así también, el rico desa-
parecerá en medio de sus negocios.

Pruebas y tentaciones

¹² Dichoso el hombre que soporta la
prueba con fortaleza, porque al salir aprobado recibirá como premio la vida, que es
la corona que Dios ha prometido a los que
le aman. ¹³ Cuando alguno se sienta tentado a hacer lo malo, no piense que es
tentado por Dios, porque Dios ni siente la
tentación de hacer lo malo, ni tienta a nadie para que lo haga. ¹⁴ Al contrario, uno
es tentado por sus propios malos deseos,
que lo atraen y lo seducen. ¹⁵ De estos malos deseos nace el pecado; y del pecado,
cuando llega a su completo desarrollo,
nace la muerte.
¹⁶ Queridos hermanos míos, no se engañen: ¹⁷ todo lo bueno y perfecto que se nos
da, viene de arriba, de Dios, que creó los
astros del cielo. Dios es siempre el mismo:
en él no hay cambioᵍ que produzca sombras. ¹⁸ El, porque así lo quiso, nos dio vida
mediante el mensaje de la verdad,ʰ para
que seamos los primeros frutos de su creación.

La verdadera religión

¹⁹ Recuerden esto, queridos hermanos:
todos ustedes deben estar listos para escuchar; en cambio deben ser lentos para hablar y para enojarse. ²⁰ Porque el hombre
enojado no hace lo que agrada a Dios.
²¹ Así pues, dejen ustedes todo lo impuro
y la maldad que tanto abunda, y acepten
humildemente el mensaje que se ha sem-

ᵃ **1.1** Mt 13.55; Mr 6.3; Hch 15.13; Gá 1.19.   ᵇ **1.1** 1 P 1.1.   ᶜ **1.5** Pr 1—9; Stg 3.13–17.   ᵈ **1.5–6** Mt 7.7–11; Jn 16.23–24.
ᵉ **1.9** Jer 9.24.   ᶠ **1.10–11** Is 40.6–7.   ᵍ **1.17** Nm 23.19; Mal 3.6.   ʰ **1.18** 1 P 1.23.

brado en su corazón; pues ese mensaje tiene poder para salvarlos.

²² Pero no basta con oír el mensaje; hay que ponerlo en práctica, pues de lo contrario se estarían engañando ustedes mismos. ²³ El que solamente oye el mensaje, y no lo practica, es como el hombre que se mira la cara en un espejo: ²⁴ se ve a sí mismo, pero en cuanto da la vuelta se olvida de cómo es. ²⁵ Pero el que no olvida lo que oye, sino que se fija atentamente en la ley perfecta, que es la ley que nos trae libertad, y permanece firme cumpliendo lo que ella manda, será feliz en lo que hace.

²⁶ Si alguno cree ser religioso, pero no sabe poner freno a su lengua, se engaña a sí mismo y su religión no sirve de nada. ²⁷ La religión pura y sin mancha delante de Dios el Padre es ésta: ayudar a los huérfanos y a las viudas en sus aflicciones, y no mancharse con la maldad del mundo.

Advertencia contra la discriminación

2 ¹ Ustedes, hermanos míos, que creen en nuestro glorioso Señor Jesucristo, no deben hacer diferencia entre una persona y otra. ²⁻³ Supongamos que ustedes están reunidos, y llega un rico con anillos de oro y ropa lujosa, y lo atienden bien y le dicen: "Siéntate aquí, en un buen lugar", y al mismo tiempo llega un pobre vestido con ropa vieja, y a éste le dicen: "Tú quédate allá de pie, o siéntate ahí en el suelo"; ⁴ entonces ya están haciendo distinciones entre ustedes mismos y juzgando con mala intención.

⁵ Queridos hermanos míos, oigan esto: Dios ha escogido a los que en este mundo son pobres, para que sean ricos en fe y para que reciban como herencia el reino que él ha prometido a los que le aman; ⁶ ustedes, en cambio, los humillan. ¿Acaso no son los ricos quienes los explotan a ustedes, y quienes a rastras los llevan ante las autoridades? ⁷ ¿No son ellos quienes hablan mal del precioso nombre que fue invocado sobre ustedes?

⁸ Ustedes hacen bien si de veras cumplen la ley suprema, tal como dice la Escritura: "Ama a tu prójimo como a ti mismo."ⁱ ⁹ Pero si hacen diferencia entre una persona y otra, cometen pecado y son culpables ante la ley de Dios. ¹⁰ Porque si una persona obedece toda la ley, pero falla en un solo mandato, resulta culpable frente a todos los mandatos de la ley. ¹¹ Pues el mismo Dios que dijo: "No cometas adulterio",ʲ dijo también: "No mates."ᵏ Así que, si uno no comete adulterio, pero mata, ya ha violado la ley. ¹² Ustedes de-

ben hablar y portarse como quienes van a ser juzgados por la ley que nos trae libertad. ¹³ Pues los que no han tenido compasión de otros, sin compasión serán también juzgados, pero los que han tenido compasión, saldrán victoriosos en la hora del juicio.

Hechos y no palabras

¹⁴ Hermanos míos, ¿de qué le sirve a uno decir que tiene fe, si sus hechos no lo demuestran? ¿Podrá acaso salvarlo esa fe? ¹⁵ Supongamos que a un hermano o a una hermana les falta la ropa y la comida necesarias para el día; ¹⁶ si uno de ustedes les dice: "Que les vaya bien; abríguense y coman todo lo que quieran", pero no les da lo que su cuerpo necesita, ¿de qué les sirve? ¹⁷ Así pasa con la fe: por sí sola, es decir, si no se demuestra con hechos, es una cosa muerta.

¹⁸ Tal vez alguien dirá: "Tú tienes fe, y yo tengo hechos." Muéstrame tu fe sin hechos, y yo te mostraré mi fe con mis hechos. ¹⁹ Tú crees que hay un solo Dios, y en esto haces bien; pero los demonios también lo creen, y tiemblan de miedo. ²⁰ No seas tonto, y reconoce que si la fe que uno tiene no va acompañada de hechos, es una fe inútil. ²¹ Dios aceptó como justo a Abraham, nuestro antepasado, por lo que él hizo cuando ofreció en sacrificio a su hijo Isaac.ˡ ²² Y puedes ver que, en el caso de Abraham, su fe se demostró con hechos, y que por sus hechos llegó a ser perfecta su fe. ²³ Así se cumplió la Escritura que dice: "Abraham creyó a Dios, y por eso Dios lo aceptó como justo."ᵐ Y Abraham fue llamado amigo de Dios.ⁿ

²⁴ Ya ven ustedes, pues, que Dios declara justo al hombre también por sus hechos, y no solamente por su fe. ²⁵ Lo mismo pasó con Rahab, la prostituta; Dios la aceptó como justa por sus hechos, porque dio alojamiento a los mensajeros y los ayudó a salir por otro camino.ⁿ ²⁶ En resumen: así como el cuerpo sin espíritu está muerto, así también la fe está muerta si no va acompañada de hechos.

La lengua

3 ¹ Hermanos míos, no haya entre ustedes tantos maestros, pues ya saben que quienes enseñamos seremos juzgados con más severidad. ² Todos cometemos muchos errores; ahora bien, si alguien no comete ningún error en lo que dice, es un hombre perfecto, capaz también de controlar todo su cuerpo. ³ Cuando ponemos freno en la boca a los caballos para que

---

ⁱ **2.8** Lv 19.18.   ʲ **2.11** Ex 20.14; Dt 5.18.   ᵏ **2.11** Ex 20.13; Dt 5.17.   ˡ **2.21** Gn 22.1-14.   ᵐ **2.23** Gn 15.6.   ⁿ **2.23** 2 Cr 20.7; Is 41.8.   ⁿ **2.25** Jos 2.1-21.

nos obedezcan, controlamos todo su
cuerpo. 4 Y fíjense también en los barcos:
aunque son tan grandes y los vientos que
los empujan son fuertes, los pilotos, con
un pequeño timón, los guían por donde
quieren. 5 Lo mismo pasa con la lengua; es
una parte muy pequeña del cuerpo, pero
se cree capaz de grandes cosas. ¡Qué bos-
que tan grande puede quemarse por causa
de un pequeño fuego! 6 Y la lengua es un
fuego. Es un mundo de maldad puesto en
nuestro cuerpo, que contamina a toda la
persona. Está encendida por el infierno
mismo, y a su vez hace arder todo el curso
de la vida.[o] 7 El hombre es capaz de dominar toda clase de fieras, de aves, de serpientes y de animales del mar, y los ha dominado; 8 pero nadie ha podido dominar la
lengua. Es un mal que no se deja dominar
y que está lleno de veneno mortal. 9 Con
la lengua, lo mismo bendecimos a nuestro
Dios y Padre, que maldecimos a los hombres creados por Dios a su propia imagen.[p]
10 De la misma boca salen bendiciones y
maldiciones. Hermanos míos, esto no debe
ser así. 11 De un mismo manantial no
puede brotar a la vez agua dulce y agua
amarga. 12 Así como una higuera no puede
dar aceitunas ni una vid puede dar higos,
tampoco, hermanos míos, puede dar agua
dulce un manantial de agua salada.

La verdadera sabiduría

13 Si entre ustedes hay alguno sabio y
entendido, que lo demuestre con su buena
conducta, con la humildad que su sabiduría le da. 14 Pero si ustedes dejan que la
envidia les amargue el corazón, y hacen
las cosas por rivalidad, entonces no tienen
de qué enorgullecerse y están faltando a
la verdad. 15 Porque esta sabiduría no es la
que viene de Dios, sino que es sabiduría
de este mundo, de la mente humana y del
diablo mismo. 16 Donde hay envidias y rivalidades, hay también desorden y toda
clase de maldad; 17 pero los que tienen la
sabiduría que viene de Dios, llevan ante
todo una vida pura; y además son pacíficos, bondadosos y dóciles. Son también
compasivos, imparciales y sinceros, y hacen el bien.[q] 18 Y los que procuran la paz,
siembran en paz para recoger como fruto
la justicia.

La amistad con el mundo

4 1 ¿De dónde vienen las guerras y las
peleas entre ustedes? Pues de los malos deseos que siempre están luchando en
su interior. 2 Ustedes quieren algo, y no lo
obtienen; matan, sienten envidia de alguna cosa, y como no la pueden conseguir, luchan y se hacen la guerra. No con-
siguen lo que quieren porque no se lo
piden a Dios; 3 y si se lo piden, no lo reciben porque lo piden mal, pues lo quieren
para gastarlo en sus placeres. 4 ¡Oh gente
infiel![r] ¿No saben ustedes que ser amigos
del mundo es ser enemigos de Dios?[s]
Cualquiera que decide ser amigo del
mundo, se vuelve enemigo de Dios. 5 Por
algo dice la Escritura: "Dios ama celosamente el espíritu que ha puesto dentro de
nosotros."[l, t] 6 Pero Dios nos ayuda más
con su bondad, pues la Escritura dice:
"Dios se opone a los orgullosos, pero trata
con bondad a los humildes."[u] 7 Sométanse, pues, a Dios. Resistan al diablo, y
éste huirá de ustedes. 8 Acérquense a Dios,
y él se acercará a ustedes. ¡Límpiense las
manos, pecadores! ¡Purifiquen sus corazones, ustedes que quieren amar a Dios y al
mundo a la vez! 9 ¡Aflíjanse, lloren y la-
méntense! ¡Que su risa se cambie en lágrimas y su alegría en tristeza! 10 Humíllense
delante del Señor, y él los enaltecerá.[v]

No juzgar al hermano

11 Hermanos, no hablen mal unos de
otros. El que habla mal de su hermano, o
lo juzga, habla mal de la ley y la juzga. Y
si juzgas a la ley, te haces juez de ella en
vez de obedecerla. 12 Solamente hay uno
que ha dado la ley y al mismo tiempo es
Juez, y es aquel que puede salvar o condenar; tú, en cambio, ¿quién eres para juzgar a tu prójimo?

Inseguridad del día de mañana

13 Ahora oigan esto, ustedes, los que dicen: "Hoy o mañana iremos a tal o cual
ciudad, y allí pasaremos un año haciendo
negocios y ganando dinero", 14 ¡y ni siquiera saben lo que mañana será de su
vida![w] Ustedes son como una neblina que
aparece por un momento y en seguida
desaparece. 15 Lo que deben decir es: "Si el
Señor quiere, viviremos y haremos esto o
aquello." 16 En cambio, ustedes insisten en
hablar orgullosamente; y todo orgullo de
esa clase es malo. 17 El que sabe hacer el
bien y no lo hace, comete pecado.

Advertencias a los ricos

5 1 ¡Oigan esto, ustedes los ricos! ¡Lloren
y griten por las desgracias que van a
sufrir! 2 Sus riquezas están podridas; sus
ropas, comidas por la polilla. 3 Su oro y su

[l] *Dios ama . . . dentro de nosotros:* otra posible traducción: *El Espíritu que él hizo morar dentro de nosotros ama celosamente.* Griego oscuro.

[o] **3.6** Pr 16.27. [p] **3.9** Gn 1.26. [q] **3.13–17** Pr 1—9; Stg 1.5. [r] **4.4** Is 1.21; Jer 3.6–10; Os 2.2. [s] **4.4** Mt 6.24; Lc 16.13. [t] **4.5** Ex 20.5; Dt 4.24; Zac 8.2. [u] **4.6** Pr 3.34; 1 P 5.5. [v] **4.10** Mt 23.12; 1 P 5.6. [w] **4.13–14** Pr 27.1.

plata se han enmohecido, y ese moho será una prueba contra ustedes y los destruirá como fuego. Han amontonado riquezas en estos días, que son los últimos.ˣ ⁴ El pago que no les dieron a los hombres que trabajaron en su cosecha, está clamando contra ustedes; y el Señor todopoderoso ha oído la reclamación de esos trabajadores.ʸ ⁵ Aquí en la tierra se han dado ustedes una vida de lujo y placeres, engordando como ganado, ¡y ya llega el día de la matanza! ⁶ Ustedes han condenado y matado a los inocentes sin que ellos opusieran resistencia.

La paciencia y la oración

⁷ Pero ustedes, hermanos, tengan paciencia hasta que el Señor venga. El campesino que espera recoger la preciosa cosecha, tiene que aguardar con paciencia las temporadas de lluvia. ⁸ Ustedes también tengan paciencia y manténganse firmes, porque muy pronto volverá el Señor.

⁹ Hermanos, no se quejen unos de otros, para que no sean juzgados; pues Dios, que es el Juez, está ya a la puerta. ¹⁰ Hermanos míos, tomen como ejemplo de sufrimiento y paciencia a los profetas que hablaron en nombre del Señor. ¹¹ Pues nosotros consideramos felices a los que soportan con fortaleza el sufrimiento.

Ustedes han oído cómo soportó Job sus sufrimientos,ᶻ y saben de qué modo lo trató al fin el Señor, porque el Señor es muy misericordioso y compasivo.ᵃ

¹² Sobre todo, hermanos míos, no juren: ni por el cielo, ni por la tierra, ni por ninguna otra cosa. Cuando digan "Sí", que sea sí; y cuando digan "No", que sea no, para que Dios no los condene.ᵇ ¹³ Si alguno de ustedes está afligido, que ore. Si alguno está contento, que cante alabanzas. ¹⁴ Si alguno está enfermo, que llame a los ancianos de la iglesia, para que oren por él y en el nombre del Señor le unten aceite.²ᶜ ¹⁵ Y cuando oren con fe, el enfermo sanará, y el Señor lo levantará; y si ha cometido pecados, le serán perdonados. ¹⁶ Por eso, confiésense unos a otros sus pecados, y oren unos por otros para ser sanados. La oración fervorosa del hombre bueno tiene mucho poder. ¹⁷ El profeta Elías era un hombre como nosotros, y cuando oró con fervor pidiendo que no lloviera, dejó de llover sobre la tierra durante tres años y medio.ᵈ ¹⁸ Después, cuando oró otra vez, volvió a llover,ᵉ y la tierra dio su cosecha.

¹⁹ Hermanos míos, si alguno de ustedes se desvía de la verdad y otro lo hace volver, ²⁰ sepan ustedes que cualquiera que hace volver al pecador de su mal camino, le salva de la muerte y hace que muchos pecados sean perdonados.ᶠ

---

² Práctica usual en la iglesia cristiana primitiva. A los enfermos se les untaba aceite, mientras los hermanos oraban por ellos al Señor. (Véase Mr 6.13.)
ˣ **5.2–3** Mt 6.19.   ʸ **5.4** Dt 24.14–15.   ᶻ **5.11** Job 1.21–22; 2.10.   ᵃ **5.11** Sal 103.8; 111.4.   ᵇ **5.12** Mt 5.34–37.
ᶜ **5.14** Mr 6.13; Lc 10.34.   ᵈ **5.17** 1 R 17.1; 18.1; Lc 4.25.   ᵉ **5.18** 1 R 18.42–45.   ᶠ **5.20** Pr 10.12; 1 P 4.8.

Primera Carta de

SAN PEDRO

Esta carta, como otras, se dirige a los cristianos esparcidos, pero esta vez en la región norte del Asia Menor (1.1,2), los cuales se hallan sometidos a persecución y sufrimiento por causa de su fe. El autor procura alentarlos y fortalecerlos, para lo cual les recuerda cómo Dios los ha salvado y les ha dado una vida de esperanza (1.3–12): ha sido por medio de la muerte y resurrección de Cristo. Y es la promesa de su venida la que infunde esperanza. Lo que ellos sufren es prueba de su fe, y en medio de ella deben vivir como quienes han sido consagrados a Cristo y pertenecen a Dios (1.13— 2.10).

Inspirados en el ejemplo de Cristo, deben reconocer que es mejor sufrir por hacer el bien que por hacer el mal, y padecer dignamente, como cristianos que son. Concretamente da consejos al respecto a amos y sirvientes, así como a los casados, y a todos les recomienda que más que nada haya entre ellos mucho amor (2.11—4.19). Termina dirigiéndose especialmente a los ancianos que están al frente de las iglesias, y a los jóvenes, y asegura a todos que después del presente sufrimiento Dios les dará bendiciones y los perfeccionará (cap. 5).

Saludo

1 ¹ Yo, Pedro, apóstol de Jesucristo, escribo esta carta a los que viven esparcidos fuera de su patria,ᵃ en las provincias de Ponto, Galacia, Capadocia, Asia y Bitinia, ² a quienes Dios el Padre había escogido anteriormente conforme a su propósito. Por medio del Espíritu los ha consagrado a ustedes para que le obedezcan y sean purificados con la sangre de Jesucristo. Reciban abundancia de gracia y de paz.

Una vida de esperanza

³ Alabemos al Dios y Padre de nuestro Señor Jesucristo, que por su gran misericordia nos ha hecho nacer de nuevo por la resurrección de Jesucristo.ᵇ Esto nos da una viva esperanza, ⁴ y hará que ustedes reciban la herencia que Dios les tiene guardada en el cielo, la cual no puede destruirse, ni mancharse, ni marchitarse. ⁵ Por la fe que ustedes tienen en Dios, él los protege con su poder para que alcancen la salvación que tiene preparada, la cual dará a conocer en los tiempos últimos. ⁶ Por esta razón están ustedes llenos de alegría, aunque quizá sea necesario que durante un poco de tiempo pasen por muchas pruebas. ⁷ Porque la fe de ustedes es como el oro: su calidad debe ser probada por medio del fuego. La fe que resiste la prueba vale mucho más que el oro, el cual se puede destruir. De manera que la fe de ustedes, al ser así probada, merecerá aprobación, gloria y honor cuando Jesucristo aparezca. ⁸ Ustedes aman a Jesucristo, aunque no lo han visto; y ahora, creyendo en él sin haberlo visto,ᶜ se alegran con una alegría tan grande y gloriosa que no pueden expresarla con palabras, ⁹ por haber conseguido la salvación de sus almas; pues tal es la meta de su fe.

¹⁰ Ya en tiempos antiguos los profetas estudiaron e investigaron acerca de esta salvación, y hablaron de lo que Dios en su bondad iba a darles a ustedes. ¹¹ El Espíritu de Cristo hacía saber de antemano a los profetas lo que Cristo había de sufrir y la gloria que vendría después; y ellos trataban de descubrir quién era la persona y cuál el tiempo que señalaba ese Espíritu que estaba en ellos. ¹² Pero Dios les hizo saber que lo que ellos anunciaban no era para ellos mismos, sino para bien de ustedes. Ahora pues, esto es lo que les ha sido anunciado por los mismos que les predicaron el mensaje de salvación con el poder del Espíritu Santo que ha sido enviado del cielo. ¡Estas son cosas que los ángeles mismos quisieran contemplar!

Dios nos llama a una vida santa

¹³ Por eso, estén preparados y usen de su buen juicio. Pongan toda su esperanza en lo que Dios en su bondad les va a dar cuando Jesucristo aparezca. ¹⁴ Como hijos obedientes, no vivan conforme a los deseos que tenían antes de conocer a Dios. ¹⁵ Al contrario, vivan de una manera completamente santa, porque Dios, que los llamó, es santo; ¹⁶ pues la Escritura dice: "Sean ustedes santos, porque yo soy santo."ᵈ ¹⁷ Si ustedes llaman "Padre" a Dios, que juzga a cada uno según sus hechos y sin

ᵃ **1.1** Stg 1.1.   ᵇ **1.3** Jn 3.3–7; Ro 6.4–13; 1 P 1.22.   ᶜ **1.8** Jn 20.29.   ᵈ **1.16** Lv 11.44–45; 19.2.

hacer distinción entre personas, deben mostrarle reverencia durante todo el tiempo que vivan en este mundo. ¹⁸ Pues Dios los ha salvado a ustedes de la vida sin sentido que heredaron de sus antepasados; y ustedes saben muy bien que el costo de esta salvación no se pagó con cosas corruptibles, como el oro o la plata, ¹⁹ sino con la sangre preciosa de Cristo, que fue ofrecido en sacrificio como un cordero sin defecto ni mancha. ²⁰ Cristo había sido destinado para esto desde antes que el mundo fuera creado, pero en estos tiempos últimos ha aparecido para bien de ustedes. ²¹ Por medio de Cristo, ustedes creen en Dios, el cual lo resucitó y lo glorificó; así que ustedes han puesto su fe y su esperanza en Dios.

²² Ahora ustedes, al obedecer al mensaje de la verdad, han purificado sus almas para amar sinceramente a los hermanos. Así que deben amarse unos a otros con corazón puro y con todas sus fuerzas. ²³ Pues ustedes han vuelto a nacer, y esta vez no de padres humanos y mortales, sino de la palabra de Dios, la cual vive y permanece para siempre.ᵉ ²⁴ Porque la Escritura dice:

"Todo hombre es como hierba,
y su grandeza es como la flor de la hierba.
La hierba se seca y la flor se cae,
²⁵ pero la palabra del Señor permanece para siempre."ᶠ

Y esta palabra es el mensaje de salvación que se les ha anunciado a ustedes.

2 ¹ Por lo tanto, abandonen toda clase de maldad, todo engaño, hipocresía y envidia, y toda clase de chismes. ² Como niños recién nacidos, busquen con ansia la leche espiritual pura, para que por medio de ella crezcan y tengan salvación, ³ si es que realmente han llegado a darse cuenta de que el Señor es bueno.ᵍ

Cristo, la piedra viva

⁴ Acérquense, pues, al Señor, la piedra viva que los hombres desecharon, pero que para Dios es una piedra escogida y de mucho valor. ⁵ De esta manera, Dios hará de ustedes, como de piedras vivas, un templo espiritual, un sacerdocio santo, que por medio de Jesucristo ofrezca sacrificios espirituales, agradables a Dios. ⁶ Por eso también dice la Escritura:

"Yo pongo en Sión una piedra
que es la piedra principal,
escogida y muy valiosa;
el que confía en ella, no quedará defraudado."ʰ

⁷ Para ustedes, que creen, esa piedra es de mucho valor; pero para los que no creen se cumple lo que dice la Escritura:

"La piedra que los constructores despreciaron,
se ha convertido en la piedra principal."ⁱ

⁸ Y también esto otro:

"Una roca, una piedra con la cual tropezarán."ʲ

Pues ellos tropiezan al no hacer caso del mensaje: para eso fueron destinados.

⁹ Pero ustedes son una familia escogida, un sacerdocio al servicio del rey, una nación santa,ᵏ un pueblo adquirido por Dios.ˡ Y esto es así para que anuncien las obras maravillosas de Dios,ᵐ el cual los llamó a salir de la oscuridad para entrar en su luz maravillosa.ⁿ ¹⁰ Ustedes antes ni siquiera eran pueblo, pero ahora son pueblo de Dios; antes Dios no les tenía compasión, pero ahora les tiene compasión.ñ

Vivan para servir a Dios

¹¹ Queridos hermanos, les ruego, como a extranjeros de paso por este mundo, que no den lugar a los deseos humanos que luchan contra el alma.º ¹² Condúzcanse bien entre los que no conocen a Dios. Así ellos, aunque ahora hablen contra ustedes como si ustedes fueran malhechores, verán el bien que ustedes hacen y alabarán a Dios el día en que él pida cuentas a todos. ¹³ Por causa del Señor, sométanse a toda autoridad humana: tanto al emperador, por ser el cargo más alto, ¹⁴ como a los gobernantes que él envía para castigar a los malhechores y honrar a los que hacen el bien. ¹⁵ Porque Dios quiere que ustedes hagan el bien, para que los ignorantes y los tontos no tengan nada que decir en contra de ustedes.

¹⁶ Pórtense como personas libres, aunque sin usar su libertad como un pretexto para hacer lo malo. Pórtense más bien como siervos de Dios. ¹⁷ Den a todos el debido respeto. Amen a los hermanos, reverencien a Dios, respeten al emperador.

El ejemplo del sufrimiento de Cristo

¹⁸ Sirvientes, sométanse con todo respeto a sus amos, no solamente a los buenos y comprensivos sino también a los malos. ¹⁹ Porque buena cosa es que uno soporte sufrimientos injustamente, por sentido de responsabilidad delante de Dios. ²⁰ Pues si a ustedes los castigan por haber hecho algo malo, ¿qué mérito tendrá que lo soporten con paciencia? Pero si sufren por haber hecho el bien, y soportan con paciencia el sufrimiento, eso es bueno

ᵉ **1.23** Jn 3.3–7; Stg 1.18; 1 P 1.3.   ᶠ **1.24–25** Is 40.6–8.   ᵍ **2.3** Sal 34.8.   ʰ **2.6** Is 28.16.   ⁱ **2.7** Sal 118.22.   ʲ **2.8** Is 8.14–15.   ᵏ **2.9** Ex 19.5–6; Is 43.20.   ˡ **2.9** Ex 19.5; Dt 4.20; 7.6; 14.2; Tit 2.14.   ᵐ **2.9** Is 43.21.   ⁿ **2.9** Is 9.2.   ñ **2.10** Os 2.23.   º **2.11** Sal 119.19.

delante de Dios. [21] Pues para esto los llamó Dios, ya que Cristo sufrió por ustedes, dándoles un ejemplo para que sigan sus pasos. [22] Cristo no cometió ningún pecado ni engañó jamás a nadie.[p] [23] Cuando lo insultaban, no contestaba con insultos; cuando lo hacían sufrir, no amenazaba, sino que se encomendaba a Dios, que juzga con rectitud.[q] [24] Cristo mismo llevó nuestros pecados en su cuerpo sobre la cruz, para que nosotros muramos al pecado y vivamos una vida de rectitud. Cristo fue herido para que ustedes fueran sanados.[r] [25] Pues ustedes andaban antes como ovejas extraviadas,[s] pero ahora han vuelto a Cristo, que los cuida como un pastor y vela por ustedes.

Cómo deben vivir los casados

3 [1] Así también ustedes, las esposas, sométanse a sus esposos,[t] para que los que no creen en el mensaje puedan ser convencidos, sin necesidad de palabras, por el comportamiento de ustedes, [2] al ver ellos su conducta pura y respetuosa. [3] Que el adorno de ustedes no consista en cosas externas, como peinados exagerados, joyas de oro o vestidos lujosos,[u] [4] sino en lo íntimo del corazón, en la belleza incorruptible de un espíritu suave y tranquilo. Esta belleza vale mucho delante de Dios. [5] Pues éste era también, en tiempos antiguos, el adorno de las mujeres santas; ellas confiaban en Dios y se sometían a sus esposos. [6] Así fue Sara, que obedeció a Abraham y le llamó "mi señor".[v] Y ustedes son hijas de ella, si hacen el bien y no tienen miedo de nada.

[7] En cuanto a ustedes, los esposos, sean comprensivos con sus esposas.[w] Denles el honor que les corresponde, no solamente porque la mujer es más delicada, sino también porque Dios en su bondad les ha prometido a ellas la misma vida que a ustedes. Háganlo así para que nada estorbe sus oraciones.

Los que sufren por hacer el bien

[8] En fin, vivan todos ustedes en armonía, unidos en un mismo sentir y amándose como hermanos. Sean bondadosos y humildes. [9] No devuelvan mal por mal ni insulto por insulto. Al contrario, devuelvan bendición, pues Dios los ha llamado a recibir bendición. [10] Porque:

"Quien quiera amar la vida y pasar
    días felices,
cuide su lengua de hablar mal
y sus labios de decir mentiras;
[11] aléjese del mal y haga el bien,
busque la paz y sígala.

[12] Porque el Señor cuida a los justos
y presta oídos a sus oraciones,
pero está en contra de los
    malhechores."[x]

[13] ¿Quién podrá hacerles mal, si ustedes se empeñan siempre en hacer el bien? [14] Pero aun si por actuar con rectitud han de sufrir, ¡dichosos ustedes![y] No tengan miedo a nadie, ni se asusten, [15] sino honren a Cristo como Señor en sus corazones.[z] Estén siempre preparados a responder a todo el que les pida razón de la esperanza que ustedes tienen, [16] pero háganlo con humildad y respeto. Pórtense de tal modo que tengan tranquila su conciencia, para que los que hablan mal de su buena conducta como creyentes en Cristo, se avergüencen de sus propias palabras.

[17] Es mejor sufrir por hacer el bien, si así lo quiere Dios, que por hacer el mal. [18] Porque Cristo mismo sufrió la muerte por nuestros pecados, una vez para siempre. El era bueno, pero sufrió por los malos, para llevarlos a ustedes a Dios. Como hombre, murió; pero como ser espiritual que era, volvió a la vida. [19] Y como ser espiritual, fue y predicó a los espíritus que estaban presos. [20] Estos habían sido desobedientes en tiempos antiguos, en los días de Noé, cuando Dios esperaba con paciencia mientras se construía la barca, en la que algunas personas, ocho en total, fueron salvadas por medio del agua.[a] [21] Y aquella agua representaba el agua del bautismo, por medio del cual somos ahora salvados. El bautismo no consiste en limpiar el cuerpo, sino en pedirle a Dios una conciencia limpia; y nos salva por la resurrección de Jesucristo, [22] que subió al cielo y está a la derecha de Dios, y al que han quedado sujetos los ángeles y demás seres espirituales que tienen autoridad y poder.

Servir según los dones recibidos de Dios

4 [1] Por eso, así como Cristo sufrió en su cuerpo, ustedes también deben estar dispuestos a sufrir. Pues el que ha sufrido en el cuerpo ha roto con el pecado, [2] para vivir el resto de su vida conforme a la voluntad de Dios y no conforme a los deseos humanos. [3] Por mucho tiempo hicieron ustedes las mismas cosas que hacen los paganos, pues vivían entonces en vicios, malos deseos, borracheras y banquetes ruidosos, bebiendo con exceso y adorando ídolos abominables. [4] Ahora, como ustedes ya no los acompañan en los excesos de su mala vida, ellos se extrañan y hablan mal de ustedes. [5] Pero ellos tendrán que rendir

[p] 2.22 Is 53.9.   [q] 2.23 Is 53.7.   [r] 2.24 Is 53.5.   [s] 2.25 Is 53.6.   [t] 3.1 Ef 5.22; Col 3.18.   [u] 3.3 1 Ti 2.9.   [v] 3.6 Gn 18.12.   [w] 3.7 Ef 5.25; Col 3.19.   [x] 3.10-12 Sal 34.12-16.   [y] 3.14 Mt 5.10.   [z] 3.14-15 Is 8.12-13.   [a] 3.20 Gn 6.1—7.24.

cuentas ante aquel que está preparado para juzgar a los vivos y a los muertos. [6] Pues a los que están muertos se les predicó el mensaje, para que pudieran vivir en el espíritu, según Dios, aunque en este mundo hubieran sido juzgados en el cuerpo, según los hombres. [7] Ya se acerca el fin de todas las cosas. Por eso, sean ustedes juiciosos y dedíquense seriamente a la oración. [8] Haya sobre todo mucho amor entre ustedes, porque el amor perdona muchos pecados.[i, b] [9] Recíbanse unos a otros en sus casas, sin murmurar de nadie.[c] [10] Como buenos administradores de las variadas bendiciones de Dios, cada uno de ustedes sirva a los demás según los dones que haya recibido. [11] Cuando alguien hable, sean sus palabras como palabras de Dios. Cuando alguien preste algún servicio, préstelo con las fuerzas que Dios le da. Todo lo que hagan, háganlo para que Dios sea alabado por medio de Jesucristo, a quien pertenece la gloria y el poder para siempre. Así sea.

Sufrir como cristianos

[12] Queridos hermanos, no se extrañen de verse sometidos al fuego de la prueba, como si fuera algo extraordinario. [13] Al contrario, alégrense de tener parte en los sufrimientos de Cristo, para que también se llenen de alegría cuando su gloria se manifieste.[d] [14] Dichosos ustedes, si alguien los insulta por causa de Cristo, porque el glorioso Espíritu de Dios está continuamente sobre ustedes.[e2] [15] Si alguno de ustedes sufre, que no sea por asesino, ladrón o criminal, ni por meterse en asuntos ajenos. [16] Pero si sufre por ser cristiano, no debe avergonzarse, sino alabar a Dios por ello. [17] Ya ha llegado el tiempo en que el juicio comience en la propia familia de Dios. Y si el juicio está comenzando así por nosotros, ¿cómo será el fin de los que no obedecen al mensaje de Dios? [18] Y si el justo con dificultad se salva, ¿qué pasará con el malvado y el pecador?[e] [19] De manera que los que sufren según la voluntad de Dios, deben seguir haciendo el bien y poner sus almas en manos del Dios que los creó, pues él es fiel.

Consejos para los creyentes

5 [1] Quiero aconsejar ahora a los ancianos[j] de las congregaciones de ustedes,

yo que soy anciano como ellos y testigo de los sufrimientos de Cristo, y que, lo mismo que ellos, voy a tener parte en la gloria que ha de manifestarse. [2] Cuiden de las ovejas de Dios[f] que han sido puestas a su cargo; háganlo de buena voluntad, como Dios quiere, y no por obligación ni por ambición de dinero. Realicen su trabajo de buena gana, [3] no como si ustedes fueran los dueños de los que están a su cuidado, sino procurando ser un ejemplo para ellos. [4] Así, cuando aparezca el Pastor principal,[g] ustedes recibirán la corona de la gloria, una corona que jamás se marchitará.

[5] De la misma manera, ustedes los jóvenes sométanse a la autoridad de los ancianos. Todos deben someterse unos a otros con humildad, porque:

"Dios se opone a los orgullosos,
    pero ayuda con su bondad a los
        humildes."[h]

[6] Humíllense, pues, bajo la poderosa mano de Dios, para que él los enaltezca a su debido tiempo.[i] [7] Dejen todas sus preocupaciones a Dios, porque él se interesa por ustedes.[j]

[8] Sean prudentes y manténganse despiertos, porque su enemigo el diablo, como un león rugiente, anda buscando a quien devorar. [9] Resístanle, firmes en la fe, sabiendo que en todas partes del mundo sus hermanos de ustedes están sufriendo las mismas cosas. [10] Pero después que ustedes hayan sufrido por un poco de tiempo, Dios los hará perfectos, firmes, fuertes y seguros. Es el mismo Dios que en su gran amor nos ha llamado a tener parte en su gloria eterna en unión con Jesucristo. [11] A él sea el poder para siempre. Así sea.

Saludos finales

[12] Por medio de Silvano,[k] a quien considero un hermano fiel, les he escrito esta breve carta, para aconsejarles y asegurarles que las bendiciones que han recibido son prueba verdadera del amor de Dios. ¡Permanezcan fieles a ese amor!

[13] La iglesia que está en Babilonia,[l] la cual Dios ha escogido lo mismo que a ustedes, les manda saludos, y también mi hijo Marcos.[l] [14] Salúdense unos a otros con un beso de amor fraternal.

Tengan paz todos ustedes, los que pertenecen a Cristo.

[i] *El amor perdona muchos pecados:* otra posible traducción: *el amor alcanza el perdón para muchos pecados.* [2] Algunos mss. añaden: *Ciertamente ellos blasfeman* (contra él), *pero ustedes* (lo) *glorifican.* [3] *Ancianos:* la palabra puede referirse a la edad, y puede también, siguiendo la tradición judía, designar un puesto directivo en la comunidad. (Véase v. 2.) [4] *Babilonia:* nombre que los primeros cristianos usaban a veces para referirse a Roma.
[b] 4.8 Pr 10.12; 1 Co 13.7.   [c] 4.9 Ro 12.13.   [d] 4.13 Ro 8.17; 1 P 4.1.   [e] 4.18 Pr 11.31.   [f] 5.2 Jn 21.15-17.   [g] 5.4 He 13.20.
[h] 5.5 Pr 3.34; Stg 4.6.   [i] 5.6 Mt 23.12; Lc 14.11; 18.14; Stg 4.10.   [j] 5.7 Sal 55.22; Mt 6.25-34.   [k] 5.12 Hch 15.22,40.
[l] 5.13 Hch 12.12,25; 13.13; 15.37-39; Col 4.10; Flm 24.

Segunda Carta de
SAN PEDRO

Esta carta se dirige a los creyentes en general. Sucedía que en muchas iglesias había falsos maestros que se habían introducido en ellas y enseñaban doctrinas que daban como resultado un relajamiento de la moral cristiana. El autor procura fortalecer a los creyentes en la fe y en la doctrina que han recibido de quienes vieron con sus propios ojos al Señor. Una de las falsas doctrinas que se estaban difundiendo aseguraba que no era cierto que el Señor vendría otra vez, ya que el tiempo pasaba y pasaba, y él no volvía.

El autor comienza haciendo hincapié en las virtudes capitales de la vida cristiana: fe, buena conducta, entendimiento, dominio propio, paciencia, devoción a Dios, cariño fraternal y amor (cap. 1). Denuncia luego a los falsos maestros (cap. 2) y termina reiterando la seguridad de la venida del Señor, explicando que la aparente demora de ella se debe a que Dios quiere dar a todos la oportunidad de que se vuelvan a él y dejen de pecar (cap. 3).

Saludo

1 ¹ Yo, Simón¹ Pedro, siervo y apóstol de Jesucristo, les escribo esta carta a ustedes, que han llegado a tener una fe tan preciosa como la nuestra, porque nuestro Dios y Salvador Jesucristo*ª* es justo. ² Reciban abundancia de gracia y de paz mediante el conocimiento que tienen de Dios y de Jesús, nuestro Señor.

Cualidades del cristiano

³ Dios, por su poder, nos ha concedido todo lo que necesitamos para la vida y la devoción, al hacernos conocer a aquel que nos llamó por su propia grandeza y sus obras maravillosas. ⁴ Por medio de estas cosas nos ha dado sus promesas, que son muy grandes y de mucho valor, para que por ellas lleguen ustedes a tener parte en la naturaleza de Dios y escapen de la corrupción que los malos deseos han traído al mundo. ⁵ Y por esto deben esforzarse en añadir a su fe la buena conducta; a la buena conducta, el entendimiento; ⁶ al entendimiento, el dominio propio; al dominio propio, la paciencia; a la paciencia, la devoción; ⁷ a la devoción, el afecto fraternal; y al afecto fraternal, el amor. ⁸ Si ustedes poseen estas cosas y las desarrollan, ni su vida será inútil ni habrán conocido en vano a nuestro Señor Jesucristo. ⁹ Pero el que no las posee es como un ciego o corto de vista; ha olvidado que fue limpiado de sus pecados pasados. ¹⁰ Por eso, hermanos, ya que Dios los ha llamado y escogido, procuren que esto arraigue en ustedes, pues haciéndolo así nunca caerán. ¹¹ De ese modo se les abrirán de par en par las puertas del reino eterno de nuestro Señor y Salvador Jesucristo.

¹² Por eso les seguiré recordando siempre todo esto, aun cuando ya lo saben y permanecen firmes en la verdad que les han enseñado. ¹³ Mientras yo viva, creo que estoy en el deber de llamarles la atención con estos consejos. ¹⁴ Nuestro Señor Jesucristo me ha hecho saber que pronto habré de dejar esta vida; ¹⁵ pero haré todo lo posible para que también después de mi muerte se acuerden ustedes de estas cosas.

Los que vieron la grandeza de Cristo

¹⁶ La enseñanza que les dimos sobre el poder y el regreso de nuestro Señor Jesucristo, no consistía en cuentos inventados con maña, pues con nuestros propios ojos vimos al Señor en su grandeza. ¹⁷ Lo vimos cuando Dios el Padre le dio honor y gloria, cuando la voz de Dios le habló de aquella gloriosa manera: "Este es mi Hijo amado, a quien he elegido." ¹⁸ Nosotros mismos oímos aquella voz que venía del cielo, pues estábamos con el Señor en el monte sagrado.*ᵇ*

¹⁹ Esto hace más seguro el mensaje de los profetas, el cual con toda razón toman ustedes en cuenta. Pues ese mensaje es como una lámpara que brilla en un lugar oscuro, hasta que el día amanezca y la estrella de la mañana salga para alumbrarles el corazón. ²⁰ Pero ante todo tengan esto presente: que ninguna profecía de la Escritura es algo que puede interpretarse según el personal parecer de nadie, ²¹ porque los profetas nunca hablaron por su propia voluntad; al contrario, eran hombres que hablaban de parte de Dios, dirigidos por el Espíritu Santo.

ʲ Simón: algunos mss. dicen: *Simeón,* que es la forma hebrea del mismo nombre.
ª 1.1 Tit 2.13.   *ᵇ* 1.17-18 Mt 17.1-5; Mr 9.2-7; Lc 9.28-35.

Los que enseñan mentiras
(Judas 4–13)

2 [1] Hubo también falsos profetas entre el pueblo de Israel; y así habrá falsos maestros entre ustedes. Ellos enseñarán con disimulo sus dañinas ideas, negando de ese modo al propio Señor que los salvó; esto les atraerá una rápida condenación. [2] Muchos los seguirán en su vida viciosa, y por causa de ellos se hablará mal del camino de la verdad. [3] En su ambición de dinero, los explotarán a ustedes con falsas enseñanzas; pero la condenación los espera a ellos sin remedio, pues desde hace mucho tiempo están sentenciados.

[4] Dios no perdonó a los ángeles que pecaron, sino que los arrojó al infierno y los dejó en tinieblas, encadenados y guardados para el juicio. [5] Ni tampoco perdonó Dios al mundo antiguo, sino que mandó el diluvio sobre aquellos hombres malos, y salvó solamente a Noé, que predicó una vida de rectitud, y a otras siete personas.[c] [6] Dios también condenó a la destrucción a las ciudades de Sodoma y Gomorra, quemándolas hasta dejarlas hechas cenizas,[d] para que sirvieran de advertencia a la gente mala que habría de vivir después. [7] Pero libró a Lot, un hombre justo a quien afligía la vida viciosa de aquellos malvados.[e]

[8] Este hombre justo que vivía entre ellos, sufría en su buen corazón a causa de las maldades que día tras día tenía que ver y oír. [9] El Señor sabe librar de la prueba a los que viven entregados a él, y sabe tener a los malos bajo castigo para el día del juicio. [10] Dios castigará sobre todo a los que siguen deseos impuros y desprecian la autoridad del Señor. Son tercos y atrevidos, y no tienen miedo de insultar a los poderes superiores; [11] en cambio, los ángeles, aunque tienen más fuerza y autoridad, no se atreven a condenar con insultos a esos poderes de parte del Señor.

[12] Esos hombres son como los animales: no tienen entendimiento, viven sólo por instinto y nacen para que los atrapen y los maten. Hablan de cosas que no entienden; pero morirán de la misma manera que los animales,[z] [13] sufriendo por lo que han hecho sufrir a otros. Se creen felices divirtiéndose con los placeres del momento. ¡Son una vergüenza y un escándalo cuando los acompañan a ustedes en sus fiestas, divirtiéndose con sus placeres engañosos!

[14] No pueden ver a una mujer sin desearla; no se cansan de pecar. Seducen a las almas débiles; son expertos en la avaricia; son gente maldita. [15] Andan perdidos, porque se han desviado del camino recto. Siguen el ejemplo del profeta Balaam, hijo de Beor,[g] que quiso ganar dinero haciendo el mal [16] y fue reprendido por su pecado: una asna muda le habló con voz humana y no lo dejó seguir con su locura.[f]

[17] Esos maestros son como pozos sin agua, como nubes llevadas por el viento; están condenados a pasar la eternidad en la más negra oscuridad. [18] Dicen cosas altisonantes y vacías, y con vicios y deseos humanos seducen a quienes a duras penas logran escapar de los que viven en el error. [19] Les prometen libertad, siendo ellos mismos esclavos[g] de la corrupción;[4] porque todo hombre es esclavo de aquello que lo ha dominado. [20] Pues los que han conocido al Señor y Salvador Jesucristo, y han escapado así de las impurezas del mundo, si se dejan enredar otra vez en esas cosas y son dominados por ellas, quedan peor que antes.[h] [21] Hubiera sido mejor para ellos no haber conocido el camino recto que, después de haberlo conocido, apartarse del santo mandamiento que les fue dado. [22] Pero en ellos se ha cumplido la verdad de aquel dicho: "El perro vuelve a su vómito"[i] y la puerca recién bañada vuelve a revolcarse en el lodo."

El regreso del Señor

3 [1] Esta es, queridos hermanos, la segunda carta que les escribo. En las dos he querido, con mis consejos, hacerlos pensar rectamente. [2] Acuérdense de lo que en otro tiempo dijeron los santos profetas; y del mandamiento del Señor y Salvador, que los apóstoles les enseñaron a ustedes.

[3] Sobre todo tengan esto en cuenta: que en los días últimos vendrá gente que vivirá de acuerdo con sus propios malos deseos,[j] y que en son de burla [4] preguntará: "¿Qué pasó con la promesa de que Cristo iba a volver? Ya murieron nuestros padres, y todo sigue igual desde que el mundo fue creado."[k] [5] Esa gente no quiere darse cuenta de que el cielo ya existía desde tiempos antiguos, y de que por mandato de Dios la tierra surgió del agua y por medio del agua.[l] [6] También por medio del agua del diluvio fue destruido el mundo de entonces.[m] [7] Pero los cielos y la tierra que ahora existen, están reservados para el fuego por el mismo mandato de Dios. Ese fuego los quemará en el día del juicio y de la perdición de los malos.

[8] Además, queridos hermanos, no olviden que para el Señor un día es como mil

---

[2] *Pero morirán . . . animales:* otra posible traducción: *pero en la destrucción que causan morirán ellos mismos.* Griego oscuro. [3] *Beor:* según algunos mss. y Nm 22.4–35. Griego oscuro. [4] *La corrupción:* otra posible traducción: *la muerte.*
[c] **2.5** Gn 6.1—7.24; 8.18.   [d] **2.6** Gn 19.24.   [e] **2.7** Gn 19.1–16,29.   [f] **2.15–16** Nm 22.4–35.   [g] **2.19** Jn 8.34; Ro 6.6,16.
[h] **2.20** Mt 12.45; Lc 11.26.   [i] **2.22** Pr 26.11.   [j] **3.3** 2 Ti 3.1–5; Jud 18.   [k] **3.4** Ez 12.22.   [l] **3.5** Gn 1.6–9; Sal 24.2.
[m] **3.6** Gn 7.11.

años, y mil años como un día.[n] [9] No es que el Señor se tarde en cumplir su promesa, como algunos suponen, sino que tiene paciencia con ustedes, pues no quiere que nadie muera, sino que todos se vuelvan a Dios.[ñ]

[10] Pero el día del Señor vendrá como un ladrón.[o] Entonces los cielos se desharán con un ruido espantoso, los elementos serán destruidos por el fuego, y la tierra, con todo lo que hay en ella, quedará sometida al juicio de Dios.[5]

[11] Puesto que todo va a ser destruido de esa manera, ¡con cuánta santidad y devoción deben vivir ustedes! [12] Esperen la llegada del día de Dios, y hagan lo posible por apresurarla. Ese día los cielos serán destruidos por el fuego, y los elementos se derretirán entre las llamas; [13] pero nosotros esperamos el cielo nuevo y la tierra nueva que Dios ha prometido, en los cuales todo será justo y bueno.[p]

[14] Por eso, queridos hermanos, mientras esperan estas cosas, hagan todo lo posible para que Dios los encuentre en paz, sin mancha ni culpa. [15] Tengan en cuenta que la paciencia con que nuestro Señor nos trata es para nuestra salvación. Acerca de esto también les ha escrito a ustedes nuestro querido hermano Pablo, según la sabiduría que Dios le ha dado. [16] En cada una de sus cartas él les ha hablado de esto, aunque hay en ellas puntos difíciles de entender que los ignorantes y los débiles en la fe tuercen, como tuercen las demás Escrituras,[6] para su propia condenación.

[17] Por eso, queridos hermanos, ya que ustedes saben de antemano estas cosas, cuídense, para que no sean arrastrados por los engaños de los malvados ni caigan de su firme posición. [18] Pero conozcan mejor a nuestro Señor y Salvador Jesucristo y crezcan en su amor. ¡Gloria a él ahora y para siempre! Así sea.

---

[5] *Quedará sometida al juicio de Dios:* lit. *será encontrada.* Algunos mss. dicen: *será quemada.*   [6] *Como tuercen las demás Escrituras:* otra posible traducción: *como tuercen sus otros escritos.*
[n] **3.8** Sal 90.4.   [ñ] **3.9** Ez 18.23.   [o] **3.10** Mt 24.43; Lc 12.39; 1 Ts 5.2; Ap 16.15.   [p] **3.13** Is 65.17; 66.22; Ap 21.1.

Primera Carta de
SAN JUAN

El tema central de esta carta es el amor, como demostración del verdadero conocimiento de Dios. Porque "Dios es amor", y sólo el que ama a sus hermanos conoce en verdad a Dios. Se echa de ver que el autor refuta por lo menos dos falsas doctrinas: la de que siendo el mundo físico malo en sí mismo —concepto que vimos refutado ya en la primera carta a Timoteo— Jesús, el Hijo de Dios, no pudo haberse hecho realmente hombre, y la de que la salvación no tenía nada que ver con este mundo y con las relaciones humanas, sino que era cuestión de un secreto conocimiento intelectual de Dios, falsa idea repudiada en aquella misma carta de Pablo.

Recalcando la contraposición entre la luz y las tinieblas, que era un tema común en el judaísmo de entonces, se exhorta a los creyentes a "vivir en la luz", porque "Dios es luz" (cap. 1). En el cap. 2 comienza a insistirse en el amor entre hermanos, y se anuncia la aparición de grandes opositores de Cristo, que niegan que Jesús es el Cristo y son por tanto mentirosos, tema al que se vuelve en 4.1-6. La característica de los hijos de Dios es el amor, y el sumario de la vida cristiana es creer en Jesucristo, obedecer los mandamientos de Dios y amarse los unos a los otros (cap. 3; 4.7-21). La carta termina proclamando una fe victoriosa y añadiendo algunos consejos finales (cap. 5).

La palabra de vida

1 [1] Les escribimos a ustedes acerca de aquello que ya existía desde el principio,[a] de lo que hemos oído y de lo que hemos visto con nuestros propios ojos. Porque lo hemos visto y lo hemos tocado con nuestras manos. Se trata de la Palabra de vida.[b] [2] Esta vida se manifestó, y nosotros la vimos[c] y hemos dado testimonio de ella; y les anunciamos a ustedes esta vida eterna, la cual estaba con el Padre y se nos ha manifestado. [3] Les anunciamos, pues, lo que hemos visto y oído, para que ustedes estén unidos con nosotros, como nosotros estamos unidos con

---

[a] **1.1** Jn 1.1; 1 Jn 2.13,14.   [b] **1.1** Jn 1.1,4; 6.68.   [c] **1.2** Jn 1.14,18.

Dios el Padre y con su Hijo Jesucristo. ⁴ Escribimos estas cosas para que nuestra alegría sea completa.

Dios es luz

⁵ Este es el mensaje que Jesucristo nos enseñó y que les anunciamos a ustedes: que Dios es luz y que en él no hay ninguna oscuridad. ⁶ Si decimos que estamos unidos a él, y al mismo tiempo vivimos en la oscuridad, mentimos de palabra y de hecho. ⁷ Pero si vivimos en la luz, así como Dios está en la luz, entonces hay unión entre nosotros, y la sangre de su Hijo Jesucristo nos limpia de todo pecado.

⁸ Si decimos que no tenemos pecado, nos engañamos a nosotros mismos y no hay verdad en nosotros; ⁹ pero si confesamos nuestros pecados, podemos confiar en que Dios hará lo que es justo: nos perdonará nuestros pecados y nos limpiará de toda maldad. ¹⁰ Si decimos que no hemos cometido pecado, hacemos que Dios parezca mentiroso y no hemos aceptado verdaderamente su palabra.ᵈ

Cristo, nuestro abogado

2 ¹ Hijitos míos, les escribo estas cosas para que no cometan pecado.ᵉ Aunque si alguno comete pecado, tenemos un abogado ante el Padre, que es Jesucristo, y él es justo. ² Jesucristo se ofreció en sacrificio para que nuestros pecados sean perdonados;ᶠ y no sólo los nuestros, sino los de todo el mundo.

³ Si obedecemos los mandamientos de Dios, podemos estar seguros de que hemos llegado a conocerle.ᵍ ⁴ Pero si alguno dice: "Yo lo conozco", y no obedece sus mandamientos, es un mentiroso y no hay verdad en él. ⁵ En cambio, el que hace caso de su palabra, ha llegado a amarle perfectamente, y de ese modo sabemos que estamos unidos a él. ⁶ El que dice que está unido a Dios, debe vivir como vivió Jesucristo.

El nuevo mandamiento

⁷ Hermanos, este mandamiento que les escribo no es nuevo: es el mismo que ustedes recibieron desde el principio. Este mandamiento antiguo es el mensaje que ya oyeron. ⁸ Y, sin embargo, esto que les escribo es un mandamiento nuevo,ʰ que es verdad tanto en Cristo como en ustedes, porque la oscuridad va pasando y ya brilla la luz verdadera.

⁹ Si alguno dice que está en la luz,ⁱ pero odia a su hermano, todavía está en la os-

curidad. ¹⁰ El que ama a su hermano vive en la luz, y no hay nada que lo haga caer en pecado. ¹¹ Pero el que odia a su hermano vive y anda en la oscuridad, y no sabe a dónde va, porque la oscuridad lo ha dejado ciego.

¹² Hijitos, les escribo a ustedes porque Dios, haciendo honor a su nombre, les ha perdonado sus pecados. ¹³ Padres, les escribo a ustedes porque han conocido al que ya existía desde el principio. Jóvenes, les escribo a ustedes porque han vencido al maligno.

¹⁴ Les he escrito a ustedes, hijitos, porque han conocido al Padre. Les he escrito a ustedes, padres, porque han conocido al que ya existía desde el principio. Les he escrito también a ustedes, jóvenes, porque son fuertes y han aceptado la palabra de Dios en su corazón, y porque han vencido al maligno.

¹⁵ No amen al mundo, ni lo que hay en el mundo.ʲ Si alguno ama al mundo, no ama al Padre; ¹⁶ porque nada de lo que el mundo ofrece viene del Padre, sino del mundo mismo. Y esto es lo que el mundo ofrece: los malos deseos de la naturaleza humana, el deseo de poseer lo que agrada a los ojos, y el orgullo de las riquezas. ¹⁷ Pero el mundo se va acabando, con todos sus malos deseos; en cambio, el que hace la voluntad de Dios vive para siempre.

La verdad y la mentira

¹⁸ Hijitos, ésta es la hora última. Ustedes han oído de uno que viene y que es enemigo de Cristo; pues bien, ahora han aparecido muchos enemigos de Cristo. Por eso sabemos que es la hora última. ¹⁹ Ellos salieron de entre nosotros; pero en realidad no eran de los nuestros, porque si lo hubieran sido se habrían quedado con nosotros. Pero sucedió así para que se viera claramente que no todos son de los nuestros.

²⁰ Cristo les ha dado a ustedes el Espíritu Santo, y todos ustedes tienen conocimiento.ˡ,ᵏ ²¹ Les escribo, pues, no porque no conozcan la verdad, sino porque la conocen; y ustedes saben que ninguna mentira puede venir de la verdad. ²² ¿Quién es el mentiroso? Precisamente el que dice que Jesús no es el Mesías. Ese es el enemigo de Cristo, pues niega tanto al Padre como al Hijo. ²³ Cualquiera que niega al Hijo, tampoco tiene al Padre; pero el que se declara a favor del Hijo, tiene también al Padre.

²⁴ Por eso, guarden ustedes en su corazón el mensaje que oyeron desde el princi-

---

ˡ Y todos ustedes tienen conocimiento: algunos mss. dicen: y ustedes conocen todo.
ᵈ **1.8-10** Pr 20.9.   ᵉ **2.1** Ro 6.11-14.   ᶠ **2.2** 1 Jn 4.10.   ᵍ **2.3** Jn 14.15,21,23.   ʰ **2.8** Jn 13.34; 15.12.   ⁱ **2.8-10** Ro 13.12-14.
ʲ **2.15** Stg 1.27.   ᵏ **2.20** 1 Co 2.10-16.

pio; y si lo que oyeron desde el principio queda en su corazón, también ustedes permanecerán unidos con el Hijo y con el Padre. [25] Esto es precisamente lo que nos ha prometido Jesucristo: la vida eterna.

[26] Les estoy escribiendo acerca de quienes tratan de engañarlos. [27] Pero ustedes tienen el Espíritu Santo que Jesucristo les ha dado, y no necesitan que nadie les enseñe, porque el Espíritu mismo les enseña todas las cosas, y sus enseñanzas son verdad y no mentira. Permanezcan unidos a Cristo, conforme a lo que el Espíritu les ha enseñado.

[28] Ahora, hijitos, permanezcan unidos a Cristo, para que tengamos confianza cuando él aparezca y no sintamos vergüenza delante de él cuando venga. [29] Ya que ustedes saben que Jesucristo es justo, deben saber también que todos los que hacen lo que es justo son hijos de Dios.

Hijos de Dios

3 [1] Miren cuánto nos ama Dios el Padre, que se nos puede llamar hijos de Dios,[l] y lo somos. Por eso, los que son del mundo no nos conocen, pues no han conocido a Dios. [2] Queridos hermanos, ya somos hijos de Dios. Y aunque no sabemos todavía lo que seremos después, sabemos que cuando Jesucristo aparezca seremos como él, porque lo veremos tal como es. [3] Y todo el que tiene esta esperanza en él, se purifica a sí mismo, de la misma manera que Jesucristo es puro.

[4] Pero todo el que peca, hace maldad; porque el pecado es la maldad. [5] Ustedes ya saben que Jesucristo vino al mundo para quitar los pecados,[m] y que él no tiene pecado alguno. [6] Así pues, todo el que permanece unido a él, no peca; pero todo el que peca, no lo ha visto ni lo ha conocido. [7] Hijitos míos, que nadie los engañe: el que practica la justicia es justo, como él es justo; [8] pero el que practica el pecado es del diablo, porque el diablo peca desde el principio. Precisamente para esto ha venido el Hijo de Dios: para deshacer lo hecho por el diablo.[n]

[9] Ninguno que sea hijo de Dios practica el pecado, porque tiene la vida que Dios le ha dado, y no puede pecar porque es hijo de Dios. [10] Se sabe quiénes son hijos de Dios y quiénes son hijos del diablo, porque cualquiera que no hace el bien o no ama a su hermano, no es de Dios.

Amémonos unos a otros

[11] Este es el mensaje que han oído ustedes desde el principio: que nos amemos unos a otros.[o] [12] No seamos como Caín,

que era del maligno y mató a su hermano.[o] ¿Y por qué lo mató? Pues porque los hechos de Caín eran malos, y los de su hermano, buenos.

[13] Hermanos míos, no se extrañen si los que son del mundo los odian. [14] Nosotros hemos pasado de la muerte a la vida,[p] y lo sabemos porque amamos a nuestros hermanos. El que no ama, aún está muerto. [15] Todo el que odia a su hermano es un asesino, y ustedes saben que ningún asesino puede tener vida eterna en sí mismo. [16] Conocemos lo que es el amor porque Jesucristo dio su vida por nosotros;[q] así también, nosotros debemos dar la vida por nuestros hermanos. [17] Pues si uno es rico y ve que su hermano necesita ayuda, pero no se la da, ¿cómo puede tener amor de Dios en su corazón? [18] Hijitos míos, que nuestro amor no sea solamente de palabra, sino que se demuestre con hechos.

Confianza delante de Dios

[19] De esta manera sabremos que somos de la verdad, y podremos sentirnos seguros delante de Dios; [20] pues si nuestro corazón nos acusa de algo, Dios es más grande que nuestro corazón, y lo sabe todo. [21] Queridos hermanos, si nuestro corazón no nos acusa, tenemos confianza delante de Dios; [22] y él nos dará todo lo que le pidamos, porque obedecemos sus mandamientos y hacemos lo que le agrada. [23] Y su mandamiento es que creamos en su Hijo Jesucristo, y que nos amemos unos a otros como él nos mandó.[r] [24] Los que obedecen sus mandamientos viven en él, y él vive en ellos. Y en esto sabemos que él vive en nosotros: por el Espíritu que nos ha dado.

El Espíritu de Dios y el espíritu del enemigo de Cristo

4 [1] Queridos hermanos, no crean ustedes a todos los que dicen estar inspirados por Dios, sino pónganlos a prueba, a ver si el espíritu que hay en ellos es de Dios o no. Porque el mundo está lleno de mentirosos que dicen hablar de parte de Dios. [2] De esta manera pueden ustedes saber quién tiene el Espíritu de Dios: todo el que reconoce que Jesucristo vino como hombre verdadero, tiene el Espíritu de Dios. [3] El que no reconoce así a Jesús, no tiene el Espíritu de Dios; al contrario, tiene el espíritu del enemigo de Cristo. Ustedes han oído que ese espíritu ha de venir; pues bien, ya está en el mundo.[s] [4] Hijitos, ustedes son de Dios y han vencido a esos mentirosos, porque el que

l **3.1** Jn 1.12. *m* **3.5** Jn 1.29. *n* **3.8** He 2.14-15. *o* **3.11** Jn 13.34; 15.12. *o* **3.12** Gn 4.8. *p* **3.14** Jn 5.24. *q* **3.16** Jn 15.13. *r* **3.23** Jn 13.34; 15.12,17. *s* **4.1-3** Mt 7.15; 2 Jn 7.

está en ustedes es más poderoso que el que está en los que son del mundo. ⁵ Ellos son del mundo; por eso hablan de las cosas del mundo, y los que son del mundo los escuchan.ᵗ ⁶ En cambio, nosotros somos de Dios. El que conoce a Dios nos escucha, pero el que no es de Dios no nos escucha.ᵘ En esto, pues, podemos conocer quién tiene el espíritu de la verdad y quién tiene el espíritu del engaño.

Dios es amor

⁷ Queridos hermanos, debemos amarnos unos a otros, porque el amor viene de Dios. Todo el que ama es hijo de Dios y conoce a Dios. ⁸ El que no ama no ha conocido a Dios, porque Dios es amor. ⁹ Dios mostró su amor hacia nosotros al enviar a su Hijo único al mundo para que tengamos vida por él.ᵛ ¹⁰ El amor consiste en esto: no en que nosotros hayamos amado a Dios, sino en que él nos amó a nosotros y envió a su Hijo, para que, ofreciéndose en sacrificio, nuestros pecados quedaran perdonados.

¹¹ Queridos hermanos, si Dios nos ha amado así, nosotros también debemos amarnos unos a otros. ¹² A Dios nunca lo ha visto nadie;ʷ pero si nos amamos unos a otros, Dios vive en nosotros y su amor se hace realidad en nosotros. ¹³ La prueba de que nosotros vivimos en Dios y de que él vive en nosotros, es que nos ha dado su Espíritu.ˣ ¹⁴ Y nosotros mismos hemos visto y declaramos que el Padre envió a su Hijo para salvar al mundo.ʸ ¹⁵ Cualquiera que reconoce que Jesús es el Hijo de Dios, vive en Dios y Dios en él.

¹⁶ Así hemos llegado a saber y creer que Dios nos ama. Dios es amor, y el que vive en el amor, vive en Dios y Dios en él. ¹⁷ De esta manera se hace realidad el amor en nosotros, para que en el día del juicio tengamos confianza; porque nosotros somos en este mundo tal como es Jesucristo. ¹⁸ Donde hay amor no hay miedo. Al contrario, el amor perfecto echa fuera el miedo, pues el miedo supone el castigo. Por eso, si alguien tiene miedo, es que no ha llegado a amar perfectamente. ¹⁹ Nosotros amamosᶻ porque él nos amó primero. ²⁰ Si alguno dice: "Yo amo a Dios", y al mismo tiempo odia a su hermano, es un mentiroso. Pues si uno no ama a su hermano, a quien ve, tampoco puede amar a Dios, a quien no ve. ²¹ Jesucristo nos ha dado este mandamiento: que el que ama a Dios, ame también a su hermano.ᶻ

Nuestra victoria sobre el mundo

5 ¹ Todo el que tiene fe en que Jesús es el Mesías, es hijo de Dios; y el que ama a un padre, ama también a los hijos de ese padre. ² Cuando amamos a Dios y hacemos lo que él manda, sabemos que amamos también a los hijos de Dios. ³ El amar a Dios consiste en obedecer sus mandamientos;ᵃ y sus mandamientos no son una carga,ᵇ ⁴ porque todo el que es hijo de Dios vence al mundo. Y nuestra fe nos ha dado la victoria sobre el mundo. ⁵ El que cree que Jesús es el Hijo de Dios, vence al mundo.

El testimonio acerca del Hijo de Dios

⁶ La venida de Jesucristo quedó señalada con agua y sangre; no sólo con agua, sino con agua y sangre. El Espíritu mismo es testigo de esto, y el Espíritu es la verdad. ⁷ Tres son los testigos:ᵍ ⁸ el Espíritu, el agua y la sangre; y los tres están de acuerdo. ⁹ Aceptamos el testimonio de los hombres, pero el testimonio de Dios es de mucho más valor, porque consiste en el testimonio que Dios ha dado acerca de su Hijo.ᶜ ¹⁰ El que cree en el Hijo de Dios, lleva este testimonio en su propio corazón; el que no cree en Dios, lo hace aparecer como mentiroso, porque no cree en el testimonio que Dios ha dado acerca de su Hijo. ¹¹ Este testimonio es que Dios nos ha dado vida eterna, y que esta vida está en su Hijo. ¹² El que tiene al Hijo de Dios, tiene también esta vida; pero el que no tiene al Hijo de Dios, no la tiene.ᵈ

Conclusión y consejos finales

¹³ Les escribo esto a ustedes que creen en el Hijo de Dios, para que sepan que tienen vida eterna.ᵉ

¹⁴ Tenemos confianza en Dios, porque sabemos que si le pedimos algo conforme a su voluntad, él nos oye. ¹⁵ Y así como sabemos que Dios oye nuestras oraciones, también sabemos que ya tenemos lo que le hemos pedido.ᶠ

¹⁶ Si alguno ve que su hermano está cometiendo un pecado que no lleva a la muerte, debe orar, y Dios dará vida al hermano, si se trata de un pecado que no lleva a la muerte. Hay pecado que lleva a la muerte, y por ese pecado no digo que se deba orar. ¹⁷ Toda maldad es pecado; pero hay pecado que no lleva a la muerte.

¹⁸ Sabemos que el que tiene a Dios como Padre, no peca, porque el Hijo de Dios lo

---

ᶻ *Nosotros amamos:* algunos mss. dicen: nosotros amamos a Dios. ᵍ *Tres son los testigos:* algunos mss. latinos añaden: *en el cielo: el Padre, la Palabra y el Espíritu Santo, y estos tres son uno.* ⁸ *Y tres son los testigos en la tierra.*
ᵗ **4.5** Jn 15.19. ᵘ **4.6** Jn 8.47. ᵛ **4.9** Jn 3.16. ʷ **4.12** Jn 1.18. ˣ **4.13** Ro 8.9; 1 Jn 3.24. ʸ **4.14** Jn 3.17.
ᶻ **4.21** Mt 5.44–45; Mr 12.29–31. ᵃ **5.3** Jn 14.15; 2 Jn 6. ᵇ **5.3** Dt 30.11; Mt 11.30. ᶜ **5.9** Jn 5.32–37; 8.18. ᵈ **5.12** Jn 3.36.
ᵉ **5.13** Jn 20.31. ᶠ **5.14–15** Mt 7.7–11; Lc 11.9–13; Jn 15.7,16; 16.23–24; 1 Jn 3.21–22.

cuida, y el maligno no lo toca. [19] Sabemos que somos de Dios y que el mundo entero está bajo el poder del maligno. [20] Sabemos también que el Hijo de Dios ha venido y nos ha dado entendimiento para conocer al Dios verdadero. Vivimos unidos al que es verdadero, es decir, a su Hijo Jesucristo. Este es el Dios verdadero y la vida eterna.[g] [21] Hijitos, cuídense de los dioses falsos.

5.20 Jn 17.3.

Segunda Carta de
SAN JUAN

El autor se describe simplemente como "el anciano", y dirige su breve carta a "la congregación escogida por Dios y a los que pertenecen a ella". El mensaje es una exhortación a vivir en la verdad y el amor (1-6), y también una advertencia contra los falsos maestros y sus doctrinas (7-11). A esto se añade una concisa conclusión (12,13).

La verdad y el amor

[1] Yo, el anciano, escribo esta carta a la congregación escogida por Dios y a los que pertenecen a ella,[1] a quienes amo de veras; y no sólo yo, sino también todos los que han conocido la verdad. [2] Los amo a ustedes por causa de la verdad que tenemos en nuestro corazón y que estará con nosotros para siempre. [3] Que Dios el Padre, y Jesucristo, Hijo del Padre, derramen su gracia sobre ustedes y les den misericordia y paz, en verdad y en amor.

[4] Me he alegrado mucho de encontrar a algunos de los tuyos[2] viviendo conforme a la verdad,[a] como Dios el Padre nos ha mandado. [5] Ahora, queridos hermanos, les ruego que nos amemos los unos a los otros.[b] Esto que les escribo[3] no es un mandamiento nuevo, sino el mismo que recibimos desde el principio. [6] El amor consiste en vivir según los mandamientos de Dios, y el mandamiento, como ya lo han oído ustedes desde el principio, es que vivan en el amor.[c]

Los engañadores

[7] Pues andan por el mundo muchos engañadores que no reconocen que Jesucristo vino como hombre verdadero. El que es así, es el engañador y el enemigo de Cristo.[d] [8] Tengan ustedes cuidado, para no perder el resultado de su trabajo, sino recibir su recompensa completa. [9] Cualquiera que pretenda avanzar más allá de lo que Cristo enseñó, no tiene a Dios; pero el que permanece en esa enseñanza, tiene al Padre y también al Hijo.[e] [10] Si alguno va a visitarlos a ustedes y no lleva esta enseñanza, no lo reciban en casa ni lo saluden; [11] porque quien lo salude se hará cómplice de sus malas acciones.

Palabras finales

[12] Tengo mucho que decirles a ustedes, pero no quiero hacerlo por carta. Espero ir a verlos y hablar con ustedes personalmente,[f] para que así nuestra alegría sea completa. [13] Los que pertenecen a la congregación hermana de ustedes, a la cual Dios también ha escogido, les mandan saludos.[4]

[1] *A la congregación escogida por Dios y a los que pertenecen a ella: lit. a la señora escogida y a sus hijos.* [2] *Algunos de los tuyos: lit. tus hijos.* [3] *Queridos hermanos, les ruego que nos amemos los unos a los otros. Esto que les escribo: lit. señora, te ruego que nos amemos los unos a los otros. Esto que te escribo.* [4] *Los que pertenecen a la congregación hermana de ustedes, que Dios también ha escogido, les mandan saludos: lit. los hijos de tu hermana, que Dios también ha escogido, te mandan saludos.*
a4 3 Jn 3. *b5* Jn 13.34; 15.12,17. *c6* Jn 14.15,23-24; 1 Jn 5.3. *d7* Mt 7.15; 1 Jn 2.18; 4.1-3. *e9* 1 Jn 2.22-23; 4.15. *f12* 3 Jn 13-14.

Tercera Carta de
SAN JUAN

La carta, escrita también por "el anciano", va dirigida a un pastor o prominente cristiano de una iglesia, llamado Gayo, en un tono personal y afectuoso. Lo alaba por los servicios que está prestando a los creyentes (1–8), se duele de la conducta de un cierto Diótrefes (9,10), elogia también a otro buen cristiano llamado Demetrio (11,12) y se despide, según era usual, con saludos (13–15).

Alabanzas a Gayo

[1] Yo, el anciano, escribo esta carta a mi querido amigo Gayo,[a] a quien amo en verdad.

[2] Querido hermano, pido a Dios que, así como te va bien espiritualmente, te vaya bien en todo y tengas buena salud. [3] Me alegré mucho cuando algunos hermanos vinieron y me contaron que te mantienes fiel a la verdad.[b] [4] No hay para mí mayor alegría que saber que mis hijos viven de acuerdo con la verdad.

[5] Querido hermano, te estás portando fielmente en el servicio que prestas a los demás hermanos, especialmente a los que llegan de otros lugares. [6] Delante de la congregación han hablado ellos de cuánto los amas. Por favor, ayúdalos en lo que necesiten para seguir su viaje, de manera agradable a Dios. [7] Pues ellos han emprendido su viaje en el servicio de Jesucristo,[1] y no han aceptado ninguna ayuda de gente pagana. [8] Por eso nosotros debemos hacernos cargo de ellos, para ayudarlos en la predicación de la verdad.

La mala conducta de Diótrefes y el buen ejemplo de Demetrio

[9] Yo escribí una carta a la congregación, pero Diótrefes no acepta nuestra autoridad porque le gusta mandar. [10] Por eso, cuando yo vaya le llamaré la atención, pues anda contando chismes y mentiras contra nosotros. Y, no contento con esto, no recibe a los hermanos que llegan, y a quienes quieren recibirlos les prohíbe hacerlo y los expulsa de la congregación.

[11] Querido hermano, no sigas los malos ejemplos, sino los buenos. El que hace lo bueno es de Dios, pero el que hace lo malo no ha visto a Dios.[c]

[12] Todos, incluso la verdad misma, hablan bien de Demetrio. También nosotros hablamos en favor suyo, y tú sabes que decimos la verdad.

Palabras finales

[13] Yo tenía mucho que decirte, pero no quiero hacerlo por escrito, [14] porque espero verte pronto y hablar contigo personalmente.[d]

[15] Que tengas paz. Los amigos te mandan saludos. Por favor, saluda a cada uno de nuestros amigos.

---

[1] En el servicio de Jesucristo: lit. por el Nombre.
[a] 1 Hch 19.29; Ro 16.23; 1 Co 1.14. [b] 3 2 Jn 4. [c] 11 1 Jn 2.29; 3.6,9–10. [d] 13–14 2 Jn 12.

Carta de

SAN JUDAS

Esta carta parece dirigirse a cristianos de la segunda generación y ofrece mucha semejanza con la segunda carta de San Pedro. Contiene una advertencia contra los falsos maestros (1–16) y una exhortación a mantenerse firmes en la fe (17–23), la cual se designa en el versículo 3 como "la fe que una vez fue entregada a los que pertenecen a Dios".

Saludo

[1] Yo, Judas,[a] siervo de Jesucristo y hermano de Santiago, escribo esta carta a los que Dios el Padre ama y ha llamado, los cuales son protegidos por Jesucristo. [2] Reciban ustedes abundancia de misericordia, paz y amor.

Los que enseñan mentiras
(2 Pedro 2.1–7)

[3] Queridos hermanos, he sentido grandes deseos de escribirles acerca de la salvación que tanto ustedes como yo tenemos; pero ahora me veo en la necesidad de hacerlo para rogarles que luchen por la fe que una vez fue entregada a los que pertenecen a Dios. [4] Porque por medio de engaños se han infiltrado ciertas personas a quienes las Escrituras ya habían señalado desde hace mucho tiempo para la condenación. Son hombres malvados, que toman la bondad de nuestro Dios como pretexto para una vida desenfrenada, y niegan a nuestro único Dueño y Señor, Jesucristo.

[5] Aunque ustedes ya lo saben, quiero recordarles que el Señor, después que sacó de Egipto al pueblo de Israel,[b] destruyó a los que no creyeron.[c] [6] Y a los ángeles que no conservaron su debido puesto, sino que dejaron su propio hogar, Dios los retiene en prisiones oscuras y eternas para el gran día del juicio. [7] Lo mismo que esos ángeles, también Sodoma y Gomorra y las ciudades vecinas se entregaron a las inmoralidades sexuales, y se dejaron llevar por vicios contra la naturaleza. Por eso sufrieron el castigo del fuego eterno y quedaron como advertencia para todos.[d]

[8] A pesar de ello, también esos hombres, viviendo en sueños, contaminan su cuerpo, rechazan la autoridad del Señor e insultan a los poderes superiores. [9] El mismo arcángel Miguel,[e] cuando luchaba contra el diablo disputándole el cuerpo de Moisés[f], no se atrevió a condenarlo con insultos, sino que solamente le dijo: "¡Que el Señor te reprenda!"[g] [10] Pero esos hombres hablan mal de las cosas que no conocen; y en cuanto a las que conocen por instinto, como las conocen los animales sin entendimiento, las usan para su propia condenación.

[11] ¡Ay de ellos!, porque han seguido el ejemplo de Caín.[h] Por ganar dinero se han desviado, como Balaam,[i] y como Coré, mueren por su rebeldía.[j] [12] Son una vergüenza en las fiestas de amor fraternal que ustedes celebran, en las que ellos comen y beben alegremente, sin mostrar ningún respeto. Son pastores que cuidan solamente de sí mismos. Son nubes sin agua, llevadas por el viento. Son árboles que no dan fruto a su tiempo, dos veces muertos y arrancados de raíz. [13] Son violentas olas del mar, que arrojan como espuma sus acciones vergonzosas. Son estrellas que han perdido su rumbo y están condenadas a pasar la eternidad en la más negra oscuridad.

[14] También Enoc,[k] que fue el séptimo después de Adán, habló de parte de Dios cuando dijo acerca de esa gente: "Vi al Señor, que venía con miles y miles de sus ángeles [15] a juzgar a todo hombre y a condenar a todos los malvados, por todo el mal que cometieron en su maldad y por todas las palabras insolentes que como malvados pecadores dijeron contra él."[l] [16] De todo se quejan, todo lo critican y sólo buscan satisfacer sus propios deseos. Hablan con jactancia, y adulan a los demás para aprovecharse de ellos.

Amonestaciones a los creyentes

[17] Pero ustedes, queridos hermanos, acuérdense de que los apóstoles de nuestro Señor Jesucristo [18] les habían dicho: "En los últimos tiempos habrá gente burlona, que vivirá de acuerdo con sus malos deseos."[l] [19] Esos son los que causan divisiones; siguen sus deseos naturales y no tienen el Espíritu de Dios.

[20] Pero ustedes, queridos hermanos, manténganse firmes en su santísima fe.

---

[l] Esta cita es de un documento extra-bíblico, el Libro de Enoc (1.9; 5.4; 14; 15). Véase *Glosario* anexo.
[a] 1 Mt 13.55; Mr 6.3. [b] 5 Ex 12.51. [c] 5 Nm 14.29–30. [d] 7 Gn 19.1–24. [e] 9 Dn 10.13,21; 12.1; Ap 12.7. [f] 9 Dt 34.6.
[g] 9 Zac 3.2. [h] 11 Gn 4.3–9; He 11.4; 1 Jn 3.12. [i] 11 Nm 22.1–35; Ap 2.14. [j] 11 Nm 16.1–35. [k] 14 Gn 5.18,21–24.
[l] 18 2 Ti 3.1–5; 2 P 3.3.

Oren guiados por el Espíritu Santo. [21] Consérvense en el amor de Dios y esperen el día en que nuestro Señor Jesucristo, en su misericordia, nos dará la vida eterna.

[22] Tengan compasión de[2] los que dudan. [23] A unos sálvenlos sacándolos del fuego, y tengan compasión de otros, aunque cuídense de ellos y aborrezcan hasta la ropa que llevan contaminada por su mala vida.

[2] *Tengan compasión de:* algunos mss. dicen: *Convenzan a.*

Alabanza final

[24-25] El Dios único, Salvador nuestro, tiene poder para cuidar de que ustedes no caigan, y para presentarlos sin mancha y llenos de alegría ante su gloriosa presencia. A él sea la gloria, la grandeza, el poder y la autoridad, por nuestro Señor Jesucristo, antes, ahora y siempre. Así sea.

EL APOCALIPSIS

Apocalipsis significa "revelación". Según el orden establecido, es el último de los libros del Nuevo Testamento, y se da por hecho que fue uno de los últimos que se escribió. Se compone en su mayor parte de visiones y revelaciones, con un gran número de símbolos y un lenguaje alegórico o simbólico, en una especie de clave que los lectores cristianos de su tiempo entendían, pero que resultaba oscuro y misterioso para otros lectores de aquel mismo tiempo como también lo resulta para nosotros hoy en algunos de sus pasajes. Pero ¿por qué mensaje "en clave"? Pues porque se escribió en una época en que la Iglesia sufría una ruda persecución bajo el imperio romano. Era necesario fortalecer la fe y la confianza de los creyentes, presentándoles, bajo un ropaje brillante de símbolos y figuras, la revelación de que, a pesar del aparente triunfo de los poderes malignos, la victoria final y decisiva sería de Dios y de Cristo el Señor. Debían, pues, permanecer firmes y fieles en medio del sufrimiento y la persecución.

Se ha comparado la índole y estructura de este libro con un drama sinfónico. Después de los compases introductorios (1.1–8) viene la obertura en la tierra, cuyo tema es la visión del Cristo glorioso, y las cartas a las siete iglesias (1.9—3.22). Sigue luego la obertura en el cielo (caps. 4,5). El primer acto es el de los siete sellos (6.1—8.1), que concluye con un primer intermedio (cap. 7) sobre los sellados de Dios. El segundo acto es el de las siete trompetas y los tres ayes (8.2—14.20), en el que hay un segundo intermedio (10.1—11.13). El tercer acto es el de las siete copas (15.1—16.21). El tercer intermedio sigue esta vez al tercer acto, y contiene visiones del juicio final (17.1—20.15). Luego viene el gran acto final: la nueva Jerusalén (21.1—22.15), y después, el epílogo, cuya nota dominante es: "¡Ven, Señor Jesús!"

El Apocalipsis o Revelación ha de verse primero a la luz de la situación y los sucesos de la época en que fue escrito, o sea, en el contexto histórico de fines del siglo primero de nuestra era. Visto así, constituye un mensaje concreto para los cristianos de aquellos días. Sin embargo, su mensaje esencial de esperanza, aliento y seguridad es válido para todas las épocas y ofrece en algunos pasajes una visión simbólica de los últimos tiempos. Las fuerzas del mal podrán prevalecer por períodos más o menos prolongados, pero el triunfo definitivo será de Dios por medio de Jesucristo.

La revelación de Jesucristo

1 ¹ Esta es la revelación que Dios hizo a Jesucristo, para que él mostrara a sus siervos lo que pronto ha de suceder. Jesucristo lo ha dado a conocer enviando su ángel a su siervo Juan, ² el cual le dijo la verdad de todo lo que vio, y es testigo del mensaje de Dios confirmado por Jesucristo.

³ Dichoso el que lee y dichosos los que escuchan la lectura de este mensaje recibido de Dios, y hacen caso de lo que aquí está escrito, porque ya se acerca el tiempo.

Juan escribe a las siete iglesias

⁴ Yo, Juan, escribo a las siete iglesias de la provincia de Asia. Reciban ustedes gracia y paz de parte del que es y era y ha de venir,ᵃ y de parte de los siete espíritus que están delante de su trono,ᵇ ⁵ y también de parte de Jesucristo, testigo fiel,ᶜ que fue el primero en resucitarᵈ y tiene autori-

dad sobre los reyes de la tierra.ᵉ Cristo nos ama, y nos ha librado de nuestros pecados derramando su sangre, ⁶ y ha hecho de nosotros un reino; nos ha hecho sacerdotes al servicio de su Dios y Padre.ᶠ ¡Que la gloria y el poder sean suyos para siempre! Así sea.

⁷ ¡Cristo viene en las nubes!ᵍ
Todos le verán,
incluso los que lo traspasaron;ʰ
y todos los pueblos del mundo
harán duelo y llorarán por él.ⁱ
Sí, así sea.

⁸ "Yo soy el alfa y la omega,"ʲ˒ⁱ dice el Señor, el Dios todopoderoso, el que es y era y ha de venir.ᵏ

Una visión del Cristo glorioso

⁹ Yo, Juan, soy hermano de ustedes, y por mi unión con Jesús tengo parte con ustedes en el reino de Dios, en los sufrimientos y en la fortaleza para soportarlos.

ⁱ Las letras *alfa* y *omega* son respectivamente la primera y la última del alfabeto griego. Algunos mss. añaden: *el principio y el fin.*
ᵃ **1.4** Ex 3.14. ᵇ **1.4** Ap 4.5; Is 11.2. ᶜ **1.5** Is 55.4. ᵈ **1.5** Hch 26.23; Col 1.18. ᵉ **1.5** Sal 89.27. ᶠ **1.6** Ex 19.6; Ap 5.10; 20.6. ᵍ **1.7** Dn 7.13; Mt 24.30; Mr 13.26; Lc 21.27; 1 Ts 4.17. ʰ **1.7** Zac 12.10; Jn 19.34,37. ⁱ **1.7** Zac 12.10; Mt 24.30. ʲ **1.8** Is 41.4; 44.6; Ap 1.17; 22.13. ᵏ **1.8** Ex 3.14.

Por haber anunciado el mensaje de Dios confirmado por Jesús, me encontraba yo en la isla llamada Patmos. [10] Y sucedió que en el día del Señor quedé bajo el poder del Espíritu, y oí detrás de mí una fuerte voz, como un toque de trompeta, [11] que me decía: "Escribe en un libro lo que ves, y mándalo a las siete iglesias de la provincia de Asia: a Efeso, Esmirna, Pérgamo, Tiatira, Sardis, Filadelfia y Laodicea."

[12] Me volví para ver de quién era la voz que me hablaba; y al hacerlo vi siete candelabros de oro, [13] y en medio de los siete candelabros vi a alguien con apariencia humana,[l] vestido con una ropa que le llegaba hasta los pies y con un cinturón de oro a la altura del pecho.[m] [14] Sus cabellos eran blancos como la lana,[n] o como la nieve, y sus ojos parecían llamas de fuego. [15] Sus pies brillaban como bronce pulido, fundido en un horno;[ñ] y su voz era tan fuerte como el ruido de una cascada.[o] [16] En su mano derecha tenía siete estrellas, y de su boca salía una aguda espada de dos filos. Su cara era como el sol cuando brilla en todo su esplendor. [17] Al verlo, caí a sus pies como muerto. Pero él, poniendo su mano derecha sobre mí, me dijo: "No tengas miedo; yo soy el primero y el último,[p] [18] y el que vive. Estuve muerto, pero ahora vivo para siempre. Yo tengo las llaves del reino de la muerte. [19] Escribe lo que has visto: lo que ahora hay y lo que va a haber después. [20] Este es el secreto de las siete estrellas que has visto en mi mano derecha, y de los siete candelabros de oro: las siete estrellas representan a los ángeles de las siete iglesias, y los siete candelabros representan a las siete iglesias.

Mensajes a las siete iglesias.
El mensaje a Efeso

2 [1] "Escribe al ángel de la iglesia de Efeso: 'Esto dice el que tiene las siete estrellas en su mano derecha y anda en medio de los siete candelabros de oro: [2] Yo sé todo lo que haces; conozco tu duro trabajo y tu constancia, y sé que no puedes soportar a los malos. También sé que has puesto a prueba a los que dicen ser apóstoles y no lo son, y has descubierto que son mentirosos. [3] Has sido constante, y has sufrido mucho por mi causa, sin cansarte. [4] Pero tengo una cosa contra ti: que ya no tienes el mismo amor que al principio. [5] Por eso, recuerda de dónde has caído, vuélvete a Dios y haz otra vez lo que hacías al principio. Si no, iré pronto contra ti y quitaré tu candelabro de su lu-

gar, a menos que te vuelvas a Dios. [6] Sin embargo, tienes a tu favor que odias los hechos de los nicolaítas, los cuales yo también odio. [7] ¡El que tiene oídos, oiga lo que el Espíritu dice a las iglesias! A los que salgan vencedores les daré a comer del árbol de la vida,[q] que está en el paraíso de Dios.'[r]

El mensaje a Esmirna

[8] "Escribe también al ángel de la iglesia de Esmirna: 'Esto dice el primero y el último,[s] el que murió y ha vuelto a vivir: [9] Yo conozco tus sufrimientos y tu pobreza, aunque en realidad eres rico. Y sé lo mal que hablan de ti los que se dicen judíos pero no son otra cosa que una congregación de Satanás. [10] No tengas miedo de lo que vas a sufrir, pues el diablo meterá en la cárcel a algunos de ustedes, para que todos ustedes sean puestos a prueba; y tendrán que sufrir durante diez días. Manténte fiel hasta la muerte, y yo te daré la vida como premio. [11] ¡El que tiene oídos, oiga lo que el Espíritu dice a las iglesias! Los que salgan vencedores no sufrirán ningún daño de la segunda muerte.'[t]

El mensaje a Pérgamo

[12] "Escribe también al ángel de la iglesia de Pérgamo: 'Esto dice el que tiene la aguda espada de dos filos: [13] Yo sé que vives donde Satanás tiene su trono; sin embargo sigues fiel a mi causa. No has dejado de creer en mí, ni siquiera en los días en que a Antipas, mi testigo fiel, lo mataron en esa ciudad donde vive Satanás. [14] Pero tengo unas cuantas cosas contra ti: que ahí tienes algunos que no quieren apartarse de la enseñanza de Balaam, el cual aconsejó a Balac que hiciera pecar a los israelitas[u] incitándolos a comer alimentos ofrecidos en sacrificio a los ídolos y a cometer inmoralidades sexuales.[v] [15] También tienes ahí algunos que no quieren apartarse de la enseñanza de los nicolaítas. [16] Por eso, vuélvete a Dios; de lo contrario, iré pronto a ti, y con la espada que sale de mi boca pelearé contra ellos. [17] ¡El que tiene oídos, oiga lo que el Espíritu dice a las iglesias! A los que salgan vencedores les daré a comer del maná[w] que está escondido; y les daré también una piedra blanca, en la que está escrito un nombre nuevo[x] que nadie conoce sino quien lo recibe.'

[l] 1.13 Dn 7.13.   [m] 1.13 Dn 10.5.   [n] 1.14 Dn 7.9.   [ñ] 1.14-15 Dn 10.6.   [o] 1.15 Ez 1.24; 43.2.   [p] 1.17 Is 41.4; 44.6-8; 48.12; Ap 1.8; 2.8; 22.13.   [q] 2.7 Gn 2.9; Ap 22.2.   [r] 2.7 Ez 28.13; 31.8.   [s] 2.8 Is 41.4; 44.6; 48.12; Ap 1.17; 22.13.   [t] 2.11 Ap 20.14; 21.8.   [u] 2.14 Nm 22.5,7; 31.16; Dt 23.4.   [v] 2.14 Nm 25.1-3.   [w] 2.17 Ex 16.14-15; 16.33-34; Jn 6.48-50.   [x] 2.17 Is 62.2; 65.15.

El mensaje a Tiatira

[18] "Escribe también al ángel de la iglesia de Tiatira: 'Esto dice el Hijo de Dios, el que tiene los ojos como llamas de fuego y los pies como bronce pulido: [19] Yo sé todo lo que haces; conozco tu amor, tu fe, tu servicio y tu constancia, y sé que ahora estás haciendo más que al principio. [20] Pero tengo una cosa contra ti: que toleras a esa mujer, Jezabel,[y] que dice hablar de parte de Dios pero engaña con su enseñanza a mis siervos, haciéndoles cometer inmoralidades sexuales y comer alimentos ofrecidos en sacrificio a los ídolos. [21] Yo le he dado tiempo para que se convierta a Dios; pero ella no ha querido hacerlo ni ha abandonado su inmoralidad sexual. [22-23] Por eso, voy a hacerla caer en cama, y mataré a sus hijos; y a los que cometen adulterio con ella, si no dejan de portarse como ella lo hace, les enviaré grandes sufrimientos. Así todas las iglesias se darán cuenta de que yo conozco hasta el fondo la mente y el corazón;[z] y a cada uno de ustedes le daré según lo que haya hecho.[a] [24] En cuanto a ustedes, los que están en Tiatira pero no siguen esa enseñanza ni han llegado a conocer lo que ellos llaman los secretos profundos de Satanás, les digo que no les impongo otra carga. [25] Pero conserven lo que tienen, hasta que yo venga. [26] A los que salgan vencedores y sigan hasta el fin haciendo lo que yo quiero que se haga, les daré autoridad sobre las naciones, [27-28] así como mi Padre me ha dado autoridad a mí; y gobernarán a las naciones con cetro de hierro, y las harán pedazos como a ollas de barro.[b] Y les daré también la estrella de la mañana. [29] ¡El que tiene oídos, oiga lo que el Espíritu dice a las iglesias!'

El mensaje a Sardis

3 [1] "Escribe también al ángel de la iglesia de Sardis: 'Esto dice el que tiene los siete espíritus de Dios y las siete estrellas: Yo sé todo lo que haces, y sé que estás muerto aunque tienes fama de estar vivo. [2] Despiértate y refuerza las cosas que todavía quedan, pero que ya están a punto de morir, pues he visto que lo que haces no es perfecto delante de mi Dios. [3] Recuerda, pues, la enseñanza que has recibido; síguela y vuélvete a Dios. Si no te mantienes despierto, iré a ti como un ladrón, cuando menos lo esperes.[c] [4] Sin embargo, ahí en Sardis tienes unas cuantas personas que no han manchado sus ropas; ellas andarán conmigo vestidas de blanco, porque se lo merecen. [5] Los que salgan vencedores serán así vestidos de blanco, y no borraré sus nombres del libro de la vida,[d] sino que los reconoceré delante de mi Padre y delante de sus ángeles.[e] [6] ¡El que tiene oídos, oiga lo que el Espíritu dice a las iglesias!'

El mensaje a Filadelfia

[7] "Escribe también al ángel de la iglesia de Filadelfia: 'Esto dice el que es santo y verdadero, el que tiene la llave del rey David, el que cuando abre nadie puede cerrar y cuando cierra nadie puede abrir:[f] [8] Yo sé todo lo que haces; mira, delante de ti he puesto una puerta abierta que nadie puede cerrar, y aunque tienes poca fuerza, has hecho caso de mi palabra y no me has negado. [9] Yo haré que los de la congregación de Satanás, los mentirosos que dicen ser judíos y no lo son, vayan a arrodillarse a tus pies,[g] para que sepan que yo te he amado.[h] [10] Has cumplido mi mandamiento de ser constante, y por eso yo te protegeré de la hora de prueba que va a venir sobre el mundo entero para poner a prueba a todos los que viven en la tierra. [11] Vengo pronto. Conserva lo que tienes, para que nadie te arrebate tu premio. [12] A los que salgan vencedores les daré que sean columnas en el templo de mi Dios, y nunca más saldrán de allí; en ellos escribiré el nombre de mi Dios y el nombre de la ciudad de mi Dios, la nueva Jerusalén que viene del cielo, de mi Dios;[i] y también escribiré en ellos mi nombre nuevo.[j] [13] ¡El que tiene oídos, oiga lo que el Espíritu dice a las iglesias!'

El mensaje a Laodicea

[14] "Escribe también al ángel de la iglesia de Laodicea: 'Esto dice el Verdadero, el testigo fiel que dice la verdad, el origen de todo lo que Dios creó:[k] [15] Yo sé todo lo que haces. Sé que no eres frío ni caliente. ¡Ojalá fueras frío o caliente! [16] Pero como eres tibio, y no frío ni caliente, te vomitaré de mi boca. [17] Pues tú dices que eres rico, que te ha ido muy bien y que no te hace falta nada; y no te das cuenta de que eres un desdichado, miserable, pobre, ciego y desnudo. [18] Por eso te aconsejo que de mí compres oro refinado en el fuego, para que seas realmente rico; y que de mí compres ropa blanca para vestirte y cubrir tu vergonzosa desnudez, y una medicina para que te la pongas en los ojos y veas. [19] Yo reprendo y corrijo a todos los que amo.[l] Por lo tanto, sé fervoroso y vuélvete

y **2.20** 1 R 16.31; 2 R 9.22,30. z **2.22-23** Sal 7.9; Jer 17.10. a **2.22-23** Sal 62.11-12; Pr 24.12; Ez 18.30; 33.20; Mt 16.27.
b **2.26-28** Sal 2.8-9. c **3.3** Mt 24.43-44; Lc 12.39-40; Ap 16.15. d **3.5** Ex 32.32-33; Sal 69.28; Ap 20.12. e **3.5** Mt 10.32;
Lc 12.8. f **3.7** Is 22.22; Job 12.14. g **3.9** Is 49.23; 60.14. h **3.9** Is 43.4. i **3.12** Ap 21.2. j **3.12** Is 62.2; 65.15.
k **3.14** Pr 8.22-31; Jn 1.3; Col 1.15,18. l **3.19** Pr 3.12; He 12.6.

a Dios. [20] Mira, yo estoy llamando a la puerta; si alguien oye mi voz y abre la puerta, entraré en su casa y cenaremos juntos. [21] A los que salgan vencedores les daré un lugar conmigo en mi trono, así como yo he vencido[m] y me he sentado con mi Padre en su trono. [22] ¡El que tiene oídos, oiga lo que el Espíritu dice a las iglesias!"

La adoración en el cielo

4 [1] Después de esto, miré y vi una puerta abierta en el cielo; y la voz que yo había escuchado primero, y que parecía un toque de trompeta, me dijo: "Sube acá y te mostraré las cosas que tienen que suceder después de éstas."

[2] En ese momento quedé bajo el poder del Espíritu, y vi un trono puesto en el cielo, y alguien estaba sentado en el trono. [3] El que estaba sentado en el trono tenía el aspecto de una piedra de jaspe o de cornalina, y alrededor del trono había un arco iris que brillaba como una esmeralda;[n] [4] también alrededor del trono vi otros veinticuatro tronos, en los cuales estaban sentados veinticuatro ancianos: iban vestidos de blanco y llevaban una corona de oro en la cabeza. [5] Del trono salían relámpagos, voces[z] y truenos;[ñ] y delante del trono ardían siete antorchas de fuego,[o] que son los siete espíritus de Dios.[p] [6] Delante del trono había también algo que parecía un mar, transparente como el cristal.[q]

En el centro, donde estaba el trono, y a su alrededor, había cuatro seres vivientes llenos de ojos por delante y por detrás. [7] El primero de aquellos seres parecía un león, el segundo parecía un toro, el tercero tenía aspecto humano, y el cuarto parecía un águila volando.[r] [8] Cada uno de los cuatro seres vivientes tenía seis alas, y estaba cubierto de ojos por fuera y por dentro.[s] Y ni de día ni de noche dejaban de decir:

"¡Santo, santo, santo es el Señor,
Dios todopoderoso,[t]
el que era y es y ha de venir!"

[9-10] Cada vez que esos seres vivientes dan gloria y honor y gracias al que está sentado en el trono, al que vive por todos los siglos, los veinticuatro ancianos se arrodillan ante él y lo adoran y, arrojando sus coronas delante del trono, dicen:

[11] "Tú eres digno, Señor y Dios nuestro,

de recibir la gloria, el honor y el poder,
porque tú has creado todas las cosas;
por tu voluntad existen y han sido creadas."

El rollo escrito y el Cordero

5 [1] En la mano derecha del que estaba sentado en el trono vi un rollo escrito por dentro y por fuera,[u] y cerrado con siete sellos. [2] Y vi un ángel poderoso que preguntaba a gran voz: "¿Quién es digno de abrir el rollo y romper sus sellos?" [3] Pero ni en el cielo ni en la tierra ni debajo de la tierra había nadie que pudiera abrir el rollo, ni mirarlo. [4] Y yo lloraba mucho, porque no se había encontrado a nadie digno de abrir el rollo, ni de mirarlo. [5] Pero uno de los ancianos me dijo: "No llores más, pues el León de la tribu de Judá,[v] que es descendiente del rey David,[w] ha vencido[x] y puede abrir el rollo y romper sus siete sellos.

[6] Entonces, en medio del trono y de los cuatro seres vivientes, y en medio de los ancianos, vi un Cordero. Estaba de pie, aunque parecía haber sido sacrificado.[y] Tenía siete cuernos y siete ojos,[z] que son los siete espíritus de Dios enviados por toda la tierra. [7] Aquel Cordero fue y tomó el rollo de la mano derecha del que estaba sentado en el trono; [8] y en cuanto tomó el rollo, los cuatro seres vivientes y los veinticuatro ancianos se pusieron de rodillas delante del Cordero. Todos ellos tenían arpas, y llevaban copas de oro llenas de incienso, que son las oraciones de los que pertenecen al pueblo de Dios.[a] [9] Y cantaban este canto nuevo:[b]

"Tú eres digno de tomar el rollo y
de romper sus sellos,
porque fuiste sacrificado;
y derramando tu sangre compraste
para Dios
gentes de toda raza, lengua, pueblo
y nación.
[10] De ellos hiciste un reino,
hiciste sacerdotes para nuestro
Dios,[c]
y reinarán sobre la tierra."

[11] Luego miré, y oí la voz de muchos ángeles que estaban alrededor del trono, de los seres vivientes y de los ancianos. Había millones y millones de ellos,[d] [12] y decían con fuerte voz:

z *Voces:* lit. *estruendos.*
m **3.21** Jn 16.33; Ap 5.5.   n **4.2–3** Ez 1.26–28; 10.1.   ñ **4.5** Ex 19.16; Ap 8.5; 11.19; 16.18.   o **4.5** Ez 1.13.   p **4.5** Zac 4.2; Ap 1.4.   q **4.6** Ez 1.22.   r **4.6–7** Ez 1.5–10; 10.14.   s **4.8** Ez 1.18; 10.12.   t **4.8** Is 6.2–3.   u **5.1** Is 29.11; Ez 2.9–10; Zac 5.1. v **5.5** Gn 49.9.   w **5.5** Is 11.1,10.   x **5.5** Jn 16.33; Ap 3.21.   y **5.6** Is 53.7.   z **5.6** Zac 4.10.   a **5.8** Sal 141.2; Ap 8.3. b **5.9** Sal 33.3; 98.1; Is 42.10.   c **5.10** Ex 19.6; Ap 1.6; 20.6.   d **5.11** Dn 7.10.

"¡El Cordero que fue sacrificado[e]
es digno de recibir el poder y la
    riqueza,
la sabiduría y la fuerza,
el honor, la gloria y la alabanza!"

13 Y oí también que todas las cosas creadas por Dios en el cielo, en la tierra, debajo de la tierra y en el mar, decían:

"¡Al que está sentado en el trono y
    al Cordero,
sean dados la alabanza, el honor, la
    gloria y el poder
por todos los siglos!"

14 Los cuatro seres vivientes respondían:
"¡Así sea!" Y los veinticuatro ancianos se
pusieron de rodillas y adoraron.

Los siete sellos

6 1 Luego vi cómo el Cordero rompía el
primero de los siete sellos, y oí que
uno de aquellos cuatro seres vivientes decía con voz que parecía un trueno:
"¡Ven!" 2 Miré, y vi un caballo blanco,[f] y el
que lo montaba llevaba un arco en la
mano. Se le dio una corona, y salió triun-
fante y para triunfar.

3 Cuando el Cordero rompió el segundo
sello, oí que el segundo de los seres vivientes decía: "¡Ven!" 4 Y salió otro caballo.
Era de color rojo,[g] y el que lo montaba recibió poder para quitar la paz del mundo y
para hacer que los hombres se mataran
unos a otros; y se le dio una gran espada.

5 Cuando el Cordero rompió el tercer
sello, oí que el tercero de los seres vivientes decía: "¡Ven!" Miré, y vi un caballo negro,[h] y el que lo montaba tenía una ba-
lanza en la mano. 6 Y en medio de los
cuatro seres vivientes oí una voz que decía: "Solamente un kilo de trigo por el salario de un día, y tres kilos de cebada por
el salario de un día; pero no eches a perder el aceite ni el vino."

7 Cuando el Cordero rompió el cuarto
sello, oí que el cuarto de los seres vivientes decía: "¡Ven!" 8 Miré, y vi un caballo
amarillento, y el que lo montaba se llamaba Muerte. Tras él venía el que representaba al reino de la muerte, y se les dio
poder sobre la cuarta parte del mundo,
para matar con guerras, con hambres, con
enfermedades y con las fieras de la tierra.[i]

9 Cuando el Cordero rompió el quinto
sello, vi debajo del altar a los que habían
sido muertos por haber proclamado el

mensaje de Dios. 10 Decían con fuerte voz:
"Soberano santo y fiel, ¿cuándo juzgarás
a los habitantes de la tierra y vengarás
nuestra muerte?" 11 Entonces se les dieron
ropas blancas, y se les dijo que descansarán aún por un poco de tiempo, hasta que
se completara el número de sus hermanos
que, en el servicio de Cristo, tenían que
ser muertos como ellos.

12 Cuando el Cordero rompió el sexto sello, miré, y hubo un gran terremoto.[j] El sol
se volvió negro,[k] como ropa de luto; toda
la luna se volvió roja, como la sangre,[l]
13 y las estrellas cayeron del cielo a la
tierra, como caen los higos verdes de la
higuera cuando ésta es sacudida por un
fuerte viento. 14 El cielo desapareció como
un papel que se enrolla,[m] y todas las montañas y las islas fueron removidas de su
lugar.[n] 15 Y los reyes del mundo se escondieron en las cuevas y entre las rocas de
las montañas,[ñ] junto con los grandes, los
jefes militares, los ricos, los poderosos y
todos los esclavos y los hombres libres;
16 y decían a las montañas y a las rocas:
"¡Caigan sobre nosotros y escondannos[o]
de la presencia del que está sentado en el
trono, y de la ira del Cordero! 17 Porque ha
llegado ya el gran día del castigo, ¿y quién
podrá resistir?"[p]

Los señalados de las tribus de Israel

7 1 Después de esto, vi cuatro ángeles
que estaban en pie sobre los cuatro
puntos cardinales, deteniendo los cuatro
vientos[q] para que no soplaran sobre la
tierra ni sobre el mar ni sobre ningún árbol. 2 También vi otro ángel que venía del
oriente, y que tenía el sello del Dios viviente. Este ángel gritó con fuerte voz a
los otros cuatro que habían recibido poder
para hacer daño a la tierra y al mar: 3 "¡No
hagan daño a la tierra ni al mar ni a los
árboles, mientras no hayamos puesto un
sello en la frente a los siervos de nuestro
Dios!"[r]

4 Y oí el número de los que así fueron
señalados: ciento cuarenta y cuatro mil de
entre todas las tribus israelitas. 5 Fueron
señalados doce mil de la tribu de Judá,
doce mil de la tribu de Rubén, doce mil de
la tribu de Gad, 6 doce mil de la tribu de
Aser, doce mil de la tribu de Neftalí, doce
mil de la tribu de Manasés, 7 doce mil de la
tribu de Simeón, doce mil de la tribu de
Leví, doce mil de la tribu de Isacar, 8 doce
mil de la tribu de Zabulón, doce mil de la
tribu de José y doce mil de la tribu de
Benjamín.

e 5.12 Jn 1.29; 1 Co 5.7.   f 6.2 Zac 1.8; 6.3,6.   g 6.4 Zac 1.8; 6.2.   h 6.5 Zac 6.2,6.   i 6.8 Ez 14.21.   j 6.12 Ap 11.13; 16.18.
k 6.12 Is 13.10; Jl 2.10,31; 3.15; Mt 24.29; Mr 13.24–25; Lc 21.25.   l 6.12 Jl 2.31.   m 6.13–14 Is 34.4.   n 6.14 Ap 16.20.
ñ 6.15 Is 2.19,21.   o 6.16 Os 10.8; Lc 23.30.   p 6.17 Is 13.6; Ez 30.2–3; Jl 1.15; 2.11; Am 5.18–20; 8.9–14; Sof 1.14–18;
Mal 3.2.   q 7.1 Jer 49.36; Dn 7.2; Zac 6.5.   r 7.3 Ez 9.4,6.

La multitud vestida de blanco

[9] Después de esto, miré y vi una gran multitud de todas las naciones, razas, lenguas y pueblos. Estaban en pie delante del trono y delante del Cordero, y eran tantos que nadie podía contarlos. Iban vestidos de blanco y llevaban hojas de palma en las manos. [10] Todos gritaban con fuerte voz:

"¡La victoria es de nuestro Dios,
que está sentado en el trono,
y del Cordero!"

[11] Y todos los ángeles estaban en pie alrededor del trono y de los ancianos y de los cuatro seres vivientes; y se inclinaron delante del trono hasta tocar el suelo con la frente, y adoraron a Dios [12] diciendo:

"¡Así sea!
La alabanza, la gloria,
la sabiduría, la gratitud,
el honor, el poder y la fuerza
sean dados a nuestro Dios por todos
los siglos.
¡Así sea!"

[13] Entonces uno de los ancianos me preguntó: "¿Quiénes son éstos que están vestidos de blanco, y de dónde han venido?" [14] "Tú lo sabes, señor", le contesté. Y él me dijo: "Estos son los que han pasado por la gran aflicción,[s] los que han lavado sus ropas y las han blanqueado en la sangre del Cordero.[t]

[15] "Por eso están delante del trono de Dios,
y día y noche le sirven en su templo.
El que está sentado en el trono
los protegerá con su presencia.
[16] Ya no sufrirán hambre ni sed,
ni los quemará el sol,
ni el calor los molestará;[u]
[17] porque el Cordero, que está en
medio del trono,
los cuidará como a ovejas[v]
y los guiará a manantiales de aguas
de vida,[w]
y Dios secará toda lágrima de sus
ojos."[x]

El séptimo sello y el incensario de oro

8 [1] Cuando el Cordero rompió el séptimo sello del rollo, hubo silencio en el cielo durante una media hora. [2] Luego vi a los siete ángeles que estaban de pie delante de Dios, a los cuales se les dieron siete trompetas. [3] Después vino otro ángel, con un incensario de oro, y se puso de pie ante el altar;[y] y se le dio mucho incienso, para ofrecerlo sobre el altar de oro[z] que estaba delante del trono, junto con las oraciones de todos los que pertenecen al pueblo de Dios.[a] [4] El humo del incienso subió de la mano del ángel a la presencia de Dios, junto con las oraciones de los que pertenecen al pueblo de Dios. [5] Entonces el ángel tomó el incensario, lo llenó con brasas de fuego del altar, y lo lanzó sobre la tierra;[b] y hubo truenos, voces[2], relámpagos y un terremoto.[c]

Las trompetas

[6] Los siete ángeles que tenían las siete trompetas se prepararon para tocarlas.

[7] El primer ángel tocó su trompeta, y fueron lanzados sobre la tierra granizo y fuego[d] mezclados con sangre. Se quemó la tercera parte de la tierra, junto con la tercera parte de los árboles y toda la hierba verde.

[8] El segundo ángel tocó su trompeta, y fue lanzado al mar algo que parecía un gran monte ardiendo en llamas; y la tercera parte del mar se volvió sangre.[e] [9] La tercera parte de todo lo que vivía en el mar, murió, y la tercera parte de los barcos fueron destruidos.

[10] El tercer ángel tocó su trompeta, y una gran estrella, ardiendo como una antorcha, cayó del cielo[f] sobre la tercera parte de los ríos y sobre los manantiales. [11] La estrella se llamaba Amargura; y la tercera parte de las aguas se volvió amarga, y a causa de aquellas aguas amargas murió mucha gente.[g]

[12] El cuarto ángel tocó su trompeta, y fue dañada la tercera parte del sol, la tercera parte de la luna y la tercera parte de las estrellas. De modo que una tercera parte de ellos quedó oscura,[h] y no dieron su luz durante la tercera parte del día ni de la noche.

[13] Luego miré, y oí un águila que volaba en medio del cielo y decía con fuerte voz: "¡Ay, ay, ay de los habitantes de la tierra, cuando suenen las trompetas que van a tocar los otros tres ángeles!"

9 [1] El quinto ángel tocó su trompeta, y vi una estrella que había caído del cielo a la tierra; y se le dio la llave del pozo del abismo. [2] Abrió el pozo del abismo, y de él subió humo como de un gran horno;[i] y el humo del pozo hizo oscurecer el sol y el aire. [3] Del humo salieron langostas que se extendieron por la

[2] Voces: lit. estruendos.
[s] 7.14 Dn 12.1; Mt 24.21; Mr 13.19.   [t] 7.14 Jn 1.29; 1 Jn 1.7.   [u] 7.16 Sal 121.6; Is 49.10.   [v] 7.17 Sal 23.1; Ez 34.23; Jn 10.1–16.   [w] 7.17 Sal 23.2; Is 49.10; Jn 4.10; 7.37.   [x] 7.17 Is 25.8; Ap 21.4.   [y] 8.3 Am 9.1.   [z] 8.3 Ex 30.1,3.
[a] 8.3 Sal 141.2; Ap 5.8.   [b] 8.5 Lv 16.12; Ez 10.2.   [c] 8.5 Ex 19.16; Ap 11.19; 16.18.   [d] 8.7 Ex 9.23–25; Ez 38.22.
[e] 8.8 Ex 7.17–21.   [f] 8.10 Is 14.12.   [g] 8.11 Jer 9.15; 23.15.   [h] 8.12 Ex 10.21–23; Is 13.10; Ez 32.7; Jl 2.10,31; 3.15.
[i] 9.2 Gn 19.28.

tierra;^j y se les dio poder como el que tienen los alacranes. ⁴ Se les mandó que no hicieran daño a la hierba de la tierra ni a ninguna cosa verde ni a ningún árbol, sino solamente a quienes no llevaran el sello de Dios en la frente.^k ⁵ Pero no se les permitió matar a la gente, sino tan sólo causarle dolor durante cinco meses; y el dolor que causaban era como el de una picadura de alacrán.

⁶ En aquellos días la gente buscará la muerte, y no la encontrará; desearán morirse, y la muerte se alejará de ellos.^l

⁷ Las langostas parecían caballos preparados para la guerra;^m en la cabeza llevaban algo semejante a una corona de oro, y su cara tenía apariencia humana. ⁸ Tenían cabello como de mujer, y sus dientes parecían de león.ⁿ ⁹ Sus cuerpos estaban protegidos con una especie de armadura de hierro, y el ruido de sus alas era como el de muchos carros tirados por caballos cuando entran en combate.^ñ ¹⁰ Sus colas, armadas de aguijones, parecían de alacrán, y en ellas tenían poder para hacer daño a la gente durante cinco meses. ¹¹ El jefe de las langostas, que es el ángel del abismo, se llama en hebreo Abadón y en griego Apolión.³

¹² Pasó el primer desastre; pero todavía faltan dos.

¹³ El sexto ángel tocó su trompeta, y oí una voz que salía de entre los cuatro cuernos del altar de oro^o que estaba delante de Dios. ¹⁴ Y la voz le dijo al sexto ángel, que tenía la trompeta: "Suelta los cuatro ángeles que están atados junto al gran río Éufrates." ¹⁵ Entonces fueron soltados los cuatro ángeles, para que mataran a la tercera parte de la gente, pues habían sido preparados precisamente para esa hora, día, mes y año. ¹⁶ Y alcancé a oír el número de los soldados de a caballo: eran doscientos millones.

¹⁷ Así es como vi los caballos en la visión, y quienes los montaban se cubrían el pecho con una armadura que parecía de fuego, pues era azul como el jacinto y amarilla como el azufre. Y los caballos tenían cabeza como de león, y de su boca salía fuego, humo y azufre. ¹⁸ La tercera parte de la gente fue muerta por estas tres calamidades que salían de la boca de los caballos: fuego, humo y azufre. ¹⁹ Porque el poder de los caballos estaba en su boca y en su cola; pues sus colas parecían serpientes, y dañaban con sus cabezas.

²⁰ Pero el resto de la gente, los que no murieron por estas calamidades, tampoco ahora dejaron de hacer el mal que hacían, ni dejaron de adorar a los demonios y a los ídolos de oro, plata, bronce, piedra y madera, los cuales no pueden ver ni oír ni caminar.^p ²¹ Y tampoco dejaron de matar, ni de hacer brujerías, ni de cometer inmoralidades sexuales, ni de robar.^q

El ángel con el rollito escrito

10 ¹ Vi otro ángel poderoso, que bajaba del cielo envuelto en una nube; tenía un arco iris sobre la cabeza, su cara brillaba como el sol y sus piernas parecían columnas de fuego. ² Llevaba en la mano un rollito abierto, y puso el pie derecho sobre el mar y el izquierdo sobre la tierra. ³ Y gritó con fuerte voz, como un león que ruge; y cuando gritó, siete truenos dejaron oír sus propias voces. ⁴ Después que los siete truenos hablaron, iba yo a escribir; pero oí una voz del cielo, que me decía: "Guarda en secreto lo que dijeron los siete truenos, y no lo escribas."

⁵ Entonces el ángel que vi en pie sobre el mar y sobre la tierra, levantó al cielo su mano derecha ⁶ y juró por el que vive para siempre, el que hizo el cielo, la tierra, y el mar y todas las cosas que hay en ellos. Dijo: "Ya no habrá más tiempo; ⁷ pues cuando llegue el momento en que el séptimo ángel comience a tocar su trompeta, ya se habrá cumplido el plan secreto de Dios, como él anunció a sus propios siervos los profetas."^r

⁸ La voz que yo había oído, y que salía del cielo, volvió a hablarme, y me dijo: "Anda y toma el rollito abierto que tiene en la mano el ángel que está de pie sobre el mar y sobre la tierra." ⁹ Fui al ángel y le pedí que me diera el rollito, y me contestó: "Toma y cómetelo. En tu boca será dulce como la miel, pero en tu estómago se volverá amargo."

¹⁰ Tomé el rollito de la mano del ángel, y me lo comí; y en mi boca era dulce como la miel, pero cuando me lo hube comido se volvió amargo en mi estómago.^s ¹¹ Entonces me dijeron: "Tienes que anunciar otra vez lo que Dios dice acerca de muchos pueblos, naciones, lenguas y reyes."

Los dos testigos

11 ¹ Me dieron una vara de medir, parecida a una caña, y me dijeron: "Levántate y toma las medidas del templo de Dios^t y del altar, y cuenta los que adoran allí. ² Pero no midas el atrio exterior del templo, porque ha sido entregado a los paganos, los cuales van a pisotear la ciudad santa durante cuarenta y dos meses.^u ³ Y yo enviaré dos testigos, vestidos con

---

³ El nombre hebreo *Abadón*, que en griego se traduce por *Apolión*, significa *Destructor*.
^j **9.3** Ex 10.12-15. ^k **9.4** Ez 9.4. ^l **9.6** Job 3.21; Jer 8.3. ^m **9.7** Jl 2.4. ⁿ **9.8** Jl 1.6. ^ñ **9.9** Jl 2.5. ^o **9.13** Ex 30.1-3.
^p **9.20** Sal 115.4-7; 135.15-17; Dn 5.23. ^q **9.20-21** Ex 8.15,19. ^r **10.5-7** Ex 20.11; Dt 32.40; Dn 12.7; Am 3.7.
^s **10.8-10** Ez 2.8—3.3. ^t **11.1** Ez 40.3; Zac 2.1-2. ^u **11.2** Dn 7.25; 12.7; Lc 21.24.

ropas ásperas, a hablar de mi parte durante mil doscientos sesenta días."

⁴ Estos dos testigos son los dos olivos y los dos candelabros que están delante del Señor de la tierra.ᵛ ⁵ Si alguien intenta hacerles daño, ellos echan fuego por la boca, que quema por completo a sus enemigos; así morirá cualquiera que quiera hacerles daño. ⁶ Estos testigos tienen poder para cerrar el cielo, para que no llueva durante el tiempo en que estén hablando de parte de Dios,ʷ y también tienen poder para cambiar el agua en sangreˣ y para hacer sufrir a la tierra con toda clase de calamidades,ʸ tantas veces como ellos quieran.

⁷ Pero cuando hayan terminado de dar su testimonio, el monstruo que sube del abismoᶻ los atacará, los vencerá y los matará.ᵃ ⁸ Sus cadáveres quedarán tendidos en las calles de la gran ciudad donde fue crucificado su Señor, la cual en lenguaje figurado se llama Sodoma,ᵇ y también Egipto. ⁹ Y por tres días y medio, gente de distintos pueblos, razas, lenguas y naciones verá sus cadáveres y no dejará que los entierren. ¹⁰ Los que viven en la tierra se alegrarán de su muerte. Estarán tan contentos que se harán regalos unos a otros, porque aquellos dos profetas eran un tormento para ellos.

¹¹ Pero al cabo de los tres días y medio, Dios los revivió y se levantaron otra vez,ᶜ y todos los que los vieron se llenaron de miedo. ¹² Entonces los dos testigos oyeron una fuerte voz del cielo, que les decía: "¡Suban acá!" Y subieron al cielo en una nube,ᵈ y sus enemigos los vieron. ¹³ En aquel mismo momento hubo un gran terremoto,ᵉ y a causa del terremoto se derrumbó la décima parte de la ciudad, y siete mil personas murieron. Los que aún quedaron con vida, llenos de miedo alabaron a Dios, que está en el cielo.

¹⁴ Pasó el segundo desastre, pero pronto viene el tercero.

La séptima trompeta

¹⁵ El séptimo ángel tocó su trompeta, y se oyeron fuertes voces en el cielo, que decían:

"El reino del mundo
ha llegado a ser de nuestro Señor y
de su Mesías,
y reinarán por todos los siglos."ᶠ

¹⁶ Los veinticuatro ancianos que estaban sentados en sus tronos delante de Dios, se inclinaron hasta el suelo y adoraron a Dios, ¹⁷ diciendo:

"Te damos gracias, Señor, Dios
todopoderoso,
tú que eres y que eras,
porque has tomado tu gran poder
y has comenzado a reinar.
¹⁸ Las naciones se han enfurecido;
pero ha llegado el día de tu ira,ᵍ
el momento en que has de juzgar a
los muertos;
y darás la recompensa a tus siervos
los profetas,
a los que pertenecen a tu pueblo
y a los que honran tu nombre,
sean grandes o pequeños;ʰ
y destruirás a los que destruyen la
tierra."

¹⁹ Entonces se abrió el templo de Dios que está en el cielo, y en el templo se veía el cofre de su pacto. Y hubo relámpagos, voces,ᶠ truenos, un terremoto y una gran granizada.ⁱ

La mujer y el dragón

12 ¹ Apareció en el cielo una gran señal: una mujer envuelta en el sol como en un vestido, con la luna bajo sus pies y una corona de doce estrellas en la cabeza. ² La mujer estaba encinta, y gritaba por los dolores del parto, por el sufrimiento de dar a luz. ³ Luego apareció en el cielo otra señal: un gran dragón rojo que tenía siete cabezas, diez cuernosʲ y una corona en cada cabeza. ⁴ Con la cola arrastró la tercera parte de las estrellas del cielo, y las lanzó sobre la tierra.ᵏ El dragón se detuvo delante de la mujer que iba a dar a luz, para devorar a su hijo tan pronto como naciera. ⁵ Y la mujer dio a luz un hijo varón,ˡ el cual ha de gobernar a todas las naciones con cetro de hierro.ᵐ Pero su hijo le fue quitado y llevado ante Dios y ante su trono; ⁶ y la mujer huyó al desierto, donde Dios le había preparado un lugar para que allí le dieran de comer durante mil doscientos sesenta días.

⁷ Después hubo una batalla en el cielo: Miguelⁿ y sus ángeles lucharon contra el dragón. El dragón y sus ángeles pelearon, ⁸ pero no pudieron vencer, y ya no hubo lugar para ellos en el cielo. ⁹ Así que fue expulsado el gran dragón, aquella serpiente antiguaⁿ que se llama Diablo y Satanás, y que engaña a todo el mundo. El y sus ángeles fueron lanzados a la tierra.ᵒ

ᶠ Voces: lit. estruendos.
ᵛ 11.4 Zac 4.3,11-14. ʷ 11.6 1 R 17.1. ˣ 11.6 Ex 7.17-19. ʸ 11.6 1 S 4.8. ᶻ 11.7 Dn 7.7.; Ap 13.5-7; 17.8.
ᵃ 11.7 Dn 7.21. ᵇ 11.8 Is 1.9-10. ᶜ 11.11 Ez 37.5,10. ᵈ 11.12 2 R 2.11. ᵉ 11.13 Ap 6.12; 16.18. ᶠ 11.15 Ex 15.18;
Dn 2.44; 7.14,27. ᵍ 11.18 Sal 2.5; 110.5. ʰ 11.18 Sal 115.13. ⁱ 11.19 Ap 8.5; 16.18-21. ʲ 12.3 Dn 7.7. ᵏ 12.4 Dn 8.10.
ˡ 12.5 Is 66.7. ᵐ 12.5 Sal 2.9. ⁿ 12.7 Dn 10.13,21; 12.1; Jud 9. ⁿ 12.9 Gn 3.1. ᵒ 12.9 Lc 10.18.

10 Entonces oí una fuerte voz en el cielo,
que decía:

"Ya llegó la salvación,
el poder y el reino de nuestro Dios,
y la autoridad de su Mesías;
porque ha sido expulsado
el acusador de nuestros hermanos,[p]
el que día y noche los acusaba
delante de nuestro Dios.
11 Nuestros hermanos lo han vencido
con la sangre derramada del
Cordero
y con el mensaje que ellos
proclamaron;
no tuvieron miedo de perder la vida,
sino que estuvieron dispuestos a
morir.
12 ¡Alégrense, pues, cielos,
y ustedes que viven en ellos!
¡Pero ay de los que viven en la
tierra y en el mar,
porque el diablo, sabiendo que le
queda poco tiempo,
ha bajado contra ustedes lleno de
furor!"

13 Cuando el dragón se vio lanzado a la
tierra, persiguió a la mujer que había
tenido el hijo. 14 Pero a la mujer se le dieron dos grandes alas de águila, para que
pudiera volar a su lugar en el desierto, lejos de la serpiente, donde tenían que darle
de comer durante tres años y medio.[q]
15 La serpiente arrojó agua por la boca,
para formar un río que arrastrara a la mujer; 16 pero la tierra ayudó a la mujer, pues
abrió la boca y se tragó el río que el
dragón había arrojado por su boca. 17 Con
eso, el dragón se puso furioso contra la
mujer, y fue a pelear contra el resto de los
descendientes de ella, contra los que obedecen los mandamientos de Dios y siguen
fieles al testimonio de Jesús. 18 Y el dragón
se plantó[5] a la orilla del mar.[6]

Los dos monstruos

13 1 Vi subir del mar un monstruo[r] que
tenía siete cabezas y diez cuernos.
En cada cuerno tenía una corona, y en las
cabezas tenía nombres ofensivos contra
Dios.[s] 2 Este monstruo que yo vi, parecía
un leopardo; y tenía patas como de oso, y
boca como de león.[t] El dragón le dio su
poder y su trono, y mucha autoridad.
3 Una de las cabezas del monstruo parecía
tener una herida mortal; pero la herida
fue curada, y el mundo entero se llenó de
asombro y siguió al monstruo. 4 Adoraron
al dragón porque había dado autoridad al
monstruo, y adoraron también al monstruo, diciendo: "¿Quién hay como este
monstruo, y quién podrá luchar contra
él?"
5 También se le permitió al monstruo
decir cosas arrogantes y ofensivas contra
Dios, y tener autoridad durante cuarenta
y dos meses. 6 Y así lo hizo; habló contra
Dios,[u] y dijo cosas ofensivas contra él y su
santuario y contra los que están en el
cielo. 7 También se le permitió hacer guerra contra los que pertenecen al pueblo de
Dios, hasta vencerlos;[v] y se le dio autoridad sobre toda raza, pueblo, lengua y nación. 8 A ese monstruo lo adorarán todos
los habitantes de la tierra cuyos nombres
no están escritos, desde la creación del
mundo, en el libro de la vida[w] del Cordero
que fue sacrificado.

9 Si alguno tiene oídos, oiga:
10 "A los que deban ir presos,
se los llevarán presos;[7, x]
y a los que deban morir a filo de
espada,[8]
a filo de espada los matarán."

Aquí se verá la fortaleza y la fe del pueblo
de Dios.
11 Después vi otro monstruo, que subía
de la tierra. Tenía dos cuernos que parecían de cordero, pero hablaba como un
dragón. 12 Y tenía toda la autoridad del
primer monstruo, en su presencia, y hacía
que la tierra y los que viven en ella adora-
ran al primer monstruo, el que había sido
curado de su herida mortal. 13 También
hacía grandes señales milagrosas. Hasta
hacía caer fuego del cielo a la tierra, a la
vista de la gente. 14 Y por medio de esas
señales que se le permitía hacer en presencia del primer monstruo, engañó a los
habitantes de la tierra[y] y les mandó que
hicieran una imagen de aquel monstruo
que seguía vivo a pesar de haber sido herido a filo de espada. 15 Y al segundo
monstruo se le dio el poder de dar vida a
la imagen del primer monstruo, para que
aquella imagen hablara e hiciera matar a
todos los que no la adorasen. 16 Además,
hizo que a todos, pequeños y grandes, ricos y pobres, libres y esclavos, les pusie-
ran una marca en la mano derecha o en la
frente. 17 Y nadie podía comprar ni vender,
si no tenía la marca o el nombre del monstruo, o el número de su nombre.
18 Aquí se verá la sabiduría; el que entienda, calcule el número del monstruo,

[5] *Y el dragón se plantó:* algunos mss. dicen: *y yo estaba de pie.* [6] Algunas versiones tradicionales incluyen v. 18 como parte de 13.1. [7] *A los que deban ir presos:* algunos mss. dicen: *A los que llevan presos.* [8] *Y a los que deban morir a filo de espada:* algunos mss. dicen: *y a los que a filo de espada matan.*

[p] **12.10** Job 1.6–12; Zac 3.1. [q] **12.14** Dn 7.25; 12.7. [r] **13.1** Dn 7.3. [s] **13.1** Ap 17.3,7–12. [t] **13.2** Dn 7.4–6. [u] **13.5–6** Dn 7.8,25; 11.36. [v] **13.7** Dn 7.21. [w] **13.8** Sal 69.28; Ap 3.5. [x] **13.10** Jer 15.2; 43.11. [y] **13.14** Mt 24.24; 2 Ts 2.9–10.

que es un número de hombre. Ese número es el seiscientos sesenta y seis.[9]

El canto de los 144,000

14 [1] Vi al Cordero, que estaba de pie sobre el monte Sión. Con él había ciento cuarenta y cuatro mil personas que tenían escritos en la frente el nombre del Cordero y de su Padre.[z] [2] Luego oí un sonido que venía del cielo; era como el sonido de una cascada, como el retumbar de un fuerte trueno; era un sonido como el de muchos arpistas tocando sus arpas. [3] Y cantaban un canto nuevo delante del trono y delante de los cuatro seres vivientes y de los ancianos. Ninguno podía aprender aquel canto, sino solamente los ciento cuarenta y cuatro mil que fueron salvados de entre los de la tierra. [4] Estos son los que no se contaminaron con mujeres, pues no tuvieron relaciones con ellas; son los que siguen al Cordero por dondequiera que va. Fueron salvados de entre los hombres como primera ofrenda[a] para Dios y para el Cordero. [5] No se encontró ninguna mentira en sus labios,[b] pues son intachables.

Los mensajes de los tres ángeles

[6] Vi otro ángel, que volaba en medio del cielo y que llevaba un mensaje eterno para anunciarlo a los que viven en la tierra, a todas las naciones, razas, lenguas y pueblos. [7] Decía con fuerte voz: "Teman a Dios y denle alabanza, pues ya llegó la hora en que él ha de juzgar. Adoren al que hizo el cielo y la tierra, el mar y los manantiales."

[8] Lo siguió un segundo ángel, que decía: "¡Ya cayó, ya cayó la gran Babilonia,[c] la que emborrachó a todas las naciones con el vino de su pasión inmoral!"

[9] Luego los siguió otro ángel, el tercero, que decía con fuerte voz: "Si alguno adora al monstruo y a su imagen, y se deja poner su marca en la frente o en la mano, [10] tendrá que beber el vino del terrible castigo que viene de Dios, que se ha preparado puro en la copa de su ira;[d] y será atormentado con fuego y azufre[e] delante de los santos ángeles y del Cordero. [11] El humo de su tormento sube por todos los siglos,[f] y no hay descanso de día ni de noche para los que adoran al monstruo y a su imagen y reciben la marca de su nombre."

[12] ¡Aquí se verá la fortaleza del pueblo de Dios, de aquellos que cumplen sus mandamientos y son fieles a Jesús!

[13] Entonces oí una voz del cielo, que me decía: "Escribe esto: 'Dichosos de aquí en adelante los que mueren unidos al Señor.' "

"Sí—dice el Espíritu—, ellos descansarán de sus trabajos, pues sus obras los acompañan."

La cosecha de la tierra

[14] Miré, y vi una nube blanca, y sobre la nube estaba sentado uno que tenía apariencia humana.[g] Llevaba una corona de oro en la cabeza y una hoz afilada en la mano. [15] Y salió del templo otro ángel, gritando con fuerte voz al que estaba sentado en la nube: "¡Mete tu hoz y recoge la cosecha; porque ya llegó la hora, y la cosecha de la tierra está madura!"[h] [16] El que estaba sentado en la nube pasó entonces su hoz sobre la tierra, y recogió la cosecha de la tierra.

[17] Luego otro ángel salió del templo que está en el cielo, llevando el también una hoz afilada. [18] Y del altar salió otro ángel, que tenía autoridad sobre el fuego y que llamó con fuerte voz al que llevaba la hoz afilada, diciendo: "¡Mete tu hoz afilada, y corta con ella los racimos de los viñedos que hay en la tierra, porque ya sus uvas están maduras!" [19] El ángel pasó su hoz sobre la tierra y cortó las uvas de los viñedos de la tierra, y luego las echó en un gran depósito para que fueran exprimidas. Esto significa el terrible castigo que viene de Dios. [20] Las uvas fueron exprimidas fuera de la ciudad,[i] y del depósito salió sangre, que llegó a la altura de los frenos de los caballos en una extensión de trescientos kilómetros.

Los ángeles con las siete últimas calamidades

15 [1] Vi en el cielo otra señal grande y asombrosa: siete ángeles con las siete últimas calamidades, con las cuales llegaba a su fin la ira de Dios.

[2] Vi también lo que parecía ser un mar de cristal mezclado con fuego; junto a ese mar de cristal estaban de pie, con arpas que Dios les había dado, los que habían alcanzado la victoria sobre el monstruo y su imagen, y sobre el número de su nombre. [3] Y cantaban el canto de Moisés,[j] siervo de Dios, y el canto del Cordero. Decían:

"Grande y maravilloso es todo lo
    que has hecho,
Señor, Dios todopoderoso;

[9] *Seiscientos sesenta y seis:* algunos mss. dicen: *seiscientos dieciséis.*
[z] **14.1** Ez 9.4; Ap 7.3.   [a] **14.4** Ex 23.19; Stg 1.18.   [b] **14.5** Sof 3.13.   [c] **14.8** Is 21.9; Jer 51.8; Ap 18.2.   [d] **14.10** Is 51.17; Jer 25.15; Ap 16.19.   [e] **14.10** Gn 19.24; Sal 11.6; Ez 38.22.   [f] **14.11** Is 34.10.   [g] **14.14** Dn 7.13.   [h] **14.15** Jl 3.13.
[i] **14.20** Is 63.3; Lm 1.15; Jl 3.13; Ap 19.15.   [j] **15.3** Ex 15.1-18.

rectos y verdaderos son tus
caminos,
oh Rey de las naciones.
[4] ¿Quién no te temerá, oh Señor?
¿Quién no te alabará?[k]
Pues solamente tú eres santo;
todas las naciones vendrán y te
adorarán,[l]
porque tus juicios han sido
manifestados."

[5] Después de esto, miré y vi abrirse en
el cielo el santuario, la tienda del pacto.[10, m]
[6] Del santuario salieron aquellos siete ángeles que llevaban las siete calamidades.
Iban vestidos de lino limpio y brillante, y
llevaban cinturones de oro a la altura del
pecho. [7] Uno de los cuatro seres vivientes
dio a cada uno de los siete ángeles una
copa de oro llena del terrible castigo que
viene de Dios, el cual vive por todos los
siglos. [8] Y el santuario se llenó del humo[n]
procedente de la grandeza y del poder de
Dios, y nadie podía entrar en él hasta que
no se hubieran terminado las siete calamidades que llevaban los siete ángeles.

Las copas del castigo

16 [1] Oí una fuerte voz, que salía del
santuario y que decía a los siete ángeles: "Vayan y vacíen sobre la tierra esas
siete copas del terrible castigo que viene
de Dios."

[2] El primer ángel fue y vació su copa
sobre la tierra; y a toda la gente que tenía
la marca del monstruo y adoraba su imagen, le salió una llaga maligna y dolorosa.[ñ]

[3] El segundo ángel vació su copa sobre
el mar, y el agua del mar se volvió sangre,
como la de un hombre asesinado, y murió
todo lo que en el mar tenía vida.

[4] El tercer ángel vació su copa sobre los
ríos y manantiales, y se volvieron sangre.[o]
[5] Luego oí que el ángel de las aguas decía:

"Tú eres justo por haber juzgado
así,
oh Dios santo, que eres y que eras,
[6] porque ellos derramaron la sangre
de los que pertenecen a tu pueblo,
y de los profetas,
y ahora tú les has dado a beber
sangre.
¡Se lo han merecido!"

[7] Oí también que el altar decía: "Sí, oh
Señor, Dios todopoderoso, tú has juzgado
con verdad y rectitud."

[8] El cuarto ángel vació su copa sobre el
sol, y se le dio al sol poder para quemar
con fuego a la gente. [9] Y todos quedaron
terriblemente quemados; pero no se volvieron a Dios ni lo alabaron, sino que dijeron cosas ofensivas contra él, que tiene
poder sobre estas calamidades.

[10] El quinto ángel vació su copa sobre el
trono del monstruo, y su reino quedó en
oscuridad.[p] La gente se mordía la lengua
de dolor; [11] pero ni aun así dejaron de hacer el mal, sino que a causa de sus dolores
y sus llagas dijeron cosas ofensivas contra
el Dios del cielo.

[12] El sexto ángel vació su copa sobre el
gran río Éufrates, y el agua del río se
secó[q] para dar paso a los reyes que venían
de oriente.

[13] Vi que de la boca del dragón, de la
boca del monstruo y de la boca del falso
profeta, salían tres espíritus impuros en
forma de ranas. [14] Eran espíritus de demonios, que hacían señales milagrosas y salían a reunir a todos los reyes del mundo
para la batalla del gran día del Dios todopoderoso.

[15] "Miren, yo vengo inesperadamente,
como un ladrón.[r] Dichoso el que se mantiene despierto y conserva su ropa, para
que no ande desnudo y se vea la vergüenza de su desnudez."

[16] Y reunieron a los reyes en el lugar
que en hebreo se llama Armagedón.[s]

[17] El séptimo ángel vació su copa en el
aire, y desde el santuario del cielo salió
una fuerte voz que venía del trono y decía: "¡Ya está hecho!" [18] Entonces hubo relámpagos, voces[11] y truenos, y la tierra
tembló a causa de un terremoto[t] más vio-
lento que todos los terremotos que ha habido desde que hay gente en el mundo.
[19] La gran ciudad se partió en tres, y las
ciudades del mundo se derrumbaron; y
Dios se acordó de la gran ciudad de Babilonia, para hacerle beber el vino del castigo que él le mandó en su enojo.[u] [20] Todas las islas y los montes desaparecieron,[v]
[21] y el cielo cayeron sobre la gente enor-
mes granizos,[w] que pesaban más de cuarenta kilos, y los hombres dijeron cosas
ofensivas contra Dios por la calamidad del
granizo, porque fue un castigo muy
grande.

Condenación de la gran prostituta

17 [1] Uno de los siete ángeles que tenían las siete copas, vino y me dijo:
"Ven, te voy a mostrar el castigo de la
gran prostituta que está sentada sobre las

[10] *Tienda del pacto:* lit. *Tienda del testimonio.* [11] *Voces:* lit. *estruendos.*
k 15.4 Jer 10.7. **l 15.4** Sal 86.9. **m 15.5** Ex 38.21. **n 15.8** Ex 40.34; 1 R 8.10-11; 2 Cr 5.13-14; Is 6.4. **ñ 16.2** Ex 9.10;
Dt 28.35. **o 16.4** Ex 7.17-21; Sal 78.44. **p 16.10** Ex 10.21. **q 16.12** Is 11.15. **r 16.15** Mt 24.43-44; Lc 12.39-40; Ap 3.3.
s 16.16 Jue 5.19; 2 R 9.27; 23.29; 2 Cr 35.22; Zac 12.11. **t 16.18** Ap 8.5; 11.13,19. **u 16.19** Is 51.17; Jer 25.15; Ap 14.10.
v 16.20 Ap 6.14. **w 16.21** Ex 9.23; Ap 11.19.

aguas.ˣ ² Los reyes del mundo han cometido inmoralidades sexuales con ella, y los habitantes de la tierra se han emborrachado con el vino de sus inmoralidades."ʸ

³ Luego, en la visión que me hizo ver el Espíritu, el ángel me llevó al desierto. Allí vi una mujer montada en un monstruo rojo, el cual estaba cubierto de nombres ofensivos para Dios y tenía siete cabezas y diez cuernos.ᶻ ⁴ Aquella mujer iba vestida con ropa de colores púrpura y rojo, y estaba adornada con oro, piedras preciosas y perlas. Tenía en la mano una copa de oroᵃ llena de cosas odiosas y de la impureza de sus inmoralidades sexuales; ⁵ y llevaba escrito en la   frente un nombre misterioso: "La gran Babilonia, madre de las prostitutas y de todo lo que hay de odioso en el mundo." ⁶ Luego me di cuenta de que la mujer estaba borracha de la sangre de los que pertenecen al pueblo de Dios y de los que habían sido muertos por ser testigos de Jesús.

Al verlo, me quedé muy asombrado. ⁷ Entonces el ángel me dijo: "¿Por qué te asombras? Te voy a decir el significado secreto de esa mujer y del monstruo que la lleva, el que tiene las siete cabezas y los diez cuernos. ⁸ El monstruo que has visto es uno que antes vivía, pero ya no existe; sin embargo, va a subir del abismoᵇ antes de ir a su destrucción total. Los habitantes de la tierra cuyos nombres no están escritos en el libro de la vidaᶜ desde la creación del mundo, se asombrarán cuando vean ese monstruo que antes vivía y ya no existe, pero que volverá a venir.

⁹ "Aquí se verá quién tiene sabiduría y entendimiento: Las siete cabezas representan siete montes sobre los que esa mujer está sentada; las cabezas, a su vez, representan siete reyes. ¹⁰ Cinco de estos reyes ya cayeron, uno de ellos gobierna ahora y el otro no ha venido todavía. Pero cuando venga el último de ellos, no durará mucho tiempo. ¹¹ El monstruo que antes vivía y que ya no existe, es el octavo rey; aunque es también uno de los otros siete, y se encamina a su destrucción total.

¹² "Los diez cuernos que has visto son diez reyesᵈ que todavía no han comenzado a gobernar; pero por una hora recibirán, junto con el monstruo, autoridad como de reyes. ¹³ Estos diez reyes están de acuerdo, y darán su poder y autoridad al monstruo. ¹⁴ Pelearán contra el Cordero; pero el Cordero los vencerá, teniendo con él a los que Dios ha llamado y escogido y son fieles, porque el Cordero es Señor de señores y Rey de reyes."ᵉ

¹⁵ El ángel me dijo también: "Las aguas que viste, sobre las cuales está sentada la prostituta, son pueblos, gentes, lenguas y naciones. ¹⁶ Y los diez cuernos que viste en el monstruo, odiarán a la prostituta, y la dejarán abandonada y desnuda; comerán la carne de su cuerpo, y la quemarán con fuego. ¹⁷ Dios les ha puesto en el corazón el deseo de hacer lo que él quiere que hagan: se pondrán de acuerdo para entregar su autoridad de reyes al monstruo, hasta que se cumpla lo que Dios ha dicho. ¹⁸ La mujer que viste es aquella gran ciudad que domina a los reyes del mundo."

La caída de Babilonia

18 ¹ Después de esto, vi otro ángel que bajaba del cielo; tenía mucha autoridad, y la tierra quedó iluminada con su resplandor. ² Con fuerte voz gritaba:

"¡Ya cayó, ya cayó la gran
    Babilonia!ᶠ
¡Se ha vuelto vivienda de demonios,
guarida de toda clase de espíritus
    impuros,
nido de fieras impuras y odiosas!ᵍ
³ Pues todas las naciones se
    emborracharon
con el vino de su pasión inmoral;ʰ
los reyes del mundo
cometieron con ella inmoralidades
    sexuales,
y los comerciantes del mundo
se hicieron ricos con su exagerado
    derroche."

⁴ Oí otra voz del cielo, que decía:
"Salgan de esa ciudad, ustedes que
    son mi pueblo,ⁱ
para que no participen en sus
    pecados
ni les alcancen sus calamidades;
⁵ pues sus pecados se han
    amontonado hasta el cielo,ʲ
y Dios ha tenido presentes sus
    maldades.
⁶ Denle lo mismo que ella ha dado a
    otros;ᵏ
páguenle el doble de lo que ha
    hecho;
mézclenle una bebida dos veces más
    fuerte
que la que ella mezcló para otros;
⁷ denle tormento y sufrimiento
en la medida en que se entregó al
    orgullo y al derroche.
Pues dice en su corazón:
'Aquí estoy sentada como una reina.
No soy viuda, ni sufriré.'

ˣ 17.1 Jer 51.13. ʸ 17.2 Is 23.17; Jer 51.7. ᶻ 17.3 Ap 13.1. ᵃ 17.4 Jer 51.7. ᵇ 17.8 Dn 7.7; Ap 11.7. ᶜ 17.8 Sal 69.28; Ap 3.5; 13.8. ᵈ 17.12 Dn 7.24. ᵉ 17.14 Dt 10.17; Ap 19.16. ᶠ 18.2 Is 21.9; Jer 51.8; Ap 14.8. ᵍ 18.2 Is 13.21; Jer 50.39. ʰ 18.3 Is 23.17; Jer 51.7. ⁱ 18.4 Is 48.20; Jer 50.8; 51.6,45. ʲ 18.5 Gn 18.20–21; Jer 51.9. ᵏ 18.6 Sal 28.4; 137.8; Jer 50.29.

8 Por eso, en un solo día le vendrán
sus calamidades:[l]
muerte, aflicción y hambre,
y será quemada en el fuego;
porque poderoso es Dios, el Señor,
que la ha condenado."

9 Los reyes del mundo que cometieron
con ella inmoralidades sexuales y se entregaron al derroche, llorarán y harán lamentación por ella cuando vean el humo de su
incendio. 10 Se quedarán lejos por miedo a
su castigo, y dirán:

"¡Ay, ay de ti, la gran ciudad,
Babilonia, la ciudad poderosa!
Porque en un instante llegó tu
castigo."[m]

11 Los comerciantes del mundo también
llorarán y harán lamentación por esa ciudad, porque ya no habrá quien les compre
sus cargamentos:[n] 12 cargamentos de oro,
plata, piedras preciosas, perlas, telas de
lino fino y de seda, de color púrpura y
rojo; toda clase de maderas aromáticas;
objetos de marfil, de maderas preciosas,
de bronce, de hierro y de mármol; 13 cargamentos de canela y especias aromáticas;
incienso, mirra y perfumes; vino, aceite,
harina fina y trigo; animales de carga,
ovejas, caballos, carros y hasta esclavos,
que son vidas humanas.[ñ] 14 Y dirán a la
ciudad:

"¡Ya no tienes las ricas frutas
que tanto te gustaban;
para siempre has perdido
todos tus lujos y riquezas!"

15 Los que negociaban con esas cosas y
se hicieron ricos a costa de la ciudad, se
quedarán lejos por miedo a su castigo, llorando y lamentándose,[o] 16 y dirán:

"¡Ay, ay de la gran ciudad!
Parecía una mujer vestida de lino
fino,
vestida con ropas de color púrpura y
rojo,
adornada con oro, perlas y piedras
preciosas.
17 ¡Y en un instante se ha acabado
tanta riqueza!"

Todos los capitanes de barco y los que
navegan por la costa, los marineros y todos los que se ganan la vida en el mar, se
quedaron lejos[p] 18 y, al ver el humo del
incendio de la ciudad, gritaron: "¿Qué otra
ciudad podía compararse a esta gran ciudad?"[q] 19 Y se echaron polvo en la cabeza, llorando y lamentándose, y gritaron:

"¡Ay, ay de la gran ciudad!
Con su riqueza se hicieron ricos
todos los que tenían barcos en el
mar.
¡Y en un instante ha quedado
destruida!"[r]

20 Tú, oh cielo, alégrate
por causa de esa ciudad;[s]
y alégrense ustedes,
los que pertenecen al pueblo de
Dios,
y los apóstoles y los profetas,
porque Dios, al condenarla,
les ha hecho justicia a ustedes.

21 Entonces un ángel poderoso levantó
una piedra, que era como una gran piedra
de molino, y lanzándola al mar dijo:

"Así serás tú echada abajo,
Babilonia, la gran ciudad,[t]
y nunca más te volverán a ver.[u]
22 Nunca más se oirá en tus calles
música de arpas, flautas y
trompetas,[v]
ni habrá en ti trabajadores de
ningún oficio,
ni se oirá en ti el ruido de la piedra
del molino.
23 Nunca más brillará en ti la luz de
una lámpara,
ni se oirá en ti el bullicio de las
fiestas de bodas,[w]
aunque tus comerciantes eran los
poderosos del mundo
y engañaste a todas las naciones
con tus brujerías."

24 Pues en esa ciudad se ha encontrado
la sangre de los profetas y de los que pertenecen al pueblo de Dios, y de todos los
que han sido asesinados en el mundo.[x]

19 1 Después de esto, oí las fuertes
voces de una gran multitud que decía en el cielo:

"¡Alabado sea el Señor!
La salvación, la gloria y el poder
son de nuestro Dios,
2 porque él juzga rectamente y con
verdad;
pues ha condenado a la gran
prostituta
que con su inmoralidad corrompió al
mundo;
ha vengado en ella
la muerte de los siervos de Dios."[y]

[l] **18.7-8** Is 47.7-9. [m] **18.9-10** Ez 26.16-17. [n] **18.11** Ez 27.31,36. [ñ] **18.12-13** Ez 27.12-13,22. [o] **18.15** Ez 27.31,36. [p] **18.17** Is 23.14; Ez 27.26-30. [q] **18.18** Ez 27.32. [r] **18.19** Ez 27.30-34. [s] **18.20** Dt 32.43; Jer 51.48. [t] **18.21** Jer 51.63-64. [u] **18.21** Ez 26.21. [v] **18.22** Is 24.8; Ez 26.13. [w] **18.22-23** Jer 7.34; 25.10. [x] **18.24** Jer 51.49. [y] **19.2** Dt 32.43; 2 R 9.7.

3 Luego volvieron a decir:
"¡Alabado sea el Señor!
El humo de ella nunca dejará de
subir."[z]

4 Y los veinticuatro ancianos y los cuatro seres vivientes se postraron hasta el
suelo y adoraron a Dios, que estaba sentado en el trono. Y decían: "¡Así sea! ¡Alabado sea el Señor!" 5 Desde el trono se oyó
entonces una voz, que decía:

"¡Alaben a nuestro Dios
todos ustedes, pequeños y grandes,
todos ustedes que lo sirven
y le tienen reverencia!"[a]

La fiesta de las bodas del Cordero

6 Oí también algo como las voces de
mucha gente, como el sonido de una cascada[b] y de fuertes truenos. Decían:

"¡Alabado sea el Señor!
Porque ha comenzado a gobernar el
Señor,
nuestro Dios todopoderoso.[c]
7 Alegrémonos,
llenémonos de gozo y démosle
gloria,
porque ha llegado el momento
de las bodas del Cordero.
Su esposa[d] se ha preparado:
8 se le ha permitido vestirse
de lino fino, limpio y brillante,[e]
porque ese lino es la recta conducta
de los que pertenecen al pueblo de
Dios."

9 El ángel me dijo: "Escribe: 'Felices los
que han sido invitados a la fiesta de bodas[f] del Cordero.' " Y añadió: "Estas son
palabras verdaderas de Dios."
10 Me arrodillé a los pies del ángel, para
adorarlo, pero él me dijo: "No hagas eso,
pues yo soy siervo de Dios, lo mismo que
tú y tus hermanos que siguen fieles al
testimonio de Jesús. Adora a Dios."
Pues ese testimonio de Jesús es el que
inspira a los profetas.

El jinete del caballo blanco

11 Vi el cielo abierto;[g] y apareció un caballo blanco, y el que lo montaba se llamaba Fiel y Verdadero, porque con rectitud gobernaba[h] y hacía la guerra. 12 Sus
ojos brillaban como llamas de fuego,[i] llevaba en la cabeza muchas coronas y tenía
un nombre escrito que solamente él conocía. 13 Iba vestido con ropa teñida de
sangre, y su nombre era: La Palabra de
Dios.[j] 14 Lo seguían los ejércitos del cielo,
vestidos de lino fino, blanco y limpio, y
montados en caballos blancos. 15 Le salía
de la boca una espada afilada, para herir
con ella a las naciones. Las gobernará con
cetro de hierro.[k] Las juzgará como quien
exprime uvas y las pisa con los pies, y las
hará beber el vino del terrible castigo que
viene del furor del Dios todopoderoso.[l]
16 En su manto y sobre el muslo llevaba escrito este título: "Rey de reyes y Señor de
señores."[m]
17 Y vi un ángel que, puesto de pie en el
sol, gritaba con fuerza a todas las aves de
rapiña que vuelan en medio del cielo:
"¡Vengan y reúnanse para la gran cena de
Dios, 18 para que coman carne de reyes, de
jefes militares y de hombres valientes,
carne de caballos y de sus jinetes, carne
de todos: de libres y de esclavos, de pequeños y de grandes!"[n]
19 Vi al monstruo y a los reyes del
mundo con sus ejércitos, que se habían
reunido para pelear contra el que montaba aquel caballo y contra su ejército.
20 El monstruo fue apresado, junto con el
falso profeta que había hecho señales
milagrosas en su presencia. Por medio de
esas señales, el falso profeta había engañado a los que se dejaron poner la marca
del monstruo y adoraron su imagen.[ñ] Entonces el monstruo y el falso profeta fueron arrojados vivos al lago de fuego donde
arde el azufre. 21 Y los demás fueron
muertos con la espada que salía de la boca
del que montaba el caballo, y todas las
aves de rapiña se hartaron de la carne de
ellos.

Los mil años

20 1 Vi un ángel que bajaba del cielo
con la llave del abismo y una gran
cadena en la mano. 2 Este ángel sujetó al
dragón, aquella serpiente antigua[o] que es
el diablo y Satanás, y lo encadenó por mil
años. 3 Lo arrojó al abismo, donde lo ence-
rró, y puso un sello sobre la puerta para
que no engañara a las naciones hasta que
pasaran los mil años, al cabo de los cuales
habrá de ser soltado por un poco de
tiempo.
4 Vi tronos, y en ellos estaban sentados
los que habían recibido autoridad para
juzgar.[p] Vi también las almas de aquellos
a quienes les cortaron la cabeza por haber
sido fieles al testimonio de Jesús y al mensaje de Dios.[q] Ellos no habían adorado al
monstruo ni a su imagen, ni se habían dejado poner su marca[r] en la frente o en la

[z] **19.3** Is 34.10. [a] **19.5** Sal 115.13. [b] **19.6** Ez 1.24. [c] **19.6** Sal 93.1; 97.1; 99.1. [d] **19.7–8** Ef 5.23–32. [e] **19.8** Ap 7.14. [f] **19.9** Mt 22.2–3. [g] **19.11** Ez 1.1. [h] **19.11** Sal 96.13; Is 11.4. [i] **19.12** Dn 10.6. [j] **19.13** Jn 1.1,14. [k] **19.15** Sal 2.9. [l] **19.15** Is 63.3; Lm 1.15; Jl 3.13; Ap 14.20. [m] **19.16** Dt 10.17; Ap 17.14. [n] **19.17–18** Ez 39.17–20. [ñ] **19.20** Ap 13.1–18. [o] **20.2** Gn 3.1. [p] **20.4** Dn 7.9,22,27; Mt 19.28; Lc 22.30. [q] **20.4** Ap 6.9. [r] **20.4** Ap 13.16–17; 14.9.

mano. Y vi que volvieron a vivir y que reinaron con Cristo mil años. [5] Pero los otros muertos no volvieron a vivir hasta después de los mil años. Esta es la primera resurrección. [6] ¡Dichosos los que tienen parte en la primera resurrección, pues pertenecen al pueblo de Dios! La segunda muerte no tiene ningún poder sobre ellos, sino que serán sacerdotes[s] de Dios y de Cristo, y reinarán con él los mil años.

Derrota del diablo

[7] Cuando hayan pasado los mil años, Satanás será soltado de su prisión, [8] y saldrá a engañar a las naciones de todo el mundo; saldrá a engañar a Gog y a Magog,[t] cuyos ejércitos, numerosos como la arena del mar, reunirá para la batalla. [9] Y subieron por lo ancho de la tierra, y rodearon el campamento del pueblo de Dios, y la ciudad que él ama. Pero cayó fuego del cielo y los quemó por completo. [10] Y el diablo, que los había engañado, fue arrojado al lago de fuego y azufre, donde también habían sido arrojados el monstruo y el falso profeta. Allí serán atormentados día y noche por todos los siglos.

El juicio ante el gran trono blanco

[11] Vi un gran trono blanco, y al que estaba sentado en él. Delante de su presencia desaparecieron completamente la tierra y el cielo, y no se los volvió a ver por ninguna parte. [12] Y vi los muertos, grandes y pequeños, de pie delante del trono; y fueron abiertos los libros, y también otro libro, que es el libro de la vida.[u] Los muertos fueron juzgados de acuerdo con sus hechos y con lo que estaba escrito en aquellos libros.[v] [13] El mar entregó sus muertos, y el reino de la muerte entregó los muertos que había en él; y todos fueron juzgados, cada uno conforme a lo que había hecho. [14] Luego el reino de la muerte fue arrojado al lago de fuego. Este lago de fuego es la muerte segunda,[w] [15] y allí fueron arrojados los que no tenían su nombre escrito en el libro de la vida.

El cielo nuevo y la tierra nueva

21 [1] Después vi un cielo nuevo y una tierra nueva;[x] porque el primer cielo y la primera tierra habían dejado de existir, y también el mar. [2] Vi la ciudad santa,[y] la nueva Jerusalén, que bajaba del cielo,[z] de la presencia de Dios. Estaba arreglada como una novia vestida para su prometido.[a] [3] Y oí una fuerte voz que venía del trono, y que decía: "Dios vive ahora entre los hombres. Vivirá con ellos, y ellos serán su pueblo,[b] y Dios mismo estará con ellos como su Dios. [4] Secará todas las lágrimas de ellos, y ya no habrá muerte,[c] ni llanto, ni lamento, ni dolor;[d] porque todo lo que antes existía ha dejado de existir."

[5] El que estaba sentado en el trono dijo: "Yo hago nuevas todas las cosas." Y también dijo: "Escribe, porque estas palabras son verdaderas y dignas de confianza." [6] Después me dijo: "Ya está hecho. Yo soy el alfa y la omega, el principio y el fin. Al que tenga sed le daré a beber del manantial del agua de la vida,[b] y Dios mismo está con ellos como su Dios que le cueste nada.[e] [7] El que salga vencedor recibirá todo esto como herencia; y yo seré su Dios y él será mi hijo.[f] [8] Pero en cuanto a los cobardes, los incrédulos, los odiosos, los asesinos, los que cometen inmoralidades sexuales, los que practican la brujería, los que adoran ídolos, y todos los mentirosos, a ellos les tocará ir al lago de azufre ardiente, que es la segunda muerte."[g]

La nueva Jerusalén

[9] Vino uno de los siete ángeles que tenían las siete copas[h] llenas de las siete últimas calamidades, y me dijo: "Ven, te voy a enseñar a la novia, la esposa del Cordero." [10] Y en la visión que me hizo ver el Espíritu, el ángel me llevó a un monte grande y alto, y me mostró la gran ciudad santa de Jerusalén,[i] que bajaba del cielo, de la presencia de Dios. [11] La ciudad brillaba con el resplandor de Dios; su brillo era como el de una piedra preciosa, como una piedra de jaspe, transparente como el cristal. [12] Alrededor de la ciudad había una muralla grande y alta, que tenía doce puertas, y en cada puerta había un ángel; en las puertas estaban escritos los nombres de las doce tribus de Israel. [13] Tres puertas daban al este, tres al norte, tres al sur y tres al oeste.[j] [14] La muralla de la ciudad tenía doce piedras por base, en las que estaban escritos los nombres de los doce apóstoles[k] del Cordero.

[15] El ángel que hablaba conmigo llevaba una caña de oro para medir la ciudad, sus puertas y su muralla.[l] [16] La ciudad era cuadrada; su largo era igual a su ancho. El ángel midió con su caña la ciudad: medía dos mil doscientos kilómetros;[12] su largo, su alto y su ancho eran iguales. [17] Luego

---

[12] Dos mil doscientos kilómetros: lit. doce mil estadios.
[s] 20.6 Ap 1.6; 5.10. [t] 20.8 Ez 38.2,9,15. [u] 20.12 Sal 69.28; Ap 3.5. [v] 20.11–12 Dn 7.9–10. [w] 20.14 Mt 25.41; Ap 2.11; 21.8. [x] 21.1 Is 65.17; 66.22; 2 P 3.13. [y] 21.2 Is 52.1. [z] 21.2 Gá 4.26; Ap 3.12. [a] 21.2 Is 61.10; Ap 19.7–8. [b] 21.3 Lv 26.11,12; Ez 37.27. [c] 21.4 Is 25.8; Ap 7.17. [d] 21.4 Is 35.10; 65.19. [e] 21.6 Is 55.1; Jn 4.10,14; 7.37. [f] 21.7 2 S 7.14; Sal 89.26–27. [g] 21.8 Mt 25.41; Ap 2.11; 20.14. [h] 21.9 Ap 16.1. [i] 21.10 Ez 40.2. [j] 21.12–13 Ez 48.30–35. [k] 21.14 Ef 2.20. [l] 21.15 Ez 40.3.

midió la muralla: medía sesenta y cinco metros, según las medidas humanas que el ángel estaba usando.

[18] La muralla estaba hecha de piedra de jaspe, y la ciudad era de oro puro, como vidrio pulido. [19] Las piedras de la base de la muralla estaban adornadas con toda clase de piedras preciosas: la primera, con jaspe; la segunda, con zafiro; la tercera, con ágata; la cuarta, con esmeralda; [20] la quinta, con ónice; la sexta, con cornalina; la séptima, con crisólito; la octava, con berilo; la novena, con topacio; la décima, con crisoprasa; la undécima, con jacinto; y la duodécima, con amatista. [21] Las doce puertas eran doce perlas;[m] cada puerta estaba hecha de una sola perla. Y la calle principal de la ciudad era de oro puro, como vidrio transparente.

[22] No vi ningún santuario en la ciudad, porque el Señor, el Dios todopoderoso, es su santuario, y también el Cordero. [23] La ciudad no necesita ni sol ni luna que la alumbren, pues la alumbra el resplandor de Dios,[n] y su lámpara es el Cordero.[ñ] [24] Las naciones caminarán a la luz de la ciudad,[o] y los reyes del mundo le entregarán sus riquezas. [25] Sus puertas no se cerrarán de día, y en ella no habrá noche.[p] [26] Le entregarán las riquezas y el esplendor de las naciones; [27] pero nunca entrará nada impuro,[q] ni nadie que haga cosas odiosas o engañosas. Solamente entrarán los que tienen su nombre escrito en el libro de la vida del Cordero.

22 [1] El ángel me mostró un río limpio, de agua de vida.[r] Era claro como el cristal, y salía del trono de Dios y del Cordero. [2] En medio de la calle principal de la ciudad y a cada lado del río, crecía el árbol de la vida,[s] que da fruto cada mes, es decir, doce veces al año; y las hojas del árbol sirven para sanar a las naciones. [3] Ya no habrá allí nada puesto bajo maldición.[t] El trono de Dios y del Cordero estará en la ciudad, y sus siervos lo adorarán. [4] Lo verán cara a cara,[u] y llevarán su nombre en la frente. [5] Allí no habrá noche, y los que allí vivan no necesitarán luz de lámpara ni luz del sol, porque Dios el Señor les dará su luz,[v] y ellos reinarán por todos los siglos.[w]

La venida de Jesucristo está cerca

[6] El ángel me dijo: "Estas palabras son verdaderas y dignas de confianza. El Se-

ñor, el mismo Dios que inspira a los profetas, ha enviado su ángel para mostrar a sus siervos lo que pronto va a suceder."

[7] "¡Vengo pronto! ¡Dichoso el que hace caso del mensaje profético que está escrito en este libro!"

[8] Yo, Juan, vi y oí estas cosas. Y después de verlas y oírlas, me arrodillé a los pies del ángel que me las había mostrado, para adorarlo. [9] Pero él me dijo: "No hagas eso, pues yo soy siervo de Dios, lo mismo que tú y que tus hermanos los profetas y que todos los que hacen caso de lo que está escrito en este libro. Adora a Dios."

[10] También me dijo: "No guardes en secreto el mensaje profético que está escrito en este libro, porque ya se acerca el tiempo de su cumplimiento. [11] Deja que el malo siga en su maldad, y que el impuro siga en su impureza; pero que el bueno siga haciendo el bien, y que el hombre consagrado a Dios le siga siendo fiel."[x]

[12] "Sí, vengo pronto, y traigo el premio que voy a dar a cada uno conforme a lo que haya hecho.[y] [13] Yo soy el alfa y la omega,[z] el primero y el último,[a] el principio y el fin."

[14] Dichosos los que lavan sus ropas para tener derecho al árbol de la vida[b] y poder entrar por las puertas de la ciudad. [15] Pero afuera se quedarán los pervertidos, los que practican la brujería, los que cometen inmoralidades sexuales, los asesinos, los que adoran ídolos y todos los que aman y practican el engaño.

[16] "Yo, Jesús, he enviado mi ángel para declarar todo esto a las iglesias. Yo soy el retoño que desciende de David.[c] Soy la estrella brillante de la mañana."

[17] El Espíritu Santo y la esposa del Cordero dicen: "¡Ven!" Y el que escuche, diga: "¡Ven!" Y el que tenga sed, y quiera, venga y tome del agua de la vida sin que le cueste nada.[d]

[18] A todos los que escuchan el mensaje profético escrito en este libro, les advierto esto: Si alguno añade algo a estas cosas, Dios le añadirá a él las calamidades que en este libro se han descrito. [19] Y si alguno quita algo del mensaje profético escrito en este libro, Dios le quitará su parte del árbol de la vida y de la ciudad santa que en este libro se han descrito.[e]

[20] El que declara esto, dice: "Sí, vengo pronto."

Así sea. ¡Ven, Señor Jesús!

[21] Que el Señor Jesús derrame su gracia sobre todos ustedes.

---

[m] 21.18-21 Is 54.11-12. [n] 21.23 Is 60.19-20. [ñ] 21.23 Jn 8.12. [o] 21.24 Is 60.3. [p] 21.25-26 Is 60.11. [q] 21.27 Is 52.1; Ez 44.9. [r] 22.1 Ez 47.1,12; Zac 14.8. [s] 22.2 Gn 2.9. [t] 22.3 Gn 3.17. [u] 22.4 Sal 17.15; Mt 5.8; 1 Jn 3.2. [v] 22.5 Is 60.19; Ap 21.23. [w] 22.5 Dn 7.18. [x] 22.11 Dn 12.10. [y] 22.12 Jer 17.10. [z] 22.13 Ap 1.8. [a] 22.13 Is 41.4; 44.6; 48.12; Ap 1.17; 2.8. [b] 22.14 Gn 2.9; 3.22. [c] 22.16 Is 11.1,10. [d] 22.17 Is 55.1; Jn 4.10,14; 7.37. [e] 22.18-19 Dt 4.2; 12.32.

GLOSARIO

MAPAS

AYUDAS ESPECIALES
PARA EL LECTOR

GLOSARIO

Abadón Palabra hebrea que a veces significa "destrucción", (Job 31.12) pero más comúnmente en el Antiguo Testamento "lugar de destrucción", o sea morada de los muertos (Job 26.6; Sal 88.12; Prov 15.11; 17.20). En ocasiones se le personificaba, como en Ap. 911, donde se da ese nombre al "ángel del abismo" (véase *Abismo*).

Abismo En el Antiguo Testamento significaba "el océano" (Job 38.16, 30; Is 51.10; Jon 2.6) y, al parecer una vez (Sal 71.20), la morada de los muertos. En el Nuevo Testamento esa palabra sirve para designar el profundo pozo que, según la tradición judía, contemporánea, servía de prisión de espíritus malignos (Lc 8.31; Ap. 9.1,2; 17.7; 17.8; 20.1-3).

Algarroba Fruto de un árbol propio de los países del Mediterráneo. Es una vaina con semillas muy duras que se da como alimento al ganado y otros animales, sobre todo cuando no hay cosa mejor que darles. En tiempos de hambre extrema, también la gente se ha visto obligada a comerlo.

Anciano En un principio se trataba de las personas de más edad, que en la primitiva organización social de los israelitas, por tribus, eran reconocidos como sus jefes o autoridades. Después ya no fue solamente cuestión de edad, sino que la palabra *anciano* se convirtió en un título dado a quienes ejercían la autoridad en la región designada con el nombre de una tribu y en cada una de las ciudades de ella. En los tiempos del Nuevo Testamento se llamaba así a los jefes religiosos, algunos de los cuales eran miembros de la Junta Suprema (Sanedrín). La iglesia primitiva, siguiendo esta tradición, dio nombres de *ancianos* (la palabra *presbítero* viene del griego que significa "anciano") a las personas prominentes de la congregación a quienes se encargaba de su dirección. Según Hch 20.1-20 y Tit 1.5-9 el cargo de anciano era, en un principio, igual al de obispo (véase *Obispo*). El significado de anciano en el Apocalipsis es difícil de precisar.

Angel Tanto la palabra griega como la hebrea que se traducen como "ángel" significan "mensajero". Los ángeles son los seres celestiales que rodean a Dios (Ap. 511) y constituyen su ejército (Sal 148.2). Aparecen muchas veces, tanto en el Antiguo como en el Nuevo Testamento, ayudando a seres humanos (Sal 37.4) y protegiéndolos (Sal 91.11; Hch 12.7-10). Dios emplea a los ángeles para transmitir sus mensajes a los hombres (Gn 19.1, 5; Lc 2.10). Sólo se da el nombre personal de dos ángeles en los libros protocanónicos: Gabriel (Dn 8.16; 9.21; Lc 1.19, 26) y Miguel (Dn 10.13; Ap 12.7), también denominado "arcángel" (Jud 9), o sea "jefe de ángeles". En los libros deuterocanónicos se menciona al arcángel Rafael (Tb 12.15). En el Antiguo Testamento aparecen dos grupos especiales de ángeles: los "seres alados" (querubines, Gn 3.24) y los "seres como de fuego" (serafines, Is 6.2). Los ángeles estuvieron relacionados con la vida de Jesús desde el anuncio de su nacimiento (Lc 1.26, 28) hasta su resurrección (Mt 28.5-7). Jesús enseñó acerca de la existencia y obra de los ángeles buenos (Mt 18.10; Lc 15.10; etc.). Existen también ángeles malos, que sirven al diablo (Mt 25.41; Ap 12.7).

Apóstol La palabra significa "enviado" y designa en general a una persona comisionada y enviada con algún encargo, especialmente religioso. Equivale a "mensajero". Se aplica particularmente a los doce discípulos escogidos por Jesús para ser sus más íntimos compañeros y colaboradores. Pablo reclamó y sostuvo con energía su título de apóstol, por haber sido elegido y constituido personalmente por Cristo (en el camino a Damasco), también como los Doce.

Areópago Nombre de una colina de Atenas, al pie de la Acrópolis, donde se reunía el consejo de la ciudad. Por extensión, también a éste se le daba el mismo nombre.

Armagedón Nombre del lugar, probablemente simbólico, en el que, según Ap 16.16, se juntarán los reyes de la tierra para librar la última batalla contra Dios. Hay quienes consideran que *Harmaguedón*, transliteración compuesta del hebreo que significa "monte de Maguedón", tiene alguna relación con Meguido, ciudad que estaba situada en el extremo norte de un desfiladero que corta el monte Carmelo, y que comunica

271

el valle Jezreel (o Esdraelón) con la gran llanura costera de Palestina. En este lugar, desde la antigüedad hasta los tiempos modernos se han librado grandes y decisivas batallas. Esa posición estratégica podría ser, según la opinión de algunos, el origen del nombre y la razón de que se convirtiera, en el pasaje citado, en símbolo de la batalla decisiva de los últimos tiempos.

Artemisa Diosa pagana de la fertilidad, llamada también *Diana*, pero que no debe confundirse con la Diana Cazadora de los griegos. Su culto estaba muy extendido en el Asia Menor. Tenía un templo en Efeso, que era considerado una de las siete maravillas del mundo de aquel tiempo.

Asia El Asia mencionada en el Nuevo Testamento no es el continente del mismo nombre, sino tan sólo parte del Asia Menor occidental, que era entonces una provincia romana. Se llamaba también *Asia proconsular*.

Bautismo El empleo del agua en lavamiento o baños rituales aparece en numerosas y distintas religiones. Por su forma, el bautismo cristiano tiene como antecedente directo las abluciones practicadas en el judaísmo, y más particularmente el bautismo de Juan, el precursor de Jesús. Este bautismo representa un volverse a Dios, que requiere la confesión de pecados y el arrepentimiento. El bautismo cristiano exige además un requisito que le da carácter único: la fe en Cristo como redentor y como Señor resucitado y glorificado, y representa la recepción del Espíritu Santo por el creyente. La administración del bautismo constituye el rito de iniciación formal y oficial en la comunidad de fe y vida (la iglesia).

Beelzebú Nombre que se da en el Nuevo Testamento al diablo como jefe de los espíritus malignos. Aparece también en los manuscritos como *Beelzebub* y *Beelzebul*. Se cree que es adaptación de Baal-zebub ("señor de las moscas"), dios de Ecrón (2R 1.2), hecha por los rabinos para hacerle significar "señor del estiércol".

Calendario judío El año judío se basaba en las fases de la luna y tenía doce meses de veintinueve o treinta días cada uno.

En un principio se llamaban simplemente "primer mes", "segundo mes", etc. Sólo cuatro de esos meses se mencionan en el Antiguo Testamento con nombres cananeos: *Abib* (marzo-abril, Ex 13.4), *Ziv* (abril-mayo, 1R 6.1), *Etanim* (septiembre-octubre, 1R 8.2) y *Bul* (octubre-noviembre, 1R 6.38). Al regreso de la cautividad se habían adoptado ya los nombres babilónicos: el primer mes, o *Abib*, pasó a llamarse *Nisán*; el siguiente, o *Ziv*, se llamó entonces *Iyar*; y así sucesivamente, *Siván* (mayo-junio), *Tamuz* (junio-julio), *Ab* (julio-agosto), *Elul* (agosto-septiembre), *Tisri* (septiembre-octubre), *Marjesván* (octubre-noviembre), *Kislev* (noviembre-diciembre), *Tévet* (diciembre-enero), *Sabat* (enero-febrero) y *Adar* (febrero-marzo). El mes se contaba comenzando con la luna nueva. Para compensar la diferencia respecto del año solar, cada dos o tres años se añadía un décimotercer mes, llamado *segundo Adar*. La iglesia primitiva adoptó el calendario solar romano, que se divide en doce meses de treinta o treinta y un días.

Camino En la Biblia se usa con fecuencia esta palabra para significar la conducta, el modo de vivir de los hombres. Y cuando se dice "camino (o caminos) de Dios", se quiere expresar el modo de proceder de Dios y también cómo quiere Dios que los hombres vivan. Significa especialmente la conducta religiosa y, en este sentido, equivale más o menos a nuestra palabra *religión*. Los primeros cristianos fueron llamados "los del camino", queriendo decir, de un nuevo camino, un nuevo modo de vida, una nueva religión (Hch 9.2; 19.9; 22.4; etc.).

Cástor y Pólux Dioses o héroes de la mitología romana, hijos gemelos de Zeus y Leda, representados en el mascarón del barco en que Pablo y sus compañeros continuaron el viaje desde Malta. Según la mitología, se convirtieron en la constelación Géminis.

Celote Miembro de un movimiento judío de resistencia contra los romanos. Los celotes eran nacionalistas fanáticos y pensaban en el Mesías como en un caudillo político revolucionario que libertaría al pueblo judío del yugo de Roma. Su celo nacionalista los llevaba a justificar el uso de la violencia. Es casi seguro que los "guerrilleros" (lit. *sicarios*, "los del puñal") de Hch 21.38 eran celotes. Tomaron parte muy activa en el levantamiento contra Roma de los años 66-70 d.C. Simón, uno de los apóstoles de Jesús, había pertenecido a ese partido, y para distinguirlo del otro Simón (Pedro), se le conocía como "Simón el celote".

Circuncidar, circuncisión Operación que consistía en cortar el extremo del prepucio. Era una costumbre que practicaban varios pueblos antiguos en el Cercano Oriente. (Se practica también en algunas religiones primitivas.) Entre los israelitas tenía un significado altamente religioso: era la señal externa y visible del pacto de Dios con Israel, mediante la cual el circuncidado era formalmente reconocido como perteneciente al pueblo de Dios.

Cobrador de impuestos Según el sistema implantado por los romanos en Palestina, el cobro de impuestos se hacía por medio de concesionarios que se comprometían a pagar al gobierno imperial determinada cantidad cada cierto tiempo. Todo lo demás que pudieran cobrar era para ellos, con lo cual fácilmente se convertían en ambiciosos extorcionadores del pueblo. Como, por otra parte, se les consideraba empleados del gobierno extranjero, y como para obtener el pago de los impuestos acostumbraban pedir la ayuda de los soldados romanos, los judíos los odiaban intensamente y los clasificaban en la misma categoría que las prostitutas y otros a quienes llamaban "pecadores". (Las versiones tradicionales traducen "publicanos".) El rencor popular creó la designación de "cobradores de impuestos y pecadores" para le gente considerada como la peor.

Cofre del pacto Se le llamaba también "cofre de Dios", "cofre del Señor" o "cofre de la ley". Las versiones tradicionales traducen "arca". Era el signo o símbolo visible de la presencia y protección de Dios para su pueblo. Se describe en Ex 37.1-9. Contenía las tablas de la ley, y según He 9.4, también una jarra con maná y el bastón de Aaron. Después de muchas peripecias y cambios de lugar, quedó depositado en el templo de Salomón. La Biblia nada dice acerca de la suerte del cofre del pacto durante o después de la destrucción del templo en el año 586 a.C. Una antigua tradición judía indica que Jeremías lo hizo ocultar en una caverna poco antes de este evento. En las sinagogas judías hay al frente un armario en que se guardan los rollos de la ley, y que recibe por eso el nombre de "arca del pacto" o "de la ley".

Consagrar, consagrado Consagrar un lugar, objeto o persona a Dios quería decir apartarlo para él. Otra palabra que las versiones tradicionales usan para designar lo así consagrado, es "santo". Como señal visible de la consagración, se untaba o derramaba aceite de olivo sobre la cabeza del que iba a ser consagrado ("ungir", "Ungimiento"). Así se consagraba a los sacerdotes y a los reyes.

Cristo Este nombre es la traducción griega de *Mesías* (véase *Mesías*). En un principio era un título, y por eso se usaba con el artículo determinado: se decía *el Cristo* (el Mesías). Aplicado a Jesús llegó a ser nombre propio, y se combinó para formar con Jesús un solo nombre: *Jesucristo*, que equivale a *Jesús Mesías*. Es difícil precisar cuándo ocurrió el cambio. Seguramente fue gradual. En términos generales podría decirse que en los Evangelios y el libro de los Hechos aparece como un título, pero que en el resto del Nuevo Testamento ocurre casi siempre como nombre propio.

Cruz, crucifixión El suplicio de la crucifixión consistía en colgar o clavar al condenado a muerte en un poste que llevaba un travesaño destinado a los brazos. Parece que lo inventaron los persas. Los romanos lo adoptaron pero lo consideraban tan humillante y vergonzoso que jamás se aplicaba a los ciudadanos romanos. Se reservaba para los esclavos, los insurrectos y los prisioneros de guerra de otras naciones. Lo usaron con frequencia tratándose de judíos, con los cuales llegaron a hacer crucifixiones en masa. Era una forma horrible de muerte. El crucificado quedaba abandonado a la interperie, desangrándose hasta morir y expuesto a los quemantes rayos del sol. A la tortura de la dolorosa posición se unía el tormento de las heridas y sobre todo el de la sed, que se agravaba con la pérdida de sangre y el sofocante calor. A veces el crucificado tardaba en morir días enteros. Otras, se apresuraba su muerte golpéandole los huesos. Era usual dejarlo en la cruz hasta que el cadáver entraba en descomposición. Generalmente la sentencia prohibía sepultar el cuerpo, y se consideraba una concesión especial, que había que solocitar, el que se permitiera bajarlo de la cruz y darle sepultura.

Denario Moneda romana de plata que llevaba una inscripción y la imagen del emperador, y tenía el valor de una dracma. Era el salario normal de un día de trabajo manual.

Diaconisa No aparece en el Nuevo Testamento esta forma femenina del oficio de *diácono*, palabra que se emplea en él tanto para los de un sexo como para los del otro. Así se ve en Ro 16.1 donde se llama a Febe simplemente "diácono". Es posible que 1 Ti 3.11 se refiera a las diaconisas. Sin embargo, en el texto bíblico no se indica precisamente en qué consistía su trabajo.

Diácono Palabra que en griego viene del verbo "servir". En la iglesia apostólica se llamó así primeramente al encargado de servir las mesas en la comida fraternal de la comunidad cristiana. Después se le confiaron otros servicios especiales, así que con el tiempo el oficio de diácono vino a ser uno de los principales de la iglesia, inferior sólo al de *obispo* y al de *anciano* (véanse).

Día del Señor Con este nombre y sus equivalentes se designa el tiempo cuando Dios intervendrá decisivamente en la historia humana. Tiene dos significados: se le describe como terrible para los que se oponen a Dios, pero glorioso para sus fieles. Es, por eso, día de juicio y castigo para unos, y día de misericordia y alegría para otros. Se identifica en la predicación cristiana del Nuevo Testamento con el día "cuando el Señor venga" (1 Co 5.5), "cuando Cristo regrese" (Fil 1.10; véase 2.16).

Día de reposo Día en que se suspendía el trabajo usual, y que se dedicaba especialmente al culto a Dios. El nombre hebreo es *sabat*, que pasó al griego como *sábaton* y al latín como *sabatum*, de donde viene el castellano *sábado*. La palabra hebrea se relaciona con el verbo de la misma lengua que significa "cesar", "dejar de hacer algo", "descansar". En la mayoría de los casos, el *sabat* era el séptimo día de la semana, y por tanto equivale a nuestro sábado (Mt 12.1-2, 5, 8, 10-12; 24.20; 28.1; Mr 1.21; 2.23-24, 27-28; 3.2, 4; 6.2; 15.42; 16.1; Lc 4.16, 31; 6.1-2, 5-7, 9; 13.10, 14-16; 14.1, 3, 5; 23.54, 56; Jn 5.9-10, 16, 18; 7.22-23; 9.14, 16; 19.31; Hch 1.12; 13.14, 27, 42, 44; 15.21; 16.13; 17.2; 18.4; Col 2.16). En los Diez Mandamientos se ordena la observancia de este día en conmemoración de la creación del "descanso" divino al terminar la Creación (Ex 20.8-11; Gn 2.1-3) y de la liberación del pueblo israelita de la esclavitud (Dt 5.12-15). Los hebreos contaban el día de reposo desde la puesta del sol del viernes hasta la puesta del sol del sábado, y así lo hacen todavía hoy los judíos. Por su significado de "día en que no se trabaja", se llamaban también *sabat* los días de gran festividad religiosa, que no siempre caían en el séptimo día de la semana (Lv 16.29-31; 23.24, 32, 39). El mismo término se aplicó a cada séptimo año, en el que se dejaba descansar la tierra (Lv 25.2-7).

Dracma (Véase *Denario*.)

Dragón Animal imaginario, que se pensaba era como un lagarto gigantesco o una enorme serpiente, y que en Ap 12.9 aparece como repesentación del diablo Satanás.

Enoc, Libro de Libro apócrifo escrito probablemente en el siglo segundo a.C., del cual al parecer se cita en Jud 14-16 un pasaje, el de 1.9. Se conoce especialmente en su versión etiópica, aunque existen también fragmentos de una versión griega y en hebreo éstos últimos hallados en las cuevas Qumrán, cerca del mar Muerto. La iglesia abisinia o etiope lo considera canónico. En opinión de algunos, también hay influencias de este libro en la carta a los Hebreos y en el Apocalipsis.

Enramadas, Fiesta de las Fiesta celebrada por los israelitas en el otoño de cada año, al término de la cosecha. Se llama así porque se construían chozas improvisadas con ramas para vivir en ellas durante la fiesta. Servían para recordar a los israelitas la vida de sus antepasados en el desierto, después de la salida de Egipto. Tradicionalmente se ha llamado fiesta de los Tabernáculos o de las Cabañas. La fiesta se llama en hebreo *Sucot*, que quiere decir "cabañas".

Epicúreos Se llamaba así a los seguidores del filósofo griego Epicuro, que vivió a fines del siglo cuarto y principios del tercero a.C. Enseñaba que la felicidad, entendida como liberación del dolor y del temor, es el supremo bien de la vida.

Escrituras En el Nuevo Testamento los escritores sagrados se refieren con esta palabra a los escritos de los judíos que hoy llamamos Antiguo Testamento. Cuando se refieren a un solo pasaje usan el singular "escritura".

Estoicos Los seguidores de Zenón, filósofo griego del siglo tercero a.C., que enseñaba que la meta suprema del hombre debe ser vivir conforme a la razón y practicando la virtud, la cual consiste en dominar las pasiones y en no sentirse atraído por el placer ni dejarse vencer por el dolor.

Eunuco En un principio se designaba así generalmente al hombre que había sido castrado para servir principalmente como guardián o criado de las mujeres de su amo. Pero los eunucos llegaron a tener tanta importancia en la corte de los reyes antiguos que, al parecer, el término dejó de usarse exclusivamente en su sentido literal y pasó a significar también un alto funcionario de toda confianza del rey, estuviera o no realmente castrado. En Mt 19.11, 12 la palabra se emplea también en sentido figurado, aplicándolo a los que permanecen sin casarse.

Evangelio Esta palabra significa literalmente "buena noticia". Llegó a llamarse así a cada uno de los cuatro primeros libros del Nuevo Testamento, en los cuales se relatan la vida, obra, muerte y resurrección de Jesucristo. Quizá esto fue así por la forma en que comienza el relato de San Marcos. En esta versión la palabra se ha traducido en el texto como "buenas noticias", "mensaje de salvación", "mensaje de Cristo" y otras

expresiones semejantes que aclaran su sentido.

Fariseo Miembro de uno de los principales grupos religiosos judíos de tiempos de Cristo. Los fariseos eran muy estrictos en cuanto a la obediencia literal a la ley de Moisés y a otros ritos y costumbres que se le habían agregado en el curso de los siglos.

Genesaret Nombre que se daba a una fértil llanura junto a la orilla noroeste del mar de Galilea, también llamado lago de Genesaret. (Este nombre se recuerda hoy todavía en el de *Guinossar*, que es el de una granja colectiva israelí (*quibuts*) situada en la ribera del mencionado lago, y en la antigua llanura de *Genesaret*.)

Gog, Magog Potencias apocalípticas (Ap. 20.8) que se congregan con las naciones, o son colectivos de ellas, en la batalla decisiva que libran contra Dios. Los nombres están tomados de Ez 38.2 sólo que en ese pasaje Magog es un país y Gog su rey. La identificación de un país con una persona es común en la literatura de los rabinos.

Hebreo El hebreo era el idioma clásico de los israelitas, que también eran llamados hebreos. Pero en el Nuevo Testamento la palabra "hebreo", cuando se refiere al lenguaje, significa más bien *arameo*, una lengua hermana del hebreo y muy parecida a él, que era la que más comúnmente se hablaba en Palestina en tiempos de Jesús. El hebreo propiamente dicho se hablaba también, pero parece que se reservaba más bien para los actos religiosos y para algunos documentos importantes, según se ha comprobado por el hallazgo reciente de unas cartas en ese idioma dirigidas por el caudillo de la segunda insurreción judía (año 135 de nuestra era), Simón Ben Cosiba, a algunos comandantes. Cuando Pablo dice de sí mismo que es "hebreo hijo de hebreos" (lit. "hebreo de hebreos") probablemente quiere decir también que es un hebreo que habla el hebreo.

Hermes Nombre de un dios griego que servía de portavoz y mensajero de los dioses. Se le da también el nombre latino de *Mercurio*. (Véase *Zeus*.)

Herodes Nombre que en el Nuevo Testamento llevan varios gobernantes. Es importante no confundirlos. El Herodes de Mt. 2 es el llamado el Grande, fundador de la familia, hijo de padre idumeo y de madre árabe, y constructor del gran templo de Jerusalén. Gobernó casi toda Palestina. Murió el año 4 antes de nuestra era. El Herodes de tiempos de Jesús adulto (Mt 14.1; Lc 23.8) era hijo del anterior, y se le conoce como Herodes Antipas. A su hermano Filipo o Felipe, el marido de Herodías, se le llamaba también Herodes Filipo, para distinguirlo de su medio hermano Filipo, hijo de Cleopatra. El Herodes de Hch 12.1-25 es Herodes Agripa I, nieto de Herodes el Grande. Y el Herodes llamado en el Nuevo Testamento simplemente Agripa (Hch 25-26) es Herodes Agripa II, hijo del anterior.

Hijo del Hombre Esta expresión ocurre en el Antiguo Testamento muchas veces en el sentido general de *hijo del hombre*, es decir, ser humano, simple hombre, hombre a secas. En la presente versión se traduce sencillamente *hombre* (Ez 2.1; 3.1; etc.). Pero en la literatura apocalíptica, empezando con Dn 7.13, 14, 27, esa expresión adquiere un significado muy específico a la vez que misterioso. En este pasaje aparece, según algunos, como representación del pueblo de Israel, y según otros como representación del Mesías. Con carácter personal aparece también en la literatura apocalíptica fuera de la Biblia, como en el libro apócrifo llamado de Enoc (véase *Enoc, Libro de*). Con este significado de hombre celestial, que recibe de Dios poder para reinar y juzgar, y cuyo dominio será eterno, y que en el libro de Enoc se identifica ya con el Mesías, aparece esta expresión en los Evangelios. Jesús la emplea siempre en tercera persona, pero se la aplica a sí mismo (Mt 16.13-16) uniendo, sin embargo, al antiguo concepto el del siervo de Dios que sufre (Is 53; Mr 8.31, 9.31; Jn 3.14, 15, etc.). En este sentido usa la expresión como un título mesiánico. *Hijo del hombre* no es, pues, una expresión que simplemente afirma a naturaleza humana de Jesucristo y con ello completa la de "Hijo de Dios", sino la forma como Jesús reconoce y expresa su misión mesiánica.

Holocausto Este nombre significa "todo quemado" y es el nombre que se da a una forma principal de sacrificio en que la víctima es enteramente consumida por el fuego (Lv 1). En el templo de Jerusalén se ofrecía dos veces, una por la mañana y otra por la tarde, diariamente. Una persona podía, además, acudir al templo a ofrecer, por medio de los sacerdotes, un holocausto como sacrificio privado. (Véase *Sacrificio*.)

Iglesia Palabra que viene de griego *ecclesía*, que originalmente y en el uso común significaba "asamblea" o "reunión", celebrada previa convocatoria o llamado. En Atenas se llamaba así a la asamblea de los ciudadanos. En el Nuevo Testamento es Pablo quien usa con preferencia esta palabra, y significa tanto la congregación local de creyentes cristianos como la comunidad cristiana universal. Nunca se llama *iglesia* al edificio en que los cristianos se reúnen.

Impuro, impureza (Véase *Purificar, purificación*.)

Infierno La palabra, que viene del latín, significa literalmente "de abajo", "de las regiones inferiores". Los antiguos pensaban que todos los muertos iban a un lugar situado en las profundidades de la tierra, y ésta es la idea que prevalece en el Antiguo Testamento. Después se desarrolló en el judaísmo el concepto de un lugar de castigo eterno por el fuego, al que son condenados los pecadores. En el griego del Nuevo Testamento se usan dos términos diferentes para la morada de los muertos y para el lugar de castigo. En la presente versión se traduce *infierno* sólo cuando se trata de este último, a diferencia de otras versiones en las que, a veces, aparece traducido así el lugar de los muertos, creando indebida confusión.

Janes y Jambres En Ex 7.11, pasaje al que se refiere 2 Ti 3.8, no aparecen estos nombres como los de los magos egipcios que se opusieron a Moisés y Aarón. Los nombres provienen de una antigua tradición judía, consignada probablemente en un libro apócrifo del siglo segundo a.C., llamado "Historia de Moisés, Janes y Jambres", mencionado por Orígenes. En un escrito llamado "Documento de Damasco", hallado en el Cairo en 1896, y del que aparecieron fragmentos también entre los rollos de Qumrán, se mencionan como "Janes y su hermano" (5.18, 19).

Jesucristo Combinación del nombre personal *Jesús* con el título de *Cristo*, equivalente a *Mesías* (véanse). Por tanto *Jesucristo* quiere decir *Jesús Mesías*.

Junta Suprema Consejo y tribunal religioso supremo de los judíos, llamado también Sanedrín, compuesto por los sumos sacerdotes (el que estaba en funciones y los ya retirados), los ancianos y los maestros de la ley, estos últimos generalmente fariseos. Tenía un total de 71 miembros, incluido su presidente.

Legión Una división del ejército romano compuesta de approximadamente 6,000 soldados de infantería y 120 de caballería. En el Nuevo Testamento la palabra no se usa nunca en su sentido militar sino sólo para significar un número incontable de ángeles (Mt 26.53, en esta versión "ejércitos") o de espíritus malignos (Mr 5.9, 15).

Lepra Bajo este nombre se agrupaba en los tiempos bíblicos una variedad de afecciones de la piel, incluyendo la que la medicina moderna considera como verdadera lepra. Las telas podridas o con moho se consideraban "leprosas" y, por consiguiente, ritualmente impuras. También se consideraba como "lepra" la avería causada en las paredes por la humedad, el salitre y el moho.

Levadura La levadura, sustancia que se mescla con la masa para hacerla que fermente y se alce antes de meterla en el horno, sirve en la Biblia como ejemplo y símbolo de lo que penetra y crece, unas veces benéficamente y otras con efecto dañoso. En el Antiguo Testamento se ordena que el pan que se coma en la Pascua sea sin levadura, como recuerdo del sufrimiento y la precipitación con que se efectuó la salida de Egipto (Dt 16.3). Considerada la fermentación como una forma de corrupción, estaban prohibidas las ofrendas con levadura (Lv 2.11). Jesús parece emplear la figura con este sentido cuando advierte a sus discípulos que se cuiden "de la levadura de los fariseos y los saduceos" (Mt 16.6). Lo mismo hace Pablo cuando exorta a los corintios a limpiarse de la "vieja

levadura" (1 Co 5.6-8). Jesús, en cambio, compara el reino de Dios con la levadura, por la forma irresistible en que esta va penetrando en la masa hasta dejarla completamente fermentada (Mt 13.33).

Levita Miembro de la tribu de Leví. En Nm 3.6-10 se establece un diferencia entre los levitas consagrados específicamente para el sacerdocio —Aarón y sus descendientes— y los demás, que desempeñarían más bien el oficio de ayudantes de los sacerdotes y se engargarían de diversos servicios menores del santuario. Esta distinción aparece más marcada en Ez 44.6-31, debido a la apostasía en que incurrieron muchos levitas. Algunos opinan que ya desde la reforma de Josías (2 R 22-23) los levitas no sacerdotes habían perdido mucha importancia.

Ley Este vocablo se encuentra usado con diferentes acepciones. Se usó para hablar del código civil judío (Hch 25.8; Jn 8.5) o romano (Hch 18.13, 15). También se usó con referencia a las ceremonias judías o lo que es conocido como "ley ceremonial", con referencia a una ceremonia específica (Lc 2.27) o en términos generales (Ef 2.15; Hb 10.1). Desde tiempos del Antiguo Testamento los judíos también usaron este vocablo para hablar de la *toráh*, los primeros cinco libros del Antiguo Testamento (Nh 8.8). Lo mismo sucedió en el Nuevo Testamento donde era conocido como *nómos* (Lc 24.44). Desde tiempos de Moisés los Diez Mandamientos eran considerados ser el corazón de esta ley (Ex 24.12). Lo mismo sucedió en el Nuevo Testamento (Rm 7.7; Stg 2.9-12). En tiempos del Nuevo Testamento se usó esta expresión con relacion a los "profetas" (1 Co 14.21; citando a Is 28.11, 12) y hasta a los "escritos" (Jn 10.34 citando a Sal 110.4). Esto significa que el término "ley" podía usarse como referencia a todo el Antiguo Testamento. En tiempos de Jesús, los judíos incluyeron como ley no sólo el Antiguo Testamento, sino también los reglamentos que la tradición fue agregando en el curso de los siglos.

Lugar Santísimo Llamado en hebreo *godesh godashim* y también *debir*, era el cuarto que se hallaba al fondo del tabernáculo (Ex 26.29-34), y más tarde del templo (1 R 6.16). En él se encontraba el *Cofre del Pacto* (véase *Cofre del Pacto*). Era de forma cúbica, sin ventanas, y en él podía entrar solamente·el sumo sacerdote una vez al año, en el gran día de la expiación (Lv 16.15-17. 29-34), para rociar la tapa del cofre con la sangre de un chivo sacrificado por los pecados del pueblo.

Lugar Santo Llamado en hebreo *godesh* y también *hejal*, era el salón que se encontraba delante del Lugar Santísimo. En él se hallaban el altar del incienso, la mesa de los panes consagrados a Dios y el candelabro de siete brazos. Entre el Lugar Santo y el Lugar Santísimo había una puerta, en el templo de Salomón, y dos cortinas en el de Herodes. En el tabernáculo, ambos lugares estaban separados por una cortina.

Maestro de la ley Así se traduce en esta versión lo que en otras versiones se traduce por *escriba*. En un principio el escriba judío era sólo un escribiente o escribano, ocupado principalmente en copiar las Escrituras. Pero después llegó a especializarse de tal modo en el conocimiento e interpretación de ellas, sobre todo de la ley de Moisés, que se convirtió en un verdadero maestro en ese respecto. Vino a ser lo que hoy llamaríamos no sólo un maestro de la Biblia sino un escriturista o erudito bíblico.

Magos Bajo esta designación, como practicantes de artes mágicas, podrían agruparse los adivinos, hechiceros, astrólogos y brujos que en una forma u otra se mencionan en la Biblia, y cuyas prácticas estaban rigurosamente prohibidas por la ley mosaica. Los tradicionalmente llamados *magos* de Mt 2 quizá pertenecían a un grupo de sacerdotes de los países orientales, particularmente de Media, y eran sabios que se dedicaban al estudio de las estrellas. Así es como se les designa en esta versión. San Mateo no dice que fueran tres ni mucho menos que fueran reyes. Tampoco da sus nombres. Lo de los "reyes" magos llamados Melchor, Gaspar y Baltasar es una leyenda que data del siglo octavo de nuestra era. En el Nuevo Testamento, como en el Antiguo, se condena enérgicamente la magia bajo cualquiera de sus formas (Hch 19.18, 19; Gá 5.20, Dt 18.10, 11; etc.).

Maná Alimento proporcionado por Dios a los israelitas durante sus viajes por el desierto, entre Egipto y Canaán (Ex 16; Jos 5.12). Se parecía a la escarcha; era blanco, dulce y parecido a la semilla de cilantro (Ex 16.14, 31). En forma poética se lo describe como "pan del cielo" (Sal 105.40). Jesús señaló que el maná lo representaba a él como pan que había descendido del cielo (Jn 6.48-51). Se encuentra en la península del Sinaí un árbol llamado tamarisco, que da una especie de goma comestible, de sabor dulce, cuando cierto insecto pica su corteza. Los árabes llaman *mann* a esta sustancia que puede encontrarse por un par de meses al año.

Mar Rojo En hebreo se llama *mar de los Juncos* (o carrizos). Entonces, como ahora, con ese nombre se designaba la zona que comprende el golfo de Zuez, el golfo de Eilat (o Aqaba) y el mar Rojo propiamente dicho. Algunos opinan que el nombre se aplicaba a los pantanos y lagos situados entre el golfo de Suez y el Mediterráneo, que desaparecieron en parte al construirse el canal de Suez.

Mesías Título hebreo que significa "el ungido" (véase *Consagrar, consagrado*). Se daba al Salvador prometido por Dios a su pueblo, y cuya llegada predijeron los profetas del Antiguo Testamento. Los judíos llegaron a pensar en el Mesías como un caudillo político o rey victorioso y justo de la dinastía de David, que vendría a liberar a Israel de sus opresores extranjeros, derrotaría a todos sus enemigos y establecería un imperio universal con capital en Jerusalén. Al aceptar para sí el título y la misión de Mesías, Jesús corrigió este concepto político y nacionalista mediante sus actos y enseñanzas, y le dio al reino que venía a establecer un significado moral y espiritual, que, sin embargo produciría la transformación total de la vida humana. *Mesías* equivale en griego a *Cristo* (véase).

Mirra Una resina fragrante y muy costosa, obtenida probablemente del árbol llamado terebinto. Mezclada con vino tenía un efecto calmante o medicinal (Mr 15.23). Mezclada con aceite de olivo resultaba un perfume muy apreciado, que los judíos usaban también para preparar los cuerpos que habían de recibir sepultura (Jn 19.39).

Moloc Nombre deribado de una raíz de las lenguas semíticas que significa "reinar". Por tanto quiere decir "rey", en hebreo *mélej*. Los israelitas lo llamaban *Molej*, haciéndolo sonar como *boset*, "oprobio" o "vergüenza". Era un dios originario de Mesopotamia. Entre los ritos de su culto, el más cruel era sin duda el de sacrificarle niños lanzándolos al fuego. Los israelitas llegaron a ofrecerle esta clase de sacrificios en el valle Hinom, situado al sur de Jerusalén. En 1 R 11.7 se le identifica con el Dios Milcom, de los amonitas (véase también 1 R 11.5, 33).

Nardo, Perfume de Era un perfume que se preparaba con las raíces y tallos de una planta llamada también espinacardos. Por ser originaria de la India tenía que importarse, lo cual hacía que este perfume resultara muy costoso.

Nicolaítas Miembros de una secta cristiana considerada herética (Ap 2.6, 15). El nombre parece significar "seguidores de Nicolás", personaje que no ha sido posible identificar.

Nombre En el uso bíblico "nombre" significa mucho más que el nombre que se da a una persona. Representa la esencia misma de la personalidad. Equivale, en suma, a la persona misma. Dar nombre a algo es reconocer su existencia real. No tener nombre es como no existir, o como ser algo insignificante y despreciable. Pedir que alguien diga su nombre no es sólo pedirle que lo pronuncie, sino que manifieste su naturaleza, que se identifique (Gn 32.29; Ex 3.13, 14). Bendecir el nombre de Dios no es bendecir la palabra que se nombra, sino a Dios mismo. Invocar el nombre de Dios es invocar a Dios, y no sólo pronunciar su nombre. Cuando se dice que Dios escogió a Jerusalén para que en ella residiera su "nombre", quiere decirse que la escogió como su residencia personal. Cuando Cristo dice que algo se haga en su "nombre", eso significa que debe hacerse identificándose con él, haciéndolo en su espíritu, como si fuera él mismo. En ningún caso

se trata de pronunciar el nombre divino como una palabra mágica.

Obispo Del griego *epískopos*, que significa exactamente lo mismo que *supervisor* o super-*intendente*. Su función se compara con la de un pastor. Por lo menos en los primeros tiempos apóstolicos se llamó así al encargado de una congregación o iglesia local y parece haber sido equivalente de *anciano* (véase *anciano*). Fue sólo en tiempos posteriores a los bíblicos cuando el obispo asumió la superintendencia del conjunto de iglesia de toda una determinada región.

Pacto En la Biblia es el trato, convenio o alianza que Dios, por su propia iniciativa, ha hecho con su pueblo. En el Antiguo Testamento se habla de un primer pacto hecho con Noé después del diluvio (Gn 9.9), de un pacto hecho con Abraham (Gn 17.1-8), refrendado con Isaac y con Jacob, y finalmente del pacto hecho con todo el pueblo israelita en el Sinaí (Ex 19.1-5) ratificado en Moab (Dt 29.1). Los términos principales de este pacto estaban escritos en las tablas de la ley, que quedaron guardadas en el *Cofre del pacto* (véase Cofre del pacto). El profeta Jeremías anunció un nuevo pacto (31.31). En el Nuevo Testamento se habla de un nuevo pacto que Dios ha hecho con los que tienen fe en Jesucristo. En el griego original, una misma palabra significa tanto "pacto" como "testamento". "Nuevo Testamento" quiere decir, pues, "Nuevo Pacto", y "Antiguo Testamento", "Antiguo Pacto". La idea de pacto viene a ser, por ello, la clave de la historia de salvación.

Paganos Las palabras hebrea y griega que se traducen así tienen también otros significados aparte del usual de "practicantes de una religión pagana". Pueden significar también simplemente los que no son judíos (equivalentes a *gentiles*) y después los que no son cristianos (porque los cristianos se consideran el Israel espiritual, 1 Co 5.1; 12.2). También puede significar las naciones en general, sin querer referirse sólo a aquellas en que predomina el paganismo como religión. En la presente versión se ha procurado precisar estos varios significados.

Pan sin levadura, Fiesta del Una fiesta judía que se celebraba durante los siete días que seguían a la *Pascua* (véase *Pascua*), y en que, como el nombre lo dice, estaba prohibido comer pan hecho con masa fermentada. Era también en commemoración de la salida de Egipto, cuando los israelitas se abstuvieron durante una semana de comer pan con levadura (Ex 12.14-20). Se celebrada del 15 al 21 del mes Nisán. (Véase *Calendario judío*.)

Paraíso Esta palabra de origen persa, adoptada por el hebreo y el griego, significa literalmente "jardín", "parque" o "huerto". Pasó a usarse con referencia especial al jardín del Edén (Gn 2.8). En sentido figurado se usa en el Nuevo Testamento para designar el cielo (2 Co 12.2, 4), el lugar donde Dios está (Ap 2.7; véase también Lc 23.43).

Pascua La fiesta judía considerada como más importante, para celebrar la liberación de los israelitas de su esclavitud en Egipto. Se efectuaba el día 14 del mes de Nisán (véase *Calendario judío*). En nombre viene de *Pésaj*, que es como se llama la fiesta en hebreo y que contiene la idea de "pasar por encima" o "pasar de largo", que segun el relato del Éxodo es lo que hizo el Señor aquella noche en Egipto (Ex 12.27).

Paz Con esta palabra se ha traducido generalmente la hebrea *shalom*, cuyo sentido en el uso bíblico es tan amplio y profundo que en ninguna otra lengua puede hallarse la manera de expresarlo con un sólo término que encierre todo lo que significa. Originalmente, *shalom* quiere decir "estar completo", "estar sano", "estar bien en todos sentidos", "ser próspero y feliz". *Shalom* es el completo bienestar que, por supuesto, significa paz en su más profundo significado: paz del hombre primeramente con Dios, y, en consecuencia, consigo mismo y con sus semejantes. Hasta nuestros días, el saludo hebreo es: "¡Shalom!" En el mismo sentido se usa en el Nuevo Testamento la palabra equivalente en griego, como no podía ser menos, ya que Jesús y sus discípulos, como en general los judíos de su tiempo, empleaban como lengua de uso diario la aramea, que es muy semejante a la hebrea. La paz de que se habla en el Nuevo Testamento significa muchísimo más que la mera ausencia de

contiendas, guerras y conflictos entre los hombres. Tiene un profundo sentido religioso. Depende del estado de las relaciones del hombre con Dios, y, sobre todo en Pablo, es un elemento básico en el reinado de Cristo (Gá 5.22; Ro 5.1; Col 1.20).

Pecador En los Evangelios este adjetivo se se aplica especialmente a los judíos que habían sido excluidos del culto de la sinagoga, debido a que violaban las reglas relativas a los alimentos prohibidos y que, también contra los escritos reglamentarios al respecto, se asociaban con los no judíos, por todo lo cual se les consideraba ritualmente impuros. Estas personas sufrían el desprecio de muchos de sus compatriotas judíos, y al mismo Jesús se le censuró fuertemente por juntarse con ellos. A los *cobradores de impuestos* (véase *cobradores de impuestos*) se les consideraba igualmente detestables (Mr 2.15-17; Lc 7.34; 15.1, 2). "Pecador" es aplicado también, tanto en los Evangelios (Mt 25.45; Lc 5.8; 7.37, 39; 15.7, 10) como en varias de las epístolas (Rm 5.8, 19; Gá 2.15, 17; 1 Ti 1.9, 15; Jud 15) a quienes desobedecen a Dios, sea en cuanto a un precepto específico o en general, incluyendo la rebelión abierta contra él.

Pentecostés Fiesta judía llamada también fiesta de la Cosecha (Ex 23.16) y fiesta de las Semanas (Nm 28.26), esto último porque se celebraba siete semanas después de la *Pascua* y de la *Fiesta del Pan sin Levadura* (véanse). El nombre Pentecostés viene de una palabra griega que quiere decir "quincuagésimo", o sea "a los cincuenta" días del ofrecimiento a Dios de la primera gavilla cosechada (Lv 23.9-14). En los escritos de los rabinos se llama fiesta de los Cincuenta Días.

Preparación Se llamaba así al día viernes (Mr 15.42), el anterior al día de reposo, porque en él se hacían los preparativos necesarios para observar debidamente el reposo semanal. Entre ellos estaba la preparación anticipada de los alimentos, a fin de no tener que prender fuego y cocinar el día de reposo mismo.

Profeta En el uso corriente esta palabra ha venido a entenderse casi exclusivamente como "uno que predice el futuro". Pero en la Biblia, el profeta es uno que habla en nombre de otro y, en un sentido especial, en la mayoría de los casos en que la palabra ocurre, uno que habla en nombre de Dios como su portavoz y representante. La predicción de cosas futuras es sólo una parte de su mensaje, y no siempre está presente en él. En el Antiguo Testamento, al profeta se le llama *nabí*, término que posiblemente signifique "el que es llamado (por Dios) y que tiene el encargo de llamar a otros de parte de Dios". También se le llama con otra palabra que quiere decir "vidente" o sea el que ve, por revelación divina, a veces en verdaderas visiones o sueños, un mensaje que Dios le transmite, y que a su vez le encarga que transmita a otros. En ese amplio sentido bíblico, bien puede decirse que toda persona que ha sido llamada por Dios para encomendarle un mensaje suyo que debe llevar a otros es un profeta. En la presente versión se ha conservado la palabra "profeta" al referirse a los profetas del Antiguo Testamento. En otros casos, especialmente en el Nuevo Testamento, cuando se trata de personas que tenían el don de "profecía" en el sentido que se ha explicado, unas veces se usa la palabra "profeta" y otras, en su lugar, una frase descriptiva, como, por ejemplo, "el que habla en nombre de Dios".

Purificar, purificación Según la ley de Moisés, la purificación era una ceremonia exigida para limpiar o dejar libre de impureza ritual un objeto, un lugar o una persona. Las leyes de pureza se consignan principalmente en Lv 11-16. Se podía llegar a estar ritualmente impuro por haber comido alimentos prohibidos, por padecer lepra, por tocar un muerto o un sepulcro, por entrar en contacto con sangre, y por otras razones. Según estas leyes, la impureza consistía en hacer cosas así, las cuales incapacitaban al que las hacía para tomar parte en el culto y, por consiguiente, para entrar en contacto con Dios. No se trataba precisamente de impureza moral. Los profetas denunciaron esta última con toda energía, y advirtieron al pueblo que la pureza simplemente ritual y externa no tiene valor delante de Dios cuando no va acompañada de la pureza moral, que consiste en obedecer los preceptos divinos que exigen una vida limpia, regida por la misericordia, la justicia, el amor a Dios y al prójimo y la fidelidad. Este es el hincapié hecho también por Jesús, que aunque respetó en lo esencial los preceptos relativos a la pureza ritual, predicó absoluta supremacía de la pureza moral, el "corazón limpio", que es lo único que permite realmente "ver" a Dios y entrar en comunión con él. La purificación verdadera viene, según el Nuevo Testamento, por el arrepentimiento y la fe en Cristo, y es obra del Espíritu Santo.

Refán Con este nombre aparece en el discurso de Esteban (Hch 7.43) el dios Keiwán (o *Quiyún*, según Am 5.26) personificación del planeta Saturno. La razón de esta diferencia de nombres consiste en que Esteban estaba citando la versión griega (Septuaginta), en la cual el nombre es *Refán*.

Reino de Dios En el Antiguo Testamento se habla muchas veces del futuro reinado del Señor y de un reino mesiánico universal. En el Nuevo Testamento, el anuncio del *reino de Dios* (o "reino de los cielos") que "ha llegado" ya, constituye la proclama inicial y es el centro del mensaje de Jesús. Es el reino que llega con él y que él viene a establecer. Es un reino que está presente ya, y en marcha o desarrollo, pero cuya consumación es futura. No es un reino temporal sino eterno, y no es nacional sino universal. No es un reino político, a la manera de los reinos humanos, pero tampoco es un reino solamente moral y espiritual en abstracto, y enteramente ultraterrestre. El reino de Dios consiste en su soberanía. Dondequiera que se acepta su soberanía y se ajusta la vida a su voluntad, su reino ha empezado. Pero el reino de Dios no viene ni crece por el esfuerzo humano, sino por la gracia y el poder de Dios mismo. El hombre sólo puede, y eso por la acción de Dios en él, acatar su soberanía y ofrecerse para ser, en sus manos, su colaborador (Col 4.11). En la oración que el Señor enseñó, las peticiones "Venga tu reino" y "Hágase tu voluntad en la tierra, así como se hace en el cielo", son equivalentes.

Reino de la muerte Con esta expresión y otras semejantes, según el contexto respectivo, como "lugar a dónde van los muertos'', ''sepulcro'' o simplemente ''muerte'', se traducen en esta versión la palabra hebrea *seol* y la griega *hades*, que en la Biblia tienen el mismo significado.

Reino de los cielos (Véase *Reino de Dios*.)

Ropas ásperas Para expresar dolor, arrepentimiento o luto, los hebreos acostumbraban vestirse, sobre el cuerpo desnudo, ropas que causaran molestia, y cuya naturaleza es ahora difícil de precisar. Tal vez estaban hechas de pelo de cabra o de algún otro material tosco y rasposo. A la vez se acostumbraba esparcir ceniza o tierra suelta sobre la propia cabeza.

Sacerdote En el Antiguo Testamento, el sacerdote era el encargado del culto divino, principalmente del ofrecimiento de los sacrificios (véase *Sacrificio, sacrificar*). El sacerdocio israelita propiamente dicho apareció cuando se construyó el tabernáculo del desierto, del cual estaban encargados los sacerdotes, Aarón y sus descendientes. Las funciones del sacerdocio se especializaron más cuando se construyó el templo de Jerusalén. Hasta que, al regreso del exilio, apareció la sinagoga como centro de instrucción doctrinal, quien impartía ésta era el sacerdote, pero no ejercía, propiamente hablando, lo que hoy llamamos ''ministerio pastoral''. Cuando en el Nuevo Testamento se habla de sacerdotes, la referencia es siempre a los del judaísmo. No se menciona en él ningún sacerdocio como oficio u orden propio de la iglesia. Cristo, como mediador, es el único sacerdote, a la vez que es el sacrificio único y perfecto. Este es el tema en que se hace hincapié especialmente en la carta a los Hebreos. Todos los creyentes son ''sacerdotes al servicio de su Dios'' (Ap 1.6) y constituyen ''un sacerdocio al servicio del rey'' (1 P 2.9). Y por ser sacerdote, el creyente ha de ofrecerse a sí mismo en sacrificio, como ''ofrenda viva'' (Ro 12.1).

Sacrificio, sacrificar En el Antiguo Testamento, el sacrificio es un acto de culto tan importante que se le considera indispensable. Hoy entendemos por ''sacrificio'' la inmolación de un animal, es decir, el sacrificio que consiste en matarlo para ofrecerlo a Dios. Pero para los hebreos ésta era tan sólo una de las formas posibles del sacrificio, ciertamente la principal, pero no la única. También se hacían ofrendas de alimentos, de bebida y de incienso. En cuanto a su objeto o motivo, el sacrificio podía ser de gratitud (o acción de gracias), de expiación o perdón de pecados, de reconciliación con Dios o de purificación. Una de las formas principales del sacrificio era el holocausto (véase *Holocausto*). En el Nuevo Testamento, Jesucristo, por su muerte en la cruz, se ofrece ''en sacrificio una sola vez y para siempre'' (He 10.10) por los pecados de todo el mundo (Jn 1.29).

Saduceo Miembro de un grupo o partido religioso judío, menos numeroso pero de mayor fuerza que el de los fariseos (véase *Fariseo*). Su influencia era no sólo religiosa sino también política. Formaban la clase sacerdotal dominante, y contaban entre sus miembros o partidarios con elementos de la aristocracia de Jerusalén. En cuanto a sus doctrinas, se apegaban solamente a la ley mosaica escrita y para interpretarla rechazaban la tradición oral en que se apoyaban los fariseos. Por eso estaban en pugna con éstos. Negaban, por ejemplo, la resurrección (Hch 23.6-8). No obstante esa rivalidad con los fariseos, hicieron causa común con ellos en contra de Jesús.

Samaritanos Habitantes de Samaria, la región al norte de Judea que fue el centro del reino de Israel, rival del reino de Judá. Después de la caída de Samaria (año 722 a.C.) los asirios deportaron a buena parte de su población y en su lugar establecieron colonos asirios. Se produjo así una mezcla de razas, por la cual los judíos consideraban ritualmente impuros a los samaritanos. Al regreso del exilio, los samaritanos se opusieron a que los judíos reconstruyeran Jerusalén y el templo, y lenvantaron su propio santuario en el monte Gerizim. Por otra parte, no recococían más autoridad doctrinal que los libros de la ley (el Pentateuco). A causa de ello, los judíos no reconocían como legítimo el culto de los samaritanos, los cuales eran para ellos prácticamente paganos. Se negaban, pues, a tener con ellos cualquier clase de relación o trato.

GLOSARIO

Sangre En el Antiguo Testamento, la sangre se consideraba como el asiento o sustancia de la vida (Lv 17.14). Por eso se ofrece a Dios la sangre de las víctimas de los sacrificios, como un reconocimiento de que la vida le pertenece a él. Y por eso también se prohíbe alimentarse con sangre. Además, "derramar sangre", o sea el homicidio, se juzga como uno de los pecados que más aborrece el Señor. En el Nuevo Testamento, la sangre de Cristo significa su vida sacrificada en expiación de los pecados del mundo, y participar de su "sangre" (Jn 6.54-56; 1 Co 10.16) es compartir su vida, unirse con él en comunión de vida.

Satán, Satanás La palabra hebrea *satán*, de donde se ha formado como nombre propio *Satanás*, significa "adversario", "enemigo", "opositor". Y en el Antiguo Testamento se usa con frecuencia en ese sentido general de nombre común. En algunos casos este nombre puede tener un sentido judicial y designar a una especie de fiscal o acusador de oficio. En Job 2.1 aparece con este carácter y como uno de los servidores de Dios (lit. "hijos de Dios"). En hebreo se le sigue designando con un nombre común, no propio: lleva el artículo determinado; es "el satán". Por ello en esta versión se traduce como "el ángel acusador". Igual función acusadora, como la de un fiscal, tiene en Zac 3.1, aunque ya en este pasaje recibe la reprensión divina. En 1 Cr 21.1 ocurre sin el artículo, por lo que *Satán* adquiere carácter de nombre propio. Es interesante, sin embargo, notar que el autor de Crónicas lo identifica con "la ira" del Señor (véase el paralelo en 2 S 24.1). En el judaísmo la figura de Satán adquiere un carácter ya bien definido: es el adversario de Dios que se opone a sus santos designios, y el supremo enemigo del hombre, al que trata de mantener bajo la esclavitud de pecado. Tal es el concepto que se halla en el Nuevo Testamento.

Sepulcro, supultura Los sepulcros o sepulturas israelitas tuvieron diferentes formas, según la épocas. Pero ya desde tiempos de Abraham existía la costumbre, que se generalizó con el tiempo, de sepultar a los muertos en grutas, unas veces naturales, y otras, cavadas en la roca especialmente para ese objeto. La entrada se cubría con una piedra. Estas cámaras sepulcrales servían generalmente para varios cuerpos. En la presente versión, a veces se traducen simplemente por "sepulcro" las palabras hebreas *seol* y griega *hades*. (Véase *Reino de la muerte*.)

Sinagoga La sinagoga es una institución que surgió en la época del exilio en Babilonia, cuando no fue posible ya para los judíos seguir practicando los sacrificios en el templo como elemento central del culto a Dios. La vida religiosa judía se concentró necesariamente en el estudio de las Escrituras, la oración y la observancia del día de reposo y de las festividades tradicionales. El rabino, como encargado de la instrucción religiosa, vino con el tiempo a sustituir al sacerdote propiamente dicho. Al regreso de la cautividad, y aunque el culto del templo se restableció con la construcción de uno nuevo, la sinagoga continuó en actividad y siguió siendo el centro del estudio bíblico y de la instrucción en la ley y sus prácticas. Por otra parte, los judíos de la dispersión — los que se quedaron en Babilonia y los demás que residían fuera de Palestina — hicieron de la sinagoga tanto el centro de su vida religiosa como el de su cohesión y continuidad como comunidad. Los locales donde se reunían recibieron también el nombre de sinagoga. Se formaban con un mínimo de diez varones y se reunían bajo la dirección de un presidente.

Sión Nombre de la colina situada al sureste de Jerusalén, donde estuvo situada originalmente la ciudad, tanto en la época de los jebuseos como por un tiempo después de conquistada por David. Entonces recibió también el nombre de "Ciudad de David". La ciudad comenzó a extenderse primero hacia el norte, con la construcción del palacio y el templo de Salomón, y el nombre se hizo extensivo al monte en que éstos se edificaron. En los siglos siguientes, la ciudad se extendió no sólo al norte sino también a la colina occidental, situada al otro lado del valle central. Y con ello se extendió más todavía la aplicación del nombre, de modo que finalmente *Sión* llegó a ser sinónimo de toda la ciudad de Jerusalén. En tiempos posteriores a los bíblicos, sobre todo desde la época bizantina (siglo cuarto de nuestra era en adelante), la colina occidental fue absorviendo para sí el nombre, de manera que hasta la fecha se le llama "el monte de Sión".

Sumo sacerdote Sacerdote principal o jefe de los sacerdotes judíos. Desde el regreso de la cautividad de Babilonia, y especialmente en la época de los macabeos, cuando Judea tuvo periodos de independencia nacional, el sumo sacerdote ejerció la jefatura política a la vez que la religiosa de la nación. Cuando Palestina cayó bajo la jurisdicción romana, el sumo sacerdote volvió a tener solamente la suprema autoridad religiosa. Sus funciones se prescriben principalmente en los libros de Éxodo y Levítico. En tiempos del Nuevo Testamento, era también presidente de la Junta Suprema (véase *Junta Suprema*).

Templo El templo de Jerusalén tuvo tres épocas antes de ser destruido definitivamente, en el año 70 de nuestra era, por los romanos. En la primera se trata del famoso templo de Salomón. Fue destruido por los babilonios en el año 587-586 a.C. En la literatura judía se alude a él como el Primer Templo. Al regreso del destierro en Babilonia, se construyó un nuevo templo, no tan hermoso como el de Salomón, pero de cuyo plano y construcción no tenemos una descripción completa. Herodes emprendió su reconstrucción, en forma y dimensiones mucho mayores, en el año 20 a.C. Por riguroso orden, este fue en realidad el segundo templo. Pero como, según parece, era sumamente modesto, y el edificio que lo reemplazó era, en cambio, tan esplendido, en la literatura judía se reserva la designación de Segundo Templo al de Herodes propiamente dicho. La construcción anexa duró

hasta el año 64 de nuestra era, en que se terminó, sólo seis años antes de ser destruido por completo.

Testamento Se da este nombre a cada una de las dos secciones de la Biblia usada por los cristianos: el *Antiguo Testamento* y el *Nuevo Testamento*. En este uso tiene el significado de "Pacto" (véase *Pacto*), debido a que la palabra griega de la cual se traduce tiene los dos significados de "pacto" y "testamento". En He 9.15-18 se combinan ambos.

Tiberias, Lago de En el Evangelio de San Juan, lago o mar de Tiberias es el nombre que se da al mar de Galilea o lago de Genesaret, por la ciudad de Tiberias que era, y es hasta hoy, la población más importante de sus riberas. Se le dio ese nombre en honor del emperador romano Tiberio.

Tienda del encuentro con Dios La gran tienda que sirvió a los israelitas en el desierto como santuario. Se describe en detalle en Ex 26. Fue reemplazada por el templo de Salomón. Tradicionalmente se le ha llamado también *el tabernáculo del Testimonio* o simplemente *el Tabernáculo*.

Tribu Uno de los grandes grupos en que se dividía el pueblo de Israel, cada uno de los cuales llevaba el nombre de uno de los hijos de Jacob, a título de descendientes suyos. La agrupación por tribus se hizo más definida al establecerse los israelitas en Canaán, cuando se dividió entre ellas el territorio, con excepción de la tribu de Leví a la que no se le asignó parte en él, para quedar consagrada por completo al culto del Señor. La tribu se dividía a su vez en clanes, o grupos de familias de parentesco más próximo, y familias, a veces llamadas en hebreo "casas paternas" o simplemente "casas".

Zeus Nombre del supremo dios griego, llamado por los romanos *Jupiter*. (Véase *Hermes*.)

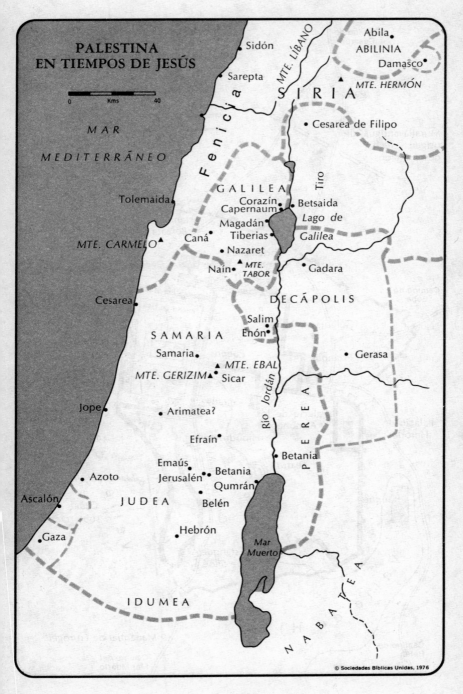

PALESTINA
EN TIEMPOS DE JESÚS

0   Kms   40

MAR
MEDITERRÁNEO

Sidón

MTE. LÍBANO

Abila
ABILINIA
Damasco

Sarepta

MTE. HERMÓN

Fenicia

SIRIA

Cesarea de Filipo

Tiro

GALILEA

Tolemaida

Corazín
Capernaum
Magadán
Tiberias

Betsaida
Lago de
Galilea

MTE. CARMELO

Caná

Nazaret

MTE. CARMELO

Naín

MTE.
TABOR

Gadara

Cesarea

DECÁPOLIS

Salim
Enón

SAMARIA

Samaria

Gerasa

MTE. EBAL
MTE. GERIZIM Sicar

Jope

Arimatea?

Río Jordán

PEREA

Efraín

Betania

Emaús
Jerusalén
Azoto

Betania
Qumrán

JUDEA

Belén

Ascalón

Hebrón

Gaza

Mar
Muerto

IDUMEA

NABATEA

© Sociedades Bíblicas Unidas, 1976

285

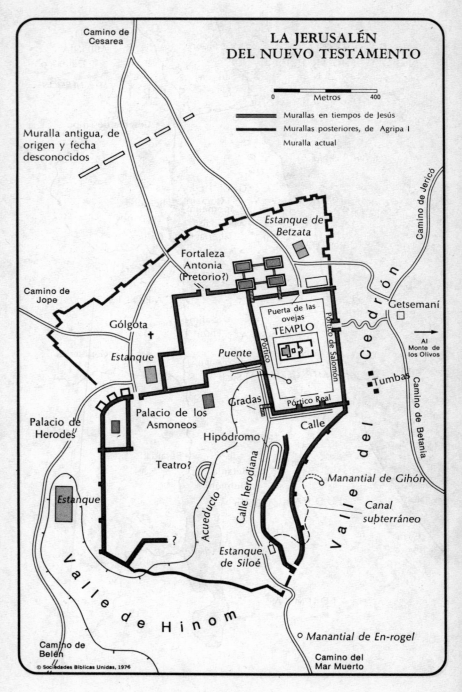

LA JERUSALÉN DEL NUEVO TESTAMENTO

Camino de Cesarea

0   Metros   400

Murallas en tiempos de Jesús
Murallas posteriores, de Agripa I
Muralla actual

Muralla antigua, de origen y fecha desconocidos

Estanque de Betzata

Fortaleza Antonia (Pretorio?)

Camino de Jope

Camino de Jericó

Getsemaní

Puerta de las ovejas

Gólgota

TEMPLO

Estanque

Puente

Pórtico de Salomón

Pórtico

Al Monte de los Olivos

Tumbas

Gradas

Palacio de los Asmoneos

Pórtico Real

Calle

Palacio de Herodes

Hipódromo

Manantial de Gihón

Teatro?

Valle del Cedrón

Camino de Betania

Canal subterráneo

Estanque

Acueducto

Calle herodiana

?

Estanque de Siloé

V a l l e   d e   H i n o m

Manantial de En-rogel

Camino de Belén

© Sociedades Bíblicas Unidas, 1976

Camino del Mar Muerto

¡Felicitaciones!

Tienes en tus manos un mensaje de esperanza y buenas nuevas. Se compone de 27 libros y se llama el Nuevo Testamento. Cada libro habla del amor de Dios y cómo, a través de la muerte y resurrección de Jesucristo, él ha reconciliado a las personas consigo mismo. Todos los que así lo deseen pueden descubrir en él gozo y un guía espiritual.

Estás invitado a comenzar hoy a leer sobre esas "buenas nuevas". La sección de ayuda especial provee el guía para este importante viaje de descubrimiento.

- *Qué contiene el Nuevo Testamento* da un corto resumen de cada libro, junto a una Tabla muy útil.
- *Cómo leer el Nuevo Testamento* provee sugerencias de cómo leer el Nuevo Testamento desde un punto devocional y cómo mantener notas de las lecciones aprendidas.
- *Lee el Nuevo Testamento completo* es un plan de lectura que sugiere una forma simple de leer todo lo que el Nuevo Testamento dice acerca de la vida, muerte y resurrección de Jesús, y cómo la nueva fe llegó a ser conocida como cristianismo.
- *Pasajes famosos en el Nuevo Testamento* te ayuda a encontrar fácilmente los pasajes que todos conocemos y hemos oído una y otra vez pero nunca hemos leído personalmente.
- *Encuentre ayuda en el Nuevo Testamento* te lleva a esos pasajes de ayuda cuando enfrentas problemas difíciles o retos especiales.
- *Qué dice el Nuevo Testamento sobre el perdón de Dios* te llevará a los pasajes en el Nuevo Testamento donde puedes aprender cuánto Dios te ama y lo que ha hecho para reconciliarnos consigo mismo.

Así es que, ¡comienza tu viaje de descubrimiento hoy! Usa cualquiera de estas ayudas al lector para comenzar a crear tu hábito diario de lectura de las Escrituras. Cuando termines el Nuevo Testamento continúa con el Antiguo Testamento que encontrarás en cualquier Biblia. ¡Descubre por ti mismo el gozo y la esperanza que las Escrituras Sagradas te ofrecen!

La Biblia

El Nuevo Testamento es parte de un libro mayor llamado la Biblia. La palabra "biblia" viene del griego, *biblía*, plural de *biblíon*, "libritos." Así que la Biblia es realmente, una colección o biblioteca de muchos libros. Estos libros están divididos en dos secciones: el Antiguo Testamento y el Nuevo Testamento.

Antiguo Testamento

El Antiguo Testamento que fue escrito originalmente en hebreo, cuenta la historia del pueblo de Israel. Esa historia está basada en la fe del pueblo en el Dios de Israel y su vida religiosa como pueblo de Dios. Los autores de estos libros escribieron de lo que Dios había hecho por ellos como pueblo, y en qué forma ellos debían adorarlo y obedecerlo en respuesta a su amor. Como la mayoría de los autores de los libros del Nuevo Testamento eran judíos, todos tenían familiaridad con las Escrituras hebreas. La siguiente Tabla enseña gráficamente cómo están agrupados los libros que forman el Antiguo Testamento. Después de leer el Nuevo Testamento es posible que quieras obtener una Biblia completa para leer también estos importantes libros.

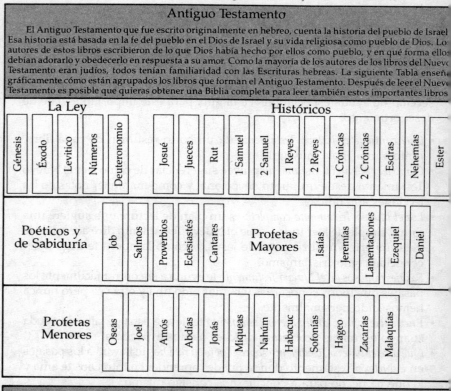

Nuevo Testamento

Los libros del Nuevo Testamento fueron escritos por los discípulos de Jesucristo. Ellos querían que otros oyeran de la vida nueva que es posible a través de la muerte y resurrección de Jesús. La Tabla que sigue muestra los diferentes grupos de libros que componen el Nuevo Testamento. Aunque los eruditos divergen de opinión, tradicionalmente San Pablo escribió las cartas que se le atribuyen a continuación.

Qué contiene el Nuevo Testamento

Damos a continuación resúmenes de cada uno de los libros del Nuevo Testamento. Es evidente por su brevedad, que no son descripciones completas. Sin embargo, pueden servir de referencia conveniente al contenido del Nuevo Testamento. Las agrupaciones de los libros siguen el orden tradicional de las Biblias españolas.

Los Evangelios

SAN MATEO: Este Evangelio cita muchos pasajes del Antiguo Testamento. De esta forma es atractivo a la audiencia judía a quien presenta a Jesús como el Mesías prometido en las Escrituras judías. San Mateo narró la historia de Jesús desde su nacimiento hasta su resurrección y pone énfasis especial en las enseñanzas del maestro.

SAN MARCOS: San Marcos escribió un Evangelio corto, conciso y lleno de acción. Su meta era profundizar la fe y la dedicación de los creyentes de la comunidad para quien escribía.

SAN LUCAS: En este Evangelio se enfatiza cuán al alcance de todos está la salvación en Jesús. El evangelista lo hace describiendo a Jesús en contacto con la gente pobre, con los necesitados y con los que viven al margen de la sociedad.

SAN JUAN: El Evangelio de San Juan, por su forma, se coloca aparte del los otros tres. San Juan organiza su mensaje enfocándolo en siete señales que apuntan a Jesús como Hijo de Dios. Su estilo de escribir es reflexivo y lleno de imágenes y figuras.

La Historia

LOS HECHOS: Cuando Jesús se ausentó de sus discípulos, el Espíritu Santo vino a morar con ellos. Este libro fue escrito por San Lucas como complemento a su Evangelio y relata eventos claves en la historia y trabajo de la iglesia cristiana primitiva y cómo se propagó la fe en el mundo Mediterráneo de entonces.

Cartas de Pablo

ROMANOS: En esta importante carta, San Pablo le escribe a los Romanos acerca de la vida en el Espíritu, que es dada, por la fe, a los creyentes en Cristo. El apóstol les reitera la gran bondad de Dios y les declara que a través de Jesucristo, Dios nos acepta y nos liberta de nuestros pecados.

1 CORINTIOS: Esta carta trata específicamente los problemas que la iglesia en Corinto estaba enfrentando: disensión, inmoralidad, problemas de forma en la adoración pública y confusión acerca de los dones del Espíritu.

2 CORINTIOS: En esta carta San Pablo escribe sobre su relación con la iglesia de Corinto y los efectos que algunos falsos profetas habían tenido en su ministerio.

GÁLATAS: Esta carta expone la libertad del creyente en Cristo con respecto a la ley. Pablo declara que es sólo por la fe que todos los creyentes son reconciliados con Dios.

EFESIOS: El tema central de esta carta es el propósito eterno de Dios: juntar de muchas naciones y razas la iglesia universal de Jesucristo.

FILIPENSES: El énfasis de esta carta es en el gozo que el creyente en Cristo encuentra en todas las situaciones de la vida. San Pablo la escribió mientras estaba en la cárcel.

COLOSENSES: En esta carta San Pablo le dice a los creyentes en Colosas que pongan a un lado sus supersticiones y que pongan a Cristo en el centro de sus vidas.

1 TESALONICENSES: En esta carta San Pablo da consejos a los cristianos de Tesalónica en cuanto al retorno de Jesús al mundo.

2 TESALONICENSES: En esta carta, como en la primera, San Pablo habla del retorno de Jesús al mundo. También trata de preparar a los creyentes para la venida del Señor.

1 TIMOTEO: Esta carta sirve como guía a Timoteo, un joven líder de la iglesia primitiva. San Pablo le da consejos sobre la adoración, el ministerio y las relaciones dentro de la iglesia.

2 TIMOTEO: Es esta la última carta escrita por San Pablo. En ella él da un último reto a sus compañeros de trabajo.

TITO: Tito estaba ministrando en Creta. En esta carta San Pablo le aconseja cómo ayudar a los nuevos cristianos.

FILEMÓN: En esta carta, Filemón es instado a perdonar a su esclavo, Onésimo, quien había tratado de escaparse, también a aceptarlo como a un amigo en Cristo.

Cartas Generales

HEBREOS: Esta carta reta a los nuevos cristianos a ir más allá de los rituales y ceremonias tradicionales y a darse cuenta de que en Cristo todos han encontrado su cumplimiento.

SANTIAGO: Santiago aconseja a los creyentes a poner en práctica sus creencias y además ofrece ideas prácticas de cómo vivir su fe.

1 PEDRO: Esta carta fue escrita para confortar a los primeros cristianos quienes estaban siendo perseguidos por causa de su fe.

2 PEDRO: En esta carta San Pedro advierte a los creyentes sobre los falsos maestros y los estimula a seguir leales a Dios.

1 JUAN: Esta carta explica verdades básicas acerca

de la vida cristiana con énfasis en el mandato de amarse unos a otros.

2 JUAN: Esta carta, dirijida a "la señora escogida y a sus hijos" advierte a los creyentes sobre los falsos maestros.

3 JUAN: En contraste con la Segunda Carta de San Juan, esta carta habla de la necesidad de recibir a aquellos que predican a Cristo.

JUDAS: Judas advierte a los creyentes en contra de la influencia mala de personas fuera de la hermandad de creyentes.

Profecía

APOCALIPSIS: Este libro fue escrito para alentar a los creyentes quienes estaban siendo perseguidos y para afirmar su fe en que Dios cuidará de ellos.

Usando símbolos y visiones, el escritor ilustra el triunfo del bien sobre el mal y la creación de una tierra nueva y un cielo nuevo.

Cómo leer el Nuevo Testamento

Cada día separa un tiempo para leer tu Nuevo Testamento. Trata de apartar la misma hora del día cada día. Dedica tanto tiempo como sea lógico y posible usar sin interferir con otras cosas, pues vas a dedicarlo por un tiempo más o menos largo. Antes de comenzar la lectura pide la guía y bendición de Dios. Algunas personas han descubierto que mantener un diario les ha ayudado. Sigue los siguientes pasos para sacar el mayor provecho posible de tus lecturas diarias de las Escrituras.

1. Selecciona un pasaje bíblico (puedes hacerlo siguiendo la guía *Lee el Nuevo Testamento completo* a continuación.)

2. Examina su contexto:

   a. ¿De qué clase de libro está tomada? (Un libro biográfico como uno de los *Evangelios* que da la vida de Jesús; un libro histórico como *Los Hechos de los Apóstoles;* o una breve carta a una persona como *Las Cartas a Timoteo* o una carta a una iglesia específica como *Las Cartas de Pablo a los Corintios.)*

   b. ¿Cuál es el enfoque general del libro? (No tienes que hacer estudios extensos sobre el libro, pero siéntete libre de leer el primer o el último párrafo del libro, así como los subtítulos y las introducciones al libro si tu Biblia las tiene.)

   c. ¿Qué ocurre o es discutido en los pasajes antes y después de la lectura que has escogido?

3. Lee el pasaje completo para captar el sentido de lo que lees.

4. Identifica palabras y frases. ¿Hay alguna palabra o frase que se repite a través del pasaje? ¿Se discierne alguna relación de causa y efecto? (Las frases repetidas casi siempre están precedidas de *si, entonces, por eso, porque,* etc. ¿Hay alguna comparación hecha? ¿Se contrastan personajes, cosas o conceptos?

5. Lee el pasaje de nuevo y pregúntate cuál es la intención o propósito del pasaje. Trata de encontrar lo que el autor está tratando de decir. Debes ser honesto; no busques para encontrar sólo lo que quieres oír. El Nuevo Testamento contiene muchos mensajes fuertes que pueden cambiar vidas.

6. ¿Qué has aprendido acerca de Dios en este pasaje? ¿Qué has aprendido acerca de la naturaleza humana? Pregúntate a ti mismo cómo este mensaje se aplica a tu propia vida. ¿Hay algo en tu vida que necesita cambiar para llegar a ser un mejor hijo de Dios o más amante del prójimo? Pídele a Dios que te ayude a hacer los cambios necesarios en tu vida para llegar a ser una mejor persona.

7. Lee el pasaje una vez más. ¿Hay algún versículo que quieres memorizar? ¿Por qué no lo escribes en una tarjetita y lo llevas contigo todo el día para estudiarlo?

8. Da gracias a Dios por lo que te ha mostrado y pídele su ayuda hoy, cuando tratas de aplicar a tu vida la lección aprendida.

9. Comparte lo que has aprendido con alguna otra persona.

Lee el Nuevo Testamento completo

Los libros del Nuevo Testamento fueron escritos por los discípulos de Jesucristo. El plan de lectura dado a continuación te ayudará a conocer más de la vida y el ministerio de Jesús, y el significado que su muerte y resurrección tiene para sus seguidores. Las Buenas Nuevas de Jesús eran tan importantes para los primeros discípulos que ellos viajaron grandes distancias, pasando muchas penurias para compartirlas con otros. También escribieron muchas cartas animándose unos a otros a mantenerse fieles en la fe de Jesús.

La Vida de Jesús

El Nuevo Testamento da cuatro narraciones de la vida de Jesús. Las narraciones son llamadas Los Evangelios, que quiere decir las "buenas nuevas". Cuentan de su nacimiento, bautismo, ministerio de curación y enseñanza, su muerte y resurrección. Aunque similares en muchos aspectos, estos libros ofrecen cuatro puntos de vista distintos de la vida de Jesús. Escoje uno de los planes de lectura siguientes para aprender más de Jesús. Luego continúe con el resto del Nuevo Testamento.

Plan A	Plan B
Lee:	Lee:
San Marcos 1-16	El nacimiento de Jesús
San Juan 1-21	San Mateo 1,2; San Lucas 1,2
San Lucas 1-24	El ministerio público de Jesús
San Mateo 1-28	San Mateo 20;
	San Marcos 1-10;
	San Lucas 3-19.27;
	San Juan 1-12
	Los últimos días de la vida de Jesús
	San Mateo 21-27;
	San Marcos 11-15;
	San Lucas 19.28-23;
	San Juan 13-19
	La resurrección de Jesús
	San Mateo 28;
	San Marcos 16;
	San Lucas 24; San Juan 20-21

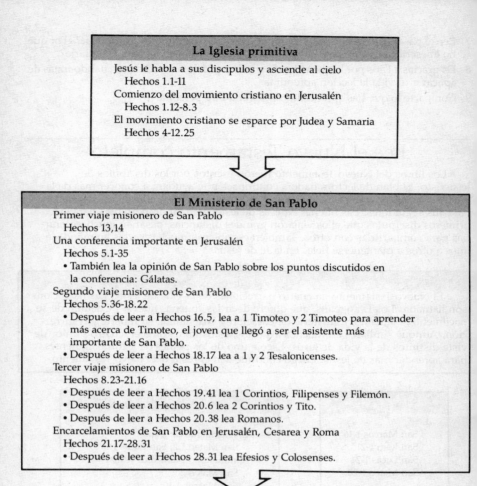

La Iglesia primitiva

Jesús le habla a sus discipulos y asciende al cielo
Hechos 1.1-11
Comienzo del movimiento cristiano en Jerusalén
Hechos 1.12-8.3
El movimiento cristiano se esparce por Judea y Samaria
Hechos 4-12.25

El Ministerio de San Pablo

Primer viaje misionero de San Pablo
Hechos 13,14
Una conferencia importante en Jerusalén
Hechos 5.1-35
• También lea la opinión de San Pablo sobre los puntos discutidos en
la conferencia: Gálatas.
Segundo viaje misionero de San Pablo
Hechos 5.36-18.22
• Después de leer a Hechos 16.5, lea a 1 Timoteo y 2 Timoteo para aprender
más acerca de Timoteo, el joven que llegó a ser el asistente más
importante de San Pablo.
• Después de leer a Hechos 18.17 lea a 1 y 2 Tesalonicenses.
Tercer viaje misionero de San Pablo
Hechos 8.23-21.16
• Después de leer a Hechos 19.41 lea 1 Corintios, Filipenses y Filemón.
• Después de leer a Hechos 20.6 lea 2 Corintios y Tito.
• Después de leer a Hechos 20.38 lea Romanos.
Encarcelamientos de San Pablo en Jerusalén, Cesarea y Roma
Hechos 21.17-28.31
• Después de leer a Hechos 28.31 lea Efesios y Colosenses.

La propagación del cristianismo bajo la persecución romana

Lee:

Hebreos	1 Pedro	Judas	1 Juan	Apocalipsis
Santiago	2 Pedro		2 Juan	
			3 Juan	

Cómo encontrar una referencia en el Nuevo Testamento

Cada versículo en este Nuevo Testamento está marcado con su *propio número*. Para encontrar los pasajes aquí numerados, necesitas encontrar primero el libro, luego el número del capítulo dentro de ese libro, y luego el número o números de los versículos dentro de ese capítulo. En las listas, el número de capítulo aparece inmediatamente después del nombre del libro. Después del punto están los números de los versículos. Por ejemplo: 1 Corintios 12.1-11 es la Primera Carta de San Pablo a los Corintios capítulo doce, versículos del uno al once.

Pasajes famosos en el Nuevo Testamento

San Marcos 3.1-6;
San Lucas 6.6-11;
San Juan 5.1-8;
San Lucas 14.1-6;
San Mateo 9.1-8;
San Marcos 2.1-12;
San Lucas 5.17-26
Jesús sana muchas mujeres
San Mateo 9.18-26;
San Marcos 5.21-43;
San Lucas 8.1-3;
San Lucas 8.40-56;
San Lucas 13.10-17;
San Mateo 15.21-28;
San Marcos 7.24-30
Jesús sana el siervo de un capitán romano
San Mateo 8.5-13;
San Lucas 7.1-10
Jesús sana la suegra de Pedro
San Mateo 8.14,15;
San Marcos 1.29-31;
San Lucas 4.38,39
Jesús sana al hijo de un oficial
San Juan 4.46-54
Jesús revive la hija de un oficial
San Mateo 9.18,19,23-26;
San Marcos 5.21-24,35-42;
San Lucas 8.40-42,49-56
Jesús levanta los muertos
San Lucas 7.11-17;
San Juan 11.1-44

LAS PARÁBOLAS Y LAS ENSEÑANZAS DE JESÚS

El Sermón del Monte
San Mateo 5-7;
San Lucas 6.20-49
Las Bienaventuranzas
San Mateo 5.3-11;
San Lucas 6.20-26
El Gran Mandamiento
San Mateo 22.37-39;
San Marcos 12.29-31;
San Lucas 10.27
La Regla de Oro
San Mateo 7.12;
San Lucas 6.31
El grano de mostaza
San Mateo 13.31,32;
San Marcos 4.30-32;
San Lucas 13.18,19
La parábola del sembrador
San Mateo 13.1-23;

San Marcos 4.1-20;
San Lucas 8.4-15
La parábola de la semilla que crece
San Marcos 4.26-29
Algunas parábolas sobre el reino de los cielos
San Mateo 13.24-52
La parábola del siervo que no quiso perdonar
San Mateo 18.23-35
La parábola de los trabajadores en la viña
San Mateo 20.1-16
La parábola de los labradores malvados
San Mateo 21.33-46;
San Marcos 12.1-11;
San Lucas 20.9-18
La parábola de la fiesta de bodas
San Mateo 22.1-14;
San Lucas 14.15-24
La parábola de las diez vírgenes
San Mateo 25.1-13
La parábola de los tres siervos y el dinero
San Mateo 25.14-30
La parábola sobre el juicio de las naciones
San Mateo 25.31-46
La parábola del buen samaritano
San Lucas 10.25-37
La parábola del buen pastor
San Juan 10.1-21
La parábola del hombre rico
San Lucas 12.16-21
La parábola del siervo vigilante
San Lucas 12.35-48
La parábola de la higuera sin fruto
San Lucas 13.6-9
La parábola de la oveja perdida
San Lucas 15.3-7;
San Mateo 18.12-14
La parábola de la moneda perdida
San Lucas 15.8-10
La parábola del hijo pródigo
San Lucas 15.11-32
La parábola del mayordomo infiel
San Lucas 16.1-13
Lázaro y el hombre rico
San Lucas 16.19-31

¿Qué es una parábola?

Parábola es una historia que usa situaciones de la vida real diaria para enseñar verdades. Jesús usó muchas parábolas para enseñar sobre el Reino de Dios a sus seguidores.

La parábola de la viuda y el juez
San Lucas 18.1-8
La parábola del fariseo y el cobrador de
impuestos
San Lucas 18.9-14

OTRAS HISTORIAS DEL NUEVO TESTAMENTO

El nacimiento de Juan el Bautista
San Lucas 1.57-66

Juan el Bautista es ejecutado
San Mateo 14.1-12;
San Marcos 6.14-29

A Pedro le son dadas la llaves del reino
San Mateo 16.13-20

El Espíritu Santo llega en Pentecostés
Hechos 2

Esteban, el primer mártir
Hechos 6.5-15; 7.54-60

Felipe bautiza al funcionario etíope
Hechos 8.26-39

La conversión de Pablo
Hechos 9.1-31

Pedro y Cornelio
Hechos 10

Pedro en la prisión
Hechos 12.1-19

El bautismo de Lidia
Hechos 16.11-15

Pablo en la prisión
Hechos 16.16-40

El alboroto en Éfeso
Hechos 19.23-41

El viaje de Pablo a Roma
Hechos 27; 28

ORACIONES EN EL NUEVO TESTAMENTO

El Padre Nuestro
San Mateo 6.9-13

Oración de Jesús en Getsemaní
San Mateo 26.36-44

Jesús ora por sus discípulos
San Juan 17

La oración de los discípulos
Hechos 4.24-31

La oración de Pablo por los creyentes
Efesios 3.14-21

BENDICIONES ESPECIALES HALLADAS EN EL NUEVO TESTAMENTO

Invocaciones y aperturas
1 Corintios 1.3;
1 Timoteo 1.2; 2 San Juan 3;
Apocalipsis 1.4-6

Despedidas y conclusiones
Romanos 15.5,6,13;
Romanos 16.25-27;
2 Corintios 13.13;
Efesios 6.23,24;
Filipenses 4.7;
Hebreos 13.20,21;
Judas 24,25

Encuentre ayuda en el Nuevo Testamento

Ayuda en circunstancias especiales

Siendo un buen amigo
San Lucas 10.25-37; San Juan 15.11-17;
Romanos 16.1-2

Siendo un líder
1 Timoteo 3.1-7; 2 Timoteo 2.14-26; Tito 1.5-9

Cuidando a las viudas y a los ancianos
1 Timoteo 5.3-8

Celebrando la adopción/nacimiento de un niño
San Lucas 18.15-17; San Juan 16.16-22

Celebrando una graduación
Gálatas 5.16-26; Filipenses 4.4-9

Celebrando una boda
Efesios 5.21-33; Colosenses 2.6-7

Celebrando un aniversario de boda
1 Corintios 13

Controlando su temperamento
Gálatas 5.16-26

Controlando su lengua
2 Tesalonicenses 2.16-17; Santiago 3.1-12

Descubriendo la voluntad de Dios
San Mateo 5.14-16; San Lucas 9.21-27;
Romanos 13.8-14; 2 Pedro 1.3-9; 1 Juan 4.7-21

Enfrentando un culto extraño
San Mateo 7.15-20; 2 Pedro 2; 1 Juan 4.1-6;
Judas

Enfrentando la presión de los compañeros
Romanos 12.1-2; Gálatas 6.1-5; Efesios 5.1-20

Entrando a la Universidad
Romanos 8.1-17; 1 Corintios 1.18-31

Entrando al servicio militar
Efesios 6.10-20; 2 Timoteo 2.1-13

Confrontando la muerte de un ser querido
San Juan 11.25-27; San Juan 14.1-7;
Romanos 8.31-39; Romanos 14.7-9;
1 Tesalonicenses 4.13-18

Confrontando enfermedad
San Marcos 1.29-34; San Marcos 6.53-56;
Santiago 5.14-16

Confrontando el sufrimiento y la persecución
San Mateo 5.3-12; San Juan 15.18-16.4;
Romanos 8.18-30; 2 Corintios 4.1-15; Hebreos
12.1-11; 1 Pedro 4.12-19

Tomando una decisión difícil
Colosenses 3.12-17

Enfrentando divorcio
San Mateo 19.1-9; Filipenses 3.1-11

Confrontando el desamparo
San Lucas 9.57-62; Apocalipsis 21.1-4

Enfrentando la cárcel
San Mateo 25.31-46; San Lucas 4.16-21

De frente a una vida solitaria
1 Corintios 7.25-38; 1 Corintios 12.1-31

Enfrentando un desastre natural
Romanos 8.31-39; 1 Pedro 1.3-12

De frente a un juicio o demanda judicial
San Mateo 5.25-26; San Lucas 18.1-8

Perdiendo tu trabajo
San Lucas 16.1-13; Filepenses 4.10-13

Perdiendo las posesiones o propiedades
Romanos 8.18-39

Manejando el tiempo
San Marcos 13.32-37; San Lucas 21.34-36;
1 Timoteo 4.11-16; Tito 3.8-14

Mudándose a una nueva casa
San Juan 14.1-7; Efesios 3.14-21;
Apocalipsis 3.20,21

Sobreponiéndose a la adicción
2 Corintios 5.16-21; Efesios 4.22-24

Superando una rencilla
San Marcos 5.23-26; San Lucas 6.27-36;
Efesios 4.25-32

Superando el prejuicio
San Mateo 7.1-5; Hechos 10.34-36; Gálatas
3.26-29; Efesios 2.11-22; Colosenses 3.5-11;
Santiago 2.1-13

Conquistando el orgullo
San Marcos 9.33-37; San Lucas 14.7-11;
San Lucas 18.9-14; San Lucas 22.24-27;
Romanos 12.14-16; 1 Corintios 1.18-31;
2 Corintios 12.1-10

No dejando para mañana lo que puedas hacer hoy
San Mateo 22.1-14; San Mateo 25.1-13;
2 Corintios 6.1-2

Criando niños
Efesios 6.4; Colosenses 3.21

Respetando la autoridad civil
San Marcos 12.13-17; Romanos 13.1-7;
Tito 3.1-2; 1 Pedro 2.13-17

Respetando a los padres
Efesios 6.1-3; Colosenses 3.20

Jubilándose de su trabajo
San Mateo 25.31-46; Romanos 12.1-2;
Filipenses 3.12-21; 2 Pedro 1.2

Buscando perdón
San Mateo 6.14-15; San Lucas 15; Filemón;
Hebreos 4.14-16; 1 Juan 1.5-10

Buscando la ayuda de Dios
San Mateo 7.7-12

Buscando salvación
San Juan 3.1-21; Romanos 1.16-17; Romanos
3.21-31; Romanos 5.1-11; Romanos 10.5-13;
Efesios 1.3-14; Efesios 2.1-10

Buscando fortaleza
Efesios 6.10-20; 2 Tesalonicenses 2.16-17

Buscando la verdad
San Juan 8.31-47; San Juan 14.6-14; San Juan
16.4b-15; 1 Timoteo 2.1-7

Compartiendo tus dones
San Lucas 21.1-4; Acts 2.43-47; Acts 4.32-37;
Romanos 12.9-13; 1 Corintios 16.1-4;
2 Corintios 8.1-15; 2 Corintios 9.6-15

Comenzando un trabajo nuevo
Romanos 12.3-11; 1 Tesalonicenses 5.12-18;
2 Tesalonicenses 3.6-13; 1 Pedro 4.7-11

Entendiendo tu relación con Dios
San Juan 15.1-17; Romanos 5.1-11; Romanos
8.1-17

Entendiendo tu relación con otros
San Mateo 18.15-17; San Mateo 18.21-35;
Romanos 14.13-23; Romanos 15.1-16; Gálatas
6.1-10; Colosenses 3.12-17; 1 Juan 4.7-12

Preocupándote por el futuro
1 Pedro 1.3-5; Apocalipsis 21.1-8

Preocupándote por el dinero
San Mateo 6.24-34; San Lucas 12.13-21;
1 Timoteo 6.6-10

Confrontando sentimientos que perturban

¿Tienes miedo?
San Marcos 4.35-41; Hebreos 13.5-6;
1 Juan 4.13-18

¿Tienes miedo a la muerte?
San Juan 6.35-40; Romanos 8.18-39;
1 Corintios 15.35-57; 2 Corintios 5.1-10;
2 Timoteo 1.8-10

¿Estás enojado?
San Mateo 5.21-24; Romanos 12.17-21;
Efesios 4.26-32; Santiago 1.19-21

Estás ancioso o enojado?
San Mateo 6.24-34; San Mateo 10.26-31;
1 Pedro 1.3-5; 1 Pedro 5.7

Te sientes deprimido?
San Juan 3.14-17; Efesios 3.14-21

Estás desanimado?
Salmo 34; Isaías 12.1-6; Romanos 15.13;
2 Corintios 4.16-18; Filipenses 4.10-13;
Colosenses 1.9-14; Hebreos 6.9-12

Dudando en cuanto a tu fe en Dios?
San Mateo 7.7-12; San Lucas 17.5-6;
San Juan 20.24-31; Romanos 4.13-25;
Hebreos 11; 1 Juan 5.13-15

¿Estás frustrado?
San Mateo 7.13-14

¿Eres impaciente?
Hebreos 6.13-20; Santiago 5.7-11

¿Eres inseguro? ¿Te falta estima propia?
Filipenses 4.10-20; 1 Juan 3.19-24

¿Eres celoso?
Santiago 3.13-18

¿Te sientes solo?
San Juan 14.15-31a

¿Te sientes abrumado? ¿Bajo tensión?
San Mateo 11.25-30; San Juan 4.1-30;
2 Corintios 6.3-10; Apocalipsis 22.17

¿Te sientes rechazado?
San Mateo 9.9-3; San Lucas 4.16-30; San Juan
15.18-16.4; Efesios 1.3-14; 1 Pedro 2.1-10

¿Eres tentado?
San Lucas 4.1-13; Hebreos 2.11-18; Hebreos
4.14-16; Santiago 1.12-18

¿Eres tentado por el sexo?
1 Corintios 6.12-20; Gálatas 5.16-26

¿Estás cansado? ¿Exhausto?
San Mateo 11.25-30; 2 Tesalonicenses 3.16;
Hebreos 4.1-11

¿Te sientes inútil o inferior?
Gálatas 1.11-24; Efesios 4.1-16; 1 Pedro 2.4-10

¿Tienes deseos de venganza?
San Mateo 5.38-42; Romanos 12.17-21

Qué dice el Nuevo Testamento sobre el perdón de Dios

Todos estamos separados de Dios por causa del pecado.
Romanos 3.9-20
Romanos 5.12-21
Romanos 7.14-25

Dios siempre ha buscado tener una relación de cerca con la humanidad.
Efesios 1.3-14
1 Pedro 1.1-10
1 Juan 3.1-10

Dios ha tratado de hacer contacto con nosotros de una forma personal al enviar a su hijo Jesucristo.
Colosenses 1.15-23
Romanos 5.1-11
1 Pedro 2.10-25
San Juan 3.1-21

2 Timoteo 1.3-10
Efesios 2.1-10

El perdón de Dios a través de su hijo Jesucristo está al alcance de todos.
1 Juan 1.5-10
Romanos 10. 5-13
Romanos 8.31-39
Romanos 3.21-26

Para vivir la "nueva vida" en Cristo es necesario vivir como Cristo vivió.
Romanos 6.1-14
San Mateo 20.20-28
Efesios 4.17-32
Gálatas 5.16-26
1 Juan 4.7-21
Romanos 12.1-21